U0542061

国家社会科学基金项目资助

论语误解勘正

高尚举 主编
高 敏 宋红霞 参编

社会科学文献出版社
SOCIAL SCIENCES ACADEMIC PRESS (CHINA)

目　录

前　言

《论语》一书，是记载孔子及其弟子思想言行的著作，全书虽只有一万六千余字，然涵盖内容丰富：从大的方面讲，诸如政治的、教育的、经济的、社会关系的，均有论述；具体而言，诸如德政、仁爱、友善、礼仪、诚信、忠恕、中庸、孝敬、修身、知耻、内省、求知、敬业等，应有尽有。且思想深邃，语言精辟。如德政方面的："政者，正也。子帅以正，孰敢不正"；"其身正，不令而行；其身不正，虽令不从"；"不能正其身，如正人何"；"为政以德，譬如北辰居其所而众星共之"；"有国有家者，不患贫而患不均，不患寡而患不安。盖均无贫，和无寡，安无倾"。如仁爱方面的："仁者爱人"；"泛爱众而亲仁"；"博施于民而能济众"；"士不可不弘毅，任重而道远。仁以为己任，不亦重乎？死而后已，不亦远乎？"如修身方面的："修己以敬"，"修己以安人"，"修己以安百姓"；"吾日三省吾身：为人谋而不忠乎？与朋友交而不信乎？传不习乎"；"君子有三戒：少之时，血气未定，戒之在色。及其壮也，血气方刚，戒之在斗。及其老也，血气既衰，戒之在得"；"温、良、恭、俭、让"；"恭、宽、信、敏、惠"；"君子求诸已，小人求诸人"；"毋意（臆度），毋必（绝对），毋固（固执），毋我（唯我独是）"；"巧言、令色、足恭，左丘明耻之，丘亦耻之"。如孝道方面的："入则孝，出则悌"；"事父母，能竭其力"；"父母在，不远游"；"父母唯其疾之忧"；"今之孝者，是谓能养。至于犬马，皆能有养。不敬，何以别乎"；"其为人也孝弟，而好犯上者鲜矣；不好犯上，而好作乱者，未之有也"。如礼仪方面的："不学礼，无以立"；"非礼勿视，非礼勿听，非礼勿言，非礼勿动"；"克己复礼为仁。一日克己复礼，天下归仁焉"；"礼之用，和为贵"；"恭而无礼则劳，慎而无礼则葸，勇而无礼则乱，直而无礼则绞"；"与人恭而有礼，四海之内皆兄弟也"。如人际关系方面的："其恕乎！己所不欲，勿施于人"；"己欲立而立人，己欲达而达人”；“君子成人之美，不成人之恶”；“躬自厚，而薄责于人”；“君子尊贤而容众，嘉善而矜不能”；“以直报怨，以德报德”；“不念旧恶，怨是用希”；“德不孤，必有邻”。如贫富财利方面的：“君子喻于义，小人喻于利”；“放于利而行，多怨”；“富与贵，是人之所欲也，不以其道得之，不处也。贫与贱，是人之所恶也，不以其道去之，不去也”；“富而可求也，虽执鞭之士，吾亦为之”；“仁者先难而后获”；“君子固穷，小人穷斯滥矣”；“好勇疾贫，乱也”；“贫而无谄，富而无骄”；等等。这些方面的思想言论，都是儒学精华，具有永久的生命力，按照习近平总书记的话来说，就是“跨越时空、超越国度、富有永恒魅力，具有当代价值的文化精神”。

《论语》不仅被中国学者誉为“两千多年来影响着中华民族精神面貌的最伟大的书”（汤一介语，见雷原编著《论语：中国人的圣经》），而且被外国人尊为“至高无上宇宙第一书”（日人金谷治《孔子学说在日本的传播》）。李泽厚先生在《论语今读》“前言”中如是说：“我至今以为，儒学（当然首先是孔子和《论语》一书）在塑建、构造汉民族文化心理结构的历史过程中，大概起了无可替代、首屈一指的作用。不但自汉至清的两千年的专制王朝以它作为做官求仕的入学初阶和必修课本，成了士大夫知识分子的言行思想的根本基础，而且通过各种层次的士大夫知识分子以及他们撰写编纂的《孝经》、《急就篇》（少数词句）一直到《三字经》、《千字文》、《增广贤文》以及各种‘功过格’等等，当然更包括各种‘家规’、‘族训’、‘乡约’、‘里范’等等法规、条例，使儒学（又首先是孔子和《论语》一书）的好些基本观念在不同层次的理解和解释下，成了整个社会言行、公私生活、思想意识的指引规范。不管识字不识字，不管是皇帝宰相还是平民百姓，不管是自觉或不自觉，意识到或没有意识到，《论语》这本书所宣讲、所传布、所论证的那些道理、规则、主张、思想，已代代相传，长久地渗透在中国两千年来的政教体制、社会习俗、心理习惯和人们的行为、思想、言语、活动中了。所以，它不仅是‘精英文化’、‘大传统’，同时也与‘民俗文化’、‘小传统’紧密相联，并造成中国文化传统的一个重要特点：精英文化与民俗文化、大传统与小传统，通过儒学教义，经常相互渗透、联系。尽管其间有差异、距离甚至对立，但并不是巨大鸿沟。这样，儒学和孔子的《论语》倒有些像西方基督教的《圣经》一书了。”“怎样安身立命？怎样为人处世？中国没有《圣经》，大家就都到《论语》中去找了。”

这么神圣的一部文化经典，理应得到后人的严肃对待、正确解读和继承。实际上，自汉代以来，绝大多数《论语》研究者都是抱着严谨认真的态度来对待和研读的，诸如汉代的孔安国、马融、包咸、郑玄，魏晋南北朝时的王弼、何晏、江熙、皇侃，唐宋时的陆德明、邢昺、郑汝谐、朱熹，元明时的陈天祥、陈士元、张居正，清代的王念孙、王引之、阮元、王夫之、毛奇龄、惠栋、宋翔凤、黄式三、刘宝楠、简朝亮，现当代的程树德、杨树达、辜鸿铭、杨伯峻、钱穆、钱逊、李泽厚、骆承烈、黄怀信、杨朝明、孙钦善、金池、李零，等等，但是，仍有少数《论语》研究者态度欠严谨，误读《论语》较严重，仅举三书为例。

第一部：《论语我读》，九州出版社2006年出版。比如，该书将《论语》中的很多“不”字都释为“丕”，即“甚大”义。据此义，把“君子不器”释为“君子大器”，“三月不违仁”释为“三月丕违仁”，“传不习乎”释为“传丕习”，“述而不作”释为“读同丕作，是详加释义”，“门人不敬子路”释为“同学们非常尊敬子路”，“不念旧恶”释为“是丕念是反复地念旧恶”，“执德不弘”释为“执德丕弘，是坚持他正直无私的善行，并能尽力发扬光大”，“信道不笃”释为“信道丕笃，是由衷行善道，又能任重道远地持之以恒”。“不”字本来是否定副词，而该书将其解为肯定副词，由否定变为肯定，完全违背了《论语》的本意。

该书将表示“無有”的“無”字解作“蕪”，即“丰茂、盛多”义。据此理解，把《学而》篇的“無友不如己者”之“無”解作：“读同蕪，丰也。是茂盛、众多义……仁人皆像自己一样尚忠信好学。”把《卫灵公》篇的“無为而治者，其舜也与?”解作：“老子主张無为，及孔子说舜無为，都是大有作为的意思。無，除作有無的無外，無字的隶变，作蕪，作𣞤。释诂云：蕪，茂丰也。今尚书文作庶草蕃廡。注：云蕃滋也廡丰也。所以無为，并非何必有为或不必有为，而是正好相反的丰庶有为，故笔者释‘大有作为’。”把“無为”解为“大有作为”，完全背离了《论语》文意。

再比如，该书将不少表示发语词、语气词、代词的“夫”解为“大丈夫”之“夫”。《先进》篇的“夫人不言，言必有中”的“夫”字，属发语词，而该书注解曰：“夫人是有成就的人，有知识的人，是合乎情理适中的人。也可释作成竹在胸的人，不言则已，言必语惊四座。”《雍也》

篇的“伯牛有疾，子问之，自牖执其手曰：‘亡之，命也夫！’”此“夫”字显然为语气词，而该书却解作：“夫是男子二十岁加冠成丈夫，所以夫，有已成的含义，老天的安排，就是上天的成命。”《泰伯》篇的“吾知免夫”，“夫”也是语气词，而该书解曰：“我知道我将死亡。免字是兔字少一点，许慎云：‘是兔逃脱，逸不见足，是会意字。’逸不见足，是逸隐不见踪迹。段玉裁说：‘凡逃逸者皆谓之免，假借作免薨。’夫就是大丈夫，免夫，就是死后，不再是大丈夫的人了。”解不通则强为之解，牵强附会。

第二部：《发现论语》，华夏出版社 2003 年初版，2007 年重版。该书注解《论语》，分［译解］和［注释］两项。观其解释，虽新见迭出，但多经不住推敲。笔者仅摘引几条他的“发现”。

《子罕》篇“子见齐衰者”，注释曰：“齐：至，到头，至顶。衰：生命近于枯竭的老人，极度衰老的老人。”这不是发现，是望文生义，是作者不懂古代丧服制度所造成的误解。《辞源》释曰：“齐衰，丧服名，为五服之一。”丧服五服制名称为：斩衰、齐衰、大功、小功、缌麻。齐衰，五服之第二者。这种丧服，用粗麻布制成，是缝了边的，而斩衰是不缝边的。因此，“齐衰者”的正确解释是“穿丧服的人”。

《八佾》篇“八佾舞于庭”，注释曰：“《说文》：‘佾，舞行列也。’本字由‘亻’、‘八’和‘月’构成。‘八’的原意是‘别’，‘月’的意思是‘肉’、‘肉体’或‘身体’。因此‘佾’的意思应是指一种和其身体相区别的人，即人体的重塑与再创的形式——它就是舞蹈，是人体的活的雕塑的艺术……基于这种分析和理解，我认为《说文》将‘佾’解释成‘舞行列’是不正确的，正确的解释应该是‘舞’或‘舞蹈’。此外，由于‘佾’与‘艺’读音完全相同，根据音义相通的原则，那么‘佾’即‘艺’，也即‘人体艺术’。‘人体艺术’是人们对于舞蹈的最好定义。”实际上，《说文解字》的解释是对的。汉代马融《论语马氏训说》曰：“佾，列也。天子八佾，诸侯六，卿大夫四，士二。八人为列，八八六十四人也。”

《里仁》篇“人之过也，各于其党”，是说人们的过错，各属于一定的类型，而该书注释曰：“（党）繁体字为‘黨’，这个字由‘尚’和‘黑’构成，意为以愚昧无知（心不明，眼不亮）为基础的盲目的崇尚、盲目的信仰与盲目的追求（这也许正是党派活动为古代和现代一些人所非议的原因），这里指盲目崇尚、盲目信仰与盲目追求的原因——愚昧无知。”又对本篇的“父母在不远游，游必有方”注释曰：“游：这个字由‘浮’和‘方’构成，意为能在水中浮起而不沉没的方舟，因此‘游’的引伸意就是借助方舟这一水上交通工具进行的漂洋渡海的活动。方：方体船或并体船。《说文》：‘方，并船也。象两舟……’游必有方：游必有船。”译解曰：“孔子说：‘对于那些上有老父老母、下有幼儿幼女的生活艰辛的人们来说，当他们的老父老母还在世的时候，最好不要举家迁徙，纵使一定要举家迁徙，也要等到具备了必要的物力财力之后，就像那些想要飘洋渡海的远游者，也必须等到自己具备了必须的方舟之后，才能开始其飘洋渡海的远游活动一样。’”

可以看出，该书分析字形，随意肢解，解释字义，望文生训。本是通俗易懂的《论语》文句，通过他的繁琐注解，徒增一层雾障，更加令人费解。本书虽“发现”极多，但多是常人所难以接受的。

第三部：《论语说》，河南人民出版社2006年初版，2012年修订再版。作者在《导言》中说：“现在人们在阅读中华经典时，往往关注哪一种解释是对的，哪一种解释是错的。这种思维习惯，不是中华文化的思维习惯，而是西方思维习惯。中华文化中的对错不是正确与错误，而是合适不合适、有用没用。适合、有用是‘对’，对上了；不合适、没有对上为‘错’，错开了。对经典的理解和传承，也是以‘致用’为目的，而不以对错来评判。”这种“不管对错”的解经主张，为自己“自由解经”放大了无限的自由度，类似于古人所提倡的“以意逆志”或“六经注我”等解经思想，说解可以脱离经书文本，凭主观随意发挥。在这种解经思想的指导下，作者对《论语》作了全新的说解。如：

《学而》篇：“学而时习之，不亦说乎？有朋自远方来，不亦乐乎？人不知而不愠，不亦君子乎？”正确的理解是：“学习了新知识按时练习，不也很高兴吗？有朋友从远方来，不也很快乐吗？别人不了解自己，自己却不怨恨，不也是君子吗？”而《论语说》解为：“学问，适时习用它，不也讲说吗？从远方结伴来求学，不就是喜好这学说吗？别人不知道，自己倾囊讲授，不也是君子行径吗？”

《雍也》篇：“质胜文则野，文胜质则史。”正确的理解是：“质朴胜过文采，就未免显得粗野；文采胜过质朴，就未免显得浮华。”而作者解为：“才质胜过名声，则在野；名声胜过才质，则在朝。”

此外，该书还把“泛爱众而亲仁”解作“泛爱忠，亲仁行”；把“述而不作”解作“循而不止”；把“三思而后行”的“三思”解作“三拜”；把“子不语怪、力、乱、神”解作“孔子不指责古怪行为和奇异想法”；把“食不语，寝不言”解作“对饭菜好坏不指责，对卧房之事不谈论”；把“躬自厚，而薄责于人”解作“既要厚待自己，也要厚待别人”；把“小人之过必文”解作“忽视别人的过错必能成名”；把“巧言乱德，小不忍则乱大谋”断句为“巧言乱德小，不忍则乱大谋”，解作“花言巧语对德败乱不大，没有容忍之心就会坏大事”；把“游必有方”解作“出游定会被指责。方是指责”；把“唯女子与小人为难养也”解作“只有把女儿嫁于小人，是最难处养了”；把“宰予昼寝”解作“宰予画画时睡着了”；把“为人谋而不忠乎”解作“作为一个人，行事是否言行由衷”；把“女为君子儒，无为小人儒”解作“你要宣扬君子人生之需，不要宣扬小人人生之需”；把“不在其位，不谋其政”解作“不在乎那个职位，就不会尽心竭力地做好其职事”；等等。

这样的说解，富含精义的儒家名言被解释得精深义全无，精辟性尽失。熟知《论语》的人们不禁要问：“这是在解读《论语》吗?”孔子师徒倘若泉下有知的话，也难免要问：“我们说过这样的话吗?”当然，学术界对古代经典存有不同理解，是很正常的现象，创新又毕竟是学术发展的生命动力与总趋势，但是，违背“实事求是”治学基本原则的所谓创新研究，得出的结果往往是与所做的努力恰恰相反的。更令人担心的是，初读儒家经典的青少年，倘若读了这类注本（这些注本已一版再版，发行量较大），会得到什么样的“收获”?

正是少数学者对《论语》的严重误读，激起了我们试图予以纠正的想法。优秀的传统文化经典，若能得以正确的解读与阐发，其发挥的作用是与经典作者、读者所期待的效果成正比的；若是解读错误，作用则要大打折扣，尤其是初读传统文化经典的青少年，倘若读到了错误严重的本子，受其误导，是十分令人担心的。在大力倡导弘扬传统文化的今天，作为传统文化主干的儒学，得到了前所未有的重视：一些儒家经典，不仅中国人读，外国人也读，不仅成年人读，青少年也读；社会上到处开办国学班，大学里普遍开设经典选修课，连中小学都设立了传统文化课。天下数以亿万计的人们在读经典，岂容经典解读的本子中存有大量错误，贻害广大读者?

原本想只对解读错误严重的几部书进行纠正，后来改变了主意，因为古今《论语》注解著作中都存有或多或少的错误，况且今注本中的错误，有些是沿袭自古注本，应该让研读者知道错误的源头。比如“宰予昼（晝）寝”，自从梁武帝解为“画（畫）寝，绘画寝室”之后，后世少数学者便遵从其误说，甚至臆解为：“宰予漫不经心地画起男女之私处，私情来着，孔子大为光火，骂他为‘朽木不可雕也，粪土之墙不可杇也’！一句话，孔子认为宰我底子太次、素质太差。”宰予本来只是大白天睡了一会儿觉，竟招惹出如此下流的名声，岂不冤哉！再者，不少今注本中都存有一些新观点、新解释，这是学术研究进程中很自然的现象，也是学术研究与时俱进、呈现生命活力的表现，应给予肯定。但是，有一个前提，即在经典原意的基础上结合现实阐发，而不能误解经典。如孔子所说的“先难而后获”，正确的理解是：先经受劳苦之难，然后获得；反对不劳而获。劳而有得，是正当的，是符合仁的；不劳而获，非仁矣。此章与《颜渊》篇孔子答樊迟“先事后得”语义相同。而南怀瑾《论语别裁》解曰：“任何事先从‘难’的方面想，以后才能得到好的结果。先从难的方面、问题多的方面看，都研究完了，最后有一个结论，得到中道的成果，这就是仁的用。”何新《论语新解——思与行》注曰：“获，得也，受得，承受。”译曰：“仁人遇到困难挺身迎受，就可以称作仁善。”方骥龄《论语新诠》解曰：“疑本章‘先难而后获’之‘难’字，系‘戁’字传写之误。戁，敬也，先敬人而后获，盖爱人者人恒爱之，敬人者人恒敬之；必先敬人，而后人必敬之。此人与人相处之道也。”南怀瑾、何新、方骥龄的理解均有偏差。再比如孔子所说的“巍巍乎，舜、禹之有天下也，而不与焉”，《论语》注家歧解纷纷，有的将“不与”解作“不与求天下”，有的解作“不恳求”，有的解作“不相关”，有的解作“不争战”，有的解作“不宣扬自己”，有的解作“不给自己的子孙”，有的解作“不受禅”等等。实际上，“不与”是“不喜悦”的意思。“与”（yù），通“豫”，义为“喜悦”、“快乐”。《仪礼·乡射礼》：“宾不与。”郑玄注：“古文‘与’作‘豫’。”《淮南子·天文训》：“圣人不与也。”高诱注：“与，犹说（悦）也。”《吕氏春秋·悔过》：“寡君与士卒，窃为大国忧，日无所与焉。”古籍当中，“与”通“豫”，表示“喜悦”、“快乐”的意思。因此，《论语》这句话应理解为：孔子说：“高大啊！舜、禹得到了上代帝王禅让的天下（帝位），却高兴不起来。”得到帝位竟然不高兴快乐，似乎有违常理，而事实确是如此。《史记·太史公自序》记曰：“唐尧逊位，虞舜不台。”不台（yí 怡），即不高兴。这恰好反映了古贤帝王的谦逊之德。孔子十分推崇禅让荐贤，想藉此改变当时为争君位子弑父、臣弑君的政治乱象。君子得到帝位，表现出的是荣辱不惊和淡定，因责任重大而倍感压力；小人则反之，沾沾自喜，忘乎所以。再比如《为政》篇：“子游问孝。子曰：‘今之孝者，是谓能养。至于犬马，皆能有养。不敬，何以别乎？’”多数《论语》注家都将“至于犬马，皆能有养”解释为“至于狗马都能够得到饲养”，少数注家解释为“犬马也能养人”，还有的解释为“现在的培养孩子，就是能养。像犬马都能养子”。实际上，孔子所说的“养”是“长幼之间相养”的意思。人能做到长幼间相养，有灵性的动物也能做到，如乌雏反哺之佳话。人若在赡养老人时体现不出“敬”来，那与禽兽有何区别？关键要看这个“别”字，孔子强调的是人与禽兽的区别。这样解释阐发，才符合孔子本意，才能真实反映孔子的孝道境界。可见，正确理解经义是前提，只有做到正确理解，才能实现正确阐发和挖掘，才能做到不诬罔古人，才能达到先贤的思想境界，才能对今人起到启迪教化作用，才能实现弘扬传统文化的目的。

鉴于误解经典不是个别现象的实际，我们鼓足了勇气，对汉代以来《论语》的误解情况进行了较为全面的梳理。这么做，心怀忐忑：一是担心自己的鉴别能力，孰是孰非能把握得准吗？二是担心得罪同行大家，指正那么多专家的错误，会不会被群起而攻之？第一个担心，只有靠谨慎鉴别、靠广泛请教专家来增强自信，靠坚实有力的文献依据来支撑自己的见解。第二个担心，也可能是多余，因为学术大家的胸怀也是廓大的，海纳百川的。眼下，《论语误解勘正》书稿已完成，越临近出版面世，我们心中越发担忧，担心误判了注家的解读，担心存有武断之嫌。研究水平所限，对《论语》的理解认识不可能做到完全正确，定有不少值得商榷之处。书中所言，只是我们的认识和理解，谬误之处，欢迎广大读者匡正，以求传统文化经典得到正确解读、优秀传统文化得到正确继承。

编　例

一、鉴于儒家经典《论语》被严重误解的实际，本书对古今《论语》注本及研究文章进行较为全面的梳理，并针对误解予以有理有据的纠正。

二、行文依循《论语》原书顺序。《论语》原文及章句以李学勤主编的《十三经注疏·论语注疏》（标点横排本）为准，章句序号参照杨伯峻《论语译注》的排列顺序。只收存有误解的原文，无误解的舍之不录。

三、《论语》原文章句之下，分设【误解】、【勘正】两栏。【误解】栏选收古今有代表性的错误解释，【勘正】栏是针对误解进行的纠正。

四、判定《论语》误解的标准有二。一是完全违背经文含义者，如有人释“有朋自远方来”之“方”为“并船”，释“游必有方”为“游必有船”，释“不为酒困”之“酒”为“成就”，释“后生可畏”为“以后的时光、未来的光阴、尚未到来的生命不可小瞧、不可低估、不可忽视”。二是欠准确者，如有人释“巧言、令色、足恭”的“足恭”为“搬动两脚表示恭敬”，释“其恕乎！己所不欲，勿施于人”的“恕”为“宽容”。“足恭”准确的理解应是“过分地恭敬”。“足”是“过分”的意思。“恕”虽有“宽容”含义，但在《论语》此语中，准确的理解应是“仁恕”。《说文解字》：“恕，仁也。”《广韵》：“恕，仁恕。”《声类》：“仁心爱物曰恕也。”《中说·王道》“恕哉凌敬”，阮逸注：“以己心为人心曰恕。”《汉语大字典》：“恕：推己及人；仁爱。”可见，对于“恕”，只有加上“仁爱”之义，注解才算准确，才算到位。

五、误解材料侧重从名家名著或流行较广的注本中选收，原因是这类著作读者众，其误解的不良影响相应也大。

六、误解材料以及勘正中征引的材料，原则上只摘取主要观点，读者若想全面了解其具体内容，可以根据文前文后注明的出处寻检原书原文。

七、误解材料以及勘正中征引的材料，严格依据原书原文摘抄，忠实于原作；找不到原书原文的，便间接摘录前人集解、集释类的著作。对于这些材料，编者不作文字上的任何加工，确保文献的真实可靠性。

八、勘正主要采取训诂、文献互证等方法，训诂以求真义，文献互证、文献征引以求坚实的文献依据和文献支撑。勘正文字力求简明，对于争议较大的词句，则费些笔墨予以辨正。

九、书末附设“参考书目”和“词句索引”。“参考书目”注明书名、作者、版本、时间等，为研读者提供版本依据；“词句索引”以《论语》被误解词句首字的笔画多少为序编排，为研读者检索提供方便。

学而第一

1.1　子曰：“学而时习之，不亦说乎？有朋自远方来，不亦乐乎？人不知而不愠，不亦君子乎？”

【“学”误解】

宋朱熹《论语集注》解曰：“学之为言效也。人性皆善，而觉有先后，后觉者必效先觉之所为，乃可以明善而复其初也。”

清刘逢禄《论语述何》解曰：“学谓删定《六经》也。”

清毛奇龄《四书改错》解曰：“学者，道术之总名。”

程树德《论语集释》解曰：“学字系名辞，《集注》解作动辞，毛氏讥之是也。惟其以后觉者必效先觉之所为为学，则精确不磨。今人以求知识为学，古人则以修身为学。观于哀公问弟子孰为好学，孔门身通六艺者七十二人，而孔子独称颜渊，且以不迁怒、不贰过为好学，其证一也。”

闫合作《论语说》译曰：“学问，适时习用它，不也是讲说吗？”

【“学”勘正】

“学”字在这里是泛指，是指学习一切道术（道德学术）、知识、技艺等；不是确指，不是指具体学习某一种事物。古人释“学”为“觉”、为“效”，如：《说文解字》“教，觉悟也。”《广雅》：“学，效也。”“觉”、“效”虽具有“学”义，但表意较窄，不如“学”表意宽泛。任何事物，无论是抽象的还是具体的，都可以“学”。因此，理解为人们通常所说的“学习”为当。

“学”是动词，与后面的动词“习”字，由一连词“而”字来承接。“学”和“习”是两个相连的动态词，表示的意思是：学了之后就要按时练习或复习。清代毛奇龄以及现当代少数学者视“学”为名词，不妥。如果理解为名词，这句话就成为“学术而习之”或“学问而习之”，连词“而”连接一名一动，不符合语法规范。再者，孔子一贯主张好学，以学为乐，如《公冶长》篇：“敏而好学，不耻下问。”又：“十室之邑，必有忠信如丘者焉，不如丘之好学也。”《述而》篇：“学而不厌，诲人不倦。”又：“子在齐闻《韶》，三月不知肉味。”又：“发愤忘食，乐以忘忧，不知老之将至云尔。”《雍也》篇：“知之者不如好之者，好之者不如乐之者。”《泰伯》篇：“笃信好学，守死善道。”《季氏》篇：“不学《诗》，无以言”，“不学礼，无以立”。《阳货》篇：“好仁不好学，其蔽也愚。好知不好学，其蔽也荡。好信不好学，其蔽也贼。好直不好学，其蔽也绞。好勇不好学，其蔽也乱。好刚不好学，其蔽也狂。”

安作璋《论语辞典》统计，“学”字在《论语》中共出现65次，其中62次是“学习”义，3次是“学问”义（但仅举2例：《述而》篇“德之不修，学之不讲”；《子罕》篇“大哉孔子！博学而无所成名”。大概是未举《先进》篇“文学：子游子夏”）。刘学林《十三经辞典》（论语卷）解曰：“学［动］，学习。《学而》：‘子曰：学而时习之，不亦说乎？’”杨伯峻《论语译注》、李泽厚《论语今读》、钱穆《论语新解》、黄怀信《论语新校释》、孙钦善《论语本解》、吴林伯《论语发微》等皆视“学”为动词。

【“时”误解】

梁皇侃《论语义疏》解曰：“时者，凡学有三时：一是就人身中为时，二就年中为时，三就日中为时也。一就身中者，凡受学之道，择时为先；长则捍格，幼则迷昏。……二就年中为时者，夫学随时气则受业易入，故《王制》云‘春夏学诗乐，秋冬学书礼’是也。……三就日中为时者，前身中、年中二时而所学，并日日修习不暂废也。故《学记》云‘藏焉，修焉，息焉，游焉’是也。今云‘学而时习之’者，而犹因仍也，时是日中之时也，习是修故之称也。”

清焦循《论语补疏》解曰：“当其可之谓时。说，解悦也。‘不愤不启，不悱不发’，时也；‘中人以上可以语上，中人以下不可以语上’，时也；‘求也退，故进；由也兼人，故退’，时也。学者以时而说，此大学之教所以时也。”

杨伯峻《论语译注》解曰：“‘时’字在周秦时候若作副词用，等于《孟子·梁惠王上》‘斧斤以时入山林’的‘以时’，‘在一定的时候’或者‘在适当的时候’的意思。王肃的《论语注》正是这样解释的。朱熹的《论语集注》把它解为‘时常’，是用后代的词义解释古书。”

杨润根《发现论语》译解曰：“孔子说：‘人们在学习的时候，同时也就是在与自己所学习的对象相习为伴、密切交往，这种与自己所学习的对象的相习为伴、密切交往的活动岂不是令人欣悦欢喜的吗？’”

【“时”勘正】

这里的“时”，解作“按时”最为恰切。但若灵活一些，解为“时时”、“经常”也是可以的。朱熹《论语集注》解作“时时”，台湾出版的《中文大辞典》，亦将其解为“时时”。实际上，所谓“按时”练习或复习，并非是学了之后只练习或复习一次，一般来讲，学到的新知识、新技艺，都需要经常地复习和练习，以至熟练掌握。至于杨伯峻批评“朱熹的《论语集注》把它解为‘时常’，是用后代的词义解释古书”的说法，是值得商榷的。周秦时，“时”字已有了“按时”、“常常”、“时常”的用法，如《庄子·秋水》：“秋水时至，百川灌河。”《韩非子·八经》：“阴使时循以省衷。”《礼记·中庸》：“君子之中庸也，君子而时中。”汉代，“时”已发展出“时时”的形式，相当于“经常”、“常常”。如《史记·五帝本纪》：“书缺有间也，其轶乃时时见于他说。”《汉书·高帝纪》：“高祖为亭长，乃以竹皮为冠，令求盗之薛治，时时冠之。”又《汉书·匈奴传》：“终景帝世，时时小入盗边，无大寇。”

钱穆《论语新解》译曰：“学能时时反复习之。”孙钦善《论语本解》解曰：“时习：按时复习。《国语·鲁语下》有这样的话：‘士朝而受业，昼而讲贯，夕而习复。’”吴林伯《论语发微》解曰：“‘时习’为自学工夫。孔子曰：‘温故而知新。’弟子从孔子学的经术，尚须时时温寻，方能知道新的，不断提高认识，使胸中疑滞，逐渐冰释，自然感到喜悦。”黄怀信《论语汇校集释》认为：“释‘时’为三时、四时或日中之时，皆当非。时当谓随时、适时。广而言之，则为时时，朱子近是。”李泽厚《论语今读》释作“经常”，骆承烈《孔子名言译评》释作“不断地”，亦合经义。

【“说”误解】

闫合作《论语说》解曰：“孔子兴办私学，就是要传播自己的学说。

解说宣传孔学是孔门弟子必修课，‘学之不讲’是‘吾忧也’（《述而篇》），孔子最关心的也是学术传播。学以致用，身教也是最好的讲说——学而时习之，不亦说乎？”

【“说”勘正】

说，音 yuè，高兴、欣悦。此为常识性问题，无须辩驳。

【“有朋”误解】

清俞樾《群经平议》解曰：“《释文》曰‘有或作友’。阮氏《校勘记》据《白虎通·辟雍篇》引此文作‘朋友自远来’，洪氏颐煊《读书丛录》又引《文选·陆机輓歌》‘友朋自远方来’，证旧本是‘友’字。”

闫合作《论语说》解曰：“‘朋’不作‘朋友’而作‘同学’解。《周礼·大司徒》郑注：‘同师曰朋’，指一同学习。‘朋’在这里特指求学孔门的人。”译曰：“从远方结伴来求学，不就是喜好这学说吗？”

【“有朋”勘正】

有，看作“有无”之“有”为当。此“有”字表示“不指定的人”。通览《论语》中“有”字的用例，共154个，皆无作“友”义解；“朋友”一词出现8次，而未见“友朋”的用法。查遍《十三经》，虽说“有”可以假借为“友”，如《诗·王风·葛藟》“谓他人母，亦莫我有”，《左传·昭公二十年》“若不获扞外役，是不有寡君也”，《公羊传·定公八年》“以季氏之世世有子”，但是，“有”的这种假借用法，表示的是“相亲爱”、“相友爱”的意思，而作为名词用的“有”，如“有（友）朋”、“朋有”，尚未发现。另查多种辞书，也没有发现把“有朋”列为词头者。也就是说，当时人们没有承认“有朋”是一个词。

朋，即朋友。《辞源》：“朋：朋友。《论语·学而》：‘有朋自远方来，不亦乐乎？’”《辞源》：“朋友：①同师同志的人。《易·兑》：‘君子以朋友讲习。’《论语·学而》：‘与朋友交而不信乎？’③明代士大夫对儒学生员的称呼。”可见，朋友含义宽泛，不只指关系密切、志同道合者，也指同学、弟子等。闫合作将“朋”的含义限定的过窄，欠妥。

清刘宝楠《论语正义》按曰：“《释文》云：‘有或作友，非。’考《白虎通》引‘有朋’作‘朋友’，即《释文》所载或本，后人乃改作

‘朋友’耳。《隶释》载《汉娄寿碑》‘有朋自远’，亦作‘有朋’。卢氏文弨《释文考证》云：‘《吕氏春秋·贵直篇》“有人自南方来”，句法极相似。陆氏谓“作友非”是也。’”

辜鸿铭《辜鸿铭讲论语》、钱穆《论语新解》、钱逊《论语浅解》、杨伯峻《论语译注》、李泽厚《论语今读》、孙钦善《论语本解》、黄怀信《论语新校释》、金池《〈论语〉新译》等，皆视“有”为“有无”之“有”。

【“远方”误解】

清俞樾《群经平议》按曰：“《说文·方部》‘方，并船也。象两舟省总头形’，故方即有并义。……友朋自远方来，犹云友朋自远并来。曰友曰朋，明非一人，故曰并来。然则‘有’字当作‘友’，寻绎本文即可见矣。今学者误以‘远方’二字连文，非是。”

闫合作《论语说》解曰：“方，指结伴。《说文解字》方部：‘方，并船也。’……可见是‘方’‘并’同义。从很远的地方结伴来求学，说明求学人多，孔学影响深远。”译曰：“从远方结伴来求学，不就是喜好这学说吗?”

【“远方”勘正】

“远方”应是一个固定的词，不应将其拆开，释“方”为“并”，令人费解。《论语》中的语句大都通俗易懂，明白晓畅，“有朋自远方来，不亦说乎”一语为天下人所引用，人们的通常理解是“有朋友从远方来，不也很令人快乐、高兴吗?”应遵从人们的通常理解，不应曲解得生硬别扭，给人们的理解造成不应有的障碍。

附带说一下：“不亦乐乎”之“乐”，杨润根《发现论语》注音为“yuè”；闫合作《论语说》认为“乐”意思是爱好，读“要”音。均误。应读为 lè。宋朱熹《论语集注》恐怕人读错，特意注明：“乐，音洛。”

【“人不知而不愠”误解】

赵又春《我读论语》解曰：“‘人不知’是说‘不知名’，即知名度还不够大，不是说不被人了解。”

闫合作《论语说》解曰：“‘愠’通‘蕴’，隐藏、藏私。‘人不知’是指‘别人不知道’。这‘不知’可理解为‘不知道自己’，也可理解为指‘不知道的知识’。别人不知道的自己倾囊相授，诲人不倦，这才是君子行径。”

【“人不知而不愠”勘正】

“人不知”，是“人不知我”，即别人不了解自己。“知”，是“知道”、“了解”的意思。《论语·宪问》：“知我者其天乎！”《尚书·皋陶谟》：“知人则哲。”愠，《说文解字》解作“怒也”，《玉篇》解作“恚也，怒也，恨也”，《辞源》解作“恼怒”，《汉语大字典》解作“含怒，怨恨”。怒，则意味着生气、怨恨，因此，解作怒、生气、怨恨均切合文意。此语可与本篇“不患人之不己知，患不知人也”、《卫灵公》篇“君子病无能焉，不病人之不己知也”相发明。

宋朱熹《论语集注》解曰：“愠，含怒意。”杨伯峻《论语译注》：“人家不了解我，我却不怨恨，不也是君子吗？”李泽厚《论语今读》、骆明《骆承烈讲论语》、黄怀信《论语新校释》、孙钦善《论语本解》皆与杨伯峻同。

对于本章，杨朝明《论语诠解》持有全新的解读，录此供参：

> ［诠释］学：有作动词用的“学习”，有作名词用的“学术”、“学说”等，这里应为后者，指思想主张及对社会、人生的总体认识。
>
> 时：有时机、经常、时代等等意思，这里应该与“世”相通，即时代、社会、现世。与《郭店楚墓竹简》中“穷达以时”的“时”相同。
>
> 习：应用、实践。古籍中常常有“习礼乐”（《史记·孔子世家》）、“习射”（《礼记·射义》）、“习威仪”（《左传》隐公元年）等用法。本章有“采用”之意。
>
> 有朋：通“友朋”，即“朋友”。汉代学者认为“同门曰朋”，这里指志同道合的人。《易传》有“君子以朋友讲习”之语，正可以作为注解。
>
> ［解读］孔子说：“如果我的学说被社会普遍接受，在社会实践中加以应用它，那不是很令人感到喜悦吗？即使不是这样，有赞同我的学说的人从远方而来，不也是很快乐吗？再退一步说，不但社会没采用，而且也没有人理解，自己也不怨愤恼怒，不也是有修养的君子吗？”

作者并在2010年1月28日的《光明日报》上以《真实的孔子》为题，阐述了同样的见解：

我们认为，《论语》开篇第一章就十分耐人寻味。

《论语》首篇首章人人耳熟能详："学而时习之，不亦说乎？有朋自远方来，不亦乐乎？人不知而不愠，不亦君子乎？"传统上认为这里所说分别是学习、交友、胸怀方面的问题。可是，这又不免让人疑惑：《论语》中不论哪篇哪章，不论其字数多少，似乎都在集中论说一个主题，为什么偏偏首篇首章显得主题散乱而不集中？

经过思考，我们发现《论语》开篇这一章传统的理解存在问题。这里的"学"应该与"道"相近，它不是动词，而是名词，指的是孔子的"学说"。"时"不应解作"时常"或"按时"，而应解作"时代"，也可引申为社会。"习"不应作"温习"讲，而应作演习、采用讲。下面的两句与之相应，第二句中的"友朋"其实就是朋友，指的是志趣相同的人。

这样，《论语》首章的意思大体是：如果我的主张被时代或社会所采用，那不就太令人喜悦了吗？如果在社会上行不通，可是，忽然发现有赞同我的学说的人，与我一同讨论问题，不也很快乐吗？再退一步说，不但自己的主张在社会难以施行，而且也发现不了理解自己的人，自己却坚守认定的思想观念，不也是一位了不起的君子吗？

实际上，《论语》开篇第一章也是"夫子自道"，反映了孔子本人对于自身境遇和个人思想学说的认识，也包含了《论语》编者对孔子人生的概括。

1.5　子曰："道千乘之国，敬事而信，节用而爱人，使民以时。"

【"爱人"误解】

杨伯峻《论语译注》解曰："古代'人'字有广狭两义。广义的'人'指一切人群；狭义的人只指士大夫以上各阶层的人。这里和'民'（使'民'以时）对言，用的是狭义。"

【"爱人"勘正】

爱人，即爱护人民、爱护百姓。杨伯峻"只指士大夫以上各阶层的人”之说，恐不符文意。孔子曾说“仁者爱人”，“泛爱众而亲仁”，可见，只爱一部分有地位的人，不符合孔子的“泛爱众”思想。此章，“人”与“民”同义。节用，不挥霍浪费，是爱民的表现；适时地使唤百姓，比如农忙时让百姓务农，保障生计，农闲时让百姓做些其他劳动，这也是爱民的表现。

宋朱熹《论语集注》解曰：“《易》曰：‘节以制度，不伤财，不害民。’盖侈用则伤财，伤财必至于害民，故爱民必先于节用。”清刘宝楠《论语正义》解曰：“人指民言，避下句‘民’字，故言‘人’耳。”杨树达《论语疏证》、李泽厚《论语今读》、孙钦善《论语本解》、黄怀信《论语新校释》皆释“人”为“民”。刘斌《踵继前贤　垂范后世》（载《孔子研究》2012 年第 3 期）文云：“赵纪彬先生关于‘人’‘民’的阶级说影响过一大批学人，近年来为不少学界人士所批判，杨伯峻先生对于本章的解读很有些赵氏观点的印记。”

1.7　子夏曰：“贤贤易色，事父母，能竭其力；事君，能致其身；与朋友交，言而有信。虽曰未学，吾必谓之学矣。”

【“贤贤易色”误解】

宋邢昺《论语注疏》：“‘贤贤易色’者，上‘贤’，谓好尚之也。下‘贤’，谓有德之人。易，改也。色，女人也。女有姿色，男子悦之，故经传之文通谓女人为色。人多好色不好贤者，能改易好色之心以好贤，则善矣，故曰‘贤贤易色’也。”

清刘宝楠《论语正义》：“宋氏翔凤《朴学斋札记》：‘三代之学，皆明人伦。贤贤易色，明夫妇之伦也。’……今案：夫妇为人伦之始，故此文叙于事父母、事君之前。《汉书·李寻传》引此文，颜师古注‘易色，轻略于色，不贵之也。’”

杨伯峻《论语译注》译曰：“对妻子，重品德，不重容貌。”注曰：“‘易’有交换、改变的意义，也有轻视（如言‘轻易’）、简慢的意义。因之我使用《汉书》卷七十五《李寻传》颜师古注的说法，把‘易色’解为‘不重容貌’。”

李泽厚《论语今读》译曰：“重视德行替代重视容貌。”注曰：“《正义》[广雅释言]：易，如也。王氏念孙疏证引之云：论语贤贤易色，易者，如也。犹言好德如好色也。”

闫合作《论语说》译曰：“做贤德的事而神色庄重。”解曰：“贤贤就是改变自己的神色。第一个贤做动词用，做。第二个贤是名词，指贤德的事。”

【“贤贤易色”勘正】

该句是谈对待贤者的态度。前“贤”字，是意动用法，有“尊重”义；后“贤”字，是名词，指贤人。直译的话，即“贤其贤者，改变容色”；意译的话，即“尊重贤德之人，应改易平常之容色为尊重之容色”。“贤”字的动词用法，古籍有之，如《礼记·礼运》：“以贤勇知，以功为己。”孔颖达疏：“贤，犹崇重也。”《新唐书·姚崇传》：“崇奏次若流，武后贤之。” “色”，不是指妻子。若是指妻子的话，依下文“父母”、“君”、“朋友”之行文风格，必会点明“妻子”。再者，儒家重德，把对待贤者的态度放在首位，是符合儒家思想的。如果把“色”理解为妻子，则是把对待妻子的态度放在了对待父母和君的态度之前，显然是悖理的。通观整部《论语》，无一处讨论如何对待妻子的问题。至于“贤贤易色”一语与后面几句的关系，很明显，是统属关系。前者为对待贤者的态度，后面的“事父母，能竭其力；事君，能致其身；与朋友交，言而有信”是罗列贤者的善行表现。具备这些善行的贤者，都是值得肃然起敬的。

梁皇侃《论语义疏》引一通云：“上贤字，犹尊重也。下贤字，谓贤人也。言若欲尊重此贤人，则当改易其平常之色，更起庄敬之容也。”宋蔡节《论语集说》云：“贤贤易色，谓贤人之贤而为之改容更貌也。”南怀瑾《论语别裁》曰：“两个贤字，第一个贤字作动词用，因为中国文字有时候是假借的。第二个贤是名词，指贤人——学问修养好的人。……这个‘色’字，很简单，就是态度、形色，……‘贤贤易色’意思是：我们看到一个人，学问好，修养好，本事很大，的确很行，看到他就肃然起敬，态度也自然随之而转。这是很明白，很平实的，是人的普通心理。”

对于本章，黄怀信《论语新校释》近有新的解读，录此供参：

释曰：“贤贤”必当作“见贤”。“贤”从“臤”得音，“臤”音坚，亦见母字，韵相转，故误。见到贤者而改变其容色，正是见贤思齐、谦虚向善，和好学上进的表现，故曰亦谓之学矣。若言女色、妻室，则与“学”无关。

1.8 子曰：“君子不重则不威，学则不固。主忠信，无友不如己者。过则勿惮改。”

【“学则不固”误解】

汉孔安国《论语孔氏训解》解曰：“固，蔽也。”

孙钦善《论语本解》注曰：“固：固执。”译曰：“君子不庄重就没有威仪，学习以后，就不会再自以为是，顽固不化。”

闫合作《论语说》译曰：“君子学识不深厚则不威，学习就不会学识不广。追求忠信，不与志向不同的人交朋友。”

【“学则不固”勘正】

固，当理解为坚固、牢固。这是说不庄重、轻薄所导致的两种后果：一是不会有威严，二是学了知识也不会坚固。道理很明显：一个人不庄重严肃，当然就不会有威严；轻佻戏慢，不认真对待，学了东西也自然难以坚固。

魏何晏《论语集解》曰：“一曰：言人不敦重，既无威严，学又不能坚固，识其义理。”梁皇侃《论语义疏》曰：“言君子不重，非唯无威，而学业亦不能坚固也。”宋朱熹《论语集注》曰：“重，厚重。威，威严。固，坚固也。轻乎外者，必不能坚乎内，故不厚重则无威严，而所学亦不坚固也。”李泽厚《论语今读》译曰：“君子不严肃、端重，就没有权威，所学习的东西就不稳固。”

骆明《骆承烈讲论语》原文作：“（不）学则不固”，译文作：“如果不学习不认知自己完美道德品质的作用，那在社会上就不可能固守自己的道德品质和社会地位。”据前文“不重则不威”而后文加“不”字，代表了部分注家的理解，录此供参。

【“主忠信”误解】

汉郑玄《论语郑氏注》解曰：“主，亲也。惮，难也。”

宋邢昺《论语注疏》解曰：“主犹亲也。言凡所亲狎，皆须有忠信者也。”

金池《〈论语〉新译》解曰："（主）是主动的意思，这里是形容词用作动词，主动接近的意思。"译曰："主动接近忠信［的人］，不要结交不如自己［忠信］的人。"

【"主忠信"勘正】

主，是动词，近似于"主张"、"主持"的意思。《辞源》释为"注重，着重"，《汉语大词典》释为"崇尚，注重"，并举《论语》此语作例证。义皆相近，可从。很多人释为"以忠信为主"，语义虽明确，但"主"的动词性质变了。

【"无友不如己者"误解】

李泽厚《论语今读》译曰："没有不如自己的朋友。"

林觥顺《论语我读》解曰："无友不如己者：使更多的朋友都像自己一样。切勿误以为结交须胜己，似我不如无。想孔子有教无类，岂是只交才德胜己之人？再者人人都想交才德胜己者，则才德胜己者，又有谁愿交自己这种低能儿！结果是人人都孤独无依没有朋友。这样解释，简直是侮辱孔老夫子。無，读同蕪，丰也。是茂盛、众多义，不读同丕，甚大义，不忠信的人，使他也尚忠信，则人人皆像自己一样尚忠信好学。"

【"无友不如己者"勘正】

无，通"毋"、"勿"。友，是动词，交友的意思。"无友不如己者"，即不要和在德行上不如自己的人交朋友。很多人都认为：如果人人都想交才德胜己者，则才德胜己者，又有谁愿交自己呢？理虽如此，但孔子确实是在主张与才德好的人交朋友，如《季氏》篇中孔子说："益者三友，损者三友。友直，友谅，友多闻，益矣。友便辟，友善柔，友便佞，损矣。"与才德好的交朋友有益，与才德差的交朋友有害，近朱者赤，近墨者黑，这是人人都明白的道理。"三人行，必有我师焉。"倘若人人都谦己向善，多看别人的长处，主动结交在某些方面优于自己的人做朋友，同时自己在朋友的影响下积极进步，何忧别人不交己？李泽厚《论语今读》曰："'无友不如己者'，作自己应看到朋友的长处解。即别人总有优于自己的地方，并非真正不去交结不如自己的朋友，或所交朋友都超过自己。如是后者，在现实上不可能，在逻辑上作为普遍原则，任何人将不可能有朋友。所以这只是一种劝勉之词。”因此，理解此句不要太拘泥狭隘，应结合孔子的一贯交友态度，如孔子不止一次地主张与德行好的人交朋友，他说：“友其士之仁者。”（《卫灵公》）还主张善交广交，他曾说：“晏平仲善与人交，久而人敬之。”（《公冶长》）孔子的弟子子张在针对子夏“可者与之，其不可者拒之”的交友态度时谈道：“君子尊贤而容众，嘉善而矜不能。我之大贤与，于人何所不容？我之不贤与，人将拒我，如之何其拒人也？”这些，都有助于我们正确理解孔子师徒交友思想。

1.9 曾子曰：“慎终追远，民德归厚矣。”

【“慎终追远”误解】

文选德《论语诠释》解曰：“关于‘慎终’，意即要以认真谨慎的态度思考所有言行的最后的结果。关于‘追远’，意即要深入彻底地研究探索所有言行所产生的深远影响。”

杨润根《发现论语》解曰：“如果那些在一个国家的共同体里生活的所有人们，能够在作出任何一种行为选择之前，对其可能导致的最终结果及其可能产生的长远影响，作一番认真细致和深入彻底的思考研究，那么在这个国家的共同体里生活的全体人民，都必定会彻底抛弃那种非道德的行为选择，并坚定自己的道德信念，从而使自己的品质不受诱惑地回复到自然纯朴和完美无缺的道德状态。”

闫合作《论语说》译曰：“重后果，有远见，百姓言行会变得淳厚。”

【“慎终追远”勘正】

慎，敬慎、慎重，不轻忽。终，生命终结。《辞源》释“终”曰：“死。”追，追念、追祭。远，以往的死者。此语是说：对于刚去世的死者，要慎重地对待其丧事；对于以往的死者，要经常追祭。这么做，关系到世俗民风，会使民德淳厚。古往今来，中华民族对此十分重视，丧礼哀敬隆重，祭礼庄严肃穆。

梁皇侃《论语义疏》疏曰：“慎终，谓丧尽其哀也。丧为人之终，人子宜穷其哀戚，是慎终也。追远，谓三年之后，为之宗庙，祭尽其敬也。三年后去亲转远，而祭极敬，是追远也。”清刘宝楠《论语正义》解曰：“《尔雅·释诂》：‘慎，诚也。’《说文》：‘慎，谨也。’‘诚’‘谨’义同。《周官·疾医》：‘死终则各书其所以。’郑《注》：‘老死曰终。’……‘追远’者，《说文》：‘追，逐也。’《诗·鸳鸯笺》：‘远，犹久也。’并常训。言凡父祖已殁，虽久远，当时追祭之也。”这些古注，皆合经义。

1.10　子禽问于子贡曰：“夫子至于是邦也，必闻其政。求之与？抑与之与？”子贡曰：“夫子温、良、恭、俭、让以得之。夫子之求之也，其诸异乎人之求之与！”

【“俭”误解】

梁皇侃《论语义疏》解曰：“敦美润泽谓之温，行不犯物谓之良，和从不逆谓之恭，去奢从约谓之俭，推人后己谓之让。言夫子身有此五德之美，推己以测人，故凡所至之邦必逆闻之也。”

何新《论语新解——思与行》解曰：“俭：閒，间，宽松。或读为敬，亦通。《礼记·乐记》：‘恭俭而好礼者，宜歌小雅。’恭俭，即恭敬。得，待也。［译文］先生以温和、善良、恭敬、宽大、谦让对待一切。”

【“俭”勘正】

俭，很多人解为“节俭”、“俭朴”，非。何新释为“宽松”、“宽大”、“敬”，亦非。俭，在此应释为“节制”、“俭束”。“温、良、恭、俭、让”是言处事态度，与奢俭无关。《汉语大字典》：“俭，行为约束而有节制。《说文·人部》：‘俭，约也。’段玉裁注：‘约者，缠束也；俭者，不敢放侈之意。’《左传·僖公二十三年》：‘晋公子广而俭，文而有礼。’《礼记·乐记》：‘恭俭而好礼者，宜歌《小雅》。’孔颖达疏：‘俭，谓以约自处。’”“俭”含有谦逊义，如《荀子·非十二子》：“俭然，恀然。”杨倞注：“自谦卑之貌。”《逸周书·官人》：“其气宽以柔，其色俭而不谄。”孔子俭约不放侈，谦逊有礼，加之温和、善良（友善）、恭敬、谦让等好品德，故易于近人，得闻异国之政。

“恭、俭、让”三字意义上虽相近，但各有侧重：恭，重在恭敬；俭，重在谦卑、谦逊，自我约束、不放肆；让，重在让，即谦让、礼让。

宋朱熹《论语集注》解曰：“温，和厚也。良，易直也。恭，庄敬也。俭，节制也。”杨树达《论语疏证》引《贾子·道术》篇曰“广较自敛谓之俭，反俭为侈。”钱穆《论语新解》解曰：“温，柔和义。良，易善义。恭，庄顺义。俭，节制义。让，谦逊义。”黄怀信《论语新校释》解曰：“‘俭’，俭束，谓自我约束、检点，释节俭非。”

1.11 子曰：“父在观其志，父没观其行，三年无改于父之道，可谓孝矣。”

【“其”误解】

宋范祖禹《论语说》解曰：“为人子者，父在则能观其父之志而承顺之，父没则能观其父之行而继述之。”（引自程树德《论语集释》）

吴林伯《论语发微》解曰：“两‘其’字皆指父。‘父在’二句，互文见义，实谓父之存、亡，子皆当观其志、行，志、行不正则谏。《孝经·谏争章》：‘父有争子，则身不陷于不义；故当不义，则子不可以不争于父。’必使父之志、行正而后继之，此《礼记·中庸》所谓‘善继人之志，善述人之事者也’。”

【“其”勘正】

“其”指儿子。父在时观察儿子的心意，父没后看儿子的行动，父在父没儿子均无违意违行，均能尊父之道，就可以说做到孝了。若“其”指父，那么父死了，如何观父？换言之，父死了，已无行动，人子观何？如果说是人子观父亲生前之心志，也讲不通：既然观，怎能只观父心志而不观父行？非到父死后才观其行？于理难通。关键是此语谈孝，孝的践行者必然是儿子。

汉孔安国《论语孔氏训解》曰：“父在，子不得自专，故观其志而已。父没，乃观其行也。”《大戴礼·曾子本孝》篇曰：“孝子，父死三年，不敢改父之道。”梁皇侃《论语义疏》曰：“其，其于人子也。子若在父丧三年之内不改父风政，此即是孝也。”钱穆《论语新解》：“观其志：其，指子言。父在，子不主事，故惟当观其志。观其行：父没，子可亲事，则当观其行。”杨伯峻《论语译注》曰：“其——指儿子，不是指父亲。”译曰：“若是他对他父亲的合理部分，长期地不加改变可以说做到孝了。”

1.12 有子曰："礼之用，和为贵。先王之道，斯为美，小大由之。有所不行，知和而和，不以礼节之，亦不可行也。"

【"礼之用，和为贵"误解】

宋朱熹《论语集注》解曰："和者，从容不迫之意。盖礼之为体虽严，而皆出于自然之理，故其为用，必从容而不迫，乃为可贵。"

清俞樾《群经平议》解曰："古'以'、'用'二字通。……'礼之用，和为贵'与《礼记·儒行篇》曰'礼之以和为贵'文义正同，此'用'字止作'以'字解。当以六字为句，近解多以体用为言，失之矣。"

杨伯峻《论语译注》释"礼之用"为："礼的作用。"

【"礼之用，和为贵"勘正】

用，解为"施行"、"运用"为是。"用"有施行义，清刘宝楠《论语正义》引《方言》"用，行也"，《说文解字》"用，可施行也"证之。清王引之《经义述闻》认为，《周易》乾卦所言的"潜龙勿用"之"用"，是"施行"的意思。《周礼·天官·庖人》："凡用禽献。"清孙诒让《周礼正义》解作："用，与行义同。"下文的"不以礼节之，亦不可行也"之"行"，恰与此语义相谐。

和，适中、恰到好处。《广韵·戈韵》："和，不坚不柔也。"《周礼·春官·大司乐》："以乐德教国子：中、和、祗、庸、孝、友。"郑玄注："和，刚柔适也。"《银雀山汉墓竹简·孙膑兵法·兵情》："弩张柄不正，偏强偏弱而不和。"这句话是说：礼的施行运用，做到适中、恰到好处为最可贵。礼"不足"（做不到位）与"过分"（足恭），皆不可。以待人恭敬而言，倘若恭敬过分，到了"足恭"的程度，便会招致"左丘明耻之，丘亦耻之"（《公冶长》）的后果。儒家重中庸，强调中和，认为能"致中和"，天地万物就能各得其所，达到和谐境界。今人解"和"，多释为"和谐"，意义相近，并不矛盾。实际上，适中、恰到好处就是"和谐"精神实质的体现。凡事皆做到适中、恰到好处的程度，天下不就十分地和谐了吗？

杨树达《论语疏证》解曰："《礼记·中庸》篇曰：'喜怒哀乐之未发谓之中，发而皆中节谓之和。'《贾子·道术》篇曰：'刚柔得适谓之和，反和为乖。'《礼记·燕义》篇曰：'和宁，礼之用也。'……和今言适合，言恰当，言恰到好处。礼之为用固在乎适合，然若专求适合，而不以礼为之节，则终日舍己徇人，而亦不可行矣。”

【“小大由之”误解】

梁皇侃《论语义疏》解曰：“由，用也。若小大之事皆用礼而不用和，则于事有所不行也。”

清刘宝楠《论语正义》解曰：“‘小大’，指人言。下篇‘君子无小大’，《诗·泮水》‘无小无大，从公于迈’，皆以‘小大’指人之证。《尔雅·释诂》：‘由，自也。’自与从同。《史记·礼书》云：‘君臣、朝廷、尊卑、贵贱之序，下及黎庶、车舆、衣服、宫室、饮食、嫁娶、丧祭之分，事有宜适，物有节文。’是言人小大皆有礼也。”

清俞樾《群经平议》案曰：“此章乃言诸侯交际之礼。上文小大由之，小谓小国，大谓大国，言小国大国皆当以礼相接也。”

何新《论语新解——思与行》译曰：“让小者大者（小人大人）都自由发展，那是行不通的，所以要认识‘和谐’之道而协调他们。”

杨润根《发现论语》解曰：“对于一切伟大的与渺小的、崇高的与卑微的、美好的与丑恶的东西，兼收并蓄，任其自由存在、自由发展。”

【“小大由之”勘正】

小大，指事，不是指人、国或东西。由，从也。《子罕》篇“虽欲从之，末由也已”，《泰伯》篇“民可使由之，不可使知之”，《雍也》篇“谁能出不由户，何莫由斯道也”，均是“从”义。“之”，指“礼之用，和为贵”这一原则。

宋朱熹《论语集注》解作“先王之道，此其所以为美，而小事大事无不由之也”，杨朝明《论语诠解》解为“不论大小事情，都遵循了这样的原则”，孙钦善《论语本解》解为“大事小事无不遵循这一原则”，这样的解释，切合文意。

【“知和而和”误解】

金知明《论语精读》注曰：“知和而和：懂得中和的重要而去中和；第一个和是名词，第二个和是动词。”译曰：“某些事是不能做的，要懂得中和（的重要性）而去（自觉达到）中和，不用礼法来约束，是不行的。”

何新《论语新解——思与行》译曰：“让小者大者（小人大人）都自由发展，那是行不通的，所以要认识‘和谐’之道而协调他们。”

林觥顺《论语我读》解曰：“知和而和：知智同识义，是意识。知和而和，当意识到或思虑到应施行和乐时，必须施用和乐。”

【“知和而和”勘正】

知，知道。此句可以这样理解：若有行不通的地方，那是因为只知和为贵而一味地追求和，而不知用礼节制，所以也就行不通了。告诫人们，虽然是“和为贵”，也不要凡事一味地求和，还要看这种和是否符合礼。不符合礼的“和”，可谓失去了规矩原则之“和”，也就成了上文杨树达所说的“终日舍己徇人”（曲从他人）之和。正确的把握是：既知以和为贵，亦知以礼节和。

宋朱熹《论语集注》解曰：“如此而复有所不行者，以其徒知和之为贵而一于和，不复以礼节之，则亦非复理之本然矣，所以流荡忘反，而亦不可行也。”杨朝明《论语诠解》解曰：“如果有的地方行不通，那一定是为了和谐而一味地追求和谐，而不知道用礼加以节制，所以也就行不通了。”

1.13 有子曰：“信近于义，言可复也。恭近于礼，远耻辱也。因不失其亲，亦可宗也。”

【“信近于义，言可复”误解】

程树德《论语集释》解曰：“‘复’训反复，汉唐以来旧说如是，从无‘践言’之训，《集注》失之。”

杨润根《发现论语》解曰：“在社会生活之中，如果人们所说的话语是诚实可信并接近于真理的，那么这样的话语就是可以被人们一说再说的。”

林觥顺《论语我读》注解曰：“义是己之威仪，是个人自我庄严肃穆行仁之事。复，有往有来谓复，又如反反复复是重复还复。言可复是解释信近于义，说人言反复如一而不欺。”释义曰：“人之言说能做到信守，就能使自己平添几分威仪，所以不论如何说，或不论说什么，都要以诚为出发点。”

【“信近于义，言可复”勘正】

信，诚信，即常说的“言而有信”之“信”。义，其基本含义为“宜”，即适宜、合理，适宜、合理的事称义，比如符合道义的，符合正义的。孔子把“义”摆到“仁”的高度，将其作为道德准则，如“君子义以为上”（《阳货》），“君子义以为质”（《卫灵公》），“其养民也惠，其使民也义”（《公冶长》），“闻义不能从，闻善不能改，是我忧也”（《述而》）。复，本义是“回复”，《易·泰卦》：“无往不复”。“言可复”，指诺言可得以实践、履行，即朱熹所说“践言”。《左传·僖公九年》：“吾与先君言矣，不可以贰。能欲复言而爱身乎？”杨伯峻注：“复言，是实践诺言之义。”《国语·楚语》：“周而不淑，复言而不谋身，展也。”韦昭注：“复言，言可复，不欺人也。”唐白居易《与元九书》：“下以复吾平生之志。”元揭傒斯《萧景能墓志铭》：“与人交，和易简谅，言必可复。”看来，古人多是这么理解的。

梁皇侃《论语义疏》解曰：“信，不欺也。义，合宜也。复，犹验也。……若为信近于合宜，此信之言乃可复验也。”李泽厚《论语今读》译曰：“讲信任必求符合正义，才能履行承诺。”黄怀信《论语新校释》释曰：“‘信’，指一个人所表现出来的诚信、老实程度。旧释约信、诺言皆非。‘近’，接近。‘义’，宜也，谓合宜、恰当、合理。‘复’，践复、兑现。”这些解释皆合文意。

【“因不失其亲”误解】

宋朱熹《论语集注》解曰：“因，犹依也。宗，犹主也。……所依者不失其可亲之人，则亦可以宗而主之矣。”

杨伯峻《论语译注》译曰：“依靠关系深的人，也就可靠了。”

金池《〈论语〉新译》注曰：“因：遵循。”译曰：“遵循［义礼言行交际］就不会背离自己的亲人，［义礼］也就可以代代相传了。”

安德义《论语解读》解曰：“因此不失去亲朋好友，这些亲朋好友也可以作为自己的依靠。”

何新《论语新解——思与行》解曰：“因，援也，求取。失，别失，出离。亲，亲族。指不出离亲族去寻求援助，不求援于外人。宗，通尊，尊重。孔疏读宗为‘宗敬’，即尊敬。郑玄训‘因’为‘亲’，谬。”

胡齐临《论语真义》译曰：“不失去民众的信任的人，也就值得效法了。”

林觥顺《论语我读》解曰：“因，本义是高大，引申作因循义作原因义，是说不会逸失至高至大的父母亲。”

【“因不失其亲”勘正】

因，亲、亲近。《尔雅·释诂》：“因，亲也。”《诗·皇矣》：“维此王季，因心则友。”毛传：“因，亲也。”孔颖达疏：“言其有亲亲之心，复广及宗族也。”《仪礼·丧服》：“继母之配父，与因母同。”郑玄注：“因，犹亲也。”韩愈《祭薛助教文》：“同官太学，日得相因。”

汉孔安国《论语孔氏训解》曰：“因，亲也。言所亲不失其亲，亦可宗敬也。”清刘宝楠《论语正义》解曰：“《诗·皇矣》：‘因心则友。’传：‘因，亲也。’此文上言‘因’，下言‘亲’，变文成义。《说文》：‘宗，尊祖庙也。’宗有尊训。此言‘宗敬’者，引申之义。”

下句“亦可宗也”，“宗”是动词，解为“宗尚、宗敬”为是。上下句合起来，是说：亲近的人不失掉自己的亲族，那也是可宗尚或宗敬的。

儒家重亲亲之道，《论语》中不乏类似的句子，如“君子笃于亲”（《泰伯》）、“君子不施其亲”（《微子》）等。

1.14　子曰：“君子食无求饱，居无求安，敏于事而慎于言，就有道而正焉，可谓好学也已。”

【“食无求饱，居无求安”误解】

林觥顺《论语我读》解曰：“君子，在《论语》中多指才德饱学之士。君子食无求饱，是说正在研究学问的君子，因专心向学，故食之无味，也不知饥渴。无求是无心追求味美可口的满足。”

闫合作《论语说》断句为：“子曰：‘君子食无求，饱；居无求，安。’”译曰：“孔子说：‘君子饮食无所求，饱就行；居住无所求，安而已。’”解曰：“若断句为‘君子食无求饱，居无求安。’丰衣足食、安居乐业是人人之追求，何以君子不可求？”

【“食无求饱，居无求安”勘正】

孔子的本意是说：作为君子，饮食不贪求饱足，居住不贪求安逸。而闫氏这种破天荒的断句和译解，完全颠覆了孔子安贫乐道的思想。孔子时代，人们的生活水平难与今日等言，在那种生活水平低下的境况下，孔子提倡安贫乐道，褒扬颜渊“一箪食，一瓢饮，在陋巷，人不堪其忧，回也不改其乐”之贤德。这并非孔子不向往幸福生活，他承认“富与贵，是人之所欲也”，他也追求富裕生活，曾说：“富而可求也，虽执鞭之士，吾亦为之。”但在生活贫困的境遇下，“安贫乐道”是值得提倡的。三年困难时期，毛泽东主席主动提出不吃肉，周恩来总理提出减少自己的口粮，这早已被国人传为美谈。时至今日，虽说国家富强了，党和政府还一如既往地提倡勤俭节约、反腐倡廉，广大人民也多以俭朴为美德。

【“敏于事”误解】

清焦循《论语补疏》疏曰：“敏，审也。谓审当于事也。圣人教人，固不专以疾速为重。”

何新《论语新解——思与行》解曰：“敏，明也，明见。孔疏训敏为‘疾’，焦循训敏为‘审’，皆不确。”

【“敏于事”勘正】

“敏”的基本意义为敏捷、疾速。《论语》中的“敏”字，多用为勤敏、聪敏义。如《述而》篇：“我非生而知之者，好古，敏以求之者也。”《阳货》篇：“孔子曰：‘能行五者于天下，为仁矣。’‘请问之？’曰：‘恭、宽、信、敏、惠。……敏则有功。’”《公冶长》篇：“敏而好学，不耻下问。”《颜渊》篇：“回虽不敏，请事斯语矣。”“敏于事”，即勤敏于事。清刘宝楠《论语正义》解曰：“敏于事谓疾勤于事，不懈倦也。”杨伯峻《论语译注》解曰：“对工作勤劳敏捷。”此解确当。

为政第二

2.1　子曰："为政以德，譬如北辰居其所，而众星共之。"

【"为政以德"误解】

何新《论语新解——思与行》注曰："以，读为有，一音之转。以德：（要）有德。"译曰："孔子说：'执政者必须有正德，好像北极星处在自己的位置上，让群星环绕而旋转。'"

【"为政以德"勘正】

以，介词，表示"用"的意思。"为政以德"，即"执政用德"，近于人们常说的"以德治国"。

2.2　子曰："《诗》三百，一言以蔽之，曰：'思无邪。'"

【"一言以蔽之"误解】

汉郑玄解曰："蔽，塞也。"（引自王谟辑《论语郑注》）

唐韩愈、李翱《论语笔解》解曰："蔽，犹断也。包（咸）以蔽为当，非也。"

【"一言以蔽之"勘正】

蔽，遮蔽、遮盖，引申为概括。《王力古汉语字典》解"蔽"曰"概括"，并引《论语》此语作例证。古无"概括"一词，汉包咸《论语包氏章句》解作"当"，义近，但不够恰切。

宋朱熹《论语集注》解曰："蔽，犹盖也。"宋蔡节《论语集说》解曰："三百篇之《诗》虽有美刺之不同，然皆出乎情性之正也。夫子以

‘思无邪’一言而尽盖三百篇之旨，可谓深探诗人之心矣。”杨伯峻《论语译注》译曰：“《诗经》三百篇，用一句话来概括它，就是思想纯正。”金池《〈论语〉新译》译曰：“《诗经》三百多篇，用一句话概括它，就是‘思想上不邪恶’。”这些解释符合文意。

【“思无邪”误解】

宋项安世《项氏家说》解曰：“思，语辞也。用之句末，如‘不可求思’、‘不可泳思’、‘不可度思’、‘天惟显思’；用之句首，如‘思齐大任’、‘思媚周姜’、‘思文后稷’、‘思乐泮水’，皆语辞也。说者必以为思虑之思，则过矣。”

程树德《论语集释》解曰：“郑氏《述要》：‘无邪’字在《诗·駉篇》中，当与上三章‘无期’、‘无疆’、‘无斁’义不相远，非邪恶之邪也。……古义邪即徐也。《诗·邶·北风篇》‘其虚其邪’句，汉人引用多作‘其虚其徐’，是‘邪’、‘徐’二字古通用。……《管子·弟子职》曰：‘志无虚邪。’是二字双声联合，古所习用。《诗传》云：‘虚，虚徐也。’……按：‘思’字乃发语辞，非心思之思，当从项说。‘邪’字当作‘徐’解，《述要》之说良确。”

薛耀天《“思无邪”新解》（载《天津师范大学学报》1984年第3期）：“《诗》三百是‘无所不载’的，政治、经济的，历史、地理的，神话、传说的，风俗、人情的，方言、训诂的，鸟兽、草木的，天文、历法的，星陨、地震的，……一句话，有关社会和自然的各方面的知识，真可以说它是应有尽有，囊括无余了。所以，用‘思无邪（徐）’来总括《诗》三百的丰富内容，不是十分恰当吗？”

【“思无邪”勘正】

宋项安世《项氏家说》视“思”为句首语辞；郑浩《论语集注述要》解“邪”为“虚徐”，认为“夫子盖言《诗》三百篇，无论孝子、忠臣、怨男、愁女皆出于至情流溢，直写衷曲，毫无伪托虚徐之意，即所谓‘《诗》言志’者，此三百篇之所同也，故曰一言以蔽之”。观郑浩“虚徐”之义，当为“虚假”，李泽厚《论语今读》从之，译该句曰：“《诗经》三百首，用一句话概括，那就是：不虚假。”然查《辞源》，“虚徐”、“虚邪”二词均释义为“从容温雅貌”，而且引《诗经》“其虚其邪”句为例。李零《丧家狗——我读〈论语〉》认为："他（郑浩）解为虚徐之义，也未必是确诂。"

杨伯峻《论语译注》注曰："'思无邪'一语本是《诗经·鲁颂·駉篇》之文，孔子借它来评论所有诗篇。思字在《駉篇》本是无义的语首词，孔子引用它却当思想解，自是断章取义。"杨氏认为这是孔子断取化用了《诗经》原意，而赋予新的意义，将其译为"思想纯正"，很有代表性，是通常一般的普遍理解。人们每当评价《诗经》时，多用此意。孙钦善《论语本解》的解释与杨伯峻基本一致，值得参考："思无邪：此语出自《诗·鲁颂·駉》，孔子借用来评价《诗》思想内容的纯正。按《诗》的思想内容并非全都符合贵族的礼义，其中有不少大胆表露爱情和反对剥削压迫的诗作，但经过孔子整理，在主题上加以曲解，横生出善者美之，恶者刺之的'美刺说'，于是通通变成'可施于礼义'（《史记·孔子世家》）的了。这样，'思无邪'的总评价便自然产生出来。"

《汉语大词典》的解释值得参考，其解"思无邪"曰："心无邪意，心归纯正。《诗·鲁颂·駉》：'思无邪，思马斯徂。'郑玄笺：'思遵伯禽之法，专心无复邪意也。'《论语·为政》：'《诗》三百，一言以蔽之，曰：思无邪。'邢昺疏：'为政之道，在于去邪归正。'"

2.3　子曰："道之以政，齐之以刑，民免而无耻。道之以德，齐之以礼，有耻且格。"

【"民免而无耻"误解】

林觥顺《论语我读》解曰："免，是兔字少一点，谓兔逸也，因兔之奔走最迅速，其足不可谍见。捕而不见获于人，曰幸免曰兔脱。耻，是心存羞辱，而生辱骂。民免而无耻，是人民可免于受更大的羞辱。"

何新《论语新解——思与行》注曰："免，勉也，勉强。"译曰："靠政令来命导，用刑法来威戒，则百姓勉强但不懂羞耻。"

【"民免而无耻"勘正】

这句话是说：国家如果偏重于以法治国，以刑罚整齐（规范）民众，那么，一些民众就必然会想方设法地避免刑律的处罚，也就不会有因违法而感羞耻之心；国家如果注重于以德治国，以礼来整齐民众，那么，民众从思想上知德守礼，便会产生违法则耻之心，“且能自修而归正也”（宋邢昺《论语注疏》）。

梁皇侃《论语义疏》解曰：“免，犹脱也。耻，耻辱也。为政若以法制导民，以刑罚齐民，则民畏威苟且，百方巧避，求于免脱罪辟，而不复知避耻，故无耻也。”宋邢昺《论语注疏》解曰：“民免而无耻者，免，苟免也。言君上化民，不以德而以法制刑罚，则民皆巧诈苟免，而心无愧耻也。”古人的解释是正确的。

【“有耻且格”误解】

汉郑玄解曰：“格，来也。”（引自清王谟辑《论语郑注》）

宋朱熹《论语集注》解曰：“格，至也。言躬行以率之，则民固有所观感而兴起矣，而其浅深厚薄之不一者，又有礼以一之，则民耻于不善，而又有以至于善也。”

清黄式三《论语后案》解曰：“‘格’、‘革’音义并同，当训为革。”

程树德《论语集释》解曰：“愚谓黄说是也。三代以上，音同之字任意混同，在金石文中久成通例，盖即革面洗心之义也。”

杨伯峻《论语译注》解曰：“《礼记·缁衣篇》：‘夫民，教之以德，齐之以礼，则民有格心；教之以政，齐之以刑，则民有遯心。’这话可以看作孔子此言的最早注释，较为可信。此处‘格心’和‘遯心’相对成文，‘遯’即‘遁’字，逃避的意思。逃避的反面应该是亲近、归服、向往，所以用‘人心归服’来译它。”

赵又春《我读论语》解曰：“‘格’是行为不出格，也即依规矩行事。”

金知明《论语精读》解曰：“有耻且格：有羞耻意识并且分清是非，格，动词，区分。”

李里《论语讲义》解曰：“‘格’当格除讲，就能格除你自己心里边那些不纯正的思想。”

金池《〈论语〉新译》注曰：“格：人格，好品格。”

【“有耻且格”勘正】

释“格”为“正”，符合经义。魏何晏《论语集解》曰：“格者，正也。”梁皇侃《论语义疏》曰：“格，正也。既导德齐礼，故民服从而知愧耻，皆归于正也。”南齐沈驎士《论语沈氏训注》曰：“若道之以德，使物各得其性，则皆用心不矫其真，各体其情，则皆知耻而自正也。”宋邢昺《论语注疏》曰：“格，正也。言君上化民，必以道德。民或未从化，则制礼以齐整，使民知有礼则安，失礼则耻。如此则民有愧耻而不犯礼，且能自修而归正也。”钱逊《论语浅解》曰：“用道德教化来引导百姓，用礼制来统一百姓的行动，百姓就会有羞耻之心，并且自觉地走上正道了。”

《辞源》：“格：纠正。《书·冏命》：‘绳愆纠谬，格其非心。’《论语·为政》：‘有耻且格。’”《汉语大字典》：“格：正，纠正。《方言》卷三：‘格，正也。’清吴善述《说文广义校订》：‘制器者以木为法，所以正不正者曰格。’”《孟子·离娄上》：“惟大人为能格君心之非。”赵岐注：“格，正也。”人有耻辱感，才能格其非心，才能正其不正，可见，释“格”为“正”胜于其他诸说。

2.4　子曰：“吾十有五而志于学，三十而立，四十而不惑，五十而知天命，六十而耳顺，七十而从心所欲不逾矩。”

【“耳顺”误解】

唐韩愈、李翱《论语笔解》解曰：“‘耳’当为‘尔’，犹言如此也。即知天命，又如此顺天也。”

袁庆德《论语通释》解曰：“这一句原来应该是‘六十而顺’，句法与‘三十而立’相同。”

【“耳顺”勘正】

人到六十岁，闻见既多，无论闻见何语何事，皆已习惯，没有惊讶生涩之感，且具有丰富的人生经验和敏锐的识别能力。汉郑玄解曰：“耳顺，闻其言，而知其微旨也。”（引自魏何晏《论语集解》）宋邢昺《论语注疏》曰：“顺，不逆也。耳闻其言，则知其微旨而不逆也。”杨伯峻《论语译注》解曰：“六十岁，一听别人言语，便可以分辨真假，判明是非。”黄怀信《论语新校释》曰：“‘耳顺’，谓入耳之言皆顺熟，不生涩。”比较而言，黄氏所解最切合文意。

2.5 孟懿子问孝。子曰："无违。"樊迟御，子告之曰："孟孙问孝于我，我对曰'无违'。"樊迟曰："何谓也？"子曰："生，事之以礼。死，葬之以礼，祭之以礼。"

【"无违"误解】

宋朱熹《论语集注》解曰："无违，谓不背于理。"

李里《论语讲义》解曰："'无违'，不要超越你的本分。"

杨润根《发现论语》解曰："父母不要违背自己对于儿女所应尽的责任，儿女也不要违背自己对于父母所应尽的责任。"

【"无违"勘正】

无违，汉石经作"毋违"。无违，即不要违背礼。下文"生，事之以礼。死，葬之以礼，祭之以礼"，便是对"无违"的进一步阐发。

朱熹解"无违，谓不背于理"，是站在理学立场上以理学观念释之，显然是不对的。程树德《论语集释》评朱注曰："朱子因欲伸其师穷理之说，其注《论语》到处塞入理字。于仁则曰心之德、爱之理，于礼则曰天理之节文，如水银泻地，无孔不入。自古无如此解经法也。然有绝不可通者，如此章'无违'明是不背于礼，乃偏作理，而于下节言礼天理节文以自圆其说，可谓心劳日拙者矣。"程氏的批评鞭辟入里，正中肯綮。

朱氏以理学思想解经，观点明显偏颇，然当今仍有学者盲目从之。如杨润根《发现论语》对该章作了如此的发挥："鲁国的大官僚孟孙问什么是父母对待儿女和儿女对待父母的正确原则，孔子说：'父母对待儿女和儿女对待父母的正确原则'是：父母不要违背自己对于儿女所应尽的责任，儿女也不要违背自己对于父母所应尽的责任。……父母对于儿女和儿女对于父母所应尽的责任，简单地说这就是：父母在其有生之年，应像理性所要求的那样去做一位完全合格的父亲和一位完全合格的母亲。这样，对于儿女来说，当这两位完全合格的父亲和母亲去世之后，儿女也应像理性所要求的那样为父母举行葬礼，并应像理性所要求的那样去缅怀纪念他们。"看来，杨氏把"孝"解作"父母对待儿女和儿女对待父母的正确原则"，把"无违"解作"父母不要违背自己对于儿女所应尽的责任，儿女也不要违背自己对于父母所应尽的责任"，父母"应像理性所要求的那样去做一位完全合格的父亲和一位完全合格的母亲"，"儿女也应像理性所要求的那样为父母举行葬礼”。杨氏从理性出发，首先要求父母尽到责任，具备了被儿女尽责任的条件和前提，然后才要求儿女尽责任。也就是说，父母如果做得不好，儿女可以不尽孝道。这样的只强调“理”而忽略“礼”的解释，完全违背了孔子的本意。孔子所谈的“孝”，是要求做儿女的尽孝道，“生，事之以礼。死，葬之以礼，祭之以礼”是对儿女尽孝道的基本要求，根本就没有“要求父母如何做”的字眼，可见杨氏的“发现”是缺乏依据的。

2.6 孟武伯问孝。子曰：“父母唯其疾之忧。”

【“父母唯其疾之忧”误解】

汉马融《论语马氏训说》解曰：“言孝子不妄为非，唯疾病然后使父母忧耳。”

杨伯峻《论语译注》译曰：“孟武伯向孔子请教孝道。孔子道：‘做爹娘的只是为孝子的疾病发愁。’”

钱穆《论语新解》译曰：“让你的父母只忧虑你的疾病。”

方骥龄《论语新诠》解曰：“故父母唯其疾之忧，疾非疾病，即孟子所谓惰其四支、博奕、好饮酒、好财货、私妻子、从耳目之欲、好勇斗狠。”

李泽厚《论语今读》译曰：“使父母只担心子女的疾病。”解曰：“是指子女非常关心和担忧父母生病呢？还是指子女只使父母关心自己疾病而不担心别的事，即对别的方面都非常放心呢？后一解更深一层。孟武子谥‘武’，可能一向勇猛，父母老怕他因此而惹事生非，遭难遇祸，所以孔子就这样回答他?!”

文选德《论语诠释》解曰：“关于‘其’字，意即一切不正常的、有害的、坏的东西。这里的‘其’字是代词，既指父母本身，又指其子女。关于‘疾’字，这里的‘疾’字既指生理上的毛病，也指品德行为上的毛病。”

【“父母唯其疾之忧”勘正】

两大分歧：有些人以为是“父母忧子”，有些人以为是“子忧父母”。此章言孝，孝行的主动体现者应是子女，所以理解为“子忧父母”为当。

父母担忧子女是“慈”，子女担忧父母才是“孝”，不可将伦理概念混淆。此语应解作：对于父母，唯有他们身上的疾病最令人担忧（因为疾病能导致父母痛苦乃至死亡）。常为人所记诵的“父母在，不远游”之圣训，以及《里仁》篇的“父母之年，不可不知也，一则以喜，一则以惧”，恰与此语相发。严灵峰《读论语札记》曰：“此为‘问孝’，当以子对父母之关切而言。《礼记·曲礼》篇：‘父母有疾，冠者不栉，行不翔，言不惰，琴瑟不御，食肉不知变味，饮酒不至变貌，笑不至矧，疾止复故。’……皆可证明此说。”清臧琳《经义杂记》曰：“《论衡·问孔》云：‘武伯善忧父母，故曰唯其疾之忧。’又《淮南子·说林》：‘忧父母之疾者子，治之者医。’高《注》云：‘《论语》曰：“父母唯其疾之忧。”故曰“忧之者子”。’则王充、高诱皆以为人子忧父母之疾为孝，与马说不同。……惟王、高二氏说文顺义洽，盖人子事亲，万事皆可无虑，唯父母有疾，独为忧之所不容。”康有为《论语注》曰：“王充《论衡》、高诱皆以人子忧父母之疾为孝。《孝经》：‘孝子之事亲也，病则致其忧。’”

2.7　子游问孝。子曰：“今之孝者，是谓能养。至于犬马，皆能有养。不敬，何以别乎？”

【“至于犬马，皆能有养”误解】

汉包咸《论语包氏章句》解曰：“犬以守御，马以代劳，能养人者。”

宋朱熹《论语集注》解曰：“犬马待人而食，亦若养然。言人畜犬马，皆能有以养之，若能养其亲而敬不至，则与养犬马者何异。”

清包慎言《论语温故录》解曰：“犬马二句，盖极言养之事。虽父母之犬马，今亦能养之也。《内则》：‘父母之所爱亦爱之，父母之所敬亦敬之，至于犬马尽然，而况于人乎？’此敬养兼至，故为贵也。”

钱穆《论语新解》译曰：“就是犬马，一样能有人养着。”

杨伯峻《论语译注》译曰：“孔子说：‘现在的所谓孝，就是说能够养活爹娘便行了。至于狗马都能够得到饲养；若不存心严肃地孝顺父母，那养活爹娘和饲养狗马怎样去分别呢？’”

李泽厚《论语今读》译曰：“人也一样养活狗、马。不尊敬，那有什么区别？”

闫合作《论语说》译曰：“现在的培养孩子，就是能养。像犬马都能养子。不培养敬的品质，与禽兽养子有什么区别呢？”

杨润根《发现论语》解曰：“对于犬马，我们也能向它们提供食物。如果为人父母不对自己应对之尽责的儿女们的道德品质给予深切的关注，不去努力把儿女们培养造就成具有美德与优秀的言谈举止的人，而只是以向他们提供食物为满足，那么养育儿女又怎么能与豢养犬马区别开来呢？”

【“至于犬马，皆能有养”勘正】

“犬马养人”说、“人养犬马”说以及“养父母之犬马”说，都是对本章的误解，正确的解释应是“人和犬马皆能相养”。清李光地《读论语札记》曰：“如旧说犬马能养，则引喻失义，圣人恐不应作是言。且能字接犬马说，似非谓人能养犬马也。盖言禽兽亦能相养，但无礼耳。人养亲而不敬，何以自别于禽兽乎？”

李光地“相养”说是正确的。乌雏反哺其母之佳话以及动物中众多相养的真实例子，证实禽兽确实能做到相养。很多人都曾看过一个纪录片：一只母海豚老而病弱，不能游动，小海豚伏在其母身下，背驮其游动。恰似年轻人搀扶老年人，其动人场面，令人类自愧不如。人能相养，动物也能相养，人若在赡养老人时体现不出“敬”来，那么与禽兽有何区别？关键要看这个“别”字，孔子强调的是人与禽兽的区别。孔子的境界高，对人在孝的方面要求高，在对待老人方面，只做到“养”是不够的，还要做到“敬”，不能停留在禽兽的水准上。后人多体会不出，以致误解。笔者查阅了当代流行的数十种《论语》注本，多数持“人养犬马”说，少数持“犬马养人”说，而李光地的正确解释却备受冷落，无人提及。

2.8 子夏问孝。子曰：“色难。有事，弟子服其劳；有酒食，先生馔，曾是以为孝乎？”

【“色难”误解】

魏何晏《论语集解》解曰：“色难，谓承望父母颜色乃为难也。”

清钱坫《论语后录》解曰：“文王之为世子，朝于王季，日三问内竖今日安否。安，文王色喜；有不安节，文王色忧，行不能正履。此所谓‘色难’是矣。故《玉藻》曰：‘亲瘠，色容不盛，孝子之疏节也。’郑、包二义恐失之。”

辜鸿铭《辜鸿铭讲论语》讲曰："困难在于人的仪表神态。"解曰："色难：色是描述的意思。……孔子认为'孝是什么'非常难描述——因为重要的并不是你对父母做了什么事情，而是在做出这些行为的时候，你抱有的是一种什么样的心态。"

李泽厚《论语今读》译曰："不给父母好脸色看。"

杨润根《发现论语》解曰："看来这是一个令许多人迷惑难解的问题。……色：色彩，颜色，它是物质直接呈现在人们的感官之前的一种表面的光学性质，它是眼睛所能直接感觉到的对象，这里的'色'有'表面上看起来……'之意。"

裴传永《论语"色难"新解》（载《孔子研究》2000年第4期）解曰："'色'即是面色、神情之意，'难'则是一个假借字，具体地说，是'戁'字的假借。……'戁'字出现较早，《诗经·商颂·长发》中即有'不戁不竦，百禄是总'的诗句。至于'戁'字的含义，《说文·心部》解释说：'戁，敬也。从心，難声。'《字汇·心部》解释说：'戁，恭也。'《汉语大字典》则释'戁'为'恭敬'。把'色难'解为'色戁'，取其容色恭敬之意。"

金池《〈论语〉新译》解曰："色难，（儿女）脸色难看。"

【"色难"勘正】

"色难"二字的正确解释是：侍奉父母或师长，能长期做到敬色（或说永久保持敬爱和悦的容态）为最难。汉郑玄《论语郑氏注》解曰："言和颜悦色，是为难也。"宋朱熹《论语集注》解曰："谓事亲之际，惟色为难也。"清简朝亮《论语集注补正述疏》述曰："《礼·内则》之言子事父母也，曰：'问所欲而敬进之，柔色以温之。'《释文》云：'温，又作蕴，於运反。'郑《注》云：'温，藉也。承尊者必和颜色。'孔《疏》云：'承藉父母，若藻藉承玉然。'是也。此善形容其难者矣。"孙钦善《论语本解》解曰："色：指敬爱和悦的容色态度。《礼记·祭义》：'孝子之有深爱者必有和气，有和气者必有愉色，有愉色者必有婉容。'"郑玄、朱熹、简朝亮、孙钦善的解释符合文意。

常言道："床前百天无孝子"，大概说的就是为子女者在侍奉父母方面要做到长久的敬色的难度吧。凡有长期侍奉老父老母（尤其是长期病瘫在床的老人）经历的儿女，大都有切身感受。孔子大概就是据众多儿女的这种感受而发出这一实实在在的感叹，同时也是对做儿女的向“孝”的更高境界修炼的要求。杨豹《孔子与柏拉图论人际关系的比较》（载《孔子研究》2009 年第 6 期）这么讲：“在孔子看来，‘孝’的最高境界就是‘色难’，因为这是人的内心情感的流露，需要精神上的长期提升和修炼。换言之，‘孝’的最高境界就是和颜悦色。它体现了子女对父母是不是存有仁孝之心。”杨先生的分析是符合孔子思想的。

孔子认为仅仅做到“有事，弟子服其劳；有酒食，先生馔”这些，太容易了，是一般人都能做到的，达不到“孝”的要求，所以他用反诘的语气“曾是以为孝乎？”加以否定。孔子认为，做子女的对待父母，在让其吃饱穿暖的情况下，重要的是要做到“恭敬”，要和颜悦色，让老人打心眼里舒服，这才算真正做到了“孝”。与上章所主张的一样：只做到“养”不行，还要做到“敬”。侍奉父母和颜悦色，正是“敬”的最好表现。曾子对其师孔子所谈的孝有准确的理解，他说：“大孝尊亲，其次不辱，其下能养。”（《大戴礼记·曾子大孝》）

何晏解似是正确，但细品究则不然，好像是在说父母不易侍奉，父母难缠。

【“有酒食，先生馔”误解】

清孔广森《经学卮言》曰：“馔，郑本作馂。《注》云：‘食馀曰馂。’愚谓今文虽作馔，义亦与馂同。……据《说文》，馔即籑或体字，《仪礼》以馔为馂，《论语》以馔为馂，其实一耳。读当以‘食先生馔’为句，言有燕饮酒则食长者之余也。有酒、有事，文正相偶。有事，弟子服其劳，勤也；有酒，食先生馔，恭也。勤且恭，可以为弟矣，孝则未备也。”

清戴望《戴氏论语注》曰：“食馀曰馂。有燕歓酒则食长者所馀，为恭也。”

毛子水《论语今注今译》译曰：“人子中年纪少的做事，年纪长的备饮食。”

【“有酒食，先生馔”勘正】

孝，一般指善事父母。子夏问孝，与上章子游问孝，所指相同，所以孔子均答以“敬”、“色难”；既然“色难”是指“侍奉父母，长期做到敬色为难”，那么下文的“有事，弟子服其劳；有酒食，先生馔”都是承顺“色难”而言的（即先说难的，后说易的）。因此，将“先生”理解为“父兄”为是。汉马融《论语马氏训说》解曰：“先生，谓父兄也。馔，饮食也。”宋朱熹《论语集注》解曰：“食，饭也。先生，父兄也。馔，饮食之也。”金池《〈论语〉新译》解曰：“弟子，这里指儿女。先生，长辈，这里指父母。”《辞源》、《汉语大词典》皆将此语的“先生”释为“父兄”。当然，依理而言，师同父，对师用孝亦可。

馔，《广雅》解曰：“进食也”。《辞源》解曰：“馔：食用。《论语·为政》：‘有事，弟子服其劳；有酒食，先生馔。’”《汉语大字典》解曰：“馔：吃喝。”《汉语大词典》解曰：“馔：吃喝；给吃喝。”这几部权威性辞书，均未谈“馔”字有“食馀”义。查其他辞书，也未发现“食馀”义。

【“曾”误解】

宋朱熹《论语集注》解曰：“曾，犹尝也。”

清钱大昕《十驾斋养新录》解曰：“《广韵》：‘昨棱切。经也。’《类篇》：‘曾，昨棱切。词之始也。又咨腾切。则也。又姓。’是以读如层为正音，读如增为别音。朱文公《论语》三‘曾’字俱无音，则并‘曾谓泰山’、‘曾是以为孝乎’皆读如层，与陆氏《释文》异，而于《类篇》之例却合。……孙季昭欲举经典中曾不、曾莫之类尽读如增，似未喻陆氏《释文》之旨，当从朱文公读为长。”

杨伯峻《论语译注》解曰：“曾——音层，céng，副词，竟也。”

【“曾”勘正】

曾，有 zēng、céng 两个读音。读 zēng 时，表示出乎意料或反问，释为“竟”、“竟然”、“岂”、“难道”均可。读 céng 时，表示事情发生在过去，犹“尝”、“曾经”。

在《论语》此条，应读 zēng。“曾是以为孝乎？”之“曾”表示的是“竟然”、“岂”、“难道”的反问语气。

《尔雅·释言》：“憯，曾也。”郭璞注：“发语辞。见《诗》。”邢昺疏：“憯，曾也。曾，则也。皆发语辞。郭云‘见《诗》’者，《小雅·节南山》云‘憯莫惩嗟’、《卫风·河广》云‘曾不崇朝’之类是也。”徐朝华《尔雅今注》:"'憯,曾也。'曾(zēng),竟,竟然,表示事出意外。《论语·先进》:'吾以子为异之问,曾由与求之问。'"

《王力古汉语字典》:"1. zēng 作滕切,平,登韵,精。蒸部。竟,乃。《诗·卫风·河广》:'谁谓河广?曾不容刀;谁谓宋远?曾不崇朝。'《论语·为政》:'有酒食,先生馔,曾是以为孝乎?'2. céng 昨棱切,平,登韵,从。蒸部。曾经。《吕氏春秋·顺民》:'失民心而立功名者,谓之曾有也。'《史记·孟尝君列传》:'孟尝君曾待客夜食。'"

《辞源》注音为:"zēng,作滕切,平,登韵,精。"释义为:"岂,怎。《论语·八佾》:呜呼!曾谓泰山不如林放乎?"

安作璋《论语辞典》:"曾,情态副词。竟然,难道。《为政》二·八:'有事,弟子服其劳;有酒食,先生馔,曾是以为孝乎?'"《十三经辞典》亦注音为 zēng。

钱大昕、杨伯峻等主张读 céng,非。读 céng 时,表示的意思是"动作行为已经进行",相当于"尝"、"曾经",而无"竟"、"竟然"、"岂"、"难道"义。读 zēng 时,古书常用以表示"岂"、"难道"义,如《国语·吴语》:"越曾足以为大虞乎?"《庄子·应帝王》:"且鸟高飞以避矰弋之害,鼷鼠深穴乎神丘之下,以避熏凿之患,而曾二虫之无知!"宋沈作喆《寓简》:"夫二事者,吾不以为难,而况贫贱者曾足以动吾心乎?"

《论语》用"曾"字共 3 处(人名除外),除本章外,尚有《八佾》篇:"曾谓泰山不如林放乎?"《先进》篇:"曾由与求之问。"所表示的都是"竟"、"竟然"、"岂"的意思。而《论语》在表示"曾经"的意思时,习用"尝"字,如《泰伯》篇:"昔者我友尝从事于斯矣。"《卫灵公》篇:"俎豆之事则尝闻之矣。""吾尝终日不食终夜不寝。"可见《论语》用字分明。

2.10 子曰:"视其所以,观其所由,察其所安,人焉廋哉?人焉廋哉?"

【"视其所以"误解】

魏何晏《论语集解》解曰:"以,用也。言视所其行用也。"

宋朱熹《论语集注》解曰:"以,为也。为善者为君子,为恶者为小人。”

杨伯峻《论语译注》解曰：“‘以’字可以当‘用’讲，也可以当‘与’讲。如果解释为‘用’，便和下句‘所由’的意思重复，因此我把它解释为‘与’，和《微子篇第十八》‘而谁以易之’的‘以’同义。”译曰：“考查一个人所结交的朋友。”

金池《〈论语〉新译》注曰：“所以：指以往的言行。”

杨润根《发现论语》注曰：“‘以’，依靠，凭藉。所依靠的手段，所凭藉的方法，所采取的行动。”

李零《丧家狗——我读〈论语〉》解曰：“观察历史，都是以现在为观察点，由这个点，逆溯过去，顺推将来。人也如此。……‘所以’，是现在怎么样。‘所由’，是过去怎么样。‘所安’，是将来怎么样。合起来，是说知人要知根知底，有彻头彻尾的了解。”

【“视其所以”勘正】

所以，指原因、情由。《庄子·天运》：“彼知矉美，而不知矉之所以美。”《文子·自然》：“天下有始，莫知其理，唯圣人能知所以。”《史记·太史公自序》：“《春秋》之中，弑君三十六，亡国五十二，诸侯奔走不得保其社稷者不可胜数。察其所以，皆失其本已。”

段德森《实用古汉语虚词》曰：“在句末的‘所以’，可看作是省略了受‘所以’修饰的成分，全句是叙述原因的叙述句。例：问其所以，乃受炙人也。(《世说新语·德行》)”

视其所以，也就是看他为什么要这么做，即原因、情由。钱逊《论语浅解》曰：“作动因讲，所以，所抱的动机。”蒋沛昌《论语今读》曰：“以：原因，因由；此处作动机或出发点讲。”何新《论语新解——思与行》曰：“观察他的动机。”杜道生《论语新注新译》曰：“以，根据，这里指言行的动机。”

【“观其所由”误解】

王孺童《孺童讲论语》解曰：“‘由’是指导致此人当前言行的原因。”

林觥顺《论语我读》解曰：“由是原由，是随从而行。所由就是因何如此。”

郑张欢《论语今释》释曰："观其所喜怒哀乐之所由。"

胡齐临《论语真义》译曰："观察一个人言行和动机。"

何新《论语新解——思与行》译曰："观察他的手段。"

【"观其所由"勘正】

所由，即经由、经从、经历。"观其所由"，就是看他做事情从开始到当前所经由的过程。《广韵·尤韵》："由，经也。"《庄子·渔父》："万物之所由也。"魏何晏《论语集解》解曰："由，经也。言观其所经从也。"梁皇侃《论语义疏》解曰："由者，经历也。又次观彼从来所经历处之故事也。"宋朱熹《论语集注》解曰："由，从也。"杨树达《论语疏证》："由，行也。所由谓其所由行之径路。"李泽厚《论语今读》注曰："所由者，言其事迹来历从由也。"杨朝明《论语诠解》解曰："所由：以前做过的事情。所从由的道路、途径。"

【"察其所安"误解】

胡齐临《论语真义》译曰："观察他所喜欢的人和事。"

李零《丧家狗——我读〈论语〉》解曰："'所安'，是将来怎么样。"

孙钦善《论语本解》注曰："安：习。《吕氏春秋·乐成》：'舟车之始见也，三世然后安之'，高诱注：'安，习也。'"译曰："考察他养成的癖性习惯。"

【"察其所安"勘正】

察其所安，即察看他事情做完后心情所安定、满意于哪些方面，也就是对事情结果的态度。梁皇侃《论语义疏》解曰："安，谓意气归向之也。言虽或外迹有所避而不得行用，而心中犹趣向安定见于貌者，当审察以知之也。"宋朱熹《论语集注》解曰："安，所乐也。所由虽善，而心之所乐者不在于是，则亦伪耳，岂能久而不变哉？"清刘宝楠《论语正义》解曰："'安'者，意之所止也。"杨伯峻《论语译注》译曰："了解他的心情，安于什么，不安于什么。"杨朝明《论语诠解》解曰："所安：乐于做、安心做的事情。……人安于何事，很能反映一个人的胸怀和境界。"

此章谈知人之法：先看他行事的动机、原因，再看他行事的经过，最后看他对事情结果的态度。如此去了解人，人的真实面目怎能隐藏？

2.11 子曰："温故而知新，可以为师矣。"

【"温故而知新"误解】

清刘逢禄《论语述何》解曰："故，古也。六经皆述古昔称先王者也。知新谓通其大意以斟酌后世之制作，汉初经师皆是也。"

方骥龄《论语新诠》解曰："'师'应指官吏言，'故'指政治法制言，似非一般性之知识与教师言。孔子之世，似尚无以师为专职者与？"

杨朝明《论语诠解》解曰："温故：温习过去的人和事。知新：智慧得到长进、提高。知，定州汉墓竹简本的《论语》作'智'。新，动词。提高，长进。……孔子说：'温习从前的知识或经历，能够使自己的智慧得到提高、长进，这样的人就可以做老师了。'"

何新《论语新解——思与行》注曰："温，问也。"译曰："推问过去的东西从而悟知新的道理，自己就可以做自己的老师了。"

【"温故而知新"勘正】

温故，温习以往所学；知新，再获知新的知识。"温"和"知"是动词，"温故"、"知新"是两个相对应的动宾词组。《中庸》"温故而知新"汉郑玄注曰："温，读如焊温之温，谓故学之孰矣，后时习之，谓之温。"孔颖达疏曰："'温故而知新'者，言贤人由学既能温寻故事，又能知新事也。"（引自《礼记义疏》卷六十七）梁皇侃《论语义疏》曰："温，温焊也。故，谓所学已得之事也。所学已得者，则温焊之不使忘失，此是月无忘其所能也。新，谓即时所学新得者也。知新，谓日知其所亡也。若学能日知所亡，月无忘所能，此乃可为人师也。"宋邢昺《论语注疏》曰："温，寻也。言旧所学得者，温寻使不忘，是温故也；素所未知，学使知之，是知新也。"

温故，是为了巩固旧时所学的知识；知新，是再不断地获知新知识，接受新事物，发现新问题，解决新问题，以适应时代的发展。这样，知识越积越厚，博学多闻，且善于知新创新，便能成为一个合格的老师。

2.12 子曰："君子不器。"

【"君子不器"误解】

金知明《论语精读》解曰："器，名词，器皿，这里用作动词，义为隔阂、僵化。"

林觥顺《论语我读》解曰："不器者不一器，是多用度的器。但不器也可作不受重视。不器，可读丕器，是大器，如孔圣人是大器。"

杨润根《发现论语》解曰："君子并不把那些片面有限的物质对象作为自己人生的追求目标。"

【"君子不器"勘正】

孔子所说的"君子不器"，即"君子不要像器物一样"。意谓用途不局限于一个方面。《礼记·学记》："大道不器。"汉郑玄注："谓圣人之道，不如器施于一物。"汉包咸《论语包氏章句》曰："器者各周其用，至于君子，无所不周也。"梁皇侃《论语义疏》解曰："此章明君子之人不系守一业也。器者，给用之物也，犹如舟可泛于海不可登山，车可陆行不可济海。君子当才业周普，不得如器之守一也。"宋朱熹《论语集注》解曰："器者，各适其用而不能相通。成德之士，体无不具，故用无不周，非特为一才一艺而已。"

古人的这些解释是符合经义的。此语具有丰富的含意，后人又有所发掘。毛子水《论语今注今译》解曰："君子处事，当有自己的志意，不能像器物的随人所用。"袁庆德《论语通释》释曰："器：器具，包括容器、工具等。这里作形容词，意思是像器具一样。孔子用'器'来反喻君子，说君子不像器具一样，只能被动地等待人来使用，如果被用在不适合于自己的地方，也只能将错就错。言外之意，君子应该主动地寻找发挥自己才能的机会，而不应该被动地等待机会的到来。"

一件器物，它的用途是受局限的，当然，它也是被动的，仅仅是被使用的工具。而对人的要求，则是不能像器物一样，人所发挥的作用，应是多方面的，而且应是主动的，不被役使的。一个有德之人，既有多种才能，又有主体意识，且能主动进取，那么，他对人类社会的作用是巨大的。

2.13 子贡问君子。子曰："先行其言而后从之。"

【"先行其言而后从之"误解】

杨润根《发现论语》解曰："子贡问什么才是一个君子对待自己个人的主张所应抱持的态度，孔子说：'一个君子对待自己个人的主张所应抱持的态度是：除非他准备自己首先去实行自己的主张，否则他决不把自己的主张说出来。'"

何新《论语新解——思与行》译曰："子贡问关于君子。孔子说：'先实行其所说，然后追随他。'"

【"先行其言而后从之"勘正】

该语的通常理解是：对于自己要说的话，先实行了，再说出来，这就可以说是一个君子了。孔子在《学而》篇中所说的"敏于事而慎于言"，与此语义近。

定州简本《论语》无"而后"二字，黄怀信《论语新校释》据删，断句为："先行，其言从之。"译曰："（君子做事，应当）先行动，言语跟在后面。"可从。

孔子强调先做后说，做了再说，言行相副，取信于人。当然不是要求凡事都先做后说，而是重视实际行动，不要只说漂亮话而不干实事。孔子强调示范表率作用，如"子帅以正，孰敢不正？"（《颜渊》）"其身正，不令而行；其身不正，虽令不从。"（《子路》）"上好礼，则民莫敢不敬；上好义，则民莫敢不服；上好信，则民莫敢不用情。"（《子路》）清刘宝楠《论语正义》曰："《大戴礼·曾子制言篇》：'君子先行后言。'又《立事篇》：'君子微言而笃行之。行必先人，言必后人。'均与此章义相发。"

2.14 子曰："君子周而不比，小人比而不周。"

【"周而不比"误解】

汉孔安国曰："忠信为周，阿党为比也。"（引自魏何晏《论语集解》）

林觥顺《论语我读》注曰："周比二字，《说文》均曰密也。……周是用口善言，周密者是谨言慎行，以忠信为主，故忠信者无不周密。比是从二反人，小篆作𠦄，是彼此猜忌之不信任，是择类己者相阿附，故引申作阿党，党者不鲜也。”

孙钦善《论语本解》注曰：“周：合。比（bì 避）：齐同。”译曰：“君子调和却不混同，小人混同却不调和。”

郑张欢《论语今释》注曰：“周，口从用（参《周易·系辞传》的‘知周乎万物而道济天下’之义）。比，争比。”释曰：“君子言有所为而不与人争比，小人只知争比而不知言有所为。”

李炳南《论语讲要》解曰：“公就是周，私就是比。君子办事，为公，而不为私。小人办事，为私，而不为公。”

闫合作《论语说》解曰：“周，是周全之意，即君子成人之美。二人为从，反从为比。比是比较，意思是挑剔，即小人成人之恶。”

【“周而不比”勘正】

周，遍、普遍。《广雅·释诂》：“周，遍也。”《易·系辞上》：“知周乎万物，而道济天下。”引申为“周密”、“亲密”义。“周”的范围很广，用于人与人的关系，可以说作“普遍团结”、“广泛团结”。比，与“周”相反，《礼记·缁衣》：“大臣不治而迩臣比矣。”郑玄注：“比，私相亲也。”《玉篇》：“比，阿党也。”阿，循私，偏袒。阿党，结党营私。《左传·襄公三年》：“立其子，不为比。”《左传·文公十八年》：“丑类恶物，顽嚣不友，是与比周。”《管子·立政》：“群徒比周之说胜，则贤不肖不分。”曹操《整齐风俗令》：“阿党比周，先圣所疾也。”宋朱熹《论语集注》解曰：“周，普遍也。比，偏党也。”杨伯峻《论语译注》译曰：“孔子说：‘君子是团结，而不是勾结；小人是勾结，而不是团结。’”杨朝明《论语诠解》释曰：“周：亲密，团结。比（bì）：勾结。本章论述人应当与周围的人搞好关系，而不是互相勾结起来，搞阴谋，搞小宗派。能否做到这一点，是区别君子与小人的道德标准之一。”

2.15　子曰：“学而不思则罔，思而不学则殆。”

【“学而不思则罔”误解】

梁皇侃《论语义疏》引曰：“又一通云：罔，诬罔也。言既不精思，至于行用乖僻，是诬罔圣人之道也。”

于省吾《论语新证》解曰："'罔'字本应作'亡'，乃'忘'之省文。东瀛景本《古文尚书》，凡'罔'字多作'亡'。敦煌本《隶古定尚书》'罔'字多作'㠩'，'㠩'即'亡'之异文。……谓读书而不假思索则忘矣。"

郑张欢《论语今释》解曰："罔，困难、艰难之意。"

袁庆德《论语通释》解曰："罔：愚弄……这里是被动用法，意思是被愚弄。"

闫合作《论语说》解曰："罔，古'网'字，表示丢失，没有。《尔雅·释言》：'罔，无也。''学而不思则罔'，学习而不思悟，等于没有学。"

【"学而不思则罔"勘正】

罔，通"惘"，迷惘。《辞源》："罔：迷惑。通'惘'。《论语·为政》：'学而不思则罔，思而不学则殆。'"《汉语大字典》："罔：通'惘'，迷惑无知貌。《论语·为政》：'学而不思则罔。'朱熹注：'不求诸心，故昏而无得。'"《汉语大词典》收"罔殆"一词，释曰："迷惘模糊。语本《论语·为政》：'学而不思则罔，思而不学则殆。'"

"罔"在此语中是迷惑、迷惘的意思。学，通过思的过程，才能把所学的东西消化，才能把道理搞明白，才不至迷惑、罔然无得。汉包咸《论语包氏章句》解曰："学而不寻思其义理，罔然无所得也。"黄怀信《论语新校释》解曰："学而不思则惘：'惘'，迷惘，不知其义。"杨朝明《论语诠解》："惘：迷惘，蒙蔽。"

【"思而不学则殆"误解】

宋朱熹《论语集注》解曰："不习其事，故危而不安。"

李泽厚《论语今读》译曰："思考而不学习，危险。"

【"思而不学则殆"勘正】

《汉语大字典》释"殆"曰："疑惑。《论语·为政》：'慎言其余，则寡尤；多见阙殆，慎行其余，则寡悔。'""思而不学则殆"之"殆"与此"殆"同义。清王念孙《读书杂志》曰："《论语·为政篇》'思而不学则殆'，言无所依据，则疑而不决也。又曰'多闻阙疑，慎言其余，则寡尤；多见阙殆，慎行其余，则寡悔’。殆，亦疑也。”

只学不思，会罔然无知；只思不学，会疑惑不解。孔子说：“吾尝终日不食，终夜不寝，以思，无益，不如学也。”（《卫灵公》）荀子也说：“吾尝终日而思矣，不如须臾之所学也。”（《荀子·劝学》）这是圣贤的经验体会，众多普通治学者大概也都有过同样的经验体会：学能启迪思智，学能解决思考不通的问题。一般而言，在“思”不通的情况下，往往要向别人求教，向书本求教，当今的人们还常常利用电脑网上求教，这些求教，无疑都是“学”的不同方式。通过学，来解决思而不通的疑惑。

孙钦善《论语本解》译曰：“只学习而不思考，就会罔然无知；只思考而不学习，就会疑惑不解。”孙齐鲁《孔、孟、荀学思观辨略》（载《孔子研究》2009 年第 6 期）论曰：“人在学习过程中难免有迷惑不解之处，思考的目的正是要解决学习中遇到的困惑（‘罔’）；但思考本身决不能代替学习，它只是学习过程中一个求‘通’、求‘明’的环节。人有时思考不‘通’、不‘明’，并非思维水平低下，而是因为知识储备的匮乏，故须进一步学习以完成思考。”

此章，孔子提倡的是学与思相结合的科学学习方法。

2.16 子曰：“攻乎异端，斯害也已。”

【“攻乎异端”误解】

梁皇侃《论语义疏》解曰：“此章禁人杂学诸子百家之书也。攻，治也。古人谓学为治，故书史载人专经学问者，皆云治其书、治其经也。异端谓杂书也。言人若不学六籍正典，而杂学于诸子百家，此则为害之深。”

宋朱熹《论语集注》解曰：“范氏曰：‘攻，专治也，故治木石金玉之工曰攻。异端，非圣人之道，而别为一端，如杨墨是也。’”

清钱坫《论语后录》解曰：“异端即他技，所谓小道也。小道必有可观，致远则泥，故夫子以为不可攻，言人务小致失大道。”

钱逊《论语浅解》解曰：“《论语新解》则认为异端是泛指，一事必有两头，一线必有两端，从这端看，那端是异端；从那端看，这端是异端。《论语》这一章是告诫人们不要只执一端。”译曰：“专就反对的一端去下工夫，这就有害了。”

方骥龄《论语新诠》解曰：“本章所谓‘异端’，亦即‘两端’或

‘二端’。……‘攻乎异端’犹言治于两头，不专一也。”

文选德《论语诠释》解曰：“只要专门攻击、铲除那些异端邪说，那什么祸害也就没有了。”

【“攻乎异端”勘正】

“攻”字，在这里的意思是“攻击”。异端，指与己不同的思想学说。孔子为人宽宏，不主张学派学说之间相互攻击。程树德《论语集释》云：“若夫党同伐异，必至是非蜂起，为人心世道之害，故夫子深戒之也。”亦如黄怀信所说：“攻击对方而对方反击，所伤害的只能是自己一方，故此‘害’必指伤害自己。”并非像文选德《论语诠释》所云：“只要专门攻击、铲除那些异端邪说，那什么祸害也就没有了。”事实上，不同的学派学说是不容易攻击、铲除掉的，萌生于孔子时代的诸子百家学说，不但相互间谁也没能攻垮谁，反而在相互攻伐、百家争鸣的争辩中各自发展壮大了起来。

皇侃以为，“攻，治也。……异端谓杂书也。……而杂学于诸子百家”。实际上，孔子主张博学多识，博采众长，正常情况下，博学多识，只会有好处，哪有害处可言呢？孔子本人就是博学诸家的集大成者。钱坫以为，“异端即他技，所谓小道也。小道必有可观，致远则泥，故夫子以为不可攻，言人务小致失大道”。实际上，孔子本人也曾致力于小技小道，如《子罕》篇中“大宰问于子贡曰：‘夫子圣者与！何其多能也？’……子闻之，曰：‘大宰知我乎？吾少也贱，故多能鄙事。君子多乎哉？不多也！’”

程树德《论语集释》解曰：“此章诸说纷纭，莫衷一是，此当以本经用语例决之。《论语》中凡用攻字均作攻伐解，如‘小子鸣鼓而攻之’，‘攻其恶，毋攻人之恶’，不应此处独训为治，则何晏、朱子之说非也。……异端，何晏训为殊途不同归，皇、邢《疏》则以诸子百家实之，朱《注》始指为杨墨佛老。考汉时以杂书小道为异端，前人考之详矣。孔子之时，不但未有佛学，并杨墨之说亦未产生。当时只有道家，《史记》载孔子见老聃，归而有如龙之叹，则孔子之不排击道家甚明，不能以后世门户排挤心理推测圣人。”李泽厚《论语今读》解曰：“攻击不同于你的异端学说，那反而是有危害的。……（我）认为这可以表现儒学的宽容精神：主张求同存异，不搞排斥异己。”黄怀信《论语新校释》解曰：“‘异端’，指与己意见不同的一方，即对方、对立面。凡物皆两端，己执一端，则异端必对方所执。‘斯’，副词，则、就。‘害’，伤害、损害。攻击对方而对方反击，所伤害的只能是自己一方，故此‘害’必指伤害自己。”

这句话，正确的理解是：攻击其他不同思想学说，那就有害了。“斯”，连词，常用在后一分句，承接上文，表示在前面所述的情况下就如何如何，可译为“就”、“这就”、“那就”。

2.18 子张学干禄。子曰：“多闻阙疑，慎言其余，则寡尤。多见阙殆，慎行其余，则寡悔。言寡尤，行寡悔，禄在其中矣。”

【“多闻阙疑”、“多见阙殆”误解】

汉包咸《论语包氏章句》解曰：“尤，过也。疑则阙之，其余不疑，犹慎言之，则少过也。殆，危也。所见危者，阙而不行，则少悔也。”

梁皇侃《论语义疏》疏曰：“人居世间，必多有所闻。所闻之事，必有疑者，有解者。解者则心录之，若疑者则废阙而莫存录。故云多闻阙疑。云‘多见阙殆’者，殆，危也。言人若眼多所见，阙废其危殆者，不存录之也。”

金知明《论语精读》解曰：“（你要）多听少提问，小心谈论剩下的事，（这样你）就很少会被责怪了。（你要）多看少做（会冒险的）事，小心做余下的事，那么就少有事后懊悔了。说话少惹祸，做事少后悔，（你）做官的俸禄也就在其中了。”

郑张欢《论语今释》解曰：“凡做事多闻存在的疑惑事情，慎言其余，则少出错。多见存在的失败事情，慎行其余，则少有悔。”

林觥顺《论语我读》解曰：“多闻阙疑，是多去探听别人的善闻，对有疑惑不解的或不合理的问题，不可提质疑。多见阙殆，多表扬他，则无危害已身，处事不可有冒险犯难的鄙夫之勇。”

闫合作《论语说》断句为：“子张学干禄。子曰：‘多闻，阙疑慎言，其余则寡尤；多见，阙殆慎行，其余则寡悔。’”译曰：“子张问如何平安有福。孔子说：‘多听，阙疑慎言，剩下的就少出错。多看，阙殆慎行，剩下的就少有悔恨。’”

【“多闻阙疑”、“多见阙殆”勘正】

殆即“疑”也，故而“疑”、“殆”二字可以连用，互文见义。《史记·扁鹊仓公列传》："良工取之，拙者疑殆。"清王念孙《读书杂志·史记五》："此殆字非危殆之殆，殆亦疑也，汉人自有复语耳。言唯良工乃能取之，若拙工则疑而不能治也。"清王引之《经义述闻》云："殆，犹疑也。谓所见之事若可疑，则阙而不敢行也。"清简朝亮《论语集注补正述疏》云："多闻亦阙殆，多见亦阙疑，互文也。"钱逊《论语浅解》曰："疑、殆：同是怀疑的意思。"

人生在世，闻见既多，必有疑殆，也就是自己不理解或把握不准的事，对于这类事，应暂时搁置，待弄明白了再说。而对于能理解的或把握准确的，也要慎言慎行，不可莽撞。"阙疑"、"阙殆"，即遇有疑惑，暂时空着，不马上处理。孔子告诫为政者要谨言慎行，稳重从事，避免过失和遗憾，这样才能求得禄位或久居禄位。

宋朱熹《论语集注》解曰："愚谓多闻见者学之博，阙疑殆者择之精，慎言行者守之约。凡言在其中者，皆不求而自至之辞。言此以救子张之失而进之也。"清刘宝楠《论语正义》解曰："'阙疑'者，《左·昭二十年传》注：'阙，空也。'其义有未明、未安于心者，阙空之也。'余'者，足也，心足乎是也。'慎言其余，慎行其余'者，谓于无所疑者，犹慎言之；无所殆者，犹慎行之。《中庸记》所云'有余，不敢尽'也。'寡尤'、'寡悔'，亦互文。皇《疏》云：'悔，恨也。'此常训。"杨朝明《论语诠解》："［诠释］阙疑：存疑。阙殆：与'阙疑'对称，亦存疑之意。寡悔：减少追悔。［解读］子张向孔子学习怎样求得官位俸禄。孔子说：'多听听，保留有疑问的地方，其余满有把握的问题，慎重地进行谈论，就会减少错误。多看看，保留有疑问的地方，其余足以自信的事情，慎重地去做，就会减少追悔。说话减少错误，做事减少追悔，官位俸禄就在这里面了。'"

2.19　哀公问曰："何为则民服？"孔子对曰："举直错诸枉，则民服。举枉错诸直，则民不服。"

【"举直错诸枉"、"举枉错诸直"误解】

宋朱熹《论语集注》解曰："错，舍置也。诸，众也。"

黄吉村《论语析辨》注曰："错——舍弃。错，措的假借字。诸——众多也。"

金知明《论语精读》注曰："在改正错误的事上面推行正确的事，百姓就心服；举，推行；直，代词，指正确的事；错，改正；诸，介词，之于；枉，代词，指邪曲的东西。"

杨润根《发现论语》译解曰："孔子回答说：'只有当国家把社会的正义作为它追求的最高目标并让社会的正义战胜社会的不正义时，人民才会热爱自己的国家，并对它产生出那种自觉地服从它的意志所需要的责任感；如果国家把社会不正义作为它追求的最高目标，并让社会的不正义战胜社会的正义，那么人民就不会热爱自己的国家，也不会对它产生出那种自觉地服从它的意志所需要的责任感。'"注释曰："举：赞成，支持，重视。直：正直的，非歪斜的，引伸为公正的，正义的。错：具有'毫无意义'或'毫无价值'的意思。枉：弯曲的，不直的，不公平的，不正义的，邪恶的。'枉'的本意是指主干被太多的分枝扭曲了的树，引伸为为人们太多的欲望所扭曲了的行为。"

【"举直错诸枉"、"举枉错诸直"勘正】

从字面意思看，上句是"拿直的放在曲的之上"，下句是"拿曲的放在直的之上"。喻义是：重用正直者而贬黜奸邪者，则民服；重用奸邪者而贬黜正直者，则民不服。

错，《辞源》释曰："通'措'，安置。《易·系辞》上：'苟错诸地而可矣。'"

诸，《辞源》释曰："'之于'的合音。"《汉语大词典》释曰："代词'之'和介词'于'的合音。"

汉包咸《论语包氏章句》解曰："错，置也。举用正直之人，废置邪枉之人，则民服其上矣。"清刘宝楠《论语正义》曰："《释文》：'错，郑本作措。'《汉费凤碑》：'举直措枉。'与郑本合。《说文》云：'措，置也。''措'，正字，'错'，假借字。"并案曰："春秋时，世卿持禄，多不称职，贤者隐处，虽有仕者，亦在下位，故此告哀公以举措之道，直者居于上，而枉者置之下位，使贤者得尽其才，而不肖者有所受治。"杨伯峻《论语译注》曰："'错'有放置的意思，也有废置的意思。一般人把它解为废置，说是'废置那些邪恶的人'（把'诸'字解为'众'）。这种解法和古汉语语法规律不相合。因为'枉'、'直'是以虚代实的名词，古文中的'众'、'诸'这类数量形容词，一般只放在真正的实体词之上，不放在这种以虚代实的词之上。这一规律，南宋人孙季和（名应时）便已明白。王应麟《困学纪闻》曾引他的话说：‘若诸家解，何用二“诸”字?’这二‘诸’字只能看做‘之于’的合音，‘错’当‘放置’解。‘置之于枉’等于说‘置之于枉人之上’，古代汉语‘于’字之后的方位词有时可以省略。”

2.20　季康子问：“使民敬、忠以劝，如之何?”子曰：“临之以庄则敬，孝慈则忠，举善而教不能则劝。”

【“以劝”误解】

林觥顺《论语我读》解曰：“是劝以忠敬倒插修饰，也可说是劝人民当敬上尽忠。”

郑张欢《论语今释》断句为：“季康子问：‘使民敬忠，以劝，如之何?’”释曰：“季康子问孔子说：‘要使人民敬重、忠诚国家事情，以劝导、劝勉方式进行能否成功?’”

闫合作《论语说》断句为：“子曰：‘临之以庄，则敬；孝慈，则忠；举善而教，不能则劝。’”译曰：“孔子说：‘要求他们郑重，就敬肃；要求他们孝慈，就会言行由衷。褒奖好的言行来教化，若还不能做到，再用强迫手段。’”解曰：“‘以劝’，用强迫的手段。《说文解字》：‘劝，勉也。’‘勉，强也。’劝有强迫、强求的意思。”

彭亚非《论语选评》解曰：“劝，听从劝说。”

【“以劝”勘正】

以，连词，解为“和”、“与”、“而”皆可。《辞源》：“以，连词。(1)和。《诗·大雅·皇矣》：‘予怀明德，不大声以色。’(2)而。《易·泰》：‘不戒以浮。’《楚辞·屈原离骚》：‘惟夫党人之偷乐兮，路幽昧以险隘。’”《汉语大词典》：“以，连词。(1)表并列，相当于‘和’。《易·鼎》：‘得妾以其子，无咎。’王引之《经传释词》卷一：‘言得妾与其子也。’(2)表承接，相当于‘而’。《书·金縢》：‘秋，大熟，未获，天大雷电以风。’《礼记·乐记》：‘治世之音安以乐，其政和；乱世之音怨以怒，其政乖。’”

劝，《辞源》：“努力。《管子·轻重乙》：‘若是，则田野大辟，而农夫劝其事矣。'"《汉语大词典》："劝，勤勉；努力。《庄子·徐无鬼》：'商贾无市井之事则不比，庶人有旦暮之业则劝。'"《汉语大字典》："劝，努力。《小尔雅·广诂》：'劝，力也。'《书·多方》：'不克终日劝于帝之迪。'《战国策·宋策》：'齐攻宋，宋使臧子索救于荆。荆大说，许救甚劝。'高诱注：'劝，力也。'唐韩愈《柳州罗池庙碑》：'凡令之期，民劝趋之，无有后先，必以其时。'"清刘宝楠《论语正义》解曰："阎氏若璩《四书释地》说：'以劝者，以，与也。'王氏引之《经传释词》云：'以劝者，而劝也。'二训并通。"

季康子问三事，孔子答三事，显然"劝"是与"敬"、"忠"相并列的一事。季康子问的意思是：要使民众恭敬、忠诚和勤勉努力，应该怎么办？孔子答道：当政者对待民众庄重，民众就会恭敬；对待父母（乃至天下父母）孝慈，民众就会忠诚；举用贤能之人，教育不够贤能之人，民众就会勤勉努力。梁皇侃《论语义疏》解曰："季康子，鲁臣也，其既无道僭滥，故民不敬不忠，不相劝奖。所以问孔子，求学使民行敬及忠及劝三事也，故云如之何。"

2.21　或谓孔子曰："子奚不为政？"子曰："《书》云：'孝乎惟孝，友于兄弟，施于有政。'是亦为政，奚其为为政？"

【"施于有政"误解】

汉包咸《论语包氏章句》解曰："施，行也，政所施行也。所行有正道，即是与为政同耳。"

梁皇侃《论语义疏》疏曰："施，行也。言人子在闺门，当极孝于父母，而极友于兄弟。若行此二事有政，即亦是为政也。"

方骥龄《论语新诠》解曰："施，布也，展其材也。有政，众事也。"

林觥顺《论语我读》断句为："孝乎，惟孝友于兄弟，施于有政。"注解为："孝乎，惟孝友于兄弟，施于有政；节自尚书君陈篇。'王若曰：君陈，惟尔令德孝恭，惟孝友于兄弟，克施有政；命汝尹兹东郊，敬哉。'笔者试释曰：'周成王如此审慎地说：君陈，由于你，有对你父母孝敬恭顺的美德，也惟有能孝敬恭顺父母的人，才能友爱兄弟，有孝弟之心的人，自然能施展出大有为的正令。故命你治理东郊，望持事振敬有成。'"

何新《论语新解——思与行》译曰："孝啊，只要以孝道教好兄弟，就能治好国家。”注曰：“友，诱也，教育称诱，所谓‘循循善诱’。‘有’，通‘或’。或，国也。即施之于国政。”

【“施于有政”勘正】

“孝乎惟孝，友于兄弟，施于有政”，此句应理解为：孝呀，惟有孝顺父母，友爱兄弟，方能延及国政。施，音 yì，含有“蔓延”、“延续”、“延及”义。《诗·大雅·旱麓》：“莫莫葛藟，施于条枚。”《庄子·在宥》：“夫施及三王，而天下大骇矣。”《后汉书·窦融传》：“昔魏其一言，继统以正，长君、少君尊奉师傅，修成淑德，施及子孙。”李贤注：“施，延也。”杨伯峻《论语译注》解曰：“施——这里应该当‘延及’讲，从前人解为‘施行’，不妥。……这句话便当译为‘把这种风气影响到卿相大臣上去’。”杨伯峻“影响政治”说颇有道理。孝道影响政治，这在《孝经》中体现得最为充分。《孝经》主张以孝治国，视孝为治国之本。宋朱熹《论语集注》曰：“《书》言君陈能孝于亲，友于兄弟，又能推广此心，以为一家之政。孔子引之，言如此，则是亦为政矣，何必居位乃为为政乎？”

黄怀信《论语新校释》：“‘有’，词头。”

2.24 子曰：“非其鬼而祭之，谄也。见义不为，无勇也。”

【“非其鬼”误解】

金知明《论语精读》解曰：“不是鬼神而去祭典它，那是谄媚；其鬼，同位复指，那个鬼。”

闫合作《论语说》译曰：“不相信鬼而去祭，是虚伪。”解曰：“‘非其鬼而祭之’是指自己不相信有鬼却去祭祀，是一种虚伪的表现，故曰‘谄也’。‘谄’是用虚假的态度、表情、语言迎合别人。‘非其鬼’指非议鬼神。非，非议，诋毁，不相信。”

【“非其鬼”勘正】

鬼，人死曰鬼。非其鬼，谓非自家先人。不是自家的先人而去祭祀，是谄媚之举。此言孔子反对淫祀（不合礼制的祭祀）。《礼记·曲礼》云：“天子祭天地，祭四方，祭山川，祭五祀，岁遍。诸侯方祀，祭山川，祭五祀，岁遍。大夫祭五祀，岁遍。士祭其先。凡祭，有其废之，莫敢举也；有其举之，莫敢废也。非其所祭而祭之，名曰淫祀。”康有为《论语注》云：“盖上古淫祀之鬼甚多，孔子乃一扫而空之。观印度淫鬼之多，即知孔子扫除中国淫祀之力矣。”

汉郑玄解曰：“人神曰鬼，非其祖考而祭之，是谄以求福也。”（引自魏何晏《论语集解》）宋朱熹《论语集注》注曰：“非其鬼，谓非其所当祭之鬼。”钱逊《论语浅解》解曰：“不是你应该祭的鬼神，你却去祭它，这就是谄媚。”

八佾第三

3.1　孔子谓季氏，“八佾舞于庭，是可忍也，孰不可忍也?”

【“八佾”误解】

杨润根《发现论语》解曰：“‘八’的原意是‘别’，‘月’的意思是‘肉’、‘肉体’或‘身体’。因此‘佾’的意思应是指一种和其身体相区别的人，即人体的重塑与再创的形式——它就是舞蹈，是人体的活的雕塑的艺术……基于这种分析和理解，我认为《说文》将‘佾’解释成‘舞行列’是不正确的，正确的解释应该是‘舞’或‘舞蹈’。此外，由于‘佾’与‘艺’读音完全相同，根据音义相通的原则，那么‘佾’即‘艺’，也即‘人体艺术’。‘人体艺术’是人们对于舞蹈的最好定义……八佾：八支舞蹈队伍，八个舞蹈团体。”

【“八佾”勘正】

佾，《说文解字》释曰：“舞行列也。”《白虎通·礼乐》：“八佾者何谓也?佾者列也，以八人为行列，八八六十四人也。”汉马融《论语马氏训说》：“佾，列也。天子八佾，诸侯六，卿大夫四，士二。八人为列，八八六十四人也。”汉蔡邕《月令章句》：“天子八佾，诸侯六佾，大夫四佾。佾，列也，每佾八人。”

这些说法是正确的。季氏身为大夫，而用天子八佾乐舞，属于僭礼行为，故孔子怒斥。

3.2　三家者以《雍》彻。子曰：“‘相维辟公，天子穆穆’，奚取于三家之堂?”

【“以《雍》彻”误解】

杨润根《发现论语》：“《雍》是《诗经·周颂》中最著名的诗篇，它显然是对于西周大联邦的颂歌……彻：彻底，结束，终场。”

何新《论语新解——思与行》：“彻，田税曰‘彻’。《集注》：‘彻，去也。’何按，彻，即撤，抽也。抽取（提成）曰‘彻’。雍，宫也。社宫曰雍。《毛诗序》：‘雍者，禘太祖也。’”

【“以《雍》彻”勘正】

彻，通“撤”，指拆除、撤除、撤去。《诗·小雅·十月之交》：“彻我墙屋，田卒污莱。”《左传·宣公十二年》：“且虽诸侯相见，军卫不彻，警也。”杜预注：“彻，去也。”《淮南子·主术训》：“史书其过，宰彻其膳。”以《雍》彻，即用《雍》歌（唱着《雍》歌）撤除祭品。

汉马融《论语马氏训说》解曰：“《雍》，《周颂·臣工》篇名也。天子祭于宗庙，歌之以彻祭。”宋朱熹《论语集注》：“彻，祭毕而收其俎也。”

【“相维辟公”误解】

清刘逢禄《论语述何》解曰：“辟公即显相周公也。或云辟，法也，公事也。谓明堂辟雍之事天子成王也。”

乔一凡《论语通义》解曰：“辟公：卿大夫及诸侯之来助祭者。”

何新《论语新解——思与行》解曰：“相，读为见，视也。维，巍也。辟公，即辟宫、辟雍，天子神社。”

【“相维辟公”勘正】

辟，音 bì，天子、诸侯君主的通称。《尔雅·释诂》：“辟，君也。”《尚书·洪范》：“惟辟作福，惟辟作威，惟辟玉食。”《诗·大雅·荡》：“荡荡上帝，下民之辟。”辟公，此指诸侯（因下句有天子）。相，赞礼（祭祀、典礼时，司仪宣读仪式、指挥人行礼）。维，助词。此语是说：赞礼的是诸侯，天子端庄肃敬而盛美（穆穆，《礼记·曲礼下》：“天子穆穆。”《疏》：“威仪多也。”）。此章与上章一样，记述孔子对季氏家僭越行为的不满。孔子认为，《雍》是天子祭祀用的乐歌，三家（仲孙、叔孙、季孙）没有资格用。

汉包咸《论语包氏章句》解曰：“辟公，谓诸侯及二王之后也。”

宋朱熹《论语集注》解曰：“相，助也。辟公，诸侯也。”

杨伯峻《论语译注》解曰："相，去声，音向 xiàng，助祭者。"

3.4 林放问礼之本。子曰："大哉问！礼，与其奢也，宁俭。丧，与其易也，宁戚。"

【"易"误解】

宋朱熹《论语集注》解曰："易，治也。《孟子》曰：'易其田畴。'"

钱穆《论语新解》解曰："治地使平曰易，故易有治办义。"译曰："丧礼与其过于治办，宁过在哀戚上。"

杨伯峻《论语译注》解曰："易——《礼记·檀弓上》云：'子路曰，"吾闻诸夫子：丧礼，与其哀不足而礼有余也，不若礼不足而哀有余也。"'可以看做'与其易也，宁戚'的最早的解释。'易'有把事情办妥的意思，如《孟子·尽心上》'易其田畴'，因此这里译为'仪文周到'"。

李泽厚《论语今读》译曰："丧事，与其仪式隆重，不如真正悲伤。"

蒋沛昌《论语今释》解曰："易，失常。此处指对丧事大操大办，过于铺张浪费。"

杨润根《发现论语》解曰："易：变化，一日一个样，花样翻新，别出心裁。"

黄怀信《论语新校释》解曰："'易'，借为'侈'。……'侈'，奢侈，指厚葬。'戚'，悲戚、哀伤。"

【"易"勘正】

上句"奢"与"俭"反义相对，该句"易"与"戚"也应反义相对。"戚"是哀戚，而"易"有和易、和悦义，恰与"戚"反义相对。孔子此言，大概是针对有些丧事办得不够严肃、气氛不够肃穆，丧家轻慢不够哀戚动情而发。

汉包咸《论语包氏章句》解曰："易，和易也。言礼之本意，失于奢，不如俭也；丧失于和易，不如哀戚也。"清黄式三《论语后案》曰："易，坦易也，包说为是。""和易"，就丧人情感而言，与其温和平易，不如悲痛哀戚。"奢"与"俭"相对，"和易"与"哀戚"相对，自然恰当。

《辞源》释"易"曰"简慢"，并举《论语》此章作例证。杨树达

《论语疏证》曰："易，慢易也。"吴林伯《论语发微》解曰："易，轻慢也。"这些解释均近文意。

3.5 子曰："夷狄之有君，不如诸夏之亡也。"

【"夷狄"误解】

方骥龄《论语新诠》解曰："近人以为古籍上所谓蛮夷戎狄，并非指东南西北遥远之边疆民族言，实指山野之民，而非都市之人言，山地野人是也。"

杨润根《发现论语》："夷：住在平原上的东方少数民族，他们以发明和使用大弓而著称。'夷'字本来正是由'大'和'弓'两字构成。狄（dí）：北方少数民族，他们经常伺机在中原富裕地区进行野蛮的杀戮抢掠，并在杀戮抢掠之后纵火（这种情况不仅见于东方的历史中，而且也见于地中海及欧洲的历史中）。这对于中原那些逃脱了他们的杀戮的人们来说，印象最深刻的是他们所纵的使其家园化为灰烬的大火，而这也正是'狄'这个字产生的历史原因。这个字可直接理解为'纵火的兽类'。"

【"夷狄"勘正】

此章"夷狄"与"诸夏"对言。"诸夏"，《辞源》解曰："指周代分封的诸侯国。《左传·闵元年》：'诸夏亲暱，不可弃也。'注：'诸夏，中国也。'"汉包咸亦曰："诸夏，中国也。"（引自何晏《论语集解》）"诸夏"既指中国，那么将"夷狄"解作中国以外的民族，应该是恰当的。夷狄，泛指华夏以外的部族。钱逊《论语浅解》曰："夷狄，古代对于异族的贬称。"杨朝明《论语诠解》曰："夷狄：古代对周边文化落后的少数民族的统称，有东夷、南蛮、西戎、北狄等说法。"

【"诸夏"误解】

李建平《"夷狄之有君不如诸夏之无"解》（载《江海学刊》2003 年第 3 期）曰："考察'诸'表示复数在《论语》、《孟子》中的用例……均用于表人名词前，无一例外……而'夏'在《说文解字》中，本义为'中国之人也'。本章以'礼'为主题，'礼'以人为本，故本文'夏'当取本义，'诸夏'训为'中国之人'于义较长，也合乎文言语法。对文'夷狄'亦应训为'夷狄之人'。"

【“诸夏”勘正】

诸夏，指周朝分封的华夏诸侯国，也称中国。夏，古代汉族自称为夏，也称“华夏”、“诸夏”。《尔雅·释诂》：“夏，大也。”夏有“大”义，汉民族自以为自己的民族大，故自称为大。与“中国”义类似，我华夏民族建国于黄河流域一带，以为居天下之中，故称为中国。

清刘宝楠《论语正义》的解释可参：“‘诸’者，非一之辞。……《公羊·成十五年传》注：‘诸夏，外土诸侯也。谓之夏者，大总下土言之辞也。’称‘中国’者，自我言之，王者政教之所及也，夷狄在四远为外国，故谓诸夏为中国矣。”

【句意误解】

宋朱熹《论语集注》解曰：“程子曰：‘夷狄且有君长，不如诸夏之僭乱，反无上下之分也。’尹氏曰：‘孔子伤时之乱而叹之也。’”

杨朝明《论语诠解》解曰：“夷狄之国尚且有君长，不像诸夏却没有。”

安德义《论语解读》解曰：“有相当多的学者认为，这是孔子对当时周天子势力衰微所表达的感慨。既然文明程度不高的‘夷狄’尚且知道要有君主，文化一向发达的中原地区反而无视天子，难道不感到羞愧吗？”

【句意勘正】

这句话是说：夷狄人有国君，还不如华夏无国君显得文明。

梁皇侃《论语义疏》曰：“此章重中国贱蛮夷也。诸夏，中国也。亡，无也。言夷狄虽有君主，而不及中国无君也。故孙绰云：‘诸夏有时无君，道不都丧。夷狄强者为师，理同禽兽也。’”

宋邢昺《论语注疏》疏曰：“此章言中国礼仪之盛，而夷狄无也。言夷狄虽有君长，而无礼义。中国虽偶无君，若周召共和之年，而礼义不废。故曰：夷狄之有君不如诸夏之亡也。”

钱穆《论语新解》解曰：“本章有两解：一说：夷狄亦有君，不像诸夏竞于僭篡，并君而无之。另一说：夷狄纵有君，不如诸夏之无君。盖孔子所重在礼，礼者，人群社会相交相处所共遵。若依前一说，君臣尤是礼中大节，苟无君，其他更何足论。孔子专据无君一节而谓诸夏不如夷狄。

依后说，君臣亦仅礼中之一端，社会可以无君，终不可以无礼。……今就《论语》原文论，依后说，上句之字，可仍作常用义释之。依前说，则此之字，近尚字义，此种用法颇少见，今仍采后说。再就古今通义论之，可谓此社会即无君，亦不可以无道。但不可谓此社会虽有道，必不可以无君。既能有道，则有君无君可不论。《论语》言政治，必本人道之大，尊君亦所以尊道，断无视君位高出于道之意，故知后说为胜。”译曰：“夷狄虽有君，仍不如诸夏之无君。”

钱地《论语汉宋集解》案曰：“愚谓孔子之所言者，非地理，为行为也。言礼义为文明与野蛮之分，中国虽暂无有道之君，而礼失可求诸野。夷狄恃弓箭之强，而无礼义之文化以治国也。故虽有君，尚不及礼失而可求诸野之中国。”

杨伯峻《论语译注》译曰：“文化落后国家虽然有个君主，还不如中国没有君主哩。”

正如《子张》篇子贡所言：“文武之道，未坠于地，在人。贤者识其大者，不贤者识其小者，莫不有文武之道焉。”意思是：文王、武王等圣贤的道德学说，并未散失，仍在民间广泛流传，贤明的人能记住其大的方面，不贤明的人也能记住其小的方面，总之，民间莫不有文武之道。因此，诸夏即使暂且无君，也有着较好的文明基础。

3.6　季氏旅于泰山。子谓冉有曰：“女弗能救与？”对曰：“不能。”子曰：“呜呼！曾谓泰山不如林放乎？”

【“曾谓泰山不如林放”误解】

严灵峰《读论语札记》解曰：“泰山之神不能言语，又何从而拒季氏之祭乎？疑‘泰山’二字，乃‘季氏’或‘季孙’之误；文当作：‘曾谓季孙不如林放乎？’”

程石泉《论语读训》解曰：“此章恐有错字……依上下文理应作‘求也不如林放乎’。”

方骥龄《论语新诠》解曰：“《说文》：‘如，从随也。’孔子所谓‘曾谓泰山不如林放乎’犹言‘乃谓泰山不从林放乎？’换言之，季氏不当侵占泰山区之天然利益，应从林放之管理或任彼等依此自由为生。”

李零《丧家狗——我读〈论语〉》解曰：“这段话，背景可能是，季氏旅泰山，都是林放的馊主意，此举不合于礼，孔子很生气，说你们怎么什么都听林放的，难道泰山还不如林放吗？你们怎么就不想想，泰山之神会接受这样的祭祀吗？你们糊弄谁，也糊弄不了泰山。”

【“曾谓泰山不如林放”勘正】

林放，《十三经辞典》解曰：“孔子的弟子。姓林，名放，字子丘。春秋末鲁国人，曾向孔子问礼。”此章是说，季氏祭泰山，是僭礼行为。孔子让冉有阻止，冉有“不能”。无奈之下，孔子发出“难道泰山之神还不如林放知礼吗？”的反问。意思是，林放知礼，泰山之神更知礼，不合礼法的祭祀，泰山之神是不会享用的。

汉包咸《论语包氏章句》曰：“神不享非礼，林放尚知问礼，泰山之神反不如林放邪？欲诬而祭之也。”宋朱熹《论语集注》解曰：“言神不享非礼，欲季氏知其无益而自止，又进林放以厉冉有也。”宋许谦《读论语丛说》解曰：“大夫行诸侯之礼固是僭，但当时已四分鲁国，季氏取二，孟、叔各一，鲁君无民亦无赋，虽欲祭不可得。季氏既专鲁，则凡鲁当行典礼皆自为之，旅泰山若代鲁行士耳，亦不自知其僭。冉有诚不能救也，欲正之，则必使季氏复其大夫之旧，鲁之政一归于公然后可，此岂冉有之力可能？故以实告孔子，孔子亦不再责冉有而自叹也。”

以上严、程两家的“误字”说，如果没有版本依据，不可妄改。方、李的说解虽有新意，但难说符合文意。

3.7　子曰：“君子无所争。必也射乎！揖让而升，下而饮。其争也君子。”

【“揖让而升，下而饮”误解】

闫合作《论语说》解曰：“《说文解字》：‘争，引也。’段注：‘凡言争者，皆谓引之归于己。’这里指对所持学术观点争论出高下。”译曰：“君子间没有必要分高下。若有，那是修身吧！当面批评指责是为提升道德，背后则不说。这种争高下，才是君子。”

【“揖让而升，下而饮”勘正】

此章的正确解读是：孔子说：“君子没有什么可争的事。如果有，那也一定是举行射礼比赛射箭的时候吧！相互揖让而登台比试，完毕后下台按胜负喝酒，这竞争是君子的竞争。”

杨伯峻《论语译注》译曰：“孔子说：君子没有什么可争的事情。如果有所争，一定是比箭吧！（但是当射箭的时候，）相互作揖然后升堂；（射箭完毕，）走下堂来，然后（作揖）喝酒。那一种竞赛是很有礼貌的。”李泽厚《论语今读》译曰：“孔子说：君子没有什么争夺的事，除非是射箭比赛。相互作揖行礼，上堂比试，完毕后下来喝酒，这竞争是君子的竞争。”

此章的断句有分歧：

梁皇侃《论语义疏》断句为：“子曰：‘君子无所争。必也射乎！揖让而升下，而饮。其争也君子。’”

钱穆《论语新解》、孙钦善《论语本解》遵从皇氏句读。孙钦善曰：“本书所采之说，出自王肃，《集解》引王肃曰：‘射于堂，升及下皆揖让而相饮。’皇侃《论语义疏》及《经典释文》从之。”

宋朱熹《论语集注》断句为：“子曰：‘君子无所争。必也射乎！揖让而升，下而饮，其争也君子。’”

钱地《论语汉宋集解》、李零《丧家狗——我读〈论语〉》断句为“揖让而升下而饮”。李零说：“‘揖让而升下而饮’应作一句读。‘揖让’，是打躬作揖，互相谦让。‘升’是升堂，‘下’是下堂，‘饮’是饮酒，这是射礼的三道程序，彼此是并列关系。原文是连读，等于说‘揖让而升，揖让而下，揖让而饮’，每一步都揖让。”

比较而言，当以朱熹句读为优，读起来顺，理解起来也顺。康有为《论语注》、程树德《论语集释》、杨树达《论语疏证》、辜鸿铭《辜鸿铭讲论语》、杨伯峻《论语译注》、钱逊《论语浅解》、李泽厚《论语今读》、黄怀信《论语新校释》、杨朝明《论语诠解》、金池《〈论语〉新译》等等，皆与朱熹断句相同。

朱熹注曰：“揖让而升者，《大射》之礼，耦进三揖而后升堂也。下而饮，谓射毕揖降，以俟众耦皆降，胜者乃揖不胜者升，取觯立饮也。言君子恭逊不与人争，惟于射而后有争。然其争也，雍容揖逊乃如此，则其争也君子，而非若小人之争矣。”

3.8　子夏问曰：“‘巧笑倩兮，美目盼兮，素以为绚兮。’何谓也？”子曰：“绘事后素。”曰：“礼后乎？”子曰：“起予者商也！始可与言

《诗》已矣。”

【“倩”、“盼”、“绚”误解】

杨润根《发现论语》注曰：“倩：人的容貌有如早晨鲜红的太阳。《说文》：‘倩，东方色也。’盼：目光纷乱，眼花缭乱。绚：由几种色彩的丝线所织成的布匹有如阳光一样，它包含了阳光所包含的五颜六色。”

【“倩”、“盼”、“绚”勘正】

倩，形容笑的美。《广韵》：“倩，巧笑皃。”《字汇》：“倩，美笑貌。”《诗·卫风·硕人》：“领如蝤蛴，齿如瓠犀；螓首蛾眉，巧笑倩兮。”宋朱熹《论语集注》注曰：“倩，好口辅也。”《汉语大词典》释“口辅”曰：“指近口角处。一说即面颊上的酒窝。”

盼，眼珠黑白分明，喻美目流转，犹今人常说的“会说话的眼睛”。《辞源》：“眼睛黑白分明貌。”

绚，文采。“素以为绚兮”，即以素为绚，素为自然美质，在自然美质的基础上施以为文彩，岂不更美！

汉马融《论语马氏训说》曰：“倩，笑貌。盼，动目貌。绚，文貌也。此上三句在《卫风·硕人》之二章，其下一句逸也。”宋朱熹《论语集注》曰：“此逸诗也。倩，好口辅也。盼，目黑白分也。素，粉地，画之质也。绚，采色，画之饰也。言人有此倩盼之美质，而又加以华采之饰，如有素地而加采色也。子夏疑其反谓以素为饰，故问之。”清刘宝楠《论语正义》曰：“‘素’者，《说文》：‘䋤，白致缯也。’引申为凡物白饰之称。《释名·释采帛》云‘又物不加饰，皆目谓之素，此色然也’是也。‘素以为绚’，当是白采用膏沐之饰，如后世所用素粉矣。绚有众饰，而素则后加，故曰‘素以为绚’。”朱熹与刘宝楠说法不一致，清简朝亮《论语集注补正述疏》以为朱熹说失当。

关于“素以为绚兮”一句，陈池瑜《孔子的礼乐思想与“绘事后素”》（载《山东社会科学》2005 年第 9 期）曰：“本人认为，《诗经·硕人》可能没有‘素以为绚兮’一句，如果说是传失此句亦不大可能，因为该诗其它三节均为七句，‘巧笑倩兮’一节也是七句，若原诗有‘素以为绚兮’则为八句，那么其他三节也应为八句，不可能其他三节，均和‘素以为绚兮’一起各传失一句。从原诗写庄姜之美来看，到‘美目盼兮’止，已经很完整了，且语气贯通。此外，从子夏发问的问题来分析，‘巧笑倩兮，美目盼兮’（假如原诗中有‘素以为绚兮’）二句或三句，文字明白，其诗意子夏应懂得，无须发问。此问必另有所指。我认为，‘素以为绚兮’应是子夏发问句，而不是原诗。子夏问的意思是，庄姜自然天资（素）很不一般，再加上倩盼之态（绚）就更美了。将她的质朴的身体比为素粉，而将她的媚态即倩盼之情比为绚饰，如何？”清简朝亮《论语集注补正述疏》：“马氏云：‘此上二句在《卫风·硕人》之二章，其下一句逸也。’非也。朱子云：‘《硕人》四章，皆章七句，不应此章独多一句。’盖谓别为诗而逸焉。朱子释‘倩盼’者，本《诗·硕人》毛《传》也。其释‘素绚’者，先以《经》下文绘事言之，斯未叶矣，朱子未及脩之尔。如曰‘素，素质也。绚，采饰也。言人有此倩盼之素质，而又加采饰也。子夏疑其以素为饰，故问之’，斯叶矣。”在以为“素以为绚兮”是“子夏发问句”这一点上，陈池瑜与简朝亮所见略同。

对于“素以为绚兮”，黄怀信《论语新校释》作了这样的处理：将原文标点为：子夏问曰：“‘“巧笑倩兮，美目盼兮”，素以为绚兮。’何谓也？”子曰：“绘事后素。”译曰：子夏问道：“（您说）‘“一笑一对酒窝啊，眼睛黑白分明啊”，（两句诗）是以素为绚啊’，什么意思？”先生说：“（就是说）上彩晚于素描。”

陈池瑜、简朝亮、黄怀信对“素以为绚兮”的认识，值得参考。

【“绘事后素”误解】

汉郑玄《论语郑氏注》解曰：“绘，画文也。凡画绘，先布众采，然后以素分其间，以成其文。喻美女虽有倩盼美质，亦须礼以成也。”

何新《论语新解——思与行》解曰：“事，读为施。绘事，即施绘。”

林觥顺《论语我读》注曰：“事是动词。说是在元本白细的缯上，应画些五彩画，使他更有内涵。”

【“绘事后素”勘正】

绘事后素，即绘事后于素，是说彩绘需以洁白底子为基础。孔子以绘画为喻，意为：美的事物，一定要先具有美质，具备了美质，才配得上文彩。

宋朱熹《论语集注》曰：“绘事，绘画之事也。后素，后于素也。

《考工记》曰：‘绘画之事后素功。’谓先以粉地为质，而后施五采，犹人有美质，然后可加文饰。”清全祖望《经史问答》曰：“盖《论语》之素，乃素地，非素功也，谓其有质而后可文也。何以知之？即孔子借以解《诗》而知之。夫巧笑美目，是素地也。有此而后可加粉黛簪珥衣裳之饰，是犹之绘事也，所谓绚也。故曰绘事后于素也。而因之以悟礼，则忠信其素地也，节文度数之饰，是犹之绘事也，所谓绚也。”吴留英《孔子“绘事后素”辨》（载《河南大学学报》1992年第2期）曰：“（此语）反映了孔子重要的美学思想……一、强调了艺术中所表现的美，首先来自表现对象自身的美质……二、涉及了美与善的关系：人的美在于合乎礼仪……三、‘绘事后素’即‘绘事’在‘素’后。”

【“起”误解】

金池《〈论语〉新译》注曰：“起：领取，引申为领会。”译曰：“能领会我思想的人就数卜商了。”

胡齐临《论语真义》译曰：“你悟到我的用意了。”

唐满先《论语今译》注曰：“起，阐明。”

【“起”勘正】

起，有兴起、发起、发明之义，此可理解为启发。子夏的询问，孔子深感启发了自己。《辞源》、《汉语大词典》皆释为“启发”。

汉包咸《论语包氏章句》曰：“孔子言子夏能发明我意，可与共言诗已矣。”梁皇侃《论语义疏》曰：“起，发也。予，我也。孔子但言‘绘事后素’，而子夏仍知以素喻礼，是达诗人之旨以起发我谈，故始可与言《诗》也。”宋朱熹《论语集注》曰：“起予，言能起发我之志意。”钱穆《论语新解》曰：“起，启发义。”辜鸿铭《辜鸿铭讲论语》讲曰：“‘知己呀，’孔子回答，‘你一下子提醒了我。现在我可以和你谈论诗了。”

3.9　子曰：“夏礼，吾能言之，杞不足徵也。殷礼，吾能言之，宋不足徵也。文献不足故也。足，则吾能徵之矣。”

【“徵”误解】

汉包咸《论语包氏章句》解曰：“徵，成也。杞、宋，二国名也，夏、殷之后也。夏、殷之礼吾能说之，杞、宋之君不足以成之也。”

金知明《论语精读》解曰：“征，举例说明。”

何新《论语新解——思与行》注曰：“‘征’有二解：(1) 通证，表证。(2) 征问，探究。”译曰：“孔子说：‘夏代的礼制，我能讲述，(但其后代) 杞国则不足深究。’”

【“徵”勘正】

徵，义为证明、证验。《辞源》：“徵，证明，证验。”《广雅·释诂》：“徵，明也。”《左传·昭公三十年》：“公在乾侯。不先书郓与乾侯，非公，且徵过也。”杜预注：“徵，明也。”《广韵·蒸韵》：“徵，证也。”《尚书·胤征》：“圣有谟训，明徵定保。”孔传：“徵，证。”杞、宋不足徵，是说杞、宋二国缺乏典籍与掌握典籍的贤人，不足以拿来证明、证验夏商之礼。

宋朱熹《论语集注》曰：“徵，证也。”清刘宝楠《论语正义》曰：“夫子学二代礼乐，欲斟酌损益，以为世制，而文献不足，虽能言之，究无徵验。”

【“文献”误解】

林觥顺《论语我读》解曰：“文献是用文字记载的典章制度，及仁义治事的善行掌故。”

郑张欢《论语今释》解曰：“文，文人贤士所记之文。献，文人贤士所述之文。”

李培宗《论语全解》解曰：“文献，有历史价值或参考价值的资料典籍。”

【“文献”勘正】

文，指典籍；献，指通晓典籍的贤人。《尚书·益稷》：“万邦黎献，共惟帝臣。”是说天下的众多贤人，都是帝王的臣子。古代，有德行有才能的人称献。《广雅·释言》：“献，圣也。”《玉篇·犬部》：“献，贤也。”宋朱熹《论语集注》解曰：“文，典籍也。献，贤也。”

“文献”二字联用，《论语》为今见最早的记载；二字凝固为一词，表示“文章典籍”义，则是在元明时期。元代马端临始用“文献”名其书，名曰《文献通考》，记述历代典章制度。马氏所理解的“文献”，“文”指经、史、历代会要及百家传记之书，“献”指臣僚奏疏、诸儒评论、名流燕谈及稗官记录等材料。也就是说，“献”已不指“人”了。元代诗人杨维桢《送僧归日本》诗云：“我欲东夷访文献，归来中土校全经。”其中所说的“文献”，似乎已专指书籍资料了。明代编纂的《永乐大典》，始初定名为《文献大成》，从历代书籍文章中摘取材料，辑成为3.7亿字的巨型类书。今人给“文献”下的定义是：记录有知识的一切载体。也就是说，无论甲、骨、金、石、简、帛、纸张，还是胶片、磁盘、光盘，只要它记载着知识，都可称作文献。今人与古人所说的“文献”，涵义是有区别的。

3.10　子曰：“禘自既灌而往者，吾不欲观之矣。”

【“禘”误解】

林觥顺《论语我读》解曰：“禘，祭上帝也。是春祠夏礿秋尝冬蒸四时之祭。”

杨润根《发现论语》解曰：“禘：从字源上看，它应是指祈祷上帝并对之表示崇敬的仪式。‘帝’的本意是指住在地球上的四面八方的森林所指向的太空之上的至高无上的神，这个神被认为是人类及整个宇宙万物的原因和统治者。”

【“禘”勘正】

禘，祭名。约有三类：（1）郊祭之禘，即祭天之祭。（2）殷祭之禘，是天子诸侯宗庙的大祭，与“祫”（xiá）并称为殷祭。（3）时祭之禘，是宗庙四时祭（春礿 yuè、夏禘、秋尝、冬烝 zhēng）之一，每年夏季举行。

《论语》此禘当指第二类。汉孔安国《论语孔氏训解》曰：“禘祫之礼，为序昭穆也，故毁庙之主及群庙之主皆合食于大祖。”汉郑玄曰：“鲁礼，三年丧毕，而祫於大祖；明年春，禘於群庙。自尔之后，率五年而再殷祭，一祫一禘。”（引自《十三经注疏·周礼注疏》）宋邢昺《论语注疏》曰：“禘者，五年大祭之名。”清刘宝楠《论语正义》曰：“禘礼之说，千古聚讼，今求之《礼经》，参以诸儒之论，为之说曰：《尔雅·释天》云：‘禘，大祭也。’言大祭者，殷人夏祭曰禘，至周以夏祭为禴，而以禘为殷祭之名，故言大也。禘行于夏，与祫行于秋，在四时之间，故《司尊彝》谓之‘间祀’。……天子三年丧毕，新主将入庙，有禘祭，谓之吉禘，《春秋》所书‘吉禘’是也。有吉禘则亦有吉祫。何休《公羊解诂》谓‘礼，禘祫从先君，数遭祫则祫，遭禘则谛’是也。其常祭，则三岁一祫，五岁一禘，所谓‘五年再殷祭’也。禘大祫小，故《春秋》所纪，《尔雅》所载，俱有禘无祫。……祫下及大夫士，而禘则不王不禘，祫是合已迁未迁庙之主祭于大庙，然止及始祖，不及始祖之所自出。……惟汉宗庙之祭，有祫无禘，故汉儒多以祫大于禘也。禘是天子宗庙之祭，鲁得用之者。”杨伯峻《论语译注》曰：“禘——这一禘礼是指古代一种极为隆重的大祭之礼，只有天子才能举行。不过周成王曾因为周公旦对周朝有过莫大的功勋，特许他举行禘祭。以后鲁国之君都沿此惯例，‘僭’用这一禘礼，因此孔子不想看。”孙钦善《论语本解》曰：“禘，祭名，这里指大禘，即王者禘其祖之所自出，以其祖配之。《礼记·礼运》说：‘孔子曰：於乎哀哉！我观周道，幽、厉伤之。吾舍鲁何适矣？鲁之郊禘非礼也，周公其衰矣。’正是因为鲁君多僭用禘礼，故孔子不忍卒观。”

【“既灌而往”误解】

杨伯峻《论语译注》注曰：“灌，本作‘祼’，祭祀中的一个节目。古代祭祀，用活人以代受祭者，这活人便叫‘尸’。尸一般用幼小的男女。第一次献酒给尸，使他（她）闻到‘鬱鬯’的香气，叫做祼。”

杨润根《发现论语》解曰：“既：本意是指芳香四溢的小食品，它令人馋涎欲滴，以至想立即将它吞下。《说文》：‘既，即食也。’‘即食’意为迅速地吃下，引伸为迅速、立即、迅即、立刻……这里作为名词，意指向上帝敬献的芳香食品。灌：浇灌，这里指把酒倒在杯子里，并向上帝献上。往：一直进行下去的整个活动，与此相关的全部活动，与此相继的全部活动。”

【“既灌而往”勘正】

灌，祭祀时酌酒浇地的仪式。《辞源》：“灌，酌酒浇地。古代禘祭开始时第一次献酒的一种仪式。《论语·八佾》：‘禘自既灌而往者，吾不欲观之矣。’《注》：‘灌者，酌鬱鬯灌于太祖以降神也。’”“灌”通“祼

guàn”。《辞源》释“祼”曰：“古代帝王以酒祭奠祖先或赐宾客饮之礼。也作‘灌’、‘果’。《书·洛诰》：‘王入太室祼。’《疏》：‘祼者灌也。王以圭瓒酌鬱鬯之酒以献尸。尸受祭而灌于地，因奠不饮，谓之祼。’”《汉语大词典》：“灌，古代祭祀的一种仪式。斟酒浇地以求神降临。古人以天为阳，以地为阴。周人先求于阴，因此在祭祀开始时先行灌礼。《礼记·郊特牲》：‘灌用鬱鬯，灌用臭也。’《论语·八佾》：‘禘，自既灌而往者，吾不欲观之矣。’”《汉语大字典》：“灌，古代祭祀时奠酒献神的一种仪式。《论语·八佾》：‘子曰：禘自既灌而往者，吾不欲观之矣。’……《礼记·明堂位》：‘季夏六月，以禘礼祀周公于大庙，牲用白牡，尊用牺象山罍，鬱尊用黄目，灌用玉瓒大圭。’郑玄注：‘灌，酌鬱尊以献也。’”

汉孔安国《论语孔氏训解》曰：“灌者，酌鬱鬯于大祖以降神也。”汉郑玄曰：“灌谓以圭瓒酌鬯始献神也。鬱，鬱金草酿秬为酒，煮鬱金草和之，其气芬芳调畅，故曰鬱鬯。言未杀牲，先酌鬱鬯酒灌地，以求神於太祖庙也。”（引自钱地《论语汉宋集解》）

杨伯峻“尸一般用幼小的男女。第一次献酒给尸，使他（她）闻到‘鬱鬯’的香气，叫做祼”的说法欠妥。尸，指祭祀时代表死者受祭的活人，一般以臣下或死者的晚辈充任。再者，使尸闻到酒的香气不可以叫作祼（灌），只有以酒浇地才能称作祼（灌）。

3.12 祭如在，祭神如神在。子曰：“吾不与祭，如不祭。”

【“吾不与祭”误解】

金池《〈论语〉新译》解曰：“前‘不’，不用；后‘不’，不失。我不参加祭祀活动，好像不失参加祭祀活动（时那样的诚敬）。”

傅佩荣《傅佩荣解读论语》解曰：“我不赞成那种祭祀时有如不祭祀的态度。”

闫合作《论语说》断句为：“吾不与，祭如不祭。”解曰：“‘吾不与’是我不赞同，不相信。”译曰：“孔子说：‘我不相信，祭如同没祭。’”

【“吾不与祭”勘正】

与，参与。此章意为：（孔子的态度是）要想祭鬼神的话，就要相信鬼神真在那里。因此孔子表白，自己不能或不想亲自参与的祭祀，

（让别人代祭的话）还不如不祭。孔子强调诚实，不要自欺，祭鬼神就要相信鬼神存在，要虔诚对待；不能或不想亲自参与的祭祀，祭了也如同没祭。

宋朱熹《论语集注》曰："言己当祭之时，或有故不得与，而使他人摄之，则不得致其如在之诚。故虽已祭，而此心缺然，如未尝祭也。范氏曰：'君子之祭，七日戒，三日斋，必见所祭者，诚之至也。是故郊则天神格，庙则人鬼享，皆由己以致之也。有其诚则有其神，无其诚则无其神，可不谨乎？吾不与祭如不祭，诚为实，礼为虚也。'"杨伯峻《论语译注》曰："孔子祭祀祖先的时候，便好像祖先真在那里；祭神的时候，便好像神真在那里。孔子又说：'我若是不能亲自参加祭祀，是不请别人代理的。'吾不与祭，如不祭。这是一般的句读法。'与'读去声，音预yù，参预的意思。"

3.13　王孙贾问曰："与其媚于奥，宁媚于灶，何谓也？"子曰："不然。获罪于天，无所祷也。"

【"奥"、"灶"误解】

杨润根《发现论语》解曰："奥：大米仓，这里转指大米仓的主管，即司库。灶：烹饪食品的装置，转指厨房，再转指厨房的主管，即司厨。'与其媚于奥，宁媚于灶'：这显然是当时流行的俗语，意为'与其去巴结司库，倒不如去巴结司厨'。这一俗语表达的是这样一种人生观：生活即投机。"

程石泉《论语读训》解曰："王孙贾所以引为问者或为当日之民间流行谚语，意谓如其浪费金钱于祭祀神鬼，不如浪费金钱于满足口腹之欲。"

【"奥"、"灶"勘正】

奥，室之西南角，尊者居之；也指奥神。灶，烧火做饭的地方；也指灶神。关于"奥"、"灶"的喻指，古今歧解纷纷：

汉孔安国《论语孔氏训解》曰："王孙贾，卫大夫也。奥，内也，以喻近臣也。灶，以喻执政也。贾者，执政者也，欲使孔子求昵之，故微以世俗之言感动之也。"

宋朱熹《论语集注》曰："时俗之语，因以奥有常尊，而非祭之主，灶虽卑贱，而当时用事。喻自结于君，不如阿附权臣也。贾，卫之权臣，故以此讽孔子。”

清俞樾《群经平议》曰：“媚奥媚灶皆媚人，非媚神也。古以奥为尊者所居，故《曲礼》曰：‘为人子者居不主奥。’灶则执爨者居之，所谓厮养卒也。当时之人以为居奥者虽尊，不如灶下执爨之人实主饮食之事，故媚奥不如媚灶。《国语·周语》载人之言曰：‘佐饔者尝焉。’即此意也。王孙贾引之，盖以奥喻君，以灶自喻。孔《注》未得其旨。”

程树德《论语集释》曰：“《四书约旨》：‘或谓王孙贾在卫算不得权臣，当时市权只有弥子瑕一人，或是他自家欲酌所媚而问耳。’按：此上三说，以此说最为合理。盖贾本周人，入仕于卫。当灵公之时，政权操于南子、弥子瑕之手，以孔子之贤且不能不见南子。《孟子》云：‘弥子之妻与子路之妻兄弟也。弥子使人告子路曰：“孔子主我，卫卿可得也。”’其声势赫弈至此。贾盖谋所以自处之道于孔子。奥在内位尊，喻南子也。灶之卑贱，喻弥子也。与当时情势最为相合。观孔子答以获罪于天，仍是答子路有命之意。贾在卫国并非权臣，孔子且称其有治军旅之才，而注疏家意欲以阳货待之，不可解也。”

李零《丧家狗——我读〈论语〉》解曰：“‘与其媚于奥，宁媚于灶’，这是当时的成语，有点像现在说的‘县官不如现管’，与其给顶头上司拍马，不如给直接管事的烧香。奥是室内的西南角，是主人所居，最尊。灶是做饭的地方，不如前者。古代祭五祀，户、灶、门、行、中霤，都是迎户于奥，奥为室主，尊于灶，但不如灶神，和人的关系更直接。……王孙贾说的‘奥’是谁？‘灶’是谁？前人有各种猜测：一说王孙贾是暗示孔子，让他巴结自己（旧注都这么讲）；一说王孙贾是请教孔子，问他自己是不是应该巴结弥子瑕（清任启运《四书约旨》）。现在，一般看法，‘奥’是卫灵公，‘灶’是王孙贾，或南子、弥子瑕。前 495 年，孔子初到卫，欲通南子，求仕于灵公。我怀疑，‘灶’是南子，‘奥’是灵公。这就像后世，大臣欲通皇上，要先求娘娘、公公一样。”

以上诸解，各有可取之处，比较言之，当以“奥”喻指君王，“灶”喻指权势人物为是。君王位尊，尊为天子，孔子所言“获罪于天，无所祷也”。如此理解，符合孔子尊君王抑权臣的礼制思想。关于王孙贾如此问孔子的用意，杨朝明《论语诠解》认为：“当灵公之时，政权操于南子、弥子瑕之手。此应为王孙贾向孔子请教应如何在卫国政局中自处，盖王孙贾为周朝王者之孙，仕于卫乃客卿，所以有不安之意。或以为王孙贾以灶自喻，暗示孔子巴结自己，恐非。”言之有理，可从。李泽厚《论语今读》译曰：“王孙贾说：‘与其巴结天王爷，不如巴结灶王爷，这是什么意思？’孔子说：‘不对。如果得罪了天王爷，再怎么巴结祈祷，也是没有用的。’”

【“获罪于天，无所祷”误解】

宋朱熹《论语集注》解曰：“天，即理也；其尊无对，非奥灶之可比也。逆理，则获罪于天矣，岂媚于奥灶所能祷而免乎？言但当顺理，非特不当媚灶，亦不可媚于奥也。”

李培宗《论语全解》解曰：“天：天理。天然的道理。”

王缁尘《四书读本》解曰：“这个‘天’字，用现在的话比喻牠，也可说是‘人格’，或‘人品’。‘祷’，求也。‘获罪于天’，意思是说，做人只要守礼，无所谓奉承巴结（媚）的。你去奉承巴结人家，无论他是居在深奥里的主人，或在厨房里的用人，都是丧人格，坏人品的事情，和得罪于天一样。一个人把天生的人格人品都丧坏了，还要去求什么呢？故曰：‘无所祷也。’”

【“获罪于天，无所祷”勘正】

此句字面意义明显，即：如果得罪了上天，那么祈祷什么神也没有用。孔子认为，天居众神之上，为最高主宰。至于“天”的喻义，汉孔安国《论语孔氏训解》曰：“天，以喻君也。”清刘宝楠《论语正义》曰：“贾自周出仕卫，必有获罪周王者，臣以君为天，故假天言之。”此说可从。反映了孔子尊君、无视弄权小人的思想态度。

3.16　子曰：“射不主皮，为力不同科，古之道也。”

【“射不主皮，为力不同科”误解】

何新《论语新解——思与行》解曰：“皮，破也。射箭中的曰‘破’，即破靶也。科，读为克，奉守曰克，或作恪。”

傅佩荣《傅佩荣解读论语》解曰：“征用劳役不能采用单一标准。”

闫合作《论语说》解曰：“‘射’指修身养性。”译曰：“孔子说：

‘修身不只是看外在表现，因为能力不同，自古皆然。’”

【“射不主皮，为力不同科”勘正】

该语的字面意思是：射箭不只以射穿靶心兽皮为主，（因为人的力量有大小，）用力不同等。科，品类、等级。《说文解字》：“科，程也。”徐灏笺曰：“科，谓诸率取数于禾者，从而区分，别其差等，故从禾从斗。斗以量而区分之也，因之凡诸程品，皆谓之科。”《广雅·释言》：“科，品也。”梁皇侃《论语义疏》“科，品也”，宋朱熹《论语集注》“科，等也”，皆符合《论语》文意。

关于孔子提出“射不主皮”的原因，汉马融《论语马氏训说》解曰：“射有五善，一曰和志，体和也；二曰和容，有容仪也；三曰主皮，能中质也；四曰和颂，合雅颂；五曰兴武，与舞同也。天子有三侯，以熊、虎、豹皮为之，言射者不但以中皮为善，亦兼取之和容也。”梁皇侃《论语义疏》曰：“射乃多种，今云不主皮者，则是将祭择士之大射也。张布为棚，而用兽皮帖其中央，必射之取中央，故谓主皮也。然射之为礼，乃须中质，而又须形容兼美，必使威仪中礼，节奏比乐，然后以中皮为美。而当周衰之时，礼崩乐坏，其有射者，无复威仪，唯竞取主皮之中，故孔子抑而解之，云射不必在主皮也。”

杨伯峻《论语译注》曰：“孔子在这里所讲的射应该是演习礼乐的射，而不是军中的武射，因此以中不中为主，不以穿破皮侯与否为主。”王熙元《论语通释》曰：“‘射不主皮’的意思是：射礼的主要意义，在观摩礼仪容止，表现优良的德性、美好的风度，而不专在射中目标。”李泽厚《论语今读》曰：“射箭以击中目标，而不以穿透厚薄为标准。可能当时有人炫耀力量，所以孔子有此议论。”

3.17 子贡欲去告朔之饩羊，子曰：“赐也，尔爱其羊，我爱其礼。”

【“去告朔之饩羊”误解】

闫合作《论语说》解曰：“‘去’表示前往，去告诉要用饩羊。”译曰：“子贡想去提醒‘朔’上应用饩羊，孔子说：‘赐啊，你只是要求做到献羊，我要求遵循完整的礼。’”

杨润根《发现论语》：“饩羊：吃精饲料长大的羊，事实上也就是喂养得又肥又大的羊。饩：谷物、饲料。”

【“去告朔之饩羊”勘正】

正确的理解是：子贡想撤去告朔时要宰杀的活羊，孔子说：“端木赐啊，你爱惜的是那羊，我爱惜的是那礼。”

天子每年季冬把明年朔政颁赐诸侯，诸侯受而藏于祖庙。诸侯于每月初一祭庙受朔政称告朔。饩羊，活羊。《辞源》曰：“饩羊，用以告庙之生羊。”《汉语大词典》释“饩”曰：“活的牲口。”释“饩羊”曰：“古代用为祭品的羊。”汉郑玄《论语郑氏注》曰：“牲生曰饩。礼，人君每月告朔，于庙有祭，谓之朝享也。鲁自文公始不视朔。子贡见其礼废，故欲去其羊也。”杨伯峻《论语译注》解释得明白：“‘告朔饩羊’，古代的一种制度。每年秋冬之交，周天子把第二年的历书颁给诸侯。……诸侯接受了这一历书，藏于祖庙。每逢初一，便杀一只活羊祭于庙，然后回到朝廷听政。这祭庙叫做‘告朔’，听政叫‘视朔’，或者‘听朔’。到子贡的时候，每月初一，鲁君不但不亲临祖庙，而且也不听政，只是杀一只活羊‘虚应故事’罢了。所以子贡认为不必留此形式，不如干脆连羊也不杀。孔子却认为尽管这是残存的形式，也比什么也不留好。”

3.20 子曰：“《关雎》乐而不淫，哀而不伤。”

【“乐而不淫，哀而不伤”误解】

汉郑玄《论语郑氏注》注曰：“乐得淑女以为君子之好仇，不为淫其色也。”

林觥顺《论语我读》注曰：“乐而不淫，是言雎鸠引申俩后妃，极其和乐而不浸耽于声色。”

【“乐而不淫，哀而不伤”勘正】

孔子评价《关雎》，在情感的把握上，欢乐而不至太过分、太放肆，悲哀而不至太伤情、太伤身。淫，过度、无节制、滥。《尚书·大禹谟》：“罔游于逸，罔淫于乐。”孔传：“淫，过也。”《国语·周语》：“言爽，日反其信；听淫，日离其名。”韦昭注：“淫，滥也。”如淫行（过分的行为)、淫刑(滥用刑罚)、淫威(滥用的威力)等。郑玄以“淫”为“淫其色”，欠当。

汉孔安国《论语孔氏训解》曰：“乐而不至淫，哀而不至伤，言其和也。”宋朱熹《论语集注》解曰：“淫者，乐之过而失其正者也。伤者，哀之过而害于和者也。《关雎》之诗，言后妃之德，宜配君子。求之未得，则不能无寤寐反侧之忧；求而得之，则宜其有琴瑟钟鼓之乐。盖其忧虽深而不害于和，其乐虽盛而不失其正，故夫子称之如此。”

此语反映了孔子的中庸思想。毛子水《论语今注今译》曰：“‘不淫不伤’，应指关雎的音乐能使人哀乐中节的意思。”钱地《论语汉宋集解》曰：“圣人立诗教，以关雎为首篇，使读者得关雎之义，乐而不淫，哀而不伤，由是导人以中和之性情，使成德立业安定邦家也。”蔡尚思《孔子思想体系》曰：“孔子认为中庸是无上的至德。唯其如此，孔子常常要求自己的言行合乎‘中庸之道’的标准。……‘乐而不淫，哀而不伤’，是他审美的中庸。”

3.21　哀公问社于宰我。宰我对曰：“夏后氏以松，殷人以柏，周人以栗，曰使民战栗。”子闻之，曰：“成事不说，遂事不谏，既往不咎。”

【“社”误解】

明张居正《论语别裁》解曰：“社，是为坛以祭地。”

金知明《论语精读》解曰：“社，祭坛。”

韩喜凯《名家评说孔子辨析》解曰：“问‘社’中该种什么树。”

【“社”勘正】

社，土地神。哀公所问的社，由宰我的回答可知是指社主。《说文解字》：“社，地主也。《春秋传》曰：‘共工之子句龙为社神。’《周礼》：‘二十五家为社，各树其土所宜之木。’”古代祭祀土神，要给他立一个牌位，这牌位叫主。该句的意思即如李零《丧家狗——我读〈论语〉》所说，“哀公问宰予，社主该用什么木头做”。

【“松”、“柏”、“栗”误解】

汉何休曰：“夏后氏以松，殷人以柏，周人以栗。松，容也，想象其

容貌而事之。柏，迫也，亲而不远。栗，犹战栗，谨敬貌。”（引自康有为《论语注》）

梁皇侃《论语义疏》疏曰：“宰我见哀公失德，民不畏服，无战栗悚敬之心，今欲微讽哀公，使改德修行，故因于答三代木竟，而又矫周树用栗之义也。”

韩喜凯《名家评说孔子辨析》析曰：“宰我的解释属言而有据。‘过者戮人于社’。《尚书·甘誓》：‘不用命，戮于社。’《礼记·大司寇》：‘大军旅莅戮于社。’《左传·昭公十年》：‘平子伐莒取郠，献俘，始用人于亳社。’此皆言社常为戮杀战俘或违命者的场所，因而阴森森社中之树，易生震慑作用，常有种悚、迫、栗的感觉。”

郑张欢《论语今释》释曰：“栗木的意思是要大家对生养的土地勤奋、战战栗栗取得成效。”

【“松”、“柏”、“栗”勘正】

夏、商、周三代分别采用松、柏、栗的用意，不少注家附和宰我之说，显属臆想附会，也有不少注家对其做过批评和纠正。

汉孔安国《论语孔氏训解》曰：“凡建邦立社，各以其土所宜之木。宰我不本其意，妄为之说，因周用栗，便云使民战栗之也。”宋朱熹《论语集注》曰：“战栗，恐惧貌。宰我又言周所以用栗之意如此。岂以古者戮人于社，故附会其说与?”清刘宝楠《论语正义》曰：“松、柏、栗，皆木名，所在有之，此谓社主所用之木也。《五经异义》曰：‘夏后氏都河东，宜松也；殷人都亳，宜柏也；周人都沣镐，宜栗也。’《大司徒》：‘设其社稷之壝而树之田主，各以其野之所宜木，遂以明其社与其野。’《注》：‘所宜木谓若松、柏、栗也。’”

《汉语大词典》释“社”曰：“（1）古代谓土地神。……亦指祭祀时为土地神设立的木制牌位。（2）社坛。古代封土为社，各栽种其土所宜之树，以为祀社神之所在。”

韩喜凯不仅所言“社常为戮杀战俘或伪命者的场所”欠当，而且所言“《礼记·大司寇》”亦误，当为“《周礼·大司寇》”。《十三经注疏·周礼注疏》：“大司寇之职，掌建邦之三典，以佐王刑邦国……大军旅，莅戮于社。”郑玄注：“社，谓社主在军者也。”

3.22 子曰："管仲之器小哉！"或曰："管仲俭乎？"曰："管氏有三归，官事不摄，焉得俭？""然则管仲知礼乎？"曰："邦君树塞门，管氏亦树塞门。邦君为两君之好，有反坫，管氏亦有反坫。管氏而知礼，孰不知礼？"

【"管仲器小"误解】

韩喜凯《名家评说孔子辨析》解曰："这里的'器'，便是器才、器用的意思……以满怀感情之语在为管仲惋惜遗憾……遗憾其尚有'不俭'、'不礼'处；惋惜其所据之'器'（职位、名分）之小。意即若他有更大、更多施展才能的条件和空间，则可使民能得到更多的实惠！"

方骥龄《论语新诠》解曰："疑本章'哉'字为'材''才'二字之通假。'管仲之器小哉'殆为'管仲之器肖材'传写之异……孔子深赞管仲之器如其材……非贬责管仲之器甚小之谓也。"

【"管仲器小"勘正】

器，是指器量，即一个人的器局、度量。《辞源》："器，度量。"《汉语大词典》："器，度量，胸怀。"又，"器小，器局狭隘。"

魏何晏《论语集解》曰："言其器量小也。"晋孙绰《论语孙氏集解》曰："功有余而德不足，以道观之，得不曰小乎？"宋朱熹《论语集注》曰："器小，言其不知圣贤大学之道，故局量褊浅、规模卑狭，不能正身修德以致主于王道。"清程瑶田《论学小记》曰："事功大者，必有容事功之量，尧则天而民无能名，盖尧德如天，而即以天为其器。夫器小者，未有不有功而伐者也。其功大者，其伐益骄，塞门反坫，越礼犯分，以骄其功，盖不能容其事功矣。吾于管仲之不知礼，而得器小之说矣。享富贵者，必有容富贵之量，舜、禹之有天下而不兴，盖舜、禹之德亦如天，亦即以天为其器。夫器小者，未有不富贵而淫者也。其富贵愈显者，其淫益张，三归具官，穷奢极侈，以张其富，盖不能容其富贵矣。吾于管仲之不俭，而得器小之说矣。"朱熹、程瑶田列举的管仲器小之事实行为，是有说服力的。

孔子评价人，实事求是，该褒则褒，该贬则贬。《宪问》第9章："问管仲，（孔子）曰：'仁人也。夺伯氏骈邑三百，饭疏食，没齿无怨言。'"第16章："子路曰：'桓公杀公子纠，召忽死之，管仲不死。'曰：

‘未仁乎？’子曰：‘桓公九合诸侯，不以兵车，管仲之力也。如其仁！如其仁！”第17章：“子曰：‘管仲相桓公，霸诸侯，一匡天下，民到于今受其赐。微管仲，吾其被发左衽矣。’”总体来看，孔子对管仲的评价是很高的，只是对他奢侈炫富、僭越礼法表示不满。

【“三归”误解】

汉包咸《论语包氏章句》解曰：“三归者，娶三姓女也。妇人谓嫁为归。”

梁皇侃《论语义疏》疏曰：“管仲娶三国女为妇也，……礼，诸侯一娶三国九女，以一大国为正夫人，正夫人之兄弟女一人，又夫人之妹一人，谓之姪娣，随夫人来为妾。又二小国之女来为媵，媵亦有姪娣自随。既每国三人，三国故九人也。大夫婚不越境，但一国娶三女，以一为正妻，二人姪娣从为妾也。管仲是齐大夫，而一娶三国九人，故云有三归也。”

宋朱熹《论语集注》注曰：“三归，台名。”

杨伯峻《论语译注》解曰：“是所谓三归者，市租之常例之归之公者也。桓公既霸，遂以赏管仲。《汉书·地理志》、《食货志》并云，桓公用管仲设轻重以富民，身在陪臣，而取三归。……三归之为市租，汉世儒犹能明之。”

李泽厚《论语今读》译曰：“管仲收取大量的租税，专职人员很多，怎能算节俭？”

刘宗志《论语解读》解曰：“相传是三处藏钱币的府库。”

方骥龄《论语新诠》解曰：“《礼记·表记》：‘子言子之归乎君子’注：‘归，独立自足之貌。’疑本章所谓之‘归’即系此义。谓桓公授管仲以三‘独立自足’之权，方使管仲得展抱负，非愉壬而始得称其才也。”

【“三归”勘正】

归，指归宿、住处、安身之所。三归，三处府宅。《论语》此语说管仲不俭，多处府宅，恰证其奢。

清俞樾《群经平议》曰：“《韩非子·外储说篇》曰：‘一曰管仲父出，朱盖青衣，置鼓而归，庭有陈鼎，家有三归。’《韩非子》先秦古书，足可依据。先云‘置鼓而归’，后云‘家有三归’，是所谓归者，即以管仲言，谓管仲自朝而归，其家有三处也。”黄怀信《论语新校释》曰：“‘归’，指归第。‘三归’，三处可回归之府第，即三个家庭。《韩非子·外储说》：‘管仲相齐，曰：臣贵矣，然而臣贫。桓公曰：使子有三归之家。’”

三归指三处府宅。因其奢华，故曰不俭。从下文“树塞门”、“反坫”等看，皆与府宅、建筑设施有关。上列诸家误解者，忽略了此语所谈的主题“俭”，“俭”应与“奢侈”相对。“娶三姓女”之说，倘如皇侃所说娶三国九女是管仲身为大夫应享有的待遇，那么这不算奢侈；“三归，台名”之说，清毛奇龄《论语稽求篇》否定曰：“朱注独谓三归是台名，引刘向《说苑》为据。则遍考诸书，并无管仲筑台之事。即诸书所引仲事，亦并无有以三归为台名之说，刘向误述也。”至于三归为“市租”、“租税”说，也令人生疑：市租按常例应归之公者，桓公不可能“赏管仲”而为私有。如果把税收变为私有，那么国家的财用靠什么？

【“树塞门”误解】

方骥龄《论语新诠》解曰：“殆孔子谓管仲掖治齐君有塞门，非管仲自己树塞门，树塞门，所以喻管仲内政设施之秩然有序耳。”

杨润根《发现论语》注曰：“塞：堵住、隔绝、把守的意思。《说文》：‘塞，隔也。’门：《说文》：‘门，两士相对，兵杖在后。’可见‘门’的本意是武装的守卫。”译曰：“西周大联邦的君王的门前有多少门卫护守，管仲政府的门前也有同样多的门卫护守；西周大联邦的君王采用什么样的外交礼仪，管仲也采用什么样的外交礼仪。”

【“树塞门”勘正】

塞门，屏、影壁。杨伯峻《论语译注》曰：“树，动词，立也。塞门，用以间隔内外视线的一种东西，形式和作用可以同今天的照壁相比。”杨伯峻的解释是正确的。赵又春《我读论语》曰：“孔子批评管仲不知礼，根据是管仲不守君臣之礼：‘塞门’是天子或诸侯门外才可以树立的、用以区别内外的壁障，管仲竟也树立一个；坫是君主与外国君主相会，举行国宴时用来放酒杯的特制设备，管仲竟也这样搞了。孔子颇为生气地说：有这样表现的人都知礼的话，那还有谁不知礼呢？可见，孔子最重视的是君臣之礼，谁违反了君臣之礼，他就一般地认定他根本不懂礼。”

【“反坫”误解】

杨润根《发现论语》解曰：“坫：《说文》：坫，屏也。‘屏’又称为照壁。它是古人占卜和礼拜的地方。这里的‘坫’指的是建在方牌之前的古人用于占卜之用的具有一定定式的台子，人们的一切重大的活动都要在它跟前进行……‘坫’的本意就是人工建造的用于占卜的设施。反坫：复坫，作为坫的对应物的另一个在房屋之外的坫，它是古人对更为重大的事务进行占卜的地方，也是古人向上帝礼拜、祈祷和宣誓的地方。”

何新《论语新解——思与行》解曰“反坫，反读如版，坫读如垫。版垫，建于堂上，以陈置酒器。”译曰：“国君为了宴请友邦之君，在堂上设置放酒杯的几座，管仲在家堂中也设置几座。”

【“反坫”勘正】

反坫，反爵之坫。坫是放置酒杯的土台，互相敬酒后，把空爵反置在坫上，故曰反坫。汉郑玄曰：“反坫，反爵之坫也，在两楹之间。人君有别外内于门，树屏以蔽之也。若与邻国君为好会，其献酢之礼更酌，酌毕则各反爵于坫上。今管仲皆僭为之，如是，是不知礼也。”（引自魏何晏《论语集解》）

关于“坫”，清全祖望《经史问答》考论较详：“坫本有三，《尔雅》：‘垝谓之坫。’古文作襜，是乃以堂隅言，郭景纯所谓端也。至许叔重以为屏墙，则又是一坫。其累土以庋物者，又是一坫。而累土庋物之坫又有三，有两楹之间之坫，即《明堂位》所云‘反坫出尊’及《论语》之反坫也，盖两君之好用之庋爵者。《乡饮酒礼》尊在房户间，《燕礼》尊在东楹之西。至两君为好，则必于两楹之间，而特置坫以反之。有堂下之坫，乃《明堂位》所云‘崇坫’也，盖用之庋圭者。何以知庋圭之坫在堂下？《觐礼》‘侯氏入门奠圭’，则在堂下矣。惟在堂下，故稍崇之。有房中之坫，即《内则》‘阁食之制’也。士于坫，康成谓士卑不得作阁，但于房中为坫以庋食也。然则同一累土之坫，而庋爵庋圭尊者用之，庋食则卑者用之。方密之曰‘凡累土庋物者皆得曰坫’是也。堂隅之坫亦有二，《士虞礼》‘苴茅之制僎于西坫’，《士冠礼》：‘执冠者待于西坫南’，盖近于奥者，故谓之西坫。《既夕记》：‘设棜于东堂下南顺，齐于坫'，是近于窔者，则东坫也。至屏墙之坫亦曰反坫，而其义又不同。《郊特牲》所云'台门旅树反坫'是也。是乃以外向为反。黄东发曰：'如今世院司台门内立墙之例，是正所谓屏墙也。'盖反坫与出尊相连是反爵反坫，与台门旅树相连是屏墙之反向于外者，《郊特牲》所云乃大夫宫室之僭，《论语》所云乃燕会之僭，而东发疑《论语》之反坫与上塞门相连，恐皆是宫室之事，不当以坫之反为爵之反，则又不然。盖反坫出尊正与两君之好相合，礼各有当，不必以《郊特牲》之反坫强并于《论语》之反坫也。贾氏不知坫有三者之分，又不知累土之坫亦有三者，而漫以为累土之坫为专在庙中，则既谬矣。又误以豐为坫，不知豐用木，坫用土。豐形如豆，故字从豆；坫以土，故字从土；不可合而为一也。"

3.23 子语鲁大师乐，曰："乐其可知也：始作，翕如也；从之，纯如也，皦如也，绎如也，以成。"

【"翕如"误解】

汉郑玄《论语郑氏注》解曰："翕如，变动之貌。"

宋朱熹《论语集注》解曰："翕，合也。……谢氏曰：'翕如，言其合也。'"

何新《论语新解——思与行》解曰："翕如，翕读为西，如读为然。收敛曰'翕然'。"

闫合作《论语说》解曰："这章讲的是爱好的养成，这是孔子对如何养成爱好的总结。"译曰："孔子和鲁大师谈到爱好的养成，说：'爱好的养成，也可以晓知：刚开始的时候，一张一弛，断断续续；这样做一段时间后，就会一心一意。明确下来，像抽丝一样连续不断。这样就形成了。'"

【"翕如"勘正】

《说文解字》："翕，起也。"《广韵·缉韵》："翕，盛貌。"《辞源》释"翕习"曰："（1）盛貌。（2）急疾貌。"

此语形容音乐突起而盛貌。音乐合奏突起，如群鸟振翅，引人入胜，故曰翕如。"翕"有"急速"义。《文选·张华〈鹪鹩赋〉》："飞不飘飏，翔不翕习。”李周翰注：“翕习，急疾貌。”又，《文选·左思〈吴都赋〉》：“神化翕忽，函幽育明。”刘逵注：“翕忽，疾貌。”另，“翕然”一词也含有忽然、突然之义。魏何晏《论语集解》解曰：“翕如，盛也。”黄怀信《论语新校释》解曰：“‘翕’，《说文》：‘起也。’旧释合，非是。‘如’，同‘然’。‘翕如’，突起之貌。”将何晏与黄怀信的解释结合起来理解，颇得文意。

【“从之”误解】

汉郑玄《论语郑氏注》解曰：“从读曰纵。纵之谓八音皆作。”

宋邢昺《论语注疏》解曰：“从读曰纵，言五音既发，放纵尽其声纯。”

宋朱熹《论语集注》解曰：“从，放也。”

王熙元《论语通释》解曰：“从，音义同放纵的纵；之，指音调节奏。从之，就是音调散扬开来。”

【“从之”勘正】

明葛寅亮《四书湖南讲》解作“‘从’读如字，是接连始作，不间歇也”；杨伯峻《论语译注》解作“继续下去”；李泽厚《论语今读》解作“接着”；黄怀信《论语新校释》释作“从，随也”，译作“紧接着”；杨朝明《论语诠解》解作“随后，接下来”。诸说相同，皆符合文意。

至于“从”的读音，以葛寅亮“‘从’读如字”为是，即读“cóng”。甲骨文、金文“从”、“比”同字，后分化为二。“从”，二人，本义为相随。后增辵以表行义。《说文解字》：“從，随行也。”徐灏《说文解字注笺》谓从、從古今字。从，二人相随。据此，“从”应读作“cóng”，解作“接着”、“随后，接下来”是正确的。查《辞源》、《汉语大词典》、《汉语大字典》等重要辞书，读“zòng”音时，是“放纵”的意思，而没有杨伯峻所说的“继续下去”的意思。

【“纯如”、“皦如”、“绎如”误解】

汉郑玄《论语郑氏注》解曰：“纯如，感人之貌。”

林振衡《论语新编》解曰：“纯如：美好，深厚。”

何新《论语新解——思与行》解曰：“纯如，纯读为敦，宏大也。皦如，交然，交错而和谐。”

闫合作《论语说》解曰：“这章讲的就是爱好的养成，这是孔子对如何养成爱好的总结。”译曰：“孔子和鲁大师谈到爱好的养成，说：‘爱好的养成，也可以晓知：刚开始的时候，一张一弛，断断续续；这样做一段时间后，就会一心一意。明确下来，像抽丝一样连续不断。这样就形成了。’”

【“纯如”、“皦如”、“绎如”勘正】

魏何晏《论语集解》曰：“纯如，和谐也。皦如，言其音节明也。纵之，以纯如、皦如、绎如言。乐始作翕如，而成于三也。”梁皇侃《论语义疏》曰：“言正乐始奏翕习，以后又纵其声，其声则纯一而和谐，言不离析散逸也。云‘皦如也’者，言虽纯如而如一，其音节又明亮皎皎然也。云‘绎如也’者，绎，寻续也，言声相寻续而不断绝也。”清黄式三《论语后案》曰：“皦者，玉石之白甚明也。纯者，不杂之丝。绎者，不绝之丝。皆设喻之辞，故四言‘如’也。”黄怀信《论语新校释》解作：“纯如，清纯之貌。皦如，明快之貌。绎如，绵延之貌。’”

纯如，精纯和谐、不杂乱。《诗·周颂·维天之命》：“文王之德之纯。”朱熹集传：“纯，不杂也。”皦如，分明、清晰，即何晏所说的“音节明也”。绎如，延续不绝，即宋邢昺《论语注疏》所说的“言其音落绎然相续不绝也”。

3.24 仪封人请见，曰：“君子之至于斯也，吾未尝不得见也。”从者见之。出曰：“二三子何患于丧乎？天下之无道也久矣，天将以夫子为木铎。”

【“丧”误解】

宋朱熹《论语集注》解曰：“丧，谓失位去国。”

清宦懋庸《论语稽》解曰：“丧者，出亡在外之名。”

辜鸿铭《辜鸿铭讲论语》讲曰：“当这个军官见面出来后，对这个学生说：‘先生，按照您目前的情况，为什么不考虑求个一官半职呢？’”

金良年《论语译注》解曰：“丧：此指景况不好。”

闫合作《论语说》解曰：“孔子遭难刚刚脱险，侍从的弟子为孔子的安全，不愿意让仪封人见。孔子说：‘君子敢作敢为，我没有不敢见的。’仪封人出去后。孔子说：‘诸位何必担心我被伤害呢？天下道德失范很久了，上天还要以我作醒世的木铎呢！’”

【“丧”勘正】

丧，指丧失。至于丧失的什么，下句“天下之无道也久矣”已限定清楚：丧失的是“道”。“道”的涵义很丰富，而此处主要是指先王圣贤之道。又言“天将以夫子为木铎”，即孔子振摇木铎宣传圣贤之道，教化世人也。此语是说，仪封人见到孔子，通过与孔子长时间的交谈，了解了孔子的道德为人以及迫切的传道救世之心，很受感动，所以刚出来就对孔子弟子们讲：你们几位何必担心道的丧失？上天将以孔老先生为木铎，承担起宣传圣贤之道的大任。

闫合作把后边“曰”的内容理解为孔子说的话，又把“丧”理解为孔子被伤害，大谬。

里仁第四

4.1　子曰："里仁为美。择不处仁，焉得知？"

【"里"误解】

宋朱熹《论语集注》解曰："里有仁厚之俗为美。"

黄怀信《论语新校释》解曰："里仁为美：'里'，动词，借为'邻'。《释文》云：'里，犹邻也。'旧如字释，误。邻仁，做仁者邻居。"

闫合作《论语说》解曰："此处'里'有两意，一指身之居，一指心之居。身之居是择乡，心之居是择仁。孟子说：'仁，人之安宅也。'又说：'仁，人心也；义，人路也。'此章应是指心之择居。处仁为美，指心灵美。"

杨润根《发现论语》注曰："里：内在的本质。里仁：天地（宇宙）的以人为目的的内在本质，这种本质也就是普遍无限的善德。"

【"里"勘正】

里，本指人所居住的地方。《说文解字》："里，居也。"古制不一：《周礼》曰"五家为邻，五邻为里"，《尚书大传》曰"八家而为邻，三邻而为朋，三朋而为里"，《公羊传》何休注曰"一里八十户"，《管子·小匡》曰"五家为轨，……十轨为里"，又《管子·度地》曰"百家为里"。本章之"里"，系名词作动词用，是"居住"的意思，"里仁为美"是说居住于仁厚之乡为好。"里"之"居住"义，亦见他文，如班固《幽通赋》："终保己而贻则兮，里上仁之所庐。"

汉郑玄《论语郑氏注》曰："里者，民之所居也。居于仁者之里，是为善也。"（引自魏何晏《论语集解》）明张居正《论语直解》曰："二十五家为一里，仁是仁厚的风俗。"清戴望《戴氏论语注》解曰："里，居也。"杨伯峻《论语译注》曰："里——这里可以看为动词。居住也。"

朱熹所解，误在视“里”为名词。黄怀信虽然视“里”为动词，但据《经典释文》所释解作“借为‘邻’”，为“邻仁”，继而释“邻仁”为“做仁者的邻居”，又把“邻”的动词性改变成了名词，似欠统一。

【“择不处仁”误解】

杨伯峻《论语译注》解曰：“这一段话，究竟孔子是单纯地指‘择居’而言呢，还是泛指，‘择邻’、‘择业’、‘择友’等等都包括在内呢？我们已经不敢肯定。”

吴新成《论语易读》解曰：“孔子说：居心于仁才是美。人不选择在仁字上立身，说得上有智慧吗？”

黄怀信《论语新校释》校曰：“宅不处仁，‘宅’字旧作‘择’，以音误，从翟灏说据《文选注》、《后汉书》注等所引改。”

【“择不处仁”勘正】

择，选择。此语是说：选择居住的地方，如不处于仁厚之乡，怎么算得上明智？汉郑玄曰：“求善居而不处仁者之里，不得为有智也。”（引自魏何晏《论语集解》）李炳南《论语讲要》曰：“居于仁者所居之里，是为美。不择处仁者之里，随意而居，安得为有智者。古语，千金置宅，万金买邻，又如孟母三迁，皆是择仁之意。”

杨伯峻的“择”是指“择居”，还是指“择邻”、“择业”、“择友”之疑，似有些多余。前句“里仁为美”已经限定清楚是选择居处，何必自生疑惑？

黄怀信据翟灏说将原文“择不处仁”改为“宅不处仁”，似缺乏版本依据。

吴新成《论语易读》所说“居心于仁才是美”，以及闫合作所说“此章应是指心之择居；处仁为美，指心灵美”，均属于后人的引申发挥，不合经文本意。

4.2　子曰：“不仁者不可以久处约，不可以长处乐。仁者安仁，知者利仁。”

【“仁者安仁，知者利仁”误解】

宋朱熹《论语集注》解曰：“利，犹贪也，盖深知笃好而必欲得之也。”

杨伯峻《论语译注》曰："有仁德的人安于仁［实行仁德便心安，不实行仁德心便不安］；聪明人利用仁［他认识到仁德对他长远而巨大的利益，他便实行仁德］。"

李泽厚《论语今读》译曰："仁爱的人享用仁，聪明的人追求仁。"

孙钦善《论语本解》译曰："有仁德的人安于仁，聪明的人顺从仁。"

方骥龄《论语新诠》解曰："所谓'仁者安仁'，谓善于'相人耦'之人，必深知亲附之道，能劝诱他人，可使他人无动惧之心，庶几逐渐摒弃其乖僻孤独性格而与人和谐相处矣，固不必经久用言语缠束之也。所谓'知者利仁'，知者，即智慧之人，能明辨亲附之道者。……'知者利仁'，殆谓智慧之人，必然与人和谐相处，利用机会影响他人，可使人于不知不觉中改变其原有之观念；使人不致经久沉湎于安乐中而不知奋发有为，决不以疾言厉色规人是也。"

【"仁者安仁，知者利仁"勘正】

此语是说：仁德者，以行仁为安；聪明者，以行仁为利（比如，以仁德治国行政，则大有益处）。

清刘宝楠《论语正义》曰："'安仁'者，心安于仁也。'利仁'者，知仁为利而行之也。"李炳南《论语讲要》曰："仁者安仁，仁者天赋仁厚，为仁无所希求，只为心安理得，否则其心不安，是为安仁。知者利仁，智者知行仁为有利于己而行之也。"

朱熹释"利"为"贪"，李泽厚释"安仁"、"利仁"为"享用仁"、"追求仁"，孙钦善释"利仁"为"顺从仁"，皆欠准确。

杨伯峻译"利"为"利用"，自感"利用仁"没说明白，又加括号释之，实际上括号里的话还是"行仁"。再说，"仁"是可以践行的（行仁则具备仁），不是可以利用的，"利用仁"讲不通。

4.3 子曰："唯仁者能好人，能恶人。"

【"唯仁者能好人，能恶人"误解】

清焦循《论语补疏》解曰："仁者好人之所好，恶人之所恶，故为能好能恶。必先审人之所好所恶，而后人之所好好之，人之所恶恶之，斯为能好能恶也。"

方骥龄《论语新诠》解曰："《释名·释言语》：'恶，扼也。'扼即扼字，亦作搤，即《易·象传》'君子以遏恶扬善'之遏。疑本章所谓好人，扬人之善也。本章所谓恶人，遏人之恶也。"

【"唯仁者能好人，能恶人"勘正】

好（hào）恶（wù），即喜好、厌恶。此句可以译为：只有具备仁德的人，才能做到公正地喜好某人及厌恶某人。亦即惟仁者能掌握好对人的好恶标准和分寸。清沈涛《论语孔注辨伪》曰："《礼记·缁衣》：子曰：'惟君子能好其正，其恶有方。'正与此文相表里。"宋朱熹《论语集注》曰："唯之为言独也。盖无私心，然后好恶当于理，程子所谓'得其公正'是也。"

焦循"好人之所好，恶人之所恶"之说，不符合孔子"众好之，必察也；众恶之，必察也"的富含理智、富有主见的思想观念。方骥龄释"恶"为"扼"、为"遏"，观点虽新，但也不符合《论语》文意。

4.4　子曰："苟志于仁矣，无恶也。"

【"苟志于仁矣，无恶也"误解】

清俞樾《群经平议》解曰："上章云'惟仁者能好人，能恶人'，此章云'苟志于仁矣，无恶也'，两章文义相承。此恶字即上'能恶人'之恶。盖仁者之于人好所当好，恶所当恶，所谓'能好人，能恶人'也。"

方骥龄《论语新诠》解曰："仁，仍为'相人耦'之仁。恶，似当作厌恶之恶解。假使诚心与人和谐亲附，既不可厌恶他人，亦不可为人所厌恶。爱人者人恒爱之，敬人者人恒敬之；以忠信待人，人岂有以横逆加诸我者乎？故无恶人之恶，似当解作厌恶之恶。志于'相人耦'之人，固不可轻易厌恶任何人也。"

杨伯峻《论语译注》译曰："假如立定志向实行仁德，总没有坏处。"

乔一凡《论语通义》解曰："苟字应读亟，与从草苟字不同。《说文》：'苟，自急饬也。'孔子谓人能急志于仁，自然无恶行的。语极明白。倘读为苟如之苟，而无恶，终嫌有病。不若急切求仁，自然不会为恶之为愈也。"

何新《论语新解——思与行》解曰："志，追求。心之所向曰志。"

译曰："孔子说：'只要一心追求仁善，就不会有邪恶。'"

【"苟志于仁矣，无恶也"勘正】

苟，假设之词。《辞源》："苟，连词。假如，如果。《论语·里仁》：'苟志于仁矣，无恶也。'"《汉语大字典》："苟，连词。表示假设关系，相当于'若'、'如果'。清王引之《经传释词》卷五：'苟，犹若也。'《论语·里仁》：'苟志于仁矣，无恶也。'"

恶，恶念，恶行。杨朝明《论语诠解》诠释曰："苟：表示假设，如果，假如。恶：邪恶，恶行。"解读曰："孔子说：'如果一个人立志于行仁，就不会有什么恶行了。'"孙钦善《论语本解》译曰："孔子说：'假如已立志修养仁德了，就不会再有邪恶了。'"黄怀信《论语新校释》释曰："'苟'，假设之词，如果。'恶'，指恶行，作恶。"译曰："先生说：'（一个人）如果已经立志做仁事，（他）就不会（再）作恶了。'"

俞樾、方骥龄释"恶"为"厌恶"之恶，在此语中解不通。杨伯峻释"无恶"为"总没有坏处"，欠贴切。乔一凡以为"苟"是错字，应为"茍（jì）"，此说缺乏依据。

4.5　子曰："富与贵，是人之所欲也，不以其道得之，不处也。贫与贱，是人之所恶也，不以其道得之，不去也。君子去仁，恶乎成名？君子无终食之间违仁，造次必于是，颠沛必于是。"

【"不以其道得之"（后句）误解】

金王若虚《论语辨惑》解曰："说者虽多，皆莫能通。予谓贫与贱，当云以其道得之，'不'字非衍则误也。若夷、齐求仁，虽至饿死而不辞，非以道得贫贱而不去乎。"

清李光地《读论语札记》解曰："两'不以其道得之'似当一例看。盖以为非道得贫贱，语终未顺，亦是言不以道得富贵则不去此贫贱也。"

孙钦善《论语本解》解曰："'不以'二句：据上下文，前一'不'字当为衍文，此二句即安贫乐道之意。……孔子说：'富有与尊贵，这是人们所渴望的，如果不按仁义之道得到了富贵，君子决不居有。贫穷和低贱，这是人们所厌恶的，如果行仁义之道却得到了贫贱，君子决不逃避。'"

钱穆《论语新解》断句为："富与贵，是人之所欲也，不以其道，得之不处也。贫与贱，是人之所恶也，不以其道，得之不去也。”解曰：“得之二字或连上读，则疑若有以不道得之之嫌。连下读，则偶尔得之之意自显。……富贵贫贱，有非求而得之者。若在己无应得此富贵之道，虽富贵，君子将不安处。若在己无应得此贫贱之道，虽贫贱，君子将不求去。”译曰：“富与贵，人人所欲，但若不以当得富贵之道而富贵了，君子将不安处此富贵。贫与贱，人人所恶，但若不以当得贫贱之道而贫贱了，君子将不违去此贫贱。”

萧民元《论语辨惑》解曰：“本小节的问题在‘贫与贱，是人之所恶也，不以其道得之，不去也’这句话的标点断句上。……现在不必多做解释，只有把两种断句法并列出来，读者看后自然就明白了。

富与贵，是人之所欲也，不以其道得之，不处也。
贫与贱，是人之所恶也，不以其道得之，不去也。

富与贵，是人之所欲也，不以其道，得之不处也。
贫与贱，是人之所恶也，不以其道，得之不去也。

因此，最下一行的这个‘道’，是去或不去的先决条件。合于道就去，不合于道，就宁处‘贫贱’，不去也。”

【“不以其道得之”（后句）勘正】

此句古来争议纷纷，难达一致。不少人费尽笔墨试图使译文圆通，但终是迂曲牵强；萧民元试图从断句上打开机关，然亦难以服人。实际上，这句话问题就出在“得”字上，盖因上句而传写致误。黄怀信《论语新校释》“涉前误”说可取。杨伯峻《论语译注》曰：“‘富与贵’可以说‘得之’，‘贫与贱’却不是人人想‘得之’的。这里也讲‘不以其道得之’，‘得之’应该改为‘去之’。”杨朝明《论语诠解》曰：“贫困与卑贱，是人人都厌恶的；不以合乎仁道的方式去摆脱，君子也不会做。”

此“得”字，是“去”字之误，还是“免”字、“脱”字之误？比较而言，还是杨伯峻所说的“去”字为是。此语是说：贫与贱，是人人所厌恶的，但不以合乎仁道的方式去掉它，不去也。如此理解，语义大顺。改变贫贱，求得富贵，应以正当的手段和方式。常言道，君子爱财，取之有道。此章强调重道守道，无论是求取富贵，还是脱离贫贱，在思想上、方式上都要符合仁道，否则，就会导致下文孔子所担心的结果："君子去仁，恶乎成名？"（君子抛弃了仁道，何以成就美名？）

实事求是讲，古经典中是存有错字的，不要以为《论语》是至高无上之圣典，就不敢怀疑其有误字，解不通也强为解之是要不得的。

4.6 子曰："我未见好仁者，恶不仁者。好仁者，无以尚之。恶不仁者，其为仁矣，不使不仁者加乎其身。有能一日用其力于仁矣乎？我未见力不足者。盖有之矣，我未见之也。"

【"我未见好仁者，恶不仁者"误解】

闫合作《论语说》解曰："'好仁'是追求仁，'不仁'是不追求仁。"译曰："孔子说：'我没有见追求仁而憎恶不仁。追求仁，认为没有比仁更重要的，就会憎恶不仁。'"

杨润根《发现论语》译解曰："孔子说：'我至今还没有看到过那种既热爱道德而又痛恨邪恶的理想人物。仅仅单方面地热爱道德的人，还不是那种足以令人崇敬的人；只有不仅自己热爱道德同时又痛恨邪恶不义的人，才是真正令人崇敬的人，因为只有他，才是那种自觉地和积极主动地以道德为追求、以道德为目的的人。'"注释曰："好仁者，无以尚之：好仁者，无足以尚之。恶不仁者，其为仁矣：好仁而恶不仁者，其为仁矣。"

【"我未见好仁者，恶不仁者"勘正】

孔子是说：我没有见过喜好仁德的人和憎恶不仁的人。喜好仁德的人，他行仁的境界是至高无上的；憎恶不仁的人，其行仁的程度仅仅是避免了不仁的人把不仁的东西加到自己身上罢了。有谁肯把一天的心力全用在行仁上？既然肯行仁，我没见过力量不够的。大概有这样的人吧，但我没见到啊。

晋范宁《论语范氏注》曰："世衰道丧，人无廉耻，见仁者既不好之，见不仁者亦不恶之，好仁、恶不仁，我未睹其人也。"

实际上，无论何时，天下都不乏好仁者和恶不仁者，那孔子为何还这么说？梁皇侃《论语义疏》曰："云'我未见好仁者'者，叹世衰道丧，仁道绝也。"孔子深憾爱好仁德、践行仁德的人少，所以才说出这样的惊人之语，其目的是惊醒世人的好仁之心、行仁之意。为使世人好仁、行仁，孔子把好仁、行仁的要求降到了最低："有能一日用其力于仁矣乎?"继而又说行仁并不难，只要想行仁，没有力不够的。可见孔子教诲、期盼世人好仁行仁的拳拳之心。

4.7　子曰："人之过也，各于其党。观过，斯知仁矣。"

【"人之过也，各于其党"误解】

清钱坫《论语后录》解曰："君子群而不党，故谓党为过。"

清刘开《论语补注》解曰："党，非类也，有所亲比谓之党。"

南怀瑾《论语别裁》解曰："孔子说人的毛病，各于其党。这个'党'不要以现代的观念来解释为政党之'党'。古人所讲的党是乡党，包括了朋友在内。儒家思想，时常用到这个乡党的观念。古代宗法社会的乡党，就是现代社会的人际关系。交朋友等社会人际的关系对一个人影响很大。孔子说一个人会有过错，往往都是社会关系的因果。"

杨润根《发现论语》解曰："党，繁体字为'黨'，这个字由'尚'和'黑'构成（上下结构），意为以愚昧无知（心不明，眼不亮）为基础的盲目的崇尚、盲目的信仰与盲目的追求（这也许正是党派活动为古代和现代一些人所非议的原因），这里指盲目崇尚、盲目信仰与盲目追求的原因——愚昧无知。"

闫合作《论语说》译曰："人的对错，不同的人认识不同。观察错的，就知道好的。"

【"人之过也，各于其党"勘正】

党，类也。党之"类"义，古籍常见。《礼记·仲尼燕居》："辨说得其党。"左思《吴都赋》："乌菟之族，虎兕之党。"汉孔安国《论语孔氏训解》曰："党，党类也。"人的过错，可归纳为多种类型，比如巧言令色，说谎欺骗，搬弄是非，蛮横无礼，打架斗殴，陷害诬告，不敬不孝，抢劫偷窃，图财害命，弄虚作假，杀人放火，坑蒙拐骗，假冒伪劣，男盗女娼，骄奢淫逸，等等。有些过错，是过失型的，即动机不坏，诸如好心办坏事，考虑不周酿成祸端，错失良机贻误大事等；有些过错则属主观意识问题，即有意为之。孔子这句话是说：人的过错，各属于一定的类型。因此，观察其过错，便可知他是否具有仁德了。

宋朱熹《论语集注》曰："党，类也。程子曰：'人之过也，各于其类。君子常失于厚，小人常失于薄；君子过于爱，小人过于忍。'尹氏曰：'于此观之，则人之仁不仁可知矣。'……愚按：此亦但言人虽有过，犹可即此而知其厚薄，非谓必俟其有过，而后贤否可知也。"杨树达《论语疏证》曰："观过知仁者，观其过而知其仁与不仁也。有过而仁者，有过而失之不仁者，故曰：于其党也。子路、秦西巴、孙性，过而仁者也。乐羊、梁车，过而不仁者也。"

杨伯峻等认为"观过知仁"的"仁"应是"人"，对此，孙钦善《论语本解》辨曰："仁：《后汉书·吴祐传》引此文作'人'，于是有人认为此处'仁'同'人'，非是。《汉书·外戚传》、《南史·张裕传》引此皆作'仁'。'仁'指仁德，仁人亦难免无过，但仁人之过，无论从其过错性质来看，还是从其对待过错的态度来看，皆与不仁人之过迥别。因此孔子认为一个人的过错，亦可作为判断一个人是否具有仁德的根据，这里含有从反面看问题的辩证法。"

4.10　子曰："君子之于天下也，无适也，无莫也，义之与比。"

【"无适"、"无莫"误解】

晋范宁《论语范氏注》解曰："适、莫，犹厚、薄也，比，亲也。君子与人无有偏颇厚薄，惟仁义是亲也。"

唐韩愈、李翱《论语笔解》解曰："无适，无可也。无莫，无不可也。唯有义者与相亲比尔。"

宋朱熹《论语集注》解曰："适，专主也。《春秋传》曰'吾谁适从'是也。莫，不肯也。比，从也。"

明张居正《论语直解》解曰："适是必行的意思，莫是必不行的意思，义是事之宜，比字解做从字。"

清王闿运《论语训》解曰："适，往也。莫，定也。此言己历聘之意，可以仕则仕，可以止则止，不义则不与亲也。"

康有为《论语注》注曰："适，往也。莫，毋也。义，宜也。比，亲附也。言君子于天下之事之人，无所必偏往，无所必禁绝，但于义之合宜者，则亲附而从之。"

杨伯峻《论语译注》译曰："孔子说：'君子对于天下的事情，没规定要怎样干，也没规定不要怎样干，只要怎样干合理恰当，便怎样干。'"

孙钦善《论语本解》解曰："適：可。莫：不可。即'无可无不可'之意。"译曰："君子对于天下的事，不盲目适从，也不盲目否定，始终以义为依据。"

南怀瑾《论语别裁》解曰："'无適也'是说并不希望自己一定要发多大的财，作多大的官。'无莫也'就是有所为，有所不为。"

【"无適"、"无莫"勘正】

视"適"为"敵"，视"莫"为"慕"，符合文意。此语是说：君子对于天下的人，无所谓敌对，无所谓亲慕，只与仁义者相亲比。关于"適"字，定州简本《论语》"无適也"作"无谪也"。谪、適、敵古通。清惠栋《论语古义》曰："郑本'適'作'敵'，莫音慕，无所贪慕也。栋案：古敵字皆作適。《礼记·杂记》曰：'赴于適者。'郑《注》云：'適读为匹敵之敵。'《史记·范雎传》：'攻適伐国。'《田单传》：'適人开户。'《李斯传》：'群臣百官皆畔，不適。'徐广皆音征敵之敵。荀卿子《君子篇》云：'天子四海之内无客礼，告无適也。'《注》：读为敵。"对于"无莫"，汉郑玄《论语郑氏注》解曰："无莫，无所贪慕也。"《汉语大词典》释"莫"曰："通'慕'。贪慕。"释"贪慕"曰："向往羡慕，贪恋爱慕。"我们以为，在《论语》此语中释"莫"为"亲慕"，与"適（敌对）"对应恰当。

李泽厚《论语今读》曰："孔子说：'君子对待天下的各种事情，既不存心敌视，也不倾心羡慕，只以正当合理作为衡量标准。'"

黄怀信《论语新校释》将原文径改为："子曰：君子之于天下也，无敵也，无慕也，义之与比。"校曰："无敵也，'敵'旧作'適'，借字，今据《释文》改从郑本，用本字。无慕也，'慕'旧作'莫'，亦借字，今从郑玄读改本字，以免徒生误解。"

4.11 子曰："君子怀德，小人怀土，君子怀刑，小人怀惠。"

【"怀"误解】

汉孔安国《论语孔氏训解》解曰："'怀德'，怀，安也。'怀土'，重迁也。‘怀刑’，安于法也。”

清戴望《戴氏论语注》解曰：“怀，归也。天以厚生为德，地以利用为德，人以正德为德。土，居也。上务隆刑峻法则下惟惠己者是归。”

【“怀”勘正】

怀，心里想着、思念着、关心着。此语是说：君子心怀道德、法度，小人心怀乡土、恩惠。也就是说君子重德，小人重利。

关于“怀刑”之“刑”，通常理解为法度，而刘恒另有解释，特在《孔子研究》1990年第3期发表《“君子怀刑”解》一文，兹摘录如下：

> 我认为，按照旧注“君子怀刑”意为“君子乐于法制齐民”，这就与孔子一贯的仁礼思想相矛盾。孔子学说以仁为核心，以礼为纲领，而很少谈及刑或刑罚。……况且，从文字训诂的角度说，刑固然可用为法制、法度等义，但亦多假借为型。《说文》：“型，铸器之法也。”型，义为模型。引申之用为名词，意为典型，使动用法，则为效法之义。《诗·周颂·烈文》：“不显维德，百辟其刑之”，高亨《诗经今注》：“刑，通型，效法也。”注得很对。……以上提到的名君圣贤和贤者，虽受到推崇的程度有别，无疑都是孔子心目中的楷模。因此，孔子所讲的“君子怀刑”，当读为“君子怀型”，亦必指君子思念古今的一些名君、圣贤。君子思念名君圣贤，较之周代贵族彝铭之一味称赞或思念祖考、先王，显然是一种历史性的进步。

另，萧民元《论语辨惑》对“刑”字有疑，兹亦录之：

> “刑”字在春秋那时，广泛的说是“法”。而在使用中，极为普遍的是指有惩罚性的刑法而言。……所以严格的来说，真正怀刑的人，是小人不是君子。君子的心目中有道德律。君子当然也知法，但一个君子做错了事，他的良心将先受到道德的谴责，不必等到法律来制裁方知害怕。故而“君子怀刑”的说法有所不妥。笔者认为很可能是一个与“刑”音相近的德性字眼，那就是“信”。全节应是：“君子怀德，小人怀土；君子怀信，小人怀惠。”

4.12 子曰："放于利而行，多怨。"

【"放"误解】

清黄式三《论语后案》解曰："《说文》'放'本训'逐'。驱逐、追逐皆为放，放利即逐利也。"

清王闿运《论语训》解曰："放，弃也。为政当利民，不可弃之。"

清刘宝楠《论语正义》引曰："师古注：'放，纵也。'谓纵心于利也。案：放纵义亦通。"

闫合作《论语说》译曰："孔子说：'没有利而做，多不满。'"解曰："'放'的本义是'放逐、失去'，如孟子说'读书唯求放心而已'，此处'放'应是失去的意思。没有利益却要人去做，才会多招怨恨。加班有加班费，没人有怨言，还愿意干；若没有加班费，试试看，必怨声载道。这是行事的准则、处世的哲学，用现在的话叫共生或双赢。只有都有利益的情况下，事情才能好办。"

【"放"勘正】

放，音 fǎng。《汉语大字典》："放，依据。《广雅·释诂四》：'放，依也。'《论语·里仁》：'放于利而行，多怨。'何晏注：'孔（安国）曰：放，依也。'"

放为"依"义，书证较多，如《国语·楚语》："民无所放。"《庄子·庚桑楚》："而况放道而行者乎！"《汉书·兒宽传》："欲放古巡狩封禅之事。"又《王莽传》："放大诰作策。"等等。上章言小人重利，此章接言若凡事依利而行，必然招怨。

上列四家误解，错在读"放"为"fàng"。

4.14 子曰："不患无位，患所以立。不患莫己知，求为可知也。"

【"患所以立"误解】

清戴望《戴氏论语注》解曰："患立身不处于仁义。知，犹用，求为可用，若子路可使有勇，冉子可使足民。"

章炳麟《广论语骈枝》解曰："《古文春秋经》'位'作'立'。此'不患无位'古文盖亦作'立'。不患无立，患所以立。不患莫己知，求为可知。辞例一也。”

【“患所以立”勘正】

“患所以立”，意为担心没有立身的本领。儒家讲究立身、立言、立德，孔子本人就是这方面的典范，被后世儒生尊为无位之君。

宋邢昺《论语注疏》解曰：“此章劝学也。‘不患无位’者，言不忧爵位也。‘患所以立’者，言但忧其无立身之才学耳。”杨朝明《论语诠解》曰：“孔子说：‘不忧虑自己有没有职位，而应忧虑有没有足以任职的德行与能力。不忧虑别人不了解自己，而应忧虑有没有足以让人了解自己的德行与才能，”黄怀信《论语新校释》解曰：“先生说：‘不担心没有职位，担心（没有）充位的能力；不担心没有人知道自己，（要）求取可以使人知道的本领。’此章劝人培养真本领。有位而不能立，自是白搭；人虽知己而己无真才实学，只是虚名。”

4.15　子曰：“参乎！吾道一以贯之。”曾子曰：“唯。”子出，门人问曰：“何谓也？”曾子曰：“夫子之道，忠恕而已矣。”

【“吾道一以贯之”误解】

清潘维城《论语古注集笺》解曰：“贯有行、事两义。《尔雅》：‘贯，事也。’《广雅》：‘贯，行也。’《经义述闻》曰：‘事与行，义相近，故事谓之贯，亦谓之服；行谓之服，亦谓之贯矣。’”

清戴望《戴氏论语注》解曰：“贯，读如‘一贯三为王’之贯。贯，中也，通也。一谓仁也。仁为德元，义、礼、智、乐皆由此出，故变文言一。一者，万物之所从始也。”

程树德《论语集释》解曰：“张甑陶《四书翼注论文》：‘此章道理最平实，是以尽心之功告曾子，非以传心之妙示曾子。……一以贯之非他，从心所欲不逾矩也。夫子亦三十而立，曾子此时安有此水到渠成瓜熟蒂落气候，夫子遽付以秘密心印？且曾子至死尚战战兢兢，何曾得夫子此言便是把柄入手，纵横贯串无不如意？故谓此章夫子以尽心之功告曾子则是，以传心之妙示曾子则非。’按：一贯之义，自汉以来不得其解，兹故杂引诸家之说以资参考，而张氏甑陶所说尤精。”

南怀瑾《论语别裁》解曰：“曾参讲的对不对呢？有问题！那不叫

'一以贯之'，该'二'以贯之了，因为一个忠，一个恕，岂不是二贯？明明孔子告诉他'一以贯之'，为什么他变出两个——忠恕来？这是一个大问题。"

【"吾道一以贯之"勘正】

"道"，曾子是就孔子的处世之道方面理解的，认为老师的处世之道就是"忠恕"。

"一以贯之"，古今歧解纷繁，难达一致。比较而言，古人当以梁皇侃、宋邢昺的解释为优，今人当以杨伯峻、孙钦善的解释为胜。

皇侃《论语义疏》曰："云'吾道一以贯之哉'者，所语曾子之言也。道者，孔子之道也。贯，犹统也，譬如以绳穿物，有贯统也。孔子语曾子曰：'吾教化之道，唯用一道以贯统天下万理也。'"邢昺《论语注疏》曰："吾道一以贯之者，贯，统也。孔子语曾子言，我所行之道，唯用一理以统天下万事之理也。……言夫子之道，唯以忠恕一理，以统天下万事之理，更无他法。"

杨伯峻《论语译注》译曰："孔子说：'参呀！我的学说贯穿着一个基本观念。……曾子道：'他老人家的学说，只是忠和恕罢了。'"

孙钦善《论语本解》译曰："孔子说：'参啊！我的学说有一个中心思想贯穿其中。……曾子说：'先生的学说，不过忠和恕二字罢了。"

"一以贯之"之语，在《论语》中出现两次，另一次是在《卫灵公》篇："子曰：'赐也，女以予为多学而识之者与？'对曰：'然，非与？'曰：'非也，予一以贯之。'"清代孔广森《经学卮言》认为：

> 此章（指"卫灵公"第3章——引者注）与告曾子"吾道一以贯之"语大殊。彼以道之成体言，此以学之用功言也。圣人固自多学但不取强记耳。子之问子贡，非以多学为非，以其多学而识为非也。子贡正专事于识者，故始而然之，但见夫子发问之意似为不然，故有"非与"之请。此亦质疑常理，必以为积久功深，言下顿悟便涉禅解。予一以贯之，言予之多学，乃执一理以贯通所闻，推此而求彼，得新而证故，必如是然后学可多也。若一一识之则其识既难，其忘亦易，非所以为多学之道矣。譬之学字者，以其偏旁贯之，斯万千之名可以形声尽也；譬之学数者，以其比例贯之，斯大小之形可以乘除尽也。

是故一贯者为从事于多学之方。宋人言今日格一物，明日格一物，久而后能一旦贯通，得无与此义相左乎？

孔广森认为，《卫灵公》篇的“一以贯之”，是就学习方法而言，与《里仁》篇的修身之道不同。

杨朝明《论语诠解》在解释《卫灵公》篇的“一以贯之”时说：

《论语》中有两处提到“一以贯之”，这里应该与《里仁》的“一以贯之”同义，即有一个根本的道贯穿始终，只是二者的落脚点不同。《里仁》的“一以贯之”落脚在为人处世上，即曾子所说：“夫子之道忠恕而已矣。”儒家重视修身，推崇内圣外王之道，“子贡问曰：‘有一言而可以终身行之者乎？’子曰：‘其恕乎！己所不欲，勿施于人。’”孔子明确指出了“恕”的做法。可以想见孔子的忠恕之道，侧重在修身以及为人处世上。本章的“一以贯之”则侧重于学习方法。孔子告诉子贡自己博学的原因，即学习过程中善于用一个根本理念贯穿始终。

杨朝明认为两处的“一以贯之”同义，只是二者的落脚点不同。

可查看古书中有关“一以贯之”的用例，如汉班固《汉书·王莽传》：“而公包起始终，一以贯之，可谓备矣。”宋韩淲《涧泉日记》：“万物虽殊，而其情可类，所谓一以贯之者。”明李贽《又答石阳太守》：“此数老之学所以能继千圣之绝，而同归于‘一以贯之’之旨也”。我们以为，将“一以贯之”理解为“以一种思想学说或方法贯穿一切、贯通始终”，是符合孔子本意的。

【“忠恕”误解】

何新《论语新解——思与行》译曰：“先生的思想，可以归结为中庸与宽恕而已！”注曰：“恕，松也，纵也。宽纵曰恕。即‘己所不欲，勿施于人’。忠，中也，正也，诚也。中，即中庸。忠恕：立身中正，待人宽容。”

闫合作《论语说》断句为：“曾子曰：‘夫子之道忠，恕而已矣。’”译为：“曾子说：‘老师行道以忠，恕罢了’。”解曰：“前人解‘夫子之道忠，恕而已矣’多断句为：‘夫子之道忠恕而已矣。’译为：‘他老人家的学说，只是忠和恕罢了。'（《论语译注》）认为夫子之道是忠和恕。孔子明明说'吾道一以贯之'，怎么会是'忠'和'恕'两个呢？孔子'一以贯之'之道就是一个'忠'，恕是对忠的解释。"

【"忠恕"勘正】

孔子的"一以贯之"之道，被曾子概括为"忠恕"二字。宋朱熹《论语集注》注"忠恕"二字最为精确到位："尽己之谓忠，推己之谓恕。""忠"，谓尽心为人，即孔子所说的"己欲立而立人，己欲达而达人"（《雍也》）；"恕"，谓推己及人，即孔子所说的"己所不欲，勿施于人"（《颜渊》），也就是人们常说的"将心比心"。强调凡事从别人的角度来考虑，看重别人的感受和利益。而对于自己，则强调修己、克己和责己，如"修己以敬"，"修己以安人"，"修己以安百姓"（《卫灵公》）；"克己复礼"（《颜渊》）；"躬自厚，而薄责于人"（《卫灵公》）。这是儒家最基本的处事态度，是和谐社会人际关系最有效的准则。很多人推崇这些准则，世代数以亿万计的人将其作为座右铭，"己所不欲，勿施于人"八字也被镌刻于联合国。试想，若人人能奉行"己欲立而立人，己欲达而达人"，"己所不欲，勿施于人"这四句忠恕之言，天下还会有战争吗？天下还会有恶行吗？天下将会是多么的和谐美好！

钱穆《论语新解》解曰："忠恕而已矣：尽己之心以待人谓之忠，推己之心以及人谓之恕。人心有相同，己心所欲所恶，与他人之心所欲所恶，无大悬殊。故尽己心以待人，不以己所恶者施于人。忠恕之道即仁道，其道实一本之于我心，而可贯通之于万人之心，乃至万世以下人之心者，而言忠恕，则较言仁更使人易晓。因仁者至高之德，而忠恕则是学者当下之工夫，人人可以尽力。"

李零《丧家狗——我读〈论语〉》解曰："《广雅·释诂四》：'恕，仁也。'古人说，恕和仁，意思差不多。但严格讲，两者还不完全一样。仁是人其人，拿人当人；恕是如其心，将心比心。恕字从心如声，古人常说'如心为恕'（如《左传》昭公六年孔疏），这是拆字为解。准确地说，就是推己及人，设身处地为他人着想，'以心揆心为恕'（《楚辞·离骚》王逸注），'以己心为人心曰恕'（《中说·王道》阮逸注）。孔子说，'己所不欲，勿施于人'，正是这个意思。我们要注意，恕不等于宽恕。今语所谓宽恕，强调的是宽。”

4.16 子曰：“君子喻于义，小人喻于利。”

【“喻”误解】

清王闿运《论语训》解曰：“喻、谕古今字，告也。告君子当以义，告小人以义则彼不喻，惟当告之以利。治民在兴利也。”

毛子水《论语今注今译》解曰：“郑、朱都训‘喻’为‘犹晓’，义自可通。但这个‘喻’字，最好训为‘乐’。”

闫合作《论语说》解曰：“‘喻’是教喻。《学记》：‘君子之教，喻也。’喻是讲说的方式。孔子在这句话里谈的是说话要看对象，对君子要讲义，对小人要讲利。”

【“喻”勘正】

喻，知晓、明白。如家喻户晓、不言而喻。《玉篇》：“喻，晓也。”汉孔安国曰：“喻，犹晓也。”（引自魏何晏《论语集解》）孔子是说：君子知晓大义，小人只知晓私利。

梁皇侃《论语义疏》解曰：“喻，晓也。君子所晓于仁义，小人所晓于财利。故范宁曰：‘弃货利而晓仁义，则为君子；晓货利而弃仁义，则为小人。’”宋邢昺《论语注疏》解曰：“此章明君子小人所晓不同也。君子，则晓于仁义，小人，则晓于财利。”杨伯峻《论语译注》译曰：“孔子说：‘君子懂得的是义，小人懂得的是利。’”孙钦善《论语本解》解曰：“利：孔子并非概不言利，只是反对见利忘义。”译曰：“君子晓得的是义，小人晓得的是利。”

儒家重视道义，轻视不正当的私利。所谓“义”，从大处讲，即正义的，合乎正义或公益的；从小处讲，即彼此间的情谊。孔子说：“君子义以为质，礼以行之，孙以出之，信以成之。君子哉！”（《卫灵公》）意思是说：君子按照义来修养自己的品质，按照礼来行事，用谦逊的态度讲话，靠信实取得成功。这才是君子啊！《阳货》篇：“子路曰：‘君子尚勇乎？’子曰：‘君子义以为上。君子有勇而无义为乱，小人有勇而无义为盗。’”可见，孔子把义看得特重。并且告诫人们：“放（依据）于利而行，多怨。”（《里仁》）又说：“君子谋道不谋食，……君子忧道不忧贫。"（《卫灵公》）由于孔子过分强调道义，而"罕言利"，致使有人认为孔子的义利观限制了经济发展。实际上，孔子是非常向往富裕的。他说："富而可求也，虽执鞭之士，吾亦为之。"（《述而》）为了富裕，孔子不顾低贱，愿通过自身的劳动去求得。又曰："富与贵，是人之所欲也，不以其道得之，不处也。贫与贱，是人之所恶也，不以其道得（去）之，不去也。"（《里仁》）"不义而富且贵，于我如浮云"（《述而》）；"君子固穷，小人穷斯滥矣。"（《卫灵公》）"好勇疾贫，乱也。"（《泰伯》）可见，孔子虽然特看重"义"，却也并未忽视"利"，他的义利观是值得肯定的：君子求福，取之有道；在穷困时，不因穷困为乱。

后儒亦然，孟子说："穷不失义，达不离道。……穷则独善其身，达则兼善天下。"（《孟子·尽心》）"富贵不能淫，贫贱不能移。"（《孟子·滕文公》）荀子说："虽穷困冻馁，必不以邪道为贪；无置锥之地，而明于持社稷之大义。"（《荀子·儒效》）

4.18　子曰："事父母几谏，见志不从，又敬不违，劳而不怨。"

【"几谏"误解】

辜鸿铭《辜鸿铭讲论语》讲曰："在侍奉父母的时候，儿女不应该劝诫父母。"

闫合作《论语说》断句为："事父母，几谏见志，不从又敬，不违劳而不怨。"译曰："孔子说：'侍奉父母，委婉表明自己的意见，可不听从父母，但要敬重。父母会担忧但不会责怪埋怨。'"

【"几谏"勘正】

几，本义为隐微，细微。《说文解字》："几，微也。"《易·系辞上》："夫易，圣人之所以极深而研几也。"《易·系辞下》："几者动之微。"孔颖达疏："初动之时，其理未著，唯纤微而已。"几谏，也就是委婉劝谏。

汉包咸《论语包氏章句》曰："几，微也。言当微谏，纳善言于父母也。见志者，见父母志有不从己谏之色，则又当恭敬，不敢违父母意而遂己之谏也。"宋朱熹《论语集注》曰："此章与《内则》之言相表里。几，微也。微谏，所谓‘父母有过，下气怡色，柔声以谏’也。见志不从，又敬不违，所谓‘谏若不入，起敬起孝，悦则复谏’也。劳而不怨，所谓‘与其得罪于乡、党、州、闾，宁熟谏。父母怒不悦，而挞之流血，不敢疾怨，起敬起孝’也。”孙钦善《论语本解》解曰：“几（jī 机）：微。志：指父母之志。劳：忧。”译曰：“孔子说：‘侍奉父母对他们的过错应稍加规劝，见其意向不听从规劝，又要恭敬如旧而不违抗，心里担忧而不怨恨。’”杨朝明《论语诠解》诠释曰：“几（jī）：隐微，引申为委婉。违：违背，触犯。劳：心忧。如《诗》云‘实劳我心’、‘劳心忉忉’、‘劳心怛怛’。”解读曰：“孔子说：‘侍奉父母时，父母如有不对的地方，要婉转地劝说，看到自己的意见没有被听从，仍然恭敬而不触怒父母，虽然心忧但不怨恨。’”

4.19　子曰：“父母在，不远游，游必有方。”

【“游必有方”误解】

汉郑玄解曰：“方，犹常也。”（引自魏何晏《论语集解》）

明释智旭、江谦《论语点睛补注》解曰：“方，法也。为法故游，不为余事也。不远游句，单约父母在说。游必有方，则通于存没矣。补注：所事非主，所学非师，所交非友，所行非义，皆非方也。游必有方，所以慰亲心也。”

方骥龄《论语新诠》解曰：“《论衡·问孔》：‘五常之道，仁义礼智信也。’然则《曲礼》‘所游必有常’，犹言所交游者必须选择合乎‘仁义礼智信’五常之道之人，犹《论语》本章中‘游必有方’之义。谓父母在时，所交游者必须合乎正道之人，以免危辱父母，此孝道也，亦为仁之方也。”

南怀瑾《论语别裁》解曰：“我认为‘游必有方’的方是指方法的方，父母老了没人照应，子女远游时必须有个安顿的方法，这是孝子之道。‘方’者应是方法，不是方向。”

杨润根《发现论语》解曰：“游：这个字由‘浮’和‘方’构成，意为能在水中浮起而不沉没的方舟，因此‘游’的引伸意就是借助方舟这一水上交通工具进行的漂洋渡海的活动。方：方体船或并体船。《说文》：‘方，并船也。象两舟……’游必有方：游必有船。”

贾雯鹤《〈论语〉“游必有方”解》（载《江海学刊》2002年第2期）解曰：“我以为古注割裂了上下文义，就字论字，义有未当。‘游必有方’承上句‘父母在，不远游’而言，丝毫未见转折之意。‘方’应解作《书·尧典》‘方命圮族’之‘方’。‘方命’，蔡沈注：‘逆命而不行也。’‘方命圮族’，《史记·五帝纪》引作‘负命毁族’。《孟子·梁惠王下》‘方命虐民’，赵岐注：‘方犹逆也。’则‘逆’、‘负’为‘方’之确诂。所以，‘游必有方’当解为‘远游必定要违逆、辜负父母之意。’”

【“游必有方”勘正】

方，是个多义词。《辞源》列有“方圆之方”、“并船”、“方向”、“地方”、“道”、“正直”等十几个义项。比较而言，此处还是“方向”、“地方”为是。既然“游”已成为事实，那么“游”必然有个方向和去所，即使是不固定的或短暂的。本章前句是说父母年纪大了，做儿女的“不远游”，那么有急事、大事时，“近游”或“短期出行”还是难免的。因此，出门时告知父母要去的地方，以免父母担忧，或父母有事唤已，能通过某种方式唤到。这是孝行之常理，古来天下，众多做子女的大都这样理解着，也是这样做着的，无须争辩。

宋邢昺《论语注疏》解作“游必有常所”，宋朱熹《论语集注》解作“如已告云之东，即不敢更适西，欲亲必知已之所在而无忧，召已则必至而无失也”，清刘宝楠《论语正义》遵从“有常所”说，杨伯峻《论语译注》译作“如果要出远门，必须有一定的去处”，钱穆《论语新解》解作“若不得已有远行，也该有一定的方位”，李泽厚《论语今读》解作“如果走，也要有一定的方向”，何新《论语新解——思与行》解作“如果远行，一定要告知以去向”，这些都是通常的正确理解。

4.21　子曰：“父母之年，不可不知也，一则以喜，一则以惧。”

【“一则以喜，一则以惧”误解】

杨润根《发现论语》曰：“对于那些到了为父为母的年龄的人们来说，他们绝不可对于自己将要对自己所生育的儿女们所应承担的责任一无所知。对此，人们一方面应该为自己已经到了为父为母的年龄而感到喜悦，另一方面则应该为自己将要对自己所生育的儿女们承担起自己所应承担的那实在是不可掉以轻心的为父为母的重大责任而感到畏惧。”

【“一则以喜，一则以惧”勘正】

孔子是说：父母的年龄，做儿女的不可不记挂在心，一方面因其年高而高兴，一方面又因其年高衰老而忧惧。心存忧惧，则会加强对父母的关心意识，在父母来日不多的有生之年，抓紧时间尽孝。

汉孔安国《论语孔氏训解》解曰：“见其寿考则喜，见其衰老则惧也。”宋朱熹《论语集注》解曰：“知，犹记忆也。常知父母之年，则既喜其寿，又惧其衰，而于爱日之诚，自有不能已者。”

4.23　子曰：“以约失之者鲜矣。”

【“以约失之者鲜矣”误解】

汉孔安国《论语孔氏训解》解曰：“俱不得中也，奢则骄，溢招祸，俭约则无忧患也。”

杨树达《论语疏证》解曰：“务广者必荒。守约者得寸则进寸，得尺则进尺，故鲜失也。”

闫合作《论语说》译曰：“孔子说：‘用（能讲说来）要求自己，错失你们的人就少了。’”解曰：“‘以约’应为‘以之约’，‘之’指上一章‘古者言之不出耻’。约，要求自己。失是错过失去，指别人不知道自己而被埋没。”

【“以约失之者鲜矣”勘正】

约，约束。程树德《论语集释》引曰：“《四书诠义》：约者，束也。内束其心，外束其身，谨言慎行，审密周详，谦卑自牧，皆所谓约。以约则鲜失，敬慎不败也。若解作俭约、省约、径约，则天下有许多不可约之事矣。”杨伯峻《论语译注》译曰：“孔子说：‘因为对自己节制、约束而犯过失的，这种事情总不会多。”李泽厚《论语今读》译曰：“孔子说：‘因约束自己而犯过失，这是少有的。’”孙钦善《论语本解》解曰：“约：约束。指严于修身。”译曰：“孔子说：‘由于严于律己而发生过失的，是很少有的。’”

此语可以跟《子罕》篇“颜渊曰：‘夫子循循然善诱人，博我以文，约我以礼’”、《雍也》篇“子曰：‘君子博学于文，约之以礼，亦可以弗畔矣夫！’”结合起来理解。一个人平时注重修身，严于律己，谨慎行事，就会减少过错。

4.24 子曰：“君子欲讷于言而敏于行。”

【“讷于言而敏于行”误解】

方骥龄《论语新诠》解曰：“敏，达也，审于事也，黾勉也。谓与人相处，决不可纯以己意为准，不可不通达于忠信笃敬之理待人。故向人发言，绝不可率直，必须木讷而多所考虑，庶几不因多言而贾祸也。”

闫合作《论语说》解曰：“‘讷于言’是将内心感受说出来。讷，从言从内，意思是内心语言。”译曰：“孔子说：‘君子要将内心感受变成语言并能付诸行动。’”

【“讷于言而敏于行”勘正】

汉包咸《论语包氏章句》曰：“讷，迟钝也。言欲迟钝而行欲敏也。”宋邢昺《论语注疏》曰：“此章慎言贵行也。讷，迟钝也。敏，疾也。言君子但欲迟钝于言，敏疾于行，恶时人行不副言也。”

多数学者都将“讷”解为迟钝，将“敏”解为敏捷，这是对的，因为“讷”与“敏”是相对而言的。不过，在理解上不要太拘泥，孔子虽然讨厌巧言令色，但也并不是喜欢笨嘴拙舌、说话迟钝，而是主张“敏于事而慎于言”（《学而》），即话不要说得那么急、那么早、那么快、那么随便、那么漂亮，行动要敏捷，事情要做得漂亮。关于言行，可以将《子路》篇的“刚毅木讷近仁”，《学而》篇的“巧言令色鲜矣仁”，《宪问》篇的“君子耻其言而过其行”，《颜渊》篇的“仁者，其言也讱（缓慢、谨慎），……为之难，言之得无讱乎？”结合起来理解。

4.25 子曰：“德不孤，必有邻。”

【“邻”误解】

梁皇侃《论语义疏》引曰：“又一云：邻，报也。言德行不孤矣，必为人所报也。”

元陈天祥《四书辨疑》解曰：“‘德不孤，必有邻’盖言人之德业不能独成，必有德者居相临近辅导之也。”

辜鸿铭《辜鸿铭讲论语》讲曰：“道德价值绝不是孤立存在的，必然有成长的社会基础。”

闫合作《论语说》解曰：“人们往往门户之见太深，互相指责，不能相容。针对这一现象，孔子说了这样的话，若不孤芳自赏、固执己见，大家都是同道。”

【“邻”勘正】

此语是说：有德之人不会孤立或孤单，必然有善邻与其相处。邻，即邻居、邻里之邻。邻，古代居民组织，《周礼》：“五家为邻，五邻为里。”《尚书大传》：“八家为邻，三邻为朋。”古人选择居处，多有一定的思想倾向性，《里仁》篇首章的“里仁为美”（居住在仁厚之乡里是美好的），就是有德者择居思想的真实反映。杨伯峻《论语译注》曰：“《易·系辞上》说：‘方以类聚，物以群分。’又《乾文言》说：‘子曰：同声相应，同气相求。’这都可作为‘德不孤’的解释。”

宋邢昺《论语注疏》解曰：“此章勉人修德也。有德则人所慕仰，居不孤特，必有同志相求与之为邻也。”

4.26　子游曰：“事君数，斯辱矣。朋友数，斯疏矣。”

【“数”误解】

梁萧衍《论语梁武帝注》注曰：“数，谓数己之功劳也。”

清焦循《论语补疏》解曰：“《诗·小雅》‘僭始既涵’，毛《传》云：‘僭，数也。’《释文》：‘数，音朔。’与此色角反同。郑《笺》云：‘僭，不信也。’然则此数宜与僭同。事君不信则辱矣，朋友不信则疏矣。所谓信而后谏，不信则以为谤己也。”

清俞樾《群经平议》解曰：“此‘数’字即《儒行》所谓‘其过失可微辨，而不可面数’之数。数者，面数其过也。”

康有为《论语注》注曰：“数，谓责也。《国策》所谓‘数让责’，《儒行》所谓‘可微辨，不可面数’。”

毛子水《论语今注今译》解曰：“《广雅·释诂一》：‘数，责也。’但《论语》这个数字，未必指面责言；解为急切，似较妥。”

【“数”勘正】

数，音 shuò，屡次、频繁。《广韵》：“数，频数。”《尔雅义疏》：“数者，与屡同意，今人言数数，犹言屡屡也。”《孙子·行军》：“数赏者窘也，数罚者困也。”《楚辞·九章·抽思》：“数惟荪之多怒兮。”《史记·伍子胥列传》：“吾数谏王，王不用，吾今见吴之亡矣。”《资治通鉴·周纪五》：“怒，数让之。”就事理而论，作为臣子，倘若在君王面前屡谏不止，必然招辱；作为朋友，倘若频繁相扰，或凡事絮叨个没完，朋友也会厌烦。《论语·颜渊》：“子贡问友。子曰：‘忠告而善道之，不可则止，毋自辱焉。’”可与此语相发。

汉孔安国《论语孔氏训解》曰：“数，谓速数之数也。”宋朱熹《论语集注》解曰：“数，色角反。程子曰：‘数，烦数也。’胡氏曰：‘事君谏不行，则当去；导友善不纳，则当止。至于烦渎，则言者轻，听者厌矣，是以求荣而反辱，求亲而反疏也。’”清简朝亮《论语集注补正述疏》述曰：“《礼·祭义》云‘数则烦’，言其渎也。今《论语》义同。”

公冶长第五

5.3　子谓子贱，“君子哉若人！鲁无君子者，斯焉取斯？”

【“斯焉取斯”误解】

乔一凡《论语通义》解曰：“子贱是君子。鲁国如果无君子，如何知用斯人呢？”

方骥龄《论语新诠》解曰：“疑本章君子当作在位之官吏解。哉字与材字通假。《广雅·释诂》：‘若，择也。’‘君子哉若人’，犹言‘君子材，择人！’谓子贱有政治之才，又能择人，知人善任，故单父大治。‘鲁无君子者，斯焉取斯！’此处君子，指有才德之人。谓鲁国如无有才德之人，子贱又何处取得如许人材耶？谓鲁国多斐然成章之人，而子贱又能择人也。《吕氏春秋》、《韩诗外传》、《新序》所记，皆言子贱能知人善任可证。”

【“斯焉取斯”勘正】

两“斯”字，多数注家都认为是代词，前“斯”，指代宓子贱，后“斯”，指代君子德行。如宋朱熹《论语集注》解曰：“上斯斯此人，下斯斯此德。子贱盖能尊贤取友以成其德者，故夫子既叹其贤，而又言若鲁无君子，则此人何所取以成此德乎？因以见鲁之多贤也。”杨伯峻《论语译注》译曰：“孔子评论宓子贱，说：‘这人是君子呀！假若鲁国没有君子，这种人从哪里取来这种好品德呢？”孙钦善《论语本解》解曰：“如果鲁国没有君子一类的人，他从哪里学取这样的好品德呢？”李泽厚《论语今读》译曰：“如果说鲁国没有君子，他怎么会得到这种品德呢？”

清简朝亮《论语集注补正述疏》述曰：“今考《曲礼疏》云‘安取彼，犹可取彼’，盖安亦何也。《释诂》云：‘斯，此也。’包《注》云：

‘若人者，若此人也。如鲁无君子，子贱安得取此行而学行之。’皇《疏》云：‘因美子贱，又美鲁也。’邢《疏》云：‘明鲁多君子，故子贱得学为君子也。’朱《注》兼而脩之。《说苑》云：‘孔子谓子贱曰：“子治单父而众说，何施而得之也?”对曰：“不齐，所父事者三人，所兄事者五人，所友事者十二人。”孔子曰：“父事三人，可以教孝矣；兄事五人，可以教弟矣；友事十二人，可以教学矣。是士附矣，犹未也。”曰：“此地有贤于不齐者五人，不齐，师之而禀度焉。”孔子曰：“昔尧舜听天下，务求贤以自辅。夫贤者，百福之宗也，神明之主也。惜乎不齐之所治者，邑也。”’今以言此《经》，则其取于鲁君子者明矣。单父，读若擅甫，鲁邑也。《诗·召南》云：‘何斯违斯?’今《论语》文法同。”

少数注家将前“斯”字视为连词，相当于“则”。如黄怀信《论语新校释》解曰：“‘斯’，则。‘取’，取法、学习。后‘斯’，此也，指其优良品质。”译曰：“先生评价宓子贱说：‘君子啊！这个人。假如鲁国没有君子，那么（他）到哪里去取法这些呢?’”虽视“斯”为连词，但译时仍要加上代词“他”。再说，“鲁无君子者，斯焉取斯”本身就是个假设复句，不加“假如”、“那么”、“则”，照样表意明确。

5.4 子贡问曰：“赐也何如?”子曰：“女，器也。”曰：“何器也?”曰：“瑚琏也。”

【“瑚琏”误解】

杨润根《发现论语》解曰：“‘瑚琏’的意思就是用红珊瑚制作的链条，而这种用红珊瑚制作的链条显然不是那种用来拴牛拴马拴车拴囚犯的链条（这种用处的链条必须用非常坚固的钢铁制作），而是一种用作装饰品的链条，这种用作装饰品的链条作为一种如孔子所说的为人们所器重的物品，联系到它鲜红的颜色，人们对于它的最可能的判断显然就是年轻的姑娘们非常喜爱项链……孔子在这里所表达幽默的意思只是：如果你要我来对你作一番评价的话，那么我只能说你是一个每一个姑娘们都希望拥有并将以此自炫自耀的对象。”

【“瑚琏”勘正】

瑚琏，祭器。汉包咸《论语包氏章句》曰：“瑚琏者，黍稷器也。夏曰瑚，殷曰琏，周曰簠簋，宗庙器之贵者也。”汉郑玄《论语郑氏注》，梁皇侃《论语义疏》，宋邢昺《论语注疏》、朱熹《论语集注》皆从包咸说。后人又生出胡辇说、饭桶说、项链说，难达一致。

清刘宝楠《论语正义》论述较详，兹录之：

> 夫子论诸弟子，非在一时，记者以次书之。皇《疏》谓“子贡闻孔子评诸弟子而不及己，故有此问”，非也。惠氏栋《九经古义》：“瑚琏当为胡连。《春秋传》曰‘胡簋之事’，《明堂位》曰‘夏后氏之四连’，皆不从玉旁。《孔庙礼器碑》又作胡辇，古连、辇字通。”段氏玉裁《说文注》引《礼器碑》，又引《司马法》“夏后氏辇曰余车，殷曰胡奴车，周曰辎辇”。疑“胡辇”皆取车为名。案：《说文》：“梿，瑚梿也。”其字从木，当是以木为之。《潜夫论·赞学》云：“胡簋之器，其始也，乃山野之木。”是其证。陈祥道《礼书》：“瑚以玉、簋以竹为之。”秖以瑚字从玉，簋字从竹，妄为说之，无他证也。冯氏登府《异文考证》考“胡连”本瓦器，而饰以玉。孟郁修《尧庙碑》“瑚”字又作“垿”，可知胡连本瓦器，故后人又加土旁。案：《考工记》：“旊人为簋。”冯见簋是瓦器，而《明堂位》以“四连”、“六瑚”、“八簋”为文，则胡连亦瓦器。然《旊人》疏云：“祭宗庙皆用木簋，今此用瓦簋，祭天地及外神尚质，器用陶匏之类也。”则簋有以木、以瓦之异。《尧庙碑》是祭外神，当用瓦，故字作垿。若《论语》言祭宗庙之器本不用瓦，不得同彼文作垿也。
>
> ……宗庙之祭，食用黍稷，此瑚琏为盛黍稷器也。其制之异同，郑注《明堂位》已云“未闻”。凌氏曙《典故覈》引《三礼图》：“瑚受一升，如簋而平下。琏受一升，漆赤中，盖亦龟形，饰口以白金制度如簠而锐下。”则以瑚圆琏方，未知何本。……夫子言“赐也达，可使从政”，故以宗庙贵器比之。言女器若瑚琏者，则可荐鬼神，羞王公矣。

据此，瑚琏应为“祭器”。《辞源》释曰：“瑚、琏，皆为古代祭祀时盛粟稷的器皿，因其贵重，常用以比喻人有才能，堪当大任。《论语·公冶长》：‘子贡问曰：“赐也何如？”子曰：“女器也。”曰：“何器也？”曰：“瑚琏也。”’宋苏轼《分类东坡诗二二·送程之邵签判赴阙》：‘念君瑚琏质，当今台阁宜。’”

瑚琏到底是个什么样子？虽然凌曙作了描述，但我们难有直观印象。倘若包咸所说“夏曰瑚，殷曰琏，周曰簠簋”可靠的话，“簠簋”倒是不乏实物，《辞源》也附有簠簋图。

至于孔子当面说子贡为“器”，且是用宗庙祭器瑚琏作比，其用意何在？古人多以为是孔子以贵器喻其为有用之才。今人李泽厚《论语今读》以为“这既是贬，又是褒，又是开玩笑”，金良年《论语译注》以为这是孔子委婉地批评子贡。黄怀信《论语新校释》以为“连、瑚与鼎同类。鼎为君主盛食之器，瑚、琏亦当同。故言‘瑚琏’，当犹今人曰饭桶，骂人之语。……子贡办事盖曾不能如孔子之意，故孔子骂之为饭桶。”我们认为，还是看作孔子对子贡的褒扬为好。李启谦、杨佐仁《孔门弟子研究资料》曰：“瑚琏是件祭祀神灵时盛粮食的重要器皿，可见孔子是很器重子贡的。”

5.5 或曰：“雍也仁而不佞。”子曰：“焉用佞？御人以口给，屡憎于人。不知其仁，焉用佞？”

【“佞”误解】

杨润根《发现论语》解曰：“佞：仁女，赞美别人（‘女’）具有仁爱的美德（‘仁’），这是人们为了支配人而去取悦人的一种方式。现在它的意思是指善于对他人说大话、好话和空话的品质和行为，因此它和阿谀奉承的意思是相通的。”

日人东条弘《论语知言》解曰：“佞，从人⊥女。本系妇女阿从之体。不必解口才。”

【“佞”勘正】

佞，即口才。下文既言“御人以口给，屡憎于人”，看来，佞显然是指口才。

《说文解字》：“佞，巧讇高材也。”《淮南子·览冥训》：“黜谗佞之端，息巧辩之说。”《史记·周本纪》：“石父为人佞巧，善谀好利。”《论语》书中，佞字出现多次，如《先进》篇“恶夫佞者”，《卫灵公》篇“远佞人”，是言厌恶、远离能说会道的善辩者；《雍也》篇“不有祝鮀之佞，而有宋朝之美”，是说不仅有祝鮀一类的巧言谄媚者，而且还有宋朝一类的以美色获宠者。“雍也仁而不佞”，既然仁、佞对言，显然“佞”者不仁，故《学而》、《阳货》篇皆曰“巧言令色，鲜矣仁”。

【“御人以口给”误解】

宋朱熹《论语集注》解曰：“御，当也，犹应答也。给，辨也。憎，恶也。言何用佞乎？佞人所以应答人者，但以口取辨而无情实，徒多为人所憎恶尔。”

林觥顺《论语我读》解曰：“给的本义是以此为足，口给就是逞瞠目结舌。”

【“御人以口给”勘正】

御人以口给，就是以口给御人。口给，《辞源》解为“口辞敏捷。给，足，言辞不穷的意思”。《十三经辞典》解为“口齿伶俐，能言善辩。御，抵御，对付”。以巧言利口对付人，逞口才之能，伶牙俐齿地与人交锋，自然会“屡憎于人”（常被人憎恶）的。

5.6　子使漆雕开仕。对曰：“吾斯之未能信。”子说。

【“吾斯之未能信”误解】

晋范宁《论语范氏注》注曰：“开知其学未习究治道，以此为政不能使民信己。”

梁皇侃《论语义疏》引曰：“一云：言时君未能信，则不可仕也。故张凭曰：‘夫君臣之道，信而后交者也。君不信臣，则无以授任；臣不信君，则难以委质。鲁君之诚，未洽于民，故曰未能信也。’”

唐韩愈、李翺《论语笔解》解曰：“未能见信于时，未可以仕也。子说者，善其能忖己知时变。”

清康有为《论语注》解曰：“漆雕子以未敢自信，不愿遽仕，则其学道极深，立志极大，不安于小成，不欲为速就，宜乎为八儒之一大派也，故孔子说之。”

辜鸿铭《辜鸿铭讲论语》讲曰：“我自已也没有信心呀。”

林觥顺《论语我读》解曰：“信是人的正直言论，会意作诚实作庄严。吾斯之未能信，我对于做官一道，尚未能学会如何庄重威严。”

【“吾斯之未能信”勘正】

这句话，当今注家大都解作“我对此还没有信心”，或解作“我对此还不自信”。我们查了不少古籍和辞书，未见先秦“信”有“信心”、“自信”的用法。

“信”有“明”义，有“知晓”义。《玉篇》：“信，明也。”《左传·昭公二十五年》：“戮力壹心，好恶同之，信罪之有无。”杜预注：“信，明也。”《吕氏春秋·孟秋纪·禁塞》：“上称三皇五帝之业，以愉其意；下称五伯名士之谋，以信其事。”高诱注：“信，明也。”《淮南子·氾论训》：“及其为天下三公，而立为诸侯贤相，乃使信于异众也。”高诱注：“信，知也。”

《论语》此句中的“信”，当为明白、知晓的意思。漆雕开自以为对出仕为官之道尚未明晓（还需继续学习），表示谦谨，故孔子喜悦。汉孔安国《论语孔氏训解》曰：“仕进之道未能信者，未能究习也。”孔安国所说“未能究习”，大概是说对仕进之道还没究习明白，还需继续究习。

5.7 子曰：“道不行，乘桴浮于海。从我者，其由与?”子路闻之喜。子曰：“由也好勇过我，无所取材。”

【“无所取材”误解】

汉郑玄《论语郑氏注》注曰：“‘无所取材’者，言无所取桴材也。以子路不解微言，故戏之耳。一曰，子路闻孔子欲乘桴浮海便喜，不复顾望，故孔子叹其勇，曰过我。无所复取哉，言唯取于己也。古字材哉同耳。”

宋朱熹《论语集注》引曰：“程子曰：‘浮海之叹，伤天下之无贤君也。子路勇于义，故谓其能从己，皆假设之言耳。子路以为实然，而喜夫子之与己，故夫子美其勇，而讥其不能裁度事理，以适于义也。’”

清黄式三《论语后案》解曰：“‘好勇过我’，谓勇于济世也。‘无所取材’，谓无人取用其材也。《史记·弟子列传》集解栾肇曰：‘适用曰材，好勇过我，不用故无所取。’栾说是也。”

南怀瑾《论语别裁》解曰：“孔子说，子路的武功、勇气都超过我，但是他的暴躁也超过我，对于事情，不知道仲裁，（无所取材的‘取材’

就是中肯的判断。）不明断，太过偏激了。”

孙钦善《论语本解》解曰：“材，用。”译曰：“仲由好勇过头，对他我无所取用。”

金池《〈论语〉新译》注曰：“取材：指可取的才能。”

刘维业《论语指要》解曰：“子路的勇敢精神超过我，很难找到这样勇敢的人呀。”

【“无所取材”勘正】

此章文意明显，即：孔子叹道难行，偶生放弃之心，欲乘桴浮海，并认定第一个能跟从自己的，就是子路，这是对子路的信任，因此子路“闻之喜”。但孔子认为，子路“过勇”，这一点不可取。如《先进》篇弟子侍坐章，孔子让弟子们各言其志，“子路率尔而对曰：‘千乘之国，摄乎大国之间，加之以师旅，因之以饥馑，由也为之，比及三年，可使有勇，且知方也。’”听了子路的回答，“夫子哂之”。曾皙问为何“哂之”，孔子曰：“为国以礼，其言不让，是故哂之。”《先进》篇又记载：“子路问：‘闻斯行诸？’子曰：‘有父兄在，如之何其闻斯行之？’冉有问：‘闻斯行诸？’子曰：‘闻斯行之。’公西华曰：‘由也问闻斯行诸，子曰“有父兄在”，求也问闻斯行诸，子曰“闻斯行之”。赤也惑，敢问。’子曰：‘求也退，故进之。由也兼人，故退之。’”对于子路好勇、好胜的急暴脾气，孔子是多有批评的。批评的目的，是有意“退之”，也就是压压他、限制限制他这种性格，这是一种关爱，这么做，对子路以后的人生大有益处。

“材”、“哉”通用，为语气词。郑玄认为“无所取桴材”之说错误，其“古字材哉同”之说正确。清朱骏声《说文通训定声》：“材，假借为哉。”杨伯峻《论语译注》注曰：“材，同哉，古字有时通用。有人解作木材，说是孔子以为子路真要到海外去，便说，‘没地方去取得木材’。这种解释一定不符合孔子原意。也有人把‘材’看做‘剪裁’的‘裁’，说是‘子路太好勇了，不知道节制、检点’，这种解释不知把‘取’字置于何地，因之也不采用。”译曰：“孔子说：‘仲由这个人太好勇敢了，好勇的精神大大超过了我，这就没有什么可取的呀！’”

应该特别指出的是，孔子所说的“无所取”，仅仅是指子路“好勇过我”这一点不可取，并非像孙钦善所说的“仲由好勇过头，对他我无所取用”。事实上子路是可用之材，孔子周游列国十几年，历尽艰辛，子路是为数不多的最忠实的跟随者，不仅周游列国，忠勇相随，而且是四科之中著名的政事活动家。

5.10　宰予昼寝。子曰："朽木不可雕也，粪土之墙不可杇也。于予与何诛?"子曰："始吾与人也，听其言而信其行；今吾与人也，听其言而观其行。于予与改是。"

【"昼寝"误解】

梁萧衍《论语梁武帝注》注曰："晝当作畫字。言其绘畫寝室，故夫子叹朽木不可雕，粪土之墙不可圬。"

乔一凡《论语通义》解曰："畫字从旧本。朱本讹作晝。畫为畫绘之畫。晝为晝夜之晝。于义大别。寝位于庙后。有大有小。大者为乱事之处。亦犹今之办公室。小者为燕息之所。亦犹今之休息室。"

蒋沛昌《论语今读》解曰："宰予画寝，指宰予画男女之私，此说极合情理。……宰我漫不经心地画男女之私处，私情来着，孔子大为光火，骂他为'朽木不可雕也，粪土之墙不可杇也'！一句话，孔子认为宰我底子太次、素质太差。"

萧民元《论语辨惑》解曰："当然，'昼寝'的类别很多，但被孔子骂成'朽木不可雕也，粪土之墙不可杇也'该不会多。各位不妨想想，有啥事物能使一位学养俱佳的老师发大火？极有可能之一，就是孔子在讲课时，发现他认为不错的学生，当着他的面打起瞌睡，甚或睡着了。不是吗？白天上课打瞌睡，有可能表示夜生活不正常。睡眠不够，才会如此。所以孔子发火了。"

【"昼寝"勘正】

梁武帝"绘畫寝室"说，无疑是误解，学人多不从；极少数从者，其探究走向歧途，如蒋沛昌的"宰我画男女之私处"说。

"昼寝"，朱熹解为"当昼而寐"就很恰切，无须探究得太具体。有人以为宰予起床晚，睡懒觉；有人以为是夜生活不正常，上课打瞌睡；有人以为是睡午觉。如此究之太细，必将把容易理解的问题复杂化，我们不赞同这么做。

古人"日出而作，日入而息"，睡眠较足，白天不必再睡觉。"昼寝"

即白天睡觉，当为懒惰懈怠之表现，与孔子提倡的“学而不厌”相违，所以孔子责骂之。

【“粪土之墙”误解】

辜鸿铭《辜鸿铭讲论语》讲曰：“腐烂的木头雕刻不出东西，垃圾建造的墙上贴不住泥灰。”

钱穆《论语新解》解曰：“粪土，犹秽土也。”

孙钦善《论语本解》译曰：“粪土打的墙不堪修饰。”

乔一凡《论语通义》解曰：“杇犹粉刷。朽，腐也。粪土为湿土。”

杨润根《发现论语》解曰：“粪土，用来肥田的泥土。……杇：这个字可视为由‘一’和‘朽’构成（上下结构），意为用新的完好的梁柱（‘一’）去替换已经腐烂的梁柱（‘朽’）。”

【“粪土之墙”勘正】

《说文解字》：“粪，弃除也。”段玉裁注：“古谓除秽曰粪，今人直谓秽曰粪，此古义今义之别也。”《左传·昭公三年》：“小人粪除先人之敝庐。”《战国策·秦策五》：“太子为粪矣。”吴师道注：“粪，弃除也。”据此，“粪土之墙”当为“弃除泥土之墙”。张诒三《“游必有方”和“粪土之墙”正解》（载《中国文化研究》2007年夏之卷）论曰：“‘粪土’一词，不能按今天的意思理解，‘粪土’当为‘剥落泥土’，指墙壁年久受潮碱化，泥土松散掉落的状态。”

凡住过泥巴墙老屋的人，都有这样的经历：老土墙受潮碱化，土质慢慢松软，表层泥土时常脱落，这样的墙，要想涂抹粉刷，是很困难的，是徒劳的。《辞源》解“粪土”作“腐土”（腐烂败坏之土），正与文意吻合：腐朽之木不可雕刻，腐烂之墙不可粉刷。

“粪土”与“朽木”对言：“朽木”，木是腐朽的，腐朽之木是不可雕饰的；“粪土”，墙土是弃除脱落的，处于弃除脱落状态的腐败墙壁是不可涂抹粉刷的。“粪土”、“朽木”，就质而言，都是废毁之物，以废毁之物喻不可教之人，是合情切理的。

南怀瑾认为朽木、粪土之墙是喻宰予身体不好，这似是想当然之谈。辜鸿铭、钱穆以为“粪土”是“垃圾”、“秽土”，不合常情。打土墙选择好土，墙壁牢固，这是常识，谁会用垃圾、秽土筑墙呢？

5.13 子贡曰："夫子之文章，可得而闻也。夫子之言性与天道，不可得而闻也已矣。"

【"文章"误解】

宋朱熹《论语集注》注曰："文章，德之见乎外者，威仪文辞皆是也。"

王缁尘《四书读本》解曰："文章，谓言语公平正大，容貌威严和善也。"

李里《论语讲义》解曰："什么是文章？不是我们今天说写文章的文章。'文'，花纹；'章'，彰显的色彩。文章是和道德对举的，道德是内容，文章是形式，即人的道德的外在表现。具体而言，就是指人的外观、神色、语言、举动。"

【"文章"勘正】

文章，本指错杂的色彩或花纹。如《庄子·胠箧》："灭文章，散五采，胶离朱之目，而天下始人含其明矣。"《墨子·非乐》："非以刻镂华文章之色以为不美也。"后指文学、礼仪制度等。"文章"一词，《论语》出现2次，本章之外，还有《泰伯》篇的"巍巍乎，其有成功也。焕乎，其有文章"。《论语》中的"文章"，当指文学、礼仪制度等。孔子教授弟子，分文学、言语、德行、政事四科。其"文学"涵盖较宽，包括孔子所传授的诗书礼乐等内容。

清刘宝楠《论语正义》曰："据《世家》诸文，则夫子文章谓诗书礼乐也。古乐正，崇四术以造士，春秋教以礼乐，冬夏教以诗书。至春秋时，其学寖废，夫子特修明之，而以之为教。故记夫子四教，首在于文，颜子亦言'夫子博我以文'，此群弟子所以得闻也。"杨伯峻《论语译注》亦曰："孔子是古代文化的整理者和传播者，这里的'文章'该是指有关古代文献的学问而言。在《论语》中可以考见的有诗、书、史、礼等。"杨朝明《论语诠解》曰："文章：《诗》《书》《礼》《乐》等文献方面的知识。"

【"性与天道"误解】

宋朱熹《论语集注》解曰："性者，人所受之天理；天道者，天理自然之本体，其实一理也。”

李培宗《论语全解》解曰：“性：人所秉受客观存在的道德法则。天道：道德法则的本质。”

【“性与天道”勘正】

性，既指天性、人的本性，也指性命，即人的生命。天道，指自然的规律。《辞源》释“天道”曰：“自然的规律。《荀子·天论》：‘天有常道矣，地有常数矣。’汉王充《论衡·乱龙》：‘鲸鱼死，彗星出，天道自然，非人事也。’古人认为天道是支配人类命运的天神意志。《书·汤诰》：‘天道福善祸淫，降灾于夏。’”性命、天道是难以说清楚的问题，孔子言之较少；再者，孔子重视人的主体精神，罕言性与天命，故弟子“不可得而闻”。

5.16 子谓子产：“有君子之道四焉：其行己也恭，其事上也敬，其养民也惠，其使民也义。”

【“义”误解】

钱穆《论语新解》解曰：“义，使民以法度。”

李培宗《论语全解》解曰：“他统（治）驭（役使）百姓法制严肃。”

【“义”勘正】

梁皇侃《论语义疏》解曰：“义，宜也，使民不夺农务，各得所宜也。”宋朱熹《论语集注》解曰：“使民义，如都鄙有章、上下有服、田有封洫、庐井有伍之类。”杨朝明《论语诠解》解曰：“役使人民合理适当。”孙钦善《论语本解》解曰：“役使人民合乎道义。”

义，各家所解分歧不大。一作“宜”，即适宜，合宜，合理适当；一作“不残忍”，符合道义。二者义近，实际上，符合道义的行为，也就是适宜、合理的。可联系《学而》篇的“使民以时”、《尧曰》篇的“劳而不怨”来理解。

我们将钱穆释“义”作“法度”列入误解，似是言重了，但细心推究，释作“法度”确实欠恰切，体现不出适宜、道义的意思来。《辞源》释“法度”曰：“法令制度。”

5.18　子曰：“臧文仲居蔡，山节藻棁，何如其知也？”

【“居蔡”误解】

清俞樾《群经平议》解曰：“龟之名蔡，未知何义，包氏此解亦臆说耳。窃疑蔡当读为䊷，《说文·又部》‘䊷，楚人谓卜问吉凶曰䊷，读若赘’。龟者，所以卜问吉凶也，因即以其用而名之曰䊷，盖楚语也。龟本荆州所贡，故沿袭其语耳。”

金知明《论语精读》解曰：“居蔡：处在养乌龟的房子里；居，处、藏；蔡，大龟，这里指养龟的房子。……孔子用一个人躲在屋里养尊处优来比喻臧文仲逃避社会责任。”

何新《论语新解——思与行》译曰：“孔子说：‘藏文仲的居室像乌龟壳，斗拱如山，梁柱间雕刻花草。难道他也就具有了灵龟的智慧吗？’”

方骥龄《论语新诠》解曰：“疑《论语》本章中‘居蔡’，殆谓‘积储衰减’，非藏大龟也。臧文仲为国之大臣久，不知节用爱人，使鲁国粮食积储衰减，又筑郿而告籴于齐，竟欲以先君之敝器为质，不智之甚，宜《春秋左公谷》贬之矣。”

【“居蔡”勘正】

蔡，多数人认为指“龟”，蔡地产龟，因以蔡指龟。若“蔡”是指龟的话，那么名词“龟”之前的“居”就应该是动词。

居，有储存、蓄积义。《尚书·益稷》：“懋迁有无化居。”《国语·晋语》：“略则行志，假贷居贿。”《汉书·张汤传》：“信辄先知之，居物致富，与汤分之。”《论衡·知实》：“子贡善居积，……故货殖多，富比陶朱。”据此，“居蔡”即可解为“储龟”、“藏龟”。如此解释，要比杨伯峻《论语译注》注为“居，作及物动词用，使动用法，使之居住的意思”、译为“臧文仲替一种叫蔡的大乌龟盖了一间屋”要显得直接明了。

关于蔡地产龟之事，古书有记载，《左传·襄公二十三年》记曰：“臧武仲自邾使告臧贾，且致大蔡焉，……（贾）再拜受龟。”宋郑樵

《通典·州郡·蕲春》记曰："蔡山出大龟，《尚书》云'九江纳锡大龟'即此。"此蔡山，地处湖北省黄梅县西南江滨。

关于臧文仲"居蔡僭礼"之说，清代全祖望《经史答问》论曰："据汉人之说，则居蔡是僭诸侯之礼，山节藻棁是僭天子宗庙之礼，以饰其居。如此则已是二不知，不应概以作虚器罪之曰一不知也。……山节藻棁，实系天子之庙饰，管仲僭用以饰其居，而臧孙未必然者。盖台门反坫，朱纮镂簋，出自夷吾之奢汰，不足为怪。而臧孙则俭人也，天下岂有以天子之庙饰自居，而使妾织蒲于其中者？盖亦不相称之甚矣。吾故知其必无此也。然则山节藻棁将何施？曰：施之于居蔡也。"清刘宝楠《论语正义》案曰："全氏此辨致确。"刘氏《正义》还引《史记·龟策列传》"高庙有龟室，……置室西北隅悬之"语曰："此其制也。《左·文二年传》说臧孙此事云：'作虚器。'杜注：'作虚器，谓居蔡，山节藻棁也。有其器而无其位，故曰虚。'如杜所言，则居蔡谓作室以居之，所谓龟椟也。《汉书·食货志》：'玄龟为蔡，非四民所得居，有者入太卜受直。'然则文仲得此蔡，即当归诸周室，而不得私藏之。《礼器》所云'家不宝龟'是也。乃文仲俨为己有，且以此龟本藏天子庙中，故亦以天子庙饰居之。其所置之处，亦必在文子家庙中。《明堂位》曰：'山节藻棁，复庙重檐，天子之庙饰也。'文仲谄渎神物，以冀福佑，而不知其僭上无等之罪，必不为神所相，故夫子不斥其僭，而但斥以不知。"

全祖望以为臧孙是个节俭的人，不像管仲"僭用以饰其居"，而仅仅是做了一个比较讲究的养龟小室。刘宝楠在认定臧文仲做了个挺讲究的龟室的同时，又谈到私家藏龟僭礼的根据，二家之说可从。孔子批评臧文仲的主要之处在于，蔡龟为天子占卜的宝物，不得私有，臧氏得此龟，按礼应当献给周室，不得私藏。私藏之，属违礼行为，则为不明智也。

5.20　季文子三思而后行。子闻之，曰："再，斯可矣。"

【"三思"误解】

宋朱熹《论语集注》注曰："三，去声。"

郑张欢《论语今译》解曰："季文子身为鲁国执政大夫，凡事三思而后行。孔子知道后说：‘鲁国再有这样的人，国事将会更好。’”

闫合作《论语说》译曰：“季文子告别时举手三拜，孔子听说了，说：‘拜两次，这就可以了。’”解曰：“这里说的‘三思’是‘三施’，思是‘施’之误。三施是‘三拱手’。季文子每次和人告别，都拱手三次为礼，孔子听到了说，依礼两次就可以了。不论是《周礼》还是《仪礼》，所提到的与人辞别时都是‘再拜而行’。《乡党篇》之第十五节：问人于他邦，再拜而送之。也是再拜。”

【“三思”勘正】

既然下句有“再”，“三思”之“三”，是指数字无疑。但理解起来不要太拘泥，“三思”不必非解为“考虑三次”才可，也可以理解为“多思”。遇事多思，考虑周全，少出差错，这是孔子所提倡的。孔子缘何说“再，斯可也矣”？杨伯峻《论语译注》曰：“凡事三思，一般总是利多弊少，为什么孔子却不同意季文子这样做呢？宦懋庸《论语稽》说：‘文子生平盖祸福利害之计太明，故其美恶两不相掩，皆三思之病也。其思之至三者，特以世故太深，过为谨慎；然其流弊将至利害徇一己之私矣。’”对于文子这种祸福利害之计较太明、世故太深、过为谨慎之人，孔子不主张其三思，是有意抑之。此与对弟子“求也退，故进之。由也兼人，故退之”之用意相同。

针对朱熹“三”读“去声”之说，元代陈天祥《四书辨疑》驳曰：“三作平声乃是数目定名，若作去声只是再三再四频繁之意，世俗语话中常有之，如云一日三场如此、一日三衙如此者，是也。三思之三既为去声，则文子之三思不止三次而已也，夫子之言止是言文子过思之蔽，非谓天下之事皆当止于再思，不可至于三次也。”程树德《论语集释》曰：“下文明出再字，则三应如字读也。《集注》读为去声，非。”

就“三思”而言，一般情况下，遇事多思是有益的，可以减少过失。但在某些紧急情况下，无须三思，或容不得三思，要求果断。应据具体情况而定。再者，凡事要掌握一个度，太简单草率失之莽撞，而思虑太多容易生疑，影响决断和进取。

5.22　子在陈，曰："归与！归与！吾党之小子狂简，斐然成章，不知所以裁之。"

【"狂简"、"裁"误解】

金池《〈论语〉新译》解曰："正确译文的关键在于对狂、简、裁这三个词的正确理解上。狂，无拘束的意思；简，即'竹简'，名词用作动词，在竹简上写。'狂简'可以意译为'无拘无束地挥毫泼墨'；'裁'，安排取舍，剪裁的意思。俗话说，好文章是作者反反复复斟酌切磋、安排取舍、剪裁出来的，即改出来的。孔子谈的本是作文之中的'剪裁'问题，若把'不知所以裁之'译为'还不知道怎样节制自己呢'，也不沾边。"

杨润根《发现论语》解曰："归：这个字的本意是身穿围裙、两手清闲的年轻女郎嫁往她将永远不变地在那里生活并在那里生儿育女的家。我认为，这里'归'的对象应该是'简'，而'归与'的意思是'让简归与'。即指那些写在竹简上的典籍归属于——这种归属好像姑娘的出嫁——孔子的学生们自己。自然，'归'在这里有'收集'之意，但这种'收集'之意是比喻性的：即孔子的学生们在对典籍的收集活动中所表现出来的热情，仿佛就像年轻人的求爱，他们千方百计地使那些为自己所钟情的女郎同意嫁给自己。'归'作为使役动词，显然有'使……嫁给'之意。……吾党之小子：我的学说的那帮年轻的盲目而狂热的信徒，这是以一种自嘲与讥讽的方式来表达的自满与赞赏。狂简：像疯狗一样把书简作为其搜寻、追踪、攻击、撕咬的对象，这也就是疯狂地搜集书简并阅读研究书简的内容。章：言辞（'音'）的总汇（'十'），这也就是被表达了的因而被客观化了的人们思想与情感的总汇。……裁：指整理编辑的意思。"

【"狂简"、"裁"勘正】

狂简，即狂妄志大。狂，狂妄、狂放。简，大。《尔雅》："简，大也。"《尚书·尧典》："简而无傲。"《孟子·尽心下》："狂简进取。"《大戴礼记·文王官人》："智气简备。"又《小辨》："夫道不简则不行。"

裁，裁剪、裁制。弟子们狂放，壮志凌云，才华横溢，文采华盛，孔子慨叹不知如何去调教和节制。

读一读《先进》篇"子路、曾皙、冉有、公西华侍坐"章，对孔子弟子们的狂妄、才华就会有所领略。弟子当中，四门十哲，七十二贤人，人才济济，各有千秋。孔子言其不能裁制，不过是口头上的话，实际上，他的内心是十分满意、欣慰、自豪的。

结合当时的背景，孔子周游列国，推行自己的政治主张，终不见用，按杨朝明《论语诠解》所述，就是“在鲁召冉求时，大发感慨，表示与其流浪在外，不如回国从事教授生徒的工作”。孔子的话透露出，家乡的弟子们需要他，弟子们可教。这是孔子的彻悟，是他人生的转折。实践也证明，孔子一生最大的贡献和成就，主要体现在教育生徒上。

宋朱熹《论语集注》曰：“此孔子周流四方，道不行而思归之叹也。吾党小子，指门人之在鲁者。狂简，志大而略于事也。斐，文貌。成章，言其文理成就，有可观者。裁，割正也。夫子初心，欲行其道于天下，至是而知其终不用也。于是始欲成就后学，以传道于来世。”

5.25 子曰：“巧言、令色、足恭，左丘明耻之，丘亦耻之。匿怨而友其人，左丘明耻之，丘亦耻之。”

【“足恭”误解】

宋邢昺《论语注疏》疏曰：“便辟其足以为恭，谓前却俯仰以足为恭也。”

清刘宝楠《论语正义》引汉孔安国注曰：“足恭，便辟貌。”疏曰：“臧氏庸《拜经堂日记》：‘《表记》孔子曰：“君子不失足于人，不失色于人，不失口于人。”《曾子立事篇》：“亟达而无守，好名而无体，忿怒而为恶，足恭而口圣，而无常位者，君子弗与也。巧言令色，能小行而笃，难于仁矣。”《文王官人篇》：“华如诬，巧言令色，足恭，一也，皆以无为有者也。”案：不失足者，不足恭也；不失色者，不令色也；不失口者，不巧言也。……’案：臧说深得此注之义。”

钱穆《论语新解》解曰：“足恭，从两足行动上悦人。”译曰：“说好话，装出好面孔，搬动两脚，扮成一副恭敬的样子，求取悦于人。”

程石泉《论语读训》解曰：“篆文‘貌’作皃，足作[illegible]，其形相近，因以致误；或因秦汉间竹简毁损致误。按据《尚书·洪范》谓：‘貌曰恭’，又据《季氏第十六》谓：‘貌思恭。’是故言恭者皆指貌，未有指足者。”

林觥顺《论语我读》解曰：“恭足是曲膝跪地哀求。”

杨润根《发现论语》解曰："足恭，十足公正的样子，十足的不偏不倚的样子。"

【"足恭"勘正】

足恭，即过分地恭敬。"巧言"、"令色"、"足恭"，三词都是偏正结构：好听而虚伪的语言，伪善谄媚的脸色，过分的恭敬。加之下句"匿怨而友其人"（内心怨恨而表面上装作友好亲善），皆为伪善之态，因此，左丘明耻之，孔子也耻之。宋朱熹《论语集注》曰："足，过也。"《辞源》释"足恭"曰："过度谦恭。"《汉语大词典》释"足恭"曰："过度谦敬，以取媚于人。"李泽厚《论语今读》释"足恭"曰："过分恭顺。"有些注本注作"十足的恭顺"（杨伯峻《论语译注》）、"十足的恭敬"（孙钦善《论语本解》），也可。

邢昺、臧庸、刘宝楠都理解为"以足为恭"，也即钱穆《论语新解》所说的"搬动两脚"、"从两足行动上悦人"，钱逊《论语浅解》所说的"两脚做出逢迎恭敬的姿势来讨好人"。这些解释都忽略了语法词性问题："巧"、"令"、"足"在这里都是形容词，是分别修饰"言"、"色"、"恭"的，即上面所说巧言、令色、足恭三词都是偏正结构。倘若按邢昺等人的理解，三词的构词方式就不一致：好听的语言，伪善的脸色，用脚做出恭敬的动作。语言搭配不谐。再说，一般人想讨好人，多用花言巧语、面部媚态、点头哈腰等动作，而用脚去讨好别人，不知动作如何做？钱穆《论语新解》虽然说是"搬动两脚，扮成一副恭敬的样子"，但读者也还是不知如何"搬动两脚"才能"扮成一副恭敬的样子"。

5.26 颜渊、季路侍。子曰："盍各言尔志？"子路曰："愿车马衣轻裘与朋友共，敝之而无憾。"颜渊曰："愿无伐善，无施劳。"子路曰："愿闻子之志。"子曰："老者安之，朋友信之，少者怀之。"

【"敝"误解】

杨润根《发现论语》解曰："敝：这个字的左半部分意为破损的衣巾，加上一个'攵'字后，它的意思就是有意识、有目的、自觉理性地使用某一样东西，并使它变得像破损的衣巾一样。这某一样东西是什么呢？它就是说话者自己，即说话者生命的存在——躯体——之本身。正因为如此，古人以‘敝’自称，并在他人面前称自己为‘敝’或‘敝人’。因此，这里的‘敝’的对象不是指子路所说到的‘车马衣裘’，而是指子路自己。在这里它既具有名词的意义，更具有动词的意义。其意思是穷尽自己的全部能力，耗尽自己的全部生命。我充分地注意到，绝大多数注释者都把这里的‘敝之’理解为‘让车马衣裘破烂’，这种理解显然是肤浅的。”

闫合作《论语说》解曰：“共敝之，共同拥有，指和朋友都实现了自己的志向。”

范金旺《“子路言志”新解》（载《许昌师专学报》1987 年第 2 期）解曰：“‘敝之而无憾’。‘敝’，《辞源》释为‘疲败’。……‘敝’可释作‘疲’，引申为精疲力竭的意思。‘敝’在句中属于为动用法。‘憾’，可依《古汉语常用字字典》释作‘不满意’。这样，‘敝之而无憾’译成现代汉语就是：‘为此事就是累得精疲力竭也心满意足’。”

【“敝”勘正】

敝，坏、破旧。《玉篇》：“敝，坏也。弊，同敝。”《易·井》：“瓮敝漏。”《诗·郑风·缁衣》：“缁衣之宜兮，敝予又改为兮。”辛弃疾《落日古城角》：“长安路远，何事风雪敝貂裘。”子路所说的“愿车马衣轻裘与朋友共，敝之而无憾”，是说愿把自己的车马、衣服等物拿出来与朋友共用，即使用坏了、用破旧了，也毫不怨恨。虽说车马衣裘让朋友用，不是什么大事，也反映不出多么大的志向或多么高的境界，但在春秋时代，生产力低下，物资匮乏，车马衣裘已是较贵重的东西，不亚于今天的宝马车和名牌服装，若能做到与朋友共用，完全可以反映出重义轻财、乐于助人之高尚品质。这一点，即使今天，也有相当多的人做不来。

梁皇侃《论语义疏》曰：“弊，败也。憾，恨也。子路性决，言朋友有通财，车马衣裘共乘服而无所憾恨也。”宋邢昺《论语注疏》曰：“衣裘以轻者为美，言愿以己之车马衣裘与朋友共乘服而被敝之而无恨也。此重义轻财之志也。”杨伯峻《论语译注》注曰：“这一句有两种读法。一种从‘共’字断句，把‘共’字作谓词。一种作一句读，‘共’字看作副词，修饰‘敝’字。这两种读法所表现的意义并无明显的区别。”译曰：“愿意把我的车马衣服同朋友共同使用坏了也没有什么不满。”杨朝明《论语诠解》解读曰：“我愿把车马、衣裘和朋友共同使用，即使坏了也没有什么遗憾。”

【“无伐善，无施劳”误解】

汉孔安国《论语孔氏训解》解曰：“自无称己之善也，无以劳事置施于人也。”

南怀瑾《论语别裁》解曰：“‘无施劳’，自己认为劳苦的事情，不交给别人。”

赵又春《我读论语》解曰：“颜回的志向仅在于约束自己的言行：对自己的长处和所做的好事，不夸耀；对学习、工作中的劳苦、艰辛，不回避。……因为，一、这里的‘施’字和《微子》篇中的‘君子不施其亲’的‘施’字一样，也同‘弛’。‘弛’的基本意思是‘放松’，从而引申出‘废弃’、‘延缓’等义；‘劳’作名词，指辛苦、辛劳、劳累之事，这更不会有问题，因此这解释在文字上是说得过去的。二、更重要的是，这样解释颜回之志，才既概括了言行两个方面，又限于自我修养，很合颜回的性格、形象；如果把‘无施劳’解释为‘不表功’，这一句就和前一句‘无伐善’的意思简直完全重复，只不过语言表达上有所区别了。三、这一句的流行解释和前一句完全不对称，更明显不可取。”

闫合作《论语说》断句为：“愿无伐，善无施劳。”解作：“‘无伐’指没有战争。‘善无施劳’，善不会带来忧愁。施，影响，带来。劳，忧愁。《诗·邶风·燕燕》：‘实劳我心。’”

【“无伐善，无施劳”勘正】

“无伐善，无施劳”，谓不夸耀自己的好处，不夸大自己的功劳。伐，自夸、矜夸。《淮南子·脩务》：“事成而身弗伐。”《左传·襄公十三年》：“小人伐其技以冯君子。”《大戴礼记·文王官人》：“伐其所能。”《曾子立事》：“饰其美而不伐也。”施，即朱熹《论语集注》所言“张大之意。劳，谓有功。《易》曰‘劳而不伐’是也”。施（shǐ），通侈（chǐ），夸耀。朱骏声《说文通训定声》：“施，假借为侈。”《辞源》：“施劳：自夸耀其功劳。”杨朝明《论语诠解》释曰：“伐善：夸耀自己的长处。伐，自我夸耀。施劳：夸大自己的功劳。施：夸大。一说：刘宝楠《论语正义》曰：‘施劳与伐善对文。《礼记·祭统注》：“施，犹著也。”《淮南子·诠言训》：“功盖天下，不施其美。”谓不夸大其美也。“善”言德，

“劳”言功。”’另一说，‘无施劳’谓‘不以劳事置施于人’，见何晏《论语集解》引孔安国注。前者更加符合文意。”

【“少者怀之”误解】

闫合作《论语说》解曰：“安之、信之、怀之的‘之’指代孔学。孔子的心愿是道行天下，人人都能受到孔子学术的教化，遵道而行，则天下大同。”译曰：“孔子说：‘老年人都遵从道，朋友都了解道，年少者都追慕道。’”

刘维业《论语指要》解曰：“有的学者把这三句话译成：‘老者使他安逸，朋友使他信任我，年轻人使他怀念我。’我觉得不妥。孔子从不过多地考虑别人对自己怎么样，他主张‘人不知而不愠’，‘不患人之不己知’。一个以国家兴亡为己任的人，不会在意个人得失的小天地。孔子所说的‘老者安之，朋友信之，少者怀之’，我的理解是使老年人得到安逸，使朋友之间相互信任，使青少年得到关爱。孔子以此作为自己努力的目标，充分表现出他的人文情怀，也是他的‘仁道’精神的反映。”

【“少者怀之”勘正】

孔子是说：使老人安乐，使朋友信任，使年青人怀念。

梁皇侃《论语义疏》曰：“愿己为老人必见抚安，朋友必见期信，少者必见思怀也。若老人安己，己必是孝敬故也；朋友信己，己必是无欺故也；少者怀己，己必有慈惠故也。”宋朱熹《论语集注》曰：“老者养之以安，朋友与之以信，少者怀之以恩。一说：安之，安我也；信之，信我也；怀之，怀我也。亦通。”杨伯峻《论语译注》曰：“老者使他安逸，朋友使他信任我，年青人使他怀念我。”钱穆《论语新解》曰：“此三‘之’字，一说指人，老者我养之以安，朋友我交之以信，少者我怀之以恩也。另一说，三‘之’字指己，即孔子自指。己必孝敬，故老者安之。己必无欺，故朋友信之。己必有慈惠，故少者怀之。《论语》多言尽己工夫，少言在外之效验，则似第一说为是。”黄怀信《论语新校释》释曰：“‘安之’，使之安康。‘信之’，使之相信。‘怀之’，使之怀念。”译曰：“先生说：‘（我愿意）使老人安康，使朋友相信，让少年怀念。’”

怀，古有怀念、思念义，而无关怀、关爱义。《说文解字》：“怀，念思也。”《诗·小雅·四牡》：“岂不怀归。”《左传·僖公七年》：“招携以礼，怀远以德。德礼不易，无人不怀。”《国语·周语》：“阳樊怀我王德。”笔者孤陋，查阅大量先秦典籍，未见“怀”有关怀、关爱义。今人多解作“使年轻人得到关怀（或关爱）”，似欠准确。

注家分歧的焦点，聚在“之”的理解上。“之”字，很多人看作代词。看作代词的话，是指“己”，还是指“人”？若看作指“己”的话，“信己”、“怀己”很容易讲通，而“安己”就有些费解。按皇侃“愿己为老人必见抚安，……若老人安己，己必是孝敬故也”的解释，将“老人安己”理解为“老人因己（因我）而安”，虽也能讲得通，但总觉迂曲。若看作指“人”的话，即钱穆所说的“老者我养之以安，朋友我交之以信，少者我怀之以恩”，虽也能讲得通，但不符合经文“老者安之，朋友信之，少者怀之”的语法结构。再者，“养之以安”、“交之以信”、“怀之以恩”的意思是“以安养之”、“以信交之”、“以恩怀之”，似也不切合孔子本意。我们认为，把“之”看作无实际意义的语尾助词为好，释作“使老人安乐，使朋友信任，使年青人怀念”为是。

这是孔子的志向。要实现这种崇高而美好的愿望，肯定不能空谈，而是要踏踏实实地从自身做起，修养仁德，践行仁德：做到仁孝，老人才会安乐；做到诚信不欺，朋友才会信任；做到慈惠和关爱，年少者才会怀念。这与孔子的一贯主张是一致的，如“修己以敬”、“修己以安人”、“修己以安百姓”（《宪问》），“弟子，入则孝，出则悌”（《学而》），“有酒食，先生馔”（《为政》），“今之孝者，是谓能养。至于犬马，皆能有养。不敬，何以别乎？”（《为政》）；“人而无信，不知其可也”（《为政》）；“信则人任焉”（《阳货》）；“其养民也惠”（《公冶长》）；“能行五者于天下，为仁矣，……曰：恭、宽、信、敏、惠”（《阳货》）；等等，都是他仁孝、诚信、慈爱观念的真实反映。他是这样说的，也是这样做的。仅以“少者怀之”而言，孔子关爱青少年，有教无类，广招生徒，凡“自行束脩以上”具备生活自理能力者，皆予教诲，而且“诲人不倦”，“循循善诱”。互乡有个顽劣之童，弟子们都认为他不可教，而孔子则主动地耐心教他。弟子冉伯牛得了恶疾，他前去探望，叹惜不止。弟子颜渊死，孔子“哭之恸”，大呼“天丧予”！这样的师长，怎能不叫少者怀念呢？

雍也第六

6.1　子曰："雍也，可使南面。"

【"南面"误解】

汉刘向《说苑·修文》解曰："当孔子之时，上无明天子也，故言雍也可使南面。南面者，天子也。"

汉包咸《论语包氏章句》解曰："可使南面者，言任诸侯，可使治国政也。"

南怀瑾《论语别裁》解曰："所谓南面就是说他有南面而王，君临天下的大才。"

【"南面"勘正】

南面，《辞源》释曰："古代以坐北朝南为尊位，故天子诸侯见群臣，或卿大夫见僚属，皆南面而坐。《易·说卦》：'圣人南面而听天下，向明而治。'后来引申泛指帝王或大臣的统治为南面。《论语·雍也》：'雍也，可使南面。'"

冉雍有为政之才，可以做官，这是注家们所一致认可的，但不要限定得太具体。有些注家围绕着"南面"是指天子，或是诸侯、卿大夫，还是一个地方、一个部门的长官，争论不休，似没必要。

"南面"并非专指帝王，古书中非帝王而称"南面"者不乏其例。根据这个事实，《辞源》、《汉语大词典》等皆释"南面"为天子、诸侯、卿大夫之官位，或圣贤之尊位。孔子此言，是说冉雍具有南面之才，有领导才能，可使其从政为官。至于可从政的级别，可做多大的官，无须明确限定，因为一个人的发展是不好估量的。严谨的孔子，不可能讲自己的学生将来可做帝王。

清王崇简《冬夜笺记》曰："仲弓可使南面，可使从政也。《皇极经世》所云极是。今人皆以帝王言之，岂有孔子以弟子可为帝王者乎？"杨朝明《论语诠解》曰："本章是说孔子认为冉雍已具备了为官从政的基本条件。……冉雍气量宽宏，沉默厚重，深得孔子的器重。冉雍曾做过季氏宰，以德行著称，被列为孔门四科十哲之一。荀子很推崇冉雍，把他与孔子并列为'大儒'。"

6.2　仲弓问子桑伯子。子曰："可也简。"仲弓曰："居敬而行简，以临其民，不亦可乎？居简而行简，无乃大简乎？"子曰："雍之言然。"

【"可也简"误解】

辜鸿铭《辜鸿铭讲论语》讲曰："他是一个不错的人，很独立。"

程石泉《论语读训》解曰："'可也简'应作'户也简'。盖子桑伯子乃子桑户（或作子桑雩、子桑扈）。孔子称其名故应作'户也简'。按篆文'户'作戶，'可'作可形近而误。……按'简'字有'简慢'、'宽略'诸义。孔子谓户也简，言其简慢。"

林觥顺《论语我读》解曰："是可简也。简，是古时的书简，引申有简易简略义。所以可也简有双重含义：第一，可以从简；第二义是，你这问题很切实，何妨你先作简要说明。"

【"可也简"勘正】

简，简单、简略、不复杂。《广韵》："简，略也。"《易·系辞》："乾以易知，坤以简能；易则易之，简则易从。"孔颖达疏："简谓简省。"作为人的品性，简有简明、简单、单纯、质朴、平易等丰富的含义。《尚书·皋陶谟》："直而温，简而廉。"《世说新语·赏誉》："裴楷清通，王戎简要。"《后汉书·魏霸传》："和帝时为钜鹿太守，以简朴宽恕为政。"

"可也简"，这是孔子对子桑伯子的肯定性评价，意思是说：这人还可以吧，挺简单纯朴的。而仲弓所说的"居简而行简，无乃大简乎？"是认为子桑伯子简得有些过分，提出质疑。盖有所指，《说苑》说他"不衣冠而处"，太不讲究，因此仲弓说"居简而行简"，岂不太简？孔子同意仲弓的看法。

此处顺便谈谈“居敬而行简”，该语是说立身敬肃而行事简单不烦琐。居敬，是强调为人恭敬严肃而认真。生活作风上要“敬”，若像子桑伯子“不衣冠而处”，显然不符合“敬”；事业上要“敬”，人们历来提倡“敬业”；为官者临民（管理民众）更需要敬肃认真的态度，否则得不到民众的尊重、信任和拥戴。在“敬”的前提下行简，是可以的。但是，“居简而行简”，即立身（或为人）简单（啥也不讲究），行事亦简单（简单从事），岂不是太简单了？

6.3 哀公问：“弟子孰为好学？”孔子对曰：“有颜回者好学，不迁怒，不贰过，不幸短命死矣。今也则亡，未闻好学者也。”

【“不迁怒，不贰过”误解】

日人丰干《论语新注》解曰：“贰，副益也。不贰过者，不文过也。”

方骥龄《论语新诠》解曰：“查《诗·小雅·巷伯》‘既其女迁’笺：‘迁之言，讪也。’迁与讪通，不迁怒，殆不讪怒欤？如此，颜渊能不文过，不讪怒，与其克己工夫相吻合矣。”

杨润根《发现论语》解曰：“不犯怒，不感到学习是一种令人难以忍受的苦差事，因而也不感到学习是一种被迫的、强制性的、不得不从事的活动，反过来说，也就是感觉到学习是一种其乐无穷的自觉自愿并令人着迷的活动。”

【“不迁怒，不贰过”勘正】

迁，迁移。贰，重复。《字汇》：“贰，重也。”《辞源》释“迁”曰：“迁移。”释“迁怒”曰：“怒此而移于彼。”释“贰”曰：“再，重复。”

此语是说：不把愤怒迁移到别人身上（即不把怒气发泄到不应发泄的人身上），不重犯同样的过错。

魏何晏《论语集解》曰：“凡人任情，喜怒违理。颜回任道，怒不过分。迁者，移也。怒当其理，不移易也。不贰过者，有不善，未尝复行。”宋朱熹《论语集注》曰：“迁，移也。贰，复也。怒于甲者，不移于乙；过于前者，不复于后。”

“不迁怒，不贰过”，说起来容易，做起来难，需要较深的修养功夫。

【“亡”误解】

日人中井积德《论语逢源》解曰：“死生存亡，古人每复用。‘今也则亡’，谓颜子今不在于世也，非谓无好学者。”

日人东条弘《论语知言》解曰：“‘亡’如字，言颜渊死，而今也好学者亡绝焉，回后未闻好学者也。”

【“亡”勘正】

亡，无、没有。此语是说：像颜渊那么好学的，现在没有了。

日本学者训“亡”为死亡，不可从。前句已说颜渊“不幸短命死矣”，后句岂能复言死亡？人死了，就没了，所以未再闻见有如此好学的。这样理解，较为通畅。梁皇侃《论语义疏》解曰：“亡，无也，言颜渊既已死，则无复好学者也。”

清俞樾《群经平议》曰：“‘亡’字衍文也，此与《先进篇》语有详略。此云‘今也则未闻好学者也’，彼云‘今也则亡’，皆此详而彼略，因涉彼文而误衍‘亡’字，则既云‘亡’又云‘未闻好学’，于辞复矣。《释文》曰‘本或无亡字。’当据以订正。”黄怀信《论语新校释》据《经典释文》及《群经平议》之说，删去“亡”字：“哀公问：‘弟子孰为好学?’孔子对曰：‘有颜回者好学。不迁怒，不贰过，不幸短命死矣！今也，则未闻好学者也。’”

俞樾疑“亡”字衍，缺乏版本依据。仅以“与《先进篇》语有详略”来定其“亡”字为衍，说服力不强。“今也则亡”在《论语》其他篇章也出现过，如《先进》篇中季康子问：“弟子孰为好学?”孔子对曰：“有颜回者好学，不幸短命死矣。今也则亡。”

仅仅是彼略而此详，难以证实“亡”字为衍。俞樾又说：“既云‘亡’又云‘未闻好学’，于辞复矣。”这是从语法修辞的角度找出的问题，认为不简洁，语义重复。我们以为，孔子表述时没有在意重复不重复的问题，只是怕对方听不明白，故又加了一句：“未闻好学者也”。意思是说：像颜渊那么好学的，现在没有了，也未再听说过好学的人了。

6.4 子华使于齐，冉子为其母请粟。子曰："与之釜。"请益。曰："与之庾。"冉子与之粟五秉。子曰："赤之适齐也，乘肥马，衣轻裘。吾闻之也：君子周急，不继富。"

【"釜"、"庾"、"秉"误解】

汉包咸《论语包氏章句》解曰："十六斗为庾也。"

汉郑玄《论语郑氏注》解曰："六斛四升曰庾也。"

【"釜"、"庾"、"秉"勘正】

这些量名，古今《论语》注家都做了认真考释：

汉马融《论语马氏训说》曰："六斗四升曰釜也。十六斛曰秉，五秉合为八十斛也。"清江声《论语竢质》曰："包咸曰十六斗为庾，非也。……庾实二瀫，则容二斗四升。"清刘宝楠《论语正义》曰："《说文》：'斞，量也。''庾'即'斞'字叚借。《考工记·陶人》：'庾实二瀫，厚半寸，唇寸。'《注》：'豆实三而成瀫，则瀫受斗二升。"庾"读如"请益与之庾"之庾。'戴氏震《补注》：'二斗四升曰庾，十六斗曰籔。"庾"与"籔"音声相通。传注往往讹溷。《论语》"与之庾"，谓于釜外更益二斗四升。盖"与之釜"已当，所益不得过乎始与。'……《小尔雅·广量》云：'二釜有半谓之庾。'其误与包咸同。《艺文类聚》八十五引郑此《注》云：'六斛四升曰庾。'文有讹错，当据《考工》注文正之。……《聘礼记》：'十六斗曰籔，十籔曰秉。'"杨伯峻《论语译注》曰："釜——fǔ，古代量名，容当时量器六斗四升，约合今天的容量一斗二升八合。庾——yǔ，古代量名，容当日的二斗四升，约合今日的四升八合。秉——音丙，bǐng，古代量名，十六斛。五秉是八十斛。古代以十斗为斛，所以译为八十石。"黄怀信《论语新校释》曰："釜：借为'鬴'，陶质量器，容六十四升。《小尔雅·广量》：'两手谓之匊（掬），匊（掬），升也。'非斗升之升。一升约容今200毫升，一鬴约今12.8公升。庾：陶器。《周礼·考工记·陶人》：'庾，实二瀫，厚半寸，唇寸。'郑玄注：'豆实三而成瀫。'又云：'豆实四升。'然则一庾容六豆，24升，约合今4.8公升。秉：量词，旧说容十庾，即240升，约合今48公升。五秉，约合今240公升。"

釜，《小尔雅·广量》云："一手之盛谓之溢，两手谓之掬，掬四谓之豆，豆四谓之区，区四谓之釜。”此说甚详，双手捧谷即可量知一釜为多少。《左传·昭公三年》云：“齐旧四量：豆、区、釜、钟。”杜预注：“四豆为区，区斗六升，四区为釜，釜六斗四升。”现存的战国子禾子釜和陈纯釜皆为坛形，小口大腹，有两耳。子禾子釜的容积为20.46公升，陈纯釜的容积为20.58公升。“庾”，从江声说，即二斗四升。“秉”，杨伯峻的计算可取。《仪礼·聘礼》：“十斗曰斛，十六斗曰籔，十籔曰秉。”十斗为一石，因此杨伯峻将八十斛说作八十石。

古量与今量有差别，孙钦善《论语本解》作了比较：“釜：古代量名，相当于当时的六斗四升，约合今量一斗二升八合。庾：古代量名，相当于当时的二斗四升，约合今量四升八合。秉：古代量名，相当于当时的十六斛（十斗为一斛），约合今量三又十分之二石。”

对于此章，可以这么理解：公西华出使齐国，冉有替他的母亲请求粮食。孔子说：“给她一釜。”请求增加一些。孔子说：“再给她增加一庾。”冉有竟然给了她五秉。孔子说：“公西赤到齐国去，骑着肥马，穿着轻软的皮袄。我听说过：君子只是周济急困，不去富上添富。”

6.6 子谓仲弓，曰：“犁牛之子骍且角，虽欲勿用，山川其舍诸？”

【“犁牛之子骍且角”误解】

魏何晏《论语集解》解曰：“犁，杂文也。骍，赤色。角者，角周正中牺牲也。”

辜鸿铭《辜鸿铭讲论语》讲曰：“一位学生（冉雍，字仲弓）的父亲是个臭名昭著的坏人，孔子评论这位学生说：‘有斑点的母牛所生的牛崽，如果给提供良好的环境，尽管大家在祭祀的时候可能犹豫使用不使用这样的牛作祭品，但是对于大地之神来说却不是不可以接受的。’”

李泽厚《论语今读》译曰：“杂毛牛的儿子却长着金红色的毛、整齐的角。”

方骥龄《论语新诠》解曰：“《周礼·草人》‘凡粪种骍刚用牛’郑注：‘故书骍为挈’，杜子春挈读为骍，谓地色赤而土刚强也。角，通确，即今確字，原义为磐石，喻坚实坚正。《管子·地员》‘刚而不觳’，觳亦通角字，疑本章所谓‘骍且角’者殆即‘刚且坚’，似以仲弓喻作初生之犊，刚强坚实，大器也，非谓红毛而又角正也。”

杨润根《发现论语》解曰："骍：难以驯服的马，引申为难以驯服，难以驾驭。这个字由'马'和'辛'构成，意为辛辣的、暴烈的、难以对付的马。角：……这里的'角'既具有名词的含意，又具有动词的含意。当它作动词时，其意思就是以角作为武器向对象发起进攻。"

【"犁牛之子骍且角"勘正】

这句话，从字面理解，即耕牛之子色红角正。喻指百姓家的孩子素质优良。

犁，即"耕"，《说文解字》、《广雅》、《广韵》等皆释"犁"为"耕"。清刘宝楠《论语正义》论曰："孔门弟子，如冉耕字伯牛，司马牛名犁，名、字都是相配。……其实《论语》'犁牛'即是耕牛。《东山经》借'犁'为'骊'，与此'犁牛'字同实异，不得援以为证。且骍角之牛既已可用，何必追溯所生，而以杂文为嫌，致有勿用之疑？若以杂文喻仲弓父行恶，无论此说全不可信，且即有之，而称子之美，必及其父之恶，长者所不忍言，而谓圣人能出诸口乎？然则以犁牛为耕牛，以耕牛为喻微贱，其说信不可易。"

骍，读 xīng。张超编译的《辜鸿铭论语心得》注音为"xīn"，误。

骍，本义为"马赤色"，后泛指赤色，如《周礼·地官司徒·牧人》："用骍牲毛之。"《诗·小雅·大田》"以其骍黑"，此骍指牛。杨润根望文生义，解为"辛辣的、暴烈的、难以对付的马"，试问：若释为马，下文"角"将何置？是否"角马"？

角，从何晏"角周正"之说。

"虽欲勿用，山川其舍诸"，是说虽出身微贱，但有良好的素质，出色的才能，即使人不想用，山川之神也不会舍弃。此章就仲弓设喻，须灵活领会。

6.7　子曰："回也，其心三月不违仁，其余则日月至焉而已矣。"

【"三月不违仁"误解】

金知明《论语精读》注曰："其心三月不违仁：他的心思三个月都离不开仁。其余则日月至焉而已矣：他余下的时间就每天想在仁上面。"解曰："'其心三月无违仁'是说颜回想的事情三个月之内必定要归结到仁义上面，最长不会超过三个月。‘其余则日月至焉’，还是强调颜回片刻不离仁，有空就想到仁义。”

林觥顺《论语我读》解曰：“1. 三月：……三月用夏历是言每月之初三日。初一初二不见月明。喻人之初不明理义。2. 不违仁：读丕违仁。是远离完全不照人间。……孔子说：‘颜回啊！他心地的光明与热情，皆可比月之运行。’”

【“三月不违仁”勘正】

违，离开。《里仁》篇“君子无终食之间违仁，造次必于是，颠沛必于是”之“违”，与此“违”同义。

孔子是说颜回在坚持仁德上，远比其他学生恒久。就字面上看，孔子是从时间上来比较，说明其区别：颜回能做到连续三个月不违离仁，而其他学生也只是哪天或哪月能做到仁而已。但是，孔子的意思并不是说颜回仅能持仁三个月，其他学生仅能持仁一天或一个月，而是以“三月”、“日月”来比较其持仁恒久与短暂的区别。孔子说此话的主要用意是赞许颜渊恒久持仁的品德，督促其他学生向颜回学习。杨伯峻《论语译注》说得好：“这种词必须活看，不要被字面所拘束。”

宋朱熹《论语集注》解曰：“三月，言其久。仁者，心之德。心不违仁者，无私欲而有其德也。日月至焉者，或日一至焉，或月一至焉，能造其域而不能久也。”杨朝明《论语诠解》解读曰：“孔子说：‘颜回这个人，他的心可以在长时间内不离开仁德，其余的学生则只能在短时间内做到仁而已。’”

6.10 伯牛有疾，子问之，自牖执其手，曰：“亡之，命矣夫！斯人也而有斯疾也！斯人也而有斯疾也！”

【“亡之”误解】

汉孔安国《论语孔氏训解》解曰：“亡，丧也。疾甚，故自牖执其手曰丧也。”

清陈浚《论语话解》解曰：“亡是失。……可惜失去这个人，无非总是命罢了。”

钱穆《论语新解》译曰：“丧失了此人，这真是命啊！”

杨伯峻《论语译注》注曰："亡，死亡之意。"译曰："伯牛生了病，孔子去探问他，从窗户里握着他的手，道：'难得活了，这是命呀！"

南怀瑾《论语别裁》解曰："孔子在南面的窗子外，伸手拉住他的手，感叹说，他快要死了，真是命运，这个人，为什么生这种病！"

孙钦善《论语本解》译曰："伯牛得了重病，孔子去探问他，从窗户外紧紧握着他的手，说道：'没命了，命该如此啊！'"

何新《论语新解——思与行》译曰："伯牛有病，孔子去看望他，从窗外握住他的手，说：'不行了，这是命呵！"

【"亡之"勘正】

亡，音 wú，通"无"。此处"亡"可以理解为"没办法"。

《论语》中多次用"亡"表示"无"义，如：《八佾》篇："夷狄之有君，不如诸夏之亡也。"《述而》篇："亡而为有，虚而为盈。"《先进》篇："有颜回者好学，不幸短命死矣，今也则亡。"《颜渊》篇："人皆有兄弟，我独亡。"《卫灵公》篇："吾犹及史之阙文也，有马者借人乘之，今亡矣夫！"《阳货》篇："古者民有三疾，今也或是之亡也。"《子张》篇："执德不弘，信道不笃，焉能为有？焉能为亡？"又："日知其所亡，月无忘其所能，可谓好学也已矣！""亡"字在《论语》中共出现 10 次，都读 wú，表示"无"的意思，而无一读 wáng，无一表示"死亡"者，因为表示死亡，《论语》专用"死"字（"死"字《论语》用了 39 次）。

李泽厚《论语今读》译曰："伯牛有病，孔子去探问他，从窗户外握着他的手，说：'没办法，真是命运啊！"金池《〈论语〉新译》解曰："亡同'无'。"译曰："没有办法。"

当着病人的面，如果说些"丧"呀、"失"呀、"死"呀、"难得活了"、"没命了"、"不行了"之类的话，显然不合情理。即使是小声说这种话，既然其他在场的弟子能听到，那么伯牛一窗之隔，况且是握着手离得很近，当然也能听到。若惋叹"没办法"，感到束手无策，为学生的疾病着急，感叹命运不公，痛惜不该让这样好的人得这么难治的恶疾，如此理解才合乎常情。

6.12 冉求曰：“非不说子之道，力不足也。”子曰：“力不足者，中道而废。今女画。”

【“今女画”误解】

方骥龄《论语新诠》解曰：“疑‘今汝画’之‘今’字，为‘令’字之误。……画有文饰之意。孔子责冉求过去既不能遵其所导，今此所言谓‘力不足者’，乃文过饰非而已。”

程石泉《论语读训》解曰：“《尔雅·释言》云：‘画，形也。’于此章之意较为贴切。……今冉求自谓‘力不足’，正与孔子日常之教诲，背道而驰。故孔子责之曰：‘力不足者中道而废，今女画。’‘今女画’者即言汝之言行活活地表现出‘遵道不力，半途而废’之典型。”

林觥顺《论语我读》解曰：“画：画介互训，犹分田界各守其分，古文划画通，是以刀画分显明。……孔子说：‘力不足的意思，是想半途而弃学，不再继续！现在你应该作明确的决定。’”

【“今女画”勘正】

画，《玉篇》：“止也。”《列子·天瑞》：“终者不得不终，亦如生者之不得不生，而欲恒其生，画其终，惑于数也。”《法言·学行》：“百川学海而至于海，丘陵学山不至于山，是故恶夫画也。”宋濂《送张编修赴南阳教授序》：“毋使安于卑近，虑其苟且而自画也。”

此章“废”、“画”皆“停止”义，前句用了“废”字，盖为避重复，后句改用“画”字。孔子的意思是：如果力不足的话，应是停止在半道上。而你冉求是不努力于道，是自己停止在原地的。

汉孔安国《论语孔氏训解》曰：“画，止也。力不足者，当中道而废。今女自止耳，非力极也。”宋邢昺《论语注疏》曰：“此章勉人学也。……责冉求之不说学也。”钱坫《论语汉宋集解》案曰：“冉求颇有自知之明，夫子虽知其才艺，犹望其努力不懈也。此孔子为师之心，诲人不倦之诚。”

6.13 子谓子夏曰：“女为君子儒，无为小人儒。”

【“儒”误解】

梁皇侃《论语义疏》解曰：“儒者，濡也。夫习学事久，则濡润身中，故谓久习者为儒也。”

宋邢昺《论语注疏》解曰：“言人博学先王之道，以润其身者，皆谓之儒，但君子则将以明道，小人则矜其才名。”

清李颙《四书反身录》解曰：“儒字从人、从需，言为人所需也。”

南怀瑾《论语别裁》解曰：“根据《说文解字》的另一种解释：‘儒’是人类社会所需要的人，所以在‘人’字旁边加一个需要的‘需’字，便成了儒。……‘需人’则是人类需要他，社会当中不可缺少的人，这就是‘儒者’。”

文选德《论语诠释》解曰：“这里的‘儒’字我以为不是后来所说的‘儒家’或‘儒学’的儒，而是一个中性词，好像同‘懦’字有关系，因为在孔子那个尚武的乱世，士人们无权无势，在世人眼中当是一些懦弱者。”

【“儒”勘正】

儒，《说文解字》：“柔也，术士之称。”徐灏注笺：“人之柔者曰儒，因以为学人之称。”看来，柔为儒之本义，儒后又为术士之称。《辞源》释“术士”为“儒生”，《十三经辞典》及《现代汉语词典》解“儒”为读书人。联系起来看，儒生、读书人的基本特质就是“柔”，人们常用“文弱书生”、“文质彬彬”来描绘读书人。在人的性情方面，儒家主张柔顺温和；在人的德行方面，儒家主张仁恕义礼；在做事原则方面，儒家主张中庸。这些，都与“柔”有联系。

《辞源》释“儒”曰：“①古代从巫、史、祝、卜中分化出来的人，也称术士，后泛指学者。《周礼·天官·太宰》：‘四曰儒以道得民。’《注》：‘儒，诸侯保氏有六艺以教民者。’《疏》：‘儒，掌养国子以道德，故云以道得民。民亦谓学子也。’《论语·雍也》：‘女为君子儒。’②孔子的学派。《孟子·尽心下》：‘逃墨必归于杨，逃杨必归于儒。’”《汉语大词典》释“儒”曰：“①术士。周、秦、两汉用以称某些有专门知识、技艺的人。②孔子创立的学派，儒家。③信奉儒家学说的人。亦泛指读书人。”

宋朱熹《论语集注》曰：“儒，学者之称。”清刘宝楠《论语正义》解曰：“《周官·太宰》：‘四曰儒以道得民。’《注》：‘儒，诸侯保氏有六艺以教民者。’《大司徒》：‘四曰联师儒。’《注》：‘师儒，乡里教以道艺者。' 据此，则'儒'为教民者之称。子夏于时设教，有门人，故夫子告以为儒之道。"钱穆《论语新解》解曰："儒，《说文》术士之称。谓士之具六艺之能以求仕于时者。儒在孔子时，本属一种行业，后逐渐成为学派之称。孔门称儒家，孔子乃创此学派者。本章儒字尚是行业义。……又按：儒本以求仕，稍后，儒转向任教。盖有此一行业，则必有此一行业之传授人。于是儒转为师，师儒联称，遂为在乡里教道艺之人。故孔子为中国儒家之创始人，亦中国师道之创始人。"

基于以上的解释，"儒"应是指学者、读书人、教书人，如同后来所说的知识分子。

【"君子儒"、"小人儒"误解】

清俞樾《群经平议》解曰："以人品分君子、小人，则君子有儒，小人无儒矣，非古义也。君子儒、小人儒，疑当时有此名目。所谓小人儒者，犹云'先进于礼乐，野人也'；所谓君子儒者，犹云'后进于礼乐，君子也'。"

李泽厚《论语今读》译曰："你要做士大夫的儒者，不要做老百姓的巫师。"

黄怀信《论语新校释》释曰："'君子'指贵族、上层人士。旧以为人格君子，非。……'儒'，指师儒。'小人'指下层人士、普通劳动者。"译曰："给贵族做师儒（教六艺），不要给小民做师儒（教六艺）。"

闫合作《论语说》解曰："人需为儒。孔子希望子夏所作所为是君子需要的，而不是小人需要的。"译曰："孔子对子夏说：'你要宣扬君子人生之需，不要宣扬小人人生之需。'"

【"君子儒"、"小人儒"勘正】

上文所说，"儒"指学者、读书人、教书人，如同后来所说的知识分子，也可以理解为儒士、儒生。就儒士、儒生而言，这种人中定有品行高下之差，当然也就有君子、小人之分。客观地讲，无论哪类人中，都有品行高下、君子小人之分。孔子要求子夏做君子。君子儒是品德高尚、志向宏大、为国为民谋福利者，小人儒则反之。孔子要求的君子是："君子无终食之间违仁"（《里仁》），"君子义以为质"（《卫灵公》），"君子喻于义"（《里仁》），"君子谋道不谋食"（《卫灵公》），"君子博学于文，约之以礼”（《雍也》），“君子成人之美”（《颜渊》），“修己以敬”、“修己以安人”、“修己以安百姓”（《宪问》），“君子泰而不骄”（《子路》），“君子周而不比”（《为政》），“君子和而不同”（《子路》），“君子矜而不争，群而不党”（《卫灵公》），“君子坦荡荡”（《述而》），“君子疾没世而名不称焉”（《卫灵公》）。这些品质，都是君子儒所应具备的。

有人主张不应从德行上看，而应从见识上、地位上分，显然不妥。若从见识上分，应称为通儒、陋儒；若从地位上分，则应称为官儒、民儒。既然孔子指明“君子”、“小人”，就应主要从德行方面看。黄怀信“不要给小民做师儒”之说，有违孔子“有教无类”的思想，况且孔子本人就是一个平民教师。

孙钦善《论语本解》曰：“这里的‘君子’和‘小人’为有德、无德之别。君子儒：有修养的儒者。小人儒：无修养的儒者。按，子夏只重知识，喜务小道，往往忽视道德修养，故孔子有此告诫。”金池《〈论语〉新译》曰：“君子儒：人品和学品都正的读书人。小人儒：人品和学品都不正的读书人。”杨伯峻《论语译注》译曰：“孔子对子夏道：‘你要去做个君子式的儒者，不要去做那小人式的儒者！”

6.14　子游为武城宰。子曰：“女得人焉尔乎？”曰：“有澹台灭明者，行不由径，非公事，未尝至于偃之室也。”

【“焉尔乎”误解】

林觥顺《论语我读》断句为：“女得人焉，尔乎？”注解曰：“你在这里得遇见特殊贤德的人吗？女借作汝。尔，是丽尔，盛貌。又借作汝。凡训如此或此者，皆当作尒如此而已，急言之如此尒或如此耳。皆同音假借字。”

【“焉尔乎”勘正】

“女得人焉尔乎”，正平版何晏集解本作“女得人焉耳乎哉”、皇侃义疏本作“汝得人焉耳乎哉”。“焉尔”、“焉耳”，二者通用，都表示“于此”、“于是”的意思。（“焉”字独用时，兼有介词加代词的功能，相当于介词“于”加代词“此”或“是”，如《左传・隐公元年》：“制，岩邑也；虢叔死焉，佗邑唯命。”）《穀梁传・僖公二十年》：“秋，齐人狄人盟于邢，邢为主焉尔。”何休注：“焉尔，犹于是也。”《孟子·梁惠王上》：“寡人之于国也，尽心焉耳矣。”焦循正义：“焉耳，当作焉尔。”《礼记·玉藻》：“父没而不能读父之书，手泽存焉尔；母没而杯圈不能饮焉，口泽之气存焉尔。”

汉孔安国《论语孔氏训解》解曰：“焉尔乎哉，皆辞也。”宋邢昺《论语注疏》也以为“焉、尔、乎皆语助辞”。清阮元《论语注疏校勘记》曰：“‘女得人焉耳乎’，皇本、高丽本‘乎’下有‘哉’字。案：‘焉耳乎’三字连文已属不词，下又增‘哉’字，更不成文，疑‘耳’当‘尔’字之讹。……盖‘焉尔’者犹‘于此’也，言女得人于此乎哉？此者，此武城也，如书作‘耳’，则义不可通矣。”

然清刘宝楠《论语正义》仍坚持“耳”为语辞的说法，曰：“‘耳’，他本或引作‘尔’，‘耳’、‘尔’皆辞。阮氏元《校勘记》、段氏《说文注》并以‘耳’为‘尔’讹。尔，于此也。此者，此武城也。段云：‘耳在古音一部，尔在古音十五部，音义绝不相混。’然唐宋石经、宋本《九经》岳珂本，此文皆作‘耳’。‘耳’训语辞，不必从‘尔’训于此矣。”何乐士等编的《古代汉语虚词通释》认为“焉耳乎”是“‘焉’与其他语气连词连用”。

今人多将“焉尔”解作“于此”或“于是”。钱穆《论语新解》解作：“焉尔，犹云于此。”译曰：“你在那里求得了人才吗？”杨伯峻《论语译注》译曰：“你在这儿得到什么人才没有？”孙钦善《论语本解》译作：“你在此地得着人才了吗？”

我们认为，“焉尔”起指代作用，解作“于此”或“于是”，优于“‘焉’与其他语气连词连用”说。“乎”或“乎哉”，应看作语气词。“乎”、“哉”这两个语气词，古人习惯连用，表示疑问或感叹。至于此章存有“焉尔乎”、“焉耳乎”、“焉尔乎哉”、“焉耳乎哉”之异文情况，这是传本不同所造成的，无须裁定孰是孰非。既然汉魏时孔安国、何晏见到的本子为“焉尔乎哉”或“焉耳乎哉”，我们只能认同，而不能据今流行本“焉尔乎”去否定孔、何；同样，也不能据孔、何本来否定今天的流行本。

【“行不由径”误解】

南怀瑾《论语别裁》解曰：“‘行不由径’是说他行事从表面看来，有时不依常规，不循常道，有点满不在乎的味道，有如子贡那个‘达’字的道理一样。”

【“行不由径”勘正】

径，小路。此处比喻能达到某种目的的不正当门路。魏何晏《论语集解》引包咸语曰：“言其公且方。”宋朱熹《论语集注》曰：“不由径，则动必以正。”下句“非公事，未尝至于偃之室也”（没有公事，他不到我言偃的住处来），正是对澹台灭明行不由径、有公无私、光明磊落的事实说明。

梁皇侃《论语义疏》曰：“言灭明每事方正，故行出皆不邪径于小路也。一云：灭明德行方正，不为邪径小路行也。”宋邢昺《论语注疏》曰：“行遵大道，不由小径，是方也。”

6.16　子曰：“不有祝鮀之佞，而有宋朝之美，难乎免于今之世矣。”

【“不有……而有……”误解】

汉孔安国《论语孔氏训解》解曰：“言当如祝鮀之佞，而反如宋朝之美，难矣免于今世之害也。”

梁皇侃《论语义疏》解曰：“当于尔时，贵佞重淫，此二人并有其事，故得宠幸而免患难。故孔子曰：言人若不有祝鮀佞，反宜有宋朝美，若二者并无，则难免今世之患难也。”

钱穆《论语新解》译曰：“一个人，若没有像祝鮀般的能说，反有了像宋朝般的美色，定难免害于如今之世了。”

杨伯峻《论语译注》译曰：“假使没有祝鮀的口才，而仅有宋朝的美丽，在今天的社会里怕不易避免祸害了。”

李泽厚《论语今读》译曰：“没有祝鮀那样的利嘴口才，没有宋朝那样的美丽容色，在今天这个社会里，恐怕是很难避免灾祸的了。”

李炳南《论语讲要》解曰：“而，及也。无祝鮀之佞口，以及宋朝之美色，难免于今之世。”

萧民元《论语辨惑》解曰：“如若没有祝鮀那样的口才，就算有宋朝那般的美仪，仍将无济于事（难乎免于失败）。”

【“不有……而有……”勘正】

祝鮀，卫大夫子鱼，以佞谄获宠于灵公。宋朝，宋公子，以美色善淫获宠于灵公夫人南子，《左传》昭公二十年和定公十四年都记载了宋朝因美色而惹起祸端的事件。孔子认为，卫国不仅有祝鮀之佞，而且有宋朝之美，既然国君夫妇宠爱这类人，当今之世受其祸害是难免的了。欲解通本章，关键在于对“不有……而有……”的理解。“不有”，即“不仅有”；“而有”，即“而且有”。“而”表递进，犹“并且”。前人解“不有”为“没有”，解“而”为“及”、“反”、“与”、“却”，皆牵强难通。孔子列举危害今世的两种恶行，为卫国担忧，并非是孔安国所说“当如祝鮀之佞，而反如宋朝之美”、皇侃所说“若不有祝鮀佞，反宜有宋朝美”、杨伯峻所说“假使没有祝鮀的口才，而仅有宋朝的美丽”之意。两种不良现象，孔子皆担心，绝不是希望两项都具备，或必须具备其中一项。

6.18 子曰：“质胜文则野，文胜质则史。文质彬彬，然后君子。”

【“野”、“史”误解】

李泽厚《论语今读》译曰：“质朴超过文采就粗野，文采超过质朴就死板。”

萧民元《论语辨惑》解曰：“‘史’是‘饰’的音误字。‘饰’是将人或事物的外表，装修得更美丽好看的意思。”

何新《论语新解——思与行》译曰：“孔子说：‘质朴超过文采，便放野；文采超过质朴，便失逸。文采和质朴相辉映，才能成为君子。’注曰：史，失也。”

闫合作《论语说》解曰：“‘质胜文则野’，德才胜过名声，则在野。质是实质，指品德和才能。文是名气、名声。野指朝廷之外的民间，与‘朝（史）’相对。‘文胜质则史’，名声胜过德才，则在朝。史，古代负责记录帝王、诸侯言行和国事的官。此处指为官从政。”译曰：“孔子说：‘才质胜过名声，则在野；名声胜过才质，则在朝。’”

【“野”、“史”勘正】

野，朴野、质朴。《辞源》释“野”曰：“朴野，粗鲁。《论语·雍也》：‘质胜文则野，文胜质则史。’又《子路》：‘野哉由也！’”《汉语大词典》释“野”曰：“质朴，不浮华。与‘文’相对。《庄子·寓言》：‘自我闻子之言，一年而野，二年而从，三年而通。’成玄英疏：‘野，质朴也。闻道一年，学心未熟，稍能朴素，去浮华耳。'"

史，浮华、虚浮。《汉语大词典》释“史”曰：“虚饰；浮夸。《论语·雍也》：‘质胜文则野，文胜质则史。’《韩非子·难言》：‘捷敏辩给，繁于文采，则见以为史。’” 《汉语大字典》释“史”曰：“文辞繁多。《仪礼·聘礼》：‘辞多则史，少则不达。’郑玄注：‘史谓策祝。’胡培翚正义：‘策祝尚文辞，故谓辞多为史。’《论语·雍也》：‘质胜文则野，文胜质则史。’”

“野”与“史”在这里都是形容词。野，义为质朴、不浮华。史，义为浮华、虚浮。孔子主张人在质实和文饰上要适中，过于质朴，就显得粗俗鄙野；过于讲究仪表文饰，就会显得虚浮，华而不实。

汉包咸《论语包氏章句》曰：“野，如野人，言鄙略也。史者，文多而质少也。”梁皇侃《论语义疏》曰：“云‘质胜文则野’者，谓凡行礼及言语之仪也。质，实也。胜，多也。文，华也。言若实多而文饰少，则如野人，野人鄙略大朴也。云‘文胜质则史’者，史，记书史也，史书多虚华无实，妄语欺诈。言人若为事多饰少实，则如书史也。”宋朱熹《论语集注》解曰：“野，野人，言鄙略也。史，掌文书，多闻习事，则诚或不足也。”杨伯峻《论语译注》译曰：“朴实多于文采，就未免粗野；文采多于朴实，又未免虚浮。”孙钦善《论语本解》译曰：“质朴超过文采就会粗俗，文采超过质朴就会虚浮。”

【“文质彬彬”误解】

肖贤彬《“文质彬彬”新解》（载《文史知识》1983 年第 2 期）解曰：“包咸所说之‘半’字当为‘判’字通假，并非物之二分之一。‘半’、‘判’古通用……判有判然分明之义。‘文质相判’就是说在‘文’、‘质’方面判然突出、超然出众。后人不明包氏之义，直以‘半’为二分之一。……综上所述，‘彬彬（份份）’乃富于物色文彩、与众判然分明之义，非‘相半’、‘兼备’之谓，更非专指‘文质’而言。……联系孔子一贯思想，‘文质彬彬，然后君子’，可以理解为在‘文’、‘质’方面有特殊表现者方为君子。”

【“文质彬彬”勘正】

彬，《说文解字》：“份，文质备也。彬，古文份。”《广韵》：“彬，文质杂半。”文质彬彬，即文采与质朴配合均匀适当。彬彬，《辞源》释曰：“文质兼备貌。”《汉语大字典》亦释为“文质兼备”，并举例曰：“《汉书·叙传下》：‘孝哀彬彬，克揽威神。’颜师古注：‘彬彬，文质备也。’”彬彬，只释为“文质兼备”似乎还不到位，应强调文与质的配合。李零《丧家狗——我读〈论语〉》曰：“‘文质彬彬’，就是折中文、质，让两者恰如其分。”李炳南《论语讲要》曰：“彬彬，融合之相。文与质均衡交融。言行文雅而又真实，合乎中道，是为文质彬彬的君子。”

汉包咸《论语包氏章句》曰：“彬彬，文质相半之貌也。”汉郑玄《论语郑氏注》解曰：“彬彬，杂半貌也。”宋朱熹《论语集注》解曰：“彬彬，犹班班，物相杂而适均之貌。”《辞源》释“文质彬彬”曰：“原指文采与实质配合均匀适当。《论语·雍也》：‘质胜文则野，文胜质则史。文质彬彬，然后君子。’注：‘彬彬，文质相半之貌。’后来泛指人举动文雅。”

6.19　子曰：“人之生也直，罔之生也幸而免。”

【“罔之生”误解】

汉包咸《论语包氏章句》解曰：“诬罔正直之道而亦生，是幸而免也。”

唐韩愈、李翱《论语笔解》解曰：“直，当为德字之误也，言人生禀天地大德。罔，无也。若无其德，免于咎若勘矣。”

宋程颐解曰：“人类之生，以直道也；欺罔而免者，幸耳。”（《二程集》）

方骥龄《论语新诠》解曰：“疑本章生字即古性字。‘人之生也’即‘仁之性也’，与下‘罔之性也’相对举。故郑玄注云：‘始生之人皆正直，’与《说文》人字义相符，故‘人之生也，’疑即‘仁人之性也。’‘罔之生也’，疑即‘罔人之性也’。罔即枉，诬罔不直，邪曲之人也。幸通倖，佞也。枉曲之人，时存傲倖企求而苟免之心，于是临财则苟得，临难则苟免。免字从兔字奔逸之状而来，喻其逸之速而不辨其足之形。枉邪之人，见利贪得，见义则唯恐逃避之不速如兔脱。‘幸而免’是也。”

金知明《论语精读》译曰：“孔子说：‘人的生性是正直的，扭曲人性的东西要避开。”注曰：“罔之生也幸而免：罔，曲、不直；生，通

‘性’；幸，希望；免，避开。”

萧民元《论语辨惑》解曰：“‘人之生也’这个‘人’要解成‘仁’，或者根本就是‘仁’的音误字。这意思就是‘仁’之所生由朴直而来，‘罔’之所生由幸免而致。”

郑张欢《论语今释》解曰：“罔，困难、艰难。孔子说：一个人的生活与处事也正直，碰到不清楚困难的事也能有幸而得免。”

【“罔之生”勘正】

“罔”与“直”相对，即枉曲不直。用于人品，罔即不正直。《汉语大字典》释“罔”曰：“不正直。”宋朱熹《论语集注》引程子曰：“生理本直。罔，不直也，而亦生者，幸而免尔。”杨伯峻《论语译注》曰：“孔子说：‘人的生存由于正直，不正直的人也可以生存，那是他侥幸地免于祸害。’”这些解说符合孔子语义。孔子主张，人要正直，靠正直生存，正直人直道而生，人生之路一般来讲平坦通畅；个别邪枉之人，虽也能生存，但往往是凭侥幸免祸。人是有德行准则的，不遵行道德规范，只凭侥幸心理，是很难行得通的。

不少人把“罔”解为“诬罔”、“欺罔”，实际上，与“直”相对的“罔”是形容词，若释为“诬罔”、“欺罔”就成了动词，尽管也是不正直人的表现，但词性上不太恰切。

6.20 子曰：“知之者不如好之者，好之者不如乐之者。”

【“知之”、“好之”、“乐之”误解】

闫合作《论语说》解曰：“‘知之’是学而知之，接受知识；‘好之’是生而知之，自己思悟所得；‘乐之’是自己喜欢，爱好所得。”译曰：“学而知之不如生而知之，生而知之不如身心乐之。”

方骥龄《论语新诠》解曰：“‘知之’之‘之’字，犹《大学》‘知止’，知止于至善而后有定是也。止于至善，即人性之所谓善，亦即道。知道不如好道，好道不如乐道。知之者如入门，好之者如登堂，乐之者如入室。学问已成，心与道合，从容自得，不亦乐乎？但必须逐步深入而不可躐等。不知其知，何以好其所好？又何以乐其所乐？故不可分为三阶段，尤不可不循序前进。求学如此；为人为事，莫不如是。”

【“知之”、“好之”、“乐之”勘正】

孔子是就学习而言。知之，即知道学习。发挥一点儿的话，就是知道学习有用，知道应该学习。这是对学习最基本的态度，比如平常谈到一个孩子的学习，往往这么问：“这孩子知道学习吗？”又往往这么回答：“知道学习，但厌学。”属于这一类的人不少，即知道学习有用，但不喜欢学，也就是在学习的态度上、兴趣上不够“喜好”。这类人是被动的求知者，是在某种压力下或为达某种目的而不得不学习的人，是不积极主动的。好之，即“喜欢”上了学习，对学习有兴趣；有兴趣，则能产生学习的自觉性、积极性、主动性。这是第二类人。乐之，即以学习知识为快乐，这是学习的最高境界；达到了这种境界，学习知识就是一种很好的精神享受。孔子的弟子中，颜回就属于这一类。孔子谈这三类情况的差别，用意是督促人们培养学习兴趣，化被动为主动，从知学达到好学，从好学再达到乐学。《论语》首篇首章就谈“学而时习之，不亦说乎”，突出了孔子对学习态度、学习兴趣培养的重视。

梁皇侃《论语义疏》曰：“云‘知之者不如好之者’者，谓学者深浅也。知之，谓知学问有益者也，好之，谓欲好学之以为好者也。夫知有益而学之，则不如欲学之以为好者也。故李充曰：‘虽知学之为益，或有计而后知学利在其中，故不如好之者笃也。’云‘好之者不如乐之者’者，乐，谓欢乐之也。好有盈厌，故不如性欢而乐之。如颜渊乐在其中也。故李充曰：‘好有盛衰，不如乐之者深也。’”清刘宝楠《论语正义》曰：“春秋时，庠塾之制废，诗书之泽衰，人多不知学，故此言‘知之者’，明与不知有异也。至‘好之’、‘乐之’，更不多觏，故夫子于门人中，独称颜子好学。又谓‘一箪食，一瓢饮，在陋巷，不改其乐’，正谓不改其好学之乐。夫子疏食饮水，乐在其中，亦是此乐，故曰‘发愤忘食，乐以忘忧’。乐者，乐其有得于己也。故《论语》首章即以‘时习’之说示人。”杨伯峻《论语译注》译曰：“孔子说：‘［对于任何学问和事业，］懂得它的人不如喜爱它的人，喜爱它的人又不如以它为乐的人。’”

6.21 子曰：“中人以上可以语上也，中人以下不可以语上也。”

【“语上”误解】

毛子水《论语今注今译》解曰：“中等资质的人，可以受教导而进入上等；至于资质在中等以下的人，是不能受教导而进入上等的。”

金知明《论语精读》解曰：“上，代词，理想的、顶尖的好东西。……孔子说：‘中等智力以上的人，可以跟他讨论理想的东西；中等智力以下的人，不可以对他讲理想的东西。’”

何新《论语新解——思与行》解曰：“中等以上的才智，就可以对他讲高尚的道理。中等以下的才智，就不可以对他讲高尚的道理。……上，尚也，高尚的道理。”

【“语上”勘正】

孔子是说：对待中等智力以上的人，可以讲上等的或高深的学问；对待中等智力以下的人，不可以讲上等的或高深的学问。

人的智力有高下，教者应区别对待。对待中等智力以上的人，可以讲高深的学问，这样，他能够听得懂，能够接受，能够进步；对待中等智力以下的人，不可以讲高深的学问，讲了听不懂，等于没讲。孔子是说，对待学生，应因人而异，因材施教，智力好、接受快的，就讲深一些的知识或道理；智力差、接受慢的学生，就讲浅一些的知识或道理。

梁皇侃《论语义疏》曰：“此谓为教化法也。师说云：就人之品识，大判有三，谓上中下也。……今云中人以上可以语上，即以上道语于上分也。中人以下不可以语上，虽不可语上，犹可语之以中及语之以下，何者？夫教之为法，恒导引分前也。”清刘宝楠《论语正义》曰：“此两言‘中人’，谓中知矣。中人为中知，则上谓上知，下谓愚也。……孔子罕言利、命、仁、性与天道，弟子不可得闻，则是不可语上。观所答弟子、诸时人语，各有不同，正是因人才知量为语之，可知夫子循循善诱之法。若夫性质既愚，又不能自勉于学问，是夫子所谓‘下愚’，非惟‘不可语上’，且并不可语之矣。”杨朝明《论语诠解》曰：“在孔子看来，道有高下，智有深浅。如孔子所说：‘生而知之者上也；学而知之者次也；困而学之，又其次也；困而不学，民斯为下矣。’（《季氏》）善导人者，必因才而笃之。中人以下，骤语以高深之道，不惟无益，反将有害。惟循序渐进，才可日达高明。……中人：中等之人。上：形而上的大道，即抽象而高深的学问。”

6.22 樊迟问知。子曰："务民之义，敬鬼神而远之，可谓知矣。"问仁。曰："仁者先难而后获，可谓仁矣。"

【"务民之义"误解】

辜鸿铭《辜鸿铭讲论语》讲曰："了解一个人在人类社会中的本质义务。"

南怀瑾《论语别裁》解曰："务民是什么？是领导人，作一个从政领导的人便是务民，意思是他所领导的事务是为老百姓服务的。"

何新《论语新解——思与行》注曰："务，动词，致力。义，义务。"译曰："努力尽一个臣民的义务。"

杨润根《发现论语》解曰："务：及力，努力，决心，必定，当它意指努力时，这种努力包括认识与实践两个方面。民之义：人民认为是正义的事情和正义的行动。"

【"务民之义"勘正】

务，致力、从事的意思。义，同"宜"。《辞源》释"义"曰："宜，适宜。合理、适宜的事称义。《易·乾》：'利物足以和义，贞固足以干事。'疏：'言天能利益庶物，使物各得其宜。'《论语·公冶长》：'其养民也惠，其使民也义。'"

凡事把握得适宜，才叫作"智"，比如"敬鬼神而远之"。孔子此语是说：专心致力于民众合宜的事，（比如）尊敬鬼神但要远离它（不要迷信它），可以说是明智了。

宋朱熹《论语集注》曰："专用力于人道之所宜，而不惑于鬼神之不可知，知者之事也。……程子曰：'人多信鬼神，惑也。而不信者又不能敬，能敬能远，可谓知矣。'"钱穆《论语新解》曰："务民之义：专用力于人道所宜。"李泽厚《论语今读》译曰："尽力做对人民适宜合理的事情。"黄怀信《论语新校释》释曰："务民之义：'务'，从事，致力于。'义'，宜也。'民之义'，百姓以为宜者。旧或释为'使人民走上义'，非是。"译曰："樊迟问（从政者怎样才算）智，先生说：'致力于百姓认为合宜的事，敬奉鬼神而远离它，（就）可以算是智了。'"

【"敬鬼神而远之"误解】

闫合作《论语说》断句为："樊迟问知，子曰：'务民之义：敬。鬼而远之，可谓知矣。’”译曰：“樊迟问智，孔子说：‘使民众做到敬，鬼而远之，可说是智。’”解曰：“教化百姓，使之‘敬’，就是‘务民之义’。”

【“敬鬼神而远之”勘正】

敬鬼神而远之，是孔子对待鬼神的基本态度。孔子认为，对鬼神可以敬，但不要亲近他（无法亲近），不要迷信他。《论语》中有几次谈到鬼神，如《八佾》篇“祭如在，祭神如神在”。既然祭鬼神，就要怀着虔敬之心，这里体现了“敬”。《先进》篇：“季路问事鬼神。子曰：‘未能事人，焉能事鬼？’”不事鬼神，这里体现了“远之”。《述而》篇：“子不语怪、力、乱、神”，鬼神很虚幻，信则有，不信则无，说不清道不明，求助他于事无补，迷信他对人类无益，因此孔子很少谈论他。这反映了孔子客观务实的智者态度。

【“先难而后获”误解】

南怀瑾《论语别裁》解曰：“任何事先从‘难’的方面想，以后才能得到好的结果。先从难的方面，问题多的方面看，都研究完了，最后有一个结论，得到中道的成果，这就是仁的用。”

何新《论语新解——思与行》注曰：“获，得也，受得，承受。”译曰：“仁人遇到困难挺身迎受，就可以称作仁善。”

方骥龄《论语新诠》解曰：“疑本章‘先难而后获’之‘难’字，系‘戁’字传写之误。戁，敬也，先敬人而后获，盖爱人者人恒爱之，敬人者人恒敬之；必先敬人，而后人必敬之。此人与人相处之道也。”

【“先难而后获”勘正】

孔子主张：先经受劳苦之难，然后获得；反对不劳而获。劳而有得，是正当的，是符合仁的；不劳而获，非仁矣。此章与《颜渊》篇孔子答樊迟“先事后得”语义相同。

汉孔安国《论语孔氏训解》曰：“先劳苦乃后得功，此所以为仁也。”宋邢昺《论语注疏》曰：“为仁者先受劳苦之难，而后乃得功，此所以为仁也已。”李零《丧家狗——我读〈论语〉》曰：“‘先难而后获’，是先苦后甜，先致力于耕耘，才谈得上收获。”

徐刚《〈论语〉古训疑误举例》（载《孔子研究》2007年第5期）认为："'先难而后获'，前人解释为先劳苦，后得到收获……这种解释在语言上没有任何问题，但是在思想上似乎境界并不高，先干活，后享受，一般的人也都是先事后得，是不是都能够算作'仁'？不过，这句话还可以有更好的解释，就是劳苦之事在人之先，收获之事在人之后，也就是范仲淹'先天下之忧而忧，后天下之乐而乐'（《岳阳楼记》）的境界。"

6.23 子曰："知者乐水，仁者乐山。知者动，仁者静。知者乐，仁者寿。"

【"智者乐水，仁者乐山"误解】

清钱坫《论语后录》解曰："仁，木也，木胜土，故乐山。智，土也，土胜水，故乐水。于《易》，艮为山，兑为泽。山，土也。坎，水半见于兑，故泽即为水。山泽通气，仁智用之矣。"

南怀瑾《论语别裁》解曰："正确的解释是'知者乐，水。'知者的快乐，就像水一样，悠然安详，永远是活泼泼的。'仁者乐，山。'仁者之乐，像山一样，崇高、伟大、宁静。"

萧民元《论语辨惑》解曰："智者的智能，有如清澈的流水，随时随势，变化万千；仁者的仁德，如大山巍巍然耸立，万人景仰。由于人类在德性上有'同声相合，同气相求'的倾向，故智者乐水，仁者乐山。"

苏宰西《论语新编》解曰："孔子说：'聪明人的乐趣水流般顺势而下，仁人的快乐高山样永不低头。'"

杨润根《发现论语》解曰："乐水：乐于像水一样的流动，或在像水一样的不停的流动中获得快乐。乐山：乐于像山一样地静止不动，或在像山一样的静止不动中获得快乐。"

【"智者乐水，仁者乐山"勘正】

此语是说：有智慧的人喜欢水，有仁德的人喜欢山。

宋朱熹《论语集注》曰："知者达于事理而周流无滞，有似于水，故乐水；仁者安于义理而厚重不迁，有似于山，故乐山。"

孔子把智者、仁者分而论之，认为这两种人性情好恶不同，效用亦不同。理解起来很有难度。似乎拿两者来对比不太合适："智者"是就"愚智"方面言，"仁者"是就"德行"方面言，不属于同类概念，不适宜对比。事实上，一个人可以仁、智兼备，很多人既喜欢山又喜欢水。谁也不敢说智者不喜欢山，仁者不喜欢水。

继而又言"知者动，仁者静。知者乐，仁者寿"，既然一个人可以兼有仁和智，那么兼有仁智素质的人，可能喜动，也可能喜静。再说，也不只是"静"利于寿，通常情况下"动"更利于寿。

推敲起来，总觉着孔子这话说得欠严谨。

6.24 子曰："齐一变至于鲁，鲁一变至于道。"

【"齐一变至于鲁，鲁一变至于道"误解】

闫合作《论语说》解曰："齐，为'斋'之误，'斋'与'齐'古字差别微小，分别为齋和斉。斋齐容易误抄。斋，《说文解字》：'戒，洁也。'洁身自好意。'鲁'这里不是指鲁国，也不是鲁莽……若鲁是鲁莽粗俗意，周公封国也不会以'鲁'为国名。鲁，'甲骨文从口，从鱼，会器中盛有烹调好的味道嘉美的鱼之意。全文在口中加一点成甘，进一步强调味道醇厚可口。……本义当为鱼味醇厚嘉美。'（《汉字源流字典》）引申为德行醇厚嘉美。"译曰："洁身自好进一步，就德行醇厚；德行醇厚，进一步，就符合道了。"

【"齐一变至于鲁，鲁一变至于道"勘正】

孔子是说：齐国一改变，可以达到鲁国这个样子；鲁国一改变，就可以达到王道（仁义治天下之道）的标准。

孔子期望各国政俗向着王道方面改变和发展。所谓王道，指以仁义治天下之道，与霸道相对。

汉包咸《论语包氏章句》曰："言齐、鲁有太公、周公之余化也，太公大贤，周公圣人也，今其政教虽衰，若有明君兴之者，齐可使如鲁，鲁可使如大道行之时也。"唐韩愈、李翱《论语笔解》曰："道谓王道，非大道之谓。"宋朱熹《论语集注》解曰："孔子之时，齐俗急功利，喜夸诈，乃霸政之余习。鲁则重礼教，崇信义，犹有先王之遗风焉，但人亡政息，不能无废坠尔。道，则先王之道也。言二国之政俗有美恶，故其变而之道有难易。”杨树达《论语疏证》解曰：“齐为霸业，鲁秉周礼，则王道也。齐一变至于鲁，由霸功变为王道也。《礼运》以禹、汤、文、武、成王、周公六君子为小康，是王道为小康也。鲁一变至于道者，由小康变为大同也。《礼运》言大道之行天下为公，此道正彼文所谓大道矣。”杨伯峻《论语译注》译曰：“齐国［的政治和教育］一有改革，便达到鲁国的样子；鲁国（的政治和教育）一有改革，便进而合于大道了。”

6.25　子曰：“觚不觚，觚哉！觚哉！”

【“觚不觚”误解】

杨润根《发现论语》解曰：“每当孔子邀请自己的学生共餐之时，他总是在开始用餐之前对学生们叫喊着：‘朋友们！你们说要不要买点酒来？去买吧！去买吧！我说要买！’……在这里‘觚’的意思与‘酤’相通，它作为动词，意思是‘拿觚去买酒来’或‘拿觚去打酒来’。”

【“觚不觚”勘正】

觚，《说文解字》：“乡饮酒之爵也。一曰觞受三升者谓之觚。”《周礼·考工记·梓人》：“梓人为饮器，勺一升，爵一升，觚三升。”《文选·傅毅〈舞赋〉》：“腾觚爵之斟酌兮。”陆德明《经典释文》释《论语》“觚不觚”曰：“觚，酒爵也，容二升。”《广韵》：“觚，酒爵。”《辞源》：“觚，古代酒器，长身侈口，口部与底部呈喇叭状。盛行于商代和西周初期。”（《辞源》附有觚图）汉郑玄以为觚指木简，宋朱熹《论语集注》也罗列木简之说，清黄式三《论语后案》认为：“《集注》有木简名觚之说，先儒谓以简为觚起于秦汉以后，当以觚为酒器也。”

孔子缘何而叹“觚不觚”？觚作为一种礼器，形制变得不像个觚了，故孔子慨叹。孔子认为，礼器的形制变得不伦不类，是对礼不敬肃的表现。这体现了孔子对礼尊崇和维护的严肃态度。

6.26　宰我问曰：“仁者，虽告之曰：‘井有仁焉。’其从之也？”子曰：“何为其然也？君子可逝也，不可陷也；可欺也，不可罔也。”

【“井有仁焉”误解】

汉孔安国解曰：“宰我以仁者必济人于患难，故问有仁人堕井将

自投下，从而出之乎？否乎？欲极观仁者忧乐之所至也。”（引自魏何晏《论语集解》）

宋朱熹《论语集注》解曰：“刘聘君曰‘有仁之“仁”当作“人”’，今从之。从，谓随之于井而救之也。宰我信道不笃，而忧为仁之陷害，故有此问。逝，谓使之往救。”

【“井有仁焉”勘正】

此章当应如此理解：宰我问道：“有仁德的人，假如告诉他说：‘井里有可以行仁之事（即假设有人掉进井里，急需相救）’，他会马上跟从着跳下去吗?”孔子说：“为什么要这样做呢?君子可以为求仁而死，但不可以陷害；可以被欺骗，但不可以被诬罔愚弄。”

宰我的意思是，仁者既然以行仁为要，那么听到行仁之事，无论多么险难，都应不假思索、毫不犹豫地赴之为之。宰我巧设此境，无疑是故意给仁者出难题，以此境考验仁者。他不想，救人要讲究个方式方法，无论如何也不会愚蠢到跳井救人的地步（这要看具体情况，倘若井内空间大，救人者水性好，具备救人能力，是可以跳下去救人的），宰我自知一般人不能，竟还如此设问，显然用心不善。

孔安国将“仁”解作“仁人”，欠当。对于“仁者”来讲，并不是只有仁人才值得救，一般人的生命同样重要，都应该相救。朱熹遵从刘聘君说，认为“仁”当作“人”，也欠当。因为宰我所说的“井有仁”，就暗含了“人”，只有人跳到或掉到井里，才值得仁者冒险去救。因此，没有可靠的版本依据，“仁”不能改作“人”。

杨朝明《论语诠解》曰：“本章孔子旨在说明仁者当明辨是非，可欺不可辱。而自古学者争论的焦点在于对‘井有仁焉’应如何理解。……我们认为，此‘仁’即如本字。其实，本章宰我以仁者听说井中有‘仁’设喻，问孔子仁者是否应该求‘仁’而到井中。很明显，此说具有明显的愚弄口气，因此孔子有‘何为其然也?君子可逝也，不可陷也；可欺也，不可罔也’的回答。……仁者可以为求仁而死，但不能被人陷害。他可以被欺骗，但不能被愚弄。”

日人物双松《论语征》曰：“‘井有仁焉’，不必改作‘人’，古注以‘井有仁焉’之‘仁’，解为‘仁人’，与‘仁者’相犯，不可从矣。……‘井有仁焉’，假设之言，盖言险难之中，有可为仁之事也。”

【“逝”、“罔”误解】

汉包咸解曰：“逝，往也。言君子可使往视之耳，不肯自投从之。”（引自魏何晏《论语集解》）

清俞樾《群经平议》解曰：“孔以可逝为可使往视，其义迂曲，逝当读为折。……君子杀身成仁则有之矣，故可得而摧折，然不可以非理陷害之，故可折不可陷。”

金知明《论语精读》解曰：“君子可逝也，不可陷也：君子可以下水救人，不可以陷于被别人拯救；逝，下水，含有救人的意思；陷，被陷入其中，有陷落和不能自拔双重意思。可欺也，不可罔也：可以说得过分，不能胡说；欺，强调；罔，无。……可以强调存在的理由，不能胡说不存在的理由。”

何新《论语新解——思与行》解曰：“君子应当避开，而不是自投于陷阱，君子可以被人欺负，却不可以任人愚弄。”

【“逝”、“罔”勘正】

“君子可逝也，不可陷也；可欺也，不可罔也”是说：君子可以为求仁而死，但不可以陷害。可以被欺骗，但不可以被诬罔愚弄。

逝，即指“死”。设陷以害人，诱人投井，意味着“死”，故该“逝”为“死”。不少人释“逝”为“往”、“往视”，义浅。

罔，有迷惑、蒙蔽、诬罔义。《辞源》释“罔”曰：“迷惑。《论语·为政》：‘学而不思则罔，思而不学则殆。’”又释“欺罔”曰：“欺骗蒙蔽。《论语·雍也》：‘君子可逝也，不可陷也；可欺也，不可罔也。’”《春秋繁露·五行顺逆》曰：“欺罔百姓。”《字汇》：“罔，诬也。”《汉语大词典》释“罔”曰：“诬罔；陷害。《论语·雍也》：‘君子可逝也，不可陷也；可欺也，不可罔也。’何晏集解引马融曰：‘不可罔者，不可得诬罔令自投下也。’”又释“诬罔”曰：“（1）欺骗。（2）诬陷毁谤。”

观宰我设问的用意，既有蒙蔽的意思，又兼有诬罔的意思。诱仁者投井，是蒙蔽；倘若你仁者不投井救人的话，那么你就不是真正的仁者，而是虚假的仁者。可见，投井意味着死，不投井就要落个“假仁”的坏名声。可知，该语既含蒙蔽愚弄之意，又含诬毁之意。

知生莫如师，孔子看透了宰我的用意，直击要害，严厉驳斥。

6.28 子见南子，子路不说。夫子矢之曰："予所否者，天厌之！天厌之！"

【"矢"、"否"误解】

唐韩愈、李翱《论语笔解》解曰："矢，陈也。'否'当为'否泰'之'否'，'厌'当读为'厌乱'之'乱'。孔失之矣。为誓非也，后儒因以誓，又以厌为擫，益失之矣。吾谓仲尼见卫君任南子之用事，乃陈卫之政理，告子路云：予道否不得行，汝不须不悦也。天将厌此乱世而终，岂泰吾道乎？"

清毛奇龄《论语稽求篇》解曰："按《释名》云：'矢，指也。'《说文》云：'否者，不也。'当其时，夫子以手指天而曰吾敢不见哉，不则天将厌我矣。言南子方得天也。"

清赵翼《陔余丛考》解曰："《论语》唯'子见南子'一章最不可解。圣贤师弟之间，相知有素，子路岂以夫子见此淫乱之人为足以相浼而愠于心？即以此相疑，夫子亦何必设誓以自表白，类乎儿女子之诅咒者？杨用修谓：'矢者，直告之也。否者，否塞也。谓子之道不行，乃天弃之也。'其说似较胜。"

清刘宝楠《论语正义》解曰："窃谓南子虽淫乱，然有知人之明，故于蘧伯玉、孔子皆特致敬。其请见孔子，非无欲用孔子之意。子路亦疑夫子此见，为将诎身行道，而于心不说。……非因南子淫乱而有此疑也。夫子知子路不说，故告以予若固执不见，则必触南子之怒而厌我矣。天即指南子。"

方骥龄《论语新诠》解曰："矢，正也。之，子路也。矢之，正子路之失也。非向子路自陈其不得已与设誓之谓也。……本章所谓天，君也。殆指卫君辄公而言。盖南子既系辄公之祖母，况又实权在握，孔子则为卫政府公养之仕，召而不见，南子必疑忌孔子，于辄公亦颇不利；孔子之尊南子，亦即尊君；不尊南子，即不尊卫国体制矣。"

【"矢"、"否"勘正】

释"矢"为"誓"，是。《尔雅·释言》："矢，誓也。"《诗·鄘风·柏舟》："髡彼两髦，实维我仪，之死矢靡它。"《诗·大雅·大明》："矢于牧野，维予侯兴。"面对子路的不理解，孔子急而誓曰："我若做了不对的事，让天厌弃我！让天厌弃我！”与淫妇南子见面，关乎名声问题，孔子最重名声，急而誓，合乎情理。在这里，不要囿于尊卑观念，认为尊者向卑者发誓有失尊严。若按“誓”理解，不仅符合情理，也更凸显出孔子的率真。

李泽厚《论语今读》曰：“孔子被逼得没办法时候，也只好对天发誓以表白自己，和今天的人一样，神态可掬。《论语》中的孔子是生动活泼的活人，有脾气，有缺点。例如，虽然‘即之也温’，但也常常骂学生，而且骂得很凶，‘其言也厉’。但也经常开各种小玩笑，根本不像后世把他抬入神龛内的那副完美无瑕，却失去活人气息的木偶面目。……‘南子’据说是一个‘淫乱’的国君妾妇，是一个‘不道德’的人，孔子却拜见而不避，甚至使亲近的学生怀疑而不高兴，可见孔子与后代假道学大不相同，并不装腔作势，而是有高度灵活性的。”

《辞源》释“否”为“不，不然”。《说文解字》段注曰：“不者，事之不然也。否者，说事之不然也，故音义皆同。”《汉语大词典》释“否”为“不，不然”，又释为“非，不是”。

梁皇侃《论语义疏》解曰：“矢，誓也。予，我也。否，不也。厌，塞也。子路既不悦，而孔子与之咒誓也。言我见南子若有不善之事则天当厌塞我道也。”杨伯峻《论语译注》译曰：“孔子发誓道：‘我假若不对的话，天厌弃我罢！天厌弃我罢！’”注曰：“所——如果，假若。假设连词，但只用于誓词中。详阎若璩《四书释地》。”孙钦善《论语本解》注曰：“矢：誓。所：代词，后面或与‘者’字搭配相用。誓词中对于指誓之事多用‘所’字结构的词组。否，不当，不对。”译曰：“孔子发誓说：‘我有不当之处，天厌弃我吧！天厌弃我吧！”

对于“天厌之”，富金壁《论语新编译注》解曰：“厌，‘压’的古字。”译曰：“孔子发誓说：‘我假若非礼，天压死我！天压死我！’”似欠当，应遵从“厌弃”说。

6.29 子曰：“中庸之为德也，其至矣乎！民鲜久矣。”

【“中庸”误解】

闫合作《论语说》断句为：“中庸之为，德也。其至矣乎，民鲜久矣。”译曰：“中庸行为，就是德。做到中庸，人们很少能长久地坚持了。”解曰：“中庸是‘发乎情，止乎礼。’顺情而发，发而适时适地适宜适对象。该怒时怒，该喜时喜，该哀时哀，该敬时敬，该急时急，该缓时缓，该说时说，该取时取。这是中庸。”

乔卫平《〈论语〉“中庸”证异》（载《孔子研究》1988 年第 4 期）解曰：“我们认为，《论语》之‘中庸’，‘中’为典策书简之名，‘庸’为甬钟乐器之名，此处则是借喻西周的礼乐制度。”

胡念耕《孔子“中庸”新解》（载《社会科学战线》1997 年第 2 期）解曰：“《论语》‘中庸’之‘中’名为‘正道’而实指‘礼义’，‘庸’指‘奉劳不已’，‘中庸’实谓‘循从礼义奉劳不已’。”

【“中庸”勘正】

中庸，魏何晏《论语集解》“中和可常行之德”、朱熹《论语集注》“中者，无过无不及之名也。庸，平常也”的解释，均可从。这样的解释，皆承汉代郑玄说。郑玄《三礼目录》解“中庸”曰：“名曰中庸者，以其记中和之为用也。庸，用也。”郑氏又于“君子中庸”注曰：“庸，常也。用中为常道也。”郑玄把“庸”既解为“用”，又解为“常”，如何理解？清刘宝楠《论语正义》引洪震煊《中庸说》曰：“二说相辅相成，证诸《丧服四制》之篇曰：‘此丧之所以三年，贤者不得过，不肖者不得不及，此丧之中庸也。王者之所常行也。’不得过、不及谓之中，所常行谓之庸。常行者，即常用是也。故赞舜之大智曰：‘执其两端，用其中于民。’用中即中庸之义是也。”

《辞源》释“中庸”曰：“不偏叫中，不变叫庸。儒家以中庸为最高的道德标准。”所谓“不变”，也即恒常的意思。中庸的核心在“中”，不偏不倚，无过无不及，恰到好处。杨伯峻《论语译注》解曰：“中庸——这是孔子的最高道德标准。‘中’，折中，无过，也无不及，调和；‘庸’，平常。”

中庸，是儒家倡导的一种宇宙观、方法论和道德境界。“中”，有中正、中和、不偏不倚之义；“庸”，有平常、常道之义。中庸的处事原则是，凡事要做到恰到好处，不偏不倚，无过无不及。孔子最早提出这一概念，且尊为“至德”。子思特撰《中庸》一文，阐发他对“中庸”的理解：“喜怒哀乐之未发，谓之中；发而皆中节，谓之和。中也者，天下之大本也；和也者，天下之达道也。致中和，天地位焉，万物育焉。”宋程

颐认为："不偏之谓中，不易之谓庸。中者，天下之正道；庸者，天下之定理。"（《二程遗书》卷七）

儒家如此崇尚"中庸"，是有道理的，是广泛总结历史经验所得出的处事原则。道理很明显，凡事，做过头了不好，做不到位也不好，做到恰到好处最好。要做到这种程度，必须遵循事物发展的规律。万事皆然，从大的方面讲，比如国家的大政方针，如果把握不好，就会出现过左或过右的偏差，"大跃进"、"反右"、"文革"、"批孔"、"阶级斗争"扩大化曾经造成的血的教训，触目惊心。就近几十年来讲，由于过分强调物质的东西、西方的东西，而忽略了精神的东西、民族传统的东西，一定程度上致使人们物欲膨胀，道德缺失。从小的方面讲，比如个人，凡事都要把握一个"度"，太冲动、太偏激、太自私、太势利、太高傲、太张狂、太坑人、太霸道、太无法无天了都不好，事实总有教训你的那一天。中庸之道是调节社会矛盾的根本法则，从国家到个人，把握得好，就会呈现和谐、安定、有序、向上的状态；否则，则相反。

6.30 子贡曰："如有博施于民而能济众，何如？可谓仁乎?"子曰："何事于仁！必也圣乎！尧、舜其犹病诸！夫仁者，己欲立而立人，己欲达而达人。能近取譬，可谓仁之方也已。"

【"何事于仁"误解】

清刘宝楠《论语正义》解曰："'何事于仁'，事犹为也。言博施济众，何为于仁言之，明非仁者所能矣。"

林觥顺《论语我读》解曰："何事于仁：是于仁事何，这与行仁之事何干？……其犹病诸：他们更会厌烦这种说法，诸是辩说。"

金知明《论语精读》解曰："何事于仁，必也圣乎：为什么在仁义方面做点事，一定要以为了不起呢；何，疑问代词，为什么；'何……，必……'，一种增强语气的句式，义为'凭什么……，一定要……'；事，动词，做；于仁，在仁上，介词宾语做状语。"

【"何事于仁"勘正】

何，岂。事，止。何事于仁，犹言岂止是仁。清吴昌莹《经词衍释》释"何"曰："何，犹岂也。何、岂，互相为训，亦常语。《论语》：'何事于仁?’于，犹‘为’也。言岂止事为仁也。”《汉语大词典》释“事”曰：“犹止，仅。《汉书·古今人表》引《论语·雍也》：‘何事于仁，必也圣乎！’颜师古注：‘非止称仁，乃为圣人也。’”

宋邢昺《论语注疏》疏曰：“言君能博施济众，何止事于仁！谓不啻于仁，必也为圣人乎！”宋朱熹《论语集注》注曰：“言此何止于仁，必也圣人能之乎！”杨伯峻《论语译注》译曰：“哪里仅是仁道！那一定是圣德了！”杨朝明《论语诠解》解曰：“岂止是仁呢？一定是圣人了。”

【“仁之方”误解】

勾承益、李亚东《论语白话今译》译曰：“能在切近的生活中取譬相喻，这就可说是仁的方向了。”

杨润根《发现论语》解曰：“方：这个字的本意是方舟，人们乘坐它便能达到人们想要达到的每一个地方。它能把人带到四面八方，带到全世界，带到全球，引伸为全方位，完全，周全的形式。……仁之方：完全的仁，完美无缺的仁。”

【“仁之方”勘正】

方，诸家解为“道”、“术”、“方法”，义近。比较而言，解为“方法”更通俗明确。“能近取譬”，推己及人，“己欲立而立人，己欲达而达人”，便是践行仁的方法。义理明显，无须赘言。

清陈浚《论语话解》曰：“方是方法。……只要在近处设想能取自己的心事，譬喻别人的心事，就照自己一样推出去，这便是求仁的方法了。”杨伯峻《论语译注》曰：“仁是什么呢？自己要站得住，同时也使别人站得住，自己要事事行得通，同时也使别人事事行得通。能够就眼下的事实选择例子一步步去做，可以说是实践仁道的方法了。”孙钦善《论语本解》曰：“至于仁，自己想成功，也使别人成功，自己想通达，也使别人通达。能将心比心，推己及人，可以说是行仁的方法了。”

述而第七

7.1　子曰："述而不作，信而好古，窃比于我老彭。"

【"述而不作"误解】

杨润根《发现论语》译解曰："我只讲述那些可以证实的真实可靠的知识，而决不杜撰那些不可证实的虚假不实的理论。"注释曰："述：浇灌，引水灌溉，引伸为用自己掌握的知识和获得的信息见闻来款待或满足那些渴望得到知识、获取信息见闻的人……作：凭空想象，主观杜撰，人为的，造作的，引伸为褒意的创造，制作。"

林觥顺《论语我读》解曰："述而：述是继续说明，述而是必须继述长绵古圣先贤之道。不作：读同丕作，是详加释义。"

闫合作《论语说》解曰："'不作'并不是不创作。……从字源上看，'作'字产生较早，在甲骨文中就已经出现，写作'乍'……《说文解字》：'乍，止也。'"译曰："循而不止，信而好古，从老彭们的学识中学为我用。"

【"述而不作"勘正】

述，传述。作，创作。《汉语大字典》释"述"曰："阐述前人成说。《论语·述而》：'述而不作，信而好古。'皇侃疏：'述者，传于旧章也。'"又释"作"曰："创作。《书·益稷》：'帝庸作歌曰：敕天之命，惟时惟几。'《论语·述而》：'述而不作，信而好古。'"

孔子"述而不作"指的大概是礼乐制度、书籍文章。实际考察，孔子不仅传述了，而且也创作了。按古文学家的观点，孔子整理过《诗经》、《尚书》、《周易》、《仪礼》、《乐经》、《春秋》等典籍；按今文学家的观点，六经都是孔子所作。实事求是地讲，《诗经》、《尚书》、《周易》在孔子之前已成书，他只是传述；《仪礼》、《乐经》，一般认为是孔子所定；至于《春秋》，毋庸置疑，是孔子据鲁史所作。

孔子既然述了、作了，为何自言为“述而不作”呢？学者们分析的原因有二：一是孔子谦虚，如清刘逢禄《论语述何》所说：“此篇类记夫子删定六艺之言。《易》、《诗》、《书》、《礼》皆述古者也，《春秋》夫子所作，亦谦言述者，其义亦祖述尧舜，宪章文武也。”一是孔子没有“作”的资格。如徐兆寿《论孔子“述而不作”的误读与历史语境》（载《甘肃社会科学》2008 年第 3 期）所论：“在周朝时期，‘作’和‘述’是有严格等级区分的。《礼·中庸》云：‘非天子不议礼，不制度，不考文。议礼、制度、考文，皆作者之事，然必天子乃得为之。’‘虽有其位，苟无其德，不敢作礼乐焉；虽有其德，苟无其位，亦不敢作礼乐焉。’由此可见，孔子修《春秋》，自言述而不作就是这个原因。不是孔子不‘作’，而是孔子没有称‘作’的地位；不是孔子的‘述’不是‘作’，而是因礼制，只能把‘作’称为‘述’。这就是述而不作最原始的含义。”

这些分析有一定道理，孔子为人谦虚，加之一直以周礼为圭臬，从不僭越，故对天子圣贤之作只能“述”，即使已有所作，仍称“述”。

【“老彭”误解】

方骥龄《论语新诠》解曰：“《诗经》中所言之‘彭’，皆指马。本章所谓‘老彭’之‘老’字，当一如‘老农’‘老圃’之‘老’字，作状词解，‘彭’则马也。孔子以‘老马’自况，似非人名。孔子自谓学不厌而教不倦，自喻其精神一如长征不息之老马耳。”

【“老彭”勘正】

关于“老彭”的所指，有的注释看作一人，或老聃，或彭祖，或彭咸；有的注释看作二人，即老聃与彭祖。我们认为，当从汉郑玄、魏王弼、清刘宝楠所说，“老彭”是指老子和彭祖。

汉郑玄《论语郑氏注》曰：“老，老聃，彭，彭祖。老聃，周之太史。”魏王弼《论语释疑》曰：“老是老聃，彭是彭祖。”刘宝楠《论语正义》曰：“郑注云：‘老，老聃；彭，彭祖。老聃，周之太史。’以老、彭为二人，与包（咸）义异。《汉书·叙传》‘若允彭而偕老兮’，师古注谓彭祖、老聃，此老、彭为二人也。《郑语》‘彭姓彭祖’，为祝融之后，灭于商。《楚辞·天问》：'彭铿斟雉，帝何飨？'王逸注谓彭祖以雉羹进尧，而尧飨之也。《史记·五帝纪》：'禹、皋陶、契、后稷、伯夷、夔、龙、倕、益、彭祖，自尧时而皆举用。'则彭祖是尧臣也。《史记·老子韩非列传》：'老子者，楚苦县厉乡曲仁里人也。姓李氏，名耳，字伯阳，谥曰聃。周守藏室之史也。'司马贞《索隐》曰：'按：藏室史，周藏书室之史也。又《张苍传》"老子为柱下史"，盖即藏室之柱下，因以为官名。'则老子是周史也。既老子是史官，意彭祖在尧时亦是史官，故夫子欲窃比此二人矣。《庄子音义》引《世本》云：'彭祖姓篯，名铿，在商为守藏史，在周为柱下史。'以彭祖为商人，与《郑语》及《五帝纪》不合。至入周为柱下史，则以彭祖为数百岁人，并恐传闻之误。高诱注《吕氏春秋·情欲》诸篇，以老彭、彭祖为一人。邢昺疏《论语》谓彭祖于尧时封彭城，又云即老子也。以老彭、彭祖、老聃为一人，说与包、郑又异，尤未是也。"刘宝楠所言有据，当从。

7.2 子曰："默而识之，学而不厌，诲人不倦，何有于我哉？"

【"默而识之"误解】

萧民元《论语辨惑》解曰："'默'是默默不言，是一种静默的态度。'识'是认识、观察的意思。'默而识之'是指冷静默然地观察事物或事态的变化与发展。"

李君明《论语引读》解曰："静默地在内心辨识道理择别是非（识见）……就是儒家所谓'格物致知'的功夫。"

闫合作《论语说》解曰："'默而识之'，沉默不言而自知自悟。"译曰："默而知之，学习自觉，诲人不倦。"

【"默而识之"勘正】

识，音 zhì，记。《集韵》："识，记也。"《辞源》："识，记住。通'誌'。《论语·述而》：'默而识之，学而不厌，诲人不倦，何有于我哉。'"默而识之，即学习的时候，把所学的知识默默地记在心中。

宋邢昺《论语注疏》曰："不言而记识之。"宋朱熹《论语集注》曰："默识，谓不言而存诸心也。"毛奇龄《四书賸言补》曰："默识之学即强记之学，《学记》所谓'以记问为学'者。"

【“学而不厌”误解】

闫合作《论语说》解曰：“‘学而不厌’是学习不用勉强，自觉自愿地学习。‘诲人不倦’……‘倦’有两义，一指疲倦；一指卑躬屈膝，通‘卷’，定州汉墓竹简《论语》即为‘卷’，《说文解字》：‘卷，膝曲也。’‘诲人不倦’就是对人讲说时不卑不亢，正如孔子对于子路的赞赏，‘衣敝缊袍，与衣狐貉者立而不耻者，其由也与。’”

【“学而不厌”勘正】

“学而不厌，诲人不倦”是孔子对于学和教的基本态度：学，不要厌倦；教，亦不要厌倦。厌与倦义近，皆可表示“厌倦”义。《述而》：“抑为之不厌，诲人不倦，则可谓云尔已也。”《颜渊》：“居之无倦，行之以忠。”《后汉书·献帝纪》：“天厌汉德久矣。”李贤注：“厌，倦也。”《玉篇》：“倦，猒也。”《广韵》：“倦，猒也。”

学习是辛苦枯燥的事情，许多人废于厌学，所以孔子才提倡学而不厌。

【“何有于我哉”误解】

汉郑玄《论语郑氏注》注曰：“人无有是行，于我，我独有之也。”

宋朱熹《论语集注》解曰：“言何者能有于我也。三者已非圣人之极至，而犹不敢当，则谦而又谦之辞也。”

清王闿运《论语训》解曰：“有犹爱也，言不得见似特于我吝之也。”

清陈浚《论语话解》解曰：“我如何能有这般好处呢？”

杨伯峻《论语译注》译曰：“这些事情我做到了哪些呢？”

李泽厚《论语今读》译曰：“我还有什么呢？”

孙钦善《论语本解》译曰：“对我来说此外还有什么呢？”

方骥龄《论语新诠》解曰：“有，与佑字义通，助也。何有，犹言何助，反言也；正言之，即无助。又《说文》我部，衹‘我’‘義’二字，朱骏声《通训定声》称，我義二字相通假，高翔麟《字通》及陈立‘《释我》’专文，皆以为相通假。本章‘何有于我哉’，疑即‘何助于義哉’。”

【“何有于我哉”勘正】

“何有”，《论语》中共出现8次。除本章外，尚有《乡党》篇：“子曰：‘惟酒无量，不及乱，何有于我哉？’”《里仁》篇：“子曰：‘能以礼让为国乎？何有？’”《雍也》篇：“季康子问：‘仲由可使从政也与？’子曰：‘由也果，于从政乎何有？’曰：‘赐也可使从政也与？’曰：‘赐也达，于从政乎何有？’曰：‘求也可使从政也与？’曰：‘求也艺，于从政乎何有？’”《子罕》篇：“子曰：‘出则事公卿，入则事父兄，丧事不敢不勉，不为酒困，何有于我哉？’”《子路》篇：“苟正其身也，于从政乎何有？”

品味这些“何有”，似是“有何”的倒装用法，是用反问的语气表示“没有什么”。如今的孔子故里曲阜及鲁西南一带，在表示“某事不难”或“有能力有把握胜任某事”时，口语中常说：“这有啥？”意思是“这没啥”，“这种事算不得什么”。清刘宝楠《论语正义》曰：“郑谓他人无是行，夫子乃独有之，与上篇‘为国乎何有’，‘与从政乎何有’，‘何有’皆为不难也。”因此，将“何有于我哉？”理解为“对于我来说，有何难的？”（或说作“何难之有？”）符合经义。

此章是说：把所学的知识默默地记在心中，学习不厌烦，教诲学生不厌倦，这些对我来说有什么难的呢？

孔子终生都在这么做着，以为是平常事，所以才说得如此轻松。他这样说的目的，一是对别人贵己、以圣智赞己表示谦虚（这么做并不难，没什么了不起的）；一是鼓励人们都这么做。

7.3 子曰：“德之不修，学之不讲，闻义不能徙，不善不能改，是吾忧也。”

【“闻义不能徙”误解】

金良年《论语译注》译曰：“知晓了义理不能转变观念。”

林觥顺《论语我读》解曰：“徙：行也。……遵守礼义的善闻不能流传。”

闫合作《论语说》译曰：“知晓该做而不能做。”

【“闻义不能徙”勘正】

义，正义、道义。徙，当是“從”（从）字，属于形近致误。黄怀信

《论语新校释》认为："徙"与"從"是"形似而误"，据高丽本、正平本改"徙"为"從"。改后，"從"字表意更直截顺当。参见《颜渊》篇第10章"徙义"条之勘正。

7.4 子之燕居，申申如也，夭夭如也。

【"申申"、"夭夭"误解】

清刘逢禄《论语述何》解曰："申申，谓施教也。夭夭如，谓弟子昭若发朦，有如时雨化之也。"

何新《论语新解——思与行》注曰："申，舒也，宽大。夭，摇也，飘摇，即飘逸。"译曰："孔子闲居，衣冠宽松，神态飘逸。"

富金璧《论语新编译注》注曰："申申，整齐貌。"

【"申申"、"夭夭"勘正】

申，欠伸，打打哈欠、伸伸懒腰。《仪礼·士相见礼》："君子欠伸，问日之早晏。""申"与"伸"通，伸展、舒展的意思。《庄子·刻意》："熊经鸟申，为寿而已矣。"疏："如熊攀树而自经，类鸟飞空而伸脚，斯皆导引神气，以养形魄，延年之道，驻形之术。"汉桓宽《盐铁论·利议》："乃安得鼓口舌，申颜眉，预前论议，是非国家之事也?"班彪《北征赋》："行止屈申，与时息兮。"

夭，草木茂盛貌。《尚书·禹贡》："厥草惟夭，厥木惟乔。"夭夭，形容草木或人美盛。《诗·周南·桃夭》："桃之夭夭，灼灼其华。"唐张南容《静安歌》："夭夭邻家子，百花装首饰。"也形容人的体貌和舒。《玉篇》："夭，舒和也。"《广韵》："夭，和舒之皃。"《汉语大词典》："申申，和舒貌。"

申申、夭夭，二词都形容体貌和舒。这是对孔子闲居时放松状态的形象描写。汉马融《论语马氏训说》解曰："申申、夭夭，和舒之貌也。"梁皇侃《论语义疏》解曰："申申者，心和也。夭夭者，貌舒也。"宋朱熹《论语集注》引杨氏曰："申申，其容舒也。夭夭，其色愉也。"

7.6 子曰："志于道，据于德，依于仁，游于艺。"

【"游于艺"误解】

林觥顺《论语我读》注曰："游于艺，是精熟于六艺。"

毛子水《论语今注今译》注曰："'艺'……是处理事务的技能……熟习政事的处理。"

闫合作《论语说》解曰："'游于艺'之'艺'当为'义'，因为义是不确定的行为规则，需要根据情势而判断，因此用'游'。"

【"游于艺"勘正】

游，本指浮游于水，此指漫游、游憩于六艺活动之中。用"游"字，突出了学习六艺知识自由、轻松、有兴趣、乐学的状态。

清牛运震《论语随笔》曰："游字意思更精，如泛舟于水，载沉载浮，此中正有不即不离之妙。张子曰：'艺者日为之分义也，涉而不有，过而不留，故曰游。'尽乎物理，周于世用，优游涵泳，而非僻之心无自而入，神明之趣与日俱进，此游艺之妙也。"康有为《论语注》云："游者，如鱼之在水，涵泳从容于其中，可以得其理趣而畅其生机。"

7.7 子曰："自行束脩以上，吾未尝无诲焉。"

【"束脩"误解】

南怀瑾《论语别裁》解曰："所谓自行束修，就是自行检点约束的意思。"

闫合作《论语说》解曰："'束脩'，是指孔子拜师的礼。孔子是说自己自从拜师学习以来，每有所学，必以诲人。'未尝无诲焉'，从来没有不讲给别人听。"

林觥顺《论语我读》解曰："自行束脩以上：……束脩，应该是一束芒薪柴祭取血膋禋祀升香，祭天神地社人鬼。是知束脩也是缚治一犬为礼……自行束脩以上，是自行束脩礼仪以祝告在天古圣先王之后，是为拜师入门弟子，有师徒之分。古礼师徒如父子。后人释束脩作学费。荒谬。"

何新《论语新解——思与行》解曰："脩，当读为'须'。须，发也。束须即束发。"

【"束脩"勘正】

束脩有二义：（1）十条干肉。《礼记·少仪》："其以乘壶酒、束脩、一犬赐人。”郑玄注：“十脡脯也。”（2）束带修饰。汉桓宽《盐铁论·贫富》：“余结发束修，年十三，幸得宿卫，给事辇毂之下。”《后汉书·延笃传》：“且吾自束修以来，为人臣不陷于不忠，为人子不陷于不孝。”李贤注：“束修，谓束带修饰。”

《论语》注家有的持前说，有的持后说。从情理上来看，后说“束带修饰”更为合理。束带修饰，是青少年生活自理能力的体现。具备了这种能力的求学者，孔子都接收教诲之。

持前说者，多认为“束脩”是见面礼，还有人认为包括见面礼及学费。黄怀信《论语新校释》曰：“言‘以上’，则‘束脩’为拜师的必备礼品，以上者盖为学费。”这种解释，似是解决了学费问题，但说服力不大。“以上”到什么程度？不好估计。超过“束脩”的幅度不大的话，解决不了学费问题；超过“束脩”的幅度很大的话，则表述的方式定非如此，按常理，学费应比十条干肉的见面礼要多，基数应为最低标准，然后才可以说“以上”。可见，将“以上”理解为学费，有些牵强。

李零《丧家狗——我读〈论语〉》认为，当时的学生不收学费，“学习期间的费用，可能是自理（汉代是自带干粮，自己花钱租房子）”。李零又说：“这里的干肉十条，多长多粗，不知道，也许是十根腊肉那么大一把，也许和超市里卖的一包香肠差不多。古代吃肉很少，一包香肠也是很大的享受。孔子有弟子三千，一人一束腊肉，可以有 30000 根腊肉。更何况‘束脩’二字的后面还有‘以上’，学生愿意多送，也可欣然受之，多多益善。数量可能不止于此。当时的物价水平，我们无法估计，好像还值点钱。”

这种将“束脩”理解为“十条干肉见面礼”的说法，自圆其说时很可笑，孔子总共活了三万天，竟有学生送的三万多根腊肉，岂不是天天吃腊肉？

再说，孔子倘若强调凡来求学者必须交十条干肉，似也令人生疑：人们会问，有些学生家境贫寒，如“一箪食，一瓢饮”的颜回，如果交不起束脩之礼，孔子就不教诲他吗？唯以见面礼作为招收学生的标准，不符合孔子“有教无类”的教育思想。看来，还是理解为“束带修饰”或“束发修饰”为好。

行，做的意思。自行，自己能做到。“自行束脩”是对青少年生活自理能力最基本的要求，凡具备这种自理能力（能束带修饰）者，孔子均不拒之。这说明孔子招收学生的标准是很宽的，因此，传说他门下弟子三千。孔子说这话的言外之意是，太年幼或不具备生活自理能力者，不接收。也就是说，我这里不是托儿所、幼儿园，不是抚养孩子的地方，是教诲培养青少年人才的地方。

7.8 子曰："不愤不启，不悱不发，举一隅不以三隅反，则不复也。"

【"不愤不启，不悱不发"误解】

吴林伯《论语发微》解曰："愤、悱犹今云动机；启、发，犹今云提示。学有动机，则聆教知所注意，容易领受；有提示，则构思有其途径，不致散越。"

闫合作《论语说》译曰："知识积累不丰厚，不能开悟；不多说，不能讲明白。"解曰："'不愤不启'，学识不深厚，不能开悟。《说文解字》：'愤，懑也。'《广雅·释诂》：'愤，盈也。'气盈为愤，引申为多，指学识深厚。启，开，开悟。'不悱不发'，不多说不能讲明白。《字书》：'悱，心诵也。'意思是在心里说，指多讲。发，原义是射箭，引申为传达，这里指讲明白。"

【"不愤不启，不悱不发"勘正】

《说文解字》："愤，懑也。"指憋闷，郁积于心。《集韵》："悱，心欲也。"想说而说不出的样子。对学生而言，在问题郁结于心，想弄明白而弄不明白，想说而说不出的节骨眼上，适时地、及时地予以启示开导，收效最佳。

宋朱熹《论语集注》曰："愤者，心求通而未得之意。悱者，口欲言而未能之貌。启，谓开其意。发，谓达其辞。"清刘宝楠《论语正义》曰："《方言》'愤，盈也。'《说文》云：'愤，懑也。'二训义同。人于学有所不知不明，而仰而思之，则必兴其志气，作其精神，故其心愤愤然也。……《方言》：'菲，惄怅也。''菲'与'悱'同。……《学记》曰：'时观而弗语，存其心也。'《注》云：'使之悱悱愤愤，然后启发也。'《记》又云：'力不能问，然后语之。''力不能问'，故口悱悱也。

当心愤愤、口悱悱时，已是用力于思，而未得其义，乃后启发为说之，使人知思之宜深，不敢不专心致志也。”

【“举一隅不以三隅反”误解】

闫合作《论语说》解曰：“孔子说的‘举一反三’，强调讲说者的举‘一’，举的‘一’要能使人反三。否则，换一种说法，‘不复也’。‘不复’指不重复举的‘一’，要换一种讲法。……‘举一反三’强调的是说话能力，对方不能反三，是我们举的‘一’没举好。注重自己举的‘一’，开动脑子，多想想这‘一’怎样举好。只要我们能举好‘一’，对方就一定能反‘三’。”

【“举一隅不以三隅反”勘正】

隅，角落、方面。反，类推。言屋有四隅，如举其一隅，不能推知其他三隅，则不必再予教导。人们常以“举一反三”比喻类推，能由此而知彼。

汉郑玄《论语郑氏注》曰：“说则举一隅以语之，其人不思其类，则不复重教之。”梁皇侃《论语义疏》曰：“孔子为教，虽待悱愤而为开发。开发已竟，而此人不识事类，亦不复教之也。譬如屋有四角，已示之一角，余三角从类可知。若此人不能以类反识三角，则不复教示也。”清刘宝楠《论语正义》曰：“一隅三隅，合为四隅，故举一隅则可知三隅。反者，反而思之也。”

7.9 子食于有丧者之侧，未尝饱也。

【“丧者”误解】

杨润根《发现论语》注释曰：“丧：因失去家园，失去亲人而哭泣。”解曰：“孔子在一个他的四周处处都是因无家可归、流离失所而悲伤流泪的人民的世界里生活，人民的苦难使他从未感受到自己生活的真正满足与幸福。”

【“丧者”勘正】

丧者，居丧之人。人死举办丧葬礼仪，称为“丧”。此章是说：孔子在有丧事的人旁边吃饭，从未吃饱过。

魏何晏《论语集解》曰：“丧者哀戚，饱食于其侧，是无恻隐之心。”宋邢昺《论语注疏》曰：“此章言孔子助丧家执事时，故得有食。饥而废事，非礼也。饱而忘哀，亦非礼。故食而不饱，以丧者哀戚，若饱食于其侧，是无恻怆隐痛之心也。”

7.12　子曰：“富而可求也，虽执鞭之士，吾亦为之。如不可求，从吾所好。”

【“执鞭之士”误解】

闫合作《论语说》译曰：“道德高尚若能靠强迫责求，即使拿着鞭子驱使，我也去做。”解曰：“《说文解字》：‘富，备也。’此处指完善品德。‘富而可求也’，不是责求富贵，而是强求完善品德。财富是可求的，孔子所求的不是富贵，而是道行天下，人人品德完善。德需修养而来，不能强求，不是拿着鞭子驱赶着就能做到的。换句说，就是只能教育，体罚不能达到教育的目的。……孔子此言，当是去官之后。认为道行天下，不能靠政令等强制的手段，要靠宣传、教化。”

【“执鞭之士”勘正】

执鞭，《辞源》释曰：“持鞭驾车。《论语·述而》：‘子曰：富而可求也，虽执鞭之士，吾亦为之。’”《汉语大词典》释曰：“持鞭驾车。多借以表示卑贱的差役。《论语·述而》：‘富而可求也，虽执鞭之士，吾亦为之。’”

此章反映出孔子的致富态度：靠正当的手段致富，凭自己的劳动能力致富，心态平和，即使是卑贱的工作，只要能获得财富，皆可去做。这与孔子年轻时做了不少鄙贱的工作的经历是相吻合的。可以结合本篇第16章孔子所说的“不义而富且贵，于我如浮云”一起来理解。

晋袁乔曰：“执鞭，君之御士，亦有禄位于朝也。”（引自梁皇侃《论语义疏》）宋朱熹《论语集注》曰：“执鞭，贱者之事。”清钱坫《论语后录》曰：“执鞭有二义：《周礼·秋官》条狼氏下士八人，其职云‘掌执鞭以趋辟。王出入则八人夹道，公六人，侯伯四人，子男二人’，此一义也。《地官·司市》‘凡市入则胥执鞭度守门’，此一义也。以求富之言例之，或从《地官》为长。”

7.14 子在齐闻《韶》，三月不知肉味，曰："不图为乐之至于斯也。"

【"三月不知肉味"误解】

梁皇侃《论语义疏》解曰："孔子至齐，闻齐君奏于《韶》乐之盛而心为痛伤，故口忘肉味至于一时乃止也。三月，一时也。何以然也？齐是无道之君，而滥奏圣王之乐，器存人乖，所以可伤慨也。"

毛庆其《孔子"闻韶"别解》（载《星海音乐学院学报》1986年第3期）解曰："我们对闻《韶》章是否可作如下推想：孔子在齐国的一次饮宴中听到《韶》乐，他以为陈氏后代公然演奏《韶》乐是违礼之举，他一气之下连宴会的肉食美味都领略不到。他以哀痛的心情指出：没有想到演奏《韶》乐竟然在齐国这个地方！从孔子闻《韶》，人们能够看到这位先哲的理智与感情的冲突所激起的心底的波澜，以及他心目中礼的崇高和乐的严肃。"

程石泉《论语读训》解曰："疑'三月'为'食而'之误；'肉'为'其'之误。篆文'肉'与'其'相似，'三月'与'食而'相近。其秦汉之际《论语》简牍已漶漫，传抄者因之致误？"

【"三月不知肉味"勘正】

三月不知肉味，应是对孔子陶醉于《韶》乐的夸张描写，不应理解为因"痛伤"或"一气之下"气得。《韶》乐能在礼崩乐坏的年代得以流传，应该是值得高兴的事，以孔子的博大胸怀，哪能生这个闲气？再者，孔子周游列国的目的，正是宣传治世思想，传播礼乐文化，改变礼崩乐坏的社会局面。还有，孔子是音乐专家，懂乐，欣赏到绝妙的乐舞，为之陶醉，是很自然的。

下句"不图为乐之至于斯也"，应理解为：想不到舜帝创作的《韶》乐美妙到这种地步。"为乐"，是"作乐"的意思。

程石泉误字说，缺乏版本依据。

7.16 子曰："饭疏食饮水，曲肱而枕之，乐亦在其中矣。不义而富且贵，于我如浮云。"

【"于我如浮云"误解】

闫合作《论语说》解曰："'浮云'乃两个词：浮在云上，即腾云驾雾。此句是指让自己做不该做的事换取富贵，就像驾云一样不可能。”译曰：“不义而富贵，对我就像驾云一样难。”

【“于我如浮云”勘正】

浮云，浮动在天空的云。比喻不值得关心和重视的事情。

孔子是说：吃粗粮，喝冷水，弯着胳膊做枕头，快乐也就在其中了。靠不正当的手段得来的富贵，对我来说就像天上的浮云。

7.17 子曰：“加我数年，五十以学《易》，可以无大过矣。”

【“加我数年”误解】

宋邢昺《论语注疏》解曰：“此章孔子言其学《易》年也。加我数年，方至五十，谓四十七时也。”

宋郑汝谐《论语意原》解曰：“《史记》载：‘孔子以哀公十一年反鲁，成六艺，晚而喜《易》，序《彖》、《系》、《象》、《说卦》、《文言》，读《易》韦编三绝，曰：“假我数年，若是我于《易》彬彬矣。”’是时夫子年几七十矣，乃知‘加’当作‘假’。‘五十’字必误也，阙之以俟来者。”

清戴望《戴氏论语注》解曰：“加当言假，假之言暇。时子尚周流四方，故言‘暇我数年’也。”

金池《〈论语〉新译》注曰：“加，通‘假’，假设，假如。”

许庄叔《〈论语〉“学易章”解》（载《文史》1982年第14辑）解曰：“句读应当是这样：加我数，年五十，以学易，可以无大过矣。加读为‘假’。‘假，因也。’（《庄子·大宗师》注，《礼记·曲礼》孔疏。）数就是大衍之数的数……‘年五十’是‘知天命’之年……‘无大过’，就是《易·系辞》之‘不过’。”

韩玉生《〈论语·述而篇〉“加我数年”诠注辨正》（载《开封教育学院学报》1991年第2期）解曰：“这种‘加’字是不能解作‘增加’的，它是应该解作‘变’，解作‘减’来讲的。……应解作‘减我数年’。”

【“加我数年”勘正】

加，增加也。加是动词，“加我数年”，就是加给我几年。此语是一种假设，假设能将我的年龄增加数年，从五十岁时就开始学《易》，则可以无大过也。“加我数年”，实际上是期望将时光倒回去数年。孔子悔恨学《易》太晚，故有“加我数年”的企求。如果能让自己回到五十岁上（等于为自己增加了数年的年龄），从五十起学《易》，就不会有大的过错了。不少人认为孔子说此话是在五十岁之前，试想，五十岁之前提出“加我数年”的要求，不是有些荒唐吗？难道他认为自己活不到五十岁？孔子学《易》是在晚年，《史记》孔子“晚而喜《易》”的记载可证。

【“五十以学《易》”误解】

梁皇侃《论语义疏》解曰：“当孔子尔时，年已四十五六，故云加我数年，五十而学《易》也。所以必五十而学《易》者，人年五十是知命之年也，《易》有大演之数五十，是穷理尽命之书，故五十而学《易》也。”

宋朱熹《论语集注》解曰：“刘聘君见元城刘忠定公自言尝读他《论》，‘加’作假，‘五十’作卒。盖加、假声相近而误读，卒与五十字相似而误分也。愚按：此章之言，《史记》作‘假我数年，若是我于《易》则彬彬矣’。加正作假，而无五十字。盖是时，孔子年已几七十矣，五十字误无疑也。”

宋金履祥《论语集注考证》解曰：“《史记》此章作‘假我数年，如是我于《易》则彬彬矣’，玩其辞意则‘五十’当是‘吾’字。”

康有为《论语注》原文作：“加我数年，五十以学，亦可以无大过矣。”注曰：“郑注：‘鲁读易为亦。’《汉外黄令高彪碑》：‘恬虚守约，五十以学’，正从鲁读之句读，则汉人《论语》本无学易之说甚明，经传易改，碑文难窜乱也。”

钱穆《论语新解》经文作：“子曰：‘加我数年，五十以学，亦可以无大过矣。’”解作：“此亦字古文《论语》作易，指《周易》，连上句读。然何以读易始可无过？又何必五十始学易？孔子常以诗书礼乐教，何以独不以易教？此等皆当另作详解。今从《鲁论》作亦。”译曰：“再假我几年，让我学到五十岁，庶可不致有大过失了。”

南怀瑾《论语别裁》解曰：“根据这话看起来，孔子总是在四十多岁，至多四十九岁说的。他说如果我能多活几年，五十岁以后学《易经》——《易经》是古代的文化——把《易经》搞通了，人生就没有大过了。”

周乾溁《“五十以学易”之谜》（载《孔子研究》1989 年第 1 期）解曰：“我认为是‘卒’字。这个字裂为‘五十’的可能性很大，因‘氏’和‘五’形极近，特别是‘卒’在写法上作‘卒’，上半就更像‘五’了。按‘卒’是厥的古字……《尔雅·释言》：‘厥，其也。’……照此说来，《论语》的这一章应该是：‘假我数年，卒（其）以学易，可以无大过矣。’”

程石泉《论语读训》解曰：“此章文字必有错简或‘五十’为‘用’字之误。‘加我数年，用以学易’，似于文理稍通。”

王谦《“守死善道”与“五十以学易”》（载《出版广角》2006 年第 11 期）解曰：“如果上天让我长命的话，花五十年时间学通易经，后半生就不会有大的过错了。”

【“五十以学《易》”勘正】

此章争议很大。从大的方面看，有两大派：一派主张孔子讲这句话的时间在五十岁之前，一派主张在五十岁之后。从小的方面看，“加”，有人认为当作“假”，有人认为当言“暇”，有人认为应解作“变”或“减”；“易”，有人认为是“亦”；“五十”，有人认为应作“卒”，有人认为是“用”，有人认为是“吾”，有人认为是“卒”字。笔者认为，诸家以为“加”、“易”、“五十”为误字的怀疑，如果没有可靠的《论语》版本作依据，仍应以传统版本为准，毕竟揣测出来的结果难以服人。况且，文字不改，照样能解得通，何必琢磨着去改呢？

钱穆“从《鲁论》作亦”之说，似是有版本依据，然检阅《鲁论》传本，除定州汉墓竹简《论语》是“亦”字外，其余皆为“易”字（今存《唐写本论语郑注》也作“易”）。而且定州汉墓竹简《论语》异体字、错别字甚多（存留下来的 7576 字，与今本比对，文字差异处达 700 余处），不足以作为校勘之据。

再者，钱穆提出的“何以读易始可无过？又何必五十始学易？孔子常以诗书礼乐教，何以独不以易教？”等问题，似也不难回答。《易》是先民智慧的结晶，内中蕴含的阴阳变易思想、物极必反思想、中庸中和思想、知几察微思想、趋吉避凶思想、迁善改过思想等等，是人生经验的总结，是为人处世的可贵借鉴。读《易》，有利于把握人生，把握进退得失，可使人寡过。清人焦循十分强调《易》的教化功能，曾说："夫《易》者，圣人教人改过之书也。"（见《易图略·原筮第八》）又说："《易》之道，大抵教人改过，即以寡天下之过。"此可谓学界通识。至于"五十以学《易》"，当看作是孔子的一种顿悟，孔子学《易》甚晚，自认为倘若早在知天命之年得以学《易》，将会对自己周游列国十几年的坎坷人生大有帮助。至于"孔子常以诗书礼乐教，何以独不以易教?"的问题，也是由于孔子读《易》甚晚。若按钱穆所译"再假我几年，让我学到五十岁，庶可不致有大过失了"来理解，显然有让人生疑之处：是否孔子没学到五十岁？为什么只有学到五十岁才可无大过？孔子不是终生都在学习吗？人们还难免要问："什么"对他如此重要呢？学"什么"才能使他无大过呢？总应指明要学的东西吧？

最后再强调一句：司马迁《史记》所述孔子"晚而喜《易》，韦编三绝"的事实，不容忽视。孔子青少年时期（约 15 岁至 35 岁）勤于求学、忙于设教和生计，中年时期（约 35 岁至 55 岁）倾心于教学和从政，55 岁开始周游列国，晚年（68 岁）回归鲁国后才潜心整理六经。晚年读《易》，符合他的人生实际。由于读《易》恨晚，故有"五十以学《易》"的祈求。

7.18　子所雅言，《诗》，《书》，执礼，皆雅言也。

【"雅言"误解】

林觥顺《论语我读》解曰："雅言：……就是光明正大，直言其事。"

杨润根《发现论语》注释曰："雅：从鸟（'隹'）的嘴巴（'牙'）里发出来的声音，这是一种天生的、自然的、永远不会变调的声音，是一种能永远保持其自身特性而不发生串声的声音，它引申为对于人的语言发音的一种要求：语言的发音要准确、自然而纯正。……《执礼》：这可能是一本有关如何理解掌握'礼'的要义的著作，可惜我们至今还没有找到这一著作。"译曰："什么是孔子所说的准确、规范、自然、纯正的语言呢？可以说《诗经》、《尚书》、《执礼》中的语言都是孔子所说的准确、规范、自然、纯正的语言的范本。"

王缁尘《四书读本》解曰："'雅'，即鸦。……雅、鸦二字通用……近人刘大白《白屋文话》讲此节云：《汉书》：'鸦鸦作秦声；言陕西人的口音，常是雅雅也。周朝旧都，在今陕西，故其口音，也像雅雅的声音。'此章所记，是孔子平时说话，都用当时鲁国的土话。只有读《诗经》，读《书经》，及在喜事、丧事人家赞礼，则用陕西人口音也。"

【"雅言"勘正】

《辞源》释"雅"曰："正确，规范。《荀子·王制》：'使夷俗邪音，不敢乱雅。'"又释"雅言"曰："标准语。《论语·述而》：'子所雅言，诗、书、执礼，皆雅言也。'"《汉语大词典》释"雅言"曰："雅正之言。古时指通语，同方言对称。《论语·述而》：'《诗》、《书》、执礼，皆雅言也。'"

汉孔安国《论语孔氏训解》曰："雅言，正言也。"宋朱熹《论语集注》曰："雅，常也。"杨伯峻《论语译注》注曰："雅言——当时中国所通行的语言。春秋时代各国语言不能统一，不但可以想象得到，即从古书中也可以找到证明。当时较为通行的语言便是'雅言'。"

孔子在诵读《诗》、《书》和执行礼仪的时候，一是为表示庄重，一是考虑到让不同地区来的客人或弟子能听得懂，用标准的通行语，而不用曲阜方言土语。孔安国解为"正言"、宋朱熹解为"常言"，杨伯峻解为"通行的语言"，均符合文意。今天所谓的普通话，也可理解为雅言，即全国通行的、国人都听得懂的语言。

7.20　子曰："我非生而知之者，好古，敏以求之者也。"

【"敏"误解】

林觥顺《论语我读》注解曰："好古敏，是爱好古圣先王文质彬彬的典籍。古敏，笔者释集思广益，古是十人之口，敏是慧敏。"释义曰："我的知识学问，并不是与生俱来。而是年事渐长，性好古圣先王的伟大著述，慢慢地研究学习才得到的。"

【"敏"勘正】

敏，勤敏。杨朝明《论语诠解》解为"勤勉敏捷"，恰切。清刘宝楠《论语正义》曰："敏，勉也，言黾勉以求之也。"《辞源》："敏，勤勉。《礼·中庸》：'人道敏政，地道敏树。'《注》：'敏，犹勉也。'

《论语·公冶长》：‘敏而好学，不耻下问。’”这样的解释，意义偏重于勤勉，即勤奋努力；实际上，敏字还含有“敏捷”义。凡事，尤其是求知，勤奋努力是必须的，但如果思维不敏捷，很迟钝的话，收效是会大打折扣的。

7.21 子不语怪、力、乱、神。

【“怪、力、乱、神”误解】

闫合作《论语说》解曰：“‘怪力’是古怪行为，异于常人的行为；‘乱神’是怪异的想法，不正常的想法，即奇思妙想。”译曰：“孔子不指责古怪行为和奇异想法。”

徐振贵《“子不语怪力乱神”新解》（载《光明日报》2006 年 2 月 24 日《文化周刊》）解曰：“‘怪力乱神’之‘怪’，此为动词，而非名词，意谓责怪、疑惑、惟恐……。‘力’，指力气、力量、功夫，是名词，却不是‘勇力’……。‘乱’，动词，指扰乱、搅乱、迷惑……。‘神’，是指‘神志’、‘精神’，不是鬼神……。要之，笔者认为，‘子不语怪力乱神’七字，应该是‘子不语，怪力乱神’。亦即‘孔子不说话了，惟恐用力分散影响集中精神’。”

刘茜《〈论语〉“子不语怪力乱神”新解》（载《孔子研究》2008 年第 3 期）解曰：“我们可将‘怪’、‘乱’分别视为‘力’、‘神’的修饰语，而‘怪力’与‘乱神’则为并列结构的两个词。‘怪’通常训为‘奇异，不常见’之意，‘怪力’一词则应解为‘不合常理的怪异之力’。‘乱’作为修饰语，有与‘正’相对的意思，在此则可解为‘迷乱’之意，‘乱神’应指那些与‘正神、善神’相对的邪神。故‘怪力’、‘乱神’均是指惑于时世的妖邪力量。而‘语’可依刘宝楠之注训为‘称道、赞同’之意。如此，则‘子不语怪力、乱神’便可译为‘孔子不称道惑于时世的妖邪力量’。”

【“怪、力、乱、神”勘正】

“怪、力、乱、神”实指四事：怪，指怪异、怪诞之事；力，指好勇斗力、崇尚暴力的行为；乱，指犯上作乱、叛乱、动乱、淫乱、战乱等；神，指鬼神之事。如此解释，畅通无滞。若按上述“怪力，乱神”断为二事，解释起来难免迂曲牵强。检阅历代《论语》注家，多数倾向“四事”说，古代的如汉孔安国《论语孔氏训解》，魏王肃《论语王氏义说》、何晏《论语集解》，梁皇侃《论语义疏》，宋朱熹《论语集注》，清刘宝楠《论语正义》、陈浚《论语话解》等，当代的如杨树达《论语疏证》、杨伯峻《论语译注》、李泽厚《论语今读》、钱穆《论语新解》、孙钦善《论语本解》、黄怀信《论语新校释》、李零《丧家狗——我读〈论语〉》等，还有日本的中井积德《论语逢源》、东条弘《论语知言》等。虽有学者举出孔子曾语怪力乱神之事例，但这是古文献记述与《论语》编撰者之间所存在的差异。单就这句话而言，分“四事”理解是切合文意的。

宋邢昺《论语注疏》疏曰：“此章记夫子为教，不道无益之事。怪，怪异也。力，谓若奡荡舟、乌获举千钧之属也。乱，谓臣弑君、子弑父也。神，谓鬼神之事。或无益于教化，或所不忍言也。”钱坫《论语汉宋集解》案曰：“怪异者，反常也。言力，即不称德也。逆乱者，恶之甚。鬼神者，玄妙之至。故夫子不与弟子言语也。”李泽厚《论语今读》记曰：“怪异、鬼神，难以明白，无可谈也，故不谈。暴力、战乱，非正常好事，不足谈也，也不谈。其中前者几乎确定了儒学基本面目，不谈论、不信任各种神秘奇迹、超越魔力等等非理性东西。”金池《〈论语〉新译》评曰：“孔子不谈论怪异、暴力、悖乱、鬼神这类事情，说明孔子语正不语怪，语德不语力，语治不语乱，语人不语神。之所以不语，是因为不感兴趣，不相信，甚至反对使然。”

7.22　子曰：“三人行，必有我师焉，择其善者而从之，其不善者而改之。”

【“三人行”误解】

胡齐临《论语真义》解曰：“‘三人行’不是讲有三个人在走路，而是讲三个人的行为。在有人群的地方，哪怕只有三个人的行为中，也必定有值得我师从的德行和表现。”

闫合作《论语说》解曰：“‘三人行’，是指三个人的言行。”译曰：“三人言行，定有我可学习的地方。”

林觥顺《论语我读》注曰：“三人：是古文众字，是三人并立。”释曰：“众人同行中，必有可师我者在，但也必有我可师者。”

【“三人行”勘正】

行，是动词，不是名词。遍览古今《论语》注本，绝大多数视“行”为动词；就广大读者而言，在无注解的情况下，也大都很自然地将“行”理解为动词。三人，有人以为包括“我”，有人以为不包括“我”，不要理解太拘太死，只是一个约指，说成“几个人”也行。几个人同行（或一起做事），其中必有值得自己所学习的。孔子主张要善于观察别人的言行与长处，随时随地虚心地以善者为师，学习别人。

魏何晏《论语集解》解曰：“言我三人行，本无贤愚，择善从之，不善改之，故无常师也。”金池《〈论语〉新译》译曰：“三个人一起走路，必定有我的老师：选择他们的善良行为学习，他们的不善良行为（如果自己也有）就加以改正。”评曰：“参照《里仁》篇第十七章孔子说的‘见贤思齐，见不贤则内自省’可以判断：‘择其善者而从之’——‘择’的是彼二人各自的善良行为‘而从之’，‘其不善者而改之’——‘弃’的是（自己也有的）彼二人各自的不善良行为‘而改之’。也就是说，人人都有各自的长处或短处，只有以善德善行作为良师益友，以恶德恶行作为反面教员——从善弃恶，才是聪明理智的修身之道。”孙钦善《论语本解》译曰：“三人同行，必有我可师法的人在其中；选择他们的优点照着去做，借鉴他们的缺点注意改正。”

7.25 子以四教：文，行，忠，信。

【“文、行”误解】

宋邢昺《论语注疏》解曰：“行谓德行，在心为德，施之为行。”

方骥龄《论语新诠》解曰：“行字似指行人之官之行，为待人接物之方……此处所谓行，今人所谓之公共关系，可为‘行’字作一注脚……至于文，殆即文质之文，人之威仪风度是也，必先有‘文’而后可‘行’，然后‘主忠信’‘言忠信’，‘虽蛮貊之邦行矣’。”

【“文、行”勘正】

文，指文化知识，初教六艺中的书、数，继而教《诗》、《书》、礼、乐等。

行，古今注家多释为“德行”，似不妥。实际上“忠”、“信”也属于德行。因此，“行”应理解为“言行”、“行动”之行。行的涵义较宽，即行为、行动，清刘宝楠谓之躬行，其《论语正义》解曰：“‘文’谓《诗》、《书》、礼、乐，凡博学、审问、慎思、明辨，皆文之教也。‘行’谓躬行也。”这里的行，主要是指行事、实践。就孔子教学内容“六艺”来看，其中的礼、乐、射、御都是培养行事、实践能力的。“文”注重的是传授文化知识，“行”注重的是培养实践能力。

忠、信，属品德方面的教育内容。具备了文化知识、做事能力，还应具备优良品德。德才兼备，方为完美。

7.26 子曰：“圣人，吾不得而见之矣。得见君子者，斯可矣。”子曰：“善人，吾不得而见之矣。得见有恒者，斯可矣。亡而为有，虚而为盈，约而为泰，难乎有恒矣。”

【“圣人”、“君子”误解】

钱穆《论语新解》解曰：“圣人君子以学言，善人有恒以质言。……君子学之不止，斯为圣人。”

杨润根《发现论语》译解曰：“孔子说：‘在我所设想的那个理想的社会里，我不希望我所看到的每一个人都是尽善尽美、完美无缺的圣人，我只希望我所看到的每一个人都是热爱理性、热爱正义、富于同情心和言行一致的君子。”

【“圣人”、“君子”勘正】

《说文解字》：“圣，通也。”《尚书·大禹谟》：“乃圣乃神，乃武乃文。”孔安国传：“圣，无所不通。”《辞源》解“圣”曰：“无事不通曰圣。”如“圣明”、“圣哲”之称。《辞源》解“圣人”曰：“人格品德最高的人。”《辞源》解“君子”曰：“泛称有才德的人。”圣人与君子，虽然都必须具备两个最基本的条件——才与德，但是，所要求的高低程度有不同。圣人，无事不通，知识渊博，人格品德最高；君子，有才有德即可。以君子与小人对言时，君子仅偏重指有德者，并不突出其才如何。杨朝明《论语诠解》曰：“孔子曾经对鲁哀公谈论‘人之五仪’，将人分为‘庸人、士人、君子、贤人、圣人’五等，并予以阐述。孔子心目中的圣人，多指‘圣王’而言，即有德有位之人，如尧舜禹汤文武周公。孔子生活的时代，礼坏乐崩，他的梦想就是恢复周代的礼乐文明秩序，圣人自然是见不到的。《论语集解》说：‘疾世无明君。’似乎得之。他的弟子和同时代的人，很多都以孔子为圣，但他不敢以此自居。钱穆说：圣人君子以学言，善人有恒者以质言。此恐不确。”

下文所说的“善人”，指有道德的人，即好人；张载解为“志于仁而无恶”（引自宋朱熹《论语集注》），黄怀信《论语新校释》解为“品德良善之人”。“有恒者”，指有常德、有恒心的人。

【“约而为泰”误解】

清康有为《论语注》注曰：“泰，通也。”

闫合作《论语说》解曰：“从无到有，从虚到盈，从约到泰，只要坚持不懈地努力就可以做到。‘亡’通‘无’；约是自我约束；泰是不用约束而自觉自然。”

【“约而为泰”勘正】

约，穷困、贫乏。《里仁》篇“不仁者不可以久处约，不可以长处乐”，“约”字与此同。泰，奢侈、豪华。《国语・晋语八》：“夫郤昭子，其富半公室，其家半三军，恃其富宠，以泰于国。”

梁皇侃《论语义疏》解曰：“家贫约而外诈奢泰。”清陈浚《论语话解》解曰：“约是不足，泰是有余。……本来不足，装做有余。”杨伯峻《论语译注》译曰：“本来没有，却装作有；本来空虚，却装作充足；本来穷困，却要豪华，这样的人便难于保持一定操守了。”孙钦善《论语本解》译曰：“无却装作富有，空虚却装作充实，困约却装作侈泰，这样的人便难于有恒心向善了。”

“约”、“泰”，有人就物质财富言，有人就精神品德言，皆可讲的通。金池《〈论语〉新译》曰：“没有道德却装作有道德，心灵空虚却装作心灵充实，精神贫乏却装作精神丰富。不管怎么装，这种装模作样的人是很难有恒心保持好品德的。”

7.27 子钓而不纲，弋不射宿。

【“钓而不纲，弋不射宿”误解】

王缁尘《四书读本》解曰：“‘弋不射宿’者，就是俗语所说的：‘有本事，你来和我明战交锋，大丈夫不用暗箭射人’也。”

杨润根《发现论语》注释曰：“弋：……我倒以为‘弋’指的是一种以‘弋’这种蕨类植物（竹子）制成的最简易的且专门用来射鸟的箭，这种最简易的箭根本用不着回收。”

【“钓而不纲，弋不射宿”勘正】

纲，《辞源》释曰：“提網的绳。《书·盘庚上》：‘若網在綱，有条而不紊。’”《论语》此语当是以綱代指網。

汉孔安国《论语孔氏训解》曰：“钓者，一竿钓也。纲者，为大网以横绝流，以缴系钓，罗属著纲也。弋，缴射也，宿，宿鸟也。”宋邢昺《论语注疏》疏曰：“云‘钓者，一竿钓。纲者，为大网以横绝流，以缴系钓，罗属著纲’者，此注文句交互，故少难解耳。若其次序应云：钓者，一竿钓，以缴系钓。纲者，为大纲以横绝流，罗属著纲也。缴即线也，钓谓钩也，谓以一竹竿用线系钩而取鱼也。罗，细网也，谓以绳为大纲，用网以属著此纲，施之水中，横绝流以取鱼。举网则是提其纲也。”

有人以为“纲”为“网”之误。清王引之《经义述闻》曰：“綱乃網之误，谓不用網罟也。”黄怀信《论语新校释》从之，径将经文改作“网”。有道理，可备一说。

弋，《辞源》释曰：“以绳系箭而射。《诗·郑风·女曰鸡鸣》：‘将翱将翔，弋凫与雁。’疏：‘谓以绳系矢而射也。’”宿，栖宿在窝里的鸟。

《论语》举此二例，目的是彰显孔子仁德。捕鱼不以网，主张一是少捕，一是不捕幼小。捕鸟不射宿，也是考虑到宿鸟易捕，再者，久居巢中的鸟，多在孵化或哺育幼鸟，如果射杀了这样的鸟，一群幼鸟就会活活饿死。

孙钦善《论语本解》曰：“《孟子·尽心上》说：‘亲亲而仁民，仁民而爱物。’本章即反映了孔子的爱物美德。这种美德表现为遵守古代取物有节的社会公约，《大戴礼·曾子大孝》：‘草木以时伐焉，禽兽以时杀焉。夫子曰：伐一木，杀一兽，不以其时，非孝也。’贾谊《新书·礼》：‘不合围，不掩群，不射宿，不涸泽，豺不祭兽，不田猎，獭不祭鱼，不设网罟，……取之有时，用之有节，则物蕃多。’”李泽厚《论语今读》曰：“旧注常以此来讲‘取物以节’，不妄杀滥捕，乃理性经验，但这里着重的更是仁爱感情。”

7.29　互乡难与言，童子见，门人惑。子曰：“与其进也，不与其退也，唯何甚？人洁己以进，与其洁也，不保其往也。”

【“互乡难与言”误解】

清江声《论语竢质》解曰：“互读与午同。午，牾也。互乡之人性多牾，难与之言，故乡得互名。”

方骥龄《论语新诠》解曰：“‘互乡’之下未指明为人，殆非乡名，犹‘鄙夫’‘楚狂’‘长沮’‘桀溺’‘丈人’‘晨门’之流，或以其行动状之，或举其工作言之，或依其所司之职位名之，或依其心性称之，‘互乡’当指人之心性言。互乡，必心性乖僻、自以为是之人，犹今人俗言‘闹蹩扭’之人，好与人顶撞抬杠之谓，乃不通事理者也……互，为笠字省文，象绞绳器，引申言之，互字寓有窒塞不通、绞绕不顺之意……本章所谓互乡，殆指鄙啬之乡人。”

乔一凡《论语通义》解曰：“互，差也。互乡非乡名，系乡之差者，亦即未开化之地方，是以不可与之言。”

杨润根《发现论语》解曰：“互乡难：人名，可能是一个一生中做过许多坏事的行为恶劣的人，所以名声很坏。”

林觥顺《论语我读》解曰：“1. 互乡：……也可作相互沟通。2. 难与言：最重要的也是最困难的，是直接交谈。因为有些钝质无见识的人，都是坚持己是。3. 童子见：童子见是有待罪的奴隶想求见孔子。”

【“互乡难与言”勘正】

互乡，是地名。汉郑玄《论语郑氏注》曰：“互乡，乡名也。其乡人言语自专，不达时宜，而有童子来见孔子，门人怪孔子见之也。”明陈士元《论语类考》曰：“《寰宇记》云：‘徐州沛县合乡故城，古互乡之地。盖孔子云难与言者。’《一统志》云：‘互乡在河南陈州商水县，《论语》

"互乡难与言"即此。'二说不同，盖沛县在春秋时为宋地，商水乃陈地也。夫子尝过陈、宋，未知孰是。"清刘宝楠《论语正义》曰："皇《疏》引琳公说：'此乡有一童子难与言，以"互乡难与言童子见"八字为一句。'非经旨。……互乡不知所在。《元和郡县志》谓滕县东二十三里有合乡故城，即互乡。顾氏祖禹《方舆纪要》谓在今峄县西北，当即滕县东之合乡。又《太平寰宇记》徐州沛县、陈州项城县北一里，并有互乡。又《困学纪闻》引王无咎云：'鹿邑之外有互乡城，前代因立互乡县。'又明《一统志》谓在陈州商水县。方氏以智《通雅》谓互乡名古廧里，今在睢州。诸说不同。阎氏若璩《释地续》云：'余因新、旧《唐书》、杜氏《通典》、《隋·地理志》鹿邑名县始隋开皇十八年，此后未见有析置互乡事。'则无咎之言，阎氏已深斥之。地理家好牵附，恐他说亦多类此矣。"

观陈士元、刘宝楠所述，多地有互乡。此指哪个互乡？《骆承烈讲论语》曰："互乡，有人说在今曲阜城北九公里的姚村。但不一定对，但却是离鲁城不远的一个地方。"若据"离鲁城不远"之说来断，当以《元和郡县志》所说"滕县东二十三里有合乡故城，即互乡"为近，此地距孔子所在的曲阜百里左右。

互乡难与言，即互乡人难于讲话，不好打交道。按钱穆《论语新解》所言："其乡风俗恶，难于言善。"但孔子接见了那地方的一个小孩子，弟子们很疑惑。孔子解释说："赞同他的进步，不赞同他的退步，这有什么过分的？别人若有清洁自身以求进步的愿望，就应当赞同帮助他洁身，不使他保留其往日的不洁。"

孔子认为：人只要还有"可教"的可能，还有洁己（清洗己身污垢）的愿望，就应该赞许帮助其清洁，不可不管不问，袖手旁观。此章，凸显出一个教育家、思想家的强烈责任感。

7.33 子曰："文，莫吾犹人也；躬行君子，则吾未之有得。"

【"文莫"误解】

魏何晏《论语集解》解曰："莫，无也。文无者，犹俗言文不也。文不吾犹人者，言凡文皆不胜于人也。"

晋栾肇《论语栾氏释疑》解曰："燕齐谓勉强为文莫。"

清王引之《经义述闻》曰："'莫'盖'其'之误，言文辞吾其犹人也，上下相应。犹《左传》‘其将积聚也’。其，与也，相应也。何晏训‘莫’为‘无’，失之。”

清胡绍勋《四书拾义》解曰：“训‘莫’为‘无’，不合经旨。据《诗·皇矣》‘求民之莫’郑《笺》云：‘求民之定’，是训‘莫’为‘定’。‘貊其德音’，《释文》引《韩诗》‘貊’作‘莫’，亦云‘莫，定也’。‘莫吾犹人’若云‘定吾犹人’也，‘文’字不与‘莫’字连读。”

清章炳麟《广论语骈枝》解曰：“……此文莫即彼文幕，犹俗言文质而已。文谓礼乐，幕指文质。文幕犹人愈于文质无所底者也。文质彬彬然后君子，则未之有得矣，近人或欲读为忞慔，并训为勉，云出栾肇，义亦可通，然不如言文质为有旨。”

钱穆《论语新解》解曰：“乃忞慔之假借。《说文》：忞，强也。慔，勉也。忞读若旻，旻莫双声，犹言黾勉，乃努力义。”译曰：“努力，我是能及人的。做一个躬行君子，我还没有能到此境界。”

萧民元《论语辨惑》解曰：“‘莫’是一个语助词，相当于我们现在的‘么’或‘嘛’。”

杨润根《发现论语》注曰：“莫吾犹人：吾莫犹人。未之有得：未有得之，没有发现这样的对象。”译曰：“孔子说：‘在像一个君子那样学习思考方面，我不见得比别人做得更加出色；但是在像一个君子那样生活行动方面，那么我敢说，我至今还没有发现做得比我更加出色的人。’”

【“文莫”勘正】

文，指文献知识和礼仪制度。莫，副词，表示揣测、测度，相当于“大概”、“大约”的意思。《汉语大词典》释“莫”曰：“表示揣测。或许；大约；莫非。《论语·述而》：‘文，莫吾犹人也。躬行君子，则吾未之有得。’朱熹集注：‘莫，疑辞。’”此章意思是说，在文方面，大概我和人们差不多吧；在亲身践行君子道德方面，那我还没有多大成就。此为孔子谦虚之言。

杨伯峻《论语译注》曰：“文莫——以前人都把‘文莫’两字连读，看成一个双音词，但又不能得出恰当的解释。吴检斋（承仕）先生在《亡莫无虑同词说》（载于前北京中国大学《国学丛编》第一期第一册）中以为‘文’是一词，指孔子所谓的‘文章’；‘莫’是一词，‘大约’的意思。”南怀瑾《论语别裁》曰：“这里的‘莫’字不是肯定词，翻译成现代白话，近乎‘也许’的意思。就是说，如果谈文学，也许我和一般知识分子差不多。至于讲我自己身体力行做到了君子这个标准没有，那么我自己反省，实在还没有很大的心得。”李泽厚《论语今读》译曰：“学习文献礼仪，我大概和别人差不多。努力实践做一个君子，我还没有达到。”

孔子一向认为自己在掌握文献知识、礼仪制度方面做得很自信，如匡人围困他和弟子们时，他临危不惧，大呼“文王既没，文不在兹乎”？他还曾说：“十室之邑，必有忠信如丘者焉，不如丘之好学也。”子贡也曾说：“夫子之文章，可得而闻也。”颜渊也说：“夫子循循然善诱人，博我以文，约我以礼，欲罢不能。”事实也是如此，孔子设四科“文、行、忠、信”以教徒，整理六经，被誉为“文圣”。因此，孔子在“文”方面是很自信的，无须过谦。太谦虚的话，会显得虚伪。

在躬行君子方面，孔子虽然已做得很好了，但也难免有做得不令人满意的地方，比如他见淫妇南子，他欲赴乱臣佛肸之召，就曾受到子路的强烈反对；比如他骂“请学稼”的樊迟为“小人”，也有失君子风度。他也承认自己有过错，如他听到陈司败议论自己偏袒昭公、认为昭公知礼时说：“丘也幸！苟有过，人必知之。”孔子到了晚年还曾说：“加我数年，五十以学《易》，可以无大过矣。”孔子是有自知之明的，不讳忌自己的过错。

对于“文莫”，不少《论语》注家都倾向于栾肇“勉强为文莫”说。清毛奇龄《论语稽求篇》曰：“观《晋书》栾肇作《论语驳》有云‘燕齐之间谓勉强曰文莫’，则明明有‘文莫’二字为成语实证。又陈骙《杂识》云：‘方言“侔莫，强也。凡劳而相勉，若所云努力者，辄曰侔莫”’，则文莫、文无、文不、侔莫，总属成语，亦总属勉强之意，故曰文莫则吾亦犹人。”清刘台拱《论语骈枝》曰：“杨慎《丹铅录》引晋栾肇《论语驳》云‘燕齐谓勉强曰文莫’，又《方言》曰：‘侔莫，强也。北燕之外郊凡劳而相勉，若言努力者，谓之侔莫。’谨案：《说文》‘忞，强也’，‘慔，勉也’。忞读若旻，‘文莫’即‘忞慔’假借字也。《广雅》亦云：‘文，勉也。’黾勉、密勿、蠠没、文莫皆是一声之转。文莫，行仁义也。躬行君子，由仁义行也。”清刘宝楠《论语正义》案曰：“《淮南子·缪称训》：‘犹未之莫与。’高诱注：‘莫，勉之也。’也是借‘莫’为‘慔’。夫子谦不敢居安行，而以勉强而行自承，犹之言学不敢居生知，而以学知自承也。”今人钱穆《论语新解》、孙钦善《论语本解》、杨朝明《论语诠解》、方骥龄《论语新诠》、李零《丧家狗——我读〈论语〉》皆从“文莫即忞慔”说。

上述诸说难以服人。理由是：（1）先秦古籍中目前没有发现“文”通“忞”的用法。我们查了大量古籍和辞书，未找到“文”通“忞”的用例。（2）不符合《论语》通俗化之文风。《论语》文风通俗易懂，倘若“文莫”读“忞慔”，一般人都读不对，更很少有人知道其“勉强”、“黾勉努力”之意。（3）二句前后意义重复。若前句“文莫”是“黾勉努力”，那么后句“躬行”，也属于努力的范围，显然语义重复。再说，前句既然说“黾勉努力”和别人差不多，则后句又说“躬行君子”不如别人，岂不自相矛盾？

7.36 子曰：“奢则不孙，俭则固。与其不孙也，宁固。”

【“固”误解】

清陆陇其《四书讲义困勉录》解曰：“固则无文采，不孙则无名分。天下之不可无名分，尤甚于不可无文采。”

杨润根《发现论语》解曰：“不孙：没有根本的，没有根据的，没有本原的，也即漂浮不定的。这里的‘不孙’与‘固’相对，它正是‘固’的反意词。固：有本原的，在本原之中的，稳固的，有深厚的生命之基础的。”

郑张欢《论语今释》解曰：“固：操守。孔子说：‘奢华是骄傲的表现，只有俭朴方能操守。与其骄傲而为，宁操守而行。’”

【“固”勘正】

固，陋也。《广雅·释言》：“固，陋也。”《国语·郑语》：“而近顽童穷陋。”《荀子·修身》：“不由礼则夷陋僻违，庸众而野。”太奢侈就会不恭逊，太节俭就会固陋。从二者中作选择的话，与其不恭逊，宁可固陋。按道理讲，不恭逊和固陋都不可取。此言奢侈傲慢危害大，诫之也。

汉孔安国《论语孔氏训解》曰：“俱失之也。奢不如俭，奢则僭上，俭不及礼耳。固，陋也。”梁皇侃《论语义疏》曰：“不逊者，僭滥不恭之谓也。固，陋也。人若奢华则僭滥不恭。若俭约则固陋不及礼也。”宋朱熹《论语集注》曰："逊，顺也。固，陋也。奢俭俱失中，而奢之害大。"杨伯峻《论语译注》注曰："固——固陋，寒伧。"译曰："奢侈豪华就显得骄傲，省俭朴素就显得寒伧。"钱穆《论语新解》曰："奢者常欲胜于人。……固，固陋义。务求于俭，事事不欲与人通往来，易陷于固陋。二者均失，但固陋病在己，不逊则陵人。孔子重仁道，故谓不逊之失更大。"

泰伯第八

8.1　子曰："泰伯，其可谓至德也已矣。三以天下让，民无得而称焉。"

【"民无得而称"误解】

魏王肃《论语王氏义说》解曰："泰伯以天下三让于王季，其让隐，故民家无德而称言之者，所以为至德也。"

辜鸿铭《辜鸿铭讲论语》讲曰："他三次拒绝在帝国当政，尽管世人对这一点可能不知晓，所以对他的评价相对比较少。"

钱穆《论语新解》解曰："民无得而称：泰伯之让，无迹可见。相传其适吴，乃以采药为名，后乃断发文身卒不归，心在让而无让事，故无得而称之。"译曰："泰伯可称为至德了。他三次让了天下，但人民拿不到实迹来称道他。"

方骥龄《论语新诠》解曰："《孟子·告子》篇鱼与熊掌章：'为所识穷乏者得我而为之'句中'得'，作'感恩'解，'民无得而称焉'，殆谓一般人虽未直接受泰伯仲雍之恩惠，但莫不赞扬泰伯仲雍之三以天下让为美德。似非以'其事甚隐，不为人知'而始称'至德'也。"

杨润根《发现论语》解曰："人民认为他是他们所能拥有的最称职的官员，他们再也找不到比他更为称职的官员了。……称职，合格，等量，等价。"

闫合作《论语说》译曰："孔子说：'泰伯，他可算是至德了。三次出让王位，被天下人责怪，民众认为没有值得称颂的了。'"

【"民无得而称"勘正】

无得，犹无从、没办法。称，称赞。即民众没法或找不到合适的词语来称赞他。孔子曾赞美尧、舜圣王禅让之德，在这里，孔子又赞誉“三以天下让”的泰伯为“至德”。礼让之德，是孔子的一贯倡导。《里仁》篇孔子说：“能以礼让为国乎，何有（何难）？不能以礼让为国，如礼何？”孔子之所以对“让德”大加倡导和称扬，实际上是想对当时围绕政权父子相争、兄弟相残、臣弑君等混乱政治局面予以影响和改变。

关于“三以天下让”之事，古籍多有记载。《韩诗外传》记曰：“大王亶甫有子曰太伯、仲雍、季历。历有子曰昌。太伯知大王贤昌而欲季为后也，太伯去之吴。大王将死，谓曰：‘我死，汝往让两兄。彼即不来，汝有义而安。’大王薨，季之吴告伯、仲，伯、仲从季而归。群臣欲伯之立季，季又让。伯谓仲曰：‘今群臣欲我立季，季又让，何以处之？’仲曰：‘刑有所谓矣，要於扶微者，可以立季。’季遂立，而养文王，文王果受命而王。孔子曰：‘太伯独见，王季独知。伯见父志，季知父心。故大王、太伯、王季可谓见始知终而能承志矣。’”《论衡·四讳篇》记曰：“昔太伯见王季有圣子文王，知太王意欲立之，入吴采药，断发文身，以随吴俗。太王薨，太伯还，王季辟主，太伯再让，王季不听。三让，曰：‘吾之吴越，吴越之俗断发文身，吾刑余之人，不可为宗庙社稷之主。’王季知不可，权而受之。”

不少注家以为“三让”事隐，民众不知，所以无法称颂。这种理解似乎不合事实，虽然泰伯让国时有意隐去，默默而为，但兄弟间的反复推让，群臣是看在眼里的，这种美闻是会不胫而走的。即使是群臣不传此闻，百姓们也会疑问：大儿子泰伯是国家法定继承人，为何不继位？大儿子不继位，还有二儿子仲雍呢，哪能轮到三儿子季历？百姓有疑，难免要打问个究竟。因此，“三让”之事开始时隐微，慢慢地便会逐渐显现，一传十，十传百，一个小部落之国，传起来还不快吗？

由此来看，孔子既然称赞泰伯“三以天下让”是“至德”，所以理解为“老百姓简直找不出恰当的词语来称赞他”（杨伯峻《论语译注》语），是符合孔子心意的。此与本篇第 19 章孔子称赞尧帝“大哉，尧之为君也！巍巍乎，唯天为大，唯尧则之。荡荡乎，民无能名焉”语义近似。“民无能名焉”之“名”，唐韩愈、李翺《论语笔解》解作“尧仁如天，不可名状其高远”，也就是说，尧仁德浩荡，民众无法用语言形容、称说。可见，“民无能名焉”与“民无得而称焉”语义近似。

8.2　子曰："恭而无礼则劳，慎而无礼则葸，勇而无礼则乱，直而无礼则绞。君子笃于亲则民兴于仁，故旧不遗则民不偷。"

【"劳"误解】

林振衡《论语新编》释曰："劳：使用过分，劳扰。"

黄克剑《论语解读》释曰："劳，劳屈。"

金池《〈论语〉新译》译曰："只是恭敬而不用礼来指导就会变为谄媚。"评曰："'劳'——谄媚。"

杨润根《发现论语》译曰："谦恭平和的国家政策如果没有理性与正义作为基础，那么只能是劳而无功的。"

【"劳"勘正】

劳，疲劳、劳倦。此语较难理解，"恭"本身就是有礼之表现，为何又说"恭而无礼"？孔子的意思大概是，"恭"应符合礼，施"恭"的对象、程度要适当，应把握好分寸，如果一味地谦恭，谦恭过分，时间久了，本人会有劳倦之感，别人也会感到厌烦。《公冶长》篇孔子不是说"巧言、令色、足恭（过分地恭敬），左丘明耻之，丘亦耻之"吗？就是要求"恭近于礼"（《学而》），"与人恭而有礼"（《颜渊》）。

梁皇侃《论语义疏》曰："夫行恭逊必宜得礼，则若恭而无礼，则逊在床下，所以身自为劳苦也。"杨伯峻《论语译注》曰："孔子说：'注重容貌态度的端庄，却不知礼，就未免劳倦。'"杨朝明《论语诠解》曰："恭敬乃美德，然若不知礼而过于恭敬，至无措手足从而使自己疲惫不堪。"

【"葸"误解】

杨润根《发现论语》注曰："葸：蹲伏在草丛之下的思想，没有远见。"译曰："谨慎周全的国家政策如果没有理性与正义作为基础，那么它只能是缺乏远见的。"

【"葸"勘正】

葸，音 xǐ，畏惧、畏缩。《玉篇》、《广韵》、《辞源》均释"葸"为"畏惧"。汉班固《典引》："虽云优慎，无乃葸与！"魏何晏《论语集解》

曰："葸，畏惧之貌也，言慎而不以礼节之，则常畏惧也。"杨朝明《论语诠解》曰："葸，胆怯、畏惧。谨慎乃美德，但不知礼，过于战战兢兢、瞻前顾后，则易成胆小畏怯。"

【"绞"误解】

唐韩愈、李翱《论语笔解》注曰："绞，确也。"

杨润根《发现论语》注曰："绞：相互缠绕，相互倾轧。"

何新《论语新解——思与行》注曰："绞，通骄。"译曰："直率而不符合礼制则骄慢。"

【"绞"勘正】

绞，《辞源》、《汉语大词典》、《汉语大字典》均释为"急切"，汉马融《论语马氏训说》释作"绞刺也"，郑玄《论语郑氏注》释作"急也"，杨伯峻《论语译注》注作"尖刻刺人"，李零《丧家狗——我读〈论语〉》释作"急切偏激"，均近文意。"礼之用，和为贵"，直率者的言行如果不以礼节之，不讲究方式方法，只知直，不知委婉，必然会有"绞"的弊端。《阳货》篇"好直不好学，其敝也绞。"与此"绞"义同。

此章，恭、慎、勇、直都是人们的优点，但是，有了这些优点如果不以礼来合理地把握，往往会产生心神劳倦、畏惧不前、犯上作乱、绞刺尖刻等不良后果。礼是人们的行为准则、道德规范，人的行为符合礼，才能产生良好效果。因此孔子告诫人们"礼之用，和为贵"、"不学礼，无以立"，劝勉人们"克己复礼"，甚至强调"非礼勿视，非礼勿听，非礼勿言，非礼勿动"，要求人们用礼调控行为，规范人生。

【"故旧不遗则民不偷"误解】

金知明《论语精读》解曰："故旧，指老人。……（假如）有道德修养的人（带头）专心孝敬父母，那么百姓就会从仁义起步；（君子）不扔下父母，那么百姓对自己的老人也不会待慢。"

何新《论语新解——思与行》曰："偷，逃也。"

【"故旧不遗则民不偷"勘正】

笃于亲，厚待于亲属；故旧不遗，不遗弃故交老友。偷，浇薄（指人情、社会风气浮薄)、轻薄、不厚道。《左传·昭公十六年》:"晋国亦未可以贰，晋国、韩子不可偷也。"杜预注:"偷，薄也。"《淮南子·脩务》:"偷慢懈惰。"高诱注:"偷，薄也。"宋陈亮《廷对》:"风俗日以偷。"

汉包咸《论语包氏章句》解曰:"君能厚于亲属，不遗忘其故旧，行之美者也。则民皆化之，起为仁厚之行，不偷薄也。"(引自魏何晏《论语集解》)杨伯峻《论语译注》译曰:"在上位的人不遗弃他的老同事、老朋友，那老百姓就不致对人冷淡无情。"注曰:"偷——淡薄，这里指人与人的感情而言。"杨朝明《论语诠解》解读曰:"在上位的君子对于亲族感情笃厚，老百姓就会走向仁德;不遗弃故交旧友，老百姓就不会人情淡薄。"

8.3 曾子有疾，召门弟子曰:"启予足，启予手。《诗》云:'战战兢兢，如临深渊，如履薄冰。'而今而后，吾知免夫。小子!"

【"启予足，启予手"误解】

杨润根《发现论语》注曰:"启:开，开口说，开眼看。"译曰:"请看看我的脚!请看看我的手!"

闫合作《论语说》解曰:"'启予足，启予手'，从我所行中学习，从我所做中学习。'启'是开悟。这是曾子重病后对弟子的教诲，可算临终遗言。做事兢兢业业，小心翼翼，循礼而为。你们要从我所行所做中领悟，尽力践行。"

【"启予足，启予手"勘正】

启，本义为"开"。汉郑玄云:"曾子以为受身体于父母，不敢毁伤之，故使弟子开衾而视之也。"(引自魏何晏《论语集解》)此"启予足，启予手"，即掀开被子看看我的手，掀开被子看看我的脚。下句的"'战战兢兢，如临深渊，如履薄冰。'而今而后，吾知免夫"，说明了曾子让弟子"启手足"的用意。儒家看重孝道，临终以得保全名誉身体为幸。李泽厚以为这是曾子"宗教性道德"的体现。免夫:免于刑戮。曾子强调孝道。《大戴礼记》有《曾子》十篇，其中有《立孝》、《大孝》诸篇论述孝道。而《孝经》相传为曾子所作。其所谓"身体发肤，受之父母，不可毁伤”，毁伤即指受刑戮而言。孔子还曾说“君子怀刑”（《里仁》），“邦无道，免于刑戮”（《公冶长》），可与此章参读。

8.4 曾子有疾，孟敬子问之。曾子言曰：“鸟之将死，其鸣也哀。人之将死，其言也善。君子所贵乎道者三：动容貌，斯远暴慢矣；正颜色，斯近信矣；出辞气，斯远鄙倍矣。笾豆之事，则有司存。”

【“道”误解】

汉郑玄《论语郑氏注》注曰：“此道谓礼也。”

何新《论语新解——思与行》译曰：“君子对于道义注重三个方面。”

【“道”勘正】

道，指处世之道，即君子为人处事的态度和方法。《辞源》释“道”曰：“方法。《论语·里仁》：‘富与贵，是人之所欲也；不以其道得之，不处也。’”很多注家注“道”为“道德”，欠妥。从曾子所谈的三个方面来看，皆是就处世态度、方法、经验而言的。

【“动容貌”误解】

金池《〈论语〉新译》注曰：“行动容貌合乎礼。”

何新《论语新解——思与行》译曰：“行动注意容貌。”

杨润根《发现论语》注释曰：“动：促动，促进。容：内在精神的外在表现，内在动机与目的的外在表现。貌：纯粹的外在表现与外在特征。”译解曰：“通过重视死亡这一每一个人都必然地、没有例外地要面对的共同结局来促动每一个人的动机目的和行为举止，以使之远离狂妄自大与野蛮残暴。”

【“动容貌”勘正】

容貌，容颜相貌。“动容貌”与下文“正颜色”语法结构相同，“动”、“正”都是动词，分别和“容貌”、“颜色”构成动宾词组。“正颜色”容易解释，即端正颜色。而“动容貌”之“动”字不容易解释，《辞源》解作“改变”，引例证曰：“《战国策·齐一》：“宣王太息，动于颜色。”孙钦善《论语本解》解作：“动：作，这里指整肃。”近是。

"动容貌"的意思是，使容貌庄敬严肃起来。容貌庄敬严肃，才会远离别人的粗暴放肆、傲慢不敬。《为政》篇中孔子说："临之以庄则敬。"道理很明显，一个人倘若整天嬉皮笑脸，没个正经，很难被人敬重，也往往会招致别人的暴慢。汉郑玄《论语郑氏注》"动容貌，能济济跄跄，则人不敢暴慢之也"之解，颇得文意。"济济跄跄"，即庄敬貌。《诗·小雅·楚茨》："济济跄跄，絜尔牛羊。"毛传："济济跄跄，言有容也。"郑玄笺："言威仪敬慎也。"《乡党》篇中"君召使摈，色勃如也，足躩如也"，"过（君）位，色勃如也，足躩如也"，可谓"动容貌"的真实写照。

【"出辞气"误解】

黄怀信《论语新校释》释曰："'出辞气'，发号令也。'鄙倍'，同避背，躲避、背离。"译曰："发号令，就能远离躲避背叛了。"

杨润根《发现论语》注曰："'出'的意思就是'黜'，正像这里所说的'出辞气'之中的'出'的意思就是'屈'一样。……出辞气：屈（黜）辞气，使自己说话的语气、语调变得温和亲切一些。"

【"出辞气"勘正】

出，发出，出言。"出"与"动容貌"、"正颜色"之"动"、"正"同是动词。辞气，言辞声调。出辞气，意思是出言要有讲究，比如说话要讲究表达艺术（谈吐文雅，温和），要注意合乎情理，这样才能让人听着舒服，乐于接受，不让人反感、挑出毛病、指责为鄙陋背理。

梁皇侃《论语义疏》曰："辞气，言语音声也。既见颜色，次接言语也。出言有章，故人不敢鄙秽倍违之也。"宋朱熹《论语集注》曰："辞，言语。气，声气也。鄙，凡陋也。倍，与背同，谓背理也。"清牛运震《论语随笔》曰："辞气之气即指言语之声音、神韵，抑扬顿挫也。"金池《〈论语〉新译》曰："出辞气：出言，说话，指说话注意言辞和口气。鄙倍：倍：通'悖'，鄙倍：即粗野，悖理。"

8.5　曾子曰："以能问于不能，以多问于寡，有若无，实若虚，犯而不校，昔者吾友尝从事于斯矣。"

【"犯而不校"误解】

郑张欢《论语今释》解曰："犯：进取。校：校制（参刘大钧、林忠军《周易经传白话解》之《噬嗑卦》'校'字之义）……曾子说：一个人虽觉很能但要问问还觉不能的人意见，虽觉得多有办法但要问问还觉少有办法的人意见，使有若无，实若虚，只有这样，方能事成进取而不被校制，往昔我的一个朋友就是以此从事而得进取的。”

杨润根《发现论语》注曰：“这里的'犯'作为被动词，有使就范的意思。就范——制服那些敢于侵犯自己的人。'校'具有'争强斗胜'的意思。”译曰：“自己的才能与智慧本是足以压倒一切人的才能与智慧却根本不去与别人争强斗胜，一争高低。”

【“犯而不校”勘正】

校，计较、较量、报复。《辞源》释“校”曰：“较量，计较。《论语·泰伯》：'有若无，实若虚，犯而不校。'”《汉语大字典》释校曰：“报复。《小尔雅·广言》：'校，报也。'《论语·泰伯》：'有若无，实若虚，犯而不校。'何晏注：'包曰：“校，报也。”言见侵犯不报。'《后汉书·文苑传·杜笃》：'探冒顿之罪，校平城之雠。'李贤注：'校，报也。'《续资治通鉴·宋理宗绍定四年》：'蒙古主私谓近侍曰：楚材不校私仇，真宽厚长者，汝曹当效之。'”

宋朱熹《论语集注》曰：“校，计较也。”杨伯峻《论语译注》曰：“纵被欺侮，也不计较。”孙钦善《论语本解》曰：“受到冒犯，却不计较。”

8.6 曾子曰：“可以托六尺之孤，可以寄百里之命，临大节而不可夺也，君子人与？君子人也。”

【“六尺之孤”误解】

杨润根《发现论语》解曰：“托六尺之孤：六尺之孤托，仅凭自己六尺之高的孑然一躯来兑现自己的诺言，实现自己的主张，完成自己的理想。言下之意是：只要自己能够确信自己的政治主张和政治理想是正确的、正义的、道德的，那么纵使自己在一个完全失去了正义与道德的世界上暂且找不到志同道合的朋友，自己也要凭藉自己的孑然一躯来实现自己的政治主张与政治理想。”

【“六尺之孤”勘正】

托孤，以遗孤相托。六尺之孤，指未成年的孤儿，这里是指未成年的幼主。将未成年的国君托付给信得过的老臣，是中国历史上常有的事。此语是说“可托”、“可寄”、“守大节”之人，乃君子也。

8.7　曾子曰：“士不可以不弘毅，任重而道远。仁以为己任，不亦重乎？死而后已，不亦远乎？”

【“弘毅”误解】

清章炳麟《广论语骈枝》解曰：“《说文》‘弘，弓声也’。后人借‘强’为之，用为‘彊’义。此‘弘’即今之‘强’字也。《说文》‘毅，有决也’。任重须彊，不彊则力绌；致远须决，不决则志渝。苞训‘弘’为大，失之。”

辜鸿铭《辜鸿铭讲论语》讲曰：“一位修养极佳的绅士不可能在性格上优柔寡断。”

【“弘毅”勘正】

弘，大、广。《汉语大字典》释“弘”曰：“大；广大。如宏愿；宏图；弘博。《尔雅·释诂上》：‘弘，大也。’邢昺疏：‘弘者，含容之大也。’清段玉裁《说文解字注·弓部》：‘弘，经传多假此篆为宏大字。’《易·坤》：‘含弘光大。’《诗·大雅·民劳》：‘戎虽小子，而式弘大。’郑玄笺：‘弘，犹广也。’”

弘毅，《汉语大词典》释曰：“宽宏坚毅。谓抱负远大，意志坚强。《论语·泰伯》：‘士不可以不弘毅，任重而道远。’朱熹集注：‘弘，宽广也。毅，强忍也。非弘不能胜其重，非毅无以致其远。’”

曾子为何要求士弘毅呢？是因为士任重道远。什么样的任最重呢？答曰“仁”。实践仁是最重的，因为仁者要“爱人”，要“泛爱众”，而“爱人”、“泛爱众”不是只停留在口头上，而是要躬行实践之。“爱人”、“泛爱众”要有行动，如救民众于水火，为民众谋幸福，为社会图安定、图发展等。责任重大，若没有弘大的志向抱负则根本谈不上践行“仁”，也就是无厚德则难以载物。而且实践“仁”是终生的事，一辈子的事，十分久远，缺乏坚强的毅力是坚持不到“死而后已”的；也可说缺乏自强不息的精神，则是难以终生践仁的。

不少人遵章炳麟“弘”即“强”之说，解“弘毅”为“强毅”、“刚毅”、“强健有毅力”，本人查阅了大量工具书和古籍，未见“弘”作“强”的用法。释“弘”为“强”、为“刚”，缺乏文献依据。况且，“毅”本身已含有了坚毅、刚毅的意义。再说，没有广大宽宏的胸怀是容不下仁的，遑论践行仁了。比如《雍也》篇子贡所说的仁者“博施于民而能济众”，孔子所说的“仁者，己欲立而立人，己欲达而达人”，假如没有宽广的胸怀，是容不下这么宏大的志愿抱负的。可见，释“弘毅”为“宽宏坚毅”，符合经义。

8.9 子曰：“民可使由之，不可使知之。”

【“民可使由之”误解】

魏何晏《论语集解》解曰：“由，用也。可使用而不可使知者，百姓能日用而不能知也。”

宋朱熹《论语集注》注曰：“民可使之由于是理之当然，而不能使之知其所以然也。”

清宦懋庸《论语稽》解曰：“对于民，其可者使其自由之，而所不可者亦使知之。”

林觥顺《论语我读》断句为：“民可，使由之，不可，使知之。”释曰：“庶民有肯向学者，可使由浅而深，由简而繁，谆谆善诱，终必丕可使知之于诗书礼乐的涵义精微。”

【“民可使由之”勘正】

民，民众、百姓。由，行、从。《广韵·尤韵》：“由，行也。”《孟子·公孙丑上》：“隘与不恭，君子不由也。”《汉语大字典》释“由”曰：“奉行；遵从。《礼记·经解》：‘是故隆礼由礼，谓之有方之士。’孔颖达疏：‘由，行也。’《左传·宣公十五年》：‘夫恃才与众，亡之道也；商纣由之，故灭。’《韩诗外传》卷四：‘由其道则行，不由其道则废。’”《汉语大字典》释“由”曰：“遵从；遵照。《诗·大雅·假乐》：‘不愆不忘，率由旧章。’高亨注：‘由，从也。’《论语·泰伯》：‘民可使由之，不可使知之。’郑玄注：‘由，从也。’”

此句是说：对于民众来讲，可以引导他们如何遵行、如何去做，至于为何遵行、为何去做的道理、理论不可要求他们完全知道。比如本篇第8章孔子说“兴于诗，立于礼，成于乐”，人们知道学诗、学乐、按礼行事并以礼规范自己的行为即可，不一定非得要求他们明白“兴于诗，立于礼，成于乐”的道理或理论。梁启超曰：“可以有法子令他们依着这样做；却没有法子令他们知道为什么这样做。”（引自庞朴《“使由使知”解》，载《文史知识》1999年第9期）康有为《论语注》曰：“程子曰：‘圣人设教，非不欲人家喻而户晓也，然不能使之知，但能使之由之尔。若曰圣人不使民知，则是后世朝四暮三之术也，岂圣人之心乎！’《韩诗外传》：‘《诗》曰：“俾民不迷。”昔之君子，道其百姓不使迷，是以威厉而刑厝不用也。故形其仁义，谨其教道，使民目晰焉而见之，使民耳晰焉而闻之，使民心晰焉而知之，则道不迷而民志不惑矣。《诗》曰：“示我显德行。”故道义不易，民不由也，礼乐不明，民不见也。《诗》曰：“周道如砥，其直如矢”，言其易也。“君子所履，小人所视”，言其明也。’孔子之欲明民至矣。”

事实上，有不少事情，是人们时常行着、做着而讲不明道理的，如钱穆《论语新解》所引：“《孟子》曰：‘行之而不著焉，习矣而不察焉，终身由之而不知其道者众也。’《中庸》曰：‘百姓日用而不知。’”钱穆认为，有些事情是不需要向民众讲明道理或意图的，因此，他这么翻译此语：“在上者指导民众，有时只可使民众由我所指导而行，不可使民众尽知我所指导之用意所在。”孙钦善《论语本解》也如此解读：“老百姓可使他们遵照道而行，不可使他们通晓道的真谛。”

这句话，很多人以为反映了孔子的愚民思想，也有不少人想尽办法为之辩护。凡事皆应讲究实事求是，倘若孔子真的有轻视庶民的思想，是掩饰不了的。我们认为，要正确理解孔子此语的含义，应结合孔子对民众的基本态度来审视。在《学而》篇中孔子说：“道千乘之国，敬事而信，节用而爱人，使民以时。”又说：“泛爱众而亲仁。”《颜渊》篇中子贡问政，孔子回答了三个最重要的方面，即“足食，足兵，民信之矣。”而随着子贡的追问，孔子最后保留了“民信”。学生子夏深受其师的影响，也说：“君子信而后劳其民。”又如季康子问政，孔子说：“子为政，焉用杀？子欲善而民善矣。君子之德风，小人之德草。草上之风，必偃。”孔子强调的是，君子做好德行表率，民众就会像风吹到草上一样随风顺从。”《宪问》篇中孔子强调修己，说：“修己以安百姓。”又说：“上好礼，则民易使也。”《阳货》篇中子张问仁于孔子，孔子说：“能行五者于天下，为仁矣。……曰恭，宽，信，敏，惠。恭则不侮，宽则得众，信则人任焉，敏则有功，惠则足以使人。”《为政》篇中孔子说：“为政以德，譬如北辰居其所，而众星共之。”从这些记载可以看出，孔子对民众充满了仁爱之心，主张“泛爱众”，告诫为政者要“节用而爱人，使民以时”，待民以礼，与民以惠，做好德行表率，取信于民。这样的孔子，若说他愚民、轻民，好像有些不公。

8.10 子曰：“好勇疾贫，乱也。人而不仁，疾之已甚，乱也。”

【“好勇疾贫”误解】

林觥顺《论语我读》注曰：“疾：病。通急。疾之已甚：病入膏肓。”释曰：“孔子说：‘人君好勇，再加上贫病的双重压力，这个社会一定乱。为富的人君不愿施仁济助，贫病的庶民已到走投无路，这个社会一定乱。’”

方骥龄《论语新诠》：“疑本章疾字，当为智字而非疾字……疑‘疾贫’当为‘智贫’。智不足以辨是非，乱之源也。‘疾之已甚’疑系‘智之已甚’。谓或有人既无仁心，又智之已甚，知识与智慧，适足以济其恶。”

【“好勇疾贫”勘正】

好勇者逞血气之强，往往好斗，给社会带来不安。疾贫（怨恨自己贫穷）者往往对富者心存嫉妒，对社会不满，怨甚者会有危害他人及社会之乱行。关于“疾之已甚”，萧民元《论语辨惑》论曰：“是说他对他的遭遇或社会环境极度不满。‘人而不仁，疾之已甚，乱也。’应该是说：一个既无仁德之心而又极度不满社会的人，将是一个社会的乱源。”

《论语》中孔子多次谈到勇者在有些情况下容易为乱的话：“勇而无礼则乱”（《泰伯》）；“好勇不好学，其蔽也乱”（《阳货》）；“君子义以为上。君子有勇而无义，为乱”（《阳货》）。勇是优点，但缺乏修养、不重仁道礼义者，不注意以礼节制者，容易为乱。孔子主张在贫困处境中，要安贫乐道。《学而》篇中子贡说："贫而无谄，富而无骄，何如?"孔子说："可也。未若贫而乐，富而好礼者也。"《述而》篇中孔子说："饭疏食饮水，曲肱而枕之，乐亦在其中矣。不义而富且贵，于我如浮云。"主张改变贫穷，要符合仁道，要靠自身的劳动和努力。《里仁》篇中孔子说："富与贵，是人之所欲也，不以其道得之，不处也。贫与贱，是人之所恶也，不以其道得（去）之，不去也。君子去仁，恶乎成名?君子无终食之间违仁，造次必于是，颠沛必于是。"《述而》篇中孔子说："富而可求也，虽执鞭之士，吾亦为之。如不可求，从吾所好。"

8.12 子曰："三年学，不至于穀，不易得也。"

【"不至于穀"误解】

汉孔安国《论语孔氏训解》解曰："穀，善也。言人三岁学，不至于善，不可得言必无及也，所以劝人于学也。"

宋苏辙《论语拾遗》解曰："穀，善也。善之成而可用，如苗之实而可食也。尽其心力于学，三年而不见其成功者，世无有也。"

萧民元《论语辨惑》解曰："本节应解为：'在我这学了三年，还找不到饭吃（工作）的人，实在太少了。'"

何新《论语新解——思与行》解曰："求学三年，仍不会厌烦……谷，厌也。旧注训谷为'善'（孔颖达），谬！杨伯峻训之为官禄，亦甚谬。"

闫合作《论语说》断句为："三年学不至于谷不易，得也。"译曰："学习三年，不至于善则不改变，必有所得。"解曰："'不易'是不改变，坚持三年而没有学好也不改变志向，能够继续努力，必然会学有所成，学有所得。此章是谈学习要持之以恒。"

杨润根《发现论语》注释曰："谷：谷物（作名词），收获谷物（作动词）。"译解曰："孔子说：'如果有人经过多年的努力学习，而还没有达到那种使自己感觉到自己在知识上大有收获的程度，这只能说明知识的果实犹如农田里的稻谷一样，丰收是不那么容易获得的。"

【"不至于穀"勘正】

穀，俸禄。古代以穀米为俸禄，故称禄为穀。学者多为禄而学，所谓

"学而优则仕"，不为禄而学者颇少，故"不易得也"。

汉郑玄《论语郑氏注》曰："穀，禄也。"宋朱熹《论语集注》曰："穀，禄也。至，疑当作志。为学之久，而不求禄，如此之人，不易得也。"杨朝明《论语诠解》曰："至：想到，意念之至也。谷：禄也。借指出仕为官。……孔子说：'学了三年，仍不想到出仕为官，很难得啊。'"孙钦善《论语本解》解曰："穀（gǔ 谷）：俸禄。因为古代以穀米为俸禄，故称。本章反映了孔子不以做官为学习目的的思想。孔子不反对做官，但认为做官必须以充分学习为前提。"译曰："孔子说：'学了三年，还不念及做官受禄，这种人是不易得的。'"

不少注家遵孔安国所解，释"穀"为"善"，虽能讲得通，但与下句"不易得也"不谐，"不易得"是"不容易得"的意思。若解为"善"，连孔安国自己释译起来也会觉得不怎么顺畅。就事理而言，学习三年，达不到"善"（是指知识学好了，还是指德行修好了？）的标准的会大有人在。以孔子的学生而言，品学兼优、令孔子满意的能有多少呢？传说孔子弟子三千，比较优秀的有七十二人，具体到四科当中，德行有颜渊、闵子骞、冉伯牛、仲弓，言语有宰我、子贡，政事有冉有、季路，文学有子游、子夏，这些人是其代表。而在孔子看来，这七十二贤、四科中的优秀者，还有不少存有这样或那样的毛病，如被孔子骂为"朽木不可雕"的宰我，被孔子骂为"小人哉"的樊迟，被孔子号召"鸣鼓而攻之"的冉求，被孔子评为"好勇"、"兼人"、"野哉"、"不得其死"的子路，还有被曾子批评为"难于并为仁"的子张等。就这些情况来看，一向对学生要求严格的孔子，不可能说出"学生在我这里学习三年，达不到'善'的人是很少的"之类的话。

8.15 子曰："师挚之始，《关雎》之乱，洋洋乎盈耳哉！"

【"师挚之始，《关雎》之乱"误解】

汉郑玄《论语郑氏注》注曰："师挚，鲁大师之名也。始，犹首也。周道既衰微，郑、卫之音作，正乐废而失节。鲁大师挚识《关雎》之声，而首理其乱者，洋洋乎盈耳哉，听而美也。"

闫合作《论语说》译曰："向挚学乐之初，《关雎》奏得杂乱无章。乱七八糟的样子，好像还响在耳边。"

林觥顺《论语我读》解曰："师挚之始：是师始挚之。师是教师。周礼，师氏掌国学之政，以教国子小舞。挚是握持把持，是安排义，也是乐师首先安排的节目。关雎之乱：……是关雎之风，是关雎之治。"

金知明《论语精读》解曰："师挚之始，关雎之乱：师挚刚做乐官的时候，《关雎》错落有致；……始，上任，开始；关雎，指《关雎》这首诗的音乐，古代的诗都可以唱，所以孔子这里指的是音乐；乱，指音乐错落。"

何新《论语新解——思与行》注曰："师当读为《诗》，挚，执之。始，指奏乐之始。"译曰："演奏《诗经》一开始，听到《关雎》之曲，乐声飞扬而充盈在耳际啊！"

【"师挚之始，《关雎》之乱"勘正】

乐曲的开端曰"始"，乐之终、诗之终称"乱"。《那》之卒章为乱，则诗之卒章称乱，由来古矣。故《关雎》之乱，谓《关雎》之卒章也。《礼记·乐记》："始奏以《文》，复乱以《武》。"又曰："再始以著往，复乱以饬归。"皆"始"、"乱"对言。《康熙字典》、《辞源》、《汉语大词典》、《汉语大字典》均释"乱"为"乐之卒章"或"乐曲的最后一章"。《论语》此章前句言"始"，后句言"乱"，描述音乐演奏有始有终，洋洋美盛。此与《孟子》"金声玉振"（奏乐由金发始，振玉收束，喻"集大成"）之语义有些近似。

宋朱熹《论语集注》解曰："乱，乐之卒章也。《史记》曰：'《关雎》之乱以为风始。'洋洋，美盛意。孔子自卫反鲁而正乐，适师挚在官之初，故乐之美盛如此。"杨伯峻《论语译注》注曰："师挚之始——'始'是乐曲的开端，古代奏乐，开始叫做'升歌'，一般由太师演奏。师挚是鲁国的太师，名挚，由他演奏，所以说'师挚之始'。《关雎》之乱——'始'是乐的开端，'乱'是乐的结束。由'始'到'乱'，叫做'一成'。'乱'是'合乐'，犹如今日的合唱。当合奏之时，奏《关雎》的乐章，所以说'《关雎》之乱'。"

8.16　子曰："狂而不直，侗而不愿，悾悾而不信，吾不知之矣。"

【"侗而不愿"误解】

辜鸿铭《辜鸿铭讲论语》讲曰："外表愚钝却不谦虚。"

杨润根《发现论语》注曰："侗，与人一致，曲意附和他人，迎合他人。"译曰："（想迎合他人而不）心甘情愿。"

毛子水《论语今注今译》注曰："愿，是谨慎、恭顺的意思。"译曰："童蒙而不能恭顺。"

何新《论语新解——思与行》解曰："愿，圆也，圆通。"

邸永强《论语明义》注曰："愿，质朴之意。"解曰："苍白无知但并不质朴。"

郑张欢《论语今释》注曰："侗，好合。"释曰："好合而事不愿意。"

【"侗而不愿"勘正】

侗，通"僮"，幼稚。《集韵》："侗，谓未成器之人。"又释："侗，倥侗，童蒙也。"愿，谨愿、诚实。《尚书·皋陶谟》："愿而恭。"《疏》："愿者，悫谨良善之名。"《左传·襄公三十一年》："愿，吾爱之。""侗而不愿"句意为：童稚者宜诚实，而不诚实。常言道"童言无欺"，即是说幼童诚实。

汉孔安国《论语孔氏训解》曰："侗，未成器之人也，宜谨愿也。"宋邢昺《论语注疏》疏曰："此章孔子疾小人之性与常度反也。狂者进取，宜直，而乃不直。侗，未成器之人也，宜谨愿，而乃不愿。"杨伯峻《论语译注》解曰："幼稚而不老实。"黄怀信《论语新校释》译曰："幼稚却不老实。"杨朝明《论语诠解》诠释曰："此为无知义。愿，谨愿，老实。"解读曰："无知而不老实。"

【"悾悾而不信"误解】

宋朱熹《论语集注》注曰："悾悾，无能貌。"

杨润根《发现论语》解曰："空空的、博大的、能容纳一切的心灵状态。这里作为动词，意指向他人敞开心扉，而不对他人关闭自己的心灵。"

李零《丧家狗——我读〈论语〉》解曰："'悾悾而不信'，是无知而不讲信用。'悾悾'，音 kōngkōng，义同《子罕》的'空空如也'，也是无知的意思。"

金知明《论语精读》解曰："悾悾，呆板、愚蠢的样子。"

【"悾悾而不信"勘正】

悾悾，诚恳的样子。句意为：诚恳者宜守信而不守信。《广韵·送韵》："悾，诚心。"《集韵·东韵》："悾，信也。一曰悫也。"又《集韵·送韵》："悾，《博雅》：'诚也。'"《后汉书·刘瑜传》："臣悾悾推情，言不足采。"

汉包咸《论语包氏章句》解曰："悾悾，悫悫也，宜可信也。"孙钦善《论语本解》译曰："诚朴却不信实。"金池《〈论语〉新译》注曰："悾悾：诚恳。这里指表面诚恳。"

此章批评三种人：疏狂（豪放不拘）者宜率直，却不率直；童稚者宜诚实，却不诚实；诚恳者宜守信，却不守信。对于这样的人，孔子感到了解不透。

8.18 子曰："巍巍乎，舜、禹之有天下也，而不与焉。"

【"不与"误解】

魏何晏《论语集解》解曰："美舜、禹。己不与求天下而得之也。"

杨伯峻《论语译注》注曰："与——音预，yù，参与，关连。这里含着'私有'、'享受'的意思。"译曰："贵为天子，富有四海，[却整年地为百姓勤劳]，一点也不为自己。"

张永隆《〈论语〉注释数则辨疑》（载《青海民族学院学报》1992年第1期）解曰："'与'是'争''战'的意思……'不与'，就是不争。既指舜禹得天下时不以力争，又指他们有天下后不复有权力之争。"

蒋沛昌《论语今释》解曰："孔子赞美舜禹两位远古时代的君王，劳碌奔波，以天下为己任，功业崇高无比，从不宣扬自己……与——宣扬，这里指自我宣扬。"

林觥顺《论语我读》解曰："而不与焉：是说不是恳求，而是凭功绩受禅让而得。不与读同丕与，是甚大的赏赐。"

金知明《论语精读》解曰："与，给；不与，不给自己的子孙。"

何新《论语新解——思与行》注曰："与，有也。占有。"译曰："舜和禹拥有了天下却毫不留恋啊！"

刘兆伟《论语通要》解曰："'与'可作'用'字讲。孔子对舜禹的功德赞美，其原因就在于舜禹有了天下，却不把天下作为自己的私有财产去利用，仍为公事费心劳神。"

【“不与”勘正】

与，音yù，通“豫”，义为“喜悦”、“快乐”。《仪礼·乡射礼》：“宾不与。”郑玄注：“古文与作豫。”《淮南子·天文训》：“圣人不与也。”高诱注：“与，犹说（悦）也。”《吕氏春秋·先识览·悔过》：“寡君与士卒，窃为大国忧，日无所与焉。”宋朱熹《论语集注》解曰：“不与，言其不以位为乐也。”

《论语》这句话应理解为：孔子说：“高大啊！舜、禹得到了上代帝王禅让的天下（帝位），却不喜悦。”得到帝位竟然不高兴快乐，似乎有违常理，而事实确是如此。《史记·太史公自序》记曰：“唐尧逊位，虞舜不台。”不台（yí 怡），即不高兴。这恰好反映了古贤帝王的谦逊之德。孔子十分推崇禅让荐贤，他推崇禅让之德的用意，是想改变当时为争君位子弑父、臣弑君的政治局面。君子得到帝位，表现出的是荣辱不惊，淡定；小人则反之，沾沾自喜，忘乎所以。很多贤君，在继位之时，都考虑到责任和压力，正如《子路》篇所言：“为君难，为臣不易。”

注家多将“与”理解为“参与”，如孙钦善《论语本解》解曰：“与（yù 遇）：参与。不与：指不亲预其事，为政以德，任贤使能，无为而治。”此理解虽与孔子倡导的“无为而治”相合，但是，“无为而治”只是一个理想的提法，试想，哪一个统治者能真正做到“不参与”？历史上的贤君，不都是日理万机、废寝忘食吗？就舜而言，摄政前耕于历山，渔于雷泽，陶于河滨，作什器于寿丘，摄政后巡行四方，体察国情，举用八元，灭除四凶……；就禹而言，“为人敏给克勤，其德不违，其仁可亲，其言可信”（《史记·夏本纪》），继位前，饱经治水之辛苦，继位后，定九州，铸九鼎，为兴修水利、发展农业操劳终生……怎能说他们没“参与”、没“亲预其事”呢？孔子提倡“子帅以正”、“先之劳之”，做德行表率并不只是端坐南面、要要嘴皮子，必须先于民而辛勤操劳，这种操劳其实也就等于“参与”了。

8.19　子曰：“大哉，尧之为君也！巍巍乎，唯天为大，唯尧则之。荡荡乎，民无能名焉。巍巍乎，其有成功也。焕乎，其有文章。”

【“民无能名”误解】

汉包咸《论语包氏章句》解曰：“荡荡，广远之称也。言其布德广远，民无能识其名焉。”

清焦循《论语补疏》解曰：“谥法，民无能名曰神。”

黄怀信《论语新校释》解曰：“‘无能’，莫能。‘名’，命名、取谥号。……百姓没有人能给他起个（恰当的）名号。”

【“民无能名”勘正】

名，称说、形容。《辞源》释“名”曰：“称说。《论语·泰伯》：‘荡荡乎民无能名焉。’”《汉语大词典》释“名”曰：“形容；称说。《论语·泰伯》：‘大哉，尧之为君也！巍巍乎，唯天为大，唯尧则之！荡荡乎，民无能名焉！’”尧仁德浩荡，民众无法用恰当的语言形容、称说。与《论语》本篇首章泰伯至德，“民无得而称焉”同义。

唐韩愈、李翱《论语笔解》曰：“尧仁如天，不可名状其高远，非不识其名也。”宋朱熹《论语集注》：“荡荡，广远之称也。言物之高大，莫有过于天者，而独尧之德能与之准。故其德之广远，亦如天之不可以言语形容也。”杨伯峻《论语译注》译曰：“老百姓简直不知道怎样称赞他。”李泽厚《论语今读》曰：“老百姓简直不知道如何赞美他！”钱穆《论语新解》曰：“名，指言语称说。无能名，即无可指说。”孙钦善《论语本解》曰：“老百姓无法用语言充分称赞他。”

8.20　舜有臣五人而天下治。武王曰：“予有乱臣十人。”孔子曰：“才难，不其然乎？唐、虞之际，于斯为盛。有妇人焉，九人而已。三分天下有其二，以服事殷。周之德，可谓至德也已矣。”

【“乱臣十人”误解】

萧民元《论语辨惑》解曰：“‘乱’就是‘乱’。古代帝王在讲话时，多用自谦语气。……武王‘以暴易暴’，掀起武力革命，仍自谦，而称那些帮他打天下的臣子为‘乱臣’。”

何新《论语新解——思与行》解曰：“乱可读为良。良臣，贤臣也。”

闫合作《论语说》解曰：“‘予有乱臣十人’，我任用十个敢于直谏的人才。‘乱臣’指敢于直谏的人。”

【“乱臣十人”勘正】

乱，治、理。乱臣，善于治国之臣。《说文解字》：“乱，治也。”《尔雅·释诂》："乱，治也。"《玉篇》："乱，理也。"《尚书·说命》："不惟逸豫，惟以乱民。"《尚书·泰誓》；"予有乱臣十人，同心同德。"孔传："我治理之臣虽少而心德同。"《尚书·盘庚》："兹予有乱政同位，具乃贝玉。"孔传："乱，治也。此我有治政之臣，同位于父祖，不念尽忠，但念贝玉而已，言其贪。"

汉马融《论语马氏训说》曰："乱，治也。治官者十人也，谓周公旦、召公奭、太公望、毕公、荣公、太颠、闳夭、散宜生、南宫适，其余一人谓文母也。"

8.21 子曰："禹，吾无间然矣。非饮食而致孝乎鬼神，恶衣服而致美乎黻冕，卑宫室而尽力乎沟洫。禹，吾无间然矣。"

【"无间然"误解】

汉孔安国《论语孔氏训解》解曰："孔子推禹功德之盛，言己不能复间厕其间也。"

清戴望《戴氏论语注》注曰："间，犹加也。言禹成尧舜之功而开三王之道，三科五家升降绝续，咸系于禹，吾无以加之。"

【"无间然"勘正】

间，非间，非议也。《方言》："间，非也。"《管子·权修》："授官不审，则民间其治。"《孟子·离娄》："人不足与适也，政不足间也。"魏李康《运命论》："西河之人肃然归德，比之于夫子而莫敢间其言。"此"间"与《先进》篇"孝哉，闵子骞！人不间于其父母昆弟之言"之"间"义同。

宋朱熹《论语集注》曰："间，罅隙也，谓指其罅隙而非议之也。"清刘宝楠《论语正义》曰："《后汉·殇帝纪》引此文，李贤《注》：'间，非也。'《孟子·离娄篇》：'政不足间也。'亦训非。"孙钦善《论语本解》注曰："间（jiàn）：非议。"译曰："孔子说：'禹嘛，我对他没有可非议的了。'"

孔安国所说"间厕"，是"夹杂"、"掺杂"的意思，词义虽说有点儿近似，但显示不出"非间"、"非议"的意思，欠贴切准确。

子罕第九

9.1　**子罕言利与命与仁。**

【“子罕言利与命与仁”误解】

梁皇侃《论语义疏》解曰：“与者，言语许与之也。……弟子记孔子为教化所希言及所希许与人者也。所以然者，利是元亨利贞之道也，百姓日用而不知，其理玄绝，故孔子希言也。命是人禀天而生，其道难测，又好恶不同，若逆向人说，则伤动人情，故孔子希说与人也。仁是行盛，非中人所能，故亦希说许与人也。然希者非都绝之称，亦有时而言与人也。”

清黄式三《论语后案》解曰：“《说文》罕训纲，《汉书》注罕训毕者，本义也。经传中罕训少者，借字也。罕言之罕，借为轩豁之轩。……轩有显豁之义，亦曰轩豁。经传中凡言轩轾、轩昂、轩渠、轩翥，与轩豁之义一也。……罕言者，表显言之也。”

康有为《论语注》经文断句为：“子罕言，利与？命与仁，达。”注曰：“旧本以‘达’字属下章，非。……上‘与’，即‘欤’，助词。达，通也。利者，义之和；命者，天之命。记者总括孔子生平言论，最少言者莫如利，最通达多言者莫如命与仁。”

钱穆《论语新解》解曰：“与，赞与义。”译曰：“先生平日少言利，只赞同命与仁。”

杨树达《论语疏证》解曰：“《论语》一书言仁者不一而足，夫子言仁非罕也。所谓罕言仁者，乃不轻许人以仁之意，与罕言利命之义似不同。”

于省吾《论语新证》（载《社会科学战线》1980 年第 4 期）解曰：“子罕言利与命与仁，仁应读为夷。……罕言夷者，内诸夏而外夷狄也。罕言者，偶言之耳，非常言也。”

周乾溁《〈论语〉三题》（载《天津师范大学学报》1986年第1期）解曰："与字是举字的假借……'与命与仁'应是'举命举仁'，如作'举命与仁'亦通。按：举，《说文》以为'对举也'，段玉裁注：'谓以两手举之'，意即推高，可引申为称引。这样，《子罕》的首章应该理解为：孔子很少谈利，（但是）称引命，（也）称引仁。或者说，称引命和仁。"

吴林伯《论语发微》解曰："上'与'字，犹取，下'与'字，连词也。"

萧民元《论语辨惑》解曰："本节应断句成'子罕言利与命，与仁'……就是孔子很少谈到'利'与'命'，却常常赞许'仁'。"

何新《论语新解——思与行》解曰："我读此句为：子罕言利与命，语仁。与，语也。"译曰："孔子很少谈论功利与命，常讲仁。"

闫合作《论语说》解曰："'罕'不是少，而是说透了。孔子不但把利、命、仁的问题谈透了，还巧用善用，使'利'成为自己推行道的助力。"

【"子罕言利与命与仁"勘正】

"子罕言利与命与仁"，从语法习惯看，两个"与"字都应是连词。有人认为前"与"字是连词，后"与"字是动词，义赞许。两"与"字相连，一连一动，让人费解。又有不少人认为孔子曾多次谈到利、命、仁，若说"罕言"则不符合实际。就《论语》来看，记载孔子谈私利、利益的话有4次，即《里仁》篇第12章"放于利而行，多怨"和第16章"君子喻于义，小人喻于利"；《子路》篇"毋见小利，见小利则大事不成"；《宪问》篇"见利思义"。记载孔子谈"性命"、"天命"、"命运"的话有8次，即《雍也》篇第3章"（颜回）不幸短命死矣"，第10章"（伯牛患恶疾）命矣夫"；《宪向》篇"道之将行也与，命也；道之将废也与，命也。公伯寮其如命何"；《尧曰》篇"不知命，无以为君子也"；《为政》篇"五十而知天命"；《季氏》篇"君子有三畏：畏天命，畏大人，畏圣人之言"。记载孔子评价别人为仁人的话有3次，如《雍也》篇"（颜）回也，其心三月不违仁"；《宪问》篇"（管仲）如其仁，如其仁"；《微子》篇"微子去之，箕子为之奴，比干谏而死。孔子曰：'殷有三仁焉'"。记载孔子自己不敢称仁的话有1次，如《述而》"若圣与仁，则吾岂敢"。

就此来看，孔子谈"利"和"命"的话确实不多；虽然常常回答弟子们问的仁的问题，也谆谆教导人们如何行仁，但他认为真正做到仁的人不多，就是连自己也不敢称为仁人。究其“罕言利与命与仁”的原因，按孔子自己的话来说，“君子喻于义，小人喻于利”，故君子不言私利；天命难知（“五十而知天命”），天命可畏（“畏天命”），故少言命；仁人的标准高，而且行仁是终生之事（按曾子的话说，“士不可以不弘毅，任重而道远。仁以为己任，不亦重乎？死而后已，不亦远乎？”），故很少谈某某做到了仁，自己更不敢以仁自居。

清刘宝楠《论语正义》曰：“利、命、仁三者，皆子所罕言，而言‘仁’稍多，言‘命’次之，言‘利’最少。故以‘利’承‘罕’言之文，而于‘命’、于‘仁’则以两‘与’字次第之。……阮氏元《论语·论仁篇》：‘孔子言仁者详矣，曷为曰罕言也？所谓罕言者，孔子每谦不敢自居于仁，亦不轻以仁许人也。’今案：夫子晚始得《易》，《易》多言‘利’，而赞《易》又多言‘命’，中人以下，不可语上，故弟子于《易》独无问答之辞。今《论语》夫子言‘仁’甚多，则又群弟子记载之力，凡言‘仁’皆详书之，故未觉其罕言尔。”杨伯峻《论语译注》曰：“孔子很少［主动］谈到功利、命运和仁德。”黄怀信《论语新校释》曰：“先生很少谈（自己的）利益、命运和仁德。……此章说孔子为人。‘君子喻于义，小人喻于利’，故罕言利；‘死生有命，富贵在天’，故罕言命；不以仁者自许，故罕言仁，谦也。”

9.3 子曰：“麻冕，礼也。今也纯，俭，吾从众。拜下，礼也。今拜乎上，泰也。虽违众，吾从下。”

【“纯”、“俭”误解】

杨润根《发现论语》断句为：“今也纯俭，吾从众。”注释曰：“纯：天然的仅经一次加工而成的丝织品。因此‘纯’可理解为天然丝织品，保持了自然特性的丝织品，引申为自然的，没有染色的，没有加工的。纯俭：自然简朴、各称自然，它相对于麻冕而言，其意思也就是戴不戴那种麻织品制成的礼帽无妨。”

林觥顺《我读论语》断句为：“今也，纯俭，吾从众。”注解曰：“释诂毛传郑笺，皆曰纯大也。纯俭，是如今已大加俭约。”释义曰：“如今官宦富贾有用帛布代麻的。广大的民众仍是纯朴节俭，我依从节俭。”

方骥龄《论语新诠》解曰："用麻为贱，用丝为贵，自古至今皆如是，安有用丝而为俭之理?《广雅·释诂》三：'俭，少也。'孔子之世，殆已普遍使用丝冕，而皆以麻冕为丧服，故用麻冕者少。孔子不欲矫俗干名，故从众。"

【"纯"、"俭"勘正】

纯，丝。《说文解字》："纯，丝也。"《辞源》、《汉语大词典》、《汉语大字典》皆释"纯"为"丝"，并引《论语》此语作例证。《仪礼·士昏礼》："女次纯衣纁袡。"郑玄注："纯衣，丝衣。"《汉书·王褒传》："夫荷旃被毳者，难与道纯棉之丽密。"颜师古注："纯，丝也。"

俭，省俭。《篇海》："俭，省节也。"《国语·周语》："夫宫室不崇，器无彤镂，俭也。"织丝为冕省工省料，故曰俭。

汉孔安国《论语孔氏训解》解曰："冕，缁布冠也。古者绩麻三十升布以为之。纯，丝也。丝易成，故从俭也。"梁皇侃《论语义疏》解曰："纯，丝也。周末不复用三十升布，但织丝为之，故云今也。云俭者，三十升布用功巨多，难得，难得则为奢华。而织丝易成，易成则为俭约，故云俭也。"宋朱熹《论语集注》曰："冕，缁布冠也。纯，丝也。俭，谓省约。缁布冠，以三十升布为之，升八十缕，则其经二千四百缕矣。细密难成，不如用丝之省约。"杨伯峻《论语译注》解曰："纯——黑色的丝。俭——绩麻做礼帽，依照规定，要用二千四百缕经线。麻质较粗，必须织得非常细密，这很费工。若用丝，丝质细，容易织成，因而省俭些。"

9.4 子绝四：毋意，毋必，毋固，毋我。

【"毋意"误解】

魏王肃《论语王氏义说》解曰："不任意。"

康有为《论语注》注曰："意，所也。孔子之道虚斋，故无所住而绝迹。"

辜鸿铭《辜鸿铭讲论语》讲曰："绝不自私自利。"

吴林伯《论语发微》解曰："'毋意'者，不自以为是也。"

程石泉《论语读训》解曰："不意气用事。"

林觥顺《论语我读》解曰："不可违逆心志诚意。"

【“毋意”勘正】

意，猜测、臆度。《辞源》释“意”曰：“料想，猜测。”《汉语大词典》释“意”曰：“意料，猜测。”《管子·小问》：“君子善谋而小人善意。”尹知章注：“善以意度之也。”意有“怀疑”的意思，《广雅·释言》：“意，疑也。”此处解作“猜疑”亦可。孔子认为，要戒绝主观臆断的坏毛病，凡事应实事求是，讲究客观依据，切莫凭空猜度，疑神疑鬼，无中生有。

杨树达《论语疏证》引曰：“《先进》篇曰：‘赐不受命，而货殖焉，亿则屡中。’《卫灵公》篇曰：‘子曰：不逆诈，不亿不信，抑亦先觉者，是贤乎。’（此当为《宪问》篇中语——引者注）《礼记·少仪》篇曰：‘毋测未至。’注云：‘测，意度也。’”按曰：“意字与《先进》《卫灵公》二篇亿字义同，皆谓意度。毋意正《少仪》篇所谓‘毋测未至’也。”钱穆《论语新解》解曰：“意，读如亿，亿测义。事未至，而妄为亿测。”

【“毋必”误解】

康有为《论语注》解曰：“必，适也。孔子之道时中，故无适莫而比义；孔子之道浑圆，故无可无不可而适宜。”

辜鸿铭《辜鸿铭讲论语》讲曰：“绝不先入为主。”

吴林伯《论语发微》解曰：“‘毋必’者，不乱下决断也。”

何新《论语新解——思与行》解曰：“必，想当然。”

【“毋必”勘正】

必，一定、绝对。宋张栻《南轩论语解》解曰：“必者，必欲其然也。”杨树增《论语》（评注）曰：“必，一定，绝对。”杨伯峻《论语译注》译曰：“不绝对肯定。”孙钦善《论语本解》注曰：“必：非怎么不可，钻牛角尖而不知变通。”

毋必，魏王肃解作“毋专必”。专必，义为“专一不易”，多指坚持己见，不知变通。魏何晏《论语集解》曰：“用之则行，舍之则藏，故无专必。”可见，“必”与下文“毋固”（不要固执）的“固”有些义近，因此后来出现“必固”一词，表示固执、不知变通。但“必”与“固”还是有着明显的区别：“必”侧重在态度、认识上的坚持，表示“一定”、

“必定”、“绝对”的意思，比如说话很绝对，张口就“一定这样”、“必然如此”、“绝对正确”等等；“固”侧重在认识、行为上的坚持，表示“固执己见”、“顽固不化”的意思。因此，张栻将“必”解为“必欲其然”、孙钦善解为“非怎么不可”、杨伯峻解为“绝对肯定”，都是可以的。古无“绝对”一词，若按“绝对”来解释“必”字，似乎更能反映其义。

【“毋固”误解】

清俞樾《群经平义》解曰：“固当读为故。……固与故通。毋故者，不泥其故也。……彼一时，此一时是谓毋故。”

乔一凡《论语通义》解曰：“毋主观。”

吴林伯《论语发微》解曰：“‘毋固’者，不故步自封也。”

林觥顺《论语我读》解曰：“固：四塞也。是坚持、故意，自闭孤行。毋固就是随俗。”

【“毋固”勘正】

固，固执。梁皇侃《论语义疏》解为“执守坚固”，宋朱熹《论语集注》解为“执滞”（固执、拘泥），杨伯峻《论语译注》解为“拘泥固执”，皆符合经义。《宪问》篇中孔子曰：“非敢为佞也，疾固也”之“固”，与此“固”义同，杨伯峻解“疾固”为“讨厌顽固不通的人”。

【“毋我”误解】

宋朱熹《论语集注》解曰：“我，私己也。”

钱穆《论语新解》解曰：“我，如我私我慢之我。或说：孔子常曰‘何有于我哉’，‘则我岂敢’，此即无我。……圣人自谦者我，自负者道，故心知有道，不存有我。”译曰：“无自我心。”

南怀瑾《论语别裁》解曰：“‘毋我’，专替人着想，专为事着想。我们人与人之间相处，往往感觉很痛苦、烦恼，总是被现象困住了。人生在世界上一定有我，无法做到‘无我’。”

吴林伯《论语发微》解曰：“‘毋我’者，不以私害公也。”

林觥顺《论语我读》解曰：“我：籀文，钟鼎文是人手戈，是杀，是我字本义，毋我是禁止打杀。”

【“毋我”勘正】

毋我，不自以为是，不唯我独是。

清崔适《论语足征记》解曰：“《史记·孔子世家》：‘孔子在位听讼，文辞有可与人共者，弗独有也。’《春秋繁露》：‘孔子为鲁司寇，断狱屯屯，与众共之，不敢自专。’此毋我之义也。”杨伯峻《论语译注》译曰：“不唯我独是。”李泽厚《论语今读》译曰：“不自以为是。”

钱穆承朱熹“私己”说，解“毋我”为“无自我心”。四个“毋”字都是“不”、“不要”的意思，不是“无”的意思。再者，征引孔子“何有于我哉”之语作证据，而此语表示的意思是“对于我来说有何难的”（请参见《述而》篇第2章“子曰：‘默而识之，学而不厌，诲人不倦，何有于我哉？’”的勘正文字），而没有“无我”的意思。

9.5　子畏于匡，曰：“文王既没，文不在兹乎？天之将丧斯文也，后死者不得与于斯文也。天之未丧斯文也，匡人其如予何？”

【“子畏于匡”误解】

梁皇侃《论语义疏》解曰：“心服曰畏。匡，宋地名也。于时匡人误以兵围孔子，故孔子同物畏之。”

宋张栻《南轩论语解》引曰：“汲郡吕氏曰：‘畏者，有戒心也。’”

清黄式三《论语后案》解曰：“畏，威也，尼也，谓威尼之也。古畏、威、尼同音。……匡人威尼夫子，故曰‘子畏于匡’，子未尝有戒心，而以兵自卫也。”

钱逊《论语读本》：“畏有几种解释：……三、古人称私斗叫畏，匡人拘孔子是私斗，所以说畏于匡。”

毛子水《论语今注今译》：“畏，受危难的意思。”

金良年《论语译注》解曰：“‘畏’通‘隈’，曲折。”

【“子畏于匡”勘正】

畏，当为“围”。黄怀信《论语新校释》认为“畏”是“围”的误字，并将《论语》原文径改为“围”，可从。

汉包咸《论语包氏章句》解曰：“匡人误围夫子，以为阳虎。阳虎尝暴于匡，夫子弟子颜剋时又与虎俱行，后剋为夫子御至于匡，匡人相与共识剋。又夫子容貌与虎相似，故匡人以兵围之。”清俞樾《群经平议》曰：“《荀子·赋篇》：‘比干见刳，孔子拘匡。’《史记·孔子世家》亦云：‘匡人于是遂止孔子，拘焉五日。’然则畏于匡者，拘于匡也。”围于匡，拘于匡，义近。

《汉语大词典》释“畏”为“围”的通假字，陈奇猷《吕氏春秋校释》解“孔子畏于匡”之“畏”“乃围之假字。”查《辞源》、《汉语大字典》，皆无“畏”、“围”通假说。查《故训汇纂》等，也不见“畏”、“围”通假的用例。不如看作“畏”是“围”的误字为当。

【“文不在兹乎”误解】

方骥龄《论语新诠》解曰：“《说文》：‘在，存也。’古训‘存在’‘存问’，今但训为‘存亡’之存。兹，通滋，繁茂意。文不在兹者，殆孔子谓自文王没后，所行之礼乐典章，固依然存在而又繁衍未衰，即《子张篇》子贡所谓‘文武之道，未坠于地，在人；贤者识其大者，不贤者识其小者，莫不有文武之道焉’是也。”

林觥顺《论语我读》注解曰：“文不在兹：文是文彩或文章。周礼冬官考工记：青与赤谓之文。可引作文辞文明文理。在，尔雅释诂：是存在。兹，说文多益，是滋生义，益是增益。经典文兹训此也。”释义曰：“孔子说：‘主长守礼行仁的文王死了，他所主张的文明尚礼行仁教化，也就不再发展繁衍了吗？’”

杨润根《发现论语》注释曰：“兹：存留滋生。”译解曰：“孔子对他的那些与他一道陷入这种危险境地的学生们说：‘自从周文王去世之后，难道由他所开创并以他为标志的那种人类社会和人类政治制度的高度文明就已不再可能在这个世界上存留滋生了吗？’”

【“文不在兹乎”勘正】

文，涵盖面较广，包括礼乐制度、文献典籍等。《论语》中“文”字出现多次。《学而》篇“行有余力，则以学文”，汉马融注曰：“文者，古之遗文也。”（引自魏何晏《论语集解》）梁皇侃《论语义疏》疏曰：“文，即五经六籍也。”《十三经辞典》解曰：“文，文献。”《述而》篇“子以四教：文，行，忠，信”，宋邢昺《论语注疏》疏曰：“文，谓先王之遗文。”清刘宝楠《论语正义》解曰：“文，谓诗书礼乐也。”《八佾》篇载：“子曰：‘夏礼，吾能言之，杞不足徵也。殷礼，吾能言之，宋不足徵也。文献不足故也”，宋朱熹《论语集注》注曰：“文，典籍也。献，贤也。”《十三经辞典》解曰：“文献，指典章制度的文字资料和熟悉掌故的人。”

杨朝明《论语诠解》曰：“文：文献，蕴含文武之道的六艺之类的典籍。孔子也正是用这些文献教授弟子。……孔子在匡地被拘囚了数日，他说：‘集结传统文化的周文王死后，饱含礼乐之道的文化遗产不都在我这里吗？上天要消灭这种文化，那就不会让我掌握这种文化了；如果天不灭亡这种文化，匡人又能把我怎么样呢？’”

在兹，在这里。

9.7　牢曰：“子云：‘吾不试，故艺。’”

【“不试，故艺”误解】

南怀瑾《论语别裁》解曰：“孔子说‘吾不试，故艺。’这句话很妙了，如以现代观念来说笑话，孔子没有参加联考——考试，所以学问渊博了。……这句话的意思是，孔子的求学问，是为自己学问而学问，并不是为了要尝试什么。”

闫合作《论语说》解曰：“《说文解字》：‘试，用也。’‘故艺’指旧学说。”译曰：“孔子说过：‘我不搬用旧学说。’”

杨润根《发现论语》解曰：“试：格式化的语言，已成俗套的理论，教条。艺：驾驭和创造生活的实际能力与技术，这里显然是指思想上的辨别力、判断力和创造力，即对社会上流行的各种观念的真实价值能够作出正确的判断，并以此为基础而创造出比之前人更优越、更完善的思想理论体系。”

【“不试，故艺”勘正】

试，用、任用。《说文解字》：“试，用也。”《诗·小雅·大东》：“私人之子，百僚是试。”《尚书·尧典》：“我其试哉！”《礼记·缁衣》：“刑不试而民咸服。”

艺，才能、技艺。《广韵》：“艺，才能也。”《尚书·金縢》：“乃元孙不若旦多才多艺。”此与《雍也》篇“求也艺”之“艺”义同。

孔子是说：因不被任用从政，所以学习了很多赖以谋生的才能技艺。汉郑玄《论语郑氏注》曰：“试，用也。言孔子自云，我不见用，故多能技艺也。”宋朱熹《论语集注》曰：“言由不为世用，故得以习于艺而通之。”

9.8 子曰：“吾有知乎哉？无知也。有鄙夫问于我，空空如也。我叩其两端而竭焉。”

【“空空如也”误解】

汉孔安国《论语孔氏训解》解曰：“有鄙夫来问于我，其意空空然，我则发事之终始两端以语之。”

清牛运震《论语随笔》解曰：“空空如也指鄙夫言，谓答之甚易也。”

日人东条弘《论语知言》：“此空空如字，言鄙夫贱陋，欲知其一二，其所问言貌，胸中如无知，故曰空空如也。”

日人物双松《论语征》解曰：“空空与悾悾同。《博雅》‘悾悾，诚也’。”

孙钦善《论语本解》译曰：“孔子说：‘我有知识吗？没有知识啊。有个粗鲁人来向我问事，显出非常诚恳的样子，我便就其所疑从事情的两方面反问，穷尽全貌让他明白。’”

【“空空如也”勘正】

空空，孔子自指心中空空。孔子谦虚，自言己无知。为说明自己无知，故举一例：有鄙夫来求教，而我心中空空的，答不出他所提问的问题。

明焦竑《焦氏笔乘续集》曰：“孔子言己空空无所知，唯叩问者是非之两端而尽言之，舍此不能有所加也。”清黄式三《论语后案》曰：“空空如，自言心之虚也。”黄怀信《论语新校释》释曰：“空空如：空虚之貌。‘如’同‘然’。此指‘我’言，承上省‘我’字。旧以为指鄙夫，非。鄙夫问，何言空空？又何言无知？不可通也。”译曰：“（曾经有个）村夫来问我问题，我（心里）空空的，从两头敷衍了几句就什么也没有了。”谓此章章旨为：“此章记孔子自谦知识不足，教人谦虚。旧以此章言孔子教人必尽其诚，谬。”

清简朝亮《论语集注补正述疏》曰：“皇《疏》云：‘空空，无识也。’今考《大戴礼·王言篇》云：‘女憧，妇空空’，其例也。《说文》云：‘憧，意不定也。’亦无识类也。《释文》云：‘空空’，郑或作‘悾悾’，盖古通也。”

孙钦善的译文自相矛盾：孔子既然说自己“没有知识”，就不可能再说出“穷尽全貌让他明白”这种显示自己很有知识的话。看问题要客观，无论谁再有学识，也定有不懂的问题，也定有回答不出别人提问的时候。孔子曾说：“知之为知之，不知为不知，是知也。”孔子教人不要不懂装懂。

【“叩其两端”误解】

清焦循《论语补疏》解曰：“此两端即《中庸》‘舜执其两端，用其中于民’之两端也。鄙夫来问，必有所疑。惟有两端，斯有疑也。故先叩发其两端，谓先还问其所疑，而后即其所疑之两端而穷尽其意，使知所向焉。”

张松辉《读〈论语译注〉札记》（载《齐鲁学刊》1986 年第 2 期）解曰：“叩，叩求，搜索。其，代指自己的所有知识……直译当为：把自己所有的知识从头到尾思索一遍。”

【“叩其两端”勘正】

叩，询问。两端，事情的始末。竭，尽也。此章言孔子谦虚，他并不认为自己有渊博的知识，以至无所不知。自己也有“无知”的时候。为证明自己“无知”，特举一例：有一鄙夫（鄙陋者，学识浅薄者）有问题来问，（面对鄙夫提出的问题）自己就感到很空虚，只是问了问事情的始末就算完了（无法做出满意的回答）。倘若“把自己所有的知识从头到尾思索一遍”（张松辉《读〈论语译注〉札记》），“反问他提出问题的动机，就他相对思想观念的正反两面研究透了”（南怀瑾《论语别裁》），这会需要一个较长的时间过程。鄙夫求教的一小会儿工夫，容不得“把自己所有的知识从头到尾思索一遍”或把“他相对思想观念的正反两面研究透了”。

9.10　子见齐衰者、冕衣裳与瞽者，见之，虽少，必作；过之，必趋。

【“齐衰”误解】

杨润根《发现论语》注曰：“齐：至，到头，至顶。齐衰者：生命快要枯竭的老人，极度衰老的老人。”

【“齐衰”勘正】

齐衰，音 zīcuī，丧服五服之第二者。五服：斩衰、齐衰、大功、小功、缌麻。齐衰者，穿丧服的人。齐衰，用粗麻布制成，是缝了边的，而斩衰（五服之第一者）是不缝边的。梁皇侃《论语义疏》曰：“此记孔子哀人有丧者也。齐衰，五服之第二者也。”

9.11　颜渊喟然叹曰：“仰之弥高，钻之弥坚。瞻之在前，忽焉在后。夫子循循然善诱人，博我以文，约我以礼，欲罢不能。既竭吾才，如有所立卓尔，虽欲从之，末由也已。”

【“循循善诱”误解】

汉郑玄《论语郑氏注》注曰：“恂恂，恭顺貌。”

清陈浚《论语话解》注曰：“循循是慢慢。”

杨润根《发现论语》解曰：“循：倾注全部的注意力，把自己的全部的注意力都集中于一种十分严重、十分重大、生死攸关的活动中。”

【“循循善诱”勘正】

循，依照、顺着。《左传·昭公七年》：“循墙而走。”循循，形容有顺序，有步骤。循循善诱，善于有步骤地引导、教育人。

魏何晏《论语集解》曰：“循循，次序貌也。诱，进也。言夫子正以此道进劝人有所序也。”杨伯峻《论语译注》曰：“善于有步骤地诱导。”

【“如有所立卓尔”误解】

宋朱熹《论语集注》解曰：“卓，立貌。末，无也。此颜子自言其学之所至也。盖悦之深而力之尽，所见益亲，而又无所用其力也。”

杨伯峻《论语译注》译曰："我已经用尽我的才力，似乎能够独立地工作。要想再向前迈进一步，又不知怎样着手了。"

李泽厚《论语今读》译曰："充分发掘了我的才能，好像能够高高地站立起来了；但想继续跟着前进，又感到不知如何走了。"

闫合作《论语说》译曰："欲罢不能，竭尽吾才，好像学有所成。虽然想遵从，只是做到枝末之行罢了。"

【"如有所立卓尔"勘正】

如，好像。卓，高超。立卓，即卓立，是"卓绝特立"的意思。这是颜渊在谈孔子之道高超峻绝，超然特立，学而难及之感。与"仰之弥高，钻之弥坚"意义相谐。

颜渊的感受与子贡相同。《子张》篇记载，叔孙武叔说"子贡贤于仲尼"。子贡反驳说："譬之宫墙，赐之墙也及肩，窥见室家之好。夫子之墙数仞，不得其门而入，不见宗庙之美，百官之富。得其门者或寡矣。"又记载叔孙武叔毁仲尼。子贡反驳说："无以为也！仲尼不可毁也。他人之贤者，丘陵也，犹可逾也；仲尼，日月也，无得而逾焉。人虽欲自绝，其何伤于日月乎？多见其不知量也。"又，陈子禽谓子贡曰："仲尼岂贤于子乎？"子贡反驳说："夫子之不可及也，犹天之不可阶而升也。夫子之得邦家者，所谓立之斯立，道之斯行，绥之斯来，动之斯和。其生也荣，其死也哀，如之何其可及也？"

可见，"立卓"者指孔子，不是颜渊自指。

梁皇侃《论语义疏》曰："云'如有所立卓尔'者，此明绝地不可得言之处也。卓，高远貌也。言虽自竭才力以学，博文约礼，而孔子更有所言述创立，则卓尔高绝也。"清王引之《经义述闻》解曰："《觐礼》'匹马卓上，九马随之'，……今案：卓之言超也，绝也，独也。……《广雅》：'趠，绝也。'"钱穆《论语新解》解曰："颜子因孔子之循循善诱，而欲罢不能，但已竭己才，仍见前面如有所立卓尔者。此卓尔，亦指孔子之道，乃及孔子之人格气象。卓尔，峻绝义。所谓高山仰止望见之而力不能至。"金池《〈论语〉新译》译曰："老师善于一步一步地教导我，用各种典籍来丰富我的知识，又用各种礼节来引导我的行动，使我想停止前进也不可能，直到竭尽了我的才力（也停止不下来）。（总之）好像有一个十分高大的东西立在前面，虽然想要攀登上去，却没有办法。"

9.12　子疾病，子路使门人为臣。病间，曰："久矣哉，由之行诈也！无臣而为有臣。吾谁欺？欺天乎？且予与其死于臣之手也，无宁死于二三子之手乎！且予纵不得大葬，予死于道路乎？"

【"子疾病"、"臣"误解】

林觥顺《论语我读》断句为："子疾，病子路使门人为臣"，解曰："子疾：孔子生小疾病。病子路使门人为臣：病是厌恶或以此为耻。……是讨厌子路令他的门徒来做孔子的家臣。"

方骥龄《论语新诠》解曰："《释言》：'臣，缮也。'缮，治也。疑本章臣字当作治字义。孔子病重，或门人中有善治病之人，子路使其治孔子，故曰：'子路使门人为臣。''为臣'，为，治也。"

【"子疾病"、"臣"勘正】

"疾病"二字，不可拆开。"疾病"既是病的泛称，如《周礼·天官·疾医》："掌养万民之疾病"；又是指病重的意思，如《左传·宣公十五年》："初魏武子有嬖妾，无子。武子疾，命颗曰：'必嫁是。'疾病，则曰：'必以为殉。'及卒，颗嫁之，曰：'疾病则乱，吾从其治也。'"汉包咸注曰："疾甚曰病。"（引自钱坫《论语汉宋集解》）

臣，家臣。大夫以上有家臣，孔子曾为大夫，故弟子计划为孔子安排丧礼应有臣。汉郑玄《论语郑氏注》曰："孔子尝为大夫，故子路欲使弟子行其臣之礼也。"唐韩愈、李翱《论语笔解》曰："先儒多惑此说以谓素王素臣，后学由是责子路欺天。吾谓子路刚直无谄，必不以王臣之臣欺天尔。本谓家臣之臣以事孔子也。"宋蔡节《论语集说》曰："礼，大夫已去位，无家臣，子路以夫子病，亟欲使弟子行家臣礼，以治其丧。"

从下文孔子所说的一番气话来看，郑玄、韩愈和李翱、蔡节的解释符合文意。孔子认为：无臣而为有臣，这是行诈，是欺天，自己不愿享用这种具有僭礼之嫌的大葬。

杨朝明《论语诠解》曰："儒家对葬礼有着严格的规定，不同等级的人有不同的安葬仪式。古代大夫治丧，由家臣治其礼。孔子反对子路按大夫之礼为他办理丧事，是为了恪守礼的规定。"

联系《八佾》篇："林放问礼之本。子曰：'大哉问！礼，与其奢也，宁俭。丧，与其易也，宁戚。'"孔子于礼尚俭，于丧尚戚。也就是说，丧事尽哀即可，不讲究形式场面。子路为孔子的丧事大操大办，违背了孔子的意愿，故遭斥责。

从孔子“无宁死于二三子之手”的气话中，还透露出一层意思：我还没死，你们就急着大办丧事，是想气死我吧？是巴不得让我死得快些吧？重病中的老人，就常理而言，都怕死，面对儿女或弟子不够避讳，提前操办丧事的做法，一般都比较反感，因此，发一通脾气是情理之中的事。“久矣哉”一语，也反映出子路等弟子操办丧事不是一天两天了，也含有孔子对“丧葬事安排得过早了些”的责怨。

下文的“病间”一语，应理解为“病初愈”。

9.14　子欲居九夷。或曰：“陋，如之何？”子曰：“君子居之，何陋之有？”

【“九夷”误解】

杨伯峻《论语译注》解曰：“九夷就是淮夷。《韩非子·说林上篇》云：‘周公旦攻九夷而商盖伏。’商盖就是商奄，则九夷本居鲁国之地，周公曾用武力降服他们。春秋以后，盖臣属楚、吴、越三国，战国时又专属楚。以《说苑·道君篇》、《淮南子·齐俗训》、《战国策·秦策》与《魏策》、李斯《上秦始皇书》诸说九夷者考之，九夷实散居于淮、泗之间，北与齐、鲁接壤（说本孙诒让《墨子间诂·非攻篇》）。”

【“九夷”勘正】

九夷，指东方的九种民族。此指东方少数民族之地。《辞海》释“九夷”曰：“古时谓东夷有九种。《论语·子罕》：‘子欲居九夷。’疏：九夷：‘一曰玄菟、二曰乐浪、三曰高丽、四曰满饰、五曰凫臾、六曰索家、七曰东屠、八曰倭人、九曰天鄙。’又《尔雅·释地》：‘九夷、八狄、七戎、六蛮，谓之四海。’注‘九夷在东’。疏引《后汉书·东夷传》云：‘夷有九种：曰畎夷、于夷、方夷、黄夷、白夷、赤夷、玄夷、风夷、阳夷。’”《汉语大词典》释“九夷”曰：“古代称东方的九种民族。亦指其所居之地。《论语·子罕》：‘子欲居九夷。’何晏集解引马融曰：‘东方之夷有九种。’《后汉书·东夷传》：‘夷有九种。曰：畎夷、于夷、方夷、黄夷、白夷、赤夷、玄夷、风夷、阳夷。’明袁衮《远游赋》：‘昔孔圣之周流兮，居九夷而弗陋。’一说指玄菟、乐浪、高骊、满饰、凫更、索家、东屠、倭人、天鄙。见《尔雅·释地》‘九夷’疏。”

孔子在内地不被重用，所以产生了欲去东方少数民族之地的想法，这与“道不行，乘桴浮于海”（《公冶长》）的心境相同。孔子只是有到东海或少数民族地区去的想法，并未确定所去的具体地方。这与他周游列国的实际情况一样，到过卫、宋、郑、陈、蔡、楚等国（其间还想去晋国而未能成行），没有固定的地方。

清简朝亮《论语集注补正述疏》述曰：“盖九夷在东海也。……《战国策》云：‘楚包九夷。’此南夷也，或以言此《经》，非也。……孔子鲁人，鲁滨东海，接东夷，其欲居九夷，犹其设浮于海，皆自东而讬之尔。不然，则泰伯居南蛮，亦奚不可邪？若其讬之之意，则以伤时不可正言也。”

杨伯峻说淮夷与齐鲁接壤，而孔子欲远离，当不是去淮夷。

9.15 子曰：“吾自卫反鲁，然后乐正，《雅》、《颂》各得其所。”

【“《雅》、《颂》各得其所”误解】

清包慎言《论语温故录》解曰：“《论语》《雅》《颂》以音言，非以《诗》言也。乐正而律与度协，声与律谐，郑卫不得而乱之，故曰得所。……由是言之，乐有乐之《雅》《颂》，《诗》有《诗》之《雅》《颂》，二者固不可比而同也。……《雅》《颂》者，通名也。……乐之《雅》《颂》，犹礼之威仪。威仪以养身，《雅》《颂》以养心。”（引自程树德《论语集释》）

日人东条弘《论语知言》解曰：“按观此，则夫子所正，特在《雅》、《颂》，而《国风》不与焉。何者？以《国风》主唱歌，《雅》、《颂》主金鼓，且此特曰‘各’也。”

杨润根《发现论语》注曰：“《雅》：用标准的合乎规范的语言所演唱的歌曲（诗歌），这里与《颂》相对，它指的是那些高雅的、合乎艺术规范的独唱曲，或那种需要以高雅的合乎艺术规范的方式来演唱的独唱曲（诗歌）。颂：这个字由‘公’（众多的）和‘页’（人头）构成，因此‘颂’的本意应是众多的人头，或人头攒动，这正是人们在合唱艺术中看到的景象，因此‘颂’可理解为合唱和合唱曲。”

闫合作《论语说》断句为："吾自卫反鲁，然后乐正《雅》、《颂》，各得其所。"解曰："乐正，正乐章。"译曰："我从卫国返回鲁国，然后根据乐校正《雅》、《颂》，各得其所。"

【"《雅》、《颂》各得其所"勘正】

从字面上看，此句是说："我（鲁哀公十一年冬）从卫国回到鲁国以后，错乱的乐章才得到了纠正，《雅》、《颂》各自得到了应在的位置。"至于整理的方面，既包括篇章次第，也包括《雅》、《颂》入乐的问题。

关于《雅》、《颂》，有人认为指诗，有人认为指乐，既然《诗》之《雅》、《颂》有配乐而歌的问题，那么理解为诗、乐二者兼而有之为是。

日人东条弘说："夫子所正，特在《雅》、《颂》，而《国风》不与焉。"清刘宝楠《论语正义》认为："孔子正乐，兼有《风》、《雅》、《颂》，此不及《风》者，举《雅》、《颂》则《风》可知。"

杨树增《论语》（评注）曰："通过本章孔子的话，证明《诗》最后是由孔子整理删定的。《诗经》分'风'、'雅'、'颂'三类，'风'是民谣、土乐歌，含十五国'风'。'雅'用的是周朝王畿的乐调，根据音节律吕分为大雅、小雅。'颂'多采庙堂祭祀舞曲，含商颂、周颂和鲁颂。至春秋时，由于社会动荡，《诗》中的'雅''颂'也出现混乱。孔子周游列国，就对《诗》的乐曲及篇章作了考察，从卫国返回鲁国后，对《诗》进行了认真的整理。他自己说：'我自卫国返回鲁国，然后把乐曲进行了厘正，使雅诗与颂诗按乐各自归于其应有的位置上。'"

9.16　子曰："出则事公卿，入则事父兄，丧事不敢不勉，不为酒困，何有于我哉？"

【"何有于我"误解】

宋邢昺《论语注疏》："他人无是行，于我，我独有之。"

清刘逢禄《论语述何》："言无我也，人皆有之。"

杨伯峻《论语译注》译曰："这些事我做到了哪些呢？"

孙钦善《论语本解》解曰："对我来说此外还有什么呢？"

闫合作《论语说》译曰："有谁像我这样呢？"

杨润根《发现论语》解曰："除了这些之外，对于我来说，难道还有什么别的事情要求我去努力做到的吗?”

方骥龄《论语新诠》解曰:“朱骏声《通训定声》称,‘我’字假借为‘义’字,‘何有于我哉’疑系‘何有于义哉!’孔子之意,出事公卿,入事父兄,丧事不敢不勉,不为酒困,皆应为之事,但不足以言义。如能进而求其为善,始足以言义。”

【“何有于我”勘正】

何有,除本章外,还有《乡党》:“子曰:‘惟酒无量,不及乱,何有于我哉?’”《述而》:“子曰:‘默而识之,学而不厌,诲人不倦,何有于我哉?’”《里仁》:“子曰:‘能以礼让为国乎?何有?’”《雍也》:“季康子问:‘仲由可使从政也与?’子曰:‘由也果,于从政乎何有?’曰:‘赐也可使从政也与?’曰:‘赐也达,于从政乎何有?’曰:‘求也可使从政也与?’曰:‘求也艺,于从政乎何有?’”《子路》:“子曰:‘苟正其身矣,于从政乎何有?’”

品味这些“何有”,似是“有何”的倒装用法,是用反问的语气表示“没有什么难的”。如今的孔子故里曲阜及鲁西南一带,在表示“某事不难”或“有能力有把握胜任某事”时,口语中常说:“这有啥?”意思是“这没啥”,“这种事算不得什么”。

孔子说:“出外服事公卿,进家服事父兄,丧事不敢不尽力,不被酒乱性,这些对我来说又算得了什么呢?”(或说:“这些对我来说又有什么难的呢?”)孔子认为,对自己来讲,做到这些是很平常的事。

清刘宝楠《论语正义》解曰:“何有,言不难有也。”钱穆《论语新解》译曰:“这些对我有何困难呀?”金池《〈论语〉新译》译曰:“这对我有什么困难呢?”黄怀信《论语新校释》译曰:“(这些)对我来说算什么呢?”吴丕《〈论语〉中的“何有”》(载《齐鲁学刊》1995年第6期)解曰:“对我来说有什么了不起呢?”

9.17　子在川上曰:“逝者如斯夫!不舍昼夜。”

【“逝者如斯夫”误解】

清刘宝楠《论语正义》解曰:“明君子进德修业,孳孳不已,与水相似也。《法言·学行篇》:‘或问进。曰水。或曰:为其不舍昼夜与?曰有是哉，满而后渐者，其水乎？'《法言》所谓进，与夫子言逝义同。逝者，往也，言往进也。"

日人伊藤维桢《论语古义》解曰："此言君子之德，日新而不息，犹川流之混混不已也。"

林觥顺《论语我读》解曰："逝者如斯夫：……夫是大丈夫，是成人。逝者如斯夫，是夫逝者，如斯！是说人一生，很快就会死亡，离开人世而去，有如此水之往下流。"

【"逝者如斯夫"勘正】

此句的字面意义是说：孔子在河岸看水时，感叹说："正在消逝的东西就像这流水，日夜不息地流去。"逝者，即流逝的东西，可以指时间光阴，可以指人的生命，也可以指世间一切事物。孔子此叹，警示人们珍惜时光，珍惜短暂的生命，珍惜世间难以恒存的事物。舍，止息。

汉郑玄《论语郑氏注》曰："言人年往如水之流行，伤有道而不见用也。"梁皇侃《论语义疏》曰："孔子在川水之上，见川流迅迈，未尝停止，故叹人年往去，亦复如此。向我非今我，故云逝者如斯夫者也……日月不居，有如流水，故云不舍昼夜也。"日人昭井一宅《论语解》曰："此语论学者可爱寸阴以诱之也，语与'日月逝矣，岁不我与'同。夫子之言天道，盖不过如此也，而又必为学者矣。"南怀瑾《论语别裁》曰："孔子的'逝者如斯夫，不舍昼夜'这句话，包括各方面很多意义，可以说孔子的哲学，尤其人生哲学的精华，都集中在这两句话中，它可以从消极的、积极的各方面看，看宇宙、看人生、看一切。"

9.18　子曰："吾未见好德如好色者也。"

【"好德如好色者"误解】

方骥龄《论语新诠》解曰："本章'好德'，似非爱好美德之谓，能举用贤能之人，任之以政治权位也。孔子必鉴于当时之国君及臣下，不知尚贤使能，故慨然言之。"

林觥顺《论语我读》解曰："子曰：'吾未见好德，如好色者也。'孔子说：'我尚未见识过有品德修为的人，会跟随在好色鄙夫的后面，丢人现眼。’”

孙钦善《论语本解》解曰：“色：有二解：一指女色，一指容态。按，喜好道德与喜好女色，似无关联，无缘类比。当以后一解为长，一般人喜好故作姿态，假装有德，而孔子历来嫉恨伪善，把表里如一的实际表现作为考察仁德的重要标准。……孔子说：‘我从未见过喜好实际道德像喜好装模作样一样的人。’”

【“好德如好色者”勘正】

正确的理解是：我未见喜好道德像喜好美色一样的人。孔子为何说出这样的话呢？魏何晏《论语集解》曰：“疾时人薄于德而厚于色也，故发此言也。”宋朱熹《论语集注》曰：“《史记》：‘孔子居卫，灵公与夫人同车，使孔子为次乘，招摇市过之。’孔子丑之，故有是言。”

明张居正《论语别裁》曰：“人若能以好色之心好德，则如《大学》所谓自慊而无自欺。推之以正心、修身、齐家、治国、平天下又何难哉？孔子此言，其勉人之意深矣。”杨伯峻《论语译注》译曰：“孔子说：‘我没有看见过这样的人，喜爱道德赛过喜爱美色。’”杨朝明《论语诠解》解曰：“本章孔子哀叹时人喜欢美色重于有贤德之人的现实，也表明了其本人的社会立场……孔子认为卫灵公表面上喜欢接近于有德之人，但实际上更喜欢美色。我们认为，深层次的原因还在于‘灵公与南子同车’并不符合古代的礼制……因此，孔子借此阐发自己的思想，并由此引发此叹息。”

古往今来，重德胜于重色者大有人在；但是，重色胜于重德者似乎更多，虽然有些人不愿承认这种说法，但这确是事实。

此语重出在《卫灵公》篇第13章。

9.19　子曰：“譬如为山，未成一篑，止，吾止也。譬如平地，虽覆一篑，进，吾往也。”

【“为山”、“平地”误解】

杨伯峻《论语译注》译曰：“孔子说：‘好比堆土成山，只要再加一筐土便成山了，如果懒得做下去，这是我自己停止的。又好比在平地上堆土成山，纵是刚刚倒下一筐土，如果决心努力前进，还是要自己坚持呵！’”

闫合作《论语说》译曰：“孔子说：‘好比造山，虽只差一筐土了，该停止，我就停止；好比在平地（堆山），虽才倒一筐土，该前进，我就继续。’”解曰：“该止则止，该进则进。堆土成山，这是一项很艰巨的工作，只剩下一筐土就堆成了，哪个人不为即将到来的成功而激动？在这激动的时刻，这一筐土不能再加了，你能否抑制住自己渴求成功的欲望，该止则止呢？很多在成功的辉煌中惨败的人，就是不知急流勇退，该止则止。他们无法抑制更大目标的诱惑，不知‘止’而惨败。……能做到‘该止则止’，还要做到‘该进则进’。有的人从事某事时，一开始就被吓住了。面对着要担土堆山这浩大的工程，很多人会吓得不敢迈出第一步。该进则进，没有第一步，就不会有第二步，永不会有成功的可能。”

【“为山”、“平地”勘正】

为山，堆土成山；平地，取土填平洼地。堆高山、平洼地，正相对取譬。孔子既然取两事作譬喻，绝不会前一事“堆土成山”，后一事还“在平地上堆土成山”。如果两喻都理解成“堆土成山”，那么，后者在“平地上”，而前者又会在什么地方？这样的解释让人费解。在这里，“为山”、“平地”对举，“为”、“平”是两个动词，“山”、“地”是两个名词，构成两个动宾词组。有劳动常识的人都知道：平地就是平整土地、填平洼地。这里，是指以土平洼地、平坑壕。孔子以“为山”、“平地”打比方的目的，是教人做事要持之以恒，以达最终成功；不要功亏一篑，半途而废。“吾止也”与“吾往也”相对，“往”，前进，是“一往直前地做下去”的意思。

宋朱熹《论语集注》解曰：“言山成而但少一篑，其止者，吾自止耳；平地而方覆一篑，其进者，吾自往耳。盖学者自强不息，则积少成多；中道而止，则前功尽弃。其止其往，皆在我而不在人也。”金池《〈论语〉新译》译曰：“孔子说：‘譬如用土堆山，只差一筐土未能完成，停止，是自己要停止的。譬如用土平地，即使只倒上一筐土，前进，是自己要前进的。’”王熙元《论语通释》解曰：“孔子藉积土成山、填平洼地的比喻，以见为学的成败在于自己，贵在持之有恒。”

9.22 子曰："苗而不秀者有矣夫！秀而不实者有矣夫！"

【"苗而不秀"、"秀而不实"误解】

汉郑玄解曰："不秀，喻项讬。不实，喻颜渊。"（引自《唐写本论语郑注》）

梁皇侃《论语义疏》疏曰："又为叹颜渊为譬也。万物草木有苗稼蔚茂，不经秀穗，遭风霜而死者。又亦有虽能秀穗，而值沴焊气，不能有粒实者，故并云有矣夫也。物既有然，故人亦如此，所以颜渊摧芳兰于早年矣。"

【"苗而不秀"、"秀而不实"勘正】

孔子说："长苗而不开花吐穗的有吧！开花吐穗而不结果实的有吧！"此以植物喻人，勉人学而至于成。古来很多学者认为此章喻颜渊，欠妥。颜渊不是"苗而不秀"、"秀而不实"者，他虽然早死，但他是"既开了花，也结了果"的：他在众弟子中一枝独秀，屡受孔子称赞，成了德行学问之典范，被后世尊为复圣。虽早逝（41岁逝世），但属于有成就者。再者，与上下几章联系起来看，反映了一个大主题——勉学、勉进：本篇第17章勉人珍惜时光；第19章勉人持之以恒，莫功亏一篑；第20、21章夸赞颜渊不怠惰、进取不止；第23章慨叹"后生可畏"，警示人们年轻时要加倍努力，早有建树，早闻于世。细体味，理解为"勉人学而至成"要比理解为"喻颜渊早逝"更符合文意。再说了，"早逝"亦非个人所能左右。将"早逝"比作"秀而不实"也不适当——植物各有各自的特性，有些植物确实是只开花不结果的，无论它怎样努力，也是结不了果实的。人则不然，只要自勉努力，定会有所成就。

宋侯仲良曰："苗而不秀，喻质美而不学者也。秀而不实，喻学而不至于道者也。"（引自蔡节《论语集说》）清朱亦栋《论语札记》解曰："此章乃夫子恶莠之词，谓夫实发实秀实颖实栗，苗则未有不秀，秀则未有不实者。苗而不秀，秀而不实，非苗也，其莠也，故曰'苗而不秀者有矣夫，秀而不实者有矣夫'。此语极有涵蓄，以之喻人亦可，以之喻学亦可，而以喻颜子之夭折则非矣。"安德义《论语解读》曰："本章是孔子谈善始善终。苗而秀，秀而实，循序而进，有始而有终；苗而不秀，秀而不实，循序而不进，有始而无终。孔子批评那些能善始而不能善终、半途而废者……孔子所言当系人生之至理，无须孜孜以求解。”

9.23 子曰：“后生可畏，焉知来者之不如今也？四十、五十而无闻焉，斯亦不足畏也已矣。”

【“后生可畏”误解】

清刘宝楠《论语正义》解曰：“‘后生可畏’，谓生质独美也。‘不如今’，谓不如今日之可畏也。人少时有聪慧，为人所畏。至年壮老，学力复充，故人常畏服之。”

闫合作《论语说》译曰：“后生可畏，怎知将来的学识不如现在呢？四十五十而无闻，这也不值得担心。”

韩府《“后生可畏”新解》（载《孔子研究》1996年第4期）解曰：“‘生’，指的是生命，‘后生’指的是以后的时光、未来的光阴、尚未到来的生命和生活。从今以后的有生之年皆可称作‘后生’。对于‘畏’字的理解也很重要。这里用的是‘畏’的引申义，前一个‘畏’字取其不可小瞧、不可低估、不可忽视的意思。后一个‘畏’字也用的是引申义，意谓失望、气馁、恢心……一个人的未来的光阴是不可低估和忽视的，怎么能断定以后一定不如现在呢？”

【“后生可畏”勘正】

孔子说：年轻人是可怕的（也可说作“是可敬畏的”），怎么能知道后来者（指后生）不如今天的我们呢？年轻人来日方长，随着社会文明的进步，他们的学识能力也随之增强，在很多方面会超越前人。俗语云：长江后浪推前浪，一代更比一代强。这是历史的必然。孔子所说的“可畏”，并非真的害怕，他胸怀博大，本意是期望后生超越今人的。他用“可畏”的字眼儿，目的是警示人们要有一种紧迫感，激励人们要加倍努力，早出成就，早声闻于世，争取在成就上不让后生超过。

下句是说：一个人如果到了四五十岁还没什么成就声望，那他也就没有什么可怕的了。这是说，大部分人的成就、声望是在青壮年时期获得的；一般来讲，青壮年时期没什么建树，这个人一生也就没多大出息了。然凡事不能一概而论，也不乏大器晚成者，但较少。早晨的时光是最可宝贵的，且莫期待傍晚的光景。

9.24 子曰："法语之言，能无从乎？改之为贵。巽与之言，能无说乎？绎之为贵。说而不绎，从而不改，吾末如之何也已矣。"

【"法语之言"误解】

梁皇侃《论语义疏》解曰："言彼人有过失，若我以法则语之，彼人闻法，当时无不口从而云止，当不敢复为者也，故云能无从乎。"

清俞樾《论语平议》解曰："法语之言一句中语字、言字叠用，甚为不辞，殆经师失其读也。此当以'法语之'为句，'巽与之'为句。皇侃《义疏》解'与命与仁'曰'与者，以言语许与之也'，此云巽与之，其义与彼同。两言字并属下读，皆语辞也。……此文曰'言能无从乎'、'言能无说乎'，谓以法度语之则必从，以巽顺与之则必说也。学者误以为言语之言，失其义，因失其读矣。"

钱穆《论语新解》解曰："法，法则义。语，告诫义。谓人以法则告诫之辞正言相规。"

富金璧《论语新编译注》解曰："语，上古音鱼韵疑母上声；与，鱼韵喻目上声。二字仅声母小异。疑'语'读为'与'，则义或可通。"译曰："严正地与他谈话，能不听从吗？改错才可贵。温顺地与他谈话，能不高兴吗？悔过才可贵。"

【"法语之言"勘正】

法语，合乎礼法的言语。《辞源》释"法语"曰："合于礼法的话。《论语·子罕》：'法语之言，能无从乎？'"《汉语大词典》释"法语"曰："合乎礼法的言语。《论语·子罕》：'法语之言，能无从乎？'邢昺疏：'以礼法正道之言告语之。'"此语是说：合乎礼法的话，能不遵从吗？遵从并改正其自身缺点，是可贵的。

"语"是名词，有些注家误释为动词，如梁皇侃《论语义疏》解作"我以法则语之"，宋朱熹《论语集注》解作"法语者，正言之也"，清陈浚《论语话解》解作"法是正经，语是说"，清俞樾《论语平议》解作"以法度语之"，钱穆《论语新解》解作"法，法则义。语，告诫义"。这么解释，则与"巽与之言"不谐。

俞樾主张“当以‘法语之’为句，‘巽与之’为句”，我们认为还是“法语之言”、“巽与之言”连读顺畅。至于“法语之言”“不辞（不合乎修辞）”之嫌，不应怪“经师失读”，应怪今人对孔子时代语言习惯的不适应。那时“法语”、“法言”（合乎礼法的语言）常常连说，凝固性很强，因此，我们应将其看作固定的双音词，不容拆分。再者，孔子说作“法语之言”，盖也考虑到与下句“巽与之言”相谐的问题。有些古语，后人是不便直译的，若强而译之，将“法语之言”译为“合乎礼法的语言的语言”，实无必要，就理解为“合乎礼法的语言”，则很恰当。

【“巽与之言”误解】

钱穆《论语新解》解曰：“巽，恭顺义。与，许与义。谓人以恭顺许与之辞婉言相劝。”

萧民元《论语辨惑》解曰：“拍马或并不实在的话（巽言）。”

【“巽与之言”勘正】

巽与，同“法语”一样，也应看作一个词，义为“顺从，附和”。“巽与之言”，即顺从附和的话。《汉语大词典》释“巽与”曰：“顺从，附和。《论语·子罕》：‘巽与之言，能无说乎？绎之为贵。’朱熹集注：‘巽言，无所乖忤，故必说。’”

孔子告诫人们，听了顺从附和的话，不要只顾高兴，要寻绎分析，做出理智恰当的取舍。能对“巽与之言”进行寻绎分析者，才是可贵的。金池《〈论语〉新译》译曰：“孔子说：‘符合礼的话，能不听从吗？（既然听从，按礼的要求）改正错误才是可贵的。顺耳好听的话，听了能不高兴吗？（但只有）分析（其真伪是非）才是可贵的。’”

9.27　子曰：“衣敝缊袍，与衣狐貉者立而不耻者，其由也与？‘不忮不求，何用不臧？’”子路终身诵之。子曰：“是道也，何足以臧？”

【“不忮不求，何用不臧”误解】

日人昭井一宅《论语解》解曰：“忮者，骤怒之意也。”

程石泉《论语读训》解曰：“臧者，足也，成也。意谓如不忮（不忮慕他人）不求（不贪求无厌），则无不足之感矣。”

闫合作《论语说》将“何用不臧”译作：“何用不藏。”将“是道也，何足以臧？”译作：“这是传道啊，何必要藏呢？”

【“不忮不求，何用不臧”勘正】

忮，音 zhì，嫉恨、嫉妒。《辞源》释“忮”曰：“嫉恨。《诗·邶风·雄雉》：‘不忮不求，何用不臧。’《传》：‘忮，害。’”《汉语大字典》释“忮”曰：“嫉妒；嫉恨。”

臧，善、好。《辞源》释“臧”曰：“善。《诗·邶风·雄雉》：‘不忮不求，何用不臧。’《书·盘庚上》：‘邦之臧，惟汝众；邦之不臧，惟予一人佚罚。’”《汉语大字典》释“臧”曰：“《说文》：‘臧，善也。’《尔雅·释诂上》：‘臧，善也。’”

孔子引《诗》赞美子路：不嫉妒，不贪求，为什么不好？下句又说“何足以臧”，孔子认为“不忮不求”只是为人之道的一个方面，仅仅做到这一点还远远不够（不足以臧），要向“道”的更完美处追求，才能达于至善。

9.29　子曰：“知者不惑，仁者不忧，勇者不惧。”

【“知者不惑，仁者不忧”误解】

宋邢昺《论语注疏》解曰：“仁者知命，故无忧患。”

闫合作《论语说》解曰：“不惑，是指有自己的行事标准，不随意变动，并非疑惑。”

【“知者不惑，仁者不忧”勘正】

孔子说：“有智慧的人不迷惑，有仁德的人不忧愁，有勇气的人不畏惧。”智者明达，不容易被迷惑。仁者爱人，胸怀天下，存公心，尚施予，以立人、达人为乐，很少考虑个人得失，安贫乐道，胸怀坦荡，乐观向上，故无忧也。

宋邢昺“仁者知命，故无忧患”的说法，虽有一定道理，但有些偏狭。孔子既然说“仁者”，就应着重从德行上来把握。倘若只知命，而仁德欠缺，就容易导致宿命论，遇到困顿挫折，容易消极处世，怨天尤人，则难以做到“不忧”。

9.30 子曰：“可与共学，未可与适道；可与适道，未可与立；可与立，未可与权。”“唐棣之华，偏其反而。岂不尔思？室是远而。”子曰：“未之思也，夫何远之有！”

【“可与立，未可与权”误解】

唐韩愈、李翱《论语笔解》解曰：“权者，经权之权，岂轻重之权耶？吾谓正文传写错倒。当云‘可与共学，未可与立。可与适道，未可与权’，如此则理通矣。”

林觥顺《论语我读》解曰：“权：就是权柄、权力、权势、权位、权威，是所以掌控而竖立的权衡能量。”

【“可与立，未可与权”勘正】

权，权变。《辞源》释“权”曰：“变通，机变。常与经相对。古称道之至当不变者为经，反经合道为权。《公羊传·桓十一年》：‘权者何？权者反于经，然后有善者也。’《孟子·离娄上》：‘嫂溺援之以手者，权也。’”

权即变通、机变。道，适于万事万物，而且是在发展变化着的，要想很好地把握道、遵循道、践行道，必须具备高度的权变能力。遵道、行道，既要有“原则性”，还要有“灵活性”，不可死板僵化。孔子要求，立于道之后，应能灵活地用道行道。做到这一步最难，故放到最后。“未可与权”，即未必可以和他一起达到权变的地步，也就是杨伯峻《论语译注》所译：“未必可以同他一道通权达变。”

李泽厚《论语今读》曰：“‘经’与‘权’是孔学一大问题，我以为译为‘原则性’与‘灵活性’最贴切。”彭亚非《论语选评》曰：“孔子为什么要将‘权’作为求道的最高境界呢？因为权和中庸之德一样，都是要在千变万化的不确定性中掌握住道德和信念的分寸。这不能靠主观任意的一时灵感和机智来达到，而只有对自己的信念和所学之道有足够深刻和圆融贯通的理解，才能在任何情况下既坚持原则、固守根本，又能因时制宜、因地制宜，事事做到恰如其分。”

针对韩愈、李翱“正文传写错倒”的说法，程树德《论语集释》按曰："《韩李笔解》以此章为错简，……然余考《淮南子·氾论训》引孔子曰：'"可以共学矣，而未可以适道也；可与适道，未可以立也；可以立，未可与权。"权者，圣人之所独见也。故忤而后合者谓之知权，合而后舛者谓之不知权。不知权者，善反丑矣。'高诱注云：'适，之也。道，仁义之善道。立，立德，立功，立言。权，因事制宜。权量轻重，无常形势，能合丑反善，合于宜适，故圣人独见之也。'此汉儒相传经训如此，《笔解》之说，不足据也。"

乡党第十

10.1　孔子于乡党，恂恂如也，似不能言者。其在宗庙朝庭，便便言，唯谨尔。

【“恂恂”误解】

宋朱熹《论语集注》解曰：“恂恂，信实之貌。”

清戴望《戴氏论语注》注曰：“恂恂，退让貌。”

李零《丧家狗——我读〈论语〉》解曰：“‘恂恂’，同恂恂，音xúnxún，是不善言辞的样子。”

【“恂恂”勘正】

恂恂，音 xúnxún，形容人恭顺、谨慎。《辞源》释“恂恂”曰：“恭顺貌。”《汉语大词典》释“恂恂”曰：“温顺恭谨貌。《论语·乡党》：‘孔子于乡党，恂恂如也，似不能言者。’陆德明《释文》：‘恂恂，温恭之貌。’《汉书·李广苏建传赞》：‘李将军恂恂如鄙人，口不能出辞。’”汉郑玄《论语郑氏注》解曰：“恂恂，恭慎貌。”魏王肃《论语王氏义说》解曰：“恂恂，温恭貌也。”

孔子在乡里，由于恭顺谨慎，所以说话较少，让人看上去“似不能言者”。下文的“唯谨尔”，进一步突出强调了孔子无论在何种场合，都是十分注意恭谨的。为人恭谨，是一大优点，既可反映出一个人的修养，也可使人际关系和谐，以免招惹是非。孔子主张“君子欲讷于言而敏于行”（《里仁》）、“敏于事而慎于言”（《学而》）、“仁者，其言也讱”（《颜渊》）、“非礼勿视，非礼勿听，非礼勿言，非礼勿动”（《颜渊》），而自己的“恂恂如也，似不能言者”之表现，恰恰是在践行自己的主张。

“误解”中所列的三家的注解尽管含义上有些近似，但都不够准确到位。

【“便便”误解】

宋张栻《南轩论语解》解曰：“便便，于事敬肃也。”

清陈浚《论语话解》解曰：“便，旁连反。……便便是详细。”

李零《丧家狗——我读〈论语〉》解曰：“‘便便’，同辩辩，这里读 biànbiàn，不读 piánpián，和上‘恂恂’相反，是能言善辩的意思，《史记·孔子世家》引此，正作‘辩辩’。”

【“便便”勘正】

便便，音 piánpián，《辞源》和《汉语大词典》释义分别为“形容善于辞令”、“形容言语明白流畅”。《辞源》释“辩”曰：“通‘便’。”释“辩辩（piánpián）”曰：“善于辞令，侃侃而谈。”马国翰辑《论语古注·古论语》此语作“其于宗庙朝廷，辩辩言，唯谨尔”，说明“便便”与“辩辩”通用。

上句“似不能言”，是孔子在乡里的表现：虽博学，很有口才，但在乡亲们面前不卖弄；下句“便便言”，与上句“似不能言”对言，是说孔子并非“不能言”，而是看在什么场合。宗庙朝廷是宣礼论政之处，需要善于辞令者，所以孔子“便便言”。虽“便便言”，但他十分注意以“谨慎”约束自己，做到言辞得体，讲究语言效果。

李零主张“便便”“读 biànbiàn，不读 piánpián”。但《说文解字》徐铉据《唐韵》注音为“房连切”，《广韵》注音为“房连切”，《集韵》注音为“毗连切”，《辞源》和《汉语大词典》均注音为“piánpián”。再者，“便佞”一词，义为巧言善辩，阿谀逢迎，其“便”字，《辞源》、《汉语大词典》也皆注音为 pián。可见，读 pián，是。

10.2 朝，与下大夫言，侃侃如也；与上大夫言，訚訚如也。君在，踧踖如也，与与如也。

【“侃侃”、“訚訚”误解】

辜鸿铭《辜鸿铭讲论语》讲曰：“孔子同低级官员聊天的时候，显得坦诚直率；而同高级官员谈话的时候，显得胸有成竹。”

蒋沛昌《论语今释》解曰："侃侃如——侃侃然，从容不迫的样子。訚訚如——訚訚然，说话态度温和，有条有理的样子。"

何新《论语新解——思与行》注曰："訚，读瘖。哑也。"译曰："（孔子）上朝，与下大夫交谈，侃侃而谈；与上大夫交谈，沉默寡言。"

【"侃侃"、"訚訚"勘正】

侃侃，汉孔安国《论语孔氏训解》曰："和乐貌也。"《玉篇》也释为"和乐貌"。《先进》篇"冉有、子贡，侃侃如也"，与此义同。訚訚，音 yínyín。《说文解字》："訚，和说而诤也。"即和悦而正直地争辩。《玉篇》："訚，和敬貌。"即谦和而恭敬的样子。《先进》篇"闵子骞侍侧，訚訚如也"，与此义同。取"谦和恭敬"之解，更符合孔子对上大夫之态度。

元陈天祥《四书辨疑》曰："侃、訚二字各有两训，《玉篇》诸韵皆同。'侃'字一训和乐貌，又训彊直。'訚'字一训中正之貌，又训和。然须观其用处，各有所宜。朝廷官府之间待下宜宽容，事上宜严谨。以强直待下则几于不容，以和乐事上则几于不谨。今与下大夫言则用刚直，与上大夫言则用和悦，于上下之交诚为未顺。又诤之为义乃极谏也，必须遇有违礼害义之重事，不得已而用之，寻常语话间岂容有诤邪？……旧说'侃侃，和乐之貌'，'訚訚，中正之貌'。南轩引侯氏之说曰：'訚訚，中正而敬也。侃侃，和乐而敬也。'二说意同，今从之。"

此章是说，孔子上朝的时候，与下大夫交谈，温和而喜悦；与上大夫交谈，谦和而恭敬。君主在朝的时候，心里虽有些恭谨不安，但举止仍然是威仪适度。

【"踧踖"、"与与"误解】

刘兆伟《论语通要》解曰："与与，精神专注、毫不松懈。"

李君明《论语引读》解曰："踧踖：恭敬而稳重站立的样子。与与：小心谨慎、顺从地说。"

杨润根《发现论语》解曰："踧：自然优雅的行走，自然优雅的举止。踖：以自然的、通常的、习惯的、一如既往的姿态行走。与与如也：随和的、合群的、恭敬而有礼的样子。"

【“踧踖”、“与与”勘正】

踧踖，音 cùjí，恭谨不安貌。《广韵》：“踧，踧踖，行而谨敬。”《正字通》：“踧，踧踖，恭谨不安貌。”《汉语大词典》：“踧踖：恭敬而不安的样子。《论语·乡党》：‘君在，踧踖如也。’《后汉书·东平宪王苍传》：‘臣惶怖战慄，诚不自安，每会见，踧踖无所措置。’”

与与，音 yùyù，本形容植物繁盛，如《诗·小雅·楚茨》：“我黍与与，我稷翼翼。”郑玄笺：“黍与与，稷翼翼，蕃庑貌。”用来形容人，指威仪合度。孔子当着君王面，心里虽有些恭谨不安，但威仪仍然适度，举止自然得体。

汉马融《论语马氏训说》曰：“踧踖者，恭敬貌也。与与者，威仪中适之貌也。”宋朱熹《论语集注》曰：“踧踖，恭敬不宁之貌。与与，威仪中适之貌。”

10.3　君召使摈，色勃如也，足躩如也。揖所与立，左右手，衣前后，襜如也。趋进，翼如也。宾退，必复命曰：“宾不顾矣。”

【“色勃如”误解】

汉郑玄解曰：“勃，矜庄貌。”（引自清黄奭辑《逸论语注》）

林觥顺《论语我读》解曰：“色，勃如也：色，孔安国注必变色。笔者以为是仪容表情要和颜悦色比较简单明了。勃如也是如勃也，倒笔修饰法。勃，从力从孛，是力排万难，力是精气合而有筋力。孛，篆文会意是草木多子，是物盛繁茂。勃如也应该是如孛也，是和颜悦色兴緻孛孛不衰。”

杨润根《发现论语》译曰：“在孔子受国王之召而主持接待外宾的工作期间，他表现得朝气蓬勃、精神饱满、精力充沛，他的步伐也显得迅速敏捷而又坚定有力。”

【“色勃如”勘正】

勃，是“突然”、“勃然”的意思。色勃如，即“勃然变色”之义。《辞源》：“勃：（1）突然。《庄子·知北游》：‘注然勃然，莫不出焉。’（2）兴起。见‘勃然’。（3）变色。《孟子·告子下》：‘慎子勃然不悦。’”《汉语大词典》释“勃”曰：“（1）猝然，忽然。《庄子·天地》：

‘荡荡乎忽然出，勃然动。’（2）变色貌。《论语·乡党》：‘君召使摈，色勃如也。’何晏集解引孔安国曰：‘必变色。’”此语应和本篇第4章“过（君）位，色勃如也，足躩如也”、第5章“勃如战色，足蹜蹜如有循”、第25章“有盛馔，必变色而作。迅雷风烈，必变”联系起来理解。

下句“躩如”，疾行貌。此是描写，君召使摈，孔子容色立刻变得恭敬庄重起来，脚步也快了起来。这与本篇第20章所描述的“君命召，不俟驾行矣”（国君召唤，孔子不等待车马驾好，就立即先步行奔赴）相一致。

梁皇侃《论语义疏》疏曰：“既召己接摈，故己宜变色起敬，故勃然如也。”宋朱熹《论语集注》注曰：“勃，变色貌。”金池《〈论语〉新译》注曰：“色勃如：脸色立刻庄重起来。”李泽厚《论语今读》译曰：“国君命他迎接外宾，面色马上变得庄重，起步快速。”

【“衣前后，襜如也”误解】

方骥龄《论语新诠》解曰：“《说文》：‘衣，依也。’本节‘衣前后’，疑当作‘依前后’解。谓来宾前后左右而来，孔子迎宾，亦必依其前后左右而一一迎之如仪，无失礼之处。襜如，秩然有序也，记孔子作摈，毫无慢待来宾之处，似非衣服之飘动或衣整貌。”

金池《〈论语〉新译》解曰：“衣（yì易）：动词，穿（衣服），这里指提起（长袍）。襜（chān掺）：短衣，这里指礼服像缩短了一样。”

何新《论语新解——思与行》解曰：“前后，俯仰的意思。襜，展也。”

【“衣前后，襜如也”勘正】

襜如，形容衣服前后摆动整齐。《汉语大词典》释“襜如”曰：“（衣服前后摆动）整齐的样子。《论语·乡党》：‘揖所与立，左右手，衣前后，襜如也。’朱熹集注：‘襜，整貌。’钱穆新解：‘襜如，整貌。衣裳摆动而不乱也。’”

襜，音chān，本义是遮至膝前的短衣，即围裙。“襜”加“如”字为“襜如”，便是在描述动作。孔子作揖时，身体俯仰，衣服随之前后摆动，整齐不乱，形容容仪严整，动作舒展大方有节奏。

汉郑玄《论语郑氏注》曰：“一俯一仰，故衣前后，则襜如也。”梁皇侃《论语义疏》曰："既半回身，左右回手，当使身上所著之衣必襜襜如有容仪也。故江熙云：'揖两手，衣裳襜如动也。'"宋朱熹《论语集注》曰："襜，整貌。"清康有为《论语注》曰："襜，动而整貌。"

10.4　入公门，鞠躬如也，如不容。立不中门，行不履阈。过位，色勃如也，足躩如也，其言似不足者。摄齐升堂，鞠躬如也，屏气似不息者。出，降一等，逞颜色，怡怡如也。没阶，趋进，翼如也。复其位，踧踖如也。

【"摄齐"误解】

金池《〈论语〉新译》解曰："摄齐（shèjí 社及）：同'拾级'，逐步登台。"

林觥顺《论语我读》解曰："摄齐升堂：摄，许慎云引持，是引进而之，凡摄有整饬义，如摄政是整饬政教。摄齐升堂，是衣冠整齐升堂。"

杨润根《发现论语》解曰："摄齐：挎着腰带，扎紧腰围，以使衣着显得干练整齐。挎着腰带，这是身穿礼服时的一种装束，因为那时的礼服本身都配有腰带（当然这种礼服是长礼服）。"

【"摄齐"勘正】

摄，提起、牵引。齐，音 zī，衣下缝。《辞源》释"摄齐"曰："古时穿长袍，升堂时提起衣摆，防止跌倒，表示恭谨有礼。《论语·乡党》：'摄齐升堂，鞠躬如也。'齐，衣下之缝。通'齌（zī）'。"

汉孔安国《论语孔氏训解》曰："衣下曰齐。摄齐者，抠衣也。"宋朱熹《论语集注》曰："齐，音咨。摄，抠也。齐，衣下缝也。礼：将升堂，两手抠衣，使去地尺，恐蹑之而倾跌失容也。"杨伯峻《论语译注》注曰："摄齐——齐音咨 zī，衣裳缝了边的下襬；摄，提起。"译曰："提起下襬向堂上走，恭敬谨慎的样子，憋住气好像不能呼吸一般。"

10.5　执圭，鞠躬如也，如不胜。上如揖，下如授。勃如战色，足蹜蹜如有循。享礼，有容色。私觌，愉愉如也。

【"上如揖，下如授"误解】

林觥顺《论语我读》解曰："上如揖：升阶入庙门，两手执圭当胸有如揖拜。下如授：出，降阶序从之，授。聘礼云：执幣者依次第从随。如的本义从随。”

杨润根《发现论语》注曰：“授：伸出自己的手，与人握手。”译曰：“当他到达谈判会议的场所，他彬彬有礼地向对方的外交使节们打胸致意；当他离开谈判会议的场所，他也彬彬有礼地与对方的外交使节握手言情。”

【“上如揖，下如授”勘正】

这是说孔子执圭时双手所把握的位置，即向上举好像作揖，向下落好像授物给人。

宋朱熹《论语集注》曰：“上如揖，下如授，谓执圭平衡，手与心齐，高不过揖，卑不过授也。”清江永《乡党图考》曰：“古之揖，如今人与人相拱手，有高、平、下之别。孔子执圭上如揖，与天揖推手小举者相似，此不过平衡也。”程石泉《论语读训》曰：“并言执圭时之动作，举圭时以左右手捧之故‘如揖’；执圭时应平衡于胸部谓之‘授’。”孙钦善《论语本解》曰：“是说执圭的上下位置。执圭一般与心平，上位如拱手的位置，下位如以手授物的位置。过高过低则失敬。”

此章的正确理解是：孔子出使邻国，执持国君授予的玉圭，弯着身子，好像重得力不能胜。向上举时把握到作揖的位置，向下落时把握到授物给人的位置。神色庄重不安，战战兢兢，脚步很小，踵趾相接，好像沿着一条线行走。举行享礼的时候，一片盛情，和颜悦色。私下相见的时候，则是轻松愉快的样子。

10.6 君子不以绀緅饰，红紫不以为亵服。当暑，袗絺绤，必表而出之。缁衣，羔裘。素衣，麑裘。黄衣，狐裘。亵裘长，短右袂。必有寝衣，长一身有半。狐貉之厚以居。去丧，无所不佩。非帷裳，必杀之。羔裘玄冠不以吊。吉月，必朝服而朝。

【“绀緅饰”误解】

闫合作《论语说》译曰：“君子不用黑色的料子作镶边，不用浅红色和紫色的料子作便服。”

方骥龄《论语新诠》解曰：“《说文》：‘饰，刷也，从巾从人，食声。’徐有珂‘释饰’（见《说文解字诂林》三四二七）疑为人食时所用之巾而佩之于身者，因引伸为容饰之饰耳。凡饮食器皿皆可拭，饮食之际，手口亦宜拭，故《释名》云：‘饰，拭也。’《释文》饰本作拭。《说文》又云：‘㕞，拭也。’足证‘饰’‘㕞’‘拭’三字皆通。古人用佩巾为拭，犹今日宴会时之必有餐巾，不特拭器皿，亦所以拭口手。如以天青色燕青色之布为巾，不足以鉴别饮食器皿之洁净与否，故不用，乃卫生之道。本节谓‘君子不以绀緅饰’者，即为此故。非为色之正不正，亦非上衣之缘饰也。”

【“绀緅饰”勘正】

此语是说：君子不用深青透红颜色的布做衣服的镶边。

绀，天青色；深青透红之色。《说文解字》：“绀，帛深青扬赤色。”《玉篇》：“绀，深青色。”《辞源》：“绀，天青色，深青透红之色。《论语·乡党》：‘君子不以绀緅饰。’《庄子·让王》：‘子贡乘大车，中绀而表素。’”《汉语大词典》所释与《辞源》相同。

緅，青赤色。《说文解字·新附》：“緅，帛青赤色也。”《玉篇》：“緅，深赤色。”《辞源》：“緅，深青透红的颜色。《论语·乡党》：‘君子不以绀緅饰，红紫不以为亵服。’《周礼·考工记·画缋》：‘三入为纁，五入为緅。’注：‘染纁者，三入而成，又再染以黑则为緅。’”《汉语大词典》所释与《辞源》相同。

饰，装饰、修饰。《汉语大词典》解作“给衣领、衣袖滚边”。

杨伯峻《论语译注》曰：“绀音赣，gàn；緅音邹，zōu；都是表示颜色的名称。‘绀’是深青中透红的颜色，相当今天的‘天青’；‘緅’是青多红少，比绀更暗的颜色，这里用‘铁灰色’来表明它。‘饰’是滚边，镶边，缘边。古代，黑色是正式礼服的颜色，而这两种颜色都近于黑色，所以不用来镶边，为别的颜色作装饰。”孙钦善《论语本解》解曰：“绀（gān 干）：稍微带红的黑色，即后世所称的天青、红青。緅（zōu 邹）：也是带红的黑色，比绀黑多红少，颜色更暗。饰：领、袖的缘边。绀緅皆近于古时礼服之黑色，故不能做缘边。”

【“红紫不以为亵服”误解】

杨润根《发现论语》解曰：“亵：工作（‘执’）时所穿的衣服（‘衣’），这种衣服往往不仅会为工作所涂染，而且也会为工作所撕裂。”

译曰："红色和紫色这两种鲜艳豪华的色彩的衣服也不应作为自己在日常工作中穿戴的衣服。"

【"红紫不以为亵服"勘正】

亵服，便服。《辞源》："亵服，古人在家穿的便服。《论语·乡党》：'君子不以绀缬饰，红紫不以为亵服。'注：'亵服，私居服，非公会之服。'"便服不用红紫色，因红紫属贵重之色，用于朝廷等公共场合。孔安国"红紫，间色不正"说值得商榷。

杨伯峻《论语译注》曰："古代大红色叫'朱'，这是很贵重的颜色。'红'和'紫'都属此类，也连带地被重视，不用为平常家居衣服的颜色。"孙钦善《论语本解》曰："红紫，皆为贵重的正服之色。亵服：平常家居的衣服。"译曰："君子不用绀色缬色作衣领衣袖的边饰，红色紫色不用来做家常衣服。"

【"表而出之"误解】

宋朱熹《论语集注》解曰："表而出之，谓先著里衣，表絺绤而出之于外，欲其不见体也。"

杨润根《发现论语》注曰："表：让肉体充分展露在衣服之外。"解曰："当夏暑来临，应该穿细麻布或粗麻布制成的单衣，并且穿着的单衣必须能够使身体的许多部位充分地坦露出来。"

【"表而出之"勘正】

袗，单衣。絺，音 chī，细葛布。绤，音 xì，粗葛布。《说文解字》："表，上衣也。"《玉篇》："表，衣外也，上衣也。""表而出之"，"表"名词动用，指"外加上衣"。《庄子·让王》："子贡乘大马，中绀而表素。"

此语是说：暑天，穿葛布单衣，如果外出，一定外加上衣。

梁皇侃《论语义疏》解曰："表，谓加上衣也。古人冬则衣裘，夏则衣葛也。若在家，则裘葛之上亦无别加衣，若出行接宾，皆加上衣。当暑虽热，絺绤可单，若出不可单，则必加上衣也。故云必表而出也。"清俞樾《群经平议》："'加上表衣然后出之'，则非如近解所谓'表絺绤而出之于外'也。'出之'二字连文，之，往也，出之者，出往他所也。居家可单衣絺绤，若其出而他往，必加表衣，故曰‘必表而出之’。”方骥龄《论语新诠》曰：“袗为单衣，犹今之衬衫。袗用絺绤，取其凉爽。惜乎透明露体，在内室犹可，如欲见客，必表而出之矣。表为上衣，犹今日不当服汗衫而延见宾客是也。”

【“亵裘长，短右袂”误解】

清俞樾《群经平议》解曰：“左右两袂必无一长一短之理，短右袂者，卷之使短也。亵裘长，则袂亦长，于作事不便，故卷右袂使短，是谓‘短右袂’。”

清胡绍勋《四书拾义》：“据《说文·口部》‘右，助也。从又口’，《又部》亦有‘右’字，解义略同。古有‘右’字，无‘佑’字，今人复制‘佑’字，因以‘右’为右手之‘右’，而不知右手之‘右’古止作‘又’，犹左手之‘左’古止作‘ナ’也，言又可兼ナ。《说文》‘又，手也，象形’，单言手不言右手者，明又为两手之统词，不分ナ又……窃意‘右袂’之‘右’，当读为‘又’，自‘又’转为更然之词，而‘又’字之本义遂晦。右本从又声。‘右袂’之‘右’即‘又’之同音借字……袂独短者，或较礼服之裘稍短，或因亵裘之长而适形其短。孔《注》泥于‘右’字立说，遂使后人疑夫子衣不中度，故详辨之。”

方骥龄《论语新诠》解曰：“‘右袂’，古右字通又字，《说文》：‘又，手也。’单言右不言右手者，明又为两手之统词。故本节所谓‘右袂’，即手袂或左右袂，指左右二衣袖言。‘短右袂’，两袂皆缺少，亦即今人所谓背心是也。‘亵裘’，皮背心也。皮裘而多二袂则为皮襖，家居服此，殊不便于工作，故无之，以别于正式之礼服；背心可服之于外，取其便利，亦所以有别于上朝时之必须有袖有外衣之礼服，故称之曰亵裘耳。”

程树德《论语集释》引曰：“《谭经菀》曰：‘一说“右”当作“有”，古字通用。’按：此节文极可疑，两袖一长一短，绝无此理。作‘有’义为长，且与上下节‘必有寝衣’文亦一律。”

程石泉《论语读训》解曰：“依文理‘短右袂’殊不近情，未有着衣一袂长而另袂短者。恐因形近，‘其’误为‘右’。”

刘兆伟《论语通要》解曰：“笔者以为‘袂’于此可能应解作‘襟’。中国古代生活中所穿的衣服右襟是小襟，比较短小，左边是大襟，盖住前身，压住小襟，于右侧系带。”

【“亵裘长，短右袂”勘正】

此句争议较大，多认为裘袖一长一短，与理难通。若从方便做事言，是合理的。北方某些地区以及草原牧民，其裘衣“短右袂”之习俗至今尚存。

汉孔安国《论语孔氏训解》曰：“私家裘长，主温也。短右袂，便作事也。”宋朱熹《论语集注》曰：“长，欲其温。短右袂，所以便作事。”杨伯峻《论语译注》注曰：“亵裘长——亵裘长为着保暖。古代男子上面穿衣，下面穿裳（裙），衣裳不相连。因之孔子在家的皮袄就做得比较长。短右袂——袂 mèi，袖子。右袖较短，为着做事方便。有人认为衣袖一长一短，不大好看，孔子不会如此，于是对这一句别生解释，我认为那些解释都不可信。”黄怀信《论语新校释》曰：“亵裘，平时居家所穿之裘。袂，音妹，衣袖。长取暖，短取便。”李泽厚《论语今读》译曰：“在家穿的皮衣长一些，但右袖短一些。”杨朝明《论语诠解》曰：“在家闲居时所穿的皮袍做得很长，而右袖较短是为了方便。”

清俞樾解“短右袂”为“卷之使短”，属想当然之说。胡绍勋、方骥龄解“右”为“又（手）”，甚为牵强。程树德据《谭经菀》认为“作‘有’义为长”，程石泉认为“恐因形近，‘其’误为‘右’”，刘兆伟认为“‘袂’于此可能应解作‘襟’”，皆缺乏令人信服的文献依据。

【“狐貉之厚以居”误解】

方骥龄《论语新诠》解曰：“《释名·释言语》：‘厚，后也，徐青人言厚为后也。’然则‘厚’‘后’二字相通。本节所谓狐貉之厚，当为狐尾。”

杨润根《发现论语》解曰：“狐貉，厚以居之，意即对于那种用狐貉的毛皮所制成的珍贵毛皮大衣，即使多花些钱也应该拥有一件。”

林觥顺《论语我读》解曰：“笔者以为可作：居，以狐貉厚之。意思是在家守孝三年期间，有宾客来聘问，以狐貉皮服迎送嘉宾。”

【“狐貉之厚以居”勘正】

此语是说：以毛厚的狐貉皮做坐褥。居，本义为蹲。《说文解字》：“居，蹲也。”《辞源》释“居”曰：“居的本义为蹲。居处的居，古作

‘尻’。后因有蹲踞的‘踞’，本义遂废。”《汉语大字典》释“居”曰：“（1）蹲。后作‘踞’。《说文·尸部》：‘居，蹲也。’段玉裁注：‘凡今人蹲踞字，古只作居。’……（2）坐。《论语·阳货》：‘居，吾语汝。’皇侃义疏：‘居，犹复座也。’《左传·哀公元年》：‘昔阖廬食不二味，居不重席，室不崇坛。’”清刘宝楠《论语正义》曰：“凤氏韶《经说》：‘《论语》“居，吾语汝”，《孝经》“坐，吾语女”，《孟子》“坐，吾明语子”，居、坐互出，则居字有坐义。’阎氏据此及《小戎》诗‘文茵’，谓‘狐貉之厚以居为坐褥’，良是。案：凤说是也。古人加席于地，而坐其上，大夫再重。至冬时气寒，故夫子于所居处，用狐貉之厚者为之藉也。”清李光地《读论语札记》曰：“裘以轻者为贵，厚者以居尚俭也。”

清阎若璩《四书释地又续》解曰：“狐貉之厚以居，满巽元解，若作裘，与上狐裘复；作燕居，又与亵裘复。盖居即‘居，吾语女’之居。《诗·秦风》‘文茵畅毂’，文茵，车中所坐虎皮褥也。夫子亦取此二兽皮为坐褥，以其温厚可适体耳。”钱穆《论语新解》曰：“居，坐义。以狐貉之皮为坐褥，取其毛之深，既温且厚，适体也。”金池《〈论语〉新译》注曰：“狐貉之厚：毛厚的狐皮或貉皮。”译曰：“要用毛厚的狐皮或貉皮做坐垫。”孙钦善《论语本解》注曰：“居：坐。以居：用为坐褥。”译曰：“用毛厚的狐貉皮做坐褥。”

【“吉月，必朝服而朝”误解】

唐韩愈、李翱《论语笔解》解曰：“吉礼所行月日，因而谓之吉月、吉日，非正朔而已。”

清王引之《经义述闻》解曰：“经传凡言吉日者与朔日不同。一月之始谓之朔日，或谓之朔月，或谓之朔。日之善者谓之吉日，或谓之吉。朔日不必皆吉，故朔日不可谓之吉日也。……《论语·乡党篇》‘吉月，必朝服而朝，齐必有明衣布’，吉月当为告月之讹，告月与齐对举，皆古礼也。……《论语》注当云‘告月，月朔告庙也’，乃得经义。”

杨润根《发现论语》解曰：“吉月：喜庆的月份，节日的月份（或者，它也许是指农历八月十五的中秋节或与此相类的节庆）。”

【“吉月，必朝服而朝”勘正】

吉月，注家的分歧在于，一是主张吉月为吉日、朔日，即阴历每月初一；一是主张吉月为正月，即正月初一（大年初一）。

主张前者的如：《辞源》释“吉月”、“吉日”同为“农历每月初一”。《汉语大词典》释“吉月”曰：“农历每月初一。《论语·乡党》：‘吉月，必朝服而朝。’何晏集解引孔曰：‘吉月，月朔也。’邢昺疏：‘吉月，月朔也者，以《诗》云“二月初吉”，《周礼》云“正月之吉”，皆谓朔日，故知此吉月谓朔日也。’”汉孔安国《论语孔氏训解》解曰：“吉月，月朔也。”梁皇侃《论语义疏》曰：“吉月者，月朔也。”宋朱熹《论语集注》曰：“吉月，必朝服而朝。吉月，月朔也。孔子在鲁致仕时如此。”明蔡清《论语蒙引》曰：“吉月，谓每月之吉，不特正月之朔。若不是致仕时，则无日不朝，不待吉月矣，且吉月而朝亦常礼也，焉用记，故知其为致仕。”李泽厚《论语今读》、孙钦善《论语本解》、金池《〈论语〉新译》、蒋沛昌《论语今释》皆主此说。

主张后者的如：程树德《论语集释》曰：“所谓吉月者，谓正月也。从前解吉月为月朔，断无致仕官每月月朔朝君之礼，……即曰为孔子仕鲁时事，而鲁自文公四不视朔，至定哀间，此礼之废已久，夫子犹必每月月朔朝服而朝，亦与事理不合。今人虽致仕官（按：辞去职位的官员），元旦尚可随班朝贺，古犹是也。至此，而吉月必朝之义乃始涣然冰释矣。”杨伯峻《论语译注》解曰：“大年初一，一定穿着上朝的礼服去朝贺。吉月：这两个字有各种解释：（甲）每月初一（旧注都如此）；（乙）‘吉’字误，应该作‘告’。‘告月’就是每月月底，司历者以下月初一告之于君（王引之《经义述闻》、俞樾《群经平议》）；两说都不可信。今从程树德《论语集释》之说。”钱穆《论语新解》、杨朝明《论语诠解》、黄怀信《论语新校释》、杨树增《论语》（评注）、何新《论语新解——思与行》、黄克剑《论语疏解》皆主此说。

程树德所说虽有一定道理，但依据欠缺。《八佾》篇记载：“子贡欲去告朔之饩羊，子曰：‘赐也，尔爱其羊，我爱其礼。’”《礼记·玉藻》记载：“子曰：‘朝服而朝，卒朔（举行完毕告朔礼。——引者注）然后服之。’”杨天宇《礼记译注》注曰：“据孔《疏》说，行告朔礼当穿皮弁服，告朔礼毕然后脱去皮弁服，穿朝服。”这些记载，证明“告朔”之礼并未完全废掉。由此来看，“吉月”（吉日）当是指每月初一。有人认为孔子已致仕（辞官归居），每月初一“朝服而朝”似太频，清人简朝亮《论语集注补正述疏》述曰：“致仕老臣有非必朝吉月者，孔子必朝服而朝，江氏谓一月更新，不忘君也。”

10.8 食不厌精，脍不厌细。食饐而餲，鱼馁而肉败，不食。色恶，不食。臭恶，不食。失饪，不食。不时，不食。割不正，不食。不得其酱，不食。肉虽多，不使胜食气。唯酒无量，不及乱。沽酒市脯不食。不撤姜食，不多食。

【“食不厌精，脍不厌细”误解】

清江声《论语竢质》解曰：“《说文解字》曰：‘厌，饱也。’……齐时食必有节，食虽精，脍虽细，不因精细而厌足也。”

钱穆《论语新解》解曰：“厌，餍足义。不厌，不饱食也。”译曰：“吃饭不因饭米精便多吃了。食肉不因脍的细便多食了。”

方骥龄《论语新诠》解曰：“本节‘食不厌精，脍不厌细’，疑应作‘食不合精，肉不合细’解，谓‘食米不当精，脍不当细’。乃孔子俭省之道。盖食不精即为糙米，脍不细则不必拣精去肥，与孔子‘疏食饮水’之俭朴生活相符。”

孙钦善《论语本解》解曰：“食：饭食。厌：足，贪饱。此句与1·14‘食无求饱’同义。……饭食不贪吃精粹，鱼肉不贪吃精美。”

【“食不厌精，脍不厌细”勘正】

厌，厌恶、嫌弃。“厌”字在《论语》中出现9次，除本章外，另有《雍也》篇：“子见南子，子路不说。夫子矢之曰：‘予所否者，天厌之！天厌之！”《宪问》篇：“夫子时然后言，人不厌其言；乐然后笑，人不厌其笑；义然后取，人不厌其取”。《学而》篇：“学而不厌，诲人不倦。”其基本意义为厌恶、嫌弃、厌倦。

“食不厌精，脍不厌细”应理解为：饭食不嫌做得精，鱼肉不嫌做得细。宋朱熹曰：“不厌，言以是为善。”人都有切身体会，饭菜做得越精细越讲究越好吃；只要有条件，人人都欲求做得好吃的饭菜。刘姥姥吃了贾府的饭菜，美得直咂巴嘴，称羡不已。

很多学者认为孔子俭省，不追求衣食享乐，故解为“食米不当精，脍不当细”或“吃饭不要过于追求精，食肉不要过于追求细”，这样理解太拘泥。通观全章内容，都是在谈饮食方面的讲究，此句也不例外。条件不具备时，孔子能安于俭朴，如《述而》篇所讲的“饭疏食饮水”；有条件时，孔子还是主张优化饮食的，此章便认为饭菜做得越精细越好。

【“割不正”误解】

明释智旭、江谦《论语点睛补注》解曰：“割不正，谓不当杀而杀，或非分，或非时也。”

杨润根《发现论语》注曰：“割不正：杀不正，在家禽牲畜还没有长大成熟时便被宰杀，这种过早宰杀的家禽家畜被人们认为不宜食用。”

金池《〈论语〉新译》译曰：“割弃不正常的东西，不宜吃。”

【“割不正”勘正】

“割不正不食”即牲肉切割不合法度，不吃。牲肉切割有一定法度，不合法度叫“不正”。

“正”，有些学者理解为“方正”，如梁皇侃《论语义疏》曰：“古人割肉必方正，若不方正割之，故不食也。”宋朱熹《论语集注》曰：“割肉不方正者不食，造次不离于正也。汉陆续之母，切肉未尝不方，切葱以寸为度，盖其质美，与此暗合也。”

有些学者理解为“符合礼制法度”，如宋邢昺《论语注疏》曰：“折解牲体，脊胁臂臑之属，礼有正数，若解割不得其正，则不食也。”清王夫之《论语稗疏》曰：“《集注》云切肉必方正，不知割非切，切非割，方非正，正非方也。古者大脔载俎，食则自断，故《曲礼》曰：‘濡肉齿决，乾肉不齿决。’非若后世既割之复切之，令大小称口所容，如陆续之母能必其方也。则割切之别也，方者，对圆长椭斜纤曲而言也。正者，正当其处也。古之割肉，既非大脔，而各有分理，骨有贵贱，髀不登于俎，君子不食圂腴。在杀，则有上杀、中杀、下杀。在登之俎，则有肩、有臂、有臑、有肫、有胳、有正脊、有横脊、有长胁、有短胁、有伦肤、有觳折，或左或右。肺则有离肺、有刌肺。心舌则去本末，皆所谓割之正也。若其腠理之常，随手划断，则非体之正，是曰不正。抑或宾如主俎，则为慢；主如宾俎，则为汰。燕如祭，祭如燕，祭燕如常食，常食如燕祭，皆不正也，则皆以失礼而不食矣。倘必如陆续之母所切，四维端匀而后食，则离肺之小而长，脯之长尺有二寸，皆非君子之食矣。脊胁之间，必求其方，将杂用体骨以就之，是求方而适得不正也。《集注》以汉后切肉之法，为三代割骨之制，而未求之礼，其失宜矣。”清钱坫《论语后录》曰：“《少牢馈食礼》：‘牢心舌，载于肵俎。心皆安下切上，午割勿没。舌皆切本末，亦午割勿没。’《注》：‘牢，羊豕也，安，平也。平割其下，于载便也。凡割本末，食必正也。午割，使可绝。勿没，为其分散也。’案：此古割肉之法，从横割谓之午割。”

有的学者认为“正”兼含“方正”、“法度”二说，如宋许谦《读论语丛说》曰：“《集注》‘割肉不方正者不食’，引陆续母切肉必方为证。窃恐方正自出己意，经文正字则该之。古者燕飨，有大脔曰‘胾’，又有切肉，则切肉者必方可也，其余牲体臂臑、骨胁及肠胃、肺心，割截各言其度，所谓不正则不合乎度者。兼此二说，恐尽正字意。”

诸说均有道理，读者可自行把握。我们更倾向“法度”说。杨伯峻《论语译注》注曰：“割不正——‘割’和‘切’不同。‘割’指宰杀猪牛羊时肢体的分解。古人有一定的分解方法，不按那方法分解的，便叫‘割不正’。”杨朝明《论语诠解》诠释曰：“割不正，不以其道割的肉为不正。梁皇侃《论语义疏》引江熙曰：‘杀不以道，为不正也。’钱穆《论语新解》也说：‘不正，谓不合割之常度。孔子以其失礼，故不食。’所以，古代肉的切割有一定的规定，如果不符合礼制，孔子不主张进食。”

【“唯酒无量”误解】

清俞樾《古书疑义举例》解曰：“此‘唯’字当读为‘虽’，与上‘肉虽多’一例。古书一简中，上下异字，往往有之。‘无量’即《仪礼》所谓‘无算爵’言，虽饮酒至‘无算爵’之时，不及于乱也。”

方骥龄《论语新诠》解曰：“窃以为酒所以助消化，酒所以去腥臊，酒所以去寒，酒所以酬酢交欢，故古时酒器中用‘觚’以节制之。《周礼·夏官》‘量人’注：‘量，度也。’本节中‘无’与‘毋’通，禁词。无量，谓饮酒不可无度，尤不可及于乱是也。盖酒足以乱性，易于误事与失礼也。”

【“唯酒无量”勘正】

只有酒没有一定限量，但不能喝到乱酒（醉）的程度。此与《子罕》篇“不为酒困”同意。俞樾等人将“唯”解作“虽”，虽说能讲得通，但不如解作“只有”义胜。前句对吃肉有限制（量不能超过主食），接着说只有喝酒不限量（能喝多少就可以喝多少，只要不至醉乱即可），文意颇顺。再者，也符合实际：只有酒不好限量，因为每个人的酒量不等，有的一两酒就醉，有的一斤酒不醉，能喝就喝，当以不醉乱为度。据杨伯峻《论语译注》书末所附《论语词典》统计，“唯”字在《论语》中共出现16次，其中14次用以表示独、只、仅仅的意思，1次表示应答，1次为语首词，无义。可见，《论语》没有以“唯”作“虽”的用法。

梁皇侃《论语义疏》曰：“酒虽多，无有限量，而人宜随己能而饮，不得及至于醉乱也。”宋朱熹《论语集注》曰：“酒以为人合欢，故不为量，但以醉为节而不及乱耳。程子曰：‘不及乱者，非惟不使乱志，虽血气亦不可使乱，但浃洽而已可也。’”钱穆《论语新解》注曰：“酒无限量，随己所能饮，以不及醉乱为度。”译曰：“只有酒，不加限量，不及醉而止。”杨伯峻《论语译注》译曰：“只有酒不限量，却不至醉。”孙钦善《论语本解》译曰：“只有酒没有一定用量，以不致醉倒失于检点为限。”

【“不撤姜食”误解】

方骥龄《论语新诠》解曰：“《广雅·释诂》一：‘撤，取也。’即《诗》‘彻彼桑土’之‘彻’。葱、姜、蒜之类置于食中，有调味去腥秽作用，并非指食姜而言。本节所谓‘不撤姜食’，不取食物中此种调味之姜食之也。”

【“不撤姜食”勘正】

不撤姜食，即不撤去姜食。汉孔安国《论语孔氏训解》曰：“撤，去也。斋禁荤物，姜辛而不荤，故不去也。”宋朱熹《论语集注》曰：“姜，通神明，去秽恶，故不撤。”钱穆《论语新解》曰：“撤，去义。食事既毕，诸食皆撤，而姜之在豆者独留，因姜有辛味而不熏，可以却倦，故不撤。”李炳南《论语讲要》曰：“姜能去邪味，发正气，所以不撤去。”李零《丧家狗——我读〈论语〉》曰：“‘不撤姜食’，前人有各种解释。晋陶弘景说，姜是常备案前的零嘴，可以吃，不宜多吃（《本草经》注）。清王夫之说，晚饭后，姜可提神，防止夜里打瞌睡，但不宜多吃（《四书稗疏》）。姜是别的食物撤去后留下来的食物。今日餐仍有姜食。”很多人都有亲身体会：饭后，尤其是吃完荤菜之后，嘴里含点儿或嚼点儿姜片，会有种清爽的感觉，会起到清口的作用。

10.10 食不语，寝不言。

【“食不语，寝不言”误解】

闫合作《论语说》解曰：“‘食不语’是指对饭菜好坏不指责，咸则咸吃，淡则淡吃，指责对彼此都不好，影响食欲和消化，于事无补，且不利健康。‘寝不言’指卧房之事不谈论。卧房之事，近于现在说的黄色笑话。”

【“食不语，寝不言”勘正】

正确的理解是：吃饭时、睡觉时不要说话，或不要多说话。倘若吃饭时、睡觉时喋喋不休，当然是不文明之表现。汉郑玄曰：“为其不敬也。”(引自清黄奭辑《逸论语注》)

宋邢昺《论语注疏》曰：“方食不可语，语则口中可憎。寝息宜静，故不言也。”黄怀信《论语新校释》曰：“此章记孔子言、语有时，吃饭时讲话不卫生，故不语；睡觉时说事影响人睡，故不言。”

10.11 虽蔬食、菜羹、瓜祭，必齐如也。

【“瓜祭”误解】

宋朱熹《四书或问》解曰：“既曰‘疏食菜羹’矣，而又以瓜继之，则不辞矣。曰‘必祭’，则明无不祭之食也；曰‘必齐’，则明无不敬之祭也。”

杨伯峻《论语译注》解曰：“瓜祭：有些本子作‘必祭’，‘瓜’恐怕是错字。这是食前将席上各种食品拿出少许，放在食器之间，祭最初发明饮食的人，《左传》叫氾祭。”

【“瓜祭”勘正】

不少人认为“瓜”是“必”之误字，其实，当时确有瓜祭之礼。《礼记·玉藻》曰：“瓜祭上环。”《疏》：“瓜祭上环者，食瓜亦祭先也。”瓜熟祭祖，示不忘本。

宋邢昺《论语注疏》曰：“祭谓祭先。齐，严敬貌。言蔬食也，菜羹也，瓜也，三物虽薄，将食祭先之时，亦必严敬。”孙钦善《论语本解》

注曰："古有祭食之礼，即饮食时取所吃食物少许置于食具间以作祭祀，详见凌廷堪《礼经释例》。《礼记·玉藻》有'瓜祭上环'的话，是说吃瓜时用瓜把部位祭祀。"译曰："虽然是吃粗饭、喝菜汤、吃瓜时的祭祀，也一定要像斋戒了的一样郑重。"

10.14 乡人傩，朝服而立于阼阶。

【"乡人傩"误解】

林觥顺《论语我读》解曰："傩：诗卫风竹竿：巧笑之瑳，佩玉之傩。傩音罗，诺何切，行有节度。祀天神地社人鬼时，皆有抬菩萨跳傩，俗称之跳傩神或唱傩戏，也是玲珮叮当，行有节度，是在驱逐疫鬼。"

【"乡人傩"勘正】

傩，古时腊月驱逐疫鬼的仪式。乡人举行这种仪式时，穿上朝服站在庙前东边的台阶上。这种活动不仅乡民重视，君王也很重视。《吕氏春秋·季冬纪》："天子居玄堂……命有司大傩旁磔。"《注》："大傩，逐尽阴气为阳导也，今人腊岁前一日击鼓驱疫，谓之逐除，是也。"

汉孔安国《论语孔氏训解》曰："傩，驱逐疫鬼也。恐惊先祖，故朝服立于庙之阼阶也。"宋朱熹《论语集注》曰："傩，所以逐疫，《周礼》方相氏掌之。阼阶，东阶也。傩虽古礼而近于戏，亦必朝服而临令者，无所不用其诚敬也。"

林觥顺所解存在两个方面的错误：一是注音"傩音罗"，不对，当为nuó。二是引《诗》"巧笑之瑳，佩玉之傩"释义"行有节度"，与"傩"（驱除疫鬼仪式）意义上没必然联系，硬拉在一起。再者，傩是驱逐疫鬼的，不是祭祀天神地社的。

10.16 康子馈药，拜而受之。曰："丘未达，不敢尝。"

【"丘未达"误解】

清章炳麟《广论语骈枝》解曰："达者，针也。凡病有先施针，然后可用药者，如《伤寒论》云'太阳病初服桂枝汤，反烦不解者，先刺风池、风府，却与桂枝汤则愈'。是其一例。孔子病未施针，故不敢尝药，针后自可尝，故仍拜受不辞。"

闫合作《论语说》解曰："尝指尝新。古时谷物新熟，先敬奉君主或长辈先用叫'尝新'。看到是贵重的补药，孔子说：'我德望不配尝新。'季氏所献，尝新的当是鲁君。"

林觥顺《论语我读》解曰："季康子用固精强神的药草给孔子食用，孔子拜谢接受后说：'孔丘的死期未到，不敢轻言吃药。'"

【"丘未达"勘正】

达，通晓、明白。梁皇侃《论语义疏》曰："达，犹晓解也。孔子虽拜受而不遂饮，故称名云：丘未晓此药治何疾，故不敢饮尝之也。"清刘宝楠《论语正义》曰："达，犹晓也。言不晓此药治何疾，恐饮之反有害也。"

孔子是说不了解药性，不敢妄服。然汉孔安国《论语孔氏训解》认为孔子如此说符合"礼"，而金王若虚《论语辨惑》则认为孔子当着馈药人的面如此说不合情理。此为理解上的差异。人之常情：对于别人馈赠的药品，在不了解药性的情况下，一般都不敢轻率地服用。孔子既然拜而接受此药，显然无失礼之处；脱口而出"丘未达，不敢尝"之言，既反映出孔子的直率，也反映出他和季康子之间颇为熟识的关系，无须客套虚假。

季康子，即季桓子庶子季孙肥，鲁国大夫，鲁哀公时为正卿。自哀公四年至二十七年执掌鲁政，曾多次向孔子问政。

10.18　君赐食，必正席先尝之。君赐腥，必熟而荐之。君赐生，必畜之。侍食于君，君祭，先饭。

【"君祭，先饭"误解】

蒋沛昌《论语今释》解曰："先饭——先用筷子在饭菜上戳一戳，请受祭者品尝。"

尤明庆《对〈论语乡党篇〉中几句话的理解》（载《焦作工学院学报》2002年第12期）解曰："只要认识到'祭'和'先饭'的主体都是君，那么这句话就不难理解。孔子的意思无疑是（人必须知道自己的位置，因而）陪伴国君时，应该由国君负责祭祀，让国君先吃饭，这才是礼。"

方骥龄《论语新诠》解曰："本节所记，似皆为孔子如何对待国君所赐而言。疑'侍食于君，君祭先饭'之祭，非检食物置豆间之地以祭，乃国君持食物荐于孔子，犹宴会时长者或主人挟食物与小辈或宾客，以示亲暱。小辈或宾客，对所荐必恭敬接受。本章'君祭先饭'，殆孔子在国君荐食之后，必迅速取食，以示乐于受君之赐。如此，与上文'尝之''荐之''畜之'相一致。所谓'先饭'，先，急也。饭，食也。先饭，急速食君之赐以示敬领，疑非食饭。如依前人所释，君正在祭，臣岂可先食之耶？今日与信教者共食，信教者必先祷告，然后始食。当祷告之时，其他人均不敢下箸，何况古时国君正在祭祷之时而可进食耶？"

【"君祭，先饭"勘正】

该句是说：陪侍国君吃饭时，君行祭食礼，侍食者要先尝饭。

此语，古人理解分歧很大，通过清人所述便知一斑：清黄式三《论语后案》曰："此章纷纷异论。以经考之，《公食大夫礼》是正礼食，贾《疏》云：'彼君前无食，与君臣俱有食者异矣。'《玉藻》：'若赐之食而君客之，则命之祭，然后祭。先饭，辩尝羞，饮而俟。若有尝羞者，则俟君之食然后食。'此客礼，与公食不同。然君命之祭，正待以客礼之次，时或膳宰不存，先饭为君尝羞，不敢以客礼自居。若膳宰存，不先饭，则既以客待，不先饭为正也。经文本直截，此章所记，不言命祭，是不以客礼待之，无论膳宰之在与不在，而以先饭为合礼也。自《玉藻》孔《疏》分'若有尝羞'以下为不以客礼待之，说《论语》者遂不可通。……今以《公食礼》为正客礼，以《玉藻》所言为客礼之次，以《论语》所记为不以客礼，说经始无胶葛，非好翻案也。"清宦懋庸《论语稽》解曰："诸说纷纭，皆未即《士相见》、《玉藻》、《膳夫》之经文而熟思之耳。《士相见》、《玉藻》详略互见，当会而通之。《膳夫》之文，乃人君自食之礼，非侍食之礼，不必强为牵合。说经家必以膳夫之有无在侧不在侧言之，盖泥于郑注之误也。（案郑玄注：'于君祭，则先饭矣，若为君尝食然。'）至云不以客礼则不先饭，是又以若有进食尝羞者专指宰夫，且分《礼经》上下文为两橛而误之也。其云公食大夫为正礼，是则更以待外臣之礼牵混为侍食之礼矣。"

今人理解仍有分歧，如上列方骥龄、蒋沛昌、尤明庆等说。

比较来看，当以朱熹、李炳南、杨朝明所说为明确。宋朱熹《论语集注》曰："《周礼》：'王日一举，膳夫授祭，品尝食，王乃食'。故侍食者，君祭，则己不祭而先饭。若为君尝食然，不敢当客礼也。”李炳南《论语讲要》曰：“侍食于君，是鲁君邀孔子聚餐。虽是国君邀宴，但就为臣的孔子而言，仍然称为侍食。君祭，古人食前都有祭食之礼，例如《礼记·曲礼》说：‘主人延客祭’，注解说：‘古人不忘本，每食，必每品出少许，置于豆间之地，以报先代始为饮食之人，谓之祭。’当鲁君祭食时，孔子先饭，表示先为君主尝食，试其烹调可否。这是侍食于君的礼节。”杨朝明《论语诠解》曰：“侍食：陪同君主一起吃饭。君祭，先饭：君主举行饭前的祭祀，而臣下为君主尝食。正如皇侃《论语义疏》曰：‘祭，谓祭食之先也。夫礼食必先取食，种种出片子，置俎豆边地，名为祭。祭者，报昔初造此食者也。君子得惠不忘报，故将食而先出报也。当君政祭食之时，而臣先取饭食之，故云先饭。饭，食也。所以然者，示为君先尝食。先知调和之是非者也。’朱熹《论语集注》曰：‘《周礼》：“王日一举，膳夫授祭，品尝食，王乃食。”故侍食者，君祭，则己不祭而先饭。若为君尝食然，不敢当客礼也。’钱穆亦说：‘古者临食之前必祭，君赐食则不祭，于君祭时先自食饭，若为君尝食然，亦表敬意也。’可见这里‘先饭’的主语是孔子，表现其对君主的敬意。”

10.24 寝不尸，居不容。

【“寝不尸，居不容”误解】

清臧琳《经义杂记》解曰：“《释文》云：‘居不客，苦百反，本或作容，羊凶反。’案：居不客，言居家不以客礼自处。《集解》载孔《注》云‘为室家之敬难久’，谓因一家之人难久以客礼敬己也。邢《疏》云‘不为容仪’，夫君子物各有仪，岂因私居废乎？是当从陆氏作客，《开成石经》亦作‘居不客’。或云‘居不容’与‘寝不尸’对文，若作宾客解，于上句恐不类。琳谓‘寝不尸’当作‘弟为尸’之尸，与客字正相对。丈夫坐如尸，既寝则不当执是礼。”

程树德《论语集释》解曰：“尸当为‘坐如尸’之尸，非死屍也。包郑均训为死人，是其误不始于朱子。容、客形近易讹。《庄子·天地篇》‘此谓德人之容’，《释文》‘依注当作客。’此其证也。朱子沿皇、邢二《疏》之误，不加改正。又居，坐也，亦非居家之义。”

何新《论语新解——思与行》解曰：“睡卧不要像死尸那样挺直，卧室中不会客。”

周克庸《〈论语·乡党〉“寝不尸”训解》（载《浙江传媒学院学报》2002年第3期）解曰：“窃以为，‘尸’之确诂当为‘曲胫’；‘寝不尸’的字面义，是躺着休息时不把腿弯起来（顺便说一句，‘寝’不可依《〈论语〉批注》、《论语通译》训作‘睡觉’，而应训作‘卧息’即‘躺着休息’）。”

【“寝不尸，居不容”勘正】

“寝不尸”，从包咸“不偃卧四体，布展手足，似死人也”（见魏何晏《论语集解》）之说。臧琳、程树德等以为“尸”是代死者享祭之尸，似不妥。享祭之尸是“坐”着的，如《礼记·曲礼》言“坐如尸，立如齐”，不是躺着的。而“寝”是躺着的，不应以坐姿譬喻。“居不容”，从汉孔安国“为室家之敬难久也”（见何晏《论语集解》）之说。对待家人，不用像在公共场合或对待外人那样，表情上总是十分的礼貌客气。也就是说，家居不用矜持面容。“尸”不祥，“容”太累，故闲居不主张这种姿容，越休闲越放松越好。

梁皇侃《论语义疏》曰：“云‘寝不尸’者，寝，眠也；尸，谓死尸也。眠当小敧，不得直脚申布，似于死人者也。云‘居不容’者，谓家中常居也，家主和怡，燕居先温温，故不为容自处者也。”宋朱熹《论语集注》曰：“尸，谓偃卧似死人也。居，居家。容，容仪。”杨朝明《论语诠解》曰：“这里的‘寝不尸’应与后面的‘居不容’相对应，‘尸’与‘容’都应为一种引申的形貌或姿态。”

至于“容”、“客”之异文，就《论语》传本来看，多数为“容”，汉郑玄注本、魏何晏集解本、梁皇侃义疏本、宋朱熹集注本、清刘宝楠正义本皆作“容”，只有唐开成石经本和马国翰辑《古论语》本作“客”。我们倾向“容”，理由是：“尸”指形体姿势，“容”指面部表情，体容相谐，较“客”为胜。

10.25 见齐衰者，虽狎，必变。见冕者与瞽者，虽亵，必以貌。凶服者式之，式负版者。有盛馔，必变色而作。迅雷风烈，必变。

【“齐衰”误解】

杨润根《发现论语》注释曰：“齐衰者：生命力快要完全枯竭的老

人。”译解曰：“孔子常常要去访问那些生命几尽衰竭的老人，尽管与这些人接触交往时，这些人的过分亲热、无所顾忌的态度不免会令人生厌，但孔子总是要去访问这些人，以便研究这些人。”

【“齐衰”勘正】

齐衰，丧服五服之第二者。五服：斩衰、齐衰（zīcuī）、大功、小功、缌麻。齐衰者，穿丧服的人。齐衰，用粗麻布制成，是缝了边的，而斩衰（五服之第一者）是不缝边的。梁皇侃《论语义疏》曰：“此记孔子哀人有丧者也。齐衰，五服之第二者也。”

【“凶服者式之，式负版者”误解】

汉孔安国《论语孔氏训解》解曰：“负版，持邦国之图籍者也。”

清陈汉章《论语征知录》解曰：“负版者，周之任人也。《周礼·秋官·大司寇》曰：‘凡害人者置之圜土而施职事焉，以明刑耻之。’郑《注》云‘明刑，书其罪恶于大方版，著其背’，贾《疏》云‘昼日役之司空，夜入圜土’。又‘司圜，掌收教罢民。凡害人者弗使冠饰而加明刑焉，任之以事而收教之。’贾《疏》云‘以版牍书其罪状与姓名，著于背，表示于人，是明刑也’。”

方骥龄《论语新诠》解曰：“‘负版者’疑有二解：（一）《后汉·杨赐传》注：‘板，谓诏书也。’板即版字。负版，殆即负板，为传达政令之人。见负版者知有君命，故式之。（二）《孟子·告子篇》‘傅说举于版筑之间’，负版疑即版筑之人。《韩诗外传》记孔子不式陈之修门者，可见对筑城之人应式。盖筑城所以捍卫社稷也。本节所谓‘负版者’，似指筑城之人为是；与胷服者皆为国服劳役之人，故连举而孔子皆式之。”

黄克剑《〈论语〉解读》解曰：“‘版’或为‘贩’之误。与上句相接，意为：即使是身份卑下的负贩，当其身着凶服，夫子亦会凭轼示意。……《礼记·曲礼上》：‘夫礼者，自卑而尊人，虽负贩者必有尊也，而况富贵乎？’”

林觥顺《论语我读》解曰：“式的本义是法，是追荐祭祀的规范模式。……凶服者式之，是说对丧葬事当明文规定。”

【“凶服者式之，式负版者”勘正】

句意为：乘车遇到穿丧服的人，便身体微微地向前一俯，手伏着车前的横木，表示同情和敬意；特指伏轼致敬于穿负版重服者。负版，丧服，即披在背上的粗麻片。此为重孝。《仪礼·丧服》：“衰长六寸，博四寸。”贾公彦注：“前有衰，后有负版，左右有辟领。”前句“齐衰”，也是一种重孝丧服。

日本学者丰干《论语新注》论曰：“‘凶服者式之，式负版者’，上句本文，下句释之。负版，见《丧服记》，郑《注》云‘后有负板，是重服之制’。盖夫子所式，特在重服，故与上文‘见齐衰者’语次之也。孔氏曰‘负版者，持邦国之图籍’，朱氏从之，而曰‘故《周礼》“献民数于王，王拜受之”。’案《周官·司民》云‘皆书于版’，《司书》云‘邦中之版’，皆谓户籍也。然古昔用版记事，犹今行纸帛，非但民数书于版也，而视负版之版，必以为户籍之版，亦甚可疑，而况本文以下句释上句通之，则觉语意稳便，旧解不可信。”

宋朱熹《论语集注》曰：“式，车前横木。有所敬，则俯而凭之。”清王闿运《论语训》曰：“负版，衰之领也。《记》曰：‘负版出于適，適出于衰。三年丧，衰乃有之，卒哭，受齐衰则除矣。’上言变齐衰，嫌式凶服式齐衰以下，故特明负版乃为凶服。”杨朝明《论语诠解》曰：“式：同‘轼’，古代车辆上的横木。这里作动词，意思是俯身伏在轼上，是表示敬意的礼节。负版者：穿孝服的人。”黄怀信《论语新校释》曰：“负版：孝服肩上重出之布，方平如版，故曰版，简称负。今民间女儿为父母所负孝服多有之。《仪礼·丧服》：‘凡衰，外削幅；裳，内削幅，幅三袧（kōu）。若齐，裳内衰外。负，广出于适寸。适博四寸。’郑玄注曰：‘广袤当心，前有衰，后有负版，左右有辟领，孝子哀戚，无所不在。’旧释国之图籍，非。”

10.27　色斯举矣，翔而后集。曰：“山梁雌雉，时哉时哉！”子路共之，三嗅而作。

【“色斯举矣”误解】

汉马融《论语马氏训说》解曰：“见颜色不善则去之。”

梁皇侃《论语义疏》解曰：“谓孔子在处观人颜色而举动也。”

宋朱熹《论语集注》解曰：“言鸟见人之颜色不善，则飞去，回旋审视而后下止。人之见几而作，审择所处，亦当如此。然此上下必有阙文矣。”

杨伯峻《论语译注》译曰：“［孔子在山谷中行走，看见几只野鸡。］孔子的脸色一动，野鸡便飞向天空，盘旋一阵，又都停在一处。孔子道：‘这些山梁上的雌雉，得其时呀！得其时呀！’子路向它们拱拱手，它们又振一振翅膀飞去了。”

何新《论语新解——思与行》解曰：“有彩色物飞起，滑翔而后停落。”

金池《〈论语〉新译》注曰：“色：山雉（zhì 至）的美丽颜色，指山雉。”译曰：“美丽的山雉飞起来了。”

安德义《论语解读》注曰：“色：面部表情。斯：就。举：指高兴的扬眉。”译曰：“孔子高兴的扬了一下眉。”

胡文辉《〈论语·乡党〉“色斯举矣”解》（载《中国文化》1993 年第 1 期）解曰：“我以为，《论语》中的‘色斯’正是一个名词，是一种鸟名，而到后来才演变成形容词。《山海经·北山经》有这样一段文字：‘又北三百二十里，曰灌题之山。……有鸟焉，其状如雌雉而人面，见人则跃，名曰竦斯。’我看，《论语》中的‘色斯’正是《山海经》中的‘竦斯’……‘色斯举矣’就是‘色斯飞了起来’的意思……”

雷庆翼《〈论语〉“色斯举”章辨析》（载《孔子研究》2007 年第 6 期）解曰：“‘色斯举矣’即色性之欲发生了，也就是雌雉发情了。”

【“色斯举矣”勘正】

色，指雉之惊色，不是孔子的脸色。试想，相距数十米远，“孔子的脸色一动”，雉鸟不可能察觉。更不是“色性之欲发生了”（雌雉发情了），这只是注家的丰富想象。合理的解释是：山梁雌雉，见有人来，惊恐而飞（举）。斯，助词，常用在状语后，近似于“然”。如《诗经·皇矣》：“王赫斯怒，爰整其旅。”（文王勃然发怒，于是要动用军队。）

黄克剑《论语解读》曰：“色斯，形容惊恐的样子；色，恐惧。举，飞，飞起。王引之《经传释词》：‘色斯者，状鸟举之疾也。色斯，犹色然，惊飞貌也。’”孙钦善《论语本解》曰：“色：作色，动容。斯：则。

举：高飞。《吕氏春秋·审应》：‘孔思对曰：“盖闻君子犹鸟也，骇则举。”’《孔丛子·抗志》：‘子思答曰：“盖闻君子犹鸟也，疑之则举。”’均与本句有关，可参。山鸡惊疑作色就高高飞起，回翔一阵，然后又降落集在一起。”

【“子路共之，三嗅而作”误解】

魏何晏《论语集解》解曰：“子路以其时物，故供具之。非其本意，不苟食，故三嗅而起也。”

梁皇侃《论语义疏》解曰：“云‘子路供之’者，子路不达孔子‘时哉时哉’之叹，而谓叹雌雉是时月之味，故驰逐驱拍，遂得雌雉，煮熟而进以供养孔子，故云子路供之也。云‘三嗅而作’者，嗅，谓鼻歆翕其气也。作，起也。子路不达孔子意而供此熟雉，乖孔子本心，孔子若直尔不食，则恐子路生怨；若遂而食之，则又乖我本心，故先三嗅气而后乃起，亦如得食不食之间也。”

宋蔡节《论语集说》解曰：“嗅，疑作叹。”

钱穆《论语新解》解曰：“三嗅而作：嗅，本作臭，当作狊字，从目从犬，乃犬视貌。借作鸟之惊视。”

李泽厚《论语今读》译曰：“子路去捉它，它多次惊顾，又飞走了。”

周乾溁《〈论语〉三题》（载《天津师范大学学报》1986 年第 1 期）解曰：“这一章所反映的乃是孔子作歌的情况。孔子是爱唱歌的，厄于陈蔡，犹且弦歌不衰（《史记·孔子世家》）。‘色斯举矣，翔而后集’‘山梁雌雉，时哉时哉’，极像歌词，但歌词当不只此四句，其它是在缺文中佚失了。……‘子路共之’，应读如字。‘三嗅而作’的嗅字，乃是喝（读夜）字之讹。嗅和喝，在篆文的字形上，颇有近似之处，由于简文不清，因而致误。关于喝字，依照徐锴的解释是‘声长而转也’（《说文解字系传》），就是高喊变音。把这些意思集中起来，这一章的意思应该是：孔子作歌唱道：‘〔……〕色斯举矣，翔而后集，〔……〕’接着又唱：‘山梁雌雉，时哉时哉？’子路随着，试了试嗓子，也唱将起来。”

【“子路共之，三嗅而作”勘正】

句意为：子路朝它们拱拱手，那群雌雉振振翅膀飞走了。嗅应为狊

(jú)，鸟张两翅。《尔雅·释兽》："鸟曰狊。"郭璞注："张两翅。"为确诂。

清江声《论语竢质》曰："狊，故书讹作臭，且加口于左，非字也。《唐石经》作'戛'，刘聘君曰：'当为狊，张两翅也，见《尔雅》。'案：《尔雅》曰'鸟曰狊'，郭氏以为张两翅，刘说得之。盖子路以夫子叹雉之得时，肃然改容，竦手上收，雌雉见之，疑将篡己，遂三振翅而起，章首'色斯举矣'之言，正为此文张本。必如此说，方与章首意合，他说皆无当也。"

皇侃理解为子路捕雉，"驰逐驱拍"，捕到后"煮熟而进以供养孔子"，纯属臆想。孔子既然赞美雉鸟知时，即使子路不解，也不会放任子路捕之食之。孔子仁善，主张"钓而不纲，弋不射宿"，不会像皇氏解释的那样，靠近煮熟了的雌雉嗅了三嗅。子路捕雉吃既然乖孔子意，孔子为何不在其捕时制止，而待活雉变成了熟食才伪善地为照顾子路面子，闻一闻而不吃呢？这不符合孔子的性格，孔子对弟子的错误行为，向来是当面严加斥责的。再设想一下：子路随孔子周游，路过山梁，偶遇雉鸟，雉鸟会飞，而且见人便惊恐而飞，"驰逐驱拍"是很难抓到的。难道子路随身带着捕鸟工具不成？无论怎样解释，于情于理难通，难圆其说。

周乾溁的"歌词"说，以及"嗅字，乃是喝字之讹"说，纯属想象，缺乏文献依据。

先进第十一

11.1　子曰："先进于礼乐，野人也。后进于礼乐，君子也。如用之，则吾从先进。"

【"先进"、"后进"误解】

魏何晏《论语集解》解曰："先进、后进，谓仕先后辈也。礼乐因世损益，后进于礼乐，俱得时之中，斯君子矣；先进有古风，斯野人也。"

梁皇侃《论语义疏》解曰："先进后进者，谓先后辈人也。先辈谓五帝以上也，后辈谓三王以还也。进于礼乐者，谓其时辈人进行于礼乐者也。野人，质朴之称也。君子，会时之目也。孔子言：以今人文观古，古质而今文，文则能随时之中，此故为当世之君子也。质则朴素而违俗，是故为当世之野人也。"

辜鸿铭《辜鸿铭讲论语》讲曰："上一代的人在艺术造诣和精修方面显得比较粗糙；而当代的人在这些事情上显得比较优雅。但是以我的经验看，我比较偏向于上一代人的风格。"

邓球柏《论语通解》解曰："进：登车，上车。《说文》：'进，登也。''登，上车也。'孔子说：'先上车的人，对于礼乐来说，是属于赶车的人；后上车的人，按照礼乐的规定，是坐车的人。如果用我的话，我愿意做一个跟在赶车人后面的坐车的人。'"

【"先进"、"后进"勘正】

先进，就是先学习礼乐的，这是指没有爵禄的一般人家，称之为野人；后进，就是先取得官位而后学习礼乐的，这是指贵族世家子弟，世袭爵禄，称之为君子。孔子主张，选用人才，应选拔先学习好礼乐的人，即重用修养好品德才学的普通百姓子弟，而轻贱靠祖荫庇护世袭爵禄的官宦子弟。

汉郑玄《论语郑氏注》云："先进后进，谓学也。"

清刘宝楠《论语正义》云："郑注云：'先进后进，谓学也。野人，粗略也。'郑此《注》文不备，莫由知其义。愚谓此篇皆说弟子言行，先进后进，即指弟子。《大戴礼·卫将军文子篇》：'吾闻夫子之施教也，先以诗。'卢辩《注》引此文，则'先进后进'，皆谓弟子受夫子所施之教，进学于此也。……古用人之法，皆令先习礼乐而后出仕，子产所云'学而后入政'者也。其国之俊选，不嫌有卑贱，故王大子等入学皆以齿，所谓'天子元子视士'者也。夫子以先进于礼乐为野人，野人者，凡民未有爵禄之称也。春秋时，选举之法废，卿大夫皆世爵禄，皆未尝学问。及服官之后，其贤者则思为礼乐之事，故其时后进于礼乐为君子。君子者，卿大夫之称也。"

孙钦善《论语本解》云："'先进'二句，《正义》引郑玄注：'先进后进，谓学也。'郑玄说是。《周易·乾卦·文言》：'君子进德修业。'孔子对学生'约之以礼'，'文之以礼乐'，礼乐作为德育的重要内容，把德育放在智育之前，因此评价人以德为重。野人：没有贵族身份、地位低贱的人。君子：有地位的贵族。这里野人与君子之别，指地位而言，与孟子所说的'无君子，莫治野人；无野人，莫养君子'（《孟子·滕文公上》）同义。孔子主张'有教无类'，故接受学生不分野人、君子，由本章可知，孔子在用人方面也主张任人唯贤，突破了贵族身份的藩篱。……孔子说：'先修养好礼乐的，或者是野人；后修养好礼乐的，或者是君子。如果选用人才，那我主张选用先修养好礼乐的。'"

11.2 子曰："从我于陈、蔡者，皆不及门也。"

【"不及门"误解】

汉郑玄《论语郑氏注》注曰："言弟子从我而厄于陈蔡者，皆不及仕进之门，而失其所也。"

唐韩愈、李翱《论语笔解》解曰："'门'谓圣人之门，言弟子学道由门以及堂，由堂以及室，分等降之差。非谓言仕进而已。"

清俞樾《群经平议》解曰："门者，大夫之私朝也。……此云'不及门'者，言不得登大夫之朝也。是时以及门为进身之始，故夫子云然。"

吴林伯《论语发微》解曰："'不及门'者，不及陈、蔡公门也。"

【"不及门"勘正】

孔子"不及门"之叹，是说当年跟随自己周游患难的弟子，现在多不在自己身边了。宋朱熹《论语集注》云："孔子尝厄于陈、蔡之间，弟子多从之者，此时皆不在门。故孔子思之，盖不忘其相从于患难之中也。"孙钦善《论语本解》云："不及门：《集解》引郑玄注：'皆不及仕进之门。'朱熹《论语集注》则谓不在孔子之门。以朱说为是，这里的'门'即11·15的'丘之门'。"

至于弟子"不及门"之原因，不少人论及。宋人郑汝谐《论语意原》论曰："陈、蔡之厄，诸弟子为死生患难之所怵迫，多有丧其所守者，是以有不及门之叹。"刘兆伟《〈论语〉章句直说》（载《沈阳师范大学学报》2004年第2期）论曰："其实当为孔子年逾七十时，回想当年，周游列国，谋求仕位，以行仁布道，而多次遇难。虽在困厄不安之中众弟子无有难色，个个奋勇向前。很难得呀！但这些弟子都不登门了。或亡故，或出仕，或迫于生计而奔波，或经营产业。……所以'不及门'是说不登门，登门少之意，非为先儒先贤之所论。"杨朝明《论语诠解》曰："孔子周游列国十几年，其间曾在从陈国去蔡国的途中，因被陈国人包围而绝粮于陈、蔡之间。据《史记·孔子世家》记载，这时跟从他的学生有颜渊、子贡、子路等人。后来孔子回到鲁国之后，子路、子贡先后入官而去，颜回离世，孔子寂寞悲伤之余，经常怀念自己的学生。本章正是孔子这种心境的反映。"刘兆伟、杨朝明的分析切合实际。

11.5　子曰："孝哉，闵子骞！人不间于其父母昆弟之言。"

【"间"误解】

辜鸿铭《辜鸿铭讲论语》讲曰："他确实是个孝子，不管父母说什么，他绝无二话，这一点大家有目共睹。"

李泽厚《论语今读》译曰："孔子说：'闵子骞真是孝顺呀，别人没法不同意他的父母兄弟对他的谈论。"

金池《〈论语〉新译》译曰："孔子说：'闵子骞真是孝顺呀！人们赞美他的话和他父母兄弟夸奖他的话是一致的。'"

【“间”勘正】

间，即非间，理解为非难、非议为是。句末有“之言”二字，“非难之言”，文意颇顺。此句所赞美的闵子骞之孝，是指他维护父母及兄弟的名声，使外人不得有非间父母兄弟之言。

魏陈群曰：“言闵子骞为人上事父母，下顺兄弟，动静尽善，故人不得有非间之言也。”（引自何晏《论语集解》）

清刘宝楠《论语正义》曰：“焦氏循《补疏》：‘《汉书·杜邺传》举方正，对曰：“昔曾子问从令之义，孔子曰：是何言与？善闵子骞守礼不苟，从亲所行，无非礼者，故无可闻也。”《后汉书·范升传》升奏记王邑曰：“升闻子以人不间于其父母为孝，臣以下不非其君上为忠。”又云：“知而从令，则过大矣。”二者皆引为从令之证。盖以从令而致亲于不义，则人必有非间其父母昆弟之言。惟不苟于从令，务使亲所行均合于义，人乃无非间其亲之言，是乃得为孝。然则闵子之孝，在人无间于其父母昆弟之言。’……今案：《论衡·知实篇》：‘孔子曰：“孝哉闵子骞！人不间于其父母昆弟之言。”虞舜大圣，隐藏骨肉之过，宜愈子骞。瞽叟与象，使舜治廪浚井，意欲杀舜。舜当见杀己之情，早谏豫止，既无如何，宜避不行，何故使父与弟得成杀己之恶，使人间非父弟，万世不灭？’是汉世说此文，皆谓人不非其父母昆弟为孝。”刘兆伟《论语通要》曰：“笔者以为，这里应如刘宝楠引焦循《礼疏》所言，是指由于闵子骞的纯孝、大孝、真正的孝，使父母兄弟做事依礼，行事规范，得到了好名声。社会上对其父母兄弟绝无二词，只是称赞。孝子对父母兄弟的名誉要负责，不能一味地顺从父母。孝子要依礼而行，对父母违礼之事绝不顺从，以免使父母陷于不义。”曾子曰：“大孝尊亲，其次不辱，其下能养。”（《大戴礼记·曾子大孝》）孔子师徒把“不辱”父母（不使父母受非议，不让父母落骂名）看得很重。

11.8 颜渊死，颜路请子之车以为之椁。子曰：“才不才，亦各言其子也。鲤也死，有棺而无椁。吾不徒行以为之椁，以吾从大夫之后，不可徒行也。”

【“从大夫之后，不可徒行”误解】

钱逊《论语浅解》译曰：“因为我还跟随在大夫之后，是不可以步行的。”

闫合作《论语说》译曰：“我不让棺木徒行而把车给他作椁，因为我当过大夫后，他不能无椁啊。”

【“从大夫之后，不可徒行”勘正】

“从大夫之后”，就字面理解，即跟从在大夫后面。实际上，孔子做过鲁国司寇，身为大夫，此言“从大夫之后”，明为谦辞，即自己曾忝居大夫之列。“不可徒行”，是说自己身为大夫，按礼不可无车，不可步行。杨伯峻《论语译注》译曰：“因为我也曾做过大夫，是不可以步行的。”李泽厚《论语今读》译曰：“因为我做过大夫职位，是不可以步行的呀。”孙钦善《论语本解》解曰：“因为我还忝居大夫之列，是不可以徒步行路的。”

“从大夫之后，不可徒行也”，既是谦辞，亦为托辞。孔子不答应借车的主要原因是，弟子的死应和儿子的死同样对待，孔鲤无椁，颜渊亦无椁。本篇第 11 章：“子曰：‘回也视予犹父也，予不得视犹子也。非我也，夫二三子也。’”表明孔子反对门人对颜渊厚葬，主张颜渊的丧事应与儿子孔鲤的丧事同样对待，他认为这样做，符合颜渊的意愿。再者，孔子尚俭，只要不违礼，能俭则俭。比如他本人，病重时子路等人策划着给他高规格地大办丧事，他得知后，气得大发雷霆：“无臣而为有臣。吾谁欺？欺天乎？且予与其死于臣之手也，无宁死于二三子之手乎！”（《子罕》）

对于本章，注家存疑较多。钱穆《论语新解》曰：“本章极多疑者。谓颜氏家贫，孔子何不能为办一椁？颜路请孔子助椁，何为独指明欲卖孔子之车？孔子不欲卖车徒行，岂更无他长物可卖？且孔子之车，当是诸侯赐命之车，岂可卖之于市？而颜路请之？孔子在卫，曾脱骖以赠旧馆人之丧，至是必别买有骖，颜路何不以卖骖请？窃谓孔子距今逾两千五百年，此等细节，岂可一一知之。所知者，伯鱼卒，孔子已年七十，不为办椁。翌年，颜渊死，孔子亦不为办椁，此则明白可知者。若上举诸疑，琐碎已甚，岂能必求答案。有志于学者，不宜在微末处骋才辨，滋枝节。”

11.13 闵子侍侧，訚訚如也；子路，行行如也；冉有、子贡，侃侃如也。子乐。“若由也，不得其死然。”

【“訚訚如”、“行行如”、“侃侃如”误解】

杨润根《发现论语》解曰：“訚：在家门内的谈话，亲密的谈话，或谈话时所表现出来的彼此亲密的情感。行行：说做就做，雷厉风行，我行我素，不能阻拦。侃侃：信口如流，亲切而坦率。”

刘兆伟《〈论语〉章句直说》（载《沈阳师范大学学报》2004年第2期）解曰：“……子路则躁动不已的赳赳武夫之态。行行，行之本义为十字路口，即卄，发展为在街上走义，即行。行即左右两足交替前迈义。故行行如也，即两足不断动的样子，今日语即站不稳坐不安的烦躁、急躁的样子。”

李泽厚《论语今读》译曰：“冉有、子贡，滔滔雄辩。”

【“訚訚如”、“行行如”、“侃侃如”勘正】

“訚訚”（yínyín）、“行行”（hànghàng）、“侃侃”均为复音联绵词，记当时弟子之情貌。訚訚，中正谦和的样子；行行，刚强的样子；侃侃，和乐的样子。

《辞源》：“訚訚，和颜悦色貌。”《汉语大字典》：“訚：（1）和悦而正直地争辩。(2) 谦和而恭敬的样子。”《汉语大词典》：“訚訚，说话和悦而又能辩明是非之貌。”梁皇侃《论语义疏》：“訚訚，中正也，子骞性中正也。”清黄式三《论语后案》曰：“訚，断之借字。闵子在德行科，如不屈于季氏，是断断守正之貌。《盐铁论》‘诸生訚訚争’，《盐铁》彼文亦以‘訚’为持正貌。”今人李启谦《孔门弟子研究》曰：“闵子侍侧，訚訚如也（恭敬正直的样子）。”陈立夫《四书道贯》：“訚訚如也，恭敬而正直的样子。”刘兆伟《〈论语〉章句直说》（载《沈阳师范大学学报》2004年第2期）：“訚訚，中正谦和之气象。”

《辞源》：“行行，刚强貌。”《汉语大词典》：“行行，刚强负气貌。”汉郑玄《论语郑氏注》解曰：“行行，刚强之貌。”子路生性刚强勇武粗鲁，“行行”符合其性格特点。但孔子担心他的这种性格，所以后来又说：“像仲由那样，恐怕得不到好死。”

宋邢昺《论语注疏》曰：“侃侃，和乐之貌。”清黄式三《论语后案》曰：“侃侃者，衎衎之借字。《隶释·汉碑唐扶颂》：‘衎衎訚訚，尼父授鲁，曷以复加？’碑语正用此文。冉有、子贡才智有余，得动而乐之象，故曰衎衎。《三国志·蜀·郤正传》曰：‘侃侃庶政，冉季之治也。’亦言庶事康熙之意也。《韩子文集·韩宏碑》云：‘事亲孝谨，侃侃自将。’亦以侃侃为和乐之义也。《朱子文集》等书以冉子、端木子为刚直有余，说皆未莹。”

李启谦《孔门弟子研究》曰：“冉求性格活泼、爽朗。《论语·先进》篇载：‘闵子侍侧，訚訚如也；子路，行行如也；冉有、子贡，侃侃如也。子乐。’这是孔子弟子在孔子面前动作特点的记录，闵子骞是恭敬正直的样子，子路是刚强的样子，而冉求、子贡是温和而快活的样子。从这些不同的动作中，是能反映出弟子们的不同脾气的，冉求、子贡俩人是不忧不愁的乐天派的性格。……关于‘訚訚如也’的‘訚’字和‘侃侃如也’的‘侃’字，何晏在《论语集解》中说：‘訚訚，中正之貌’，‘侃侃，和乐之貌’。后来，邢昺在《论语注疏》中也是这样解释的。这样注疏都是对的。然而朱熹在《论语集注》注解时引《说文》说：‘侃侃，刚直也，訚訚，和悦而诤也’，而把冉求说成是刚直的性格了。其实朱熹完全用《说文》来注《论语》是不合宜的，所以后来的黄式三在《论语后案》中在进行了一番考证后，又否定朱熹的意见。以后康有为《论语注》和近人杨伯峻《论语译注》，也都是肯定何晏的注解，而不同意朱熹的见解。总之，把冉求的性格，解释成快活爽朗是恰当的。”

11.14 鲁人为长府。闵子骞曰：“仍旧贯，如之何？何必改作？”子曰：“夫人不言，言必有中。”

【“鲁人为长府”误解】

刘兆伟《论语通要》解曰：“鲁人，鲁国人，即鲁国有的人。当然此鲁人需是有大夫身份的人。为长府，为府长，做府的官长。即鲁国某大夫荣任管理财政的官长。府，收藏财货的地方叫府，引申为管理财政的衙门。新上任的官长破坏了原有礼制，自作主张强行改制。”

【“鲁人为长府”勘正】

为，指改建、翻修。长府，音 chángfǔ，府库名。藏货财的处所叫府。

汉郑玄《论语郑氏注》曰：“长府，藏名也，藏货财曰府。”清阎若璩《四书释地》曰：“《左传》昭二十五年：‘公居于长府。’杜《注》：‘长府，官府名。’九月戊戌，伐季氏，遂入其门。长府，今不知所在，意其与季氏家实近。公居焉，出不意而攻之。《论语》郑《注》：‘长府，藏名也。藏财货曰府。'”清刘宝楠《论语正义》曰：“诸说略有异同，惟阎氏得之，而义亦未尽，盖府自是藏名。……鲁之长府，自是在内，而为兵器货贿所藏。鲁君左右多为季氏耳目，公欲伐季氏而不敢发，故居于长府，欲藉其用，以伐季氏，且以使之不疑耳。昭公伐季氏，在廿五年，孔子时正居鲁，则知鲁人为长府，正是昭公居之，因其毁坏，而欲有所改作，以为不虞之备。”

11.15　子曰：“由之瑟，奚为于丘之门?”门人不敬子路。子曰：“由也升堂矣，未入于室也。”

【“由之瑟，奚为于丘之门”误解】

林觥顺《论语我读》解曰：“奚为于丘之门：是‘于丘门之为奚’的倒插，意思是在丘门中之佼佼者。奚的本义，许慎云大腹也。古奚豯通，豯，生三月豚，腹奚奚貌。故曰奚，大腹也。豚生三月就大腹奚奚，是喻进展神速，内涵丰富。不敬子路：不读为丕，丕者甚大也。是说同学们非常尊敬子路。”

何新《论语新解——思与行》解曰：“瑟，缩也，愚笨。”

杨润根《发现论语》：“瑟：……这里的瑟的意义是比喻性的，它指的是子路那套激进而又粗放的道德与政治理论。”

【“由之瑟，奚为于丘之门”勘正】

此章的正确理解是：孔子说：“仲由弹的那瑟，为什么会出在我的门下?”因此孔子的弟子们不尊敬子路。孔子又说：“仲由嘛，其学识技艺也可以说是登堂了，但尚未入室罢了。”

“瑟”是乐器，“堂”是厅堂，“室”是内室。先入门，次升堂，最终进入内室，孔子用以比喻学习知识技艺的几个阶段。此是对子路鼓瑟技艺的评价。

升堂入室，用来比喻学识技艺的深浅程度，升堂喻已有所成就，入室喻已得其奥妙，或说达到了很高的境界。

汉马融《论语马氏训说》曰：“言子路鼓瑟，不合《雅》、《颂》也。”

宋邢昺《论语注疏》曰：“此章言子路之才学分限也。……‘子曰：由也升堂矣，未入于室也’者，以门人不解，故孔子复解之，言子路之学识深浅，譬如自外入内，得其门者。入室为深，颜渊是也。升堂次之，子路是也。今子路既升我堂矣，但未入于室耳，岂可不敬也？”

宋朱熹《论语集注》曰：“程子曰：‘言其声之不和，与己不同也。’《家语》云：‘子路鼓瑟，有北鄙杀伐之声。’盖其气质刚勇，而不足于中和，故其发于声者如此。……门人以夫子之言，遂不敬子路，故夫子释之。升堂入室，喻入道之次第。言子路之学，已造乎正大高明之域，特未深入精微之奥耳，未可以一事之失而遽忽之也。”

11.17 季氏富于周公，而求也为之聚敛而附益之。子曰：“非吾徒也。小子鸣鼓而攻之，可也。”

【“季氏富于周公”误解】

清俞樾《群经平议》解曰：“‘季氏富于周公’，孔曰：周公，天子之宰卿士。《正义》曰：鲁其后也。樾谨按：此周公非周公旦也。拟人必以其伦，以季氏而拟周公，非其伦矣。所谓周公，乃春秋时之周公，如周公黑肩、周公阅是也。”

闫合作《论语说》解曰：“一解‘富’为富裕。一解‘富’为礼乐之富。《说文解字》：‘富，备也。一曰厚也。’这里指用的礼仪完备。若冉求只是为季氏敛财，孔子不该说那样决绝的话，冉求为季氏宰，那是本分。孔子生气的是冉求不能制止季氏的越礼行为。季氏用礼，超过周公，‘八佾舞于庭’，‘旅于泰山’。孔子曾问冉求，你不能制止吗？冉求说不能。冉求不但不能，还帮助季氏完备这样越礼行为，这才是孔子说出如此决绝的话的原因。”

【“季氏富于周公”勘正】

周公，有人认为指周公之家，有人认为指周公旦之后，或鲁国公室，其说近似，都讲得通。梁皇侃《论语义疏》解曰：“季氏，鲁臣也。周公，天子臣，食采于周，爵为公，故谓为周公也，盖周公旦之后也。天子之臣地广禄大，故周公宜富。诸侯之臣地狭禄小，季氏宜贫。而今僭滥，遂胜天子臣，故云‘季氏富于周公’也。”清刘宝楠《论语正义》解曰：“‘季氏富于周公’者，周公封鲁，取民之制，不过什一，自后宣公税亩，已为什而取二。季氏四分公室，己取其二，量校所入，逾于周公赋税之数，故曰‘季氏富于周公’。”乔一凡《论语通义》曰：“周公封鲁，此言周公，指鲁君也。”黄怀信《论语新校释》曰：“‘周公’，疑当指鲁君、鲁国公室。旧或以为周公旦，然季氏与周公旦无可比性，且周公旦亦未闻其富。或以周公黑肩、周公阅之类说之，然黑肩等亦未闻其富。”

闫合作认为“富”指“礼仪完备”，欠当。经文既然用了“聚敛”一词，显然是指财富，而“礼仪”不可“聚敛”。

【“小子”误解】

陆忠发《〈论语·先进〉“小子”解》（载《孔子研究》2007年第4期）：“战国末年之前，‘小子’都是对地位极高的人的称呼。……自称‘予小子’是相对其尊贵的父亲的自谦之称，表达的是我虽尊贵，但还不如父亲尊贵之意。所以供职于诸侯国的大夫的嗣子，就没有资格称为‘小子’了。大夫之子尚且不能称为‘小子’，孔子又怎么会称其弟子为‘小子’呢？……那么，孔子所说的‘小子’指谁呢？鲁哀公时季氏专权，冉求做了季氏的家臣。我以为孔子所说的‘小子’应该就是指鲁哀公。再说，鸣鼓而攻之，就是讨伐，这岂是几个门人所能做的事情？”

【“小子”勘正】

“小子”，在《论语》中有两种用法，一是表示自谦，如《阳货》篇：“子贡曰：‘子如不言，则小子何述焉？’”一是师长对弟子们的称呼，如《阳货》篇：“小子何莫学夫《诗》？”《公冶长》篇：“吾党之小子狂简。”《泰伯》篇：“曾子有疾，召门弟子曰：‘……而今而后，吾知免夫。小子！’”《子张》篇：“子夏之门人小子，当洒扫应对进退则可矣”。可见，孔子所说的“小子鸣鼓而攻之”的“小子”，当然是指弟子。

汉郑玄《论语郑氏注》曰：“小子，门人也。”梁皇侃《论语义疏》曰：“小子，门徒诸弟子也。”

11.18　柴也愚，参也鲁，师也辟，由也喭。子曰：“回也，其庶乎，屡空。赐不受命，而货殖焉，亿则屡中。”

【“愚”、“鲁”、“辟”、“喭”误解】

魏王弼《论语释疑》：“愚，好仁过也；鲁，质胜文也；僻，饰过差也。”

宋朱熹《论语集注》注曰：“愚者，智不足而厚有余。辟，便辟也。谓习于容止，少诚实也。”

宋郑汝谐《论语意原》解曰：“子张堂堂而辟。由也，行行而喭。辟，迂而过也。喭，易其言也。”

辜鸿铭《辜鸿铭讲论语》讲曰：“（柴）简单明了，（子张）华而不实。”

李泽厚《论语今读》译曰：“子张浮夸。”

方骥龄《论语新诠》解曰：“本章愚字，疑为偶字之误，……《家语》记子羔足不履影，启蛰不杀，方长不折。执亲之丧，泣血三年。其为人一如‘偶’字涵义，作忧字解。‘愚’字似不当作愚直解。参也鲁：……然则所谓鲁字本义，实即淳朴之义。……由也喭：《说文》中无喭字。……疑本章喭为‘嗻’字之误。按《说文》：‘嗻，遮也。’段注：‘广韵，嗻，多语之貌。然则遮者，谓多言遏遮人言也。’《论语》中记子路，每不加思考，率尔发言，抢先说话而遏遮他人之言，颇合‘嗻’字之义。故疑本章喭字似为嗻字传写之误。”

【“愚”、“鲁”、“辟”、“喭”勘正】

愚，愚直。高柴，字子羔，卫人。有行政能力，任过蒲邑宰、武城宰、郕邑宰及卫国士师（执法官）。性憨厚正直，任士师时，执法公正，曾依法处某犯刖刑（砍掉脚）。某犯后来做了守门吏，卫乱时高柴逃难，某犯却开门放他。他问某犯为何不趁机报复，某犯说：“你执法公正，我罪有应得；但你行刑时显露出同情怜悯之色，我为此感念，敬重你为人。”此“愚”字，不应理解为“蠢”、“傻”，应理解为憨直诚实。《说文解字》：“愚，戆也。”《史记·仲尼弟子列传》：“柴也愚。”裴骃《集解》引何晏曰：“愚直之愚。”据《汉语大词典》，愚还有“敦厚”义。并不像朱熹所说的“愚者，智不足而厚有余”。倘若他真的愚蠢，真的“智不足”，那他也就不可能连连从政为官。

鲁，鲁钝。曾参，字子舆，鲁人，以孝行著称。孔子认为他迟钝、笨拙，不够聪敏，反应不够快，也可能是与孔子所要求的“敏于行”有距离。曾参倡导“吾日三省吾身”，主张循规蹈矩，谨慎稳妥，“如临深渊，如履薄冰”，必然行事迟钝。汉孔安国《论语孔氏训解》曰：“鲁，钝也。

曾子迟钝也。”梁皇侃《论语义疏》曰：“鲁，迟钝也。言曾子性迟钝也。”宋朱熹《论语集注》曰：“鲁，钝也。”

辟，偏僻、偏执、偏激。颛孙师，字子张，陈人。孔子认为他偏僻，曾参也说“堂堂乎张也，难与并为仁矣”，说他不好相处。《汉语大词典》：“辟，偏执，偏激。”杨伯峻《论语译注》曰：“辟——音闢 pì。黄式三《论语后案》云：‘辟读若《左传》“阙西辟”之辟，偏也。以其志过高而流于一偏也。’”李启谦《孔门弟子研究》曰：“朱熹把‘辟’解为‘便辟’，而对‘便辟’又曾作过两次解释，一次说：‘谓习于容止，少诚实也。’另一次说：‘谓习于威仪而不直。’朱熹对‘便辟’的这两次解说是一致的，都是说善于逢迎谄媚而不诚实的意思。照朱熹的看法，子张也就是这样一种不老实的人。……朱熹的意见是不恰当的。理由如下：第一，孔子在这里对几个学生所概括的愚、鲁、喭等，很明显是指的天生的素质或性格，那么和这一起谈到的‘师也辟’的‘辟’也应和前面所讲的问题是一致的，应是指的‘偏激’的天生的性格。第二，我们知道，孔子是反对‘巧言令色’的，假如子张的品德真的像朱熹所说的，是逢迎谄媚而不诚实的话，孔子定会给以斥责的。然而孔子在这方面都没有半点批评。可见子张的品德，并不是这么低下。第三，子张对品德低下者，不但不同流共处，而且还给以鄙视，如《论语·子张》篇中载：‘子张曰：执德不弘，信道不笃，焉能为有，焉能为亡。’在这里子张就批评了那些信道不忠实的人，是些不足轻重可有可无的人。由上分析，可以肯定，孔子说的‘师也辟’就是说他性子偏激。”

喭，粗鲁、鲁莽、刚猛。仲由，字子路，鲁人。性耿直好勇，孔子评价他：“由也好勇过我”（《公冶长》），“由也果（果敢）”（《雍也》），“子路，行行（刚强）如也”（《先进》），“由也兼人（胜过别人）”（《先进》）。这样的性格，致使其常常言行鲁莽，常有顶撞其师的情形，所以孔子评其“喭”。魏王弼《论语释疑》：“喭，刚猛也。”《字汇》：“喭，刚猛也，粗俗也。”

【“其庶乎，屡空”误解】

钱逊《论语浅解》解曰：“空：匮乏、穷困。”

李炳南《论语讲要》解曰：“庶乎，是差不多的意思。屡空，《集解》有两说。一说颜子庶几圣道，虽数空匮，而乐在其中。一说屡犹每，空犹虚中，因为不虚心，则不能知道。两说应以后说为是，圣人体寂，其心常虚而无累，所以孔子空空如也，颜子未到圣人地位，所以其心屡空。”

程石泉《论语读训》解曰：“《尔雅·释言》：‘窶，贫也。’今作‘屡空’，必因形近而误。后儒以‘屡空’一辞不可解，于是妄生歧见，殊背常理。”

何新《论语新解——思与行》注曰：“庶，卓。”译曰：“颜回该说很卓越罢，但他缺衣少食。”

李零《丧家狗——我读〈论语〉》解曰：“我怀疑，‘庶’是‘度’的通假字。‘度’音 duó，有测度、意度之义，字形与庶有关，《说文·又部》说是从又庶省声，庶是书母鱼部字，度是定母铎部字，读音极为相近，疑是通假字。‘度’与‘臆’同义，‘屡空’与‘屡中’相反，前后正好对称，意思是说，颜回命舛，度事屡空，子贡相反，臆则屡中。”

黄怀信《论语新校释》解曰：“屡，借为娄。《说文》：‘娄，空也。’”译曰：“颜回近于娄空，（无所不受。）端木赐不听讲，但资质聪颖，屡次能够猜中。”

富金壁《论语新编译注》解曰：“屡空则通达无滞，故闻一而知十。”译曰：“颜回差不多了，心明如镜。”

【“其庶乎，屡空”勘正】

该句的关键字眼，在于“庶”和“屡空”，多数学者都将“庶”解作相近、差不多，将“屡空”解作空匮、贫穷。然与下文“屡中”联系起来理解，“屡空”应是“屡屡落空”之义。至于落空的是什么，给后人留下了想象的空间。关于“庶”字，“庶几”说为是。《辞源》：“庶：将近，差不多。《左传·昭十六年》：‘宣子喜曰：郑其庶乎！’注：‘庶几于兴盛。’”又释“庶几”曰：“（2）相近，差不多。《孟子·梁惠王下》：‘王之好乐甚，则齐国其庶几乎？’（3）《易·系辞下》：‘颜氏之子，其殆庶几乎。’《正义》：‘言圣人知几，颜子亚圣，未能知几，但殆近庶慕而已。’几，微也。知几即察微。后遂以庶几指好学而可以成材的人。汉王充《论衡·别通》：‘夫孔子之门，讲习五经，五经皆习，庶几之才也。’《三国志·吴·张昭传》附张承：‘勤于长进，笃于物类，凡在庶几之流，无不造门。’”

据此，该句的正确理解是：孔子说：“颜回学识道德可以说差不多了吧（也可说作：颜回可以称为庶几之才了吧），但运气不好，度事屡屡落空。端木赐不受禄命而去经商，却货财不断增加，度事屡屡命中。”

关于端木赐经商之事，《韩诗外传》、《尸子》等书都有记载：“子贡，卫之贾人也。”《史记·货殖列传》亦载：“子赣既学于仲尼，退而仕于卫，废著鬻财（做买卖）于曹、鲁之间。”这证明，子贡在从师前后都有经商的活动，可见家境富裕，这与颜回一箪食一瓢饮的贫寒家境形成强烈对比。

11.20　子张问善人之道。子曰：“不践迹，亦不入于室。”子曰：“论笃是与，君子者乎？色庄者乎？”

【“不践迹，亦不入于室”误解】

辜鸿铭《辜鸿铭讲论语》讲曰：“不偏离常规，也不会伪称信奉什么教义秘密。”

南怀瑾《论语别裁》解曰：“孔子这里的‘不践迹’，就是说做一件好事，不必要看出来是善行。……作善人故意表示善，就践迹了。”

赵又春《我读论语》解曰：“我认为‘不践迹，亦不入于室’是说既不走别人的老路，也不想进入别人都想进入的‘室’，即不以达到一般人的目标为满足。这既是对‘善人’的描述，但显然更是对‘善人之道’的回答。同时，这样理解，全章就完全是表彰善人，……赞扬善人：‘不践迹’，即有创新精神，‘不入于室’，即理想目标比一般人的要高得多。”

周乾溁《释“善人之道”章》（载《孔子研究》1987年第3期）解曰：“‘不入于室’只是说不要搞得太微妙了，这是个形象的比喻。全章的意思应该是：子张问帮助人改过的方法，孔子说：不紧抓人家的过错，也别挖得太深。”

【“不践迹，亦不入于室”勘正】

此句是说：不践前代善人之迹，即不效仿前人的为善之道，也就不能达到为善的高境界。践迹，就是学习圣贤的行为，并躬行实践，也就是下文所强调的“论笃是与”，笃实去做。

清孔广森《经学卮言》曰：“言问善人之道，则非问何如而可以为善人，乃问善人当何道以自处也。故子告以善人所行之道当效前言往行以成其德。譬诸入室，必践陈除堂户之迹，而后可循循然至也。盖有不践迹而自入于室者，唯圣人能之。尧舜禅而禹继，唐虞让而殷周诛是也。亦有践迹而终不入于室者，七十子之学孔子是也。若善人上不及圣，而又非中贤以下所及，故苟践迹，斯必入于室，若其不践迹，则亦不能入于室耳。”杨朝明《论语诠解》解曰：“入室：《论语》中多次用此说法，似乎是当时的一种固定的比喻，指学问或者境界的高深之处。”

【“论笃是与”误解】

魏何晏《论语集解》解曰：“论笃者，谓口无择言。君子者，谓身无鄙行也。色庄者，不恶而严，以远小人者也。言此三者，皆可以为善人也。”

唐韩愈、李翱《论语笔解》解曰：“吾谓论者讨论也。笃，极也。是，此也。论极此圣人之道，因戒子张但学君子，容色庄谨即可以及乎君子矣。”

乔一凡《论语通义》解曰：“子说言论笃实者，是称许他为君子么？还是称许他颜色庄重呢？”

闫合作《论语说》译曰：“说好话，行好事，神色庄肃。”

【“论笃是与”勘正】

与，赞许。孔子是说：人们总是赞许言论笃实的人，但这种人是真正的君子呢？还是表面上庄重的伪君子呢？

上言孔子主张践前代善人之迹，效法古人踏踏实实做善事，下言赞许笃实者，诫人莫做伪君子，这样理解是讲的通的。

杨伯峻《论语译注》译曰：“孔子说：‘总是推许言论笃实的人，这种笃实的人是真正的君子呢？还是神情上伪装庄重的人呢？’”注曰：“论笃是与——这是‘与论笃’的倒装形式，‘是’是帮助倒装之用的词，和‘唯你是问’的‘是’用法相同。‘与’，许也。‘论笃’就是‘论笃者’的意思。”

孙钦善《论语本解》解曰：“论笃：言论笃实。与：许。此句即‘与论笃’的宾语提前形式，‘是’起将宾语提前的作用，或与‘唯’字连用。‘与论笃’即赞许论笃者为善人的意思。孔子认为不夸夸其谈是仁人的特点之一，参见 12·3，13·27，故论笃者可认为是善人。朱熹《论语集注》将这一段话分为另一章，认为与‘善人之道’无关，不妥。色庄：

容色庄严。这里指故作姿态，伪装君子，参见 1 · 3 ‘巧言令色，鲜矣仁’，12 · 20 ‘色取仁而行违’。……言论笃实的人可以称许他为善人。但也要进一步判断，是真正的君子呢？还是装模作样的伪君子呢？”

11.24 季子然问：“仲由、冉求可谓大臣与？”子曰：“吾以子为异之问，曾由与求之问。所谓大臣者，以道事君，不可则止。今由与求也，可谓具臣矣。”曰：“然则从之者与？”子曰：“弑父与君，亦不从也。”

【“具臣”误解】

萧民元《论语辨惑》解曰：“历来解‘具臣’为‘一般的大臣’。笔者觉得不太妥当，而以为‘具臣’是已具备了为臣的各种条件之人。”

孙钦善《论语本解》解曰：“具臣：材具之臣，有才干的办事之臣。”

金池《〈论语〉新译》注曰：“具臣：办事之臣。”

杨润根《发现论语》解曰：“具：伸手可得的，现成的，具体的，普通的，置于每一个人的眼前的。具臣：普通的、处处可见的公民。”

【“具臣”勘正】

具，备置。《说文解字》：“具，共（供）置也。”《广韵》：“具，备也。”《辞源》：“具臣，备位充数、不称职守之臣。”《汉语大词典》：“具臣，备位充数之臣。”这些辞书的解释是正确的。

汉孔安国《论语孔氏训解》曰：“言备臣数而已也。”宋朱熹《论语集注》：“具臣，谓备数而已。”清刘宝楠《论语正义》解曰：“《说文》云：‘具，共置也。’《广雅 · 释诂》：‘具，备也。’大夫家臣，当有员数，此二子仕季，亦但备数任职事，不能如大臣能匡正人主也。”

孔子说：“所谓大臣者，以道事君，不可则止。今由与求也，可谓具臣矣。”意思是：所说的大臣，应该用道义辅佐君主，做不到就辞职不干。如今仲由和冉求啊，可以说是充数的臣子。在《季氏》篇中，孔子对仲由、冉求的批评更明显：“季氏将伐颛臾，冉有、季路见于孔子曰：‘季氏将有事于颛臾。’孔子曰：‘求！无乃尔是过与？夫颛臾，昔者先王以为东蒙主，且在邦域之中矣，是社稷之臣也。何以伐为？’冉有曰：‘夫子欲之，吾二臣者皆不欲也。’孔子曰：‘求！周任有言曰：陈力就列，不能者止。危而不持，颠而不扶，则将焉用彼相矣？’”孔子借用良史周任的话说："'能在所任职位上施展才力就干下去，不能的话就辞职。'譬如为盲人做相导，他遇到危险而不去护持，将要跌倒而不去搀扶，那又何必用你这个相呢?"从这些话中看出，孔子对弟子仲由、和冉求的从政能力是不满意的，认为他们只是"备臣数而已"。本篇第 25 章中孔子对子路的批评，也进一步说明了孔子的不满。

11.25 子路使子羔为费宰。子曰："贼夫人之子。"子路曰："有民人焉，有社稷焉。何必读书，然后为学?"子曰："是故恶夫佞者。"

【"贼夫人之子"误解】

南怀瑾《论语别裁》解曰："子路作了这件事，孔子非常不高兴，所以他说'贼夫人之子!'这是骂人的话，而且骂得很厉害，以现代语言来说，就是'简直不是人，你这个小子!'这句话不只是骂子羔，同时也骂子路。"

【"贼夫人之子"勘正】

贼，害。夫人，夫是指示代词，夫人即那人、他人。孔子此言的意思是：子羔年龄还小，尚未完成学业（或因费邑的烂摊子难治），急于让他做费邑长官，这是坑害人家的孩子。

汉包咸《论语包氏章句》曰："子羔学未熟习，而使为政，所以贼害人也。"宋朱熹《论语集注》曰："贼，害也。言子羔质美而未学，遽以治民，适以害之。"杨朝明《论语诠解》："［诠释］贼；害。［解读］孔子说：'他的学业还没有完成，这是误人子弟呀!'"方骥龄《论语新诠》曰："子路时为季氏家臣，子羔即高柴，费为季氏食邑，殆在定公十二年子路为季氏堕（毁）费时事，因费宰公山不狃奔齐，使子羔为费宰，必在斯时。子羔时年尚少，不足以镇抚巨邑，故孔子以为贼夫人之子。"

【"恶夫佞者"误解】

林觥顺《论语我读》解曰："是故恶夫佞者：这正是花言巧语在害人。"

【"恶夫佞者"勘正】

恶，厌恶。佞，花言巧语，能言善辩。《史记·佞幸列传》："嫣善骑射，善佞。"又《周本纪》："石父为人佞巧，善谀好利。"

"是故恶夫佞者"意为：所以，我最厌恶伶牙俐齿、无理强辩的人。

11.26 子路、曾皙、冉有、公西华侍坐。子曰："以吾一日长乎尔，毋吾以也。居则曰：'不吾知也。'如或知尔，则何以哉？"子路率尔而对，曰："千乘之国，摄乎大国之间，加之以师旅，因之以饥馑，由也为之，比及三年，可使有勇，且知方也。"夫子哂之。"求，尔何如？"对曰："方六七十，如五六十，求也为之，比及三年，可使足民。如其礼乐，以俟君子。""赤，尔何如？"对曰："非曰能之，愿学焉。宗庙之事，如会同，端章甫，愿为小相焉。""点，尔何如？"鼓瑟希，铿尔，舍瑟而作，对曰："异乎三子者之撰。"子曰："何伤乎？亦各言其志也。"曰："莫春者，春服既成，冠者五六人，童子六七人，浴乎沂，风乎舞雩，咏而归。"夫子喟然叹曰："吾与点也！"三子者出，曾皙后。曾皙曰："夫三子者之言何如？"子曰："亦各言其志也已矣。"曰："夫子何哂由也？"曰："为国以礼，其言不让，是故哂之。""唯求则非邦也与？""安见方六七十如五六十而非邦也者？""唯赤则非邦也与？""宗庙会同，非诸侯而何？赤也为之小，孰能为之大？"

【"毋吾以也"误解】

清刘宝楠《论语正义》解曰："'毋吾以'者，'毋'与'无'同，皇本作'无'。'以'，用也。言此身既差长，已衰老，无人用我也。……夫子自言身老，若四子则年力未衰，宜为世用。故就其平居所发论诱之尽言，以观其才志何如耳。"

李炳南《论语讲要》解曰："'以吾'的'以'字当因字讲。'毋吾以也'的'毋'字与'无'字通用，'以'字当用字讲。这一节，大意是说，因我年纪比你们长一些，我已无用了，但你们年纪还轻，现在闲居时，常说'无人知我'，但或有人知道你们，那你们'则何以哉'，将如何办事呢？"

贾齐华《"毋吾以也"正诂》（载《山东师范大学学报》1998年第1期）："在'毋吾以也'中，'毋'是表禁止的否定副词，相当于'不要'，'以'正是动词'已'的通假字，词义正是'拒绝'；'吾'是'以'的宾语，表示'我的问话'，正是与言语有关的语词，只是语序有些变化，因在否定句中做代词宾语而置于动词之前。从字面上说，'毋吾以也’表示不要拒绝我的问话。但理解起来不能如此坐实，可以稍加变通，理解为：不要有所顾忌地回答我的问话。”

黄怀信《论语新校释》解曰：“毋吾以也：‘以’，借为‘隐’，瞒也。……不要因为我比你们年龄大一点就隐瞒我！”

【“毋吾以也”勘正】

“毋吾以也”即“毋以吾也”的倒装句式。毋，不要。以，因为。直译的话，就是“不要因为我呀”。因为我什么？上句已有交代，即“以吾一日长乎尔”，蒙上省略。孔子所表达的意思是：不要因我年纪比你们长一些，就不敢说话，你们尽管畅所欲言。

杨朝明《论语诠解》诠释曰：“毋吾以也：即‘毋以吾也’的倒装形式，正如下文‘不吾知也’其实是‘不知吾也’的倒装。”解读曰：“孔子说：‘我年龄比你们大一些，不要因为我年长而不敢说。’”李零《丧家狗——我读〈论语〉》解曰：“‘毋吾以也’是‘毋以吾也’的倒装，正如下文‘不吾知也’其实是‘不知吾也’的倒装，承上文为读，这里是说，不要拿我比你们年长当回事。”康有为《论语注》解曰：“言我虽年少长于汝，然汝勿以我长而退让不言。欲尽言以观其志。圣人和气谦德，于此亦可见矣。”

【“率尔”误解】

杨润根《发现论语》注曰：“率：率先的意思。”

闫合作《论语说》译曰：“子路率先回答说：……”

【“率尔”勘正】

《辞源》：“率尔，轻遽貌。”《汉语大词典》：“率尔，急遽貌。《论语·先进》：‘子路率尔而对。’”宋朱熹《论语集注》注曰：“率尔，轻遽之貌。”当以“轻遽”为确。“轻遽”，轻率仓促，反映出子路不假思索、急促抢答的情形状貌。这也符合子路果敢、直率、粗鲁、刚勇的性格。

【“哂之”误解】

朱熹《论语集注》解曰：“哂，微笑也。”

杨伯峻《论语译注》译曰："孔子微微一笑。"

【"哂之"勘正】

哂，音 shěn，很多《论语》注家都释作"微笑"，细品文意，总觉不够准确。孔子对子路说的话的反应，如果是"微微一笑"，当是很自然的事，对谁都可以微微一笑。如果仅仅是"微微一笑"，那么不至于引起曾点的注意和怀疑，以至于后来又特意为"哂之"向孔子询问："夫子何哂由也?"可见，"哂之"透露了孔子的不满，其笑中带有讥嘲或轻蔑之意。《辞源》释"哂"曰："微笑，讥笑。《论语·先进》：'夫子何哂由也?'"

至于为何"哂之"，孔子回答得很清楚："为国以礼，其言不让，是故哂之。"孔子主张以德以礼治国，说话谦让，而子路的话中充满了武力、刚勇、杀伐之气，且只顾抢答而不知谦让，所以孔子讥笑之。

【"撰"误解】

汉孔安国《论语孔氏训解》解曰："撰，具也，为政之具也。"

汉郑玄《论语郑氏注》解曰："僎读曰诠，诠之言善也。"

清沈涛《论语孔注辨伪》解曰："《释文》：'撰'，郑作'僎'，读曰'诠'。'诠'之言善也。是孔训为'具'者非。《仪礼·乡饮酒礼》云：'遵者降席'，《注》：今文遵为'僎'，或为'全'。是'全'、'僎'本通，故郑读'僎'为'诠'。臧在东文学庸曰：'异乎三子者之僎'，言不能如三子之善，一似有不足言者，故子曰：'何伤，各言其志'，诱之言也。"

张振兴《〈论语〉"侍坐"撰字训释质疑》（载《吉林师范大学学报》1993年第3期）论曰："我认为，应该把'撰'字训为'善'、'善言'，译为现代汉语即'高妙的言论'、'高论'。把'异乎三子者之撰'这句话译成现代汉语，即为'（我）同三个人的高论不一样'。"

杨润根《发现论语》解曰："撰：美好的设想，动人的杜撰。"

【"撰"勘正】

撰，《集韵》："须兖切，上，獮韵。"《辞源》："撰，xuǎn，选择。《周礼·夏官·大司马》：'群吏撰车徒。'《文选》汉曹大家（班昭）《东征赋》：'时孟春之吉日兮，撰良辰而将行。'注：'撰，犹择也。'"《汉语大词典》："撰，同'选'。《周礼·夏官·大司马》：'群吏撰车徒，读书契。'陆德明《释文》：'撰，息转反。'贾公彦疏：'择取其善者。'《淮南子·说山训》：'撰良马者，非以逐狐狸，将以射麋鹿。'"

李零《丧家狗——我读〈论语〉》解曰："孔注训具，郑玄读诠训善，疑读为选，指志向选择。"

张诒三《〈论语〉训解释疑两则》（载《孔子研究》2010年第2期）所论与李零相同。文曰："杨伯峻先生《论语译注》没有单注'撰'，译文是'我的志向和他们三位所讲的不同。'看来，杨先生是把'撰'对译成'志向'的。按：揣摩文意，这段话是孔子及其弟子们'各言其志'的，也就是谈论各人的打算、追求的，曾点也是听了其他三个人的发言之后的表态，联系上下文，曾点和以上三家的不同正在于对未来人生道路的打算，所以杨伯峻先生的翻译于文意最为契合，只是没有说明'撰'何以译成'志向'。旧注把'撰'解释成'具、为政之具'或者解释成'善'，其思路是先指出'撰'的本字为'僎'或'诠'，再用《说文》的解释'僎，具也'或声训'诠之言善也'来解说这一意义，嫌于勉强。'撰'当通'選（选）'，'撰'与'选'同一谐声'巽'，上古声音必近。……那么，'撰'既通'选'，是什么意思呢？《说文·辵部》：'选，……一曰：选择也。'文献中也不乏用例，如《周礼·天官·内饔》：'王举，则陈其鼎俎，以牲体实之，选百羞、酱物、珍物以俟馈。'孙诒让《正义》引《小尔雅·广言》云：'选，择也。'《汉书·武帝纪》：'《诗》云："九变复贯，知言之选。"'颜师古注曰：'贯，事也。选，择也。'这样，'异乎三子者之撰'一句，'撰'通'选'，意思是'选择'，句意是：'我和三位先生的选择不同。'"

【"吾与点也"误解】

李泽厚《论语今读》译曰："孔子叹口气说：'我与曾点一道去吧。'"

闫合作《论语说》译曰："孔子长叹一声说：'这是我教给你曾点的志向吗？'"解曰："曾点见三子所言'仕进之心'都不被孔子赞同，揣摩孔子的心意，答以遁世之言。孔子乃积极入世之人，希望学生能继承孔学，宣扬孔学。听到这样的论调，不由长叹。'这是我教诲你的吗？！'我教给你点的吗？《说文解字》：'与，赐与也。'指教诲。"

【“吾与点也”勘正】

与，赞许、赞同。《述而》篇：“子曰：‘与其进也，不与其退也。’”朱熹注曰：“与，许也。”《资治通鉴·孝成帝绥和元年》：“传不云乎：朝过夕改，君子与之。”胡三省注引颜师古曰：“与，许也。”

“吾与点也”，是说“我赞同曾点的说法”。至于因何赞同，孔子未说，给后人留下了想象的空间：

宋邢昺《论语注疏》曰：“夫子闻其乐道，故喟然而叹曰：吾与点之志。善其独知时，而不求为政也。”

宋朱熹《论语集注》曰：“曾点之学，盖有以见夫人欲尽处，天理流行，随处充满，无少欠阙。故其动静之际，从容如此。而其言志，则又不过即其所居之位，乐其日用之常，初无舍己为人之意。而其胸次悠然，直与天地万物上下同流，各得其所之妙，隐然自见于言外。视三子之规规于事为之末者，其气象不侔矣，故夫子叹息而深许之。”

金良年《论语译注》曰：“曾皙是曾参的父亲，他的修养程度比子路等人要高一点，他所谈的不是事功，而是乐道，深得孔子微意，所以孔子说他赞同曾皙的志向。”

戴旦《释孔子“吾与点也”》（载《云南师范大学学报》1985 年第 3 期）论曰：“总而言之，曾点的志向代表着孔子从政思想的理想主义，这是‘吾与点也’的关键所在，也是区别孔子、子路、冉求、曾点、公西华精神世界的关键所在。勿论从政、游说和从教，孔子都没有放弃自己的理想王国。这也正是他没有‘恬退避世’和有别于伯夷、叔齐、长沮、桀溺的根据所在。”

颜渊第十二

12.1　颜渊问仁。子曰："克己复礼为仁。一日克己复礼，天下归仁焉。为仁由己，而由人乎哉！"颜渊曰："请问其目。"子曰："非礼勿视，非礼勿听，非礼勿言，非礼勿动。"颜渊曰："回虽不敏，请事斯语矣。"

【"克己复礼为仁"误解】

晋范宁《论语范氏注》注曰："克，责也。复礼谓责，克己失礼也。非仁者则不能责己复礼，故能自责己复礼，则为仁矣。"

清江声《论语竢质》解曰："《说文解字》曰：'克，肩也。'《诗·敬之》曰：'佛时仔肩'，《毛传》云：'仔肩，克也。'郑笺云：'仔肩，任也。'盖肩所以儋荷重任，克训肩，则亦训任矣。克己复礼，以己身肩任礼也。"

清刘宝楠《论语正义》解曰："'克'，皇本作'剋'。克己复礼，所以为仁。'为'犹事也，谓用力于仁也。下句'为仁由己'义同。"

赵又春《我读论语》解曰："我认为，这个'仁'只能理解为'克己复礼'在主体自身引起的心理反应，即他因此进入到的一种情感——精神状态。……这种心理情感状态，孔子也用'仁'字来描述，也称之'仁'，我则译为'仁境'。……其实，只要确认这章中的'仁'是指仁境，就可以知道，两个'为'字和孟子说的'鸡鸣而起，孳孳为利者，跖之徒也'中的'为'字同义，'谋求'、'取得'的意思，'为仁'就是指求得或者说达到仁境。"

戴玉斌《"克己复礼"辨正》（载《江淮论坛》1982年第2期）论曰："综上所述，'复'字在先秦时期，只有往来、反复、重复的意思，'恢复'、'复辟'乃是它后来的引申义。……'复礼'即反复（实践或实行）礼的意思。……孔子认为，达到仁德全在于自己，而不在于别人，只要你一切违礼的事不看，一切违礼的话不听，一切违礼的话不讲，一切违礼的事不做，这样一天一天地克制自己，反复（或重复）地做下去，你不就具有仁德了吗？”

【“克己复礼为仁”勘正】

该句歧解纷纷。关于“克”，或释为“责”，或释为“约”，或释为“胜”，或释为“肩任”，或释为“克服”，或释为“克制”，当以“克制”、“约束”合乎文意。汉马融《论语马氏训说》曰：“克己，约身也。”《汉语大字典》释“克”曰：“约束，制服。”《辞源》释“克己”曰：“约束克制自身的言行和私欲等，使之符合某种规范。”《汉语大词典》释“克己复礼”曰：“约束自我，使言行合乎先王之礼。”

关于复，或释为“反复”，或释为“回复”，或释为“归复”，或释为“践行”，或释为“覆盖”。其实，“回复”、“归复”义近，基本合乎文意。汉孔安国曰：“复，反也，身能反礼则为仁矣。”（引自魏何晏《论语集解》）“反”，有“还归”、“复归”义。梁皇侃《论语义疏》曰：“克，犹约也。复，犹反也。言若能自约俭己身，返反于礼中，则为仁也。”宋邢昺《论语注疏》引曰：“刘炫云：‘克训胜也，己谓身也。身有嗜欲，当以礼义齐之。嗜欲与礼义战，使礼义胜其嗜欲，身得归复于礼，如是乃为仁也。复，反也。言情为嗜欲所逼，已离礼，而更归复之。”

关于“为仁”，或释为“是仁”，或释为“事也，谓用力于仁”，或释为“谋求仁境”，或释为“造就仁”，当以“是仁”合乎文意。

整句话是说：克制（或约束）自己，使自己的一切言行都归合（符合）于礼，就是仁。仁和礼是相通的，仁是内在，礼是外在，只要事事依礼而行，也就等于是仁了。（人人）一旦克己复礼，天下的一切就都归于仁了。也就是说，人人克己复礼，天下就成了充满仁德的天下。

12.3 司马牛问仁。子曰：“仁者，其言也讱。”曰：“其言也讱，斯谓之仁已乎？”子曰：“为之难，言之得无讱乎？”

【“讱”误解】

黄怀信《论语新校释》释曰：“讱：音刃，《说文》：‘顿也。’谓停顿、突然中断、打磕等、不连贯。释迟钝非。”译曰：“有仁德的人说话的时候打磕等。”

闫合作《论语说》译曰：“仁的表现，要求把话说到点上。”

【“讱”勘正】

讱，有“不忍言”、“忍”、“难”、“谨慎”、“顿”、“迟钝”诸种解释，联系下文“为之难，言之得无讱乎？”之句意，是说：行仁难（即“仁”实践起来很难，如曾子所说“士不可以不弘毅，任重而道远。仁以为己任，不亦重乎？死而后已，不亦远乎？”），那么言仁能不难吗？告诫人们：“仁”是一个分量很重的话题，不可轻言。《辞源》释曰：“讱，言不易出，说话谨慎。”《汉语大字典》释曰：“讱，出言缓慢谨慎。”行仁之事，做起来很难，说起来能不谨慎吗？

12.6 子张问明。子曰：“浸润之谮，肤受之愬，不行焉，可谓明也已矣。浸润之谮，肤受之愬，不行焉，可谓远也已矣。”

【“浸润之谮，肤受之愬”误解】

刘兆伟《论语通要》解曰：“肤受之愬，未受大伤害，就激烈诉讼，即小题大做的诉讼。”

林觥顺《论语我读》解曰：“浸润之谮：是肌肤两相沾润者的谮言。肤受之愬，是肌肤两相授受亲密者之告诉。皆说明是夫妻间妇人之言。”

骆明《骆承烈讲论语》译曰：“像水那样一点一滴地渗进来，不易觉察的谗言，犹如直接割裂肌肤那样疼痛的直接诽谤，在你那里行不通，那么你可以算得上是明智的了。”

闫合作《论语说》译曰：“点滴浸润的谗言，切肤之痛的诬陷，都不能生效，可算有自知之明了。”

【“浸润之谮，肤受之愬”勘正】

谮，谗言、诬陷。《诗·小雅·雨无正》：“听言则答，谮言则退。”郑笺：“有谮毁之言，则共为排退之。”《公羊传·庄公元年》：“夫人谮公于齐侯。”何注：“如其事曰诉，加诬曰谮。”愬，馋毁、诽谤，与“谮”义近。《宪问》篇：“公伯寮愬子路于季孙。”

此章的正确理解是：子张问怎样才是明察。孔子说：“像水滴浸润而不易察觉的谗言，像皮肤受尘那样轻微而不易察觉的毁谤，在你那里行不通，就可以称为明察秋毫了。像水滴浸润而不易察觉的谗言，像皮肤受尘那样轻微而不易察觉的毁谤，在你那里行不通，也就可以称为远见卓识了。”

梁皇侃《论语义疏》曰：“云‘子曰浸润之谮’者，答也。浸润，犹渐渍也。谮，谗谤也。夫拙为谗者，则人易觉，巧为谗者，日日渐渍细进谮，当时使人受而不觉，如水之浸润渐渍，久久必湿也，故谓能谗者为浸润之谮也。云‘肤受之愬’者，肤者，人肉皮上之薄绉也。愬者，相诉讼谗也。拙相诉者，亦易觉也；若巧相诉害者，亦日日积渐稍进为，如人皮肤之受尘垢，当时不觉，久久方睹不净，故谓能诉害人者为肤受之愬也。云‘不行’云云者，言人若觉彼浸谮肤诉害，使二事不行，则可谓为有明也。”宋邢昺《论语注疏》疏曰：“夫水之浸润，渐以坏物，皮肤受尘，渐成垢秽。谮人之言，如水之浸润，皮肤受尘，亦渐以成之，使人不觉知也。若能辨其情伪，使谮愬之言不行，可谓明德也。‘浸润之谮，肤受之愬不行焉，可谓远也已矣’者，言人若无此二者，非但为明，其德行可谓高远矣，人莫能及之也。”皇侃、邢昺所释，形象而贴切。

12.9 哀公问于有若曰：“年饥，用不足，如之何？”有若对曰：“盍彻乎？”曰：“二，吾犹不足，如之何其彻也？”对曰：“百姓足，君孰与不足？百姓不足，君孰与足？”

【“盍彻乎”误解】

金知明《论语精读》解曰：“盍彻乎：为什么不减半开支呢：盍，副词的否定形式，何不；彻，均衡，这里指减半支出的意思。”

闫合作《论语说》断句为：“有若对曰：‘盍彻乎？’曰：‘二吾，犹不足，如之何其彻也？’对曰：‘百姓足君，孰与不足？百姓不足君，孰与足？’”解曰：“‘彻’，指设置监管百官的官，周称为‘百姓’。二，次也。‘二吾’，仅次于我。‘百姓不足君，孰与足？’指监管百官的官不遵行君令，谁还遵行？”译曰：“有若回答说：‘何不设彻官呢？’哀公说：‘权势仅次于我的都不遵行，彻官能怎么样？’有若回答说：‘彻官遵行君令，谁敢不遵行？彻官不遵行君令，谁会遵行？’”

【“盍彻乎”勘正】

彻，特指周代的田税制度，即“十分抽一”的田税制度。汉郑玄曰：

"周法什一而税谓之彻，彻，通也，为天下之通法也。"《尔雅》："彻，税也。"《孟子·滕文公》："周人百亩而彻。"《后汉书·陆康传》："夫十一而税，周谓之彻。"

梁皇侃《论语义疏》解曰："'彻'字训通，故汉武名彻，而改天下宜言彻者一切云通也。今依《王制》云'古者公田，藉而不税'。郑玄曰：'藉之言借也。借民力治公田，美恶取于此，不税民之所自治也。'《孟子》曰：'夏后氏五十而贡，殷人七十而助，周人百亩而彻。'则所云古者，谓殷时也。其实皆十一也。侃案：……三代虽异，同十分彻一，故彻一为通法也。"宋朱熹《论语集注》解曰："彻，通也，均也。周制：一夫受田百亩，而与同沟共井之人通力合作，计亩均收。大率民得其九，公取其一，故谓之彻。鲁自宣公税亩，又逐亩什取其一，则为什而取二矣。故有若请但专行彻法，欲公节用以厚民也。"

12.10　子张问崇德辨惑。子曰："主忠信，徙义，崇德也。爱之欲其生，恶之欲其死。既欲其生，又欲其死，是惑也。诚不以富，亦祇以异。"

【"徙义"误解】

汉包咸《论语包氏章句》解曰："徙义，见义则徙意而从之也。"

宋邢昺《论语注疏》解曰："徙，迁也。言人有忠信者则亲友之，见义事则迁意而从之，此所以充盛其德也。"

【"徙义"勘正】

"徙"，当是"從"（从）字，属于形近致误。"徙"是"迁移"的意思，注家虽能费些周折解释得通，但总不如"從"字于文意的表达直接顺畅。前句"主忠信"，即主张忠信，或主持忠信，动宾搭配直接明白。后句"從义"，同样动宾搭配直接明白。如果看作"徙义"，解作"见义则徙意而从之"，则显得迂曲周折，而最终解释出来的意思，还是"從义"。清俞樾《群经平议》曰："包氏以徙义为徙意从之，其说迂曲，殆非也。徙当为從，《述而》篇'闻义不能徙'，阮氏《校勘记》曰'高丽本作從'，是其证矣。"黄怀信《论语新校释》已将经文"徙"改作"從"，这种做法值得肯定。《论语》经过历代人传抄，存在误字是很自然的，我们应该有勇气改正。

崇德，即尊崇道德、崇尚道德、崇重道德，也是动宾结构。《辞源》释“崇”曰：“尊敬，推重。《礼·王制》：‘上贤以崇德，简不肖以绌恶。’”孙钦善《论语本解》译曰：“孔子说：‘依仗忠诚信实，唯义是从，这就是崇德。’”不少学者释“崇德”为“提高道德”，义近，可从。

【“诚不以富，亦祇以异”误解】

梁皇侃《论语义疏》解曰：“引《诗》证为惑人之，言生死不定之人，诚不足以致富，而只以为异事之行耳。”

袁庆德《论语通释》解曰：“‘诚不以富’就是‘不以诚富’，不会因为诚实而富裕。亦、只：副词，仅仅，只是。异：不同，指不同于众人，与众不同。”

林觥顺《论语我读》解曰：“诚不以富，亦祇以异：这是直接骂周宣王弃糟糠另纳新嬖。孔子引此二句，旨在教人要为成就作努力，更要适应各种不同的变化。不读丕，祇，经传训示。笔者释，亦祇以异，更求标新立异。”

【“诚不以富，亦祇以异”勘正】

“诚不以富，亦祇以异”，应理解为“诚然不能算考虑周备，却恰恰令人怪异”。诚，确实、实在。富，完备。《说文解字》：“富，备也。”《庄子·天地》：“有万不同之谓富。”《礼记·曲礼下》：“大飨不问卜，不饶富。”郑玄注：“富之言备也。”《颜渊》篇“富哉言乎”刘宝楠注：“富者，备也。必如舜举皋陶，汤举伊尹，而后用人之法备。”祇，音 zhǐ，恰好、仅仅。司马迁《报任少卿书》：“今虽欲自雕瑑，曼词以自解，无益，于俗不信，祇取辱耳。”

喜欢一个人便想要他活，厌恶一个人便想要他死。既想要他活，又想要他死，这就是迷惑。这种不明智的想法或做法，正如《诗》所说：诚然不能算考虑周备，而恰恰令人觉得怪异。

宋程颐以为这里引诗属错简所致，他说：“此错简，当在第十六篇齐景公有马千驷之上。因此下文亦有齐景公字而误也。”（见宋朱熹《论语集注》）此说有一定道理。倘若此诗引在第十六篇《季氏》“齐景公有马千驷，死之日，民无得而称焉”之上的话，那么此“富”字就应理解为“富有”。富字多义，处在不同的语言环境中，便表示不同的意义。

12.12　子曰："片言可以折狱者，其由也与？"子路无宿诺。

【"片言可以折狱"误解】

宋朱熹《论语集注》解曰："片言，半言。折，断也。子路忠信明决，故言出而人信服之，不待其辞之毕也。"

元陈天祥《四书辨疑》解曰："凡其所谓片言只字者，皆其言辞简少之称。折，犹挫折也。如云折其锐气、面折其非是也。折之使服，非信服也。'片言可以折狱者，其由也与'，盖言能以一二言折其罪人虚伪之辞，使之无所逃其情，惟子路为然也。尹材曰：'子路言简而中理，故片言可使罪人服。'此说为是。"

南怀瑾《论语别裁》解曰："'片言'，现代语就是'一句话'的意思。'狱'就是打官司。孔子说，要讲一句话，就可以把人家的纠纷解决了，只有子路做得到。"

乔一凡《论语通义》解曰："片是判木。片言是判言，犹今之判决书也。非片面之言也。子路信人，折，制也，折本作制。诺即起而行之。片言即折狱，示得其情实，可以无冤狱，而不上诉也。"

李炳南《论语讲要》："不论古今，审理诉讼案件，都不可以只听单面之辞，这里的'片言'应指为判决的言辞，听讼者在问过两案情之后，以三言两语批示判决，两造都能心服。像这种明快的决断，孔子以为，大概只有仲由始能如此。"

【"片言可以折狱"勘正】

片，有"单"义。《广雅》："片，禅也。"王念孙疏证："禅与单通。"《文选·左思〈吴都赋〉》："双则比目，片则王馀。"片言，单方的言辞。折，判断。折狱，断狱、判案。《尚书·吕刑》："非佞折狱，惟良折狱。""片言可以折狱"，是说据单方言辞就可判案。乍一听，如此断狱不是太草率、太不严肃、太不符合判案原则了吗？事实上，孔子就是这么个意思，他认为子路据单方诉词就能做到公正断狱。为什么呢？原因有二。一是"子路无宿诺"，守诺言，而且兑现诺言快。由于守信、诚信，所以被告、原告受其感染，双方诉讼也重诚信而不忍欺。二是黄式三所说的他能"明清于单辞"。火眼金睛，明断是非。在这么一位法官面前，双方受其威慑，供词据实而不敢欺。这样，单方能据实陈述，断案人又有明断能力，故此，做到“片言折狱”是可能的。不过，凭单词断狱，难度极大，一般人是做不到的。正因为一般人做不到，所以孔子赞许之。

晋孙绰《论语孙氏集解》曰：“子路心高而言信，未尝文过以自卫，听讼者便宜以子路单辞为正，不待对验而后分明也，非谓子路闻人片言而便能断狱也。”

若按某些注家所说的“言辞少”、“三言两语”、“片言是判言”等解释，试想，能做到以简短言词判决的大有人在，何须赞许？再说，“判言”本身就是判决的言辞，也就是判决书，若说作子路能做到“以判决言辞折狱”，这话岂不是多余？

当然，凭单方言辞来判案，实不可取，今人不宜效法。

【“无宿诺”误解】

魏何晏《论语集解》解曰：“宿，犹豫也。子路笃信，恐临时多故，故不豫诺也。”

梁皇侃《论语义疏》解曰：“宿，犹逆也。诺，犹许也。子路性笃信，恐临时多故，晓有言不得行，故不逆言许人也。”

宋朱熹《论语集注》注曰：“宿，留也，犹宿怨之宿。急于践言，不留其诺也。记者因夫子之言而记此，以见子路之所以取信于人者，由其养之有素也。”

【“无宿诺”勘正】

“宿”字，各家理解差异很大，当以黄怀信、邓球柏所解为优。黄怀信《论语新校释》释曰：“‘宿’，夜也，谓隔夜。‘诺’，承诺。无宿诺，言当天必定完成对人的承诺。旧释‘宿’为留、拖延，非，若为此义，当云‘不宿诺’。”邓球柏《论语通解》解曰：“宿诺：许了很久的愿而没有实现。宿，久，旧，过去。诺，诺言。”

宿，《汉语大字典》释曰“过夜；夜晚睡觉。《说文·宀部》：‘宿，止也。’（表示止于屋下）《玉篇·宀部》：‘宿，夜止也。’《楚辞·东方朔〈七谏·初放〉》：‘块兮鞠，当道宿。’王逸注：‘夜止曰宿。’”又释为“隔夜”、“隔年”、“旧的”等。《汉语大词典》释为“过夜”、“隔夜”、“隔年”、“久”等。

“子路无宿诺”，是赞扬子路兑现、践行诺言快。对这话不要理解得太拘泥，并不是说许诺了，当天必须做到；而是说对于许诺的，要尽快兑现、践行，不要拖得太久，或拖着不办。

12.14 子张问政。子曰："居之无倦，行之以忠。"

【"居之无倦"误解】

宋朱熹《论语集注》解曰："居，谓存诸心。无倦，则始终如一。行，谓发于事。以忠，则表里如一。"

闫合作《论语说》解曰："'居之无卷'今本做'居之无倦'，定州汉墓竹简《论语》为'卷'，当为本字。《说文解字》：'卷'，膝曲也。表示卑躬屈膝。'无卷'就是不要卑躬屈膝。"译曰："孔子说：'居位不亢不卑。行事真心无欺。'"

【"居之无倦"勘正】

孔子是说：身居官位不懈倦，执行政令要忠诚。居，理解为"居官"为是。子张既然是"问政"，孔子回答中又强调"忠"，显然是指居官。李零《丧家狗——我读〈论语〉》曰："'居之'，是居官位。'行之以忠'，是尽臣道。""倦"与"卷"通假，皆表示"疲倦"、"懈怠"义。闫合作错误理解《说文解字》，实际上，《说文解字》"卷"字读 quán，意思是弯曲。

蔡希勤《百家品论语》曰："为官首在勤，只要时时记住一个勤字，时时记住一个怠字，就能了解民之疾苦，就能施政有绩。《尚书·无逸》中也说：'君子所其无逸。'意思是做官的人，居其位就不能贪图安逸，也就是孔子说的'居之无倦'。只有做到'居之无倦'才能'行之以忠'。也就是执行上级的政策法令秉以忠心。"

12.17 季康子问政于孔子。孔子对曰："政者，正也。子帅以正，孰敢不正！"

【"帅"误解】

汉郑玄《论语郑氏注》注曰："康子，鲁上卿，诸臣之帅也。"

何新《论语新解——思与行》译曰："孔子回答说：'政的意思就是纠正。您作为统帅如果站得正，谁还敢不站正？'"

【“帅”勘正】

帅，在这里作动词，同“率”，即“做表率”、“带头”的意思。“子帅以正”，即“你以正做表率”，也即“你带头行得正”。孔子强调为政者要在“正”的方面做表率，常言道“上梁不正下梁歪”。这个“正”，就是中正，不偏斜。《子路》篇曰：“其身正，不令而行；其身不正，虽令不从。”

12.20 子张问：“士何如斯可谓之达矣？”子曰：“何哉，尔所谓达者？”子张对曰：“在邦必闻，在家必闻。”子曰：“是闻也，非达也。夫达也者，质直而好义，察言而观色，虑以下人。在邦必达，在家必达。夫闻也者，色取仁而行违，居之不疑。在邦必闻，在家必闻。”

【“闻”、“达”误解】

辜鸿铭《辜鸿铭讲论语》讲曰：“孔子的一位学生子张问：‘为了与众不同，一个受过教育的绅士必须如何去做？’”

蒋沛昌《论语今释》释曰：“达：通达，对事理认识透彻。”

闫合作《论语说》解曰：“达是声望，闻是名气。”

【“闻”、“达”勘正】

闻，闻名、有名声。达，通达、亨通显达。

子张误以为“在邦必闻，在家必闻”就是“达”。孔子纠正说：“夫达也者，质直而好义，察言而观色，虑以下人。在邦必达，在家必达。”孔子是说，要想做到“达”，既要自身具备良好的品质，即“质直而好义”，又要具有良好的处世作风，即“察言而观色，虑以下人”。

孔子说的这段话，正确的翻译是：这是有名声，而不是达。所谓达，品质正直，爱好仁义，善于观察别人言语和容色，时常考虑着谦居人下。这样的人，在诸侯国任职一定能亨通显达，在大夫家任职一定能亨通显达。所谓闻，表面上似乎是在追求仁，而行动上却在违背仁，竟然还以仁人自居而不知怀疑。这样的人，在诸侯国任职一定能骗取虚名，在大夫家任职一定能骗取虚名。可见，孔子看重的是仁德，具备仁德的人，才能真正做到亨通显达。

由于《论语》此章，后来形成“闻达”一词。《辞源》释“闻达”

曰："《论语·颜渊》：'在邦必闻，在家必闻，……在邦必达，在家必达。'后因称显达或受称誉为闻达。"

12.21　樊迟从游于舞雩之下，曰："敢问崇德、修慝、辨惑。"子曰："善哉问！先事后得，非崇德与？攻其恶，无攻人之恶，非修慝与？一朝之忿，忘其身，以及其亲，非惑与？"

【"修慝"误解】

杨伯峻《论语译注》译曰："怎样消除别人对自己不露面的怨恨。"

傅佩荣《傅佩荣解读论语》曰："修慝：消除积怨。慝是藏匿在心中的怨恨。经常反省与批判自己的过错，就没有多余的心力去怨恨别人了。"

【"修慝"勘正】

慝，音 tè，恶、邪恶、恶念。下文孔子"攻其恶，无攻人之恶，非修慝与？"已对"修慝"作了明确的解释。

汉孔安国曰："慝，恶也。修，治也。治恶为善也。"（引自魏何晏《论语集解》）宋朱熹《论语集注》："胡氏曰：'慝之字从心从匿，盖恶之匿于心者。修者，治而去之。'"杨朝明《论语诠解》曰："修慝（tè）：修，治理。慝，隐藏在心里的恶念。"

12.22　樊迟问仁。子曰："爱人。"问知。子曰："知人。"樊迟未达。子曰："举直错诸枉，能使枉者直。"樊迟退，见子夏曰："乡也吾见于夫子而问知，子曰：'举直错诸枉，能使枉者直。'何谓也？"子夏曰："富哉言乎！舜有天下，选于众，举皋陶，不仁者远矣。汤有天下，选于众，举伊尹，不仁者远矣。"

【"举直错诸枉"误解】

林觥顺《论语我读》解曰："举直措诸枉，能使枉者直：如木匠用龙墨线纠正木的曲直，能使曲者变直。举是用，错是攻错是纠正。诸是辨识，枉是木不正直，是曲木。"

【"举直错诸枉"勘正】

就字面看，是举用直的，把直的放置在弯的之上，以喻智者用人，举用正直的人，把正直的人安置在邪枉的人之上。重用正直良才，抑制邪枉庸才。子夏深得孔子之意，称叹此言含义丰富，曰："富哉言乎！舜有天下，选于众，举皋陶，不仁者远矣。汤有天下，选于众，举伊尹，不仁者远矣。"

《辞源》释曰："错，通'措'，安置。《易·系辞上》：'苟错诸地而可也。'"清刘宝楠《论语正义》曰："'举直错诸枉，能使枉者直'者，言举尔所知之直者，错诸枉者之上，即是知人也。'错'，《释文》引'或本作措'。"

12.24 曾子曰："君子以文会友，以友辅仁。"

【"以文会友，以友辅仁"误解】

林觥顺《论语我读》解曰："以文会友：是用自己的智识去爱护协助别人，使别人有所增益。以友辅仁：因为友爱仁爱都是爱人，是辅助人，友仁相依为一。用自己的爱心与人相交。"

杨润根《发现论语》解曰："会：汇集，团结。文：知识，真理或正义之被阐述，文明之被昌明。辅：'甫'的本意是具有杰出才能的专家，因此'辅'可以理解为以迅速为专职的车子，引伸为促进，加速，增进。"

闫合作《论语说》解曰："文是名气，不'文'，就无以使人知晓自己，怎么使人结交自己？"译曰："君子凭名声结交朋友，靠朋友辅养仁。"

【"以文会友，以友辅仁"勘正】

曾子是说：君子以文章学问来交会朋友，以朋友来辅助仁德的修养。清刘宝楠《论语正义》曰："'文'谓《诗》、《书》、礼、乐也。'以文会友'，谓共处一学者也。《尔雅·释诂》：'辅，俌也。'引伸之，有佐训。《礼·学记》云：'大学之教也，时教必有正业，退息必有居学。故君子之于学也，藏焉修焉，息焉游焉。夫然，故安其学而亲其师，乐其友而信其道，是以虽离师辅，而不反也。'《说苑·谈丛篇》：'贤师良友在其侧，《诗》、《书》、礼、乐陈于前，弃而为不善者鲜矣。'"

注家对"文"解释不一，有的范围宽，有的范围窄。笔者以为，往宽处理解为好，凡以文化知识活动会友者，皆可称作以文会友。

子路第十三

13.1　子路问政。子曰："先之劳之。"请益。曰："无倦。"

【"先之劳之"误解】

汉孔安国《论语孔氏训解》解曰："先导之以德，使民信之，然后劳之。《易》曰：'说以使民，民忘其劳也。'"

清黄式三《论语后案》解曰："先，训导。孔《注》是。《释文》：'劳，郑读力报反。劳为慰劳之劳。'民未知德，以身导之。民知化德，必慰劳之也。郑君义如此。"

清沈涛《论语孔注辨伪》解曰："《释文》'劳之'，孔如字，郑力报反。是康成读为郊劳之劳，劳谓劳来。《孟子》放勋曰：'劳之来之'，盖即勤民之意。《礼·月令》'为天子劳农劝民'注'重力来之'。《汉书·王莽传》'力来农事'，师古曰：'力来，劝勉之也。'《吕氏·孟春纪》高注曰：'劳，勉也。先字亦当读去声，盖谓倡导之。'孔二字皆读如字解，甚纡回，非也。"

杨伯峻《论语译注》译曰："自己给百姓带头，然后让他们勤劳地工作。"

金池《〈论语〉新译》注曰："先之：'先导之以德'之意。这里指用道德教化众人。劳：劳动，劳动成果。"译曰："精神上要用道德知识教化众人，物质上要用劳动成果丰富众人。"

【"先之劳之"勘正】

"先之劳之"，即先民而劳。先，率先、在其前。前"之"字指民，后"之"字是助词。此章的正确理解是：子路问为政之道。孔子说："要先民而劳，做好表率。"子路请求再多讲点。孔子说："不要倦怠。”孔子主张为政者首先要自己做到勤劳于政事，永无倦怠地勤政，做好百姓的表率。下章的“先有司”，也是在强调为政者应“率先于有司”。

宋朱熹《论语集注》引曰：“苏氏曰：‘凡民之行，以身先之，则不令而行。凡民之事，以身劳之，则虽勤不怨。’”清俞樾《群经平议》解曰：“‘先之劳之’四字作一句读，犹《阳货篇》曰：‘使之闻之’，不得因有两‘之’字而分为二事也。《诗·绵蛮篇》‘为之载之’，《孟子·滕文公篇》‘与之食之’，句法皆与此同。先之劳之，谓先民而任其劳也。天子亲耕，后亲蚕之类，皆其事矣。孔谓先导之以德，然后劳之，似于文义未合。”康有为《论语注》注曰：“《大戴礼·子张问入官篇》：‘君子欲政之速行也，莫若以身先之也。’苏氏曰：‘凡民之行，以身先之，则不令而行；凡民之事，以身劳之，则虽勤不怨。’君子所以能服人心者，实则先劳，如以贵自处于后，自居于逸，则人怨矣。能先劳，则吏愿服勤，民愿尽死。”清简朝亮《论语集注补正述疏》述曰：“《孟子》云：‘劳于王事。’言从王政而劳之也。……《史记》云文公‘身自劳，与百姓同苦’，信哉！……今《经》接‘问政’而曰‘先之、劳之’，明乎其身先此政也，勤劳此政也。其所为‘之’者，各接上文有所指焉。孔《注》云：‘先导之以德，使民信之，然后劳之。《易》曰：‘说以使民，民忘其劳。’盖孔引《易·兑·彖传》文也。今考《经》云：‘君子信而后劳其民。’又《经》言‘民利’者，遂云‘择可劳而劳之’。此孔说所由也，然在本文则病添文矣。如孔说，苟不添言‘民’，惟接‘问政’而曰‘先之’，然后‘劳之’，则其所谓‘之’者，乌知其所指乎？且下文‘无倦’当双承矣，岂可曰劳民无倦乎？经学为文学，非辩文法则不明也。”

13.2 仲弓为季氏宰，问政。子曰：“先有司，赦小过，举贤才。”曰：“焉知贤才而举之？”曰：“举尔所知，尔所不知，人其舍诸？”

【“先有司”误解】

魏王肃《论语王氏义说》解曰：“言为政当先任有司，而后责其事也。”

金池《〈论语〉新译》解曰：“先有司：教化官吏。先，先导，教化。”

杨润根《发现论语》解曰：“先：奖励，使……为先，使……为优，使……为贵。有司：敬业守职，尽职尽责。这里的‘有’具有掌握，占有，恪守之意，‘司’意即司职。”

【“先有司”勘正】

先，率先。有司，官吏。古代设官分职，事各有专司，故称有司。不少人认为“先有司”的意思是：宰为政应先设置有司，然后责其事。若如此理解，有失浮浅。因为君或宰为政，谁都知道要任用有司，无须请教孔子，唯有“率先”、“做表率”常被为政者忽略，或不容易做到，故孔子强调之。此与孔子答子路问政“先之劳之”、答季康子问政“子帅以正，孰敢不正”思想一致。

清康有为《论语注》解曰：“有司，众吏之职也。宰兼众职，以身先之，与告子路同。躬行者，政之始，圣人于此尤谆谆也。”黄怀信《论语新校释》释曰：“‘先’，在前面。‘有司’，具体办事人员。”译曰：“（自己）走在办事人员前面，赦免（办事人员的）小过失，举用有才能的人。”孙钦善《论语本解》解曰：“给办事人员做表率，宽免别人小的错误，选拔贤良人才。”

13.3　子路曰：“卫君待子而为政，子将奚先？”子曰：“必也正名乎！”子路曰：“有是哉，子之迂也！奚其正？”子曰：“野哉，由也！君子于其所不知，盖阙如也。名不正则言不顺，言不顺则事不成，事不成则礼乐不兴，礼乐不兴则刑罚不中，刑罚不中则民无所措手足。故君子名之必可言也，言之必可行也。君子于其言，无所苟而已矣。”

【“正名”误解】

汉郑玄《论语郑氏注》解曰：“正名谓正书字也。古者曰名，今世曰字。《礼记》曰：‘百名已上则书之于策。’孔子见时教不行，故欲正其文字之误。”

闫合作《论语说》解曰：“‘正名’多解为正名分，正君臣父子之名分。其实孔子是为自己正名——澄清别人对自己的诬陷。‘必也正名’是指孔子为自己正名。《史记·孔子世家》载：孔子离鲁适卫，‘卫人亦致粟六万。居顷之，或谮孔子于卫灵公。灵公使公孙余假一出一入。孔子恐获罪焉，居十月，去卫。’既然有人‘谮孔子于卫灵公’，必是说孔子的坏话，孔子的正名，或是为自己正名。因此子路才说，‘有是哉’——有这样的事。‘子之迂也’——你已经‘去卫’回避了。《说文解字》：‘迂，避也。’‘奚其正?’何必再正呢？意思是你的回避行为已经说明别人的谮言是假的。”

【“正名”勘正】

名，名称、名分。既然是“卫君待子而为政”，那么孔子所答的“正名”就应切合卫国政治而发，也就是要正定卫国政治上名实混乱的问题。汉马融《论语马氏训说》曰：“正，正百事之名也。”梁皇侃《论语义疏》曰：“孔子答曰：若必先行，正百物之名也。所以先须正名者，为时昏礼乱，言语翻杂，名物失其本号，故为政必以正名为先也。所以下卷云‘邦君之妻，君称之曰夫人’之属，是正名之类也。”

清刘宝楠《论语正义》曰：“《史记·孔子世家》：‘是时，卫公辄父不得立，在外，诸侯数以为让。而孔子弟子多仕于卫，卫君欲得孔子为政。子路曰：“卫君待子而为政”’云云。是正名指蒯聩之事，此必《古论》家说，受之安国者也。正名者何？正世子之名也。”

方骥龄《论语新诠》：“孔子所谓正名，正名位也，即君君、臣臣、父父、子子之道。因出公拒父，君不君而子不子也。蒯聩藉晋国之力，与子争国，父不父而臣不臣也。孔子所谓正名，欲卫国有以善处其君臣父子之间，以弭将来不测之祸耳。”

《辞源》释“正名”曰：“辨正名分。……指君君、臣臣、父父、子子的名分。《荀子》有《正名篇》，论述名实，主张‘名定而实辨’，‘制名以指实’。指概念与实际的关系。”

【“盖阙如也”误解】

方骥龄《论语新诠》解曰：“亦非斥子路语，乃孔子申述必须整理字体之理由。……阙，失也。文字复杂不一，官吏不能明彻，势必多所错失也。”

林觥顺《论语我读》解曰：“盖，本字盍，读同曷何。阙，《尔雅·释宫》云：正门谓之应门，观谓之阙，宫中之门谓之闱。观谓之阙，是观下之二斗谓之阙。孔子教训子路之辞，说身为读书明理的人，立在朝门外，竟不知何门而入。”

【“盖阙如也”勘正】

《辞源》：“盖阙：存疑。盖，发语词。《论语·子路》：‘君子于其所不知，盖阙如也。’”《辞源》未收“阙如”，大概是不承认其为“词”。语言是发展的，“阙如”连在一起被用得多了，便凝固成词。《汉语大词典》既收释“盖阙”，又收释“阙如”。释“盖阙”为“缺少，阙疑”；释“阙如”为“存疑不言，空缺不书。”杨伯峻《论语译注》曰：“君子对于他所不懂的，大概采取保留态度。”彭亚非《论语选评》曰：“阙如：阙同缺，指存疑。”

13.5 子曰：“诵《诗》三百，授之以政，不达；使于四方，不能专对，虽多，亦奚以为？”

【“专对”误解】

方骥龄《论语新诠》解曰：“專对之專，考《礼记·檀弓》‘尔專之’注：‘犹司也。’又查《老子》‘專气致柔能婴儿’注：‘專，任也。’或又曰，專字为尃字传写之误，尃者，敷也，敷陈其辞，善于辞令也。《广雅·释言》：‘傳，转也。’專字与傳字又相通。疑本章之‘專对’，为‘司’‘任’‘傳对’之职之义。”

【“专对”勘正】

专，独、单独。专对，奉命出使，能独立交涉应对。《辞源》：“专对：遇事出使，交涉应对，能随机行事。”《汉语大词典》：“专对：任使节时独自随机应答。”

魏何晏《论语集解》曰：“专，犹独也。”宋朱熹《论语集注》曰：“专，独也。《诗》本人情，该物理，可以验风俗之盛衰，见政治之得失。其言温厚和平，长于风喻。故诵之者，必达于政而能言也。程子曰：‘穷经将以致用也。世之诵《诗》者，果能从政而专对乎？然则其所学者，章句之末耳，此学者之大患也。’”

13.8 子谓卫公子荆，"善居室。始有，曰'苟合矣'；少有，曰'苟完矣'；富有，曰'苟美矣'。"

【"苟合"、"苟完"、"苟美"误解】

清刘宝楠《论语正义》解曰："'苟'者，诚也，信也。'合'者，言已合礼，不以俭为嫌也。'完'者，器用完备也。'美'者，尽饰也。公子荆处卫富庶之时，知国奢当示之以俭，又深习骄盈之戒，故言'苟合'、'苟完'、'苟美'。言其意已足，无所复歉也。"

清陈汉章《论语征知录》解曰："三'苟'字并读为'夠'。《文选·魏都赋》注引《广雅》曰：'夠，多也。'今本《广雅》无夠字。《玉篇》：'夠，多也。'够、夠皆《说文》所无，其本字即为'苟'。《说文·艸部》：'苟，艸也。'艸之繁盛，字变为夠为够。《方言》云'凡物晠而多谓之寇。'寇与苟亦声近字也。"

清王闿运《论语训》解曰："苟，亟也。亟，合聚之无令失散。"

毛子水《论语今注今译》解曰："这里的'苟'字，音亟（纪力切），字形和敬字的左旁相同。《说文》训为'自急敕也'；因音近极字而借用为极。"

李炳南《论语讲要》解曰："这三个苟字作苟且讲，或作诚字讲，都不很恰当，依王引之《经传释词》，作但字讲较好，但字更能显示满足的语气，例如《周易·系辞传》说'苟错诸地而可矣'，《左传》襄公二十八年'小适大，苟舍而已，焉用坛'，其中的苟字都作但字讲，表示如此即可的意思。"

方骥龄《论语新诠》按曰："《说文通训定声》：'善，假借为缮。'是善与缮相通。缮，治也。善居室，疑即缮居室，居室当为官舍。缮居室，治官舍也。官舍由政府财用所建，民力所成。始有，当指始有禄位之时。少有，当指禄位稍增高时。富有，禄位昌盛时也。"

【"苟合"、"苟完"、"苟美"勘正】

苟是"勉强"、"差不多"的意思。《汉语大词典》释"苟"曰："暂且；勉强。《左传·桓公五年》：'苟自救也，社稷无陨，多矣。'汉应劭《风俗通·正失·彭城相袁元服》：'然文帝本修黄老之言，不甚好儒术，其治尚清静无为，以故礼乐庠序未修，民俗未能大化，苟温饱完给，所谓治安之国也。'"

《辞源》释"苟完"为"近于完备"，释"苟美"为"近于美好"。《汉语大词典》释"苟完"为"大致完备"，释"苟美"为"差不多算美好了"。

苟合，梁皇侃《论语义疏》解作"苟且遇合"，宋邢昺《论语注疏》解作"苟且聚合"，宋朱熹《论语集注》解作"苟，聊且粗略之义。合，聚也"，还有一些人解作"合礼"、"合适"、"符合"。当依清俞樾《群经平议》，释"合"为"足"。《群经平议》曰："合，犹足也。《孟子·梁惠王篇》：'是心足以王矣'，下文曰'此心之所以合于王者，何也？'上言足，下言合，文异而义同，盖'合'与'给'通。《说文·糸部》：'给，相足也。'始有之时，或时匮乏，未能给足，而荆之意已以为足也。邢氏但知合之训聚，而不知合有足义，由未达假借之旨耳。"

杨伯峻《论语译注》译曰："孔子谈到卫国的公子荆，说他善于居家过日子，刚有一点，便说道：'差不多够了。'增加了一点，又说道：'差不多完备了。'多有一点，便说道：'差不多富丽堂皇了。'"注曰："合——给也，足也。此依俞樾《群经平议》说。"李泽厚《论语今读》、孙钦善《论语本解》、黄怀信《论语新校释》、杨朝明《论语诠解》皆解为"足"或"足够"。

李炳南《论语讲要》曰："苟合矣的合字，依俞氏《群经平议》，与给字通用，给的意义是足，始有即感满足，后来苟完、苟美，完是完备，美是美好，随时都感满足。这样解释，更合乎经义。贪求财富，永远不能满足，这是一般人的通病。卫公子荆处处知足，这是他的美德，所以孔子称赞他。"

13.11　子曰："'善人为邦百年，亦可以胜残去杀矣。'诚哉是言也！"

【"胜残去杀"误解】

梁皇侃《论语义疏》疏曰："胜残谓政教理胜，而残暴之人不起也。"

林觥顺《论语我读》解曰："胜残是能力超过残暴者，去杀是除去杀伐凶狠不仁道的行为。"

闫合作《论语说》断句为：子曰："'善人为邦，百年亦可以胜残去杀矣。’诚哉是言也!”译为:孔子说:“‘善人为邦,百年后还能够化恶去杀啊!’此话真对啊!”

【“胜残去杀”勘正】

“胜”是“制服”、“遏制”的意思。《辞源》释“胜”曰:“胜,制服。《国语·晋四》:‘尊明胜患,智也。’(韦昭注:‘胜,犹遏也。’)《吕氏春秋·先己》:‘故欲胜人者,必先自胜。’”又释“胜残”曰:“胜残,遏制凶残的人,使不能作恶。”又释“胜残去杀”曰:“使残暴的人化而为善,因而可以废除死刑。”

因此,“胜残”可以理解为遏制或制服残暴。既然是仁善之人以仁德治国,则重教化,所谓“制服”,便不是用强制手段,而是通过教化来“制服”或消除。魏王肃《论语王氏义说》曰:“胜残者,胜残暴之人使不为恶也。去杀,不用刑杀也。”宋朱熹《论语集注》曰:“胜残,化残暴之人,使不为恶也。去杀,谓民化于善,可以不用刑杀也。”

皇侃、闫合作所说虽与文意近是,然皇“理胜”说,误解了“胜”字的意义,使“胜”由动词成为形容词;闫不仅断句有问题,而“百年后还能够化恶去杀”的说法也不太切合句意。

13.12 子曰:“如有王者,必世而后仁。”

【“必世而后仁”误解】

康有为《论语注》解曰:“世有三:曰乱世,曰升平世,曰太平世。必拨乱世,反之正,升于平世,而后能仁。盖太平世行大同之政,乃为大仁,小康之世犹未也。”

方骥龄《论语新诠》解曰:“终一人之身曰世,犹言去世逝世。”

日人猪饲彦博《论语说抄》解曰:“世,谓嗣主也。《晋语》曰:‘非德不及世。’韦《注》:‘世,嗣也。非有德惠,不能及世嗣。’《吴语》曰:‘觉寤王心,吴国犹世。’韦《注》:‘世,继世也。古者太子曰世子,伯父曰世父,皆以嗣世也。’”

【“必世而后仁”勘正】

世,指三十年。《说文解字》曰:“三十年为一世。从卅而曳长之。”

《辞源》曰："世：三十年。甲骨文和金文中卅是三十的意思，后演变为'世'，故三十年为一世。"

汉孔安国《论语孔氏训解》曰："三十年曰世。如有受命王者，必三十年仁政乃成也。"上章言善人为邦百年，可以胜残去杀；此章言圣王为邦三十年（一世），仁政能得到普遍推行，两章连起来理解，颇顺。孔子认为，广泛推行仁德、仁政难度很大，需要数十年的时间。

13.15 定公问："一言而可以兴邦，有诸?"孔子对曰："言不可以若是，其几也。人之言曰：'为君难，为臣不易。'如知为君之难也，不几乎一言而兴邦乎?"曰："一言而丧邦，有诸?"孔子对曰："言不可以若是，其几也。人之言曰：'予无乐乎为君，唯其言而莫予违也。'如其善而莫之违也，不亦善乎？如不善而莫之违也，不几乎一言而丧邦乎?"

【"几"误解】

宋朱熹《论语集注》解曰："几，期也。《诗》曰：'如几如式。'言一言之间，未可以如此而必期其效。"

清黄式三《论语后案》解曰：王肃'几'训'近'，下孔《注》同。'言不可以若是'句，'其几也'句，于经未顺矣。朱子'几'训'期必'之'期'，于下两言'不几'文意未顺。式三谓：'几'，'⿰齒幾'之借字。《尔雅》、《说文》皆云：'⿰齒幾，汔也。'汔即终也。又'几'之训'终'，见《淮南子·谬称训》高《注》。言不可终于是，而兴邦丧邦往往由此。终于一言而兴邦，终于一言而丧邦，语意上下相合。"

钱穆《论语新解》解曰："其几也：三字连上读。几，期望义。与下'不几乎'，两几字义别。"译曰："孔子对道：'说话不能如此般的期望呀。'"

李泽厚《论语今读》译曰："孔子回答说：'不可以这样去期待语言呀。'"

乔一凡《论语通义》解曰："几，微也。"

程石泉《论语读训》解曰："此章中'几'字作形容语辞，'言不可以若是其几也'，即言'语言不可能如此之具有预测性（suggestive）也'。"

【“几”勘正】

几，训“近”为是。《汉语大字典》释曰：“‘几’，用同‘幾’。差不多；接近于。”魏王肃解曰：“以其大要，一言不能正兴国也。几，近也。有近一言可以兴国也。”（引自魏何晏《论语集解》）程树德《论语集释》案曰：“《尔雅·释诂》：‘几，近也。’《易》：‘月几望。’《诗》：‘维其几矣。’几并训近。‘几期也’三字虽可连上读而训为期，仍不如训近之明晰。”宋金履祥《论语集注考证》曰：“几，通释皆训为近，以‘言不可以若是’为句，则四‘几’字皆训近，语意为通。定公问人之尝言，有何一句即可以致兴丧者？夫子答之曰：言不可以若是。盖古今兴丧亦多端，不可一句限定，然亦有一言近之者，如人之言曰云云，岂不近于一言而兴丧邪？”元陈天祥《四书辨疑》曰：“几与后几字义同，古注皆解为‘近’，今乃训‘期’。试以‘期’字与经文通读，‘言不可以若是，其期也’不成文理，不知期为期甚也。……几之为言近，意甚明白。”

此章的正确理解是：鲁定公问：“一句话可以使国家兴盛，有这样的话吗？”孔子回答说：“话不可以像这么起作用，但也有近似的话。有人说：‘做君主的难，做臣下的也不容易。’如果知道了做君主的难处，不是近于一句话就会使国家兴盛吗？”定公又问道：“一句话可以使国家丧亡，有这样的话吗？”孔子回答说：“话不可以像这么起作用，但也有近似的话。有人说：‘我没有什么乐于做君主的，只是乐于说了话没有人敢违抗我。’如果说的话好而没有人违抗，不也是很好吗？如果说的话不好而没有人违抗，不是近于一句话就会使国家丧亡吗？”

13.18 叶公语孔子曰：“吾党有直躬者，其父攘羊，而子证之。”孔子曰：“吾党之直者异于是。父为子隐，子为父隐，直在其中矣。”

【“直躬”误解】

汉郑玄《论语郑氏注》解曰：“我乡党有直人名弓。”

清刘宝楠《论语正义》解曰：“郑此注云：‘攘，盗也。我乡党有直人名弓，父盗羊则证其罪。’据注，是郑本作直弓，必出《古》、《鲁》、《齐》异文。《隶续·陈寔残碑》：‘寔字仲躬。’史传杂书，《蔡中郎集》并作仲弓，是‘躬’、‘弓’古多通用。郑以弓为人名。高诱《淮南·氾论训》注亦云：‘直躬，楚叶县人也。’躬盖名其人，必素以直称者，故称直躬。直举其行，躬举其名。直躬犹狂接舆、盗跖之比。伪孔以为直身而行，非也。”

金池《〈论语〉新译》解曰：“直躬者：直言过错的人。直：直言，直接说出来。躬：弯下，弯曲，这里是过错的意思。”

【“直躬”勘正】

直躬者，即“直身行事的人”，亦即孔安国所说“直躬，直身而行”之人（引自魏何晏《论语集解》）。《汉语大字典》：“躬：身，身体。《尔雅·释诂上》：‘躬，身也。’郝懿行义疏：‘躬从身，亦训为身。’”《辞源》：“直躬：以直道立身。《论语·子路》：‘吾党有直躬者，其父攘羊，而子证之。’《宋史》二五六《赵普传》陈王元僖上言：‘必须公正之人典掌衡轴，直躬敢言，以辨得失。’”钱穆《论语新解》解曰：“其人姓名不传，因其行直，故称直躬。犹如一狂人行近孔子之舆，故称狂接舆。”

孔子以为此人“证父窃羊”，过于耿直，并表明自己对“直者”的看法：父子之间应相隐，维护相互间的名声。父子相隐，体现父慈子孝，父子关系融洽。孔子这么说，并非主张父子相互包庇干坏事，而重在维护和谐的父子关系。下句的“直在其中”，即要求在隐的同时，要体现出“直”。这就有个方式方法的问题。以“其父攘羊”来说，如何体现“直”呢？作为儿子，做通父亲的思想工作，暗暗将羊放还即是。

释“直躬”为“人名”说，不可取。联系下文孔子所说“吾党之直者异于是”之语，“直躬者”就是指人们口语中常说的“直人”、“直诚人”。《论语》当中，有些人是以身份品行特征称呼者，如晨门、荷蓧丈人、鄙夫、楚狂接舆等。清赵良猷《论语注参》曰：“郑《论语注》亦云‘直人名弓’。然胡致堂谓以直躬为人名者妄甚。”

【“攘”、“证”误解】

魏周生烈解曰：“有因而盗曰攘。”（引自何晏《论语集解》）

宋邢昺《论语注疏》解曰：“‘其父攘羊，而子证之’者，此所直行之事也。有因而盗曰攘。言因羊来入己家，父即取之，而子言于失羊之主，证父之盗。叶公以此子为直行，而夸于孔子也。”

方骥龄《论语新诠》解曰：“《吕氏春秋·诬徒篇》‘愎过自用不可證

移’高注：‘證，諫也’。据清江沅《说文释例》称：‘證，告也。証，諫也。分别甚明。証之训諫，见于古书多矣。今人用證为証，乃大误。’疑本章證字，当系証字，諫也。父攘羊而子諫之，非控告也。”

【“攘”、“证”勘正】

攘，窃取。《广韵·阳韵》：“攘，窃也。”《辞源》：“攘：窃，偷。《墨子·非攻上》：‘至攘人之犬豕鸡豚者，其不义又甚入人园圃窃桃李。’”《尚书·微子》：“今殷民乃攘窃神祇之牺牷牲用，以容将食。”《孟子·滕文公下》：“今有人日攘其邻之鸡者，或告之曰：‘是非君子之道。’”赵岐注：“攘，取也，取自来之物也。”上述诸解，皆未限定“有因而盗”才是“攘”。无论是到别人家去偷，还是把来自己家的鸡、羊等物窃为己有，其性质是一样的，皆属偷窃行为。证，解作告发为当。《说文解字》：“证，告也。”方骥龄释为“諫”，非。若只是劝谏，孔子不会有“父为子隐，子为父隐”之说。

13.20 子贡问曰：“何如斯可谓之士矣？”子曰：“行己有耻，使于四方，不辱君命，可谓士矣。”曰：“敢问其次。”曰：“宗族称孝焉，乡党称弟焉。”曰：“敢问其次。”曰：“言必信，行必果，硁硁然小人哉！抑亦可以为次矣。”曰：“今之从政者何如？”子曰：“噫！斗筲之人，何足算也？”

【“士”误解】

方骥龄《论语新诠》解曰：“旧说：能为事以事人者曰士。任事之人，非通古今辨然否不可。上自公卿，下止于士，或未入仕途而有志于道者，皆可称士。”

黄怀信《论语新校释》解曰：“能任事者。《说文》：‘士，事也。’孔颖达《诗·褰裳》疏：‘以其堪任于事，谓之为士。’”

【“士”勘正】

“士”所指对象较为复杂，据《辞源》所列，一指从事耕种等劳动的男子；二指四民之一，位于庶民之上，即学文习武者；三指官名，位次于大夫，也就是“士大夫”之士，即居官有了职位的人。在这里，士应属于第二、三类的人，即知识阶层中未仕和已仕而官位最低的人。这部分人的从政条件，孔子强调的是德行和从政能力。

金池《〈论语〉新译》曰："士：周代的士是奴隶主贵族的最低阶层，后来士逐渐成为知识分子的通称。"王熙元《论语通释》曰："士，指读书明理、有德行、有学识的人；也就是今人所谓知识分子。"李泽厚《论语今读》也将"士"直接译为"知识分子"。

杨朝明《论语诠解》曰："本章通过子贡与孔子谈论'士'来说明什么样的士具备从政的资格，也就是程树德所谓的'此章论选举'。春秋时，士大夫世卿世禄已渐渐变得不能适应社会发展的需要，而士又为执政集团输入了新鲜血液，孔子及孔门弟子的步入仕途就证明了统治阶级对吸收'野人'（《先进》）加入执政阶层的重视。正是在这样的背景下，子贡问孔子什么样的士才具备从政的资格。"

【"言必信，行必果"误解】

晋缪协《论语缪氏说》解曰："果，成也。言必合乎信，行必期诸成，君子之体，其业大哉！"

杨润根《发现论语》解曰："不论自己说什么，人们都必须相信它是完全正确的，不论自己做什么，人们都必须相信它是卓有成效并符合每一个人的利益的。"

【"言必信，行必果"勘正】

句意为：说话，必守信不移；做事，必果敢坚决。孔子讨厌果敢而顽固不知变通之人，如《阳货》篇孔子所说："恶勇而无礼者，恶果敢而窒（窒塞不通、顽固不化）者。"由于果敢、坚决、固执，所以才被孔子形象地比喻为"硁硁然"之小人。

孔子缘何认为"言必信，行必果""次"及小人呢？原因是孔子主张"温、良、恭、俭、让"，"毋必，毋固"，灵活变通。做事不考虑方式方法，一味果敢而顽固坚持，这是不知变通的固执小人。作为从政人才，应德才兼备，权时制宜，权变通达，稳重从事，这样，才能"使于四方，不辱君命"。就"信"而言，孔子认为"信近于义，言可复（实践）也"（《学而》）。孟子也说："大人者，言不必信，行不必果，惟义所在。"（《孟子·离娄下》）也就是说，符合义的信可以坚守，不符合义的信不可死守。

后来，语义变化，人们把“言必信，行必果”理解为“说话一定守信用，做事一定完成、得出结果”，作为言行方面的美德，大加提倡。“果”之“完成”、“有结果”是后人赋予的意义，而不是经文原意。只有果敢、坚决、固执，才会被孔子形象地比喻为“硁硁然”之小人。

汉郑玄《论语郑氏注》曰：“行必果，所欲行必果敢为之。”宋邢昺《论语注疏》曰：“若人不能信以行义，而言必执信。行不能相时度宜，所欲行者，必果敢为之。”钱穆《论语新解》译曰：“出一言必信，不反悔。做一事必果决，不转变。坚确地像块石头般，那是小人呀！”杨伯峻《论语译注》译曰：“言语一定信实，行为一定坚决，这是不问是非黑白只管自己贯彻言行的小人呀！”杨朝明《论语诠解》诠释曰：“果：果断、坚决。”解读曰：“孔子说：‘说到一定做到，做事一定坚持到底，不问是非地固执己见，那是小人啊！’”

【“硁硁然小人哉”误解】

唐韩愈、李翱《论语笔解》解曰：“硁硁，敢勇貌，非小人也。‘小’当为‘之’字。古文‘小’与‘之’相类，传之误也。上文既云‘言必信，行必果，’岂小人为耶？当作‘之人哉’于义得矣。”

金知明《论语精读》解曰：“硁硁，象声词，指敲击石头的声音，这里意为明明白白的；小人哉，这里的意思是基本的。”

何新《论语新解——思与行》注曰：“硁硁，读如犟犟。”译曰：“如果又拗又犟，则是小人呀！”

【“硁硁然小人哉”勘正】

硁，音 kēng，击石声。《史记·乐书》：“石声硁。”《辞源》：“硁硁，固执。《论语·子路》：‘言必信，行必果。硁硁然，小人哉！’汉桓宽《盐铁论·论儒》：‘故小枉大直，君子为之。今硁硁然守一道，……不足称也。’”《汉语大字典》：“硁，击石声。《六书故·地理二》：‘硁，小石坚介，扣其声硁硁然。’”又释“硁硁”曰：“坚决；固执。《论语·子路》：‘硁硁然，小人哉！’皇侃疏：‘坚正难移之貌也。’”

宋朱熹《论语集注》曰：“硁，小石之坚确者。小人，言其识量之浅狭也。”彭亚非《论语选评》曰：“硁硁然，浅陋固执的样子。”蔡健清

《论语解读》曰："硁硁，象声词，敲击石头的声音。这里引申为像块石头那样坚硬。"

【"斗筲之人"误解】

清刘宝楠《论语正义》解曰："'斗筲之人'，言今之从政，但事聚敛也。"

清康有为《论语注》解曰："噫，鄙薄之声。斗，量名，容十升。筲，饭筥也，容五升。斗筲之人，言聚敛持禄也，犹今谚言饭桶也。"

【"斗筲之人"勘正】

斗和筲都是容量很小的器具，用来比喻人之器量狭小，才识短浅。孔子是说：这些器量狭小、才识短浅之人，哪里能算数呢？

斗，量器。《说文解字》："斗，十升也。"也指酒器。《汉语大字典》："斗，古代酒器。《诗·大雅·行苇》：'酌以大斗，以祈黄耇。'"

筲，音 shāo，《说文解字》作"箾"，解曰："一曰饭器，容五升。"《辞源》释"箾"曰："筲箕，盛饭器。"《汉语大字典》："筲，古人用以盛饭食，容一斗二升。或曰容一斗，或曰容五升。"又释"箾"曰："古代盛饭的竹器，即今之'筲箕'。《说文·竹部》：'箾，饭器，容五升。'徐锴系传：'今言箾箕。'"

《辞源》："斗筲，量器。斗，容十升；筲，竹器，容斗二升。汉桓宽《盐铁论》：'家无斗筲，鸣琴在室。'斗筲是容量很小的量器，因用来比喻人之才识短浅，气量狭小。《论语·子路》：'斗筲之人，何足算也。'"

宋邢昺《论语注疏》曰："斗，量名，容十升。筲，竹器，容斗二升。算，数也。孔子见时从政者皆无士行，惟小器耳，故心不平之，而曰：'噫！今斗筲小器之人，何足数也！'"宋朱熹《论语集注》曰："今之从政者，盖如鲁三家之属。……斗筲之人，言鄙细也。算，数也。子贡之问每下，故夫子以是警之。"李泽厚《论语今读》译曰："这班度量狭小、见识短浅的人，算得上什么?!"

13.21　子曰："不得中行而与之，必也狂狷乎！狂者进取，狷者有所不为也。"

【"狂狷"误解】

林觥顺《论语我读》注曰："狂狷乎：是犬的两种表现形态，以喻丕得中行之之贤者，有动如狂犬，静如狷犬。左传襄公十七年，瘈犬即狂犬。狷是猒的本字，也是猒的隶体。猒是古厭字，有饱食屋檐下义，所以猒犬就是宴犬，也是温顺懒惰的菜犬。”释义曰：“行政官员的授予，必须完全授予行中道的通才。因为他能在微妙的表态上，有起死回生之效。如犬之有狂狷，狂者进，狷者温顺似怠惰有所不为。”

【“狂狷”勘正】

狂，狂放。狷，拘谨。《辞源》释“狂狷”曰：“激进与拘谨保守。《论语·子路》：‘不得中行而与之，必也狂狷乎！狂者进取，狷者有所不为也。’《集解》：‘包（咸）曰：狂者进取于善道，狷者守节无为。’”孔子是说：如果找不到行为上合乎中庸之道的人与他交往，也一定要找狂狷的！狂者肯于进取，狷者不会为非作歹。

李零《丧家狗——我读〈论语〉》解曰：“‘中行’，是分寸合适的行为，即中庸之行。‘狂’，是行为偏激过分、锐意进取的人。‘狷’，是洁身自好，缩手缩脚，很多事都不敢干的人。”孙钦善《论语本解》解曰：“狂：志向远大而不切实际。狷（juàn）：畏缩拘谨。本章反映了孔子在实际交际中，对奉行中庸之道采取法取乎上、退而求其次的权宜之计。”

13.22 子曰：“南人有言曰：‘人而无恒，不可以作巫医。’善夫！”“不恒其德，或承之羞。”子曰：“不占而已矣。”

【“人而无恒，不可以作巫医”误解】

汉郑玄解曰：“言巫医不能治无常之人也。”（引自魏何晏《论语集解》）

清毛奇龄《论语稽求篇》解曰：“先仲氏曰：《缁衣》……前后所引，皆卜筮之事，故曰‘不占而已’。不占者，正言不可为卜筮也。则似‘巫医’为‘卜筮’之误，易‘卜筮’二字，则‘不占’句更较明白。”

闫合作《论语说》译曰：“人而无恒，巫医也没有办法改变。”

【“人而无恒，不可以作巫医”勘正】

此言是说：人如果没有恒心，不可以做巫医。

巫医，不少注家都解作“巫师和医师”。有些学者认为“巫医”是指同一职业，不可分割，很有道理。清俞樾《群经平议》曰：“巫医古得通称，此云‘不可以作巫医’，医亦巫也。《广雅·释诂》曰：‘医，巫也。’是其证也。”杨伯峻《论语译注》解曰：“巫医——巫医是一词，不应分为卜筮的巫和治病的医两种。古代常以禳祷之术替人治疗，这种人便叫巫医。”《汉语大词典》解“巫”曰：“古代从事祈祷、卜筮、星占，并兼用药物为人求福、却灾、治病的人。……春秋以后，医道渐从巫术中分出。”因巫者也从事占卜，故下句针对无恒者说出“不占而已”之语。

关于毛奇龄“‘巫医’为‘卜筮’之误”的说法，清刘宝楠《论语正义》曾谈及：“《礼记·缁衣》云：‘子曰：“南人有言曰：人而无恒，不可以为卜筮。’……案：《缁衣》与《论语》，文异意同，当由记者各据所闻述之。龟曰卜，蓍曰筮，二者皆有守职，宜以有恒之人为之。……《金楼子·立言篇》引《论语》作‘不可卜筮’，此误以《缁衣》文合《论语》。支允坚《异林》又疑‘巫’即‘筮’字，古通用，尤妄说。”

【“不恒其德，或承之羞”误解】

宋朱熹《论语集注》解曰：“承，进也。”

钱穆《论语新解》解曰：“承，续义。言人无恒德，常有羞辱承续其后。此处复加子曰字，以别于前引之易文。孔子言，其人无恒德，亦惟有不为之占问吉凶，因即为之占，亦将无准。”

方骥龄《论语新诠》解曰：“或，即今域字，囿也。……《史记·平准书》‘各以其物自占’《索隐》：‘自隐度也。’隐度，心中思度也。孔子所谓‘不占’，心中不自思量，谓人不知自反也。”

黄怀信《论语新校释》解曰：“‘或’，将也。‘承’，受也。……（正像《周易》说的：）‘不坚守他的德行，将会蒙受它（带来）的羞辱。’（所以，只有）不占问罢了。”

【“不恒其德，或承之羞”勘正】

此为《周易·恒卦》九三爻辞，意思是说：不长久地坚持自己的德行，或许会承受它所带来的羞辱。此“恒”，活用作了动词。

“或”在此为不定之辞，《辞源》解作“或者，也许，有时”。所以，多数注家都将此语中的“或”字解作“或者”、“或许”、“有时”。如，周振甫《周易译注》译曰：“不是经久地（保持）他的德行，或者要受人耻辱。”宋蔡节《论语集说》曰：“承，受也。羞，辱也。言人无恒德则羞辱有时而至。”

方骥龄解“或”为“域”、“囿”，黄怀信解“或”作“将”，失之牵强（查了不少辞书及古籍，未见“或”作“将”的用法）。

13.23　子曰：“君子和而不同，小人同而不和。”

【“和而不同”误解】

杨伯峻《论语译注》译曰：“孔子说：‘君子用自己的正确意见来纠正别人的错误意见，使一切都做到恰到好处，却不肯盲从附和。小人只是盲从附和，却不肯表示自己的不同意见。’”

闫合作《论语说》解曰：“和为存异，同为求同。”译曰：“君子存异而不求同，小人求同而不存异。”

李零《丧家狗——我读〈论语〉》：“君子是上层，重视和谐胜于平等；小人是下层，重视平等胜于和谐。”

【“和而不同”勘正】

此语是讲人际关系。孔子认为，君子讲究的是人与人之间的相互和谐，小人看重的是别人与自己的绝对同一。

《辞源》释“和”曰：“和顺，谐和。《易·乾》：‘保合大和。’《礼·中庸》：‘发而皆中节谓之和。’”《汉语大字典》释“和”曰：“和谐；协调。也作‘龢’。《说文·龠部》：‘龢，调也。’段玉裁注：‘经传多借和为龢。’《广雅·释诂三》：‘和，谐也。’”

《汉语大词典》释“和同”曰：“指春秋时代两个互为对应的常用语。和谓可否相济，相辅相成；同谓单一不二，无所差异。和能生物，同无所成。《国语·郑语》：‘夫和实生物，同则不继。以他平他谓之和，故能丰长而物归之；若以同裨同，尽乃弃矣：故先王……务和同也。’韦昭注：‘和谓可否相济，同谓同欲。’又《周语中》：‘和同可观。’韦昭注：‘以可去否曰和，一心不二曰同。和同之道行，则德义可观也。’”又释“和而不同”曰：“谓和衷共济，而又各有所见，不苟同于人。《论语·子路》：‘君子和而不同，小人同而不和。’何晏集解：‘君子心和，然其所见各异，故曰不同。’”

孔子此语含有这么一层意思，即君子要求己与人和，重在原则上、思想上自然和谐；小人要求人与己同，重在关系上、利益上勉强别人与自己绝对同流、同一、一致。

魏何晏《论语集解》曰："君子心和，然其所见各异，故曰不同；小人所嗜好者同，然各争其利，故曰不和也。"宋朱熹《论语集注》曰："和者，无乖戾之心。同者，有阿比之意。尹氏曰：'君子尚义，故有不同。小人尚利，安得而和？'"清刘宝楠《论语正义》曰："和因义起，同由利生。义者宜也，各适其宜，未有方体，故不同。然不同因乎义，而非执己之见，无伤于和。利者，人之所同欲也。民务于是，则有争心，故同而不和。此君子、小人之异也。"李泽厚《论语今读》曰："孔子说：'君子和谐却不同一，小人同一却不和谐。'……与'君子群而不党'、'周而不比'等章同义，即保持个体的特殊性和独立性才有社会和人际的和谐。"

13.25　子曰："君子易事而难说也。说之不以道，不说也。及其使人也，器之。小人难事而易说也。说之虽不以道，说也。及其使人也，求备焉。"

【"说"误解】

清毛奇龄《论语稽求篇》解曰："旧注原以'说'字作'悦'字解，《集注》所用，固是旧注，特汉儒复有一解，谓说如字，即言说也。"

程树德《论语集释》解曰："《集注》沿皇、邢二《疏》之旧，以'说'字作'悦'字解，自是旧说如是。余则疑当作言说或游说解。盖皇本于《论语》所有'说'字多从心作'悦'，独此章不改，毛氏之说似可从。"

闫合作《论语说》译曰："孔子说：'君子容易共事，而难以交谈。交谈的不合道，就不说。等到他用人时，能量才而用。小人难以共事，易与交谈，交谈即使不遵循道，也可以说。等到他用人时，求全责备。'"

【"说"勘正】

说，通"悦"。此段经文，皇本、邢本皆作"说"。皇侃疏文，知不足斋本、怀德堂本皆作"悦"。说，读"悦"为是。

按"悦"理解，这段话的意思是：孔子说："在君子手下做事容易，但讨他喜欢难；讨他喜欢如果不合乎道（正当的方法），他是不会快乐的。他用人，量才而用（器之）。在小人手下做事困难，但讨他喜欢容易；讨他喜欢虽不用正当的方法，他也很快乐。他使用人，总是求全责备。”

宋朱熹《论语集注》曰：“说，音悦。”清刘宝楠《论语正义》曰：“《释文》云：‘说，音悦。’谓投以所好也。‘说之不以道’四句，即申释易事难说之故。盖不可说以非道，所以难说；使人器之，所以易事也。《礼记·曲礼》云：‘礼不妄说人。’郑《注》：‘为近佞媚也。君子说之不以其道，则不说也。’不以其道即是佞媚，即是妄说。孔《疏》以‘言说’解之，非矣。”

13.26　子曰：“君子泰而不骄，小人骄而不泰。”

【“泰”误解】

黄怀信《论语新校释》释曰：“泰，大也，谓自大。”译曰：“君子自大而不骄傲，小人骄傲而不自大。”

林觥顺《论语我读》注解曰：“泰：是双手捧水往下灌之滑达。易经地天泰叙卦传说：‘履而泰，然后安，故受之以泰，泰者通也。’”释义曰：“有学识德行的君子，精明能干，毫无自大骄傲的表现。”

【“泰”勘正】

泰，安泰、安舒。《汉语大词典》：“泰，安舒；安宁。”

梁皇侃《论语义疏》曰：“君子坦荡荡，心貌怡平，是泰而不为骄慢也。小人性好轻凌而心恒戚戚，是骄而不泰也。”清李塨《论语传注》曰：“君子无众寡，无小大，无敢慢，何其舒泰，而安得骄？小人矜己傲物，惟恐失尊，何其骄侈，而安得泰？”杨伯峻《论语译注》译曰：“孔子说：‘君子安详舒泰，却不骄傲凌人；小人骄傲凌人，却不安详舒泰。’”

黄怀信释“泰”为“自大”，欠妥。自大，即自尊大，自以为了不起，本来就是骄傲之表现，因此人们常以“骄傲自大”连用，此处若译为“自大而不骄傲”，让人不好理解。林觥顺，除征引的《易传》所解近似正确之外，他自己的注解和释义皆欠贴切。

13.27　子曰："刚毅木讷近仁。"

【"刚毅木讷"误解】

李零《丧家狗——我读〈论语〉》解曰："'木'是目光呆滞，面无表情，和'令色'、'色庄'相反。"

杨润根《发现论语》解曰："木：像处处可见的树木一样，自然，朴素，平易近人。讷：发自内心的言语，忠实的言语，可信的言语。"

林觥顺《论语我读》解曰："木者，如木之冒地而生，有继往开来之精神。纳者内也，是要有内涵，要有包容。"

【"刚毅木讷"勘正】

刚，刚强。毅，坚毅。木，质朴无华。讷，说话迟钝、谨慎，不花言巧语。

宋邢昺《论语注疏》注曰："王（肃）曰：'刚无欲，毅果敢，木质朴，讷迟钝。有四者，近于仁。'"疏曰："仁者静，刚无欲亦静，故刚近仁也。仁者必有勇，毅者果敢，故毅近仁也。仁者不尚华饰，木者质朴，故木近仁也。仁者其言也讱，讷者迟钝，故讷近仁也。"

木，《辞源》、《汉语大词典》、《汉语大字典》皆释义为"质朴"。上列李零"'木'是目光呆滞，面无表情"之解释，难说"近于仁"，而恰恰远远地背离了仁。

讷，含有言语不轻易出口、慎言之意。参见《里仁》第24章"君子欲讷于言而敏于行"的勘正文字。

《辞源》将"刚毅木讷"视为两个词，释"刚毅"曰："意志坚强"；释"木讷"曰："质朴而不善于言辞。"也可。

13.28　子路问曰："何如斯可谓之士矣?"子曰："切切偲偲，怡怡如也，可谓士矣。朋友切切偲偲，兄弟怡怡。"

【"切切偲偲"误解】

南怀瑾《论语别裁》解曰："总是对人笑眯眯，不是假笑，是内心愉快，这就是士。对朋友切切偲偲，很亲切，有感情。"

黄怀信《论语新校释》释曰："切切：急切之貌。偲偲：音腮腮，强力之貌。《说文》：‘偲，强力也。’”译曰：“（做事）急急切切，（身体）强强壮壮，（容颜）和和悦悦，（就）可以称为能干事的人了。”

【“切切偲偲”勘正】

偲，音 sī。切切偲偲，相互切磋勉励。《辞源》：“切切，责勉。”又：“偲偲，互相勉励督促。”《汉语大词典》：“切切，相互敬重切磋勉励貌。《广雅·释训》：‘切切，敬也。’”又：“偲偲，相互勉励。”汉马融曰：“切切偲偲，相切责之貌也。”（引自魏何晏《论语集解》）李泽厚《论语今读》译曰：“子路问道：‘怎么样便可以叫做知识分子？’孔子说：‘互相督促帮助，和睦愉快相处，可以叫知识分子了。’”孙钦善《论语本解》解曰：“切切偲偲：互相批评帮助的样子。”杨朝明《论语诠解》解读曰：“孔子说：‘互助督促勉励，和气相处，可以算是士了。也就是说朋友之间互相督促勉励，兄弟之间相处和和气气。’”

这是孔子对“士”的描述和要求，士之间，应相互批评帮助，互相勉励督促，和睦相处。

宪问第十四

14.1　宪问耻。子曰："邦有道，穀。邦无道，穀，耻也。""克、伐、怨、欲不行焉，可以为仁矣?"子曰："可以为难矣，仁则吾不知也。"

【"穀"误解】

杨润根《发现论语》解曰："对于一个管理国家的政府来说，当它所管理的国家合于道德与正义时，它向人民征取税收、索取报酬，当它所管理的国家背离道德与正义时，它也向人民征取税收、索取报酬，这就是这个政府应该为之而感到耻辱的事情。"

【"穀"勘正】

穀，俸禄。古以穀米为俸禄，故称穀为禄。孔子认为，邦有道，国家政治清明，应在朝为官，为官自然可以食禄；而君无道，或恶佞把持朝政，政治混乱，就不应在朝为官，不为官自然不食禄。在无道之君或把持朝政的恶佞之人手下为官，你的正直、才能以及治国良策难得施展，若与其同流合污，正直的人一般都会有耻辱感。所以孔子主张，君无道时，宁可不做官。《卫灵公》篇："子曰：'邦有道，则仕。邦无道，则可卷而怀之。'"孔子本人就是这么做的，当看到鲁国当政者接受齐国所馈的"女乐"而"三日不朝"时，他毅然弃官，从此开始了周游列国、改变天下世道的征程。

汉孔安国《论语孔氏训解》曰："穀，禄也。邦有道，当食其禄也。君无道，而在其朝，食其禄，是耻辱也。"清俞樾《论语古注择从》曰："孔子尝言'邦有道贫且贱焉，耻也；邦无道富且贵焉，耻也。'然则邦有道自宜食禄，孔《注》是也。若如朱（熹）《注》'邦有道不能有为，邦无道不能独善，而但知食禄，皆可耻也'，则经文止有两'穀'字，并不言‘但知食禄’，安得增益其文乎？”

【“克、伐、怨、欲不行”误解】

林觥顺《论语我读》注解曰：“克，公羊传谷梁传均载，‘隐公元年夏五月，郑伯克段于鄢。克者何？杀之也。’伐，人持戈，击也。引申作征伐义。”

闫合作《论语说》解曰：“《说文解字》：‘克，肩也。’肩，任也。《说文解字》：‘伐，击也。’‘克伐’是有能力击杀。‘怨欲’是不同意见。‘克伐怨欲’，有能力打击那些不同意见，却不去做。”译曰：“有能力打击不同政见之人，却不做，可说做到仁了吧？”

【“克、伐、怨、欲不行”勘正】

克、伐、怨、欲，分别指好胜、夸功、怨恨、贪欲。

汉马融《论语马氏训说》曰：“克，好胜人也。伐，自伐其功也。怨，忌小怨也。欲，贪欲也。”宋邢昺《论语注疏》曰：“云‘克，好胜人’者，克训胜也。《左传》僖九年，秦伯将纳晋惠公，谓其大夫公孙枝曰：‘夷吾其定乎？’对曰：‘言多忌克，难哉！’公曰：‘忌则多怨，又焉能克？’杜预曰：‘其言虽多忌，适足以自害，不能胜人也。’是克为好胜人也。云‘伐，自伐其功’者，《书》曰：‘汝惟不伐，天下莫与汝争功。’《老子》曰：‘自伐者无功。’言人有功，夸示之，则人不与，乃无功也。是伐去其功，若伐去树木然，故经传谓夸功为伐，谓自伐其功也。”宋朱熹《论语集注》：“克，好胜。伐，自矜。怨，忿恨。欲，贪欲。”

14.2　子曰：“士而怀居，不足以为士也。”

【“怀居”误解】

林觥顺《论语我读》注解曰：“居，是倨傲，是蹲踞，是天下惟我独尊，是有比阎王还厉害的霸权思想。”释义曰：“做朝廷命官的人，如果放不下自尊自大狂傲的习气，也就不配做人民的保姆了。”

闫合作《论语说》解曰：“‘居’同‘倨’，倨是居的加旁分化字。《说文解字》：‘倨，不逊也。’倨傲不逊、傲慢，这不是一个士应有的心胸。”译曰：“士若心胸倨傲，就不能算是士了。”

【“怀居”勘正】

怀，怀恋、想着。居，家居。怀居，指留恋家庭安逸生活。知识分子应志在四方，胸怀天下。魏何晏《论语集解》曰：“士当志道，不求安。而怀其居，非士也。”李泽厚《论语今读》曰：“知识分子留恋安逸的生活，那也就不配是知识分子了。”孙钦善《论语本解》解曰：“士如果怀恋乡居之安，就不足以称为士了。”

14.3　子曰：“邦有道，危言危行。邦无道，危行言孙。”

【“危言危行”误解】

汉包咸《论语包氏章句》解曰：“危，殆也。邦有道，可以危言行也。”（魏何晏《论语集解》引包咸作：“危，厉也。邦有道，可以厉言行也。”）

汉郑玄《论语郑氏注》解曰：“危，犹高也。据时高言高行者皆见危，故以为谕也。”

宋朱熹《论语集注》解曰：“危，高峻也。孙，卑顺也。”

程石泉《论语读训》解曰：“危犹独也。”

李泽厚《论语今读》解曰：“所谓‘危行’，即有所不为，不同流合污、共搞大批判也。”

【“危言危行”勘正】

危，训为“正直”为是。《辞源》释“危”曰：“端正。见《广雅·释诂》。”又释“危言”曰：“直言。《后汉书》六七《党锢传·序》：‘又渤海公族进阶、扶风魏齐卿，并危言深论，不隐豪强。’注：‘危言，谓不畏危难而直言也。’”《汉语大词典》释“危”曰：“正直；端正。”又释“危言”曰：“直言。《逸周书·武顺》：‘危言不干德曰正。’《汉书·贾捐之传》：‘臣幸得遭明盛之朝，蒙危言之策，无忌讳之患。’颜师古注：‘危言，直言也。言出而身危，故曰危言。’”

邦有道时，言行皆应正直；邦无道时，行为仍应正直，但言论应谨慎逊顺。行为正直，不失人格；言论谨慎逊顺，讲究策略，既可免害，又考虑言论效果。若像《卫灵公》篇所说的史鱼那样，“邦有道，如矢。邦无道，如矢”，一味的“直”，那是行不通的。

清钱坫《论语后录》引曰：“孙星衍曰：‘《广雅》“危，正也。”释此为长。’”程树德《论语集释》亦曰：“危字有厉、高、正三训，当以《广雅》训正义较长。”钱穆《论语新解》曰：“危，有严厉义，有高峻义，有方正义。此处危字当训正。高论时失于偏激，高行时亦失正。君子惟当正言正行，而世俗不免目之为厉，视之为高，君子不以高与厉为立言制行之准则。”李零《丧家狗——我读〈论语〉》曰：“我以为，更准确地说，这里的‘危’是直的意思。如《卫灵公》15.7‘邦有道如矢；邦无道如矢’，就是用‘矢’来比喻直，《汉书·贾捐之传》颜师古注、《后汉书·党锢传》李贤注也把‘危言’解释为直言。”

14.6 子曰：“君子而不仁者有矣夫，未有小人而仁者也。”

【“君子而不仁者有矣夫”误解】

孙钦善《论语本解》注曰：“这里的君子、小人当分别指有地位的贵族和无地位的老百姓而言。”译曰：“身为君子却不具备仁德的人是有的，但没有身为小人却具备仁德的人。”

【“君子而不仁者有矣夫”勘正】

孔子是说：“君子中达不到仁德的人是有的，但没有小人而具备仁德的。”虽为君子，要完全达到“仁”是极难的，连孔子也不敢以“仁”自许。德行表率颜渊，也只能做到“其心三月不违仁”。宋邢昺《论语注疏》曰：“此章言仁道难备也。虽曰君子，犹未能备，而有时不仁也。若管仲九合诸侯，不以兵车，可谓仁矣，而镂簋朱纮，山节藻棁，是不仁也。小人性不及仁道，故未有仁者。”清刘宝楠《论语正义》亦曰：“仁道难成，故以令尹子文之忠、陈文子之清，犹不得为仁，即克伐怨欲不行，亦言‘不知其仁’，故虽君子有不仁也。”综观整部《论语》，弟子时人曾多次问到某某人某某行为是否为仁，孔子多半不予轻许，可见孔子对“仁”的德行标准要求之高。

孙钦善以为“这里的君子、小人当分别指有地位的贵族和无地位的老百姓而言”，若如此理解，那么后句是说：没有老百姓而具备仁德的，即老百姓中没有具备仁德的人。显然讲不通。

14.7 子曰："爱之，能勿劳乎？忠焉，能勿诲乎？"

【"劳"误解】

宋朱熹《论语集注》引曰："苏氏曰：'爱而勿劳，禽犊之爱也；忠而勿诲，妇寺之忠也。爱而知劳之，则其为爱也深矣；忠而知诲之，则其为忠也大矣。'"

辜鸿铭《辜鸿铭讲论语》讲曰："一旦有影响力，发挥起来就很容易；一旦公正无私，指示也就不会被忽视。"

黄吉村《论语析辨》注释曰："劳——动词。使之劳动也。"释义曰："孔子说：'爱护一个人，能任其逸乐，而不使之劳动吗？忠于一个人，能任其胡作非为，而不去规劝他吗？'"析辨曰："爱之，必使之劳。忠之，必教诲之。"章旨曰："此孔子教人爱忠之道，戒人勿溺爱，勿阿从。"

李零《丧家狗——我读〈论语〉》解曰："'劳'，这里指为人尽力。'忠焉'，是为人尽心……'诲'，这里应读谋，不是教诲之义，而是谋虑之义，替人着想，替人出主意。战国文字，谋字的写法，最常见，是从心从母，相当悔（如中山王鼎和郭店楚简）。《说文·言部》，谋字的古文写法，也是从口从母或从言从母，相当诲。"

【"劳"勘正】

劳，忧劳。诲，教诲。句意为：爱他，能不为他忧虑操劳吗？忠于他，能不对他教诲吗？

清刘宝楠《论语正义》曰："窃疑'劳'当训'忧'。《淮南·精神训》：'竭力而劳万民。'《氾论训》：'以劳天下之民。'高诱注并云：'劳，忧也。'又《里仁篇》'劳而不怨'，即'忧而不怨'，忧者，勤思之也，正此处确诂。"

此"劳"除含"忧虑"义之外，还含有"操劳"（侧重于劳心）义。《孟子·滕文公下》："或劳心，或劳力；劳心者治人，劳力者治于人。"劳心，动脑筋、费心思。操劳，操心、辛劳。晋李充《论语李氏集注》解曰："爱志不能不劳心，尽忠不能不教诲。"金池《〈论语〉新译》译曰："爱他，能不为他操劳吗？忠于他，能不对他劝告吗？（诲：教导，引申为劝告。）"

宋朱熹引苏氏曰"爱而勿劳，禽犊之爱也"，意盖为"爱他应舍得让他劳苦"，近似黄吉村所说的"使之劳动"、"勿溺爱"。按黄吉村的解释，前句“勿劳”释作“不使之劳动”，那么后句“勿诲”则应释作“不使之规劝”；既然前句析作“必使之劳”，那么后句就应析作“必使之诲”。看来，用“使之”释之显然不当。“劳”、“诲”的实施人应是“爱之”者、“忠之”者，而非被“爱”者、被“忠”者。

李零“诲”应读“谋”的说法，我们不敢苟同。虽然“谋字的古文写法也是从口从母或从言从母”，但皆为上下结构，即“母”在上、“口”或“言”在下，字形结构上与“诲”有较大差异。“诲”在《论语》中共出现5次，除本章外，尚有《为政》篇“诲汝知之乎”；《述而》编“学而不厌，诲人不倦”，“自行束脩以上，吾未尝无诲焉”，“为之不厌，诲人不倦”。细心品鉴，难以找出差别，都是“教诲”的意思。倘若孔子想表示“谋虑”、“谋划”的意思，当时已有“谋”字，况且《论语》中用“谋”多次，如《述而》篇“好谋而成者也”，《宪问》篇“不在其位，不谋其政”，《卫灵公》篇“小不忍则乱大谋”，“道不同不相为谋”，等等。从孔子讲话向来通俗易懂的语言风格来看，不可能用“诲”来表达“谋”义。

14.9 或问子产。子曰：“惠人也。”问子西。曰：“彼哉！彼哉！”问管仲。曰：“人也。夺伯氏骈邑三百，饭疏食，没齿无怨言。”

【“骈邑三百”误解】

姚小鸥、王克家《〈论语·宪问〉篇“骈邑三百”解》（载《北方论丛》2008年第5期）解曰：“‘骈邑三百’系称伯氏连成一片的诸多属邑，‘骈’形容其连绵之貌；‘三百’乃极言‘邑’之多。而不是指某一邑中有三百家。伯氏‘三百邑’为管仲所夺，故致其‘饭疏食’。篇中以此极言伯氏损失之巨。管仲夺伯氏‘骈邑三百’，足见其政治气魄，而伯氏‘饭疏食’，却‘没齿无怨言’，又让我们看到管仲的治理之才。综上所述，《宪问》篇孔子此语的正解应为：‘（管仲）是人才，他剥夺了伯氏很大一片采邑，致使伯氏只能食粗食，却至死无怨言。’”

【“骈邑三百”勘正】

骈邑，地名。《辞源》：“骈，春秋邑名。在今山东临朐县东南。”《汉语大字典》：“骈，春秋齐邑，在今山东省临朐县。”

汉孔安国《论语孔氏训解》曰：“伯氏，齐大夫。骈邑，地名也。

齿，年也。伯氏食邑三百家，管仲夺之，使至蔬食，而没齿无怨言，以当其理故也。”清孔广森《经学卮言》曰：“骈邑者，即春秋齐襄公所取于纪之郱也。《续汉郡国志》：‘临朐有古郱邑。应劭曰：伯氏邑也。’”清刘宝楠《论语正义》曰：“郑注云：‘伯氏，齐大夫。骈邑三百家，齐下大夫之制。’……孔云‘骈邑地名’者，《说文》：‘郱，地名。’段氏玉裁注：‘《前志》齐郡临朐，应劭云：“有伯氏骈邑。”《后志》齐郡临朐，有古郱邑。按《春秋》庄元年：“齐师迁纪郱、鄑、郚。”杜云：“郱在东莞临朐县东南。”齐取其地。然则伯氏骈邑即此地。骈即郱字。今山东青州府临朐县东南有郱城是也。’”杨伯峻《论语译注》曰：“骈邑——地名。阮元曾得伯爵彝，说是乾隆五十六年出土于山东临朐县柳山寨。他在《积古斋钟鼎彝器款识》里说，柳山寨有古城的城基，即春秋的骈邑。用《水经·巨洋水注》证之，阮氏之言很可信。”

三百，当指三百家或三百户。姚小鸥、王克家认为是“连成一片的诸多属邑”，恐不符合事实。试想，整个齐国能有多少个邑。《辞源》释“邑”曰：“城市。大曰都，小曰邑。”又曰：“大夫的封地。”伯氏身为齐国大夫，不会有三百个封地，更不会有三百个城邑。

另：“问管仲。曰：人也”，其“人也”一语，黄怀信《论语新校释》径改作“仁人也”。校曰：“仁人也，旧脱‘仁’字，今据义、依例补。后‘子路曰’章有子路问管仲‘未仁乎’，子亦曰：‘如其仁，如其仁。’是孔子确以管仲为仁人。”这种校改有一定依据，录之供参。前句言子产为“惠人”，后句言管仲为“仁人”，相谐。

14.12　子路问成人。子曰：“若臧武仲之知，公绰之不欲，卞庄子之勇，冉求之艺，文之以礼乐，亦可以为成人矣。”曰：“今之成人者何必然？见利思义，见危授命，久要不忘平生之言，亦可以为成人矣。”

【“久要”误解】

方骥龄《论语新诠》解曰：“《列子·天瑞》‘精神者天之久’‘道进乎本不久’注：‘久，有也。’《吕览·贵生》‘所要轻也’注：‘要，得也。’《淮南·原道》‘以要飞鸟’注：‘要，取也。’依据上列释‘久’‘要’二字字义，本章所谓‘久要’，殆言有所取得，指人之得其位而言。”

杨润根《发现论语》解曰：“久要：长久地处于需要的状态，这也就意味着长久地处于生活必需品短缺的状态，也即贫穷的状态。”

闫合作《论语说》译曰：“被要挟都不忘终生的准则。”

【“久要”勘正】

汉孔安国《论语孔氏训解》解曰：“久要，旧约也。平生，犹少时也。”理解为：对于旧时的约定，不忘平素所立的誓言，即不忘兑现诺言。杨树达《论语疏证》解曰：“要读为约，贫困也。详余《久要不忘平生之言解》，见《积微居小学述林》。”理解为：久处贫困（或困境）而不忘平生所立誓言。

古代学者多遵从孔安国“旧约”说，当今学者多遵从杨树达“贫困”说。

我们拙劣，查了大量辞书和古籍，未找到“要”的“贫困”用例。因此认为，还是遵从孔安国“旧约”说为是。

久，含有“旧”义。《管子·度地》：“常以朔日始出具阅之，取完坚，补弊久，去苦恶。”《孔子家语·颜回》：“不忘久德，不思久怨。”

要，约。《辞源》释“要”曰：“约。《论语·宪问》：‘见利思义，见危授命，久要不忘平生之言。’”又释“要言”曰：“约，约言。《左传·僖二八年》：‘王子虎盟诸侯于王庭，要言曰：皆奖王室，无相害也，有渝此盟，明神殛之！’”《汉语大词典》释“要”曰：“约言。《左传·哀公十四年》：‘使季路要我，吾无盟。’杜预注：‘子路信诚，故欲得与相要誓而不须盟。’”

很多辞书，在谈到“要”的“约”义时，只谈“约定”、“约言”、“誓约”、“相约”等，而不曾谈及“贫困”义。可见，“要”在《论语》此句中是“约定”、“约言”、“盟约”之约，而与“贫困”无关。

成人，德才兼备之人，即完人。

14.13 子问公叔文子于公明贾曰：“信乎，夫子不言不笑不取乎？”公明贾对曰：“以告者过也。夫子时然后言，人不厌其言。乐然后笑，人不厌其笑。义然后取，人不厌其取。”子曰：“其然？岂其然乎？”

【“以”误解】

金知明《论语精读》注曰：“以告者过也：因为传话人说错的缘故；

以，因为。”

王熙元《论语通释》释曰：“‘以告者’，就是‘以此告子者’的省略。意思是：告诉你这番话的人；过，言之过当、言过其实，或过甚其词的意思。”

【“以”勘正】

以，代词，相当于“此”、“这”。《辞源》释“以”曰：“代词。此，这些。《吕氏春秋·贵信》引《周书》：‘以言非信则百事不满也。’”《汉语大词典》释“以”曰：“代词。此，这。《战国策·魏策三》：‘“无梁孰与无河内急?”王曰：“梁急。”“无梁孰与无身急?”王曰：“身急。”曰：“以三者，身，上也；河内，其下也。”’”《汉语大字典》释“以”曰：“代词。表示近指，相当于‘此’、‘这’。《论语·宪问》：‘以告者过也。’”

杨伯峻《论语译注》注曰：“以——代词，此也。例证可参考杨遇夫先生的《词诠》。”译曰：“这是传话的人说错了。”钱逊《论语浅解》注曰：“以：这里是‘此’的意思。”译曰：“这是告诉你的人说得过分了。”李泽厚《论语今读》译曰：“这是告诉你的人讲错了。”孙钦善《论语本解》解曰：“以：此。”译曰：“这是传话人造成的过错。”

14.16　子路曰：“桓公杀公子纠，召忽死之，管仲不死。”曰：“未仁乎?”子曰：“桓公九合诸侯，不以兵车，管仲之力也。如其仁，如其仁。”

【“九合诸侯”误解】

宋朱熹《论语集注》解曰：“九，《春秋传》作‘纠’，督也，古字通用。”

明陈士元《论语类考》解曰：“《左传·僖公二十六年》：‘齐伐我北鄙，公使展喜犒师曰：“周公太公夹辅成王，成王赐之盟曰：‘世世子孙无相害也。’载书在盟府，太师职之。桓公是以纠合诸侯而谋其不协，弥缝其阙而匡救其灾，昭旧职也。”’朱子谓九作纠，盖据展喜之词。而纠合宗族之纠亦其证也。公穀辈不考，乃直以为九会诸侯，至数桓公之会不止于九则又因‘不以兵车’之文而为之说曰：‘衣裳之会九，余则兵车之会。’

然齐侯之会十有五，衣裳之会十有一而兵车之会四，岂有九合之数哉？”

【“九合诸侯”勘正】

朱熹释“九”作“纠”，是错误的。“九”是数词。

关于“九”之数，注家解释不一。马国翰辑《论语郑氏注》曰：“庄十三年会柯，十四年会鄄，十五年又会鄄，十六年会幽，二十七年又会幽，僖元年会柽，二年会贯，五年会首戴，七年会宁母。”袁钧辑《郑玄论语注》曰：“庄十四年会鄄，十五年又会鄄，十六年会幽，二十七年又会幽，僖元年会柽，二年会贯，五年会首戴，七年会宁母，九年会葵丘，为九也。”两辑本小有出入。宋邢昺《论语注疏》曰：“言‘九合’者，《史记》云：‘兵车之会三，乘车之会六。’《穀梁传》云：‘衣裳之会十有一。’范宁注云：‘十三年会北杏，十四年会鄄，十五年又会鄄，十六年会幽，二十七年又会幽，僖元年会柽，二年会贯，三年会阳穀，五年会首戴，七年会宁母，九年会葵丘。’凡十一会，不取北杏及阳穀为九也。”程树德《论语集释》按曰：“《述学》有《释三九》云：‘凡一二之所不能尽者，则约之三以见其多；三之所不能尽者，则约之九以见其极多，此言语之虚数也。……故知九者，虚数也。’九合之义，亦若是而已矣。然则汉儒谓九为实数，刘炫去贯与阳穀而数洮，刘敞谓始幽终淮，万斯大谓始庄二十七年会幽并柽、贯、阳穀、首止、宁母、洮、葵丘、咸而九者，固非；即朱《注》依《左传》作‘纠’者，亦未必是也。罗泌谓第九次合诸侯专指葵丘者，更不足与辨矣。”杨伯峻《论语译注》解曰：“齐桓公纠合诸侯共计十一次，这一‘九’字实是虚数，不过表示其多罢了。”孙钦善《论语本解》解曰：“九合诸侯，不以兵车：是说多次主持诸侯的和平会盟。……‘九合’或实指，《左传》、《国语》有‘九合诸侯’、‘七合诸侯’、‘再合诸侯’、‘三合大夫’之语，数词皆为确指。‘九合’也可能是虚指。究竟是哪种情况，已无法考定。”

“九”，无论是实数还是虚数，都是数词。人们熟知的“九合诸侯，一匡天下”（下章有“一匡天下”），“九”、“一”对应，皆为数词作状语。若将“九”换作“纠”或“多次”，既与“一”对偶不谐，也会大大减弱语言气势。孔子“九合”说，大概是依据当时的通常说法，即《左传》、《国语》所言“九合诸侯”以及屈原《天问》所言“齐桓公九会，卒然身杀”。后人细加考察，一一对证，对应不合，则自找退路，便说作“虚数”或“多次”。

14.17 子贡曰：“管仲非仁者与？桓公杀公子纠，不能死，又相之。”子曰：“管仲相桓公，霸诸侯，一匡天下，民到于今受其赐。微管仲，吾其被发左衽矣。岂若匹夫匹妇之为谅也，自经于沟渎而莫之知也？”

【“一匡天下”误解】

钱穆《论语新解》解曰：“旧注：匡，正也。一匡天下，说为一正天下，殊若不辞。今按：匡本饭器，转言器之四界。《史记》：‘涕满匡而横流。’今俗犹言匡当。此处匡字作动字用，谓匡天下于一，亦犹谓纳天下于一匡之内。”

黄怀信《论语新校释》释曰：“‘一’，整个、全部。旧释一切或统一，皆非。‘匡’，救、挽救。旧释正，亦非。”译曰：“挽救了整个天下。”

【“一匡天下”勘正】

匡，正也。《辞源》：“匡，纠正。《诗·小雅·六月》：‘王于出征，以匡王国。’《论语·宪问》：‘管仲相桓公，霸诸侯，一匡天下。’”《汉语大词典》：“匡，纠正；扶正。《左传·襄公十四年》：‘善则赏之，过则匡之，患则救之，失则革之。’《论语·宪问》：‘管仲相桓公，霸诸侯，一匡天下，民到于今受其赐。’”

汉马融《论语马氏训说》曰：“匡，正也。天子微弱，桓公率诸侯以尊周室，一正天下也。”清刘宝楠《论语正义》曰：“《尔雅·释言》：‘皇、匡，正也。’《诗·六月》‘以匡王国’，谓正王国也。周自东迁，王室微弱，天子之尊，与诸侯无异。齐桓率诸侯，令天下，知尊周室，故曰一正天下。马氏统论桓功，当训一为皆也。郑《注》以‘一匡’指阳穀（阳穀之会）。《穀梁》疏谓‘郑据《公羊》’。案……以义言之，马、郑说皆通。然‘一匡’、‘九合’，‘一’字、‘九’字，皆是计数，则郑义为长。”

此“一匡天下”与上章“九合诸侯”语法相同，数词“一”、“九”在动词“匡”、“合”之前，作状语修饰“匡”、“合”。一匡天下，今人多译为“使天下得到匡正”、“使天下正于一”等，此语似不宜译，译则失去了原句气势及其精辟成色。

【“微”误解】

林觥顺《论语我读》解曰：“微管仲：微是卑贱、嫌弃。微管仲是糟塌或糟踏管仲。”

杨润根《发现论语》解曰：“微：贬抑，把……视为微小。”译曰：“如果我们想贬抑管仲，那就意味着我们不愿生活在一个如今仍在某种程度上保有文明的状态之中而宁肯生活在那种披头散发、衣不蔽体的野蛮人所生活的野蛮状态之中。”

【“微”勘正】

微，无。《辞源》释“微”曰：“非，无。《诗·小雅·伐木》：‘宁适不来，微我弗顾。’《论语·宪问》：‘微管仲，吾其被发左衽矣。’”

汉马融《论语马氏训说》曰：“微，无也。无管仲，则君不君，臣不臣，皆为夷狄矣。”梁皇侃《论语义疏》曰：“若无管仲，则今我也为夷狄，故披发左衽矣也。”孙钦善《论语本解》曰：“如果没有管仲，我们大概已沦于入侵的夷狄，披散着头发，衣襟向左开了。”

14.23　子曰：“君子上达，小人下达。”

【“上达”、“下达”误解】

方骥龄《论语新诠》解曰：“如依旧解，上达之达字为善，则下达之达字不当为不善。《宪问》篇中每多贬责之意，此处所谓君子，似指在位之官吏言。小人，似指一般人民言。君子上达，谓在位之官吏，只求个人之闻达显贵，未能尽其职责，耻也。人民下达，一般人只知求个人之财利富足，置国政于不顾。孔子慨乎言之，深感时人之不以天下国家为己任耳。犹下一章叹‘今人学者为人’同一志趣。”

闫合作《论语说》解曰：“‘上达’，是‘达于上’，把自己的意见向上提，‘勿欺也，而犯之’。这是君子之行。‘小人下达’指小人只对下敢于批评、指责，而对上唯唯诺诺，不敢直陈己见。”

乔一凡《论语通义》解曰：“达，宜也。上达，宜上不宜下；下达，宜下不宜上。”

【“上达”、“下达”勘正】

“君子上达，小人下达”，既然君子、小人对言，还是应界定在德行上来理解。君子对自己要求高，要求往德行的高处进达；小人则反是。

考察《论语》，君子、小人对言处，多在德行上，如《为政》篇：“君子周而不比，小人比而不周。”《里仁》篇：“君子怀德，小人怀土，君子怀刑，小人怀惠。”“君子喻于义，小人喻于利。”《述而》篇：“君子坦荡荡，小人长戚戚。”《颜渊》篇：“君子成人之美，不成人之恶。”《子路》篇：“君子和而不同，小人同而不和。”“君子泰而不骄，小人骄而不泰。”《卫灵公》篇：“君子固穷，小人穷斯滥矣。”“君子求诸己，小人求诸人。”

单言君子、小人时，也多在德行上，如《里仁》篇：“君子无终日之间违仁。”“君子欲讷于言而敏于行。”《颜渊》篇：“君子不忧不惧。”“君子敬而无失，与人恭而有礼。”《卫灵公》篇：“君子义以为质，礼以行之，孙以出之，信以成之。”“君子不以言举人，不以人废言。”“君子病无能焉，不病人之不己知也。”“君子矜而不争，群而不党。”“君子谋道不谋食。……君子忧道不忧贫。”“君子贞而不谅。”“君子疾没世而名不称焉。”《季氏》篇：“君子有九思：视思明，听思聪，色思温，貌思恭，言思忠，事思敬，疑思问，忿思难，见得思义。”《子张》篇：“君子尊贤而容众，嘉善而矜不能。”“小人之过也必文。”

“上达”、“下达”二语，害苦了注家，众说纷纭，难以统一。梁皇侃《论语义疏》曰：“上达者，达于仁义也；下达，谓达于财利，所以与君子反也。”宋朱熹《论语集注》曰：“君子循天理，故日进乎高明；小人殉人欲，故日究乎污下。”清刘宝楠《论语正义》曰：“达，通也。《论语比考谶》：‘君子上达，与天合符。’言君子德能与天合也。”李泽厚《论语今读》曰：“‘达’有译作‘成功’，即‘君子大处成功，小人小处成功’”。张荣明《“上达”、“下达”发微》（载《孔子研究》1993年第1期）曰：“综上，‘君子上达，小人下达’似应解释为：君子以仁义为本的道德本能发达，小人以物利为本的生理本能发达。”牛泽群《论语札记》曰：“《季氏》：‘孔子曰：君子有三畏，畏天命、畏大人、畏圣人之言。小人不知天命而不畏也，狎大人、侮圣人之言。’知而畏，上达；不知而不畏，反之，下达也，与此章义旨相通，最恰宜之内证也。”孙钦善《论语本解》译曰：“孔子说：‘君子通晓高深的学问，小人通晓低级的学问。’”

我们认为，孔子既然没把“上”、“下”的方面和目标规定具体，还是往宽处理解为好。再重复一下我们的意见：既然君子、小人对言，还是应界定在德行上来理解，即君子对自己要求高，要求往德行的高处进达；小人则对自己要求低，尽量地降低德行标准。

14.24 子曰：“古之学者为己，今之学者为人。”

【“为己”、“为人”误解】

唐韩愈、李翱《论语笔解》解曰：“为己者，谓以身率天下也。为人者，谓假他人之学以检其身也。”

宋朱熹《论语集注》解曰：“程子曰：‘为己，欲得之于己也。为人，欲见知于人也。’程子曰：‘古之学者为己，其终至于成物。今之学者为人，其终至于丧己。’愚按：圣贤论学者用心得失之际，其说多矣，然未有如此言之切而要者。”

钱穆《论语新解》译曰：“古之学者，是为己而学的。今之学者，是为人而学的。”

杨伯峻《论语译注》译曰：“古代学者的目的在修养自己的学问道德，现代学者的目的却在装饰自己，给别人看。”

苏宰西《论语新编》解曰：“孔子说：‘古代学者是为了自身修养，现代学者为了带动别人。’”

【“为己”、“为人”勘正】

“为”是“治”的意思。《小尔雅·广诂》：“为，治也。”《左传·文公六年》：“何以为民？”《经典释文》：“为，治也。”《里仁》篇：“能以礼让为国乎？”皇侃疏曰：“为，犹治也。”《子路》篇：“善人为邦百年，亦可以胜残去杀矣。”皇侃疏曰：“为，治也。”“为己”即修治自己，“为人”即治理别人。孔子说：“古时的学者学习的目的是修治自己，而今天的学者学习的目的是治理别人。”因为孔子看重的是“修己”（“修己以安人”、“修己以安百姓”），所以才这么讲。

杨朝明《论语诠解》曰：“孔子论古今学者求学观念有所不同。这里的‘为己’与‘为人’的含义是什么，自古就争论不休。我们认为，‘为己’与‘为人’的‘为’当读作‘作为’的‘为’。‘为己’就是修己，‘为人’就是要求他人，与‘为己’相对。也就是说，相比于古人的修己安人，孔子那时的人学习的是如何治理他人、社会和天下。很显然，古人是通过先修身，而后推己及人来治理天下，而孔子时的执政者是通过学习治人之道来治理天下，后者是急功近利的。”

针对朱熹的误说，元陈天祥《四书辨疑》辨曰：“欲得之于己，此为为己之公。欲见知于人，此为为己之私。两句皆是为己，为人之义不可通也。盖为己，务欲治己也。为人，务欲治人也。”

“为人”，当今多数注家受朱熹所说“欲见知于人”影响，将“为人”解作“为了给别人看”、“为了向别人炫耀”。虽然有一部分读书人存有炫耀学问的不良作风，但冷静思考，扪心自问，天下能有多少人是“为了给别人看”才去学习的？学习的目的难道仅仅是“为了向别人炫耀”吗？倘若能在孔子时代的知识阶层中或孔子弟子三千人中做个问卷调查的话，恐怕得到的调查结果不会令这些注家满意。

再说，“为”不能解作“为了”。如果解作“为了”，那么这句话就应翻译成“古时的学者为了自己，今天的学者为了别人”，显然不妥。

14.25　蘧伯玉使人于孔子。孔子与之坐而问焉，曰：“夫子何为？”对曰：“夫子欲寡其过而未能也。”使者出。子曰：“使乎！使乎！”

【“使乎！　使乎！”误解】

方骥龄《论语新诠》解曰：“《说文》：‘使，伶也。’《段注》以为：‘大徐伶作令，误。’《释文》曰：‘令，《韩诗》作伶，云使伶，’可见令伶二字原不相同。按《说文》：‘伶，弄也。’疑‘伶弄’双声，犹言玲珑，故古之伶人多弄臣，喻其玲珑便嬖可使令也。……疑本章所谓‘使乎使乎’，犹言‘玲乎玲乎’，乃‘玲珑乎玲珑乎’之意，非美使者，殆美蘧伯玉之‘邦有道则仕，邦无道则卷而怀之’，有玲珑之明见也。”

闫合作《论语说》译曰：“蘧伯玉派人到孔子处请教问题，孔子郑重地坐下来询问蘧伯玉问什么。问：‘先生要做什么？’使者回答说：‘先生想少犯过错，却不能。’使者出去后，孔子说：‘派人行吗？派人行吗？’”

何新《论语新解——思与行》解曰：“使，当作驶，起驾也。”

【“使乎！　使乎！”勘正】

“使乎！使乎！”连言赞美蘧伯玉派来的人是个好使者。魏陈群曰：“再言‘使乎’，善之也。言使得其人也。”（引自魏何晏《论语集解》）

使者既然受蘧伯玉之托来见孔子，定然不会只谈这么一句，记者记录太简，我们也只好根据使者的这一句话来判断。“夫子欲寡其过而未能”，表示出的基本意思是蘧伯玉想减少平时的过错。使者这样说，肯定有用意。盖其用意有二：一是想寡过而不得其法，二是表示其谦逊。对于前者，孔子可能授以寡过之法；对于后者，应能博得孔子的赞赏。谦逊是君子的基本品行，值得赞美。不少文献记载蘧伯玉是贤者，《卫灵公》篇也记有孔子对蘧伯玉的称赞：“君子哉，蘧伯玉！邦有道，则仕。邦无道，则可卷而怀之。”孔子在卫国时曾住在蘧伯玉的家，看来孔子对他是了解的，也是挺喜欢的。主人的好德行值得赞美，使者的表述也值得赞美：这样的表述，不隐主人之过，显得诚实可信，又透露出贤者的谦逊品德。据此，“使乎！使乎！”是赞美，而不是批评。

黄怀信《论语新校释》以为“使乎使乎”后有“非之也”三字，录之供参：

> 校：《论衡·问孔》引“使乎使乎”后有“非之也”三字，当是。增之惊俗，今依旧。释：“非”，非议。“之”，指遽伯玉。训译：（这是）使者吗？（这是）使者吗？章旨：此章批评蘧伯玉之使。言“欲寡其过而未能”，一则见其过多，一则见其无能，可见是揭主人之短，非议主人。孔子非之甚，故重言“使乎”。使不能扬主之长反揭其短，何得为使？旧以为赞其使，谬也。

14.27　子曰：“君子耻其言而过其行。”

【“耻其言而过其行”误解】

宋朱熹《论语集注》解曰：“耻者，不敢尽之意。过者，欲有余之辞。”

方骥龄《论语新诠》解曰：“本章似以分作两项解为是。耻其言，君子人知耻而有所不言。言，直言己意，谓不可言之不怍是也。而字兼有能字义，当作‘而能过其行’解，于是‘而’字用法不虚而有力。《广雅·

释诂》一：‘过，责也。’过其行，责己之行，贵乎自讼而不致有失。犹蘧伯玉之寡其过是也。”

闫合作《论语说》解曰：“‘耻其言’和‘过其行’是自我监控，反视自己的言语和行动是否适宜。耻、过，在这里都有反省的意思，看看自己的行为是否有耻有过。”译曰：“孔子说：‘君子反省自己言语是否有耻，行为是否有错。’”

【“耻其言而过其行”勘正】

此语并不费解，只是解释者想得多了，思维太丰富。这句话是说：君子以“言过行”为耻。换句话说，即君子耻于说到而做不到。孔子主张言行一致，说到做到，或先做后说。《为政》篇：“子贡问君子。子曰：‘先行其言而后从之。’”即君子应先做后说。《子路》篇：“子路问政。子曰：‘先之劳之’”。朱熹《论语集注》引苏氏曰：“以身先之”。清俞樾《群经平议》解曰：“先民而任其劳也。”《里仁》篇：“子曰：‘君子欲讷于言而敏于行。’”即要求话不要说得那么早、那么快、那么漂亮，而行动要敏捷，事情要做得漂亮。

针对朱熹所注，元陈天祥《四书辨疑》辨曰：“注文以‘耻其言’与‘过其行’分为两意，解‘耻’字为不敢尽之意，解‘过’字为欲有余之辞。圣人之言，恐不如此之迂曲也。且言不过行有何可耻？行取得中，岂容过余过中之行？君子不为，过犹不及，圣人之明论也。……旧说君子言行相顾，若言过其行谓有言而行不副，君子所耻。南轩曰：‘言过其行则为无实之言，是可耻也。耻言之过行则其笃行可知矣。’二论意同。必如此说，义乃可通。”

14.28　子曰：“君子道者三，我无能焉：仁者不忧，知者不惑，勇者不惧。”子贡曰：“夫子自道也。”

【“君子道者三”误解】

傅佩荣《傅佩荣解读论语》解曰：“道：路也，引申为遵行一定途径所达成的结果，可译为风格或境界。”

杨伯峻《论语译注》译曰：“君子所行的三件事，我一件也没能做到。”

杨润根《发现论语》解曰："道：指导，指导原则。"

黄克剑《〈论语〉解读》解曰："自道（dǎo）：自己开导自己，自己勉励自己。道，开导，教导。"

方骥龄《论语新诠》解曰："《尔雅·释诂》'道，勴也。'注：'谓赞勉。'本章所谓'道者三'，殆谓君子人当以三事自勉也。《广雅·释诂》三：'道，治也。'《礼记·礼器》'苟无忠信之人，则礼不虚道'注：'犹由也，从也。'《中庸》'故君子尊德性而道问学'注：'道，犹由也。'《礼·射义》'旄期称道不乱者'注：'犹行也。'疑本章子贡所谓'夫子自道也'，殆谓孔子已以此三者'自治''自由''自从'。说明孔子已以此三者自治之矣。如依旧解，虽非孔子自伐，而由子贡增饰其辞，亦足以成孔子自伐之嫌。"

【"君子道者三"勘正】

君子道者，即君子之道。仁、智、勇属于道德范畴，不忧、不惑、不惧是仁、智、勇者必然具备的品质。因此，将"道"理解为道德品质为是。孔子是说："君子之道有三，我没能做到：仁德的人不忧愁，智慧的人不迷惑，勇敢的人不畏惧。"子贡说："这正是先生的自我描述啊。"此章与《泰伯》篇曾子所说"君子所贵乎道者三：动容貌，斯远暴慢矣；正颜色，斯近信矣；出辞气，斯远鄙倍矣"（即君子所重视的道有三：整肃容貌，就会远离粗暴和怠慢；端庄脸色，就会近于诚信；讲究言辞高雅的表达艺术，就会远离粗俗和乖戾）义近，可以结合起来理解。

梁皇侃《论语义疏》曰："言君子所行之道有三。夫子自谦我不能行其一也。"宋邢昺《论语注疏》曰："此章论君子之道。子曰：'君子道者三，我无能焉'者，言君子之道有三，我皆不能也。'仁者不忧，知者不惑，勇者不惧'者，此其三也。仁者乐天知命，内省不疚，故不忧也。知者明于事，故不惑。勇者折冲御侮，故不惧。夫子言我皆不能此三者。"

值得指出的是，杨宝忠《释"君子道者三"》（载《孔子研究》1998年第3期）认为："'君子道者三'、'夫子自道也'与'乐道人之善'，三'道'字用法相同。'乐道人之善'谓乐于称道他人的长处，'夫子自道也'谓夫子自己称道自己，'君子道者三'谓君子称道的人有三种。仁者无所忧虑，故为君子所称道；智者无所困惑，故为君子所称道；勇者无所畏惧，故亦为君子所称道。在子贡看来，孔子兼具不忧、不惑、不惧三种美德，故下文子贡说‘夫子自道也’。‘君子道者三’之‘道’训‘称道’，‘者’为代词，代指人，如此训释，方合文法、方合文意、方与‘夫子自道’之‘道’训释一致。”杨氏的这种解释虽能解得通，但释“道”为“称道”，似欠妥。孔子既然谦虚地说“我无能焉”，又怎能自夸地“自己称道自己”呢？按照杨伯峻《论语译注》书后所附《论语词典》的统计，“道”字在《论语》中共出现60次，其中指道德、学术、方法的44次，指合理行为的2次，指道路的4次，指技艺的1次，指行走、做的1次，指说的3次，指治理的3次，指诱导、引导的2次，而没有表示“称道”的。《论语》在表示“称道”、“称颂”时，只用“称”字，如《泰伯》篇中子曰：“泰伯，其可谓至德也已矣。三以天下让，民无得而称焉。”《季氏》篇：“齐景公有马千驷，死之日，民无德而称焉。伯夷、叔齐饿于首阳之下，民到于今称之。”《卫灵公》篇中子曰：“君子疾没世而名不称焉。”

14.29　子贡方人。子曰：“赐也贤乎哉？夫我则不暇。”

【“方人”误解】

清戴望《戴氏论语注》解曰：“方，正也，以道正人行。”

方骥龄《论语新诠》解曰：“子贡为人笃实，孔子一再赞美，既不谤人，亦不任意评人，且本章并无责子贡之意。按《广雅·释诂一》：‘方，正也。’本章所谓方人者，殆正人之失也。例如《子张篇》中有关子贡者共六章，细绎其对答之方，必先正人之失，然后申述己意。至散见其它各篇者，皆足以见子贡研究问题之好深入而与众不同。人或是之，必更进一层；人或非之，子贡必先正其失。且子贡擅长言语，岂肯任意评人之失？故方人疑当作‘正人’解，谓子贡善纠正他人之失也。孔子则以为人努力自修之不暇，固不必正人之失，他人之是非善恶，自有公是公非为之评断也。”

闫合作《论语说》解曰：“‘贤’是‘闲’之误，空闲，与‘不暇’相对。”译曰：“子贡好指责人。孔子说：‘赐啊，真有闲工夫啊，我就没有时间。’”

《汉语大字典》释“方”曰：“通‘谤 bàng’。讥评，规谏。《论语·宪问》：‘子贡方人。’陆德明《释文》：‘郑本作谤，谓言人之过恶。’”

【“方人”勘正】

方人，汉孔安国《论语孔氏训解》解作：“比方人也。”宋朱熹《论语集注》注作：“方，比也。比方人物而较其短长。”《辞源》：“方人，评论他人的短长。”这些说法可从。

《汉语大字典》释作“通‘谤 bàng’”，其依据是陆德明《经典释文》所说“郑本作谤，谓言人之过恶”。实际上，陆德明《经典释文》释“方”时的全文是：“方人，如字，孔云比方人也，郑本作谤，谓言人之过恶。”可见《经典释文》存孔、郑二说，且特别注明“方”在这里读“如字”（即读字的通常读音。“方”的通常读音就是 fāng）。孔安国所说的“比方人”，就是《辞源》所解释的“评论他人的短长”。

倘若视“方”为“谤”，“谓言人之过恶”，似是对子贡言重了。

《论语》表示诽谤时用“谤”字，如《子张》篇：“信而后谏；未信，则以为谤己也。”《宪问》此处用“方”而不用“谤”，可见“方”、“谤”在语义上是有轻重之别的。“比方”是“比较”的意思，也就是朱熹所解释的“比方人物而较其短长”。汉王充《论衡·恢国》：“比方五代，孰者为优？”晋葛洪《抱朴子·外篇自叙》：“每见世人有好论人物者，比方伦匹，未必当允，而褒贬与夺，或失准格。”可知，“方人”轻于“谤人”，只是比较评论他人的短长优劣、是非善恶，而不是诽谤、言人之过恶。《论语》用字是讲究分寸的，倘若子贡真的好诽谤人，则德行上就大有问题。《史记·仲尼弟子列传》这么写子贡：“喜扬人之美，不能匿人之过。”从《论语》对子贡的记述看，他确有好比较、评论别人的“小毛病”，如《先进》篇：“子贡问：‘师（子张）与商（子夏）也孰贤？’”《子路》篇：“子贡问曰：‘乡人皆好之，何如？……乡人皆恶之，何如？’”《阳货》篇还记录了他所厌恶什么德行的人：“恶徼（jiǎo，抄袭）以为知者，恶不孙（逊）以为勇者，恶讦（揭发别人阴私）以为直者。”《宪问》篇：“子贡曰：‘管仲非仁者与？’”《子张》篇：“子贡曰：‘纣之不善，不如是之甚也。是以君子恶居下流，天下之恶皆归焉。’”接着又谈到他对人犯过错的卓见，“子贡曰：‘君子之过也，如日月之食焉：过也，人皆见之；更也，人皆仰之’”。

子贡也关心别人对自己的看法，如《公冶长》篇中子贡问（孔子）曰：“赐也何如？”在别人对他有所比较或有过高的评价时，他也很谦逊，如《公冶长》篇："子谓子贡曰：'女与回（颜回）也孰愈（胜过）?' 对曰：'赐也何敢望回！回也闻一知十，赐也闻一知二。'"《子张》篇记载，叔孙武叔在朝廷上向大夫们讲"子贡贤于仲尼"，子服景伯把这话告诉了子贡。子贡说："譬之宫墙，赐之墙也及肩，窥见室家之好。夫子之墙数仞，不得其门而入，不见宗庙之美，百官之富。得其门者或寡矣。"

综观《论语》对子贡的诸多记述，未发现他有诽谤人的缺点，况且他本人还"恶讦以为直者"（厌恶靠揭发别人阴私来标榜自己为正直的人）。因此，"方人"不可理解为"谤人"。至于"郑本作谤"之说，是版本不同的原因，还是郑玄注《论语》时据自己的理解改字所致，待考。

14.31 子曰："不逆诈，不亿不信，抑亦先觉者，是贤乎！"

【"不逆诈，不亿不信"误解】

南怀瑾《论语别裁》解曰："明明别人来骗自己，可是不给人当面难堪，这是'不逆诈'。……'不逆诈'就是不揭穿有些人的欺诈。"

何新《论语新解——思与行》解曰："逆诈，伪诈也。"译曰："不用伪诈之骗术。"

方骥龄《论语新诠》解曰："《宪问篇》言士道，而以知耻为则。如依旧解，乃处世之方，限于待人接物，与士道无涉。似当另求解释。《说文》：'逆，迎也。'迎逆二字为双声，故通用。《书·禹贡》'同为逆河'郑注：'下尾合，名曰逆河，言相逆受也。'是逆有迎合之意。凡'欺诳''欺诈''伪其辞''诡变用奇'者皆为诈，不逆诈，殆系不迎合诈伪之人意。《说文》：'亿，安也。'《左·昭》二十一'心亿则乐'注：'亿，安也。'……是亿字古义，安也。作臆字解，乃通假。信字又可与伸字通假。伸，直也。不信，殆不直也。不亿不信，疑当作'不安不直'解，遇不直之人，必不以为安也。抑，转折词。……本章孔子所谓'抑亦先觉者'，殆谓不逆诈与不亿不信之人，虽非尽善尽美之人，但亦可谓高尚正直之人。知耻不为，亦具有美德之人也。"

【"不逆诈，不亿不信"勘正】

逆，本义为"迎"。《说文解字》："逆，迎也。"《国语·晋语三》："吕甥逆君于秦。"引申为"预先"，《三国志·诸葛亮传》"于是以亮为右将军，行丞相事”注引《魏晋春秋》亮上言：“凡事如是，难可逆见。”《汉语大字典》释“逆”曰：“预料，猜度。《玉篇·辵部》：‘逆，度也。’《易·说卦》：‘数往者顺，知来者逆。是故《易》，逆数也。’韩康伯注：‘作《易》以逆睹来事，以前民用。’”《汉语大词典》释“逆诈”曰：“事先即猜疑别人存心欺诈。”

亿，与“逆”义近。《汉语大字典》：“亿，同‘臆’。臆测；揣度。《广韵·职韵》：‘亿，度也。’《论语·先进》：‘赐不受命而货殖焉，亿则屡中。’邢昺疏：‘亿，度也。’”。《辞源》释“亿”曰：“预料，猜想。《论语·宪问》：‘不亿不信。’”

孔子这话的意思是：不预先怀疑别人欺诈，不猜测别人不诚实，却又能及早发现欺诈和不诚实，这该是贤德吧？宋邢昺《论语注疏》曰：“此章戒人不可逆料人之诈，不可亿度人之不信也。”

何新释“逆诈”为“伪诈”，我们查阅大量辞书，未见“逆”有“伪”义。方骥龄释“不逆诈”为“不迎合诈伪之人”，释“不亿不信”为“不安不直”，曲迂难通。

14.32 微生亩谓孔子曰：“丘何为是栖栖者与？无乃为佞乎？”孔子曰：“非敢为佞也，疾固也。”

【“栖栖”误解】

宋朱熹《论语集注》解曰：“栖栖，依依也。”

清俞樾《群经平议》解曰：“‘栖’即‘棲’字，……棲棲有整饬之意，字亦通作‘萋’。……故栖栖、萋萋并与济济同。《文王篇》：‘济济多士’，《传》曰：‘济济，多威仪也。’微生亩见孔子修饰威仪，疑其以此求悦于人，故曰：‘何为是栖栖者与？无乃为佞乎？’”

金知明《论语精读》解曰：“栖栖，说话顺从的样子。”

富金壁《论语新编译注》解曰：“栖栖，即‘齐齐’，整齐貌。”译曰：“你为什么这样仪表堂堂的呢？恐怕要搞伪善吧？”

闫合作《论语说》解曰：“‘是栖栖者与？’是找栖息的地方吗？”译曰：“是要攀高而栖吗？”

【“栖栖”勘正】

栖栖，音 xīxī，也作棲棲，形容忙碌不安。《诗·小雅·六月》：“六月棲棲，戎车既饬。”朱熹《集传》：“犹皇皇不安之貌。”《辞源》释“栖栖”曰“忙碌不安貌”；释“栖遑”曰“忙碌不安，到处奔波”。宋邢昺《论语注疏》曰：“栖栖，犹皇皇也。”王熙元《论语通释》解曰：“或作棲棲，皇皇不安的样子。皇，或作遑。”孙钦善《论语本解》解曰：“栖（xī 西）栖：形容不安定。”译曰：“微生亩对孔子说：‘你为什么要这样遑遑不安到处游说呢？不会是要卖弄口才吧？’孔子说：‘不敢卖弄口才，实在是担心人们顽固不化。’”

朱熹释“栖栖”为“依依”，不切合文意。俞樾以为“棲棲有整饬之意”，“栖栖、萋萋并与济济同”，缺乏依据。闫合作解“栖”为“栖息”，是他不知“栖息”之“栖”读“qī”，而“栖息”的“栖”是不能重叠的。

【“为佞”误解】

金良年《论语译注》解曰：“佞，奉承讨好他人。”

金知明《论语精读》解曰：“为佞，拍马屁。”

【“为佞”勘正】

有才能、有口才曰“佞”。《辞源》释“佞”曰：“才能。《左传·成十三年》：‘寡人不佞。’自谦无能称不佞。”《汉语大词典》释“佞”曰：“善辩；口才好。《书·吕刑》：‘非佞折狱，惟良折狱，罔非在中。’孔传：‘非口才可以断狱，惟平良可以断狱，无不在中正。’又逞口才。《庄子·渔父》：‘莫之顾而进之，谓之佞。’成玄英疏：‘强进忠言，人不采顾，谓之佞也。’”

为佞，理解为逞能、逞口才为是。孔子周游列国，为改变乱世到处游说，栖栖遑遑，忙碌不安，微生亩以为他是想逞能、逞口才。孔子针对微生亩的不理解，解释说：不敢逞能、逞口才，我是憎恶世俗固塞鄙陋，嫉恨那些当权者顽固不化，所以才到处奔波，想改变这种状况。

虽说“佞”也含有“巧言谄媚”、“奉承讨好”、“拍马屁”之义，但不符合微生亩所言“为佞”的意思。微生亩以为孔子有才能、有才辩，想施展，想表现，故言“为佞”。孔子答曰“非敢为佞”（不敢逞能、逞口才），这反驳中自然含有谦虚之意，但若把“为佞”解作“奉承讨好”、

"拍马屁"，那就等于孔子说"我不敢奉承讨好"、"我不敢拍马屁"。这不成了玩笑话吗？因此，金良年、金知明所解于此不确。

14.35　子曰："莫我知也夫！"子贡曰："何为其莫知子也？"子曰："不怨天，不尤人，下学而上达。知我者其天乎！"

【"下学而上达"误解】

闫合作《论语说》解曰："'下学而上达'，指向下学习接受意见，对上敢于批评指正。'君子上达，小人下达。'君子敢于犯上直言，小人只会对下颐指气使。"

【"下学而上达"勘正】

对于"下学而上达"，历代注家分歧很大：汉孔安国《论语孔氏训解》解作"下学人事，上知天命也"；汉张衡《应间》解作"上达者，谓达于佐国理民之道"（引自程树德《论语集释》）；宋朱熹《论语集注》解作"自言其反己自修，循序渐进耳"；清黄式三《论语后案》解作"下学，删订赞修之事。上达，所学通于天也。圣人删订赞修，惓惓斯道之心上通于天，而天自知之"；杨伯峻《论语译注》译作"学习一些平常的知识，却透彻了解很高的道理"；李泽厚《论语今读》译作"下学人事而上达真理"；程石泉《论语读训》解作"'下学而上达'乃孔子终身力行之事，下学以知民生之多艰，上达以求推行仁政"；何新《论语新解——思与行》译作"身居下位而以学术影响君上"；杨朝明《论语诠解》解作"能够通过学习谋生的技术等小道而向上领会天命等大道"；孙钦善《论语本解》译作"身居下位老老实实学习，就会上通于天，了解我的大概是天吧"；等等。这些解释，都有可取之处。

"下学而上达"，就字面看，是从下学起，而逐步向上进达。也就是说，从基础学起，逐步上达于高深之境。"下学而上达"是孔子学习体会的总结，文字简明，无须费解。孔子的这段话，还是针对一些人对他的不理解而发：你们不理解我，我不怨恨，我还是老老实实地做我的学问，还是要用道德学问去改变世道人心。后经两千多年的时间验证，孔子的坚持是对的，他的思想学说跨越时空、超越国界，直到今天还影响着天下亿万人。

14.36 公伯寮愬子路于季孙。子服景伯以告，曰："夫子固有惑志，于公伯寮，吾力犹能肆诸市朝。"子曰："道之将行也与，命也。道之将废也与，命也。公伯寮其如命何！"

【"愬"误解】

郑张欢《论语今释》解曰："愬，警惕（见《周易今释》之《履卦》四爻'愬'字之义）。"

【"愬"勘正】

愬，音 sù，解为"谮"（zèn，进谗言）、"谤"为是。《玉篇》："愬，谮也。"《说苑·臣术》："愬无罪者，国之贼也。"愬，馋毁、诽谤，与"谮"义近。《颜渊》篇有"浸润之谮，肤受之愬"之语，"谮"与"愬"对言，也可证明其义近。据此，《论语》注家大都将"愬子路"解作"毁谤子路"、"诬告子路"、"说子路坏话"等，这是符合文意的。

【"惑志"误解】

宋邢昺《论语注疏》解曰："'曰：夫子固有惑志'者，夫子谓季孙。言季孙坚固已有疑惑之志，谓信谗恚子路也。"

宋朱熹《论语集注》解曰："言其有疑于寮之言也。"

闫合作《论语说》译曰："公伯寮向季孙诋毁子路，子服景伯把此事告诉了孔子，说：'先生如果有心治公伯寮，我的力量还能使他陈尸街头。'"

【"惑志"勘正】

固，已经。惑志，疑心。言季孙已经有疑心了，也就是不信任子路了。下文的"肆"，指处死刑后陈尸示众。市朝，此偏指市，谓市集、街市。

邢昺解"固有"为"坚固已有"，拖沓不确，"固"非"坚固"义，是"已经"的意思。

闫合作对"惑志"句的译文，似欠准确。此章的正确理解应是：公伯寮在季孙面前诽谤子路。子服景伯把此事告诉孔子，并且说："季孙先生已经有了疑心了（对子路有了疑心），对于公伯寮，我的力量还足以能把他杀了陈尸街头。”孔子说：“道如果将要得到推行，是天命决定的；道如果将要被废弃，也是天命决定的。他公伯寮能把天命怎么样！”

孙钦善《论语本解》解曰：“夫子：指季孙。惑志：疑惑之心。按《集解》及《仲尼弟子列传》均于‘志’下出注，可见应于此处断句。朱熹《论语集注》此处不断，将‘于公伯寮’连上，非是。后人多从朱说，不妥。”

14.37 子曰：“贤者辟世，其次辟地，其次辟色，其次辟言。”子曰：“作者七人矣。”

【“作者七人”误解】

宋朱熹《论语集注》引李氏曰：“作，起也。言起而隐去者，今七人也。”

方骥龄《论语新诠》解曰：“疑孔子所谓‘作者’，对不同于避世、避地、避色、避言之人言，乃有为而为之人，非消极不为之人。篆文‘七’‘亡’二字易相混淆，七字殆系亡字之误。亡，无也。‘作者亡人’，孔子指当时避世、避地、避色、避言之人所在皆是，独起而有为、能以天下国家为己任之人则无有，孔子慨乎言之也。”

闫合作《论语说》解曰：“七，最初当是一根棒‘丨’中间加上一长横，表示从这里将棍切断之意。‘七人’是‘切人，切断与人的交往。辟世、辟地、辟色、辟言，都是避免与人发生冲突，切断与人的交往’。”

【“作者七人”勘正】

作者，即这样做的人。汉包咸《论语包氏章句》解曰：“作，为也。为之者凡七人。”清刘宝楠《论语正义》解曰：“作，如‘见几而作’之作。作，为，常训。”李泽厚《论语今读》译曰：“这样做的已经有七个人了。”孙钦善《论语本解》译曰：“做到这样的已经有七个人了。”

七人，注家解释不一。汉包咸认为是“长沮、桀溺、丈人、石门、荷蒉、仪封人、楚狂接舆”（见何晏《论语集解》）汉郑玄认为是“伯夷、叔齐、虞仲，辟世者；荷蓧、长沮、桀溺，辟地者；柳下惠、少连，辟色者；荷蒉、楚狂接舆，辟言者。七当为十字之误也”（见宋邢昺《论语注疏》）。魏王弼认为是“伯夷、叔齐、虞仲、夷逸、朱张、柳下惠、少连”

（引自邢昺《论语注疏》）。宋张载《张子正蒙》认为是“伏羲、神农、黄帝、尧、舜、禹、汤。制法兴王之道，非有述于人者也”。还有多种说法。

七人，孔子未指明是谁。因为避世、避地、避色、避言者实际上本来就不止七人，所以后人各有各的理解，难以判定孰是孰非。因此，朱熹《论语集注》引李氏曰：“不可知其谁何。必求其人以实之，则凿矣。”刘宝楠《论语正义》也说：“世远义失，难得而折中焉。”

倘若非要落实“七人是谁”的话，比较而言，当以王弼所据《微子》篇列举的“伯夷、叔齐、虞仲、夷逸、朱张、柳下惠、少连”为较可信。杨朝明《论语诠解》曰：“这七人是谁？通常以为这七个人就是《论语·微子》中提到的七位逸民：伯夷、叔齐、虞仲、夷逸、朱张、柳下惠、少连。联系《微子》我们知道这七位都被孔子看做贤者，而且也确实符合‘避世、避地、避色、避言’的标准。”

14.38 子路宿于石门。晨门曰：“奚自？”子路曰：“自孔氏。”曰：“是知其不可而为之者与？”

【“石门”、“晨门”误解】

宋朱熹《论语集注》解曰：“石门，地名。晨门，掌晨启门，盖贤人隐于抱关者也。”

金池《〈论语〉新译》解曰：“对‘石门’有两种解释：一说指鲁国都城的外门，或曰大门，一说指曲阜城北五十里以外的石门山。这里取后一种说法。晨门，值早班看守城门的人。”

【“石门”、“晨门”勘正】

石门不是指地名或山名，是门的名字，因与“晨门”连，可证。子路宿于“门”，负责早晨开门的人问他从哪里来，语言环境明白，不容置疑。

至于此门是指何城之门，汉郑玄《论语郑氏注》曰：“石门，鲁城外门也。”清刘宝楠《论语正义》曰：“‘子路宿于石门’者，子路时自鲁外出，晚宿石门也。郑注云：‘石门，鲁城外门也。晨门，主晨夜开闭者。’此引见《后汉书·蔡邕传注》。外门，当谓郭门也。《水经·洙水注》：‘洙水北流，迳孔里，又西南，枝津出焉。又西南迳瑕丘城东，而南入石门。门右结石为水门，跨于水上。’阎氏若璩《释地》谓‘此即子路宿处’是也。”程树德《论语集释》曰：“《左传·哀公六年》‘公子阳生请于南郭，具千乘出莱门而告之故’，注云：‘鲁郭门也。’次南第二门名石门。按《论语》云‘子路宿于石门’，注云：‘鲁城门。’《吕氏春秋》云：‘宋有桐门，鲁有石门。’即此也。”程氏按曰：“《春秋·隐公三年》‘齐侯、郑伯盟于石门’，杜注：‘石门，齐地。’非此之石门也。《水经·洙水注》云：‘北流迳孔里，又西南枝津水出焉。又西南迳瑕丘城东而南入石门。门右结石为水，门跨于水上。’此石门近之。……《高士传》：‘石门守者，鲁人也。避世不仕，自隐姓名，仕鲁守石门，主晨夜开闭。子路从孔子石门宿，因问云云。’据此，是汉魏以来均以石门为城门，无作地名解者，《集注》失之。”

金池以为“石门”是指石门山，非也。石门山在鲁城北四十里处，那里只是一座山，史上并无城邑，更谈不上有“值早班看守城门的人”。

14.39　子击磬于卫，有荷蒉而过孔氏之门者，曰：“有心哉，击磬乎！”既而曰：“鄙哉，硁硁乎！莫己知也，斯己而已矣。深则厉，浅则揭。”子曰：“果哉，末之难矣！”

【“鄙哉，硁硁乎”误解】

宋邢昺《论语注疏》解曰：“硁硁，鄙贱貌。”

清戴望《戴氏论语注》解曰：“鄙，远也。硁，古之磬字，石声。磬，以其声明其器。重言之则为磬磬矣。磬磬，言坚致也。”

萧民元《论语辨惑》解曰：“有把‘鄙’解成‘磬音鄙狭’。这是不懂‘音’也是不懂‘情’的话。这个‘鄙哉’是那荷蒉者看到孔子如此这般的情形而说的叹息语，那意思就是：‘你真差劲呀！怎么这样想不开呀！’有点可怜痛惜孔子的味道在内。”

李运益《论语词典》解曰：“鄙，粗野。”

林觥顺《论语我读》解曰：“鄙哉，犹荒唐呀！”

【“鄙哉，硁硁乎”勘正】

鄙，是说磬声鄙狭，不舒缓悠扬，喻孔子心思否塞不通。硁，击石声。硁硁，是形容击磬的声音，像砸石头一样坚确，所表达的意思是人坚确固执。《子路》篇“言必信，行必果，硁硁然小人哉！”也是以“硁硁”

形容固执而不知变通者。

宋朱熹《论语集注》曰："硁硁，石声，亦专确之意。"清刘宝楠《论语正义》曰："'鄙哉硁硁'者，谓音也。《释名·释州国》：'鄙，否也。小邑不能远通也。'赵岐《孟子·尽心》注：'鄙，狭也。'《乐记》云：'其哀心感者，其声噍以杀。'《注》云：'噍，踧也。'踧犹踧踖，不安舒之貌。杀，减也。凡感于哀心，其声衰减，抑而不扬，故荷蒉以为鄙也。"李炳南《论语讲要》曰："硁硁是磬的声音，荷蒉者从这声音里想像击磬者是个坚强固执的人，所以说'鄙哉，硁硁乎'。"

孔子在卫时间较久，但一直不得任用，而且还曾遭监视，想离开卫国，又在匡地被围，险些丧命，不得已又回到卫国，寄居蘧伯玉家。曾拜见卫灵公夫人南子，受到学生子路的强烈反对。曾不情愿地陪同灵公和南子招摇过市，对灵公的好色，心生厌恶。这样的境遇，使得孔子思想情绪复杂，难免会以乐器抒发，被荷蒉者听出，说他有心事，磬声鄙狭，硁硁的磬声透着坚定和固执。

【"深则厉，浅则揭"误解】

日人昭井一宅《论语解》解曰："厉者大带也，盖谓解厉释衣而裸身以涉。"

杨润根《发现论语》解曰："厉：《说文》：'厉，旱石也。'这里'厉'作为动词，意为使用石块以使自己顺利过江，即用石块垫脚。"

乌恩溥《名家讲解论语》解曰："厉：把葫芦拴在腰间泅渡。"

【"深则厉，浅则揭"勘正】

连衣涉水谓厉，提起衣裳涉水谓揭。《辞源》释"厉"曰"涉水"。《汉语大字典》释"厉"曰："涉深水；也泛指涉水，渡水。后作'濿'，《广韵·祭韵》：'以衣渡水由膝已上为濿，亦作厉。'《诗·邶风·匏有苦叶》：'匏有苦叶，济有深涉，深则厉，浅则揭。'毛传：'以衣涉水为厉，谓由带以上也。'汉蔡邕《述行赋》：'乘舫舟而泝湍流兮，浮清波以横厉。'"汉包咸《论语包氏章句》曰："以衣涉水曰厉。揭，揭衣也。"宋朱熹《论语集注》曰："以衣涉水曰厉，摄衣涉水曰揭。"杨伯峻《论语译注》译曰："水深，索性连衣裳走过去；水浅，无妨撩起衣裳走过去。"

荷蒉者引《诗》之用意，包咸《论语包氏章句》以为"言随世以行己，若过水必以济，知其不可则当不为”；宋朱熹《论语集注》以为“讥孔子人不知己而不止，不能适浅深之宜”；清黄式三《论语后案》以为“涉深者衣必濡水，以喻事不可救；揭浅则水不濡衣，以喻世犹可救”；赵又春《我读论语》以为“荷蒉者自然是用它比喻说：社会太黑暗（水深），只好听之任之；不是很黑暗（水浅），就不必使自己受太多沾染”；杨朝明《论语诠解》认为“其本义说的是涉水时的情形，水深时索性穿着衣服走过去，水浅就提起衣襟直接走过去。比喻人应当随世之盛衰而行止”；黄怀信《论语新校释》以为“此章亦论孔子执著。硁硁乎磬声中透漏出坚定与执著，故荷蒉者如此言。深则厉浅则揭，意当识时务，随机应变。”（黄怀信的译文为：“水深就连衣趟，水浅就撩衣过。”）诸说均有道理。若就孔子“果哉，末之难矣!”（真果决，我无法反驳责难他了!）这话来看，当以黄怀信、杨朝明所解为胜（凸显了“果决”之语义气势）。

上列日本学者昭井一宅所言“解厉释衣而裸身以涉”，显得有些不合礼仪文明；杨润根所言“用石块垫脚”过江，这是根本不可能的（小水汪、小河沟则可）；乌恩溥所言“把葫芦拴在腰间泅渡”，此法渡水虽可，但不一定符合荷蒉者所说的“厉”义。

14.40　子张曰：“《书》云：‘高宗谅阴，三年不言。’何谓也?”子曰：“何必高宗，古之人皆然。君薨，百官总己，以听于冢宰三年。”

【“高宗谅阴，三年不言”误解】

何新《论语新解——思与行》解曰：“谅阴，瘖哑。谅，古音从京，读为靖，静也。阴，瘖也，哑也。”

杨润根《发现论语》解曰：“谅阴：向死者亡灵（‘阴’）所说出的誓言（‘谅’）。”

【“高宗谅阴，三年不言”勘正】

阴，音 ān。“谅阴”也作“谅闇”、“凉阴”、“亮阴”、“亮闇”、“谅暗”、“梁闇”等。汉郑玄《论语郑氏注》曰：“谅闇谓凶庐也。”宋朱熹《论语集注》曰：“谅阴，天子居丧之名，未详其义。”

关于“谅阴”等词的含义，注家说法各异：汉孔安国《论语孔氏训解》曰：“谅，信也。阴，犹默也。”唐陆德明《经典释文》曰：“谅，音亮，信也。阴，如字，默也。”唐李善《文选·闲居赋》注曰：“谅暗，今谓凶庐里寒凉幽闇之处，故曰谅暗。”宋金履祥《论语集注考证》曰：“按《礼》当作‘梁闇’，天子居丧之次也。大夫、士居倚庐谓于中门之外，东墙下依木为庐，诸侯加围障，天子则又加梁楣故名‘梁闇’。”康有为《论语注》曰：“伏生《大传·说名篇三》引皆作‘梁闇’。伏生传今文，故从之。……亮、凉、谅，皆‘梁’音，通。阴与闇通，即今‘庵’也。……《书·无逸篇》：‘梁闇，天子居丧之庐名。有梁，而以草披之者。’”钱宗武《今文〈尚书〉词汇研究》曰：“汉代伏胜《尚书大传》和裴骃《史记集解》引郑玄皆以为‘亮阴’即‘梁闇’之借。先师周秉钧先生著《〈无逸〉‘亮阴’解》一文，认为‘亮’有‘明晓’的意思，‘阴’可以引申为‘幽隐’。《大戴礼记·文王官人》‘考其阴阳’注‘阴阳，犹隐显也’，可证‘阴’有‘幽隐’义。‘亮阴’即‘了解幽隐’。联系上文当为了解小人的隐情，‘小人’二词承上文‘爰暨小人’省略。……这几句的大意为：等到高宗即位，就又了解民隐，多年不言，以考虑治民的方法，正因为他不轻易说话，一旦说出来，就得到万民的欢心，高宗三年无言，原为了解民情，考虑治道。”

《辞源》：“谅闇，也作‘谅阴’、‘梁闇’、‘凉阴’。有二说：一说为天子、诸侯居丧之称；一说为居丧之所，即凶庐。”释“亮阴”曰：“帝王居丧。《书·无逸》：‘其在高宗，……作其即位，乃或亮阴，三年不言。’汉郑玄《注》亮阴为‘凶庐’；孔《传》谓亮阴为居丧守默。见《书·说命》‘亮阴三祀’注疏。也作‘亮闇’。”又释“凉阴”曰：“古代国君居丧之称。《汉书·五行志》中之下：‘刘向以为殷道既衰，高宗承敝而起，尽凉阴之哀，天下应之。’注：‘凉’，信也。阴，默也。言居丧信默，三年不言也。凉读曰谅。一说，凉阴为居丧之庐也。为三年处于庐中不言。”又释“梁闇”曰：“指皇帝居丧。也作‘谅阴’、‘亮阴’、‘凉阴’、‘谅闇’。《尚书大传·毋逸》：书曰：‘高宗梁闇，三年不言。’何谓梁闇也？传曰：‘高宗居倚庐，三年不言。’今《书·说命上》、《无逸》皆作‘亮阴’。”

《汉语大词典》：“谅闇，也作‘谅阴’。居丧时所住的房子。……《文选·潘岳〈闲居赋〉》：‘今天子谅闇之际，领太傅主簿。’李善注：‘谅闇，今谓凶庐里寒凉幽暗之处，故曰谅闇。’亦借指居丧。多用于皇帝。”释“凉阴”曰：“亦作‘凉闇’。古代国君居丧之称。一说为居丧之所，即丧庐。”释“梁闇”曰：“谓天子居庐守丧。梁，通‘谅’。”又释“亮阴”曰：“帝王居丧。《书·说命上》：‘王宅忧，亮阴三祀。’”

两部辞书所解基本相同，释义皆存二说：一说指帝王国君居丧；一说指居丧之所，即凶庐。当代注家所解也大都与之近似。杨伯峻《论语译注》译作“殷高宗守孝，住在凶庐”，杨朝明《论语诠解》解作“高宗守丧”，孙钦善《论语本解》译作“殷高宗住在凶庐”，李泽厚《论语今读》译作“殷高宗守丧”，这些解释是可从的。

就读音而言，陆德明《经典释文》认为“阴”读如字，即读 yīn。而多数人都认为读 ān。

就字形而言，“谅阴”、“亮阴”、“凉阴”、“谅闇”等字形不一，盖因口耳相传时据音传写各异所致。哪种写法是正字？清刘宝楠《论语正义》曾谈及，录之供参：

> 《书·无逸》云：“其在高宗时，旧劳于外，爰暨小人。作其即位，乃或亮阴，三年不言，言乃雍。”此本《说命篇》言高宗之事。郑《注》此云：“谅闇，谓凶庐也。”其《无逸》注云：“谅闇转梁闇。楣谓之梁，闇谓庐也。”又云：“三年之礼，居倚庐，柱楣。”注《丧服四制》云：“谅古作梁，楣谓之梁，闇读如‘鹑鹌’之鹌。闇谓庐也。庐有梁者，所谓柱楣也。”如郑此说，是伏《传》作“梁”用正字，作“亮”、作“谅”皆假借。又《汉书·五行志》、何休《公羊注》作“凉”，亦假借也。“闇”从音，与“阴”声最近。惠氏士奇《礼说》：“葛洪曰：‘横一木长梁于东墉下著地，以草被之。既葬则剪去草，以短柱拄起长梁，谓之柱楣，楣也名梁。既葬泥之，障以蔽风。’愚谓古之闇，今之庵也。……庵读为阴，犹南读为任，古今异音。《广雅》‘庵’与‘庐’，皆舍也。倚庐不涂，既葬涂庐。涂近乎垩。《释名》曰：‘垩，亚也，次也。先泥之，次乃饰以白灰。’……”梁闇以丧庐称之，《文选·闲居赋》注以为“寒凉幽闇之处”，此望文为义，非古训也。

当代从“梁闇”说者有多家，如钱穆《论语新解》解曰：“谅阴字又作梁闇，天子居丧之庐。一梁支脊而无楹柱，茅垂于地，从旁出入，曰梁闇。”孙钦善《论语本解》解曰：“谅阴：《尚书》作‘梁闇’，屋檐着地而无楹柱的房子，类似现在的窝棚，又称凶庐，守丧所居。”黄怀信《论语新校释》解作："'谅阴'，当如《尚书大传》作'梁闇'，借字，本指低矮之舍，即所谓墓庐。"李炳南《论语讲要》解作："谅阴，诸注采郑康成说，指天子居丧所住的凶庐，本字是梁庵，其作谅阴，或作亮阴等，都是假借字，谅阴即读梁庵音。"

14.43 原壤夷俟。子曰："幼而不孙弟，长而无述焉，老而不死，是为贼。"以杖叩其胫。

【"夷俟"误解】

林觥顺《论语我读》解曰："夷是指蛮夷化外之人不知礼仪，俟者大也，是自高自私自大，也是俟的本义。引申而作竣恃、侍俟。"

杨润根《发现论语》解曰："夷俟：在平原上无所事事地游荡。"

【"夷俟"勘正】

夷，蹲踞。俟，等待。《汉语大字典》："夷，蹲踞；傲慢。《广雅·释诂三》：'夷，踞也。'《论语·宪问》：'原壤夷俟。'何晏集解引马融注：'夷，踞；俟，待也。踞待孔子也。'《荀子·修身》：'容貌态度，进退趋行，由礼则雅，不由礼则夷固僻违，庸众而野。'杨倞注：'夷，倨也。'《后汉书·郭泰传》：'（茅容）耕于野，时与等辈避雨树下，众皆夷踞相对，容独危坐愈恭。'"

宋邢昺《论语注疏》曰："夷，踞也。俟，待也。原壤闻孔子来，乃申两足，箕踞以待孔子也。……《说文》云：'踞，蹲也。'蹲即坐也。礼，揖人必违其位。今原壤坐待孔子，故孔子责之也。"宋朱熹《论语集注》曰："夷，蹲踞也。俟，待也。言见孔子来而蹲踞以待之也。"程树德《论语集释》曰："《史记·南越赵佗传》：'椎髻箕踞，以待陆贾。'盖古人凡坐以尻就踝，今夷俗以尻及地，张两膝为箕形，夷俟即箕踞也。马《注》：'夷，踞也。俟，待也。踞待孔子。'《集注》即用其说，其义易明，纷纷异说，殊可不必。"金池《〈论语〉新译》注曰："两腿叉开而坐叫'夷'。"译曰："原壤叉开两腿坐着等待孔子。"

【"长而无述"误解】

钱逊《论语浅解》译曰："年幼的时候不知道逊悌，年长了又没有什么可说的成就。”

李泽厚《论语今读》译曰：“长大了无作为。”

孙钦善《论语本解》解曰：“述：即‘述而不作’之述，指传述学问。”

杨润根《发现论语》解曰：“无述：没有任何值得他人一谈的一技之长，没有任何值得他人一谈的特长。”

【“长而无述”勘正】

无述，即没有好德行可让人称述。宋朱熹《论语集注》注曰：“述，犹称也。”清刘宝楠《论语正义》解曰：“‘无述’者，言无德为人所称述也。”李运益《论语词典》释曰“述：称述。”称述：称扬述说。

原壤“幼而不孙弟”，今又“夷俟”（很不礼貌地叉开两腿坐等孔子，像个泼皮无赖），因此孔子骂他：小时候不知敬长，年长了还没个正经，你这个老不死的，简直是个祸害！

此章应着眼于德行方面来论，“不孙弟”、“夷俟”都是德行表现，与“述而不作”、“传述学问”关系不大。倘若孔子责其年长没做出学问，那么前面则应责其“幼而不学”，如此方能相谐。

卫灵公第十五

15.2　明日遂行。在陈绝粮，从者病，莫能兴。子路愠见曰："君子亦有穷乎？"子曰："君子固穷，小人穷斯滥矣。"

【"从者病，莫能兴"误解】

闫合作《论语说》译曰："在陈绝粮，跟从的人都责怨，没人说出来。"

杨润根《发现论语》译曰："孔子的追随者们因此陷入了自己即将要受到的可怕饥饿的忧心忡忡的忧虑之中，并因此而再也高兴不起来了。"

【"从者病，莫能兴"勘正】

病，是指因断粮而饿病。兴，起。莫能兴，指病得爬不起来。李零《丧家狗——我读〈论语〉》曰："《荀子·宥坐》也提到此事，说'七日不火食，藜藿不糂，弟子皆有饥色。'即七天没起火做饭，光吃野菜，米粒未进，饿得够呛。"

【"君子固穷，小人穷斯滥"误解】

汉郑玄《论语郑氏注》解曰："滥，窃也。"

魏何晏《论语集解》解曰："君子固亦有穷时，但不如小人穷滥溢为非也。"

清俞樾《群经平议》解曰："《礼记·哀公问篇》'固民是尽'，郑注曰：固犹故也。是固、故声近义通。'君子固穷'犹'君子故穷'，言惟为君子故穷困也，明君子不妄干求，宜至穷困，正与'亦穷乎'问意相对。《文选·刘越石〈扶风歌〉》'夫子故有穷'即本诸此。"

钱逊《论语浅解》译曰："君子固然也有穷困的时候，但小人一穷困就胡作非为了。”

杨伯峻《论语译注》译曰：“君子虽然穷，还是坚持着；小人一穷便无所不为了。”

闫合作《论语说》解曰：“‘君子固穷’——行正道本来就艰难。”译曰：“子路也不高兴，去见孔子问：‘君子也会途穷吗？’孔子说：‘行正道，本就是艰难的事。做坏事若艰难，就没人做坏事，到处都是君子了。’”

【“君子固穷，小人穷斯滥”勘正】

固穷，固守贫穷。滥，本义为水满溢、泛滥，引申为行为越轨。在穷困的境遇下，君子能固守得住，能挺得住，坚持得住，不失节；小人则非，耐不得穷困，会滥漫无节，胡作非为，以不正当手段改变穷困。

宋程颐曰：“君子固穷者，固守其穷也。”（引自《二程外书》）宋邢昺《论语注疏》解《里仁》篇“士志于道，而耻恶衣恶食者，未足与议也”曰：“此章言人当乐道固穷也。”

《辞源》：“固穷，甘处贫困，不失气节。《论语·卫灵公》：‘君子固穷。’晋陶潜《陶渊明集》三《饮酒》诗十六：‘竟抱固穷节，饥寒饱所更。’”《汉语大词典》：“固穷，信守道义，安于贫贱穷困。”

可见，“固”解作“固守”、“坚守”切合经义，因此，《论语》注家们解作“坚持得住贫困”、“耐得住贫困”、“甘处贫困”、“安于穷困”，都是可以的。被孔子大加赞美的“一箪食，一瓢饮，在陋巷，人不堪其忧，回也不改其乐”的颜渊，正是“君子固穷”的典范。

这并不是说君子喜欢贫穷——连孔子本人也总想着摆脱贫穷，曾说“富而可求也，虽执鞭之士吾亦为之”——而是说在无法摆脱贫穷的境况下，君子一般都能坚守得住、耐得住贫穷，不像小人，一遇贫穷，就滥漫无节，胡作非为。

15.3 子曰：“赐也，女以予为多学而识之者与？”对曰：“然，非与？”曰：“非也，予一以贯之。”

【“一以贯之”误解】

南怀瑾《论语别裁》解曰：“孔子则说，我的学问是得到一个东西，懂了以后，一通百通。孔子这个话是事实，这个东西，这个‘一’是很难解释的，不容易讲出来。过去我们已经讨论了很多，宋儒解释为‘静’，要在静中养其端倪。所以后来打坐，儒家、道家、佛家都是这样，静坐中间慢慢涵养，而以明心见性为宗旨标的。……儒、释、道三家都是从所谓打坐着手，在静中慢慢体认，回转来找自己本性的那个东西，就叫作‘一’。老子也叫它作‘一’。……孔子这里就是说，不要以为我的学问是‘益’，一点点累积起来的知识，而是找到了这个‘一’，豁然贯通，什么都懂了。”

杨伯峻《论语译注》解曰：“一以贯之——这和《里仁篇》的‘夫子之道，忠恕而已矣’的‘一贯’相同。从这里可以看出，子贡他们所重视的，是孔子的博学多才，因之认为他是‘多学而识之’；而孔子自己所重视的，则在于他的以忠恕之道贯穿于其整个学行之中。”

【“一以贯之”勘正】

此章“一以贯之”，是言博学多识之法。“一以贯之”的“一”，是指学习过程中始终遵循的、行之有效的方法，也就是孔子自己总结的学习规律。这种方法或规律是什么，孔子没明确说出。杨伯峻认为与《里仁》篇的“一以贯之”相同，即忠恕之道，我们不赞同。忠恕之道是就为人处世而言，而本章的“一以贯之”是谈学习，忠恕之道难以成就人的博学多识。南怀瑾视同类似道家所讲的本原的“一”，误入玄学歧途，不从。

那么本章“一以贯之”的“一”，到底指的是什么？

梁皇侃《论语义疏》曰：“贯，犹穿也。既答云非也，故此更答所以不多学而识之由也。言我所以多识者，我以一善之理贯穿万事，而万事自然可识，故得知之，故云予一以贯之也。”清孔广森《经学卮言》曰：“此章与告曾子‘吾道一以贯之’语大殊。彼以道之成体言，此以学之用功言也。圣人固自多学但不取强记耳。子之问子贡，非以多学为非，以其多学而识为非也。子贡正专事于识者，故始而然之，但见夫子发问之意似为不然，故有‘非与’之请。此亦质疑常理，必以为积久功深，言下顿悟便涉禅解。予一以贯之，言予之多学，乃执一理以贯通所闻，推此而求彼，得新而证故，必如是然后学可多也。若一一识之则其识既难，其忘亦易，非所以为多学之道矣。譬之学字者，以其偏旁贯之，斯万千之名可以形声尽也；譬之学数者，以其比例贯之，斯大小之形可以乘除尽也。是故一贯者为从事于多学之方。”辜鸿铭《辜鸿铭讲论语》讲曰：“我只是通过一种贯通的原则，把所有知识联系起来。”杨朝明《论语诠解》诠释曰：“孔子告诉子贡自己博学的原因，即学习过程中善于用一个根本理念贯穿始终。”解读曰：“孔子说：‘我只是擅长用一个根本原理去推导万物的原理，即把握事物的内在规律。’”

对于“一以贯之”，历来理解不一，歧解纷纷，通过刘宝楠《论语正义》、程树德《论语集释》便可了解其争议概况。比较来看，皇侃、孔广森、杨朝明等人的解释为优。

15.5 子曰：“无为而治者，其舜也与？夫何为哉？恭己正南面而已矣。”

【“无为而治”误解】

方骥龄《论语新诠》解曰：“按‘为’通‘伪’，疑本章‘无为而治’之‘为’即‘伪’字。谓舜能以诚待人，于是而尧以天下禅，以二女妻之，五臣亦均能尽力辅之；虽象之日欲杀舜，舜终放之，舜除共工、驩兜、三苗与鲧，正舜之大有为。只以舜能以诚待人，乐取于人以为善，故天下大治耳。”

林觥顺《论语我读》解曰：“老子主张无为，及孔子说舜无为，都是大有作为的意思。……所以无为，并非何必有为或不必有为，而是正好相反的丰庶有为，故笔者释‘大有作为’。”

【“无为而治”勘正】

儒家所说的“无为”与道家不同，道家指顺应自然，清静无为；而儒家主张以德化民，统治者不用事事亲为（前提是会用人），也不用施行刑治，天下便可得以大治。下句“恭己正南面而已矣”，便是“无为而治”的注脚。恭己，恭谨律己，做好德行表率，即可南面而尊，治理天下。

杨朝明《论语诠解》曰：“‘无为而治’一般认为是道家的治国方略。其实，儒家也提倡‘无为而治’。不过与道家所提倡的清静无为而治不同，儒家所说的是指国君有德行，能够举贤任能，则自己不必亲政而政治清明，社会安定，也就是何晏《论语集解》所说：‘言任官而得人，故无为而治。’不过两者虽曰无为，其实都是有为，目的都是为了‘治’。《孔子家语·王言解》篇记载：'孔子曰："昔者帝舜左禹而右皋陶，不下席而天下治。"'说的就是这个道理。"

15.6　子张问行。子曰："言忠信，行笃敬，虽蛮貊之邦，行矣。言不忠信，行不笃敬，虽州里，行乎哉？立则见其参于前也，在舆则见其倚于衡也，夫然后行。"子张书诸绅。

【"行"误解】

方骥龄《论语新诠》解曰："本章子张所问之行，即行人之官之行，但不曰行人而曰行，行人为官职，行则私家之干求，故《为政篇》有'子张学干禄'章。干禄与行，犹苏秦张仪之流，利其三寸不烂之舌以说服时君为事，故孔子一再以言语忠信行为笃敬是训，务求其寡尤寡悔，始可以言行。"

李零《丧家狗——我读〈论语〉》解曰："'行'，指出行，出远门。古代日书，问行是专门一类。"

【"行"勘正】

行，是"行得通"的意思。若按"行得通"来译这段话，十分贴切：子张问怎样才能处处行得通。孔子答曰：说话忠诚信实，行为笃实敬慎，即使到了边远部族国家，也行得通。如果是说话不忠诚信实，行为不笃实敬慎，虽是在本乡本土，能行得通吗？站立的时候，就仿佛看见"忠信笃敬"几字显现在面前；在车上就好像看见这几字靠在辕前横木上，能够做到时时不忘"忠信笃敬"，这样才能使自己到处都行得通。

【"参"误解】

梁皇侃《论语义疏》解曰："参，犹森也。言若敬德之道行，己立在世间，则自想见忠信笃敬之事森森满亘于己前也。"

唐韩愈、李翱《论语笔解》解曰："参，古骖字；衡，横木式也。子张问行，故仲尼喻以车乘，立者如御骖在目前，言人自忠信笃敬，坐立不忘于乘车之间。"

林觥顺《论语我读》解曰："参：在本文是作星宿名，参星是白虎三星，直如戥，则吉。"

【“参”勘正】

参，皇侃读森森之 sēn，韩愈读骖马之 cān，林觥顺读参宿之 shēn，皆非。

参，应读 cān。在《论语》此章中表示的是“参列”、“排列”、“并立”的意思。《辞源》为“参”注音作“cān”。“参”下有“参列”一词，释曰：“排列。《战国策·魏一》：‘卒戍四方，守亭障者参列。’”《汉语大词典》释曰：“参 cān，《广韵》仓含切，平声，清。罗列；并立。《书·西伯戡黎》：‘乃罪多参在上，乃能责命于天。’孔传：‘言汝罪恶众多，参列于上天。’《论语·卫灵公》：‘立则见其参于前也，在舆则见其倚于衡也，夫然后行。’”

清王念孙训“参”为“直”，义与“列”、“立”相近，值得参考。清王引之《经义述闻》：“家大人曰：‘参字可训为直，故《墨子·经篇》曰：“参，直也。”《论语·卫灵公篇》“立则见其参于前也”，谓相直于前也。《吕氏春秋·有始篇》“夏至，日行近道，乃参于上”，谓直人上也。’”李零《丧家狗——我读〈论语〉》曰：“‘参’应读参照之参，王引之说是‘相直于前’的意思，即好像有字书在前，正对着自己的脸。”

皇侃释“参”为“森”，清刘宝楠《论语正义》驳曰：“‘参’不训‘森’，皇疏所云，未必即得注意。”清简朝亮《论语集注补正述疏》亦曰：“《曲礼》云：‘离坐离立（两人并坐或并立），毋往参焉。’盖参者，相参列也。……盖读参为森，于文未洽也。”

15.7 子曰：“直哉，史鱼！邦有道，如矢。邦无道，如矢。君子哉，蘧伯玉！邦有道，则仕。邦无道，则可卷而怀之。”

【“卷而怀之”误解】

汉包咸解曰：“卷而怀，谓不与时政，柔顺不忤于人也。”（引自钱地《论语汉宋集解》）

闫合作《论语说》解曰：“‘卷而怀之’，《说文解字》：‘卷，膝曲也。’‘怀之’是不表现出来做官的意图。”译曰：“邦有道就做官，邦无道则委曲求全而不仕。”

【“卷而怀之”勘正】

卷而怀之，即收而藏之。《辞源》释“卷怀”曰：“收藏。《论语·卫灵公》：‘邦有道则仕，邦无道则可卷而怀之。’清刘宝楠《正义》：‘卷，收也，怀与褢同，藏也。……卷而藏之，盖以物喻。’《文选》南朝梁沈休文（约）《齐故安陆昭王碑文》：‘考景皇帝（萧道生），含道居贞，卷怀前代。’含藏身退隐的意思。”《汉语大字典》释“卷”曰：“收；藏。《玉篇·卩部》：‘卷，收也。’《仪礼·公食大夫礼》：‘有司卷三牲之俎，归于宾馆。’郑玄注：‘卷，犹收也。’唐李峤《和杜学士江南初霁羁怀》：‘雾卷晴山出，风恬晚浪收。’”

宋朱熹《论语集注》曰：“卷，收也。怀，藏也。”杨伯峻《论语译注》曰：“政治清明就出来做官，政治黑暗就可以把自己的本领收藏起来。”

此章，可与《公冶长》篇第 2 章“邦无道，免于刑戮”、第 21 章“邦无道则愚”，《泰伯》篇第 13 章“天下有道则见，无道则隐”联系起来理解。

误解栏内所列的二家，其解虽义近，但欠准确贴切。针对包咸“柔顺”说，钱地案曰：“大凡盛世多正直之人，衰世多柔佞之人。包注：卷而怀之，谓不与时政，柔顺不忤于人，窃意卷而怀之，应恭敬，不忤于人，非柔顺之旨，盖柔顺之人，无卷而怀之之德。”而闫合作的“膝曲”、“委曲求全”说，显然不切合孔子“卷而怀之”之意。

15.10　子贡问为仁。子曰：“工欲善其事，必先利其器。居是邦也，事其大夫之贤者，友其士之仁者。”

【“工欲善其事，必先利其器”误解】

方骥龄《论语新诠》解曰：“《说文通训定声》：‘利，叚借为赖，’‘兵革坚利之利，是本字，古读如离。上思利民之利，是借字，当读为赖。’器，殆祭器也，尊彝之属。‘必先利其器’殆谓祭祀必先赖有祭器是也。孔子用此二句以勉子贡，居是邦而欲为仕，如祭祀之必先赖有祭器，谓自身当先具有可用之才耳。”

【“工欲善其事，必先利其器”勘正】

工匠想做好工作，一定要先磨快工具。经义明白，不烦曲解。

15.11　颜渊问为邦。子曰：“行夏之时，乘殷之辂，服周之冕，乐则韶舞。放郑声，远佞人。郑声淫，佞人殆。”

【“辂”误解】

清江声《论语竢质》解曰：“《说文解字》云：‘辂，车軨前横木也。’则非车矣，安可乘乎？后人不识字，因之改《论语》之路为辂，误矣。陆德明云：‘辂，本亦作路。’不辨其是非，亦不识字也。”

乔一凡《论语通义》解曰：“殷之路，即仁之路，革命之路，大道乃行之路，选贤举能之路也。路今本改作辂，谓辂于殷为木制之大车。……为邦之大道，孔子岂喜殷人木制之车哉？抑以尊君抑民之权力作怪，迂儒以时代关系，不得不舛托曲解之欤？”

杨润根《发现论语》解曰：“辂：这个字由‘车’和‘路’（省）构成，意为适宜于各种车辆平稳快速地行驶的大路。”

【“辂”勘正】

辂，多指帝王乘的大车。也作“路”。《广雅》：“辂，车也。”《玉篇》：“辂，大车。”《集韵》：“辂，王车。”《释名》：“天子所乘曰路，路亦车也，谓之路者，言行于道路也。”《仪礼·觐礼》：“路先设西上，路下四亚之。”汉郑玄《论语郑氏注》：“路谓车也，凡君所乘之车曰路。”据各家所释，“辂”通“路”，为“车”，当无疑议。

清刘宝楠《论语正义》曰：“《释文》：‘辂，本亦作路。’《说文》：‘辂，车軨前横木也。’段《注》引应劭说‘谓以木当胸以輓车’者即此。又谓车名，本字自作路。案：《释名·释车》：‘天子所乘曰路。路亦车也。谓之路者，言行于道路也。’是‘路’为车名。《尔雅·释诂》、《舍人注》：‘路，车之大也。’此引申之义。”

汉马融《论语马氏训说》曰：“殷车曰大辂。《左传》曰：‘大辂越席，昭其俭也。’”梁皇侃《论语义疏》解曰：“云‘乘殷之辂’者，亦鲁礼也。殷辂，木辂也。……而木辂最质素无饰，用以郊天。鲁以周公之故，虽得郊天，而不得事事同王，故用木辂以郊也。故《郊特牲》说鲁郊云：‘乘素车，贵其质也。旂十二旒，旒龙章而设日月，以象天地也。’郑玄注云：‘设日月画于旂上也。素车，殷辂也。鲁公之郊用殷礼也。’按：如《记注》，则鲁郊用殷之木辂也。”

【“韶舞”误解】

明陈士元《论语类考》解曰：“元按《乐记》云‘韶，继也’，言舜之道德继绍于尧也。……舞者，容也，音在其中矣。”

何新《论语新解——思与行》标点为：“乐则《韶》、舞。”译为：“音乐用《韶》伴舞。”

【“韶舞”勘正】

“韶舞”，现存争议有二。一是认为“韶舞”是指一种乐舞的名字，如《十三经注疏》北京大学标点本将“韶舞”加书名号为《韶舞》。王缁尘《四书读本》曰：“韶是虞舜的乐名；韶乐兼舞，故曰‘韶舞’。”钱逊《论语浅解》曰：“韶舞：韶乐，是舜时的舞乐。”孙钦善《论语本解》亦加书名号为《韶舞》。而牛泽群《论语札记》、富金壁《论语新编译注》加书名号为《韶》舞。杨朝明《论语诠解》亦加书名号为《韶》舞，解释为：“韶，是舜时的音乐，孔子认为是尽善尽美的。古代有乐必有舞，故称。”理解上稍有差异。

一是认为“韶舞”是《韶》、《武》之误。清刘宝楠《论语正义》曰：“俞氏樾《群经平议》：‘舞当读为武。……夏时、殷辂、周冕，皆以时代先后为次。若韶、舞专指舜乐，则当首及之。惟《韶》、《武》非一代之乐，故列于后。且时言夏，辂言殷，冕言周，而《韶》、《舞》不言虞，则非止舜乐明矣。’案：俞说是也。《孔子世家》言‘孔子弦歌《诗》，以求合《韶》、《武》、《雅》、《颂》之音。’《韶》、《武》并言，皆孔子所取也。《武》为周一代之乐，合文、武、周公所作乐名之。”俞樾、刘宝楠的见解，得到了当代一些学者的认可。断为《韶》、《舞》者，如杨伯峻《论语译注》注曰：“《韶》是舜时的音乐，‘舞’同‘武’，周武王时的音乐。”杨树增《论语》（评注）注曰：“《韶》：指韶乐，是舜时的舞乐。《舞》：舞同‘武’，是周武王时的音乐。”李零《丧家狗——我读〈论语〉》、骆明《骆承烈讲论语》同。黄怀信《论语新校释》将原文逕改作《韶》、《武》，并按曰："'武'旧作'舞'，以音误，从定州简本改。"

我们倾向后一种说法，因为《八佾》篇孔子曾评论过《韶》和《武》，他说："《韶》尽美矣，又尽善矣；《武》尽美矣，未尽善矣。"是其证。

15.13 子曰："已矣乎！吾未见好德如好色者也。"

【"好德如好色"误解】

方骥龄《论语新诠》解曰："古者诸侯之于天下，三年一贡士。一适（读如的）谓之好德，再适谓之贤贤，三适谓之有功。一不適谓之过，再不適谓之傲，三不適谓之诬。適，得也。得贤能之士以荐之于君也。（见《礼记·射义疏》，又见《汉书·武帝纪》服虔注）疑本章及《子罕篇》所谓好德，似非爱好美德之谓；乃孔子有鉴于当时之国君及臣下，皆不知尚贤使能，故慨然言之如此。"

【"好德如好色"勘正】

孔子是说："罢了！我没见过喜好道德像喜好美色一样的人。"这是多数人的理解。宋邢昺《论语注疏》曰："此章疾时人好色而不好德也。"宋张栻《南轩论语解》曰："世之诚于好德者鲜。夫子所以叹道之难行也。"杨伯峻《论语译注》译曰："完了吧！我从没见过像喜欢美貌一般地喜欢美德的人哩。"注曰："好色——据《史记·孔子世家》，孔子'居卫月余，灵公与夫人（南子）同车，宦者雍渠参乘出，使孔子为次乘，招摇市过之。'孔子因发这一感叹。"杨树增《论语》（评注）曰："好：喜好。色：女色。"评曰："孔子被卫灵公的夫人南子召见一个多月后，卫灵公与南子及宦官雍渠同车，叫孔子乘后面的车同行，招摇过市。孔子感到羞辱，说了这句话：'罢了！我还没见过喜好仁德就像喜好女色那样的人。'此话是否太'过'了？千万别误解孔子的语意，孔子见过不少喜好仁德的人，他这话只针对卫灵公一类的国君。喜好美色是一个人与生俱来的天性，但好色须有礼的节制，限制在不淫的限度内，如'国风好色而不淫'（《史记·屈原贾生列传》）。无礼节制的好色，本身就违礼，何谈好德？越沉溺于好色，离德越远，又何能齐家治国平天下？"

好色，不只是卫君，鲁国当权者亦然，如《微子》篇所记："齐人馈女乐，季桓子受之，三日不朝。孔子行。"所谓"孔子行"，是指孔子一气之下离开了鲁国，开始了他长达十几年的周游列国。看来，孔子此语是有针对性的。

15.14 子曰："臧文仲其窃位者与！知柳下惠之贤而不与立也。"

【"窃位"误解】

安德义《论语解读》译曰："臧文仲大概是个贪恋官位的人吧！"

【"窃位"勘正】

《辞源》释曰："窃位：指居其位不勤其事。"汉孔安国《论语孔氏训解》曰："柳下惠，展禽也。知其贤而不举，为窃位也。"《史记·日者列传》曰："才不贤而讬官位，利上奉，妨贤者处，是窃位也。"宋邢昺《论语注疏》曰："此章勉人举贤也。窃，盗也。鲁大夫臧文仲知贤不举，偷安于位，故曰窃位。以其知柳下惠之贤，不称举与立于朝廷也。"钱穆《论语新解》解曰："居位而不称，如盗取而窃据之。"李零《丧家狗——我读〈论语〉》曰："臧文仲知柳下惠贤，却放着位子不给柳下惠，孔子骂他是'窃位者'。'窃位'即俗话说'占着茅坑不拉屎'。"

人们常以"窃位素餐"连说，喻人窃居职位，空食俸禄，而无所作为。就下句"知柳下惠之贤而不与立也"来看，"窃位"在此是专门针对臧文仲知贤不举、不让柳下惠与己并立于朝而发。因此，这里的"窃位"如果解作"贪恋官位"或"用不正当的手段占据官位"、"窃取他人官位"，就不够准确，而应解作"空占官位"，即白白占着官位，不让贤能之人就位，也就是《史记·日者列传》所说的"妨贤者处"，就等于窃位。

下句"立"字，清俞樾《群经平议》认为"当读为位"，非。"立"字在《论语》中共出现 24 次，皆是站立、立身等义，无作"位"义者。此"立"当与"己欲立而立人"同义，批评臧文仲在立人方面做得不够。

15.15 子曰："躬自厚，而薄责于人，则远怨矣。"

【"躬自厚"误解】

黄怀信《论语新校释》释曰："'躬自'，亲自、自己。'厚'，丰厚。

躬自厚，自己丰厚自己。旧释厚责己，非，亲自厚责不成辞。薄，少也。‘责’，求也。旧释责备，非。”译曰：“自己丰厚自己而少向别人索求，就远离怨恨了。”

杨润根《发现论语》解曰：“躬：肩负，承担，身体力行，行动。躬自厚：让自己肩负重责，而不是推卸自己的责任，换句话说，也就是反躬自问，多作自我批评。当然‘躬自厚’还具有珍重自己身体力行的一切行动，努力肩负起自己一切行为的全部道德责任的意思。”

【“躬自厚”勘正】

此章之义，汉孔安国所解最为明确：“自责己厚，责人薄，所以远怨咎也。”（引自魏何晏《论语集解》）“躬自”，即自己对自己；厚，即厚责。前句“厚”下无“责”，是蒙后省。此语释为多责己、少责人或重责己、轻责人皆可，含有严于律己、宽以待人的意思。可与本篇第 21 章“君子求诸己，小人求诸人”联系起来理解。

梁皇侃《论语义疏》解曰：“躬，身也。君子责己厚，小人责人厚。责人厚则为怨之府，责己厚人不见怨，故云远怨。”杨伯峻《论语译注》解曰：“躬自厚——本当作‘躬自厚责’，‘责’字探下文‘薄责’之‘责’而省略。说详拙著《文言语法》。‘躬自’是一双音节的副词，和《诗经·卫风·氓》的‘静言思之，躬自悼矣’的‘躬自’用法一样。”

15.17　子曰：“群居终日，言不及义，好行小慧，难矣哉！”

【“难矣哉”误解】

宋朱熹《论语集注》解曰：“‘难矣哉’者，言其无以入德，而将有患害也。”

李零《丧家狗——我读〈论语〉》解曰：“‘难矣哉’，是形容自己很难这样做。”

【“难矣哉”勘正】

一个“难”字难坏了历代注家，难以统一：汉郑玄《论语郑氏注》解作“难矣哉，言终无成功也”，梁皇侃《论语义疏》解作“以此处世亦难为成人也”，钱穆《论语新解》解作“难为人，亦难为群”，杨伯峻

《论语译注》、杨朝明《论语诠解》解作“真难教导”，黄怀信《论语新校释》解作“难以成器”，李炳南《论语讲要》解作“难有成就”，杨树增《论语》（评注）解作“难有作为”，闫合作《论语说》解作“难有长进”，李泽厚《论语今读》解作“这就难办了”，蒋沛昌《论语今释》解作“真难办呀！真难对付呀”，何新《论语新解——思与行》解作“这种人很麻烦”，等等，大同小异，都能说得过去。结合《阳货》篇中孔子所说“饱食终日，无所用心，难矣哉！不有博弈者乎？为之，犹贤（胜于）乎已”的“难矣哉”来品味，孔子对于“饱食终日，无所用心”和“群居终日，言不及义，好行小慧”的人感到没有办法，所以才发出“难矣哉”之叹。因此，解作“对这种人真是难办呀”或“这种人真让人犯难啊”较切合语义。尤其是《阳货》篇中，在对“饱食终日，无所用心”的人感到犯难的同时，还退一步讲，为这种人找点事做，说“不是有掷骰子下棋的游戏吗？学点那个，也比闲待着强些”，虽带有讥刺的味道，但也确实证明了孔子拿这种人没有办法，真是感到了无可奈何，才说出了这样的话。

15.19 子曰：“君子病无能焉，不病人之不己知也。”

【“病”误解】

杨伯峻《论语译注》译曰：“孔子说：‘君子只惭愧自己没有能力，不怨恨别人不知道自己。’”

闫合作《论语说》解曰：“此章‘病’为不满、责备。‘病无能焉’，指责难自己没有使人了解自己，不责难别人不知晓自己。”

【“病”勘正】

病，忧患、担心。《辞源》释“病”曰：“忧虑。《论语·卫灵公》：‘君子病无能焉，不病人之不己知也。’”宋邢昺《论语注疏》解曰：“病，犹患也。”孔子是说：“君子只担忧自己没有本事，不担忧别人不了解自己。”《宪问》篇中子曰：“不患人之不己知，患其不能也。”（即：不要担心别人不了解自己，要担心的是自己没有能力），与此章语意相同。

上下句中的“病”字同义，而杨伯峻释上句“病”为“惭愧”，释下句“病”为“怨恨”，既欠恰当，又不一致。

15.20　子曰："君子疾没世而名不称焉。"

【"疾没世而名不称"误解】

明王阳明《传习录》曰："称字当去声读，亦声闻过情，君子耻之之意。"

清俞樾《群经平议》解曰："此章言谥法也。《周书·谥法篇》曰：'大行受大名，细行受细名。行出于己，名生于人。'春秋时列国大夫多得美谥，细行而受大名，名不称矣，故孔子言此，明当依周公谥法，不得溢美也。"

辜鸿铭《辜鸿铭讲论语》讲曰："聪明而高尚的人如果没有作出什么惊天动地的业绩来，绝不会去自寻短见。"

李泽厚《论语今读》译曰："孔子说：'君子憎恶这个世界，名称不符合实际。'"

金池《〈论语〉新译》解曰："不称（chèn 衬）：不合适，不相称。"译曰："君子担心的是死了以后自己的名誉和贡献不相称。"

【"疾没世而名不称"勘正】

疾，同上章"病"字，有"患"、"担忧"义。《玉篇》："疾，患也。"《庄子·田子方》："草食之兽，不疾易薮；水生之虫，不疾易水。"称，称扬、称颂。《国语·周语中》："君子不自称也。"

称，王阳明、俞樾、李泽厚、金池读作"相称"之 chèn，非。称应读作 chēng，称扬、称颂。《辞源》释曰："称 chēng，处陵切，平，蒸韵。……颂扬。《国语·周中》：'君子不自称也，非以让也，恶其盖人也。'《礼·表记》：'故君子……称人之美，则爵之。'"《汉语大词典》释曰："称 chēng，《广韵》处陵切，平蒸，昌。……称道，称扬。《管子·大匡》：'凡于父兄无过，州里称之，吏进之，君用之。'《史记·曹相国世家论》：'百姓离秦之酷后，参与休息无为，故天下俱称其美矣。'"

"君子疾没世而名不称焉"是说：君子担心死后没有好名声被人称颂。孔子说这话的用意，是诫劝人们有生之年多修德，多行善，不留恶名。《文心雕龙·诸子》："君子之处世，疾名德之不章。"

宋邢昺《论语注疏》曰："此章劝人修德也。疾犹病也。言君子病其终世而善名不称也。"黄怀信《论语新校释》曰："称，被称颂。'称焉'，称于世也。或以名实不相称为说，非。”李炳南《论语讲要》曰：“疾字与病字相同，忧虑之意。没世，当没身讲。君子忧虑，终其身，没有名誉给人称扬。”

15.21 子曰：“君子求诸己，小人求诸人。”

【“求”误解】

李零《丧家狗——我读〈论语〉》解曰：“孔子认为，只有‘无欲’，才配称为‘刚’。‘无欲’的意思不是清心寡欲，而是无求于人。”

杨润根《发现论语》解曰：“君子从自己身上寻求成功的力量与失败的原因，小人则从他人身上寻求成功的力量与失败的原因。”

【“求”勘正】

求，在这里是“要求”、“责求”的意思。魏何晏《论语集解》曰：“君子责己，小人责人。”杨伯峻《论语译注》译曰：“君子要求自己，小人要求别人。”

君子责求自己，小人责求别人。可与本篇第15章“躬自厚，而薄责于人”（厚责己，薄责人）联系起来理解。通观本篇相近的几章，如第15章“躬自厚，而薄责于人”，第18章“君子义以为质”，第19章“君子病无能焉，不病人之不己知也”，第20章“君子疾没世而名不称焉”，都是在强调君子自身应如何做，又应如何对待别人。再看本章的“君子求诸己，小人求诸人”，像是对这几章画龙点睛似的总结语。

15.22 子曰：“君子矜而不争，群而不党。”

【“群而不党”误解】

杨润根《发现论语》解曰：“党：繁体字为‘黨’，由‘尚’和‘黑’构成（上下结构），意为盲目崇尚，盲目服从。”

林觥顺《论语我读》解曰：“党：从尚黑，也正是日月晦魅而无光。用做乡党字。”

【“群而不党”勘正】

党，阿附、偏私。《广雅》：“党，比也。”《尚书·洪范》：“无偏无党，王道荡荡。”孔颖达疏：“无偏私，无阿党。”蔡沈《书集传》：“党，不公也。"《汉书·朱建传》:"孝文时,淮南厉王杀辟阳侯,以党诸吕故。"

本章是说:君子矜庄持重而不与人争,合群团结而不结党营私。

15.24 子贡问曰:"有一言而可以终身行之者乎?"子曰:"其恕乎!己所不欲,勿施于人。"

【"恕"误解】

《辞源》释曰:"恕,宽容。《论语·卫灵公》:'其恕乎!己所不欲,勿施于人。'"

【"恕"勘正】

《辞源》释"恕"为"宽容",我们将其判作"误解",显然是有些太严苛。"恕"确实含有"宽容"的意思,如人们常说的"宽恕"。但是,释"恕"为"宽容",也显然减弱了"恕"的语义成色,不能充分准确地表达其含义。

《说文解字》:"恕,仁也。"《广韵》:"恕,仁恕。"《声类》:"仁心爱物曰恕也。"《中说·王道》:"恕哉凌敬",阮逸注:"以己心为人心曰恕。"《汉语大字典》:"恕:推己及人;仁爱。"

"仁"的基本含义是仁爱、仁善,即《颜渊》篇中樊迟问什么是"仁",孔子所答的"爱人"。而"恕"的基本含义是以己度人,将心比心,对别人要和对自己一个样,也含有爱人、好好对待别人的意思,因此,人们常把"仁恕"、"忠恕"连在一起说。王缁尘《四书读本》曰:"'仁',是人之德;'恕',是行仁之方。恕的消极方面,为'己所不欲,勿施于人';其积极方面,即是'己欲立而立人,己欲达而达人'也。"

明张居正《论语直解》曰:"所谓恕者,以己度人,而知人之心不异于我,即不以己所不欲者,加之于人。如不欲上之无礼于我,则亦不以此施之于下;不欲下之不忠于我,则亦不以此施之于上。斯则视人犹己,而以己及人,不论远近亲疏,只是这个道理。推将去,将随所处而皆宜矣。"

"恕"是为人处世之道,天下人可以终身遵循和践行,倘若仅仅把"恕"理解为"宽容",让天下人终身遵循和践行"宽容",恐怕不符合孔子的本意。《汉语大词典》释"恕"曰:"推己及人,仁爱待物。"释"恕心”曰：“仁爱之心。”释“恕道”曰：“宽仁之道。”均未忽略“恕”的“仁爱”含义，比较而言，《汉语大词典》对“恕”的解释优于《辞源》。

15.26　子曰：“吾犹及史之阙文也，有马者借人乘之，今亡矣夫！”

【“史之阙文”、“马借人乘之”误解】

汉包咸《论语包氏章句》解曰：“古之良史所书字有疑，则阙之，以待知者也。有马不能调良，则借人乘习之。孔子自谓及见其人如此，至今无有矣。言此者，以俗多穿凿也。”

清钱坫《论语后录》解曰：“季路曰：‘愿车马衣裘与朋友共’，此借人乘之之说也，包咸说恐未是。”

杨伯峻《论语译注》译曰：“我还能够看到史书存疑的地方。有马的人［自己不会训练］，先给别人使用，这种精神，今天也没有了罢！”

胡齐临《论语真义》解曰：“老师说：‘我这个人，就如同历史中散失的文献一样，我所学的东西，有很多是史书上缺少记载的。我愿将我所学的东西，贡献给后人参考，就像将自己家养的良马借给无马的人乘坐一样。如今像我这样的人，已经很少了，几乎没有了。’”

金池《〈论语〉新译》注曰：“有马借人乘之：打比方，意思是本来能造字，却不造，留给后人造，而自己却借字用。”

林觥顺《论语我读》解曰：“吾犹及史之阙文：……吾犹是孔子自称我在疑惑，及史之是有关史册所记载的阙，是门观，在宗庙宫殿的正门才有阙才有门观，所以阙，是概言宫庭。……阙作缺是引申之义。阙文，是说史册所载宫庭内幕的文辞。有马者借人乘之：包咸注‘有马不能调良，则借人乘习之，孔子自谓及见人如此。’这种释义更是荒腔走板。笔者今释：马，许慎云怒也武也。此马之本义。……马训武，释名曰：大司马，马，武也，总武事也。有马者，是说有总管武事的大司马。……乘的本义杀，是以军法覆人而杀之，……借人乘之，是假借军法入人以罪而杀之。”

【“史之阙文”、“马借人乘之”勘正】

此章难解。注家多认为孔子以“有马自己不能调良，而借人乘习之”为喻，喻书有阙文而己不能定且暂缺之，有待别人定之。这样理解于理尚通，但总觉曲而不直。包咸说“孔子自谓及见其人如此，至今无有矣”，其实，古今严谨的古文献整理者，遇有古书缺漏脱落文字，在无确凿文本证据可以补正时，大都采取阙文的方式，并以“□”标示。再说现实生活当中，自己驾驭不了的马，请别人帮助驯服，是常见的事，哪能说“至今无有矣”？钱坫引子路所说“愿车马衣裘与朋友共”，只能证“有马者借人乘之”，然与“史之阙文”毫无关系。胡齐临、林觥顺的解释，穿凿太甚，更不可取。

应该这样理解：孔子说：“我好像看到某部史书有缺漏的文字，以前看到的本子有‘有马者借人乘之’这句话，今天看到的本子没有了。”如此理解，文理皆通。孔子说这话的意思是，古代书文经后人辗转传抄，往往有缺漏，提醒人们阅读古书时，留意这种情况。孔子一生阅读古书甚多，整理六经等典籍多种，因此，谈及史书阙文，是很自然的事。

15.29　子曰：“人能弘道，非道弘人。”

【“人能弘道，非道弘人”误解】

杨伯峻《论语译注》译曰：“人能够把道廓大，不是用道来廓大人。”

李零《丧家狗——我读〈论语〉》解曰：“道是人追求的目标，不是帮助人出名的。”

【“人能弘道，非道弘人”勘正】

“人能弘道”，容易理解。“非道弘人”，十分难解。如辜鸿铭《辜鸿铭讲论语》所讲：“人可以将其信仰或其信奉的原则发扬光大，而不是信仰或者所信奉的原则让人变得伟大。”就经文字面来说，辜的讲法是没有问题的。但实际上，道（指好的思想道德学说）是能使人弘大（伟大）起来的。孔子如此说的用意大概是：人是活的，是可以主动的；道是静止的，它不可能主动去弘人。作为具备主动能力的人，应积极主动地去求道、学道、践道、宣传并弘扬道；这么做的人多了，天下人受到道的教化，这自然便是道弘人了。孙钦善《论语本解》曰：“‘人能’二句：强调修养仁道决定于人的主观努力，大意说人只要努力便能学到道的博大内容，如果不努力，博大的道也不能使人伟大起来。”

15.32 子曰："君子谋道不谋食。耕也，馁在其中矣。学也，禄在其中矣。君子忧道不忧贫。"

【"谋道不谋食"误解】

黄怀信《论语新校释》释曰："'道'，路，途径，探下指得食的方法与途径。……旧或直释'道'为学术、思想，非，君子宁不食乎？'耕'，谋食之一道。……'学'，亦谋食之一道。"译曰："君子谋划（吃饭的）路而不谋划吃饭。（比如）走种地的路，（虽然可以吃饭，但）免不了要受饥饿；走读书的路，（虽然不生产粮食，但）可以得到俸禄。（所以）君子担心走不对路而不担心穷。"

【"谋道不谋食"勘正】

道，指的是圣贤治世之道，好的思想主张，真理。

孔子非常重视道，如《述而》篇中他所主张的"志于道，据于德，依于仁"，《里仁》篇中他所宣誓的"朝闻道，夕死可矣"，《泰伯》篇中他所强调的"笃信好学，守死善道"，《公冶长》篇中他所哀叹的"道不行，乘桴浮于海"等等，由此既可看出他对道的重视，也可体会出他对道不能行的担忧。此处孔子的意思大概是：作为君子，应把主要精力放在谋虑道的方面，而不应把主要精力放在吃饭问题上。这并非孔子不让考虑吃饭的事，抬杠较真的话，不吃饭不得饿死吗？人饿死了，要道还有什么用？实际上，好的治世之道，就包括了文明进步、改善民生的大问题。"不谋食"，孔子是说不要只考虑吃饭，不要"饱食终日，无所用心"。

宋邢昺《论语注疏》曰："此章亦劝人学也。人非道不立，故必先谋于道，道高则禄来，故不假谋于食。馁，饿也。言人虽念耕而不学，则无知岁有凶荒，故饥饿。学则得禄，虽不耕而不馁。是以君子但忧道德不成，不忧贫乏也。然耕也未必皆饿，学也未必皆得禄，大判而言，故云耳。"辜鸿铭《辜鸿铭讲论语》曰："聪明而高尚的人终生忙碌于探索真理，而非仅仅为了生存。有时候勤恳耕耘却颗粒无收，有时候勤奋学习可以得到俸禄。聪明人应当渴求真理而不应因贫困而忧心忡忡。"杨朝明《论语诠解》曰："本章记述孔子对道的看法，勉励人尽心求道。许多人认为孔子鄙视农业，这种看法颇有偏失。在孔子生活的乱世，民不聊生，他希望通过积极入世，推行古代的礼制来实现社会的太平，从而使人们安居乐业。”

15.33 子曰：“知及之，仁不能守之，虽得之，必失之。知及之，仁能守之，不庄以莅之，则民不敬。知及之，仁能守之，庄以莅之，动之不以礼，未善也。”

【“之”误解】

清毛奇龄《四书賸言补》解曰：“凡十一‘之’字原是一义。时说以知仁属学解，以庄莅属民解，则于十一之字作两截矣。包咸谓‘知能及治其官，而仁不能守，虽得之，必失之’。此以之字属官位解。然以仁守官则与《易·系》‘何以守位？曰仁’相合，以庄莅官则与《曲礼》‘莅官行法’相合，至于‘动之’稍碍矣。惟颜特进云：‘知以通其变，仁以安其性。十一字俱指民言。’此似有见。但其曰通变，曰安性，则反以‘知仁’二字从民上见得，与庄莅、动礼，全于君身，见庄礼者仍是两截。殊不知知足以及民即知临为大君之宜，仁足以守民即天子不仁不保四海。知仁在我，不在彼也。若《正义》兼包、颜两说而总曰此章论居官临民之法，则公然以官民分。十一字与时说两截相去有几。经有极浅易处，翻极艰晦不得鲁莽可猝遇者，此等是也。”

程树德《论语集释》解曰：“此章十一‘之’字皆指民言，毛氏之说是也。朱《注》以之字指此理言，所谓强人就我也，不可从。”

辜鸿铭《辜鸿铭讲论语》讲曰：“人通过领悟来获取认知，但是如果没有高尚的情操紧紧掌握知识，也会迟早再次失去知识。”（辜将“之”字都解为“知识”）

钱穆《论语新解》解曰：“本章十一‘之’字当分指民与治民之道言。莅之动之三‘之’字指民，此外八‘之’字指道。”

【“之”勘正】

“之”字，应是指官位或统治地位。如果说是指民，那么难以做到“知及之”，凭才智难以得民，古人常讲以信得民。再说“守之”，若说作“守民”，就颇别扭，若说作“守位”，则颇顺。《周易·系辞下》：“圣人之大宝曰位，何以守位？曰仁。”以仁德、仁爱守位，这是古代圣贤的高见，近似我们常说的“以德治国”。再说“莅之”，是指“莅官”。《礼记·曲礼上》：“班朝治军，莅官行法，非礼，威严不行。”与此“庄以莅之”义近。

孔子在这里谈的是为官治国之道，他的意思是说：以才智得到了官位（统治地位），却不能用仁德守持它，虽然得到了它，也必定会失掉它。以才智得到了官位（统治地位），也能用仁德守持它，却不用庄重的态度临官履行职务，那么人民也不会尊敬你。以才智得到了官位（统治地位），也能用仁德守持它，也能用庄重的态度临官履职，却动用职权不按礼法，那么还是未达到尽善的地步。孔子认为，一个合格的领导者，应有才智，有仁德，庄重威严，知礼守法，缺一不可。具备了这些，才能执政长久，国民拥戴。

汉包咸《论语包氏章句》曰：“知能及治其官，而仁不能守，虽得之，必失之也。”杨伯峻《论语译注》曰：“‘知及之’诸‘之’字究竟何指，原文未曾说出。以‘不庄以涖之’‘动之不以礼’诸句来看，似是小则指卿大夫士的禄位，大则指天下国家。不然，不会涉及临民和动员人民的。”

15.34　子曰：“君子不可小知，而可大受也；小人不可大受，而可小知也。”

【“小知”、“大受”误解】

杨润根《发现论语》解曰：“不可小知：不可能为那些只具有通常见识的人所认识、所理解。可大受：可受大，可以在心理认知上容纳理解普遍的大众，也即以心理与认知上的巨大容量把一切人都接纳进自己的心灵和理性之中，并设身处地地理解他们，热爱他们，而这也就是一个真正的智者所具有的博爱精神的表现。”

金池《〈论语〉新译》注曰：“小知：指耍小聪明。知：通‘智’，智慧，聪明。”译曰：“君子不会耍小聪明而会在大义上经受考验。”

【“小知”、“大受”勘正】

“知”有主持、掌管义。《易·系辞上》：“乾知大始，坤作成物。”《左传·襄公二十六年》：“公孙挥曰：‘子产其将知政矣，让不失礼。’”按此可以理解为："小知"，也就是"知小"，掌管小事；"大受"，也就是受以大任。即君子可以授以大任，小人只可让其掌管些小事情。孔子的本意是，重用才德君子。这样理解，"大受"和"小知"才配搭吻合。清戴望《戴氏论语注》"大器不可小用，小才不可大任"的注解，基本符合经义。

多数人将"知"视作了解或考验，如魏何晏《论语集解》曰："君子之道深远，不可以小了知，而可大受也；小人之道浅近，可小了知，而不可以大受也。"宋朱熹《论语集注》曰："此言观人之法。知，我知之也。受，彼所受也。盖君子于细事未必可观，而材德足以任重；小人虽器量浅狭，而未必无一长可取。"杨伯峻《论语译注》曰："君子不可以用小事情考验他，却可以接受重大任务；小人不可以接受重大任务，却可以用小事情考验他。"将"知"理解为了解、考验，说对君子不可通过小事了解、考验，与理难通。事实上，了解、考验一个人，往往从一些小事来观察他的德行和能力，有做好小事的能力，才可逐步授以大任。人们常说的"牛刀小试"，便是这个道理。

金池释"知"为"智"、"小聪明"，也欠妥。"小知"与"大受"对应，"受"是动词，"知"当然也应是动词。

15.35 子曰："民之于仁也，甚于水火。水火，吾见蹈而死者矣，未见蹈仁而死者也。"

【"民之于仁也，甚于水火"误解】

魏王弼《论语释疑》解曰："民之远于仁，甚于远水火也。见有蹈水火死者，未尝见蹈仁死者也。"

孙钦善《论语本解》解曰："'民于'二句：是说老百姓对于仁德的畏惧比对于水火的畏惧还厉害。"

【"民之于仁也，甚于水火"勘正】

甚，超过、胜过。"民之于仁也，甚于水火"，是说"仁"比人们赖以生存的水火还重要。孔子对"仁"的重视，超乎寻常。他主张君子要立志于仁，行事要依于仁，强调"君子无终食之间违仁"（《里仁》），"无求生以害仁，有杀身以成仁"（《卫灵公》），希望达到人人"克己复礼，天下归仁"（《颜渊》）的美好局面。

孔子在强调“仁”比水火重要的同时，又拿仁与水火作比较：“水火，吾见蹈而死者矣，未见蹈仁而死者也。”（实际上，蹈仁有时候是会有生命危险的，“杀身成仁”是常见的事。）孔子这么比较的用意是：行仁并不难，蹈仁并不像蹈水火那么危险，应消除顾虑，践行仁道。

宋邢昺《论语注疏》曰：“此章劝人行仁道也。‘子曰：民之于仁也，甚于水火’者，言水火饮食所由，仁者善行之长，皆民所仰而生者也。若较其三者所用，则仁最为甚也。‘水火，吾见蹈而死者矣，未见蹈仁而死者也’者，此明仁甚于水火之事也。蹈犹履也。水火虽所以养人，若履蹈之，或时杀人。若履行仁道，未尝杀人也。”宋朱熹《论语集注》曰：“民之于水火，所赖以生，不可一日无。其于仁也亦然。但水火外物，而仁在己。无水火，不过害人之身，而不仁则失其心。是仁有甚于水火，而尤不可以一日无也。况水火或有时而杀人，仁则未尝杀人，亦何惮而不为哉？李氏曰：‘此夫子勉人为仁之语。’”

孙钦善以为“民之于仁也，甚于水火”是说老百姓对于仁德的畏惧比对于水火的畏惧还厉害，这么解释不合情理。因为，世世代代的老百姓都是喜欢仁德的，都是衷心向往生活在充满仁爱的世界里的。不是吗？仅就《论语》所记，当时就有很多人关心“仁”，评论某人是否“仁”，向孔子询问怎么做才是“仁”。况且孔子把“行仁”说的也很轻松：“我欲仁，斯仁至矣。”（《述而》）就此来看，孔子不可能说出“老百姓对于仁德的畏惧比对于水火的畏惧还厉害”的话。

15.37 子曰：“君子贞而不谅。”

【“贞而不谅”误解】

唐韩愈、李翱《论语笔解》解曰：“谅当为让字误也。上文云‘当仁不让于师’，仲尼虑弟子未晓，故复云‘正而不让’，谓仁人正直不让于师耳。孔说加一小字为小信，妄就其义，失之矣。”

金池《〈论语〉新译》注曰：“贞：原谅，谅察。”译曰：“君子坚守正道则无庸他人谅察。”

林觥顺《论语我读》解曰：“不谅：是丕谅，谅是言京或京言，是大声说话。谅，许慎云信也。是诚实正直。谅，经传常假亮作谅。亮是明亮可照。释诂云：‘亮，相导也。’”

闫合作《论语说》译曰："孔子说：'君子卜而不信。'"解曰："孔子曾说'不占而已'——不要占卜。《说文解字》：'贞，卜问也。'"

【"贞而不谅"勘正】

汉孔安国《论语孔氏训解》曰："贞，正也。谅，信也。君子之人，正其道耳，言不必有信也。"宋朱熹《论语集注》曰："贞，正而固也。谅，则不择是非而必于信。"清刘宝楠《论语正义》曰："《易·彖传》：'贞，正也。'此常训。君子以义制事，咸合正道，而不必为小信之行。何异孙《十一经问对》：'孟子曰："君子不亮，恶乎执？""亮"与"谅"同。孔子曰："岂若匹夫、匹妇之为谅也？"又曰："君子贞而不谅。"'谅者，信而不通之谓。君子所以不亮者，非恶乎信，恶乎执也。"

孔安国、朱熹、刘宝楠的解释符合文意。"贞"的基本含义是"正"，朱熹说作"正而固"，是坚持正道、坚定不移的意思，近似"坚贞"。刘宝楠所说"君子以义制事，咸合正道"，是君子坚守符合义的正道。"谅"的基本含义是"信"，如孔子所说的"益者三友：友直、友谅、友多闻"便是诚信的意思。诚信、守信自然是美德，但"信"有"大信"、"小信"之分：所谓"大信"，是指关乎国家命运、国民利益、生命安危、人格气节之信；所谓"小信"，是指无关紧要小事情上的约信。孔子"不谅"的意思，是说不要固执于小信。按朱熹所说，"谅，则不择是非而必于信"，"信"是有"是非"原则的，不合义的信，不要固执坚守，也如刘宝楠所说"不必为小信之行"。

孔子为何而言"君子贞而不谅"呢？因为坚贞正直者往往守信不移，孔子告诫人们，有意义的信值得坚守，但不要拘泥于小信、死守无意义的诺言。现实生活中往往有固执于小信者，有的为了一种无关紧要的约信，搭上了宝贵的性命，被人们讥为"愚信"，《宪问》篇所言"岂若匹夫匹妇之为谅也，自经于沟渎而莫之知也？"就属于这种情况。

韩愈、李《论语笔解》"谅当为让字误也"的说法，缺乏版本依据。闫合作释"贞"为"卜"，林觥顺释"不谅"为"丕谅"，皆非。

15.39 子曰："有教无类。"

【"有教无类"误解】

清王闿运《论语训》解曰："类犹流派也，言设教不可立门户。"

金知明《论语精读》解曰："有教无类：受教育不要限制某类人；类，动词，归类，分类。"

闫合作《论语说》解曰："'有教无类'是有教法但无固定的教法。"译曰："孔子说：'教无定法。'"

【"有教无类"勘正】

类，种类。《说文解字》："类，种类相似，惟犬为甚。"《玉篇》："类，种类也。"《易·系辞上》："方以类聚，物以群分。"

汉马融《论语马氏训说》曰："言人所在见教，无有种类。"宋邢昺《论语注疏》曰："此章言教人之法也。类谓种类。言人所在见教，无有贵贱种类也。"李泽厚《论语今读》曰："（有教无类）已成为成语。此'类'何指？指部族、等级、身份抑天资禀赋，均可。《尚书·尧典》孔注云，类，族也。古代即原始之亲族、部族（kin，clan，tribe），即'非我族类，其心必异'之族类。孔子打破此种族类界限乃重大进步。"

此"种类"可泛指族类、地位等级、贵贱贫富、善恶、资质等。孔子意为，对任何人都可以教育，没有类别差异。

金知明释"类"为动词，欠当。

15.42 师冕见，及阶，子曰："阶也。"及席，子曰："席也。"皆坐，子告之曰："某在斯，某在斯。"师冕出。子张问曰："与师言之道与？"子曰："然，固相师之道也。"

【"相"误解】

金良年《论语译注》解曰："相，接待。"

【"相"勘正】

相，《辞源》："辅助，扶助。《易·泰》：'后以财成天地之道，辅相天地之宜，以左右民。'《论语·卫灵公》：'固相师之道也。'疏：'此固是相导乐师之礼也。'"汉郑玄《论语郑氏注》曰："相，扶也。"宋朱熹《论语集注》曰："相，去声。相，助也。古者瞽必有相，其道如此。盖圣人于此，非作意而为之，但尽其道而已。"孙钦善《论语本解》曰："这本来就是襄助盲乐师的礼道。"

季氏第十六

16.1　季氏将伐颛臾。冉有、季路见于孔子曰："季氏将有事于颛臾。"孔子曰："求！无乃尔是过与？夫颛臾，昔者先王以为东蒙主，且在邦域之中矣，是社稷之臣也。何以伐为？"冉有曰："夫子欲之，吾二臣者皆不欲也。"孔子曰："求！周任有言曰：'陈力就列，不能者止。'危而不持，颠而不扶，则将焉用彼相矣？且尔言过矣，虎兕出于柙，龟玉毁于椟中，是谁之过与？"冉有曰："今夫颛臾，固而近于费。今不取，后世必为子孙忧。"孔子曰："求！君子疾夫舍曰欲之而必为之辞。丘也闻有国有家者，不患寡而患不均，不患贫而患不安。盖均无贫，和无寡，安无倾。夫如是，故远人不服，则修文德以来之。既来之，则安之。今由与求也，相夫子，远人不服，而不能来也；邦分崩离析，而不能守也；而谋动干戈于邦内，吾恐季孙之忧，不在颛臾，而在萧墙之内也。"

【"不患寡而患不均，不患贫而患不安"误解】

谢遐龄《不患寡而患不均》（载《群言》2003 年第 5 期）解曰："这两句的意思是，领导干部要担心的主要不是财政困乏（贫），而要担心与上级、与下级的权力分配失当不均，不要多担心自己领导的单位人民少寡，而要担心与上级、与下级（由于权力分配失当而引起的）关系不和（不安）。"

【"不患寡而患不均，不患贫而患不安"勘正】

从下文"均无贫"一语来看，上句应为"不患贫而患不均"，而且《春秋繁露·度制》篇也引作"不患贫而患不均"。"均无贫，和无寡，安无倾"，"均"就财物而言，"和"、"安"就民众国家而言。孔子为何要这么说呢？这是针对当时的实际情况来讲的。一是贫富不均。《先进》篇记曰："季氏富于周公。"清刘宝楠《论语正义》曰："季氏四分公室，已取其二，量校所入，逾于周公赋税之数，故曰'季氏富于周公'。"季氏私家如此富有，而老百姓却很贫穷，比如《雍也》篇所描述的"一箪食，一瓢饮，在陋巷"的颜回，就是穷苦百姓的真实写照。贫富差距大，这应引起当政者的担忧，因为贫富悬殊，必然会导致民众心理的不平衡，必然会引发社会矛盾，这自然也是一种"不安"。因此，孔子对冉求助季氏伐颛臾的做法是极为反对的。《先进》篇记曰："季氏富于周公，而求也为之聚敛而附益之。子曰：'非吾徒也。小子鸣鼓而攻之，可也。'"二是相互攻伐。颛臾，当时是鲁国的附庸小国，地处费邑西北约八十里。季氏伐颛臾的理由，从冉求所说的"今夫颛臾，固而近于费。今不取，后世必为子孙忧"话中，知是颛臾强固，对费有威胁。孔子认为，颛臾强固，费邑并非弱小，只要民和（和谐、团结），就无所谓"寡"（指人少）；只要社会安定，国家或地区的政权就不会倾覆。倘若攻伐颛臾，互相残杀，必将给两地百姓带来"不安"，这也正是广大民众最为忧心的。历代战争证明，受危害最大的是百姓。

孔子主张，想要远人服，或欲改变寡小局面，不能用侵伐的手段，应该用"修文德以来之"的做法。这是儒家以德治国的基本态度。

【"萧墙之内"误解】

南怀瑾《论语别裁》解曰："孔子说，你们因为许多内政问题不能解决，于是只好用兵，在外面发动战争来转移内部的注意力。在我看来，你们很危险，季家最大的烦恼、痛苦、忧愁，不在颛臾这个边区的小国家，而是在萧墙之内，在季家自己兄弟之间。"

陈世钟《〈论语〉"萧墙之内"辨义》（载《孔子研究》1994年第1期）论曰："大前提：内修政理，外用文德，有国有家者即可无忧。小前提：冉有子路不修季家政理，外用兵戈。结论：冉有子路必致季氏之忧。……此章'萧墙'属季氏，'萧墙之内'指季氏内部……'萧墙之内'指冉有子路无疑。……孔子的推论：'吾恐季氏之忧不在颛臾，而在萧墙之内也'是批评冉有子路不以文德佐季氏，却谋动干戈制造鲁乱损害季氏。"

【"萧墙之内"勘正】

萧墙，门屏，宫室用以分隔内外的当门小墙。《汉语大词典》释"萧墙”曰：“古代公室内作为屏障的矮墙。《论语·季氏》：‘吾恐季孙之忧，不在颛臾，而在萧墙之内也。’何晏集解引郑玄曰：‘萧之言肃也；墙谓屏也。君臣相见之礼，至屏而加肃敬焉，是以谓之萧墙。’”

关于“萧蔷之内”，注家存在两大争议，一是认为指季氏家内，一是认为指鲁君朝内。持前说者，以汉郑玄、梁皇侃为代表。郑玄曰：“萧之言肃也。萧墙，谓屏也。君臣相见之礼，至屏而加肃敬焉，是以谓之萧墙。后季氏之家臣阳虎果囚季桓子也。”（引自魏何晏《论语集解》）皇侃《论语义疏》曰：“此季孙所忧者也。萧，肃也。墙，屏也。人君于门树屏，臣来至屏而起肃敬，故谓屏为萧墙也。臣朝君之位在萧墙之内也。今云季孙忧在萧墙内，谓季孙之臣必作乱也。然天子外屏，诸侯内屏，大夫以帘，士以帷。季氏是大夫，应无屏而云萧墙者，季氏皆僭为之也。”持后说者，以宋朱熹、清方观旭为代表。朱熹《论语集注》曰：“萧墙，屏也。言不均不和，内变将作。其后哀公果欲以越伐鲁而去季氏。谢氏曰：‘当是时，三家强，公室弱，冉求又欲伐颛臾以附益之。夫子所以深罪之，为其瘠鲁以肥三家也。’”方观旭《论语偶记》曰：“郑注云‘萧之言肃也，墙谓屏也。君臣相见之礼，至屏而加敬焉，是之谓萧墙’。案：说经诚不可略名物制度，必如康成显墙为屏，而后季孙之忧句乃得确解。俗下讲章云季孙之忧不在颛臾之远，而在萧墙至近之处，可无戒哉？以萧墙之内为季氏之家。不知礼天子外屏，诸侯内屏，卿大夫以帘，士以帷，则萧墙惟人君有耳，卿大夫以下但得设帷薄。管仲僭礼旅树，《礼记》不言自管仲始，可见管仲之后，诸国卿大夫无有效之僭者，季氏之家安得有此？夫子言季孙之忧在萧墙之内，愚窃谓斯时哀公欲去三桓，季氏实为隐忧。又以出甲堕都之后，虽有费邑，难为臧纥之邾，孙林父之戚，可藉以逆命。君臣既已有隙，一旦难作，即效意如之谲，请囚于费而无可遑。又畏颛臾世为鲁臣，与鲁犄角以逼己。惟有谋伐颛臾，克之，则如武子之取卞以为己有而益其强；不克，则鲁师实已劳惫于外，势不能使有司讨己以干戈。忧在内者攻强，乃田常伐吴之故智。此后所为正不可知，所谓内变将作者是也。然则萧墙之内何人？鲁哀公耳。不敢斥君，故婉言之。若曰季孙非忧颛臾，实忧鲁君疑己而将为不臣，所以伐颛臾耳。此夫子诛奸人之心，而抑其邪逆之谋也。”

就当时季氏所处的实际情况来看，朝内有忧（鲁君欲翦除之），家内有患（家臣杨虎欲反叛之），然季氏的角色是把持朝政，因此，政治上朝内、家内已无明显区别，皆属于内部。

16.4　孔子曰："益者三友，损者三友。友直，友谅，友多闻，益矣。友便辟，友善柔，友便佞，损矣。"

【"谅"误解】

南怀瑾《论语别裁》解曰："'友谅'，是比较能原谅人，个性宽厚的朋友。"

乔一凡《论语通义》解曰："谅是宽大。"

傅佩荣《四书心得》解曰："'友谅'是指朋友对我们既有信心又能体谅。"

何新《论语新解——思与行》解曰："谅读为'亮'，明哲，又，谅，宽谅。"

【"谅"勘正】

谅，诚信。《说文解字》："谅，信也。"《方言》："谅，信也。"《诗·鄘风·柏舟》："不谅人只。"毛传："谅，信也。"《离骚》："惟此党人之不谅兮。"王逸注："谅，信也。"谅，还出现在《论语》的《宪问》篇"岂若匹夫匹妇之为谅也，自经于沟渎而莫之知也"和《卫灵公》篇"子曰：'君子贞而不谅'"，这两句中的谅，都是指"小信"，即小事情上的诚信，在小节上拘泥于守信。

梁皇侃《论语义疏》曰："谅，信也。"宋邢昺《论语注疏》曰："谅谓诚信。"宋朱熹《论语集注》解曰："友谅，则进于诚。"清刘宝楠《论语正义》解曰："直者能正言极谏，谅者能忠信不欺，多闻者能识政治之要。人君友此三者，皆有益也。"今人杨伯峻《论语译注》、李泽厚《论语今读》译作"信实"，钱穆《论语新解》、李零《丧家狗——我读〈论语〉》解作"守信"，孙钦善《论语本解》、黄怀信《论语新校释》、杨朝明《论语诠解》解作"诚信"。

【"便辟"、"善柔"、"便佞"误解】

清钱坫《论语后录》解曰："便辟，即盘辟，《乡党》所谓'躩如'是也。便与盘古字通，又孔安国注足恭为便僻，僻与辟古字同。便辟即足恭，有便旋牵辟之意。”

清黄式三《论语后案》解曰：“便辟者，习惯其般旋退避之容，一于卑逊，是足恭也。”

李泽厚《论语今读》译曰：“朋友虚浮，朋友圆滑、朋友夸夸其谈，这就有害了。”

何新《论语新解——思与行》译曰：：“朋友偏狭、朋友狡猾、朋友花言巧语，就是有害之友。”

【“便辟”、“善柔”、“便佞”勘正】

便辟（piánpì）、便佞（piánnìng）之“便”何义？《辞源》解作“善辩”；《汉语大词典》亦解作“善辩”。结合由“便”组成的词语，如“便巧”（巧言善辩）、“便言”（善于辞令，有口才）、“便便言”（形容语言明白流畅，有辩才）、“便辞”（花言巧语）、“便柔”（阿谀柔顺）、“便习”（阿谀奉承）、“便媚”（阿谀谄媚）、“便嬖”（谄媚奉承的佞人）、“便孽”（擅长谄媚进谗之人）等来看，的确皆与“巧言善辩”有关。因此《辞源》解“便辟”为“逢迎谄媚貌”，解“便佞”为“花言巧语，阿谀逢迎”；《辞海》解“便辟”为“逢迎谄媚”，解“便佞”作“善以言辞取媚于人，花言巧语”；《汉语大词典》解“便辟”作“谄媚逢迎”，解“便佞”为“巧言善辩，阿谀逢迎”。

善柔，汉马融《论语马氏训说》解作“面柔者也”，梁皇侃《论语义疏》解作“面从而背毁者也”，宋朱熹《论语集注》解作“工于媚悦而不谅”，清李塨《论语传注》解作“善于柔媚”，《辞源》解作“阿谀奉承”，《辞海》解作“善于阿谀奉承”，《汉语大词典》解作“阿谀奉承的人”。这些解释均切近文意。

就《辞源》、《辞海》、《汉语大词典》这几部工具书所释来看，便辟、善柔、便佞三词意义基本相同，看不出明显差异。但是，孔子既然分别列举，语义上定有区别。

清刘宝楠《论语正义》曰：“直者能正言极谏，谅者能忠信不欺，多闻者能识政治之要。人君友此三者，皆有益也。‘便辟’者，《集注》云‘谓习于威仪’，此但能为容媚，与直相反；‘善柔’能为面柔，与谅相反；‘便佞’但能口辩，非有学问，与多闻相反。人君友此三者，皆有损也。盖‘便辟’是体柔，即所谓‘足恭’也。‘善柔'是面柔，即所谓'令色'也。'便佞'是口柔，即所谓'巧言'也。"

徐前师《〈论语〉"便辟"解》（载《信阳师范学院学报》2003 年第 8 期）论曰："综上所述，《论语·季氏》'便辟'、'善柔'、'便佞'三者，分别指人的举止、面容、言语三个方面，且依次与上文的'直'、'谅'、'多闻'相对应：举止退缩旋转，不以正道事人，即郑玄所谓'逡遁不敢当盛'，与'直'相对；面容温柔和善，即'致饰于外而不诚实'（郑浩《论语集注述要》语），与'谅'相对；言语巧谄动听，是'但能口辩，非有学问'（刘氏《正义》语），与'多闻'相对。此三种表现，都是为了'以求容媚'，即取悦于人。"

刘宝楠、徐前师对"便辟"、"善柔"、"便佞"三者的区别，已作了颇有说服力的分辨，值得参考。

我们认为，要分清"便辟"、"善柔"、"便佞"的区别，应着重从"辟"、"柔"、"佞"三字上找不同。"便辟"之"辟"通"僻"，含"邪僻"义。杨朝明《论语诠解》曰："辟通'僻'，即善于走邪道。"恰与"直"相对。"善柔"，马融解作"面柔"，皇侃《论语义疏》解作"面从而背毁"，刘宝楠《论语正义》解作"即所谓'令色'也"，杨朝明解作"善于和颜悦色骗人"，都揭示出其面柔心假的不诚实特征，恰与"谅"（诚信、诚实）相对。"便佞"的"佞"的意义偏重于"言"。《说文解字》："佞，巧谄高材也。"《汉语大字典》："佞，巧言善辩；谄谀。""善柔"的含义偏重于"令色"（伪善、谄媚的脸色），"便佞"的含义偏重于巧言，孔子说："巧言乱德。""巧言令色鲜矣仁。"可见，"便佞"与"多闻"在意义上对应欠谐。但刘宝楠《论语正义》"'便佞'但能口辩，非有学问，与多闻相反"的说法也有一定道理。花言巧语、夸夸其谈者，往往空疏浅薄，靠的是嘴皮子上的功夫，而真正的博学多闻者，却恰恰是那些"讷于言而敏与行"的人。钱穆《论语新解》解曰："便佞：巧言口辩，非有学问，与多闻正相反。"

最后，我们试将这三个词的含义界定清楚：便辟，指阿谀逢迎邪僻不正者；善柔，指柔媚令色虚假不实者；便佞，指巧言谄谀空疏浅薄者。

16.8 孔子曰："君子有三畏：畏天命，畏大人，畏圣人之言。小人不知天命而不畏也，狎大人，侮圣人之言。"

【"天命"误解】

宋朱熹《论语集注》解曰："天命者，天所赋之正理也。"

方骥龄《论语新诠》解曰："《尔雅·释诂》：'天，君也。'畏天命，殆指敬君命，犹遵守国家之法令也。似非指虚无缥缈之天而言。"

杨润根《发现论语》解曰："天命：天赋的生命，必然的生命，作为宇宙的必然性而存在的生命。正因为如此，生命是无价的，它是整个宇宙中存在的最伟大的奇迹。生命的存在远远超越了人的想像之外，也远远超越了人的能力之外。"

【"天命"勘正】

古人把天当作神，称天神的意旨为天命。《尚书·盘庚》："先王有服，恪谨天命。"《楚辞·天问》："天命反侧，何罚何佑？"人们常说"天命难违"，违天命要遭"天谴"等等，因此不少人相信天命，畏惧天命，在言行上约束自己，向往仁善。所以清刘宝楠《论语正义》有"知己之命原于天，则修其德命，而仁义之道无或失"之说。清黄式三《论语后案》说："天有扬善遏恶之道，立命者不敢懈；天有穷通得失之数，安命者不敢违；天有仁礼义信智之性，承命者不敢弃。此明乎天命之原而尽性至命者也。"李炳南《论语讲要》也说："天命：古注当善恶报应讲。何晏《集解》以为，天命顺之则吉，逆之则凶，所以可畏。皇《疏》举《尚书·伊训》解释：'作善降之百祥，作不善降之百殃。'这些解释都是以善恶报应为天命。"

孔子是否相信天命鬼神？值得讨论。《论语》中他谈"天命"有2处，一是此处，一是《为政》篇"五十而知天命"。而"知天命"中的"天命"，似是指自然的、社会的、人生的客观规律，与此处有异。《十三经辞典》解曰："天命，指非人力所能改变的客观必然性。举凡人事的吉凶祸福、生老寿夭以至朝代变迁等都是由天命决定的，人类无法改变而预先安排。这种思想渊源于夏、商、周的宗教天命观。甲骨卜辞中已有殷王受命于天的记载，在其后漫长的奴隶社会和封建社会中，'天命观'一直居于统治地位。孔子在一定情况下是相信天命的，但又较少论述'天命’。”此解虽定义与解释不太吻合，但“孔子相信天命”的说法是值得肯定的。孔子在对天命鬼神的态度上虽然把握得十分理智，但是，从“畏天命”、“敬鬼神而远之”、“祭神如神在”等语中可以看出，既然“畏”、“敬”、“祭”，说明他在一定程度上还是相信天命鬼神的。

16.10 孔子曰：“君子有九思：视思明，听思聪，色思温，貌思恭，言思忠，事思敬，疑思问，忿思难，见得思义。”

【“忿思难”误解】

宋朱熹《论语集注》解曰：“思难，则忿必惩。”

明林希元《论语存疑》解曰：“忿思难，必免其难也。程子曰：‘于怒时遽忘其怒而观理之是非，是难也。’”

闫合作《论语说》解曰：“‘忿思难’是有想法就说。‘分心为忿’，有不同的想法为忿。现在理解忿多为‘愤怒’、‘生气’，生气就是因看法不一样，有自己的看法才生气，这是‘忿’的引申义。‘难’是发作，讲说出来，如责难、难意。”

【“忿思难”勘正】

难，音 nàn，《广韵》：“患也。”《增韵》：“难，阨也，忧也。”《辞源》：“难，祸难。”《汉语大词典》：“难，危难；祸患。”“难”在此语中指祸患、忧患，即发怒时当思其后患。杨伯峻《论语译注》曰：“将发怒了，考虑有什么后患。”孙钦善《论语本解》曰：“‘难’指患难，参见12·21‘一朝之忿，忘其身，以及其亲，非惑与’。发火动怒当心祸患。”此语告诫人勿冲动。

朱熹释“难”为惩戒，不切合文意。林希元读“难”为 nán，意为困难，取程子所释，意为将要发怒时以理性克制自己是很困难的，这属于误读。

16.12 齐景公有马千驷，死之日，民无德而称焉。伯夷、叔齐饿于首阳之下，民到于今称之，其斯之谓与？

【“民无德而称”误解】

钱穆《论语新解》解曰：“德字或本作得，就下而字语气求之，当以作得为是。”

方骥龄《论语新诠》解曰：“《孟子·告子篇》‘所识穷乏者得我与’朱注：‘谓所知识穷乏者感我之惠也。’得字作感惠解。本章皇本《古本集解》德字皆作得，然则本章‘民无得而称’，当作‘民并无感惠而称扬之’解。谓齐景公虽有地位财富，人民固并未受其惠而追慕之，盖未能行义以达其道也。至于伯夷叔齐，则隐居以求其志，故后人追慕不已。”

闫合作《论语说》译曰：“齐景公拥有千乘之国，死的时候，没有德行，老百姓也称颂。”解曰：“齐景公无德而民称颂，是因为他拥有千乘之国，把自己的主张行于天下，称赞的是政绩。”

【“民无德而称”勘正】

有人据梁皇侃《论语义疏》本为“民无得称焉”，《泰伯》第1章孔子赞泰伯为“民无得而称焉”，而认为本章“德”字应作“得”字解，非，此为道德之“德”。清阮元《论语注疏校勘记》校曰：“皇本、高丽本‘德’作‘得’，又皇本无‘而’字。案：得与德，字虽通，然此处自当作‘德’。王注云：‘此所谓以德为称’，《正义》云：‘此章贵德也’，又云：‘及其死也无德可称’，又云：‘其此所谓以德为称者与’。皆以‘斯’字即指德言，直截自然，若改为‘得’颇乖文义。”

清毛奇龄《论语稽求篇》曰：“民无德而称焉，旧本原是‘德’字，并无别本《鲁论》并《古论》、《齐论》作‘得’字者，即《注疏》本可考也。”清刘宝楠《论语正义》曰：“皇《疏》云：‘生时无德而多马。’又云：‘言多马而无德。’是皇本亦作‘德’。今字作‘得’，当出异域所改。”

此语是说：齐景公虽在物力上富有，但缺乏德行，死的时候，老百姓认为他没有什么可以称颂的美德。此为转折语气，含否定意味，与《泰伯》篇中“子曰：‘泰伯，其可谓至德也已矣，三以天下让，民无得而称焉’”的语气不同。由于泰伯是至德，所以民众没能找到合适的词语来称誉他。

【“其斯之谓与”误解】

郑张欢《论语今释》译曰：“这是什么原因呢？”

乔一凡《论语通义》译曰：“岂以德之有无么？”

【“其斯之谓与”勘正】

其，大概。斯，当指相比较的两件事。可译为：大概这事说的就是这个道理吧？

本章通过齐景公与伯夷、叔齐之比较，证明一个道理：无论贫富，有德则民称焉。体现重德思想。

不少人认为《颜渊》篇第10章的“诚不以富，亦祇以异”八字是该章脱简，恐非。理由是：不加这八字，该章照样解释得通。况且“诚不以富，亦祇以异”在《颜渊》篇第10章是针对某些人的迷惑、不明智的想法和做法而说的，句意是：“诚然不足以周备，却恰恰令人怪异。”富，《说文解字》：“备也”，不是“富有”的意思。《颜渊》篇第10章的文意是：“喜欢一个人便想要他活，厌恶一个人便想要他死。既想要他活，又想要他死，这就是迷惑。这种不明智的想法或做法，正如《诗》所说：诚然不能算考虑周备，而恰恰令人生疑。”持错简态度者大概是认为此章谈到“富”，《颜渊》篇第10章也谈到“富”，便仿照《学而》篇“《诗》云：‘如切如磋，如琢如磨。’其斯之谓与”之例，认定“诚不以富，亦祇以异”是该章脱文。造成这种认识的关键是错误理解了“富”的含义。

阳货第十七

17.1　阳货欲见孔子，孔子不见，归孔子豚。孔子时其亡也，而往拜之，遇诸途。谓孔子曰："来，予与尔言。"曰："怀其宝而迷其邦，可谓仁乎?"曰："不可。""好从事而亟失时，可谓知乎?"曰："不可。""日月逝矣，岁不我与。"孔子曰："诺。吾将仕矣。"

【"怀其宝而迷其邦"误解】

杨伯峻《论语译注》译曰："自己有一身本领，却听任着国家的事情糊里糊涂，可以叫做仁爱吗?"

钱穆《论语新解》译曰："你身藏了道德宝货，而尽让一国之人迷惑失道，这好算仁吗?"

【"怀其宝而迷其邦"勘正】

宝，被注家们解为"道"、"德"、"身"、"本领"、"治国良策"等，因该字含义宽泛，各家解释皆有道理，但比较而言，解为"道"、"本领"更准确些。"迷其邦"，注家多认为是邦国迷乱、混乱，非。主语还应该是孔子：前句指孔子怀其宝，后句当然是指孔子迷其邦。是说孔子面对邦国，迷茫困惑，不知如何实施治国之道。汉马融《论语马氏训说》曰："言孔子不仕，是怀宝也。知国不治而不为政，是迷邦也。"清刘宝楠《论语正义》曰："《尔雅·释诂》：'迷，惑也。'《说文》同。言怀道不仕，若己迷惑其邦，不使政治也。"

【"亟"误解】

林觥顺《论语我读》注曰："而亟失时：亟者急也，是又很快失去时机。"释义曰："喜欢从政事的人，不知把握时机，反而使时机急快流失，此人可算是聪敏睿明吗?"

【"亟"勘正】

亟,音qì,屡。《辞源》注音曰:"qì,去吏切。"释义曰:"屡次,一再。《左传·隐元年》:'亟请于武公,公弗许。'"杨伯峻《论语译注》注曰:"亟——去声,音气,qì,屡也。"译曰:"一个人喜欢做官,却屡屡错过机会,可以叫做聪明吗?"

【"曰不可"误解】

梁皇侃《论语义疏》解曰:"孔子晓虎之言,故逊辞求免,而答云不可也。"

宋朱熹《论语集注》解曰:"货语皆讥孔子而讽使速仕。孔子固未尝如此,而亦非不欲仕也,但不仕于货耳。故直据理答之,不复与辩,若不谕其意者。"

【"曰不可"勘正】

两处"曰不可",或以为孔子答对之语,或以为阳货自为问答,后者较为合乎情境和文意。清阎若璩《四书释地又续》曰:"两曰字仍是阳货语,非孔子。直至'孔子曰诺'始为孔子。"清王引之《经传释词》解曰:"有一人之言而自为问答者,则加'曰'字以别之。若《论语·阳货》篇云:'怀其宝而迷其邦,可谓仁乎?曰:不可。好从事而亟失时,可谓知乎?曰:不可。'"

王引之所言为是。两"不可"前加"曰"字,也是作为一个大的停顿,阳货的问题直指孔子的道德核心,不可谓不尖锐,故此停顿稍长以等待孔子思考答对,见孔子不语,于是自为作答。这样理解,将阳货的颐指气使、得意忘形之态刻画得活灵活现。相反,若以此为孔子语,何以"曰'诺。吾将仕矣'"这句一看即知为孔子所说的话前加"孔子"特以申明为孔子语,而此两处容易让人产生歧义的"曰:'不可'"前却不加"孔子"或"子"以点明孔子之言呢?很明显,最后一句加"孔子曰"的用意,就是表明前两"曰不可"的说话人不是孔子。

17.2 子曰："性相近也，习相远也。"

【"性相近也，习相远也"误解】

宋程颐曰："此言气质之性，非言性之本也。若言其本，则性就是理，理无不善，孟子之言性善是也。何相近之有哉?"（引自朱熹《论语集注》）

宋朱熹《论语集注》解曰："此所谓性，兼气质而言者也。气质之性，固有美善之不同矣。然以其初而言，则皆不甚相远也。但习于善则善，习于恶则恶，于是始相远耳。"

闫合作《论语说》解曰："'天命之谓性'，人的天性是一样的。即人的天性之相很接近。然而人的后天能力相差很远，这后天能力就是'习相'——习用之相。"译曰："孔子说：'天性之相很接近，习用之相差很远。'"

【"性相近也，习相远也"勘正】

孔子是说：人的本性是相近的，因为后天的习染不同，便逐步相远了。这话说得很明白，也很有道理，只是因为后人的不同理解，把这句话诠释得越来越复杂，给人们的正确理解造成了困难。

孟子主张"性本善"，荀子主张"性本恶"，各执一端，各有偏颇，哪有人生来就善、就恶的？宋代人分性为义理之性、气质之性，纷争四起，越争论离孔子本意越远。翻阅一下清刘宝楠《论语正义》和程树德《论语集释》，读者会感受到纷繁歧解的大概情况。

孔子所说的"性"，是指人生来具有的自然禀性，也就是人的本性。孔子认为，人一出生，其本性是相近的，无善恶好坏之分，人的善恶好坏是后天习染所造成的。因此，孔子十分重视人的后天的德行教育。通观整部《论语》，他在仁善、诚信、孝道、礼仪诸方面都有很多精辟论述，可以说，《论语》的中心思想就是谈"做人"，其目的就是不使天下偏离人性太远。

梁皇侃《论语义疏》曰："性者，人所禀以生也。习者，谓生后有百仪常所行习之事也。人俱禀天地之气以生，虽复厚薄有殊，而同是禀气，故曰相近也。及至识，若值善友则相效为善，若逢恶友则相效为恶，恶善既殊，故云相远也。"宋邢昺《论语注疏》解曰："性，谓人所禀受，以生而静者也，未为外物所感，则人皆相似，是近也。既为外物所感，则习以性成。若习于善则为君子，若习于恶则为小人，是相远也，故君子慎所习。”

17.3 子曰：“唯上知与下愚不移。”

【“唯上知与下愚不移”误解】

宋朱熹《论语集注》解曰：“人之气质相近之中，又有美恶一定，而非习之所能移者。程子曰：‘人性本善，有不可移者何也？语其性则皆善也，语其才则有下愚之不移。所谓下愚有二焉：自暴自弃也。人苟以善自治，则无不可移，虽昏愚之至，皆可渐磨而进也。惟自暴者拒之以不信，自弃者绝之以不为，虽圣人与居，不能化而入也：仲尼之所谓下愚也。然其质非必昏且愚也，往往强戾而才力有过人者，商辛是也。圣人以其自绝于善，谓之下愚，然考其归则诚愚也。’”

方骥龄《论语新诠》：“朱骏声《说文通训定声》引《表记》‘唯天子受命于天’注，称‘唯’字当为‘雖’字。《荀子·性恶》‘然则唯禹不知仁义法正’注，亦指唯字当读为‘雖’。《庄子·庚桑楚》‘唯虫能虫’注，引《释文》‘唯’字本作‘雖’。疑本章‘唯’字亦当作‘雖’字。《说文》：‘移，禾相倚移也。’《释文》：‘移，犹傍也。’段玉裁移字注称‘今人但读为迁移，据《说文》则自此之彼字当作迻’。疑本章所谓‘不移’，按古义犹言‘不可倚傍’。孔子之意，殆以为虽有上智下愚之分，皆不可傍倚；如努力为之，下愚亦可上达乎高明；上智而自暴自弃，终必下达而为小人矣。孔子旨在勉人努力向善。”

张治中《析“唯上知与下愚不移”》（载《长白学刊》1994年第2期）论曰：“①全句属于‘唯+宾语+是+谓语’的句型，是强调宾语（上知与下愚）而前置宾语的特殊结构的判断句子。‘不移’是谓语部分；谓语与宾语之间应加判断词‘是’，起语法作用。‘唯’与‘是’连用，也起语法作用，也是强调、突出宾语，又表示宾语的排他性。这样，按现代汉语语序结构的表达方式即为‘唯有不变的是上智与下愚’。②这里的宾语是由‘上知’与‘下愚’两个联合短语构成。在古代汉语里，两个名词并列在没有动词的语句（短语）中，前一个名词相应地活用为动词，而上、下是方位名词，分别与‘知（智者）、愚（纯朴人）’名词分别构成没有动词的短语，因而，‘上’、‘下’就对应地活用为：‘在上层统治’和‘在下层受统治’的动词，且两者都属于不及物动词。在古代汉语里，不及物动词带上了名词，就构成了名词的使动用法。全句就直译为‘唯有不变的是让智者在上层统治和让纯朴人在下层受统治。’”

程邦雄《“唯上知与下愚不移”论》（载《华中理工大学学报》1996年第3期）论曰：“《阳货》中的‘上知’‘下愚’不是两个指人的偏正词组，而是两个描述人的习性的动宾词组，‘上’‘下’均用作动词，‘知’‘愚’分别作它们的宾语。

‘上’为‘崇尚’‘以……为上’，……

‘下’为‘轻视’‘以……为下’。……

‘上知’即‘崇尚聪智’，‘下愚’即‘轻视愚昧’，这种‘崇尚聪智’‘轻视愚昧’的行为习性则是任何人都认同的，是自古及今都不会变移的。”

【“唯上知与下愚不移”勘正】

人有智、愚之差别，这是事实，而且是不易改变的。既然人们在聪明程度上有上下之分，所以智者称“上”，愚者称“下”。

金池《〈论语〉新译》曰：“上：高，智商高者为上。知：同‘智’，聪明。下：低，智商低者为下。愚：愚蠢，愚笨。移：转移，改变。”译曰：“孔子说：‘智商高的人聪明，智商低的人愚笨，是不可改变的。’”杨朝明《论语诠解》曰：“孔子说：‘只有上等的智人和下等的愚人不会因后天的学习而改变。’”李泽厚《论语今读》曰：“‘上知’是‘生而知之’，即超人或天才，孔子说自己不是，前章已有。‘下愚’大概是白痴吧？其实‘唯’字最重要，就是说，除了超人和白痴，其他人都可以也应该受教育，如此而已。不必穿凿解说，也不必以辞害意。”

有些人主张与上章所言的人性以及后人所说的“性善”、“性恶”联系，不必。人性是可以改变的，通过后天的习染，善者有可能变恶，恶者也有可能变好。但是，人的聪明与愚钝是不可改变的，聪明者总归是聪明，愚钝者总归是愚钝。有人说，对愚钝者通过智力开发，会使其变得聪明。笔者认为，通过智力开发能变聪明的，不是真正的“愚”。说得通俗点，有些人一辈子无论干啥都显得愚笨，相反，有些人一辈子无论干啥，都显得聪明利落。有些人反应敏捷，接受快；有些人反应迟钝，接受慢。

在我们的周围，在我们的经历中，凡有人群的地方，大家都会感受到相互间愚智的差异，而且这种差异是极难改变的。有人从勤能补拙的角度谈笨拙的人可以通过勤奋来改变现状或达到成功，这是另一回事。比方说别人一看就明白或一学就会了，而自己看多次才明白或学多遍才学会，虽然都能达到明白、学会的目的，但还是存在着“智”（聪明）和“愚”（愚笨）的差别。

17.4　子之武城，闻弦歌之声。夫子莞尔而笑，曰：“割鸡焉用牛刀？”子游对曰：“昔者，偃也闻诸夫子曰：‘君子学道则爱人，小人学道则易使也。’”子曰：“二三子！偃之言是也。前言戏之耳。”

【“莞尔”误解】

清惠栋《论语古义》解曰：“《释文》‘莞’作‘莧’，云：‘本今作莞。’《周易》夬之九五曰‘莧陆夬夬’，虞翻注云‘莧，悦也，读如夫子莧尔而笑之莧’，是汉以来皆作莧。唐石经仍作莞，非也。”

清江声《论语竢质》解曰：“《易·夬》九五‘萈陆夬夬’，诸本萈或讹作莧，虞翻作萈，云‘萈，说也，萈，读夫子萈尔而笑之萈’。今《论语》萈皆误作莞，大非矣。盖夫子于是喜悦而解颐，故曰‘萈尔而笑’。《说文解字》曰：‘萈，山羊细角者。从兔足，苜声。读若丸。’此萈字本义也，训为喜悦者，借义也。”

【“莞尔”勘正】

清代学者以为“莞”误，应为“莧”、“萈”，并举《易·夬》九五“莧陆夬夬”作例证。不同的是，惠栋作“莧陆”，江声作“萈陆”。查阮元《十三经注疏》本《周易正义》，作“莧陆”；王弼注“莧陆”为“草之柔脆者也”；《辞源》注“莧”音 xiàn，解“莧陆”为“草名。即商陆”。张其成主编的《易学大辞典》解“苋陆夬夬”曰：“苋陆，马齿苋，其草茎易断，内含浆汁较多，可作药用；夬，决断。此句意为：像马齿苋那样干脆果断。”

《说文解字》解曰：“萈萈，山羊细角者。从兔足，苜声。读若丸。”《汉语大字典》据《说文解字》释义为“细角山羊”，据《广韵》“胡官切”注音为“huán”。清王夫之《周易稗疏》认为“莧”当作“萈”，指

"山羊细角者"。闻一多认为"'莧'当作'莧',细角山羊"(见《古典新义》上《周易义证类纂》)。周振甫从之,其《周易译注》译"莧陆夬夬中行"为"山羊在路上跳得很快";释"莧"为"山羊细角者",释"陆"为"跳",释"中行"为"路中间";解曰:"细角山羊在路中间跳得很快很欢,古人以为怪异,故作象占。"

由上可知,"莧"(wǎn)、"莧"(xiàn)是两个字。"莧",指细角山羊。"莧"指"苋菜";作"莧陆"时,有的解作"商陆草",有的解作"马齿苋"。《易·夬》"莧陆夬夬"是正确的,不能写作"莧陆夬夬"。当代的一些辞书未加详辨,误将"莧"字注音为"wǎn"(《汉语大词典》)或"wàn"(《汉语大字典》),以为"莧尔"同"莞尔",赋予"微笑"义。严谨的辞书,如《辞源》、《辞海》等,"莧"只注"xiàn"音,而不取"wǎn"或"wàn"音。

莞,本指蒲草,《广韵》注音为"古丸切",《辞源》注音为"guān"。"莞尔"之"莞",《辞源》、《汉语大词典》、《汉语大字典》皆注音为"wǎn",解为"微笑貌"。用"莞"形容微笑貌,盖以蒲草柔婉之形态作比拟,这与用"莧"——细角山羊温柔驯顺之形态——比拟微笑貌相同。

清刘宝楠《论语正义》曰:"'莞尔',《释文》作:'莧,华版反,本今作莞。'《易·夬》九五:'莧陆夬夬。'虞翻《注》:'莧,悦也。读如夫子莧尔而笑之莧。'案《说文》:'莧读若丸。'与'莧'字从卄从見,形最相似。'莧'训山羊细角,羊有善义,故引申为和睦之训。《论语》正字作'莧',假借作'莞'。《集解》云'小笑貌',与虞氏'莧睦'之训亦合。《释文》所见本作'莧',遂音'华版反',非也。"

刘宝楠认为"《论语》正字作'莧',假借作'莞'"。可惜没有《论语》古本证实此说。我们翻查了一些古书,"莧"字形容"笑貌"的用例唐前未见,见于唐慧琳《一切经音义》、宋丁度《集韵》等书。而用"莞"形容"笑貌"的用例多见,除《论语》此例之外,还有《楚辞·渔父》"渔父莞尔而笑"、《后汉书·蔡邕列传》"邕莞然而笑"、《昭明文选·张衡〈东京赋〉》"乃莞尔而笑"等。这能证明惠栋"唐石经仍作莞,非也"、江声"今《论语》莧皆误作莞,大非矣"的说法是值得商榷的。

17.5 公山弗扰以费畔，召，子欲往。子路不说，曰："末之也已，何必公山氏之之也？"子曰："夫召我者，而岂徒哉！如有用我者，吾其为东周乎？"

【"夫召我者，而岂徒哉"误解】

林觥顺《论语我读》解曰："夫：本义是年二十岁的成人，在此是直言公山弗扰这个人。而岂徒：你以为是徒劳无功了吗？也可释作你稍安勿躁。而有尔意，是同音假借。徒是步行劳苦。"

杨润根《发现论语》解曰："公山弗扰吁请我去加入的那个刚刚宣布独立的小小国家的政府，难道不也是一个实实在在而仅仅是一个徒有虚名的政府吗？"

何新《论语新解——思与行》解曰："他来召我，我就会成为他的徒党吗？"

刘兆伟《论语通要》解曰："那个召我去的人，哪里是我同道者？"

闫合作《论语说》断句为：夫召，我者，而岂徒哉？译曰："招讨，是我的主张，岂能不做吗？"解曰："此'召'可理解为'招讨'。公山弗扰，即公山不狃，《左传·定公十二年》记载公山不狃反叛鲁国，孔子时任司寇，派人打败了他。"

【"夫召我者，而岂徒哉"勘正】

夫，可看作远指代词"那"。不少人将其看作发语词，也讲得通。徒，可解作空、白白。这句话，杨伯峻《论语译注》译作："那个叫我去的人，难道是白白召我吗？"黄怀信《论语新校释》、杨朝明《论语诠解》、孙钦善《论语本解》等书与杨伯峻同，均将"夫"译解为远指代词。

至于"岂徒"的主语，多数人都认为是"召我者"，而李泽厚以为是"我"，其《论语今读》将此语译作："之所以叫我去，难道我会白去吗？"这么译，前句显然省略的主语是"他"或"那召我的人"，而后句将主语换作"我"，显得突然。

黄怀信《论语新校释》校曰："而岂徒哉，疑本作'岂而徒哉'。"释曰："'而'，读为'能'，借字。'徒'，空，白白。"译曰："那召我的，岂能（让他）白召？假如（他）用我，我将会（在那里）造就一个东周吧！"黄氏疑"而岂"为"岂而"，若没有版本依据，不可轻易疑改。因此，"'而'，读为'能'"之说，也值得商榷。

另，前句"子路不说"，"说"读"悦"，是子路不高兴，而闫合作《论语说》解曰："这里的'不说'，是不当面说，背后发牢骚。"译曰："子路背后议论说：'周已到末世，自封为王的太多了，何必拿公山氏开刀呢？'"这样的译解，不着边际。

【"吾其为东周乎"误解】

黄武强《孔子语"如有用我者，吾其为东周乎"新探》（载《学术论坛》1996年第4期）论曰："应该而且必须译为：'若有人任用我，我要治理鲁国周到。'还要特别明确'吾其为东周乎'的'东'与《诗经·鲁颂·閟宫》的'乃命鲁公，俾侯于东'的'东'同，义为'东方'，实指'鲁国'。"

杨润根《发现论语》解曰："难道我就不能最终把这个政府造就成一个成功而非失败的伟大而又统一的东周联邦的政府吗？"

何新《论语新解——思与行》解曰："我都要为东周服务啊！"

闫合作《论语说》译曰："现在鲁君用我，我难道也成为东迁后的周朝吗？"

【"吾其为东周乎"勘正】

东周，汉郑玄解曰："据时东周则为成周。为东周者，以敬王去王城而迁于成周，自是以后谓王城为西周，成周为东周。"（引自清黄奭辑《逸论语注》）

欲将此语理解准确，要紧的是把"其为"二字搞清楚。"其"是副词，加强反诘语气，犹"岂"、"难道"。"为"即"为了"，表目的。这是个反问句，可译作：我难道仅仅是为了东周吗？

程树德《论语集释》曰："东周句指衰周。吾其为东周乎，是言不为衰周也。"不为衰周（东周），而孔子向往的是西周，"久矣吾不复梦见周公"之叹，便是孔子想望西周的真情流露。衰周礼崩乐坏，孔子忧甚，总想寻机恢复周礼，兴文武之业，而面对子路的不理解，便予以有力反驳。孔子的意思是：我不仅仅是为这个颓败的东周、季氏之流去效劳，而是利用其用我之机，争得用武之地，为挽救衰周、复兴周王朝礼制去成就一番大业。

孙钦善《论语本解》曰：“东周，《集解》云：‘兴周道于东方，故曰东周。’后人多从。此解与全句语气不合。东周指幽王东迁之后、国势已衰的周朝。孔子立志恢复文王、武王、周公之道，不以东周为奋斗目标，所以才说了‘吾其为东周乎’的话。孔子说：‘那个召我去的人，难道就平白无故吗？如果有人用我，我难道仅仅复兴一个东周的世道吗？’”此解切合孔意。

17.7 佛肸召，子欲往。子路曰：“昔者，由也闻诸夫子曰：‘亲于其身为不善者，君子不入也。’佛肸以中牟畔，子之往也，如之何？”子曰：“然，有是言也。不曰坚乎，磨而不磷。不曰白乎，涅而不缁。吾岂匏瓜也哉？焉能系而不食？”

【“佛肸召，子欲往”误解】

清崔述《洙泗考信录》解曰：“此事《世家》载之自蒲适卫之后。余按：佛肸以中牟畔，是乱臣贼子也。孔子方将作《春秋》以治之，肯往而助之乎？肸与公山不狃皆家臣也，孔子鲁大夫也，孔子往，将臣二人乎？抑臣于二人乎？臣二人则其势不能，臣于二人则其义不可，孔子将何居焉？夫坚者诚不患于磨，然未有恃其坚而故磨之者也；白者诚不患于涅，然未有恃其白而故涅之者也；圣人诚非小人之所能污，然未有恃其不能污而故入于小人之中者也。……且使二人之召，子果欲往，何以皆卒不往？既不往矣，犹委曲而诬之曰欲往，圣贤处世将何以自免于人言耶？……盖皆战国时人之所伪撰，非门弟子所记，吾不知后世读《论语》者何以皆不察也，故今与不狃之召皆削之不书，且为之辨。”

闫合作《论语说》解曰：“召同‘招’，意思是被招讨、攻打。”

【“佛肸召，子欲往”勘正】

孔子应召之事，有人以为伪，有人以为真。以为伪者，盖出于维护孔圣形象，即伟人应小邑之召，有失身份，应叛臣之召，有损品格。就当时孔子的处境来看，周游天下多年，终不被任用；就下文“吾岂匏瓜”之语来看，孔子是急于应召的。再说，既然可以应公山氏之召，那么也可应佛肸之召。孔子事实上并未去，其原因是复杂的，不易揣定。孔子是积极救世的，应召在情理之中。再者，孔子恐怕别人误解自己与叛臣同流合污，还特意表明自己具有“磨而不磷”、“涅而不缁”的“坚”、“白”素质。

冯浩菲《孔子欲应叛者之召辨疑》（载《孔子研究》2006 年第 2 期）论曰："崔氏认为，《论语》中所载孔子欲应佛肸之召，亦无其事，盖属于战国横议之士的附会（《崔东壁遗书》）。但他立说的主要观点和依据也都是错误的，不可靠的。他认为佛肸之叛乃赵襄子时事，赵襄子立于鲁哀公二十年，其时孔子卒已五年，不可能有佛肸召孔子之事（《崔东壁遗书》）。其实，据《史记·孔子世家》和《左传》记载推之，佛肸之叛在鲁哀公二年，而不在二十年。……据《史记》、《左传》所载推之，佛肸以中牟叛而召孔子之事发生在鲁哀公二年，其时赵简子健在，离赵襄子嗣立尚有 18 年，亦可见《论语》所载孔子欲应佛肸之召事不误。"

清代学者对孔子应召之事多有考论。翟灏《四书考异》曰："佛肸之畔，畔赵简子也。简子挟晋侯以攻范中行，佛肸为范中行家邑宰，因简子致伐，距之。于晋为畔，于范中行犹为义也。且圣人神能知几，范中行灭，则三分晋地之势成。三分晋地之势成，则大夫自为诸侯之祸起，其为不善，较佛肸孰大小哉？子路未见及此，但知守其常训。圣人虽有见焉，却难以前知之几为门弟子语也，故但以坚白恒理答之。"刘宝楠《论语正义》曰："《左·哀五年传》：'夏，赵鞅伐卫，范氏之故也。遂围中牟。'此即简子伐中牟之事。然则佛肸之召孔子，当在哀五年无疑矣。盖圣人视斯人之徒莫非吾与，而思有以至之，故于公山、佛肸皆有欲往之意。且其时天下失政久矣，诸侯畔天子，大夫畔诸侯，少加长，下陵上，相沿成习，恬不为怪。若必欲弃之而不与易，则滔滔皆是，天下安得复治？故曰：'天下有道，丘不与易也'，明以无道之故而始欲仕也。"

今人吴林伯、孙钦善所言也很有道理。吴林伯《论语发微》曰："孔子应佛肸之召，意在宗周、正名，强公室，平叛乱，以一天下。""当小人道长之时，君子之道不必消；世虽极其乱，而吾心极其治，治者自治，未尝淆于乱，此之谓在险而能出，若屈原曰'举世皆浊我独清，众人皆醉我独醒'是也。"孙钦善《论语本解》曰："从末六句可以看出，孔子欲应叛乱者佛肸之召，是急于用世，以便实现自己的政治抱负：借家臣的叛乱，反对大夫专权，抑私门以张公室，恢复'礼乐征伐自诸侯出'，进而达到'礼乐征伐自天子出'，并不是想跟叛乱者同流合污。"

【"吾岂匏瓜"、"系而不食"误解】

梁皇侃《论语义疏》引曰："一通云：匏瓜，星名也。言人有才智，宜佐时理务，为人所用，岂得如匏瓜系天而不可食耶？”

清黄震《黄氏日抄》解曰：“《天文图》有匏瓜星，《论语》‘系而不食’正指星而言。盖星有匏瓜之名，徒系于天而不可食，正与南箕不可簸扬，北斗不可挹酒浆同义。”

杨润根《发现论语》解曰：“难道我也要使自己成为一个这样的虽然好看但却根本无用的匏瓜不成？我又怎么能够使自己成为一个过时的匏瓜，——当它可以食用的时候却没有被人食用，以至再也找不到什么用场而只能被人系在腰间，做一个名为匏瓜、实为水壶的不伦不类东西呢？”

【“吾岂匏瓜”、“系而不食”勘正】

《辞源》释曰：“匏瓜，葫芦。《论语·阳货》：‘吾岂匏瓜也哉？焉能系而不食？’后以匏瓜比喻求官不得或不被重用的人。《文选》三国魏王仲宣（粲）《登楼赋》：‘惧匏瓜之徒悬兮，畏井渫之莫食。’”“不食”，当释作“不被食用”。夫子之意在于阐明自己当做有用之人，不可如匏瓜老是悬挂在那里不被用，为无用之物。

清王夫之《论语稗疏》曰：“瓠之与匏，一物而异名。当其生嫩可食则谓之瓠，及其畜之为笙、瓢、杓、壶之用，皮坚瓤腐而不可食矣，则谓之匏。系者，谓其畜而系之于蔓也。不食者，人不食之也。故引以喻其徒老而不适于用也，文义自明，勿容支离作解。”杨树增《论语》（评注）曰：“孔子周游列国，就是想找一个能推行仁义之道的地方，所以佛肸召他，又一次点燃了他心中的希望之火。别人说佛肸反叛，但孔子的道德境界已达至高至纯，‘磨而不磷’，‘涅而不缁’，不论环境多么浊乱，都丝毫不会污染他。他渴望自己能用于世，而不愿像一个空挂的匏瓜，毫无实用价值。”

17.8　子曰：“由也！女闻六言六蔽矣乎？”对曰：“未也。”“居！吾语女。好仁不好学，其蔽也愚。好知不好学，其蔽也荡。好信不好学，其蔽也贼。好直不好学，其蔽也绞。好勇不好学，其蔽也乱。好刚不好学，其蔽也狂。”

【“六言六蔽”误解】

清黄式三《论语后案》解曰：“言，犹‘字’也。仁、智、信、直、勇、刚六字也。”

方骥龄《论语新诠》解曰："《书·洪范》篇释言曰从，《广雅·释诂》一：'言，从也。'疑本章所谓'六言'，六从也。好从事于六德，有如揠苗助长，即易犯六蔽矣。"

闫合作《论语说》解曰："六言，仁、智、信、直、勇、刚，这是六种德行能力。六蔽，指具备这六种德行易犯六种错误：愚、荡、贼、绞、乱、狂。"译曰："孔子说：'由，你听说六种宣传六种弊病吗？……只教人仁德而不教人四学（文、行、忠、信），其弊病是讷言；只教人讲说不教四学，其弊病是失言；只教人知人而不教四学，其弊病是易走邪路；只教人正直而不教四学，其弊病是易伤人；只教人勇武而不教四学，其弊病是乱言；只教人刚直而不教四学，其弊病是狂妄。'"

【"六言六蔽"勘正】

此处的"言"，与"一言以蔽之，曰'思无邪'"及"'有一言而可以终身行之者乎？'子曰：'其恕乎！己所不欲，勿施于人'"之"言"相同，是指一句话。六言，即六句话，指"好仁不好学"、"好知不好学"、"好信不好学"、"好直不好学"、"好勇不好学"、"好刚不好学"。六蔽，即六种弊端，指若喜好六种品德而"不好学"所容易导致的六种弊端，即愚、荡、贼、绞、乱、狂。

释"言"为"字"、为"德"、为"从"，皆不可取。"言"，在此不可理解为"字"，"仁"、"知"、"信"、"直"、"勇"、"刚"六字都是美好品德，与"愚"、"荡"、"贼"、"绞"、"乱"、"狂"六种弊行没有什么必然联系，只有在"不好学"的前提下才容易导致这六种弊端。释"言"为"德"，是对仁、知（智）、信、直、勇、刚的引申归纳，与上述一样，六德与愚、荡、贼、绞、乱、狂六种弊行也没有什么必然联系。释"言"为"从"，解作"好从事于六德"，更是难以讲通。应理解教育家孔子"六言六蔽"说的真实用意，即强调"好学"。清刘宝楠《论语正义》曰："六言皆心知之善，而不好学皆有所蔽。故《荀子·劝学》云：'君子博学而参省乎己，则知明而行无过矣。'即谓学能祛蔽也。"

陈蒲清《〈论语〉析疑二则》（载《古汉语研究》1997年第2期）论曰："从训诂上看，'言'没有'德'义。'言'的本义是说话，'直言曰言，论难曰语'（《说文》）。引申义为名词话语，又特指一句话。……从时代看，从《论语》全书用例看，以及从上下文看，'六言'是指六句话，而非六个字。”

【“好仁不好学，其蔽也愚”误解】

闫合作《论语说》解曰：“愚是口笨，心里明白而讲不好。”译曰：“只教人仁德而不教人四学，其弊病是讷言。”

【“好仁不好学，其蔽也愚”勘正】

愚，可理解为愚直、愚昧。“仁者爱人”，善待别人是“仁”。“好仁”是美德，若不好学习，不知如何行仁，则弊在愚拙憨直，愚昧而不明事理。行仁践仁应讲究对象、方法、适度，若不学习，缺乏行仁践仁方面的知识和分辨能力，一味行仁，往往会好心做蠢事，诸如辨认不清行仁对象的——以仁心救蛇狼、不考虑方式方法的——投井救人、不把握行仁适度的——召忽为其主公子纠自杀，这样的好仁者，皆因不好学、不辨事理而成为“愚儒”。汉孔安国曰：“仁者爱物，不知所以裁之，则愚。”（引自魏何晏《论语集解》）孙钦善《论语本解》曰：“喜好仁却不喜好学习，它的流弊是憨傻易欺。”

杨伯峻《论语译注》和钱逊《论语浅解》解“愚”为“被人愚弄”、“受人愚弄”，虽义近，但不够准确。“被人愚弄”、“受人愚弄”，这种“愚弄”来自别人，不属于本人之“蔽”。孔子所说的“蔽”，源于自身，即仁者不好学所致，因此，理解为“愚直”、“愚昧”为是。

【“好知不好学，其蔽也荡”误解】

辜鸿铭《辜鸿铭讲论语》讲曰：“仅热爱知识，只有热爱知识而不好学，会变得学识浅薄。”

何新《论语新解——思与行》译曰：“爱好智谋而不爱学习，它的弊病是轻率。”

闫合作《论语说》解曰：“‘知’是好口才，出口如矢。‘荡’指失言。”译曰：“只教人讲说不教四学，其弊病是失言。”

【“好知不好学，其蔽也荡”勘正】

荡，放荡。

知即“智”。智慧、聪明也是美德，但是，若不学习，只顾逞聪明，人的聪明才智有可能用不到正当的地方，往往会导致恣纵放荡之弊。以现代的高科技而言，高科技是智者的专利，若掌握在仁德者之手，则为民造福，若掌握在不仁者之手，则危害民众。有才智者往往好逞聪明，放荡而无节制，因此孔子诫之，要求智者更要加强学习仁、礼、义等知识来约束自己，谦虚谨慎，把聪明才智用到为国、为民造福的正当之处。

【“好信不好学，其蔽也贼”误解】

汉孔安国解曰：“父子不知相为隐之辈。”（引自何晏《论语集解》）

南怀瑾《论语别裁》解曰：“过分的自信，有时候发生毛病，因为过分自信，就会喜欢去用手段，觉得自己有办法，这个‘办法’的结果，害了自己，这就是‘其蔽也贼’。”

吴林伯《论语发微》解曰：“‘贼’谓执滞而不知屈伸。”

李泽厚《论语今读》解曰：“喜欢信实而不喜欢学习，那毛病是狭隘。”

闫合作《论语说》译曰：“只教知人而不教四学，其弊病是易走邪路。”

【“好信不好学，其蔽也贼”勘正】

贼，败坏、伤害。

好信，即讲诚信。讲诚信也是美德，但是，“不学以裁之”，凡事只顾讲诚信，往往会带来害己害人之弊。孔安国所举“父子不知相为隐”，是就遵从孝悌之道来讲的。孔子虽然主张父为子隐、子为父隐，但是，孔子在此的用意，未必如此狭隘。我们的理解是，讲诚信与行仁一样，也须讲究对象、适度以及方式方法的灵活性。所谓对象，就是看对谁或在什么事情上讲信；所谓适度，就是不要过分。不少人因守小信而豁上性命，值得吗？倘若因守信而到了害己害人的程度，后果便是孔子所不愿看到的“其蔽也贼”。清简朝亮《论语集注补正述疏》曰：“好信而贼者，自贼、贼人也。……皇《疏》云：‘江熙曰：尾生与女子期，死于梁下，信之害也。’《集注》云：‘谓伤害于物。’如曰‘贼，谓害人害己’，尤洽也。论家说云：游侠复言（实践诺言），刺客许人以死而勇赴之，其信皆贼焉。”孙钦善《论语本解》曰：“好信不好学就会流于小信，小信易坏事。……拘守小信而败坏事体。”杨伯峻《论语译注》注曰：“管同《四书纪闻》

云：'苟好信不好学，则惟知重然诺而不明事理之是非，谨厚者则硁硁为小人；苟又挟以刚勇之气，必如周汉刺客游侠，轻身殉人，扞文纲而犯公义，自圣贤观之，非贼而何？'这是根据春秋侠勇之士的事实，又根据儒家明哲保身的理论所发的议论，似乎近于孔子本意。"

【"好直不好学，其蔽也绞"误解】

唐韩愈、李翱《论语笔解》解曰："绞，确也，坚确之义。"

宋蔡节《论语集说》解曰："绞，讦也。"

【"好直不好学，其蔽也绞"勘正】

绞，本指两股以上的条状物拧绞在一起，引申为缠绕、绞杀、急切、绞切。梁皇侃《论语义疏》曰："绞，犹刺也，好讥刺人之非，以成己之直也。"宋邢昺《论语注疏》曰："绞，切也。正人之曲曰直，若好直不好学，则失于讥刺太切。"

直率是好品质，但过于直率、不讲究方式方法，其弊端在于绞切较真，尖刻伤人。因此，耿直、直率者也需要学习，修养德性，温良恭俭，以礼约己，宽厚待人，完善处世之道，避免绞直之弊。《泰伯》篇中子曰："直而无礼则绞。"孙钦善《论语本解》曰："喜好直率却不喜好学习，它的流弊是尖刻伤人。"

17.9　子曰："小子何莫学夫《诗》？《诗》，可以兴，可以观，可以群，可以怨。迩之事父，远之事君，多识于鸟兽草木之名。"

【"兴"误解】

宋张栻《南轩论语解》解曰："兴，谓兴己之善。"

闫合作《论语说》译曰："孔子说：'你们何不去学学写诗，写诗，可用比兴，可用观，可用群，可用怨，近的内容侍奉父母，远的内容侍奉国君，多借鸟兽草木说出要说的话。'"

【"兴"勘正】

兴，《辞源》注音为"xìng"，解曰："诗歌即景生情的表现手法。《诗·周南·关雎序》：'故诗有六义焉：一曰风，二曰赋，三曰比，四曰兴，五曰雅，六曰颂。'《集传》：'兴者，先言他物以引起所咏之词也'。"汉孔安国《论语孔氏训解》曰："兴，引譬连类也。"宋朱熹《论语集注》解作"感发志意"，言诗可以激发人的感情，表达心志。

【"观"误解】

林觥顺《论语我读》注曰："觀者宫殿宗庙之门觀，觀字从見从雚，笔者注相见歡以成可觀之事物。"

【"观"勘正】

观，观察。孙钦善《论语本解》解曰："观：指观察社会。因《诗》多反映世情民俗，政治得失，故云。《汉书·艺文志》：'《书》曰："诗言志，歌咏言。"……故古有采诗之官，王者所以观风俗，知得失，自考正也。'"

汉郑玄《论语郑氏注》曰："观风俗之盛衰也。"宋朱熹《论语集注》曰："考见得失。"宋张栻《南轩论语解》曰："观人之志。"杨朝明《论语诠解》曰："可以洞悉人的内心"。

观古今，观社会，观风俗，观人，观物，等等，可"观"的对象宽泛，不要限定在某一方面。

【"群"误解】

林觥顺《论语我读》注曰："群者辈也，是同等类之偁，是诗可以正君臣父子夫妇之三纲。"

杨润根《发现论语》注曰："群：分群，分类，这里可理解为分析综合。"

【"群"勘正】

群，《汉语大词典》释曰："合群；会合。《论语·卫灵公》：'君子矜而不争，群而不党。'朱熹集注：'和以处众曰群。'《荀子·非十二子》：'壹统类而群天下之英杰。'杨倞注：'群，会合也。'"

孙钦善《论语本解》曰："群：与人交际、交往。当时贵族交往多赋《诗》言志，以为辞令。"李零《丧家狗——我读〈论语〉》："'群'是处理人际关系（社会学旧译'群学'）。"

诗能促进人际交往，促进团结，和合世间大众。

【“怨”误解】

宋朱熹《论语集注》解曰：“怨而不怒。”

钱穆《论语新解》译曰：“学了诗，可以兴起你自己，可以懂得如何博观于天地，可以懂得在群中如何处，可以懂得处群不得意时如何怨。”

【“怨”勘正】

怨，解作怨恨、悲怨、哀怨、怨忿皆可。诗可以抒发怨情。至于抒怨的对象和内容，不仅仅是汉孔安国所说的“怨刺上政”（引自何晏《论语集解》），应是多方面的，如怨刺时弊，抒发对所闻所见的不满情绪，等等。

朱熹所讲的“怨而不怒”，是理学家站在维护礼制、维护统治者利益的角度所言，此言严重约束了“怨”的尽情抒发。钱穆的译文，虽义近，但欠贴切。

17.10 子谓伯鱼曰：“女为《周南》、《召南》矣乎？人而不为《周南》、《召南》，其犹正墙面而立也与？”

【“正墙面而立”误解】

杨润根《发现论语》解曰：“这句话的喻意是显而易见的：人与现实太贴近了，人们就会被眼前的现实蒙住眼睛，并以为现实中的一切所代表的就是人类历史的必然的和全部的真实。”

林觥顺《论语我读》解曰：“是面墙而正立，是言其所写诗文，均属空穴来风，凭思悟捏造，无从引证，人俩壁造杜撰缘此。”

闫合作《论语说》解曰：“‘正墙面而立’，……指不学《周南》、《召南》，就像面墙而不见墙一样，面对诗却不会写诗。”

【“正墙面而立”勘正】

孔子是说：人如果不学《周南》、《召南》，就像面正对着墙壁站立一样寸步难行。孙钦善《论语本解》曰：“周南、召南：《诗·国风》中的两部分。……儒家旧说认为《周南》、《召南》二十五篇诗歌反映了文王、周公王业风化之基本，是《国风》中最为纯正的部分，如《毛诗大序》说：‘《周南》、《召南》，正始之道，王化之基。’……正墙面：正对着墙。比喻没有见识，没有前途。朱熹《论语集注》说：‘言即其至近之地，而一物无所见，一步不可行。’深得其意。”

17.13 子曰：“乡原，德之贼也。”

【“乡原”误解】

晋张凴解曰：“乡原，原壤也，孔子乡人，故曰乡原也。彼游方之外，行不应规矩，不可以训，故每抑其迹，所以弘德也。”（引自梁皇侃《论语义疏》）

何新《论语新解——思与行》注曰：“乡，向，四向。愿，原，即圆。……乡愿，愿，圆也。乡，方也（丁惟汾《方言音释》）。乡愿，方圆，说方为圆。”译曰：“孔子说：‘四面圆滑，那是道德之贼。’”

【“乡原”勘正】

原，音 yuàn，“愿”的古字，谨慎老实。乡原，乡里貌似谨厚而实与流俗合污的伪善者。也可以理解为阿谀媚世、处事圆滑、谁也不得罪的老好人。

《辞源》释“原”曰：“诚实。通‘愿’。”《辞源》释“愿”曰：“朴实，善良。《书·皋陶谟》：‘愿而恭。’疏：‘愿者，慤谨良善之名。’”《辞源》释“乡原”曰：“外博谨愿之名，实与流俗合污的伪善者。”《汉语大词典》释“乡原”曰：“指乡里中貌似谨厚，而实与流俗合污的伪善者。‘原’同‘愿’。谨厚貌。”《现代汉语词典》释“乡愿”曰：“外貌忠诚谨慎，实际上欺世盗名的人。”杨朝明《论语诠解》曰：“本章强调做老好人其实并非君子所为。”

《孟子·尽心下》曰：“孔子曰：‘过我门而不入我室，我不憾焉者，其唯乡原乎！乡原，德之贼也。’曰：‘何如斯可谓之乡原矣？’曰：‘何以是嘐嘐也？言不顾行，行不顾言，则曰“古之人，古之人。行何为踽踽凉凉？生斯世也，为斯世也，善斯可矣”。阉然媚于世也者，是乡原也。’万子曰：‘一乡皆称原人焉，无所往而不为原人，孔子以为德之贼，何哉？’曰：‘非之无举也，刺之无刺也。同乎流俗，合乎污世。居之似忠信，行之似廉洁，众皆悦之，自以为是，而不可与尧舜之道，故曰德之贼也。'”通过孟子答万章问，可以较全面地了解乡原者为何样之人。

17.15 子曰：“鄙夫可与事君也与哉？其未得之也，患得之。既得之，患失之。苟患失之，无所不至矣。”

【“鄙夫可与事君也与哉”误解】

清沈涛《论语孔注辨伪》解曰：“《文选·东京赋注》、颜师古《匡谬正俗》引此‘与’皆作‘以’，盖此‘与’字本当作‘以’字解，下文‘患得患失’皆言鄙夫所以不可事君之故，非谓不可与鄙夫事君也，孔说非是。”

何新《论语新解——思与行》解曰：“鄙夫，乡下农夫。”

林觥顺《论语我读》解曰：“上与是赐与参与。下与作欤。也欤哉，是句尾助词，以成正反之文饰，可与事君也欤哉，可点断成可与事君欤哉？可与事君也。”

【“鄙夫可与事君也与哉”勘正】

此语是说：鄙陋浅薄之人可跟他一起侍奉君主吗？

汉孔安国《论语孔氏训解》曰：“言不可与事君。”梁皇侃《论语义疏》曰：“言凡鄙之人不可与之事君，故云可与事君哉。”方骥龄《论语新诠》曰：“‘可与’，似当作‘可以相与’解。此种人道不同，不足相谋也。盖君子之道在君国，而鄙狭之人则在个人利禄，故易生患得患失之心。此种人以利害得失存诸心，岂可与之相交接耶？”

“鄙夫”，似不当释作乡下农夫，因乡下农夫极少有“事君”之可能。当指鄙陋浅薄之人。“可与”之“与”，义近“同”、“跟”。沈涛据《文选·东京赋注》、颜师古《匡谬正俗》所引第一个“与”皆作“以”，认为此“与”字本当作“以”字解。我们以为，当作“以”字解，虽也能解释得通，但缺乏《论语》版本依据。既然汉代孔安国所见本子作“与”，那么唐代《文选》注文及《匡谬正俗》引文的可靠性是值得怀疑的。

【“患得之”、“患失之”误解】

魏何晏《论语集解》解曰：“患得之者，患不能得之。楚俗言。”

梁皇侃《论语义疏》解曰："患失之，患不失之也。既得事君而生厌心，故患己不遗失之也。"

元陈天祥《四书辨疑》解曰："何氏之说固是，然经中本无不字，文不相合。东坡谓'患得之'当为'患不得之'，盖阙文也。此为完说。"

【"患得之"、"患失之"勘正】

患，忧虑。此语是说：未得到时，整天忧虑如何得到；既已得到了，又整天忧虑担心恐怕失掉。这么解读，语义较顺，无须加"不"字。日人中井积德《论语逢源》曰："患得之，以欲得为忧虑也，非患不能得之谓。"

清牛运震《论语随笔》曰："患得之，谓必欲得之。此种热中情肠真如病痛沉痼一般，《注》谓患不能得之，殊属添设。"严灵峰《读论语札记》曰："皇说恐非。按：皇氏泥于上文'患得之'之何注，故有此解。夫鄙夫在欲'得'而'患失'；因'患失'，遂'无所不至'。其意甚明。"薛克谬《〈论语〉"患得之"解》（载《河北大学学报》1997年第9期）论曰："'患得之'的意思是千方百计希望得到官职的意思……所以，把'患得之'讲作'为要得到它而忧愁'，这与《论语》中所反映出来的道德取向是相契合的。"

17.16　子曰："古者民有三疾，今也或是之亡也。古之狂也肆，今之狂也荡；古之矜也廉，今之矜也忿戾；古之愚也直，今之愚也诈而已矣。"

【"狂也肆"、"狂也荡"误解】

林觥顺《论语我读》解曰："狂：如犬之疯狂颠狂，引申作狂妄、急躁。肆：许慎云极陈也。是极力布陈设置，黾勉于事，是极辛勤劳苦地做。"

刘兆伟《论语通要》解曰："清朱骏声《说文通训定声·履部》：'肆，假借为肄。'《周礼·春官·小宗伯》：'肄仪为位'，汉郑玄注：'肄，习也。故书肄为肆。'唐陆德明《经典释文》：'肆字亦作肄。'由此可证'肆'可以理解为'肄'的假借字，肄，习，学。"

闫合作《论语说》解曰："古代的狂，是敢言；现在的狂是胡说。"

【“狂也肆”、“狂也荡”勘正】

狂，狂放、狂妄。肆，放肆、恣纵。《玉篇》：“肆，放也，恣也。”放意肆志，不拘小节。《左传·昭公十二年》：“昔穆王欲肆其心，周行天下。”又《昭公二十年》“肆行非度”孔颖达疏：“肆，纵恣也。”荡，放荡、不受约束、恣意妄为。孔子以古比今，以为古人、今人虽同样存有“狂”的毛病，但今人又过于古人。如宋朱熹《论语集注》所说：“狂者，志愿太高。肆，谓不拘小节。荡则逾大闲矣。”

孔子是说：古时候的人们有三种毛病，今人或许连这样的毛病也没有了，而且更甚。古人的狂妄只不过放意肆志不拘小节，今人的狂妄却是放荡无礼恣意妄为；古人的矜庄只不过是棱角锋利不能触犯，今人的矜庄却是动辄发怒蛮横无理；古人的愚蠢还能透露出直率，今人的愚蠢却是伴着欺诈。

【“矜也廉”、“矜也忿戾”误解】

清徐养原《论语鲁读考》：“鲁读廉为贬，今从古。……古字廉砭通用，贬与砭俱从乏得声，故廉又通贬。”

辜鸿铭《辜鸿铭讲论语》讲“矜也廉”曰：“古代傲气的人显得稳重谦逊。”

何新《论语新解——思与行》译曰：“古代的自爱者廉洁，现在的自爱者只会愤怒发狠。”

林觥顺《论语我读》解曰：“从矛从令，读怜，是集军政大权于一身，是权柄者。在霸权下的庶民行役，无不怜恤。……矜，各本作矜，解云今声者，误。”

【“矜也廉”、“矜也忿戾”勘正】

矜，矜庄、矜持。《卫灵公》篇：“君子矜而不争，群而不党。”廉，《辞源》释曰：“棱角，锋利。”忿戾，《辞源》释曰：“火气大，蛮横不讲理。”《汉语大词典》释曰：“蛮横无理，动辄发怒。”孔子是说：古人的矜庄只不过是棱角锋利不能触犯，今人的矜庄却是动辄发怒蛮横无理。

汉马融《论语马氏训说》曰：“有廉隅也。”（廉隅：棱角）梁皇侃《论语义疏》曰：“矜庄也，廉隅也。……今世之人自矜庄者，不能廉隅而因之为忿戾怒物也。”宋朱熹《论语集注》解曰：“矜者，持守太严。廉，谓稜角陗厉。忿戾则至于争矣。”

对于“鲁读廉为贬”的说法，清章炳麟《广论语骈枝》辨曰：“《释文》：‘鲁读廉为贬，今从古。’案，廉、贬古音同部，此改读也，盖古文师从矜庄义，庄则有廉隅，故读廉如字。鲁学者从矜夸义，夸则不尚廉隅，故改读为贬，谓贬人以自显，如言管晏不足为、三代不足法，则己之德业自见也，以肆荡忿戾直诈文例相推，读如字为合。”

17.18　子曰：“恶紫之夺朱也，恶郑声之乱雅乐也，恶利口之覆邦家者。”

【“恶紫之夺朱”误解】

杨润根《发现论语》译曰：“孔子说：‘人们应该厌恶那种依靠卖弄伶俐的口舌而把本来远非鲜艳的紫色赞美得光彩照人，把本来光彩照人的红色贬低得黯然失色的人；应该厌恶那种依靠卖弄伶俐的口舌而把本来低级庸俗、混乱刺耳的郑国民歌赞美成高雅优美的音乐艺术，把本来高雅优美的音乐艺术贬低为低级庸俗、混乱刺耳的声音的人；同样，就像我们从历史中所了解到的那样，人们也应该厌恶那种依靠卖弄伶俐的口舌来贬低一个本来理想的已成为每一个公民的温馨的大家庭的联邦国家并企图以此来颠覆它的人。’”

【“恶紫之夺朱”勘正】

孔子是说：憎恶紫色侵夺了红色的正色地位，憎恶郑国的靡靡之音破坏了用于郊庙朝会的传统正乐，憎恶巧嘴利舌颠覆国家的人。

汉孔安国曰：“朱，正色。紫，间色之好者。恶其邪好而夺正色。利口之人，多言少实，苟能悦媚时君，倾覆国家也。”（引自魏何晏《论语集解》）宋邢昺《论语注疏》曰：“此章记孔子恶邪夺正也。”

17.19　子曰：“予欲无言。”子贡曰：“子如不言，则小子何述焉？”子曰：“天何言哉？四时行焉，百物生焉，天何言哉？”

【“小子何述”误解】

梁皇侃《论语义疏》解曰：“言夫子若遂不复言，则弟子等辈何所复传述也。”

何新《论语新解——思与行》注曰：“述，术也，学术。”译曰：“您如果不讲话，那我们这些学生还能学到什么呢?”

【“小子何述”勘正】

述，遵循。清刘宝楠《论语正义》曰：“《诗》：‘日月报我不述。’毛《传》：‘述，循也。’言弟子无所遵行也。”《辞源》：“述，遵循。《书·五子之歌》：‘述大禹之戒以作歌。’《礼·中庸》：‘父作之，子述之。’”

从下文来看，上天没有言说什么，春夏秋冬四时照样循序运行，天下百物照样循时生长，因此“述”还是释作“遵循”切合本章文意。子贡的意思是：老师您不讲话，我们做学生的就不知道怎么做了。要老师讲话的目的，是想寻求遵循的法则，并非只是为了传述。

17.22 子曰：“饱食终日，无所用心，难矣哉！不有博弈者乎？为之，犹贤乎已。”

【“难矣哉”误解】

杨伯峻《论语译注》译曰：“不行的呀!”

金池《〈论语〉新译》译曰：“这是灾难呀!”

林觥顺《论语我读》解曰：“难，读同傩，罗音。傩是古时祭祀（今仍延用）驱魔的傩戏，诗传训行有节也。……傩又引作酒醉者步履不安。”

【“难矣哉”勘正】

与下文联系起来看，孔子慨叹的是，这种饱食终日、无所用心、无所事事的人，真是让人犯难啊！孔子在为此种人感到犯难之时，权且为其指出一事：不是有六博和围棋之类的游戏吗？玩玩棋，也比整天这么个样子强啊。

17.23 子路曰：“君子尚勇乎?”子曰：“君子义以为上。君子有勇而无义为乱，小人有勇而无义为盗。”

【句意误解】

辜鸿铭《辜鸿铭讲论语》讲曰：“子路问：‘勇猛对一位绅士来说，

难倒不是一种美德吗?’孔子回答:‘将正直的事情推崇为最重要的事情。一位勇士,如果没有知识,热爱正直的事情,很可能去犯罪。百姓中,如果有人只有勇气,而缺乏知识和对正直的热爱,则很有可能成为强盗。’”

【句意勘正】

此章正确的理解是:子路问:“君子崇尚勇敢吗?”孔子说:“以义为上。君子有勇无义就会犯上作乱,小人有勇无义就会成为盗贼。”义,正义,合乎道义或公益的。辜鸿铭将“小人”理解为“百姓”,将“义”理解为“知识”,欠当。

17.24 子贡曰:“君子亦有恶乎?”子曰:“有恶:恶称人之恶者,恶居下流而讪上者,恶勇而无礼者,恶果敢而窒者。”曰:“赐也亦有恶乎?”“恶徼以为知者,恶不孙以为勇者,恶讦以为直者。”

【“恶果敢而窒者”误解】

清俞樾《群经平议》解曰:“窒当读为懫,《说文》至部‘懫,忿戾也。从至,至而复孫,孫,遁也’。《周书》曰‘有夏氏之民叨懫’,今《尚书·多方篇》作懫懫,与窒古同字。《周易·损·象传》‘君子以惩忿窒欲’,《释文》曰‘窒,刘本作懫’,《一切经音义》卷九曰:‘窒,古文懫同’。然则《论语》之窒犹《尚书》之懫,并为懫之假字。果敢而懫者,言果敢而忿戾也。马训为窒塞,《正义》因以窒塞人之善道,足成其义,胥失之矣。”

闫合作《论语说》译曰:“子贡问:‘君子也会有错吗?’孔子说:‘有错,……错在勇往直前而行不通。’”

【“恶果敢而窒者”勘正】

窒,古人理解为窒塞不通,今人理解为顽固、不知变通,皆合文意。《说文解字》:“窒,塞也。”即阻塞,不畅通,引申为固执,不知变通。

果敢是优点,然顽固不化、不知变通则是缺点。孔子主张“毋必毋固”,讨厌硁硁然专断固执之人。今人多如此理解。李泽厚《论语今读》曰:“憎恶专断而执拗的人。”杨朝明《论语诠解》曰:“厌恶自以为果敢却固执、不知变通的人。”孙钦善《论语本解》曰:“憎恶果敢却顽固不化的人。”

【“恶徼以为知者”误解】

宋朱熹《论语集注》解曰：“徼，伺察也。”

清沈涛《论语孔注辨伪》解曰：“《释文》云‘徼，郑本作绞，古卯反’，《中论覈辨篇》引孔子曰：‘小人毁訾以为辨，绞急以为智，不逊以为勇，斯乃圣人所恶，是《论语》家旧说皆读为绞刺之绞。徼与绞声相近，字得相通，孔训为钞，误。’”

杨润根《发现论语》解曰：“徼（jiào）：边沿，这里指一知半解，只沾到一点知识的边。”

闫合作《论语说》译曰：“子贡问：‘君子也会有错吗?’孔子说：‘有错，错在侥幸以为是智者。’”

【“恶徼以为知者”勘正】

徼，抄袭。君子憎恶抄袭别人为己有的聪明人。汉孔安国《论语孔氏训解》曰：“徼，钞也。恶钞人之意以为己有也。”《广韵》：“徼，抄也。”《辞源》：“徼，抄袭。”《汉语大字典》：“徼，窃取，抄袭。”

“恶徼”，定州简本及郑玄注本《论语》作“恶绞”。《经典释文》亦曰“徼，郑本作绞”。清阮元《论语注疏校勘记》曰：“《释文》出‘徼以’云：‘郑本作绞。’案：敫声、交声，古音同部，故得通借。”清俞樾《论语古注择从》曰：“《曲礼》曰‘毋剿说’，郑注‘剿犹擥也’，谓取人之说以为己说。孔解徼字与郑解剿字同。伯尊攘善，君子讥之，宜为子贡所恶也。朱《注》训徼为伺察，则与下文讦为攻发人之阴私，虽用意不同而皆主于得人之阴私，转无区别，不如孔《注》之善也。”

17.25　子曰：“唯女子与小人为难养也，近之则不孙，远之则怨。”

【“女子”误解】

明林希元《论语存疑》解曰：“女子，婢妾也。”

清康有为《论语注》解曰：“‘女子’本又作‘竖子’，今从之。……竖子，谓仆隶之类。”

蒋沛昌《论语今释》：“女孩子、女娃子，女儿，青年未婚女性。”

金池《〈论语〉新译》解曰："女子：你们几个学生。女：同'汝'，你，你们，代词。子：弟子，学生，名词。'女子'不是一个词，而是两个词。不能把春秋时期孔子言论中的'女子'按照现代语言的习惯理解为'女人'。"

廖小鸿《"女子"——"小人"辨》（载《中华女子学院山东分院学报》2003 年第 4 期）辨曰："'子'是指女子，那么'子'前面再加'女'，'女子'一词就应当译为'女女子'。什么是'女女子'呢？'女女子'就是'女中小人'。正如男子中有小人那样，女子中也有小人。"

刘明武《为孔子辩："唯女子与小人为难养也"中的"女子"非指"女人"》，（载《妇女研究论丛》1998 年第 4 期）曰："'唯女子与小人为难养也'中的'女子'一词，不应理解为双音合成词，应该理解为两个单音词。'女'应该理解为第二人称的'你'，'子'应该理解为'儿子'。'女子'应该理解为'你的儿子'。'唯女子与小人为难养也，近之则孙，远之则怨'，整个句子应该理解为'只有你的儿子和小人一样是难以相处的：亲近了就会无礼，离远了就会怨恨'。"

【"女子"勘正】

女子，即女人、妇女。宋邢昺《论语注疏》曰："此言女子，举其大率耳。若其禀性贤明，若文母之类，则非所论也。"

【"小人"误解】

宋朱熹《论语集注》解曰："此小人，亦谓仆隶下人也。"

蒋沛昌《论语今译》解曰："男孩子、男娃子，儿子，青年未婚男性。"

【"小人"勘正】

当就品行而言，指与君子相对而言的小人。黄怀信《论语新校释》曰："品格低下，无大度之人。"

【"唯女子与小人为难养"误解】

金池《〈论语〉新译》译曰："只有你们［几个］学生和小人一样是不好教育培养的。"

乔一凡《论语通义》解曰："女，读汝。唯、惟通，语辞。与、欤通，疑辞。女、汝通而声意异。唯汝子欤句，小人句，旧说连读唯女子与小人，女不读汝，而读男女之女，极为诬侮。本经女字例读汝，汝字指冉有，子字指季孙，冉有为季氏宰，故曰汝子。养为禄养，即食禄，鲁禄自季氏出，已历四世，难养即是说禄不好食也。"

李燕《孔子何曾骂女子——"唯女子与小人为难养也"辩》［载《中华儿女》（海外版）1997 年第 3 期］论曰："我认为本应今译为：'就是你那里的年轻人和缺乏教养的人一样难伺候……'。综其意，是孔子教弟子们在待人接物时，对于缺乏教养的人宜保持适度的距离，全然与'骂女子'无关。"

吴全权《〈论语〉"唯女子与小人为难养也"析辨》（载《江汉大学学报》1997 年第 5 期）论曰："男女：人也。孔子泛爱之不暇，何鄙视之有？人群之中，有善恶之分，有良莠之别。'为难养之女子与小人'，指南子与卫灵公或其类属者，有证有据，昭然若揭。"

吴正中、于淮仁《"唯女子与小人为难养也"新解》（载《甘肃社会科学》1999 年第 5 期）解曰："唯：读作 duì（即今之'对'），表肯定语气的应答词，相当于现代口语中'是不是'之'是'。东汉许慎《说文解字》：'唯：诺也。从口、隹（zhuī）声。''隹'、'对'音近。……女：当读为 rǔ，通'汝'，对称代词，只用于表示单数。……与：如上所述，以往注家多把'与'误读为 yǔ，视为表并列关系的连词，作'和'讲，此乃导致对句子误解的重要原因之一。其实，此处的'与'当读为 yú，同'欤'。……此章之正确断句当为：孔子说：'唯！女子与！小人为难养也——近之则不孙，远之则怨。'即：孔子说：'对！您（这位）先生（说得是对的）啊！小人（实在是）很难对待、侍候、对付的——亲近他吧，（他）就傲慢不恭；疏远他吧，（他）就怨恨在心。'"

周远成《唯女子与小人为，难养也——孔子的女性观辨证》（载《船山学刊》2002 年第 3 期）辨曰："唯有女子与小人（在一起）共事，是最难相处的啊！（与小人）亲近些，就不拘礼节、放肆；（若与小人）疏远些，就不能容纳、怨恨。"

牛多安《孔子曰"唯女子与小人为难养也"释义》（载《孔子研究》2002 年第 5 期）释曰："孔子说'唯女子与小人'，是为某些女子担忧，并非将女子与小人并列，等同看待。这里的关键在一个'与'字。在这里，‘与’不是连词，而是动词，是赞助、嘉许、参与之意。……许慎《说文解字》：‘与，党与也。’是就‘与’之古意而言的。由‘与，党与也’可知孔子说‘唯女子与小人’之言之意矣。‘女子与小人’是一子句而作全句的主语，‘难养’是全句的谓语。全句意为：女子支持、赞助小人，与小人结党营私，小人便会肆无忌惮，任意胡为，远之近之都不是，难以满足其私欲。”

林觥顺《论语我读》解曰：“父母养育子女，要算初生婴儿及满月至周岁的幼儿，最不易抚养。”

刘兆伟《论语通要》解曰：“笔者以为当如是讲：唯，发语词，语首助词。杨树达《词诠》：‘唯，语首助词。’此为咳、唉意。与，于此非并列连词，而是随从、随着之意。《国语·齐语》：‘桓公知天下诸侯多与己也。’韦昭注：‘与，从也。’……《管子·大匡》：‘公先与百姓而藏其兵。’郭沫若等集校：‘与，亲也。’‘女子与小人’即女子随从小人，亲近小人，即女子嫁给小人。难养，难于生活。”

【“唯女子与小人为难养”勘正】

由于这句话，孔子落了个“轻视妇女”的罪名。很多人千方百计、绞尽脑汁为孔子开脱——或从孔子的思想主张方面，或从断句方面，或从文字训诂方面——但都显得苍白无力。《论语》中确实记下了这句话，白纸黑字，难以抹去。

首先要明白的是，孔子这里所说的女子，不是泛指，是指一部分女人。任何人，无论狂到何种地步，也不敢拿全天下的女子（半边天）来贬毁，以落个千古骂名，何况是一贯主张“泛爱众而亲仁”的圣贤孔子！清楚了这一点，才符合事实，天下绝大多数的好女子才可释然。

孔子所说的“一部分女人”，是指那些缺乏修养，不通情达理，甚至胡搅蛮缠的女人——俗话说的泼妇一类。这类女人不好对待：亲近她吧，她则不恭逊；疏远她吧，她则怨恨。总之，无论你怎样做，她都会整天闹得你不得安宁。孔子把这种缺乏修养的女子与品格低下的小人放在一起评论，慨叹其不好对待，是合乎情理的。

孔子谨严，他所说的话，虽不能说全对，但并非随意而发，多是有所指的。现实生活中，确实有相当一部分女子修养颇差，品行低劣（当然有些男子也是如此），亲了、远了都不行，令人感到很难对待。凡有亲身经历者（与缺乏修养、品行差的女人生活在一起），会倍感孔子描述精辟；而没有这种经历者，则疑孔子冤枉了妇女、轻视了妇女。尤其是那些品性优良、贤妻良母型的妇女，往往误以为孔子所言也包括了自己，感到委屈和不满。

早在宋代，邢昺在《论语注疏》中就已讲明："此言女子，举其大率耳。若其禀性贤明，若文母之类，则非所论也。"今人钱地在《论语汉宋集解》中案曰："孔子所言女子，非泛指一切女人，所言小人，亦非泛指一切男人。"

李泽厚《论语今读》从女人性格方面看问题，也有一定道理，录之供参："这章最为现代妇女所诟病。好些人写文章来批评，好些人写文章来辩说，其实都不必要。相反，我以为这句话相当准确地描述了妇女性格的某些特征。对她们亲密，她们有时就过分随便，任意笑骂打闹。而稍一疏远，便埋怨不已。这种心理性格特征本身并无所谓好坏，只是由性别差异产生的不同而已；应说它是心理学的某种事实。至于把'小人'与妇女连在一起，这很难说有什么道理。但此'小人'作一般人解，或作修养较差的知识分子解，亦可说通。自原始社会后，对妇女不公具有世界普遍性，中国传统对妇女当然很不公平很不合理，孔子尤然。"

杨朝明以《真实的孔子》为题，在2010年1月28日《光明日报》上对"唯女子与小人为难养"进行了新的解读和认识，摘录供参：

孔子并没有"轻视妇女"

传统社会中妇女地位一直不高，人们往往认为是"孔子轻视妇女"所带来的恶果，而孔子"轻视妇女"的直接证据就是《论语·阳货》中孔子的那句话："唯女子与小人为难养也，近之则不逊，远之则怨。"这被视为孔子歧视妇女的铁证，谁要说孔子没有轻视妇女，首先必须越过这道坎儿。

孔子这句话人人皆知。孔子处在父权家长制时代，女性地位较低，似乎被歧视也很正常。但他的思想具有浓重的人本主义色彩，他说"仁者爱人"，难道不包括女性在内？蔡尚思写过一篇文章《我爱孔子，我更爱真理》，说："孔子大谈忠恕之道，但却不能付诸实践，将心比心，推己及人，诸如推父母，推夫及妻，推男及女等。"又说："男女性别是优劣品质的大问题。孔子站在男子的立场歧视女子的表现有多种。”蔡先生的基本论据不过就是孔子那句话。看来，正确理解这句话还影响到对孔子思想的整体认知。

事实上，问题并不如此简单。仅从情理上判断，孔子也不会就那样将占人口半数的女性给一口否定，而且他说的还不只有“女子”。《论语》出于孔门后学，可能就是孔子的孙子子思主持选编而成，难道他们也“轻视妇女”？然而，直到有一天，当读到《逸周书·和寤解》中的“小人难保”一语时，我们才恍然大悟，从而彻底消除了疑问。

孔子那句话既说“女子难养”，也说“小人难养”。《逸周书》中的“小人难养”正是“小人难保”，因为《说文解字》明确说：“保，养也。”

那么，“小人难保”又是什么意思？《逸周书·和寤解》是周武王灭商前在商郊“明德于众”之作。周武王要收服民心，希望取得广大民众的支持，所以他说：“呜呼，敬之哉！无竞惟人，人允忠。惟事惟敬，小人难保。”这里的“小人”乃是“平民”、“普通百姓”，而不是指人们惯常意识中的那些“道德低下的人”。依《周书序》，该篇乃是武王要求众人重视小民，不能与小民争利。他认为“小人难保”，故应“惟事惟敬”。要得到民众的支持，就要事事施之以敬，这正是周人传统“敬德保民”思想的体现。

除了《逸周书》，《尚书·康诰》也有“小人难保”一语。其中记周公告诫康叔之语曰：“呜呼！小子封，恫瘝乃身，敬哉！天畏棐忱，民情大可见，小人难保。往尽乃心，无康好逸豫，乃其乂民。”当时，周公刚刚平定管叔、蔡叔与殷人勾结的叛乱，周公嘱告康叔小民不易安，应当在治理时保持一颗敬畏之心。欲安其民，就应当重视他们，就要尽心尽诚，而不能苟安逸乐。

啊，原来如此！原来“小人难保”本是周人的政治观念！

孔子学说的突出特点就是“从周”。他十分推崇“文武之政”，常常“梦见周公”。由此，孔子的一些“拿捏不准”的言论与争议，正可以结合周代典籍中的言说进行理解。所谓“小人难养”竟然是要重视“小人”，应当心存一份敬畏和戒惧，不要忽略这一群体。

同样，“女子难养”也不会是轻视妇女。孔子特别强调要了解“民性”、“民情”，《孔子家语·入官》记孔子说：“君子莅民，不可以不知民之性而达诸民之情，既知其性，又习其情，然后民乃从其命矣。故世举则民亲之，政均则民无怨。故君子莅民，不临以高，不导以远，不责民之所不为，不强民之所不能。”这其实就是一个“度”的问题。对于“女子”与“小人”，都要注意“政均”，不能“近”，也不可“远”，从而让他们恭敬、不怨。朱熹也是这样理解的，他认为应当“庄以莅之，慈以畜之”。对于为政者，更是必须慎思慎为。对“女子”和“小民”，需要注意如何与他们相处或役使他们。要取得他们的拥护、理解与支持不是轻而易举的事情，过于亲近，他们就难免简慢而不驯顺；如果疏远了他们，就会产生怨愤。孔子此语，也可能包含有对女子和小人的重视、关注与深切体察。

微子第十八

18.1　微子去之，箕子为之奴，比干谏而死。孔子曰："殷有三仁焉。"

【"殷有三仁"误解】

明张存绅《雅俗稽言》曰："或谓仁即'井有仁焉'之仁，当作'人'，夫子言殷有三人如此。"

黄怀信《论语新校释》校曰："殷有三人焉，'人'旧作'仁'，义不谐，当属音误，今从定州简本及敦煌一本改（改为'殷有三人焉'）。"释曰："'人'，人才。"译曰："孔子说：'（可惜）殷王朝（只）有三位人才。'"

林觥顺《论语我读》解曰："殷有三仁，不是殷代只有三个仁者，是说殷代仁者甚众。按仁是二人，三人是众，篆作㐺，犹众人立也。"

【"殷有三仁"勘正】

前面是列举微子、箕子、比干及其事迹，后面是孔子的评价："殷朝有三位仁人。""三仁"，即"三位仁人"。

魏何晏《论语集解》曰："仁者爱人。三人行异而同称仁，以其俱在忧乱宁民。"陈大齐《论语辑释》曰："三人之仁，非指去、奴、死为仁也，商纣时天下不安甚矣，而微、箕、比干皆能忧乱安民，故孔子叹之。"

张存绅以为"仁"当作"人"，缺乏版本依据。黄怀信以为"人"旧作"仁"，义不谐，当属音误，据定州简本及敦煌本将原文改作"殷有三人焉"，虽有版本依据，但所据定州简本及敦煌本在文字上与传统流行本差异较大（定州简本《论语》及敦煌本《论语》存有抄误，异体及俗字较多），难以证明传统流行本为误。

杨朝明《论语诠解》曰："仁：仁人。或以为'仁'同'人'，考《孟子·告子下》有：'居下位，不以贤事不肖者，伯夷也；五就汤，五就桀者，伊尹也；不恶污君，不辞小官者，柳下惠也。三子者不同道，其趋一也。一者何也？曰仁也。君子也仁而已矣。何必同？'与本章所论思想一致，因此，'仁'同'人'的观点是不对的。"李零《丧家狗——我读〈论语〉》解曰："《论语》一书，'仁'或用为'人'，这里的'三仁'，是读如本字。若读为'三人'，等于废话。"

18.3　齐景公待孔子曰："若季氏，则吾不能，以季、孟之间待之。"曰："吾老矣，不能用也。"孔子行。

【"待孔子……待之"误解】

清黄式三《论语后案》解曰："'待孔子'之'待'，依《史记·世家》作'止'。止对行言，谓留之也。《尔雅》：'止，待也。'《广雅》：'止，待逗也。'……古待、止音同，相通用。"

辜鸿铭《辜鸿铭讲论语》讲曰："齐景公想聘用孔子，然而，他说：'我不能让他做部长，但是我可以让他当我的私人顾问。'"

方骥龄《论语新诠》解曰："《说文》：'待，竢也。'待与竢互训。竢通俟，俟又与痴騃之騃字相通。今人言延搁停留至久曰'待下去'，与'呆''騃''耽'字同音。管子《大匡》'君不能待也'注：'犹疑也'。'齐景公待孔子'者，殆齐景公对孔子有所犹疑而延搁耽待之欤？'曰'字似应单独，不与'齐景公待孔子'句相连，疑系景公延搁耽待后向人自述其因之语。"

金良年《论语译注》译曰："齐景公接待孔子时说：'像鲁国重用季氏那样，我做不到。'于是就用次于季氏、高于孟氏的待遇来接待孔子。"

孙钦善《论语本解》译曰："齐景公准备给孔子以礼遇留住他，说：'像季氏那样的地位，我不能给；将用季氏孟氏之间的待遇来安置他。'"

【"待孔子……待之"勘正】

"待孔子……待之"，二"待"字是动词，皆理解为"对待"显顺文意。即齐景公讲到如何对待孔子的时候说："像鲁国季孙氏那样的待遇对待他，我做不到。我可以用介于季孙氏和孟孙氏之间的待遇来对待他。"

后来，景公又说："我老了，不能用他了。"听到这话，孔子就离开了。

汉孔安国《论语孔氏训解》曰："鲁三卿，季氏为上卿，最贵；孟氏为下卿，不用事。言待之以二者之间也。"宋邢昺《论语注疏》曰："'齐景公待孔子'者，待，遇也，谓以禄位接遇孔子也。"李零《丧家狗——我读〈论语〉》曰："待，古代训诂，有留止之义，也有待遇之义。这里有两个'待'字，《史记·孔子世家》转述此节，上面的'待'字，司马迁换作'止'字，意思是留止，下面的'待'字，司马迁换作'奉'字，则指付给孔子的俸禄待遇。这是他的白话转述。其实，从文义看，这两个'待'字，还是统一起来好。都是讲给孔子付薪酬。"刘兆伟《论语通要》译曰："齐景公谈到如何对待孔子时说：'像对待鲁国季孙氏那样，那我是我做不到的。以季孙氏、孟孙氏之间对待他吧。'"

上述诸说，以刘兆伟所言为当。至于"对待"的内容，是"礼仪"、"礼节"方面的待遇，还是"禄位"、"薪酬"方面的待遇，则另当别论。观照下文"不能用也"一语，理解为"禄位"为是。

18.5 楚狂接舆歌而过孔子，曰："凤兮凤兮，何德之衰？往者不可谏，来者犹可追。已而，已而，今之从政者殆而！"孔子下，欲与之言，趋而辟之。不得与之言。

【"接舆"误解】

明林希元《论语存疑》解曰："接舆，是迎其车舆也。歌而过孔子，言迎孔子之车，歌而行过之也。"

清翟灏《四书考异》解曰："《高士传》：'楚狂姓鲁名通。'则接舆非其名，乃接孔子乘舆耳。后文'孔子下'，不云'下舆'，以'舆'已先见此也。"

【"接舆"勘正】

接舆，应看作人名。

汉孔安国《论语孔氏训解》曰："接舆，楚人也。佯狂而来歌，欲以感切孔子也。"清刘宝楠《论语正义》曰："接舆，楚人，故称楚狂。……冯氏景《解舂集》谓接是姓，舆是名，引齐稷下辨士接子作证。皇甫谧《高士传》：'陆通，字接舆。'妄撰姓名，殊不足据。《韩诗外传》称'楚狂接舆躬耕以食。楚王使使者赍金百镒，愿请治河南，接舆笑而不应，乃与其妻偕隐，变易姓字，莫知所之。'观此，则接舆乃其未隐时所传之姓字，后人因'孔子下'解为'下车'，遂谓楚狂与夫子之舆相接而歌，误也。"程树德《论语集释》按曰："后人泥于下文'孔子下'之文，以为即下车，遂以接舆为接孔子之舆，非也。考《庄子·人间世》，孔子适楚，楚狂接舆游其门，则非接孔子之舆矣，当以接氏舆名为是。"杨朝明《论语诠解》诠释曰："接舆：人名，楚国隐士，佯装狂人。《楚辞·九章》有'接舆髡首兮'一句，王逸注：'接舆，楚狂接舆也。髡，剔也。首，头也。自刑身体，避世不仕也。'《庄子·人间世》也记载接舆歌于孔子之门。从这两处记载来看，接舆是人名无疑。"

【"往者不可谏，来者犹可追"误解】

清俞樾《春在堂随笔》曰："余因子高解往者不可谏，而悟来者犹可追之义。《周官·追师》注：'追，犹治也。'犹可追，言犹可治也。夫子删《诗》《书》，定《礼》《乐》，赞《周易》，修《春秋》，为后世法，皆所以治来世也。公羊子曰：'制《春秋》之义，以俟后圣，以君子之为亦有乐乎此也。'深得孔子之意，而皆自楚狂一言发之，楚狂之功大矣。"

杨伯峻《论语译注》译曰："过去的不能再挽回，未来的还可不再着迷。"

【"往者不可谏，来者犹可追"勘正】

谏，有"谏正"、"匡正"义。《周礼·地官·保氏》："保氏掌谏王恶。"汉郑玄《论语郑氏注》："谏者，以礼义正之。"追，追及，含"补救"、"挽回"义。《尚书·五子之歌》："弗慎厥德，虽悔可追？"晋陶渊明《归去来兮辞》："悟已往之不谏，知来者之可追。实迷途其未远，觉今是而昨非。"据此，理解为"以往的已不可谏正，未来的还可追及或补救"为善。有些注家注"追"为"来得及"，可从。

【"殆"误解】

清戴望《戴氏论语注》注曰："殆，疑也。昭王欲以书社地封孔子，子西沮之。故言今之从政者见疑也。"

何新《论语新解——思与行》注曰："殆，读为歹，坏也。旧说皆谬。”译曰：“当今从政者没有好人啊！”

刘兆伟《论语通要》译曰：“算了吧！算了吧！现在的统治者已经腐败了！”

吴新成《论语易读》解作：“莫执迷，莫执迷，如今当政者无从针砭！”

【“殆”勘正】

殆，危险。《说文解字》：“殆，危也。”《尔雅·释诂》：“殆，危也。”《辞源》：“殆，危险。《老子》：‘知足不辱，知止不殆。’”《汉语大词典》：“殆，危亡，危险。《诗·小雅·正月》：‘民今方殆，视天梦梦。’郑玄笺：‘方，且也。民今且危亡。’《淮南子·人间训》：‘国家危，社稷殆。’”

宋邢昺《论语注疏》疏曰：“殆，危也。言今之从政者皆无德，自将危亡无日，故曰殆而。”杨伯峻《论语译注》译曰：“算了吧，算了吧！现在的执政诸公危乎其危！”杨朝明《论语诠解》解读曰：“算了吧，算了吧！现在的执政者很危险了！”

18.6 长沮、桀溺耦而耕，孔子过之，使子路问津焉。长沮曰：“夫执舆者为谁？”子路曰：“为孔丘。”曰：“是鲁孔丘与？”曰：“是也。”曰：“是知津矣。”问于桀溺。桀溺曰：“子为谁？”曰：“为仲由。”曰：“是鲁孔丘之徒与？”对曰：“然。”曰：“滔滔者天下皆是也，而谁以易之？且而与其从辟人之士也，岂若从辟世之士哉！”耰而不辍。子路行以告。夫子怃然，曰：“鸟兽不可与同群，吾非斯人之徒与而谁与？天下有道，丘不与易也。”

【“长沮、桀溺”误解】

杨润根《发现论语》解曰：“长沮，个子高高的汗流满面的人。桀溺，一个高大的衣服浸透了汗水的人。从子路仅仅以他们的外表特征及当时所处的劳动情景来称呼他们这一点来看，他们并不像许多学者所理解的那样是什么隐士，而是普普通通的农夫。”

【“长沮、桀溺”勘正】

长沮、桀溺，看作人名便是。不少注家认为不是真实姓名，且究其称谓的来由含义，争论不休。

宋金履祥《论语集注考证》曰："古之隐者，不以姓名自见，人亦不得而知之。《论语》所载若荷蒉、晨门、荷蓧丈人，皆以其物与其事名之，不得姓名之真也。独长沮、桀溺若得其名氏者，然长与桀古无此姓氏，而名又皆从水，夫子使子路问津而不告，则一时何自而识其姓名，计亦以其物色名之。盖二人偶耕于田，其一长而沮洳，其一人桀然高大而涂足，故因以其物色名之，犹荷蓧丈人之云尔。"

明林希元《论语存疑》曰："沮、溺二人，窃意与楚狂、丈人皆不知姓名。曰长沮，曰桀溺，记书者加之以名耳。沮者，沮而不出也。溺者，沉而不反也。"

清康有为《论语注》曰："长，身高者；桀，身短者；沮、溺，亦记者名其隐沦之意。"

唐满先《论语今译》注曰："长沮（聚 jù）、桀溺（逆 nì），指两个隐士，不是真实姓名。沮，沮洳，由腐烂植物埋在地下而形成的泥沼。桀，同'杰'，魁梧的意思。溺，浸在水中。长沮，站在泥沼里的高个子。桀溺，浸在水中的大个子。子路当时看见他们，无暇问其姓名，故以他们的形象称呼他们。"

孙钦善："长沮、桀溺：两个隐者，失其真名，因在水边耕作，因而称'沮'（沮洳），称'溺'（淖溺）。"

诸说皆有道理，比较而言，当以林希元"沮者，沮而不出也。溺者，沉而不反也"、康有为"沮、溺，亦记者名其隐沦之意"之说为优，符合其隐士身份。

【"耦而耕"误解】

方骥龄《论语新诠》解曰："《释名·释亲属》：'耦，遇也。'二人相对遇也。……耦而耕，必长沮、桀溺相对工作，一人处田中搅泥，使之均匀，或竚立田中敲击泥土，使之覆盖种子，一人则担粪便施肥。长沮固定在田中，故子路先向之问讯。担粪便为流动工作，故子路次问桀溺。如依前人耦耕为共在一处，则子路所问于长沮者，桀溺早已闻及，又何必再问。"

【"耦而耕"勘正】

耦而耕，两人并耕。

耦，本为农具名。《汉语大字典》释“耦”曰：“古农具名。耜类。耕广五寸为伐，二伐为耦。《说文·耒部》：‘耦，耒广五寸为伐，二伐为耦。’段玉裁注：‘耕，各本讹作耒，今依《太平御览》正。《匠人》：‘耜广五寸，二耜为耦。一耦之伐，广尺深尺，谓之甽。’注：‘古者耜一金两人并发之，其垄中曰甽。甽土曰伐。伐之言发也。甽，畎也。今之耜岐头两金，像古之耦也。’”又释“甽”曰：“同‘畎’。田间小沟。《字汇·田部》：‘甽，同畎。’《考工记》：‘广尺深尺谓之甽。’”观其描述，耦是用来打土埂（田垄）的农具，有些农作物适于种在土埂上，有些农作物适于种在垄沟里，且便于灌溉。

盖因这种农具是“两人并发之”，故称此耕作方法为“耦耕”。《辞源》：“耦耕，二人并耕，泛指耕种。”《周礼·地官·里宰》：“以岁时合耦于耡，以治稼穑。”汉郑玄注曰：“二耜为耦，此言两人相助，耦而耕也。”《周礼·冬官考工记·匠人》：“耜广五寸，二耜为耦。”贾公彦疏曰：“云二耜为耦者，二人各执一耜，若长沮、桀溺耦而耕，此两人耕为耦。”《荀子·大略》：“禹见耕者耦，立而式。”杨倞注：“两人共耕曰耦。”

何新《论语新解——思与行》谈耦耕较为具体，录之供参：

> 耦耕是古代耕田的一种方法。此言相伴而耕。……或说“耦而耕”，即二人共用一件农具耒耜协同用力，进行耕作。“耒和耜结合起来，成为‘耒耜’。耒耜的横木下有刃，一农人以足踏在耒耜的横木上，利用身体的重量把耜刃压入土中，这个动作叫做‘推’。耜既入土后，另一人斜抑它的柄子使土壤翻起，叫做‘发’。一推一发所起之土叫做‘拨’。反复推发的动作是由两个人做的，所以叫做‘耦耕’。”

【“滔滔”误解】

汉孔安国《论语孔氏训解》解曰：“悠悠，周流之貌。”

宋朱熹《论语集注》解曰：“滔滔，流而不反之意。”

黄怀信《论语新校释》释曰：“悠悠：忧虑之貌。”译曰：“忧虑不安的人满天下都是，谁能改变（这种局面）？”

【“滔滔”勘正】

滔滔，诸本异文，《古论》作“悠悠”，汉孔安国注本、郑玄注本作“悠悠”；《鲁论》作“滔滔”，魏何晏《集解》、梁皇侃《义疏》、宋邢昺《注疏》作“滔滔”。清沈涛《论语孔注辨伪》辨曰：“《释文》曰：‘滔滔’，郑本作‘悠悠’。《史记·孔子世家》亦作‘悠悠’，则作‘滔滔’者非。《史记集解》《文选》《晋纪总论·注》引孔注皆作‘悠悠’，似孔本亦作‘悠悠’者，但《集解》作‘滔滔’，皇陆邢三本皆同。恐《史》《选》各注所引，改注以就正文耳。‘滔’‘悠’声相近，疑《古论》作‘悠悠’，《鲁论》作‘滔滔’。‘悠’，悠远貌（见《诗·载驰传》），亦非周流之貌。孔注非。”孙钦善《论语本解》曰：“滔滔：《经典释文》引郑玄注本作‘悠悠’，《史记·孔子世家》也作‘悠悠’。‘滔滔’‘悠悠’古音相近，意为周流的样子。这里形容动乱。”

观文意，“滔滔”表意恰切。滔，有弥漫义，如“滔天”，即“漫天”。《尚书·益稷》：“洪水滔天，浩浩怀山襄陵，下民昏垫。”品味桀溺用意，正是说当今普天下到处都是一样的混乱，谁能改变它呢？劝其避世。日人中井积德《论语逢源》曰：“滔滔，涨漫之貌，与荡荡浩浩同，谓凶暴无道，满天下之意。旧解流而不反之意，失当。天下岂有一流而复归之水乎哉！”金池《〈论语〉新译》译曰：“［天下无道无德］像滔滔大水泛滥成灾，到处都是一样，谁又能改变得了呢？”

【“耰”误解】

汉郑玄《论语郑氏注》曰：“耰，覆种也。”

亦丰《论语句解》解曰：“耙土覆盖播下的种子。”

【“耰”勘正】

耰，一种碎土平田的农具。形状如何，辞书解释不一。《说文解字》：“耰，摩田器。”《辞源》释曰：“同‘櫌’。古农具。形似木椎（有图，像锄头，长柄），用以碎土平田。《庄子·则阳》：‘深其耕而熟耰之。’”《汉语大字典》释曰：“同‘櫌’。古农具。形似锄头，用来击碎土块，平整土地。”《汉语大词典》释曰：“农具名。状如槌，用以击碎土块，平整土地和覆种。”《汉语大字典》、《汉语大词典》的解释让人生疑：锄头、榹击碎土块可以，而平整土地、覆盖种子则很不方便。《辞源》附的图像锄头，这种工具虽然可以耙土碎土，但与《说文解字》“摩田器”的“摩”不相应。《齐民要术·耕田》曰：“春，地气通，可耕坚硬强地黑垆土，辄平摩其块，以生草。”又曰：“春耕寻手劳。”原注：“古曰‘耰’，今曰‘劳’。《说文》曰：‘耰，摩田器。’今人亦名‘劳’曰‘摩’，鄙语曰：‘耕田摩劳也。’”此注倒是与《说文解字》“摩田器”吻合。“劳”(lào)，同“耢”，用藤条或荆条编成，长方形扁平状，上面压上重物，拉动用以摩碎土块、摩平土地。

有人对“耰”的工序是在播种前还是在播种后产生疑惑。清江永《群经补义》曰：“耰，摩田也。又曰覆种。或疑播种之后不可摩，摩则种不固。然沮、溺耦耕时即耰。《国语》云：‘深耕而疾耰之’，《孟子》亦曰：‘麰麦，播种而耰之。’是耰在播种之后。问诸北方农人，曰：播种之后，以土覆是，摩而平之，使种入土，鸟不能啄也。”清李惇《群经识小》曰：“耕是一事，覆种又一事，不应一刻之间旋耕旋覆种也。案：耰有二义，《孟子》‘播种而耰之’，《说文》徐《注》谓耰为摩田器，布种后以此器摩之，使土开发处复合，覆种者是也。此处之耰，即《齐语》管仲所云：‘及耕，深耕而疾耰之，以待时雨’，韦《注》云：‘耰，摩平也，时雨至当种之也。’《庄子·则阳篇》‘深其耕而熟耰之’，《注》：‘耰，耡也。’《史记·龟策传》：‘耕之耰之，耡之耨之。’其事皆与耕相连，在布种之前也。”

仅就《论语》“耦而耕”、“耰而不辍”的语境来看，李惇的说法是有道理的。从耕田到覆种需要较长的过程：耕地、碎土整平、播种、覆盖。问路的一小会儿工夫，长沮、桀溺二人不可能完成如此多的工序。因此，汉郑玄解“耰”为“覆种”，欠当。

需要说明的是：离开这一特定语境，其实，“耰”的工序既可以在播种前，也可以在播种后。上引“深耕而疾耰之”、“深其耕而熟耰之”，是在播种前，即耕完之后，紧接着就碎土整平，不待耕起的土块干成硬坷垃。江永所述北方农人之语“播种之后，以土覆是，摩而平之，使种入土，鸟不能啄也”，此说也符合实际，对凡有农田耕种经历者来说，耕后碎土平田、下种后覆盖种子这两道工序都是常识。“耰”有摩平土地的功用，种子播到沟里或坑里，用耰摩土覆盖，既快便又均匀平整，功效显著，这是我国古代农民的智慧。

“耰”也泛指耕作，如汉杨雄《长杨赋》：“使农不辍耰，工不下机。”因此，金池《〈论语〉新译》解作“耰，古代平整土地的农具，这里泛指耕作”、金知明《论语精读》解作“耰而不辍：耕地不止。耰，耕作”，都是正确的。这比分清楚“耕”、“耰”的工序更切合语境和文意。“耦而耕”的时刻“问津”，短短的对话一结束就又接着耕作不止，要比“覆盖种子”合乎实际。

【“鸟兽不可与同群”误解】

萧民元《论语辨惑》解曰：“长沮、桀溺是隐士。那时隐士多高人，其中高智清德的大有人在。以上这句话是孔子认为：‘现在世事混乱，道德沦丧，处于此世有如与鸟兽同群，我实应该避世。我若不与这种高洁之士在一起，还应与谁在一起啊！’”

杨朝明《论语诠解》解曰：“孔子怅然若失地说：‘鸟兽是不能与人合群的，虽然我不是长沮、桀溺这类人，但是我不同这些人在一起以便追寻治理天下的先王之道，那么我与谁在一起呢？’”

闫合作《论语说》断句为：“鸟兽不可与同群，吾非斯人之徒与！而谁与天下有道，丘不与易也。”译曰：“鸟和兽不可以同群而居，我和他们不是一类人啊！如果有谁能使天下太平，我孔丘也就不用去改良了。”

王缁尘《四书读本》解曰：“‘鸟兽不可与同群’云云者，即孔子所说的话。意思是：‘现在天下的人，都和鸟兽一样；这种人，不可和他同伙做事，我何尝不晓得呢？长沮、桀溺，是两个有道德的隐士。我不是这种人的队伙，是谁人的队伙呢？’”

【“鸟兽不可与同群”勘正】

孔子是说：不可跟鸟兽它们同群，我不跟这天下人同类而跟谁呢？天下如果有道的话，我孔丘就不用做改易的事了。

汉孔安国《论语孔氏训解》曰：“隐居于山林是与鸟兽同群也。吾自当与此天下人同群，安能去人从鸟兽居乎？”王熙元《论语通释》曰：“‘鸟兽不可与同群’，‘不可与鸟兽同群’的倒装句，是针对桀溺‘岂若从辟世之士’的话而说。因山林是鸟兽栖息的地方，人若隐居山林，就是与鸟兽同群而居。”吴林伯《论语发微》曰：“‘易’，治也。……子路以溺之言告孔子，孔子失意，以隐居山林，是与鸟兽同群，而我不与此世人之徒同群，而与谁同群耶！显白不隐，何也？天下若有道而平泰，我自不与人治之；今天下大乱，我正宜与人治之。”骆明《骆承烈讲论语》译曰：“孔子怅然若失地说：‘我们不能在山林中和鸟兽一起相处啊。我不同世人在一起，又和谁在一起呢？如果天下政治清明，我就不参加改革了。’”

孔安国、王熙元、吴林伯、骆承烈的解说符合文意。孔子一生栖栖遑遑，周游天下，积极治世，不赞成长沮、桀溺隐居山林。“斯人之徒”，应理解为“人类”。“斯”是“这”的意思，“徒”是“同类”的意思。“人类”恰与“鸟兽”对言。孔子主张与天下人同道，而不与隐士同群。

18.7 子路从而后，遇丈人以杖荷蓧。子路问曰：“子见夫子乎？”丈人曰：“四体不勤，五穀不分，孰为夫子？”植其杖而芸。子路拱而立。止子路宿，杀鸡为黍而食之，见其二子焉。明日，子路行以告。子曰：“隐者也。”使子路反见之。至，则行矣。子路曰：“不仕无义。长幼之节，不可废也；君臣之义，如之何其废之？欲洁其身，而乱大伦。君子之仕也，行其义也。道之不行，已知之矣。”

【“蓧”误解】

蓧，《辞源》注音为“tiāo”，解作“也作篠，古代耘田用的竹器”。

郑张欢《论语今释》注曰：“杖，拄杖。蓧，说文曰：田器也。从字义与文义看大约为草袋。”释曰：“以拄杖肩负着草袋。”

滕志贤《“子路从而后”章臆断》（载《南京大学学报》1986年第1期）曰：“蓧，即古代的锹，芸草挖土的农具。……‘杖’很可能就是锹的把柄。《说文》：‘杖，持也。’段注：‘凡可持及人持之皆曰杖。丧杖、齿杖、兵杖皆是也。’可见古代的‘杖’并非专指拐杖。……或疑‘杖’若果为锹柄，‘荷蓧’足以包括‘以杖’，《论语》何须更出‘以杖’二字？确实，锹总是装在柄上方可肩荷的，从行文角度看，‘以杖荷蓧’这种说法不无小疵。《史记·孔子世家》在叙述同一个事实时即云：‘他日，子路行，遇荷蓧丈人。’正省‘以杖’二字，或许司马迁也是把‘杖’看作锹把的。”

于智荣、李立《〈论语〉“蓧”字解诂》（载《孔子研究》2007年第6期）论曰：“对句中的‘蓧’字，当今的《论语》译注本和古文选本、教本与古汉语有关的大型辞书，多解为‘古代耘田器’、‘古代锄草工具’、‘锄草竹器’，有的学者干脆注为‘锄头’。……从‘莜’、‘蓧’的异体字来考察，‘莜’、‘蓧’也当为盛器。《说文》、《玉篇》‘篠’字与‘莜’、‘蓧’读音意义皆同，学者们主张与‘莜’、‘蓧’为异体字关系。……今人钱穆亦主张‘蓧’为‘竹器名，箩篼之属’。……正由于‘蓧’是一种中间带有横梁的盛器，才适合于用拐杖挑在肩上。丈人之所以要带这种筐类盛器下田，可能是用它带午饭，或者要把野菜等东西装回家等。”

【“蓧”勘正】

先说读音，《辞源》注音为“tiāo”，非。

《王力古汉语字典》：“蓧 1. diào《集韵》徒吊切，音掉，去，啸韵，定。幽部。同‘莜’。一种竹器，古时芸田所用。《论语·微子》：‘子路从而后，遇丈人，以杖荷蓧。’何晏《集解》：‘蓧，竹器。’2. tiāo 吐彫切，音挑，平，萧韵，透。幽部。草名。《尔雅·释草》：‘蓧，蓨。’即羊蹄草。《三国志·吴书·诸葛恪传》：‘藜蓧稂莠，化为善草。’”

《汉语大字典》注音“diào”，解作“竹编农器，用以除草”。《汉语大词典》注音“diào”，解作“古代耘田用的竹器”。安作璋《论语辞典》、李运益《论语词典》、刘学林《十三经辞典》皆注音为 diào。读 diào，是。

再说字义，释“蓧”为“草袋”、“锹”、“筐类盛器”，亦非。

丈人此行的目的是芸田，以杖荷芸田器为是。这种农具适用于水田除草。水田里的草，以竹编器摩磋，可使其死。旱田嫩草，用此器亦可。

郑张欢认为蓧是草袋，于智荣、李立认为蓧是盛饭盛菜的盛器，但《辞源》、《汉语大字典》、《汉语大词典》释义为盛器时，皆注音作“dí”，皆释义作“盛谷种之器”，附的图类似竹篓状。恐不是丈人所荷之蓧。

杨伯峻《论语译注》曰：“蓧——音掉，diào，古代除田中草所用的工具。《说文》作‘莜’。”孙钦善《论语本解》曰：“莜（diào 掉）：古代除草用的农具。”杨朝明《论语诠解》曰：“荷莜：荷，背负。莜，一种除草的竹质器具。”

【“四体不勤，五穀不分”误解】

汉包咸《论语包氏章句》解曰：“丈人云：‘不勤劳四体，不分殖五榖，谁为夫子而索之耶？'”

宋吕本中《紫薇杂说》曰：“四体不勤二语，荷蓧丈人自谓。”（引自清刘宝楠《论语正义》）

清俞樾《群经评议》按曰：“分当读为粪，声近而误也。《礼记·王制篇》‘百亩之分’，郑《注》曰：‘分或为粪。’《孟子·万章篇》作‘百亩之粪’，是其证也。两‘不’字并语词，不勤，勤也。不分，分也。……丈人盖自言惟四体是勤五榖是粪而已，焉知尔所谓夫子？若谓以不勤不分责子路，则不情矣。此二句乃韵语，或丈人引古谚欤？”

钱穆《论语新解》译曰：“老者说：‘我四体来不及勤劳，五谷来不及分辨，哪是你的先生呀！'”

钱逊《论语浅解》译曰：“老人说：‘我手脚不停地劳作，五谷还来不及播种，哪知道你的老师是谁？'”

吴新成《论语易读》解曰：“老者说：‘我只知自己手脚还不勤快，种庄稼还不及施肥，不知道谁是你先生。'”

杨润根《发现论语》解曰：“四体不勤：四体不能勤，即四肢使不上劲。五谷不分：五谷不能分辨，即眼睛不好以至于不能分辨五谷。”

【“四体不勤，五榖不分”勘正】

“四体不勤，五榖不分”应解作四肢不勤劳，五谷不分辨。丈人面对子路而言，当然是训责子路。梁皇侃《论语义疏》曰：“子路既借问丈人，丈人故答子路也。言当今乱世，汝不勤劳四体以播五谷，而周流远走，问谁为汝之夫子，而问我索之乎？袁氏曰：‘其人已委曲识孔子，故讥之四体不勤，不能如禹稷躬殖五谷，谁为夫子而索耶？'”倘若丈人识孔子，理解为丈人此语讥孔子，也是可以的。

丈人是否识（知道）孔子？我们可以重温上章中孔子及弟子遇长沮、桀溺事。可以看出，孔子率弟子们周游的事在当时是产生了一定影响的，不少人是或多或少地知道孔子师徒的。还可以看出，这些隐者对孔子的做法是不认同的，因此对他的态度也是不恭敬的，讥其“四体不勤，五谷不分”，也在情理之中。同样，孔子师徒对这些隐者也明确表示志道不同且予以批评，如上章孔子所说的“鸟兽不可与同群”，本章子路所说的“长幼之节，不可废也；君臣之义，如之何其废之？欲洁其身，而乱大伦。君子之仕也，行其义也”。诚然，孔子的积极治世思想是值得肯定的，后世普遍选用孔子思想治国化民，是对孔子思想最有说服力的认可。倘若天下人皆似隐者消极避世，苟且偷安，任天下滔滔纷乱，社会的文明进步就根本谈不上。

【“植其杖而芸”误解】

金知明《论语精读》解曰：“植其杖而芸：竖起自己的枝杖开始拔草。植，矗立；杖，枝杖，扁担；芸，通耘，拔草。”

杨润根《发现论语》解曰：“植其杖而云：一边撑住手杖停下来，一边说。我们现在所能见到的《论语》版本都是‘植其杖而芸’，我认为‘芸’应是‘云’之误，‘艹’是由于传抄者错误地理解了这句话的意思而错误地加到‘云’字上面去的。”

【“植其杖而芸”勘正】

植，汉孔安国《论语孔氏训解》解作“倚”，梁皇侃《论语义疏》解作“竖”，宋朱熹《论语集注》解作“立”，清江永《群经补义》解作“拄”，清沈涛《论语孔注辨伪》解作“置”（弃置）；杨伯峻《论语译注》译作“扶着拐杖去锄草”，杨朝明《论语诠解》释作“使拐杖直立，即插在田边”，刘兆伟《论语通要》解作“把木杖插入耘田器的一个关键，而后拽着木杖牵引着耘田器前行”。比较而言，当以“倚”、“拄”之说为胜。

“倚”义同“拄”，《汉语大字典》释“植”曰：“拄，倚。《论语·微子》：‘植其杖而芸。’何晏注：‘孔曰：植，倚也。’晋陶潜《归去来兮辞》：‘怀良辰以孤往，或植杖而耘耔。’”

上面已经说到，“蓧”这种农具适合于水田除草。水田里的草，以竹编器蓧摩磋，可使致死。蓧要靠人或牲口拉动。芸田时，老人（“丈人”）是离不开手杖的。尤其是在水田里除草，老人不拄杖极容易滑倒。

针对此章，吴寅官特撰《释“以杖荷蓧”的“杖”及其它》一文，发表于《扬州师院学报》1981年第3期，兹节录供参考：

> 其实，这里的杖决非一般手杖，而是耘田时用的一种农具，或者说是一种辅助农具。这里的“杖”呈“T”形（见《天工开物》附图），高四尺左右，约与胸齐，上面的横木尺许，在水田锄草时，拄

在手中，以防滑倒。因为水田锄草有“手耘、足耘”之别（见《农政全书》卷二十二《农器》），手耘曰耘，足耘曰耔。这里“植其杖而芸”的“芸”（“耘”之借字），正是指“足耘”的“耔”，而“足耘”是要用“杖”作为依倚的。《天工开物》卷一《乃粒》篇说：

凡稻，分秧之后数日，旧叶萎黄而更生新叶，青叶既长，则耔可施焉（俗名“挞禾”）。植杖于手，以足扶泥壅根，并屈宿田水草，使不生也。

江永《群经补义》：“今人耘田，必扶杖乃能用足，则植杖正所以耘，犹云拄杖也。”这更进一步说明植杖就是拄杖，拄杖才能耘田，决非“置杖于地”而不用。又《论语正义》引丁氏杰曰：“今南昌人耘田……手植一杖，以足踏草于泥中，名曰‘脚涩’，是可为《论语》‘以杖荷蓧’、‘植杖而芸’……之证。”

《天工开物》的作者宋应星正是江西人，完全可以互相印证。

【“不仕无义”误解】

林觥顺《论语我读》解曰：“不仕无义有二释：一、不做官没有威仪，这是小人之治，霸者所为，笔者不取。二、是丕仕芜义。不读同丕，无作芜。是勇于尽心尽力事于朝廷，意义深远。”

【“不仕无义”勘正】

句意明白，即不做官不合乎义。下文说得更明白：“君子之仕也，行其义也。”即君子做官，是为了推行大义。宋许谦《读论语丛说》曰：“人之大伦有五，而君臣主于义。今不仕，则为无君臣义。荷蓧使二子以礼见子路，则是既知长幼之节不可废也，君臣之义何可废之?”

18.8　逸民：伯夷、叔齐、虞仲、夷逸、朱张、柳下惠、少连。子曰：“不降其志，不辱其身，伯夷、叔齐与!”谓“柳下惠、少连，降志辱身矣，言中伦，行中虑，其斯而已矣”。谓“虞仲、夷逸，隐居放言，身中清，废中权。我则异于是，无可无不可”。

【“逸民”误解】

魏何晏《论语集解》解曰：“逸民者，节行超逸者。”

王缁尘《四书读本》解曰："'逸民'，是胸怀旷达，不拘常途的一流人。"

【"逸民"勘正】

逸，本义逃逸。《左传·桓公八年》："随师败绩，随侯逸。"逸民，避世隐居之人。李零《丧家狗——我读〈论语〉》曰："'逸民'，是隐逸山林不肯出仕做官的人。"杨树增《论语》（评汪）曰："逸民，指遁世隐居的人。"

不少注家释"逸"为"散失"、"遗失"、"遗落"、"逸游"等，皆欠准确。释"逸民"时，又特加上德行的内容，诸如林觥顺《论语我读》所说"逸游贤哲"，马恒君《论语正宗》所说"出身贵族避世的贤人"，孙钦善《论语本解》所说"遗落于世而无官位的贤人"，皆超出了"逸民"本身的词义。实际上，逸民中有贤人，也有不贤之人。

【"言中伦，行中虑"误解】

安德义《论语解读》释曰："言中伦：言语合乎逻辑顺序。行中虑：行为合乎理智。"

胡齐临《论语真义》译曰："说话合乎中庸伦理，行为合乎中庸人心。"

黄怀信《论语新校释》释曰："'伦'，类，指逸民之类。行中虑：'虑'，指逸民之虑。"

【"言中伦，行中虑"勘正】

伦，《辞源》释曰："道理，次序。《诗·小雅·正月》：'维号斯言，有伦有脊。'《论语·微子》：'言中伦。'"句意为：言语合乎伦理（事物的条理），行为合乎思虑。也就是汉孔安国所说的"言应伦理，行应思虑"（见魏何晏《论语集解》），以及孙钦善《论语本解》所说的"中（zhòng 众）：合乎。伦：条理、法则。……讲话有伦次，做事有谋虑"。

"误解"中列的三家，释译虽近似，但欠准确："虑"不可释作"理智"、"人心"，"伦"、"虑"不可以"中庸"、"遗民"限定。

【“放言”误解】

宋张栻《南轩论语解》解曰：“放言，谓其言放而不拘也。”

清刘宝楠《论语正义》解曰：“《后汉·孔融传》：‘跌荡放言。’李贤《注》：‘放，纵也。’又《荀韩钟陈传·论》：‘汉自中世以下，阉竖擅恣，故俗遂以遁身矫洁放言为高。’李贤《注》：‘放肆其言，不拘节制也。《论语》曰：“隐居放言。”，此解似胜包氏。”

【“放言”勘正】

《辞源》释“放言”曰：“（1）放弃言谈。指不议论世事。《论语·微子》：‘（子）谓虞仲、夷逸，隐居放言，身中清，废中权。’（2）纵谈。《后汉书》七十《孔融传》路粹奏融状：‘又前与白衣祢衡跌荡放言。’又六二《荀韩钟陈传·论》：‘汉自中世以下，阉竖擅恣，故俗遂以遁身矫洁放言为高。’注：‘放肆其言，不拘节制也。’”

可见，“放言”既有“放弃言谈”（不言）的意思，又有“放肆其言”的意思。观《论语》此处，当以“放弃言谈，不议论世事”为是。下文所谈“废中权”的“废”，当是指废言或弃官的意思。

汉包咸《论语包氏章句》曰：“放，置也。不复言世务也。”杨朝明《论语诠解》曰：“虞仲：即仲雍。周太王的儿子，王季（季历）的兄长。《史记》记载了太伯、虞仲让位于王季的故事，并且认为吴就是太伯的封国。从《史记·吴太伯世家》的记载来看，虞仲在太伯死后才继位为国君，则虞仲符合孔子说的‘隐居放言，身中清，废中权’，一方面他将王位让给弟弟王季，成全了太王的想法，是至孝的做法，另一方面他并没有与兄长太伯一样建立自己的封国或与太伯争位，做到了儒家所谓‘悌’的伦理要求，因此得到了孔子的称赞。……夷逸见于《尸子》，……具体身世、经历不详。隐居放言：放，放置。联系上下文，可以知道这句的意思是，隐居起来，不谈论世事。”

不少人以为《论语》此处讲的“放言”是“放肆其言”或“肆意直言”，我们认为，“放肆其言”者不是真正的隐士，而真正的隐士，其言行是收敛的，是讲究策略的。倘若“放肆其言，不拘节制”，那与不隐有何区别？又怎能做到“身中清，废中权”呢？那不是莽莽撞撞地招惹是非吗？马恒君《论语正宗》曰：“放言，是闭口不言的意思。《中庸》里说：

‘国无道，其默足以容。’意思是说：国家无道，不说话可以保全自己。”

【“身中清，废中权”误解】

杨伯峻《论语译注》译曰：“行为廉洁，被废弃也是他的权术。”

蒋沛昌《论语今释》释曰：“废中权——被遗弃冷落，也能权变自守。”

何新《论语新解——思与行》译曰：“洁身清白，弃官让权。”

林觥顺《论语我读》解曰：“求自身心清静，免受权术摆布。”

郑张欢《论语今释》释曰：“虞仲、夷逸，虽隐居而不断放言世事，只是其身已能居中而清，其言已能废弃从中权衡。”

【“身中清，废中权”勘正】

此语的正确理解是：修身合乎清洁，废言、弃官合乎权变。

汉马融《论语马氏训说》曰：“清，纯洁也。遭世乱，自废弃以免患，合于权也。”晋江熙《论语江氏集解》曰：“超然出于尘埃之表，身中清也；晦明以远害，发动中权也。”梁皇侃《论语义疏》曰：“云‘身中清废中权’者，身不仕乱朝，是中清洁也；废事免于世患，是合于权智也。”宋朱熹《论语集注》曰：“仲雍居吴，断发文身，裸以为饰。隐居独善，合乎道之清。放言自废，合乎道之权。”孙钦善《论语本解》曰：“修身合乎清廉，弃官合乎权宜。”李泽厚《论语今读》曰：“一身干净却处世灵活。”李零《丧家狗——我读〈论语〉》曰：“立身清白，也合乎策略。”

18.9 大师挚适齐，亚饭干适楚，三饭缭适蔡，四饭缺适秦，鼓方叔入于河，播鼗武入于汉，少师阳、击磬襄入于海。

【“亚饭”、“三饭”、“四饭”误解】

黄怀信《论语新校释》释曰：“亚板、三板、四板，‘板’字旧皆作‘饭’，不可解。以此章所言，诸名必皆为乐师之称，故‘饭’本字必当为‘板’。古无轻唇音，‘饭’、‘板’音同，故相误，今改正，以免徒生曲折。‘板’，打节拍的木板。今所谓‘一板一眼’，即由此来。民间称戏曲乐队司鼓为打板，即以其右手所执之器为板片之故。乐队击节打板者不止一人，故有亚、三、四之称。”

刘兆伟《论语通要》诠评曰：“大师，太师，乐队第一位乐官。饭，手大指的最下处。《字汇·食部》：‘饭，又大擘指本也。’《仪礼·士丧礼》郑玄注：‘饭，大擘指本也。’泛指大拇指。大拇指即第一位的意思。那么，乐队第一位者就是‘饭’，第二位者即‘亚饭’，第三位者即‘三饭’，第四位者即‘四饭’。不是天子、君主几餐分别用几个乐官奏乐。”

林觥顺《论语我读》解曰：“亚饭干适楚，三饭缭适蔡，四饭缺：包咸注：‘三饭四饭为乐章名。’正义注：‘亚次也，天子诸侯每食奏乐，乐章各异，各有乐师，亚饭乐师干，三饭乐师缭，四饭乐师缺。’笔者以为皆有误。饭应该是番字假借，番者播也。是播撞敲击。饭，借作版，是击鼓版竹版以合节拍。在诗经中无有三饭二饭之诗。周礼大师云：大祭祀帅瞽登歌令奏击拊，下管播乐器令奏鼓。申东注云，申东，小鼓也。大飨亦如之。大飨就是天子醮诸侯。周礼大司乐：凡六乐者，文之以五声，播之以八音。郑玄注：播之言被也，故书播为藩。杜子春云：藩当为播，读如后稷播百谷之播。又云：凡六乐者，一变而致羽物及川泽之示。再变而致蠃（裸）物及山林之示。三变而致鳞物及丘陵之示。四变而致毛物及坟衍之示。五变而致介物及土示。六变而致象物及天神。释云变犹更也，乐成则更奏也。所以饭，是藩是播是击是拊版，是反覆变换。”

【“亚饭”、“三饭”、“四饭”勘正】

亚饭，第二顿饭。亚饭干，第二顿饭的奏乐师干。《汉语大词典》释“亚饭”曰：“古代天子、诸侯第二次进食时奏乐侑食的乐师。《论语·微子》：‘亚饭干适楚。’邢昺疏：‘天子、诸侯每食奏乐，乐章各异，各有乐师。次饭乐师名干，往楚。’”汉孔安国《论语孔氏训解》曰：“亚，次也。次饭，乐师也。挚、干皆名也。”宋许谦《读论语丛说》曰：“亚，次也。饭，食之也。古者天子一日四饭，鲁用天子礼乐，其君必一日亦四饭，所谓亚、三、四饭，乃于此饭时主作乐侑食之官也。不言初饭者，或主初饭之官，不他适也。”清刘宝楠《论语正义》曰：“太师挚等皆殷人，则太师、少师等官是殷制也。《周官》有太师、小师、鼓人、磬师。又大司乐、膳夫皆以乐侑食，瞽矇、眡瞭皆掌播鼗。与此诸职尊卑同异，未闻也。亚饭、三饭、四饭者，《礼·王制》云：‘天子日食举乐。’《公羊·隐五年传注》：‘鲁《诗传》曰：“天子食日举乐。”’《白虎通·礼乐篇》：

‘王者食，所以有乐何？乐食天下之太平，富积之饶也。明天子至尊，非功不食，非德不饱，故传曰：“天子食时举乐。”王者所以日四食者何？明有四方之物，食四时之功也。王者平居中央，制御四方。平旦食，少阳之始也；昼食，太阳之始也；铺时，少阴之始也；暮食，太阴之始也。《论语》曰：“亚饭干适楚，三饭缭适蔡，四饭缺适秦。”诸侯三饭，卿大夫再饭，尊卑之差也。’案：此班氏所说殷制，当为《论语》旧义。”

此章是说：鲁国的乐师之长挚逃到了齐国，第二餐的奏乐人干逃到了楚国，第三餐的奏乐人缭逃到了蔡国，第四餐的奏乐人缺逃到了秦国，击鼓的方叔逃到了黄河附近，摇小鼓的武逃到了汉水附近，少师阳、击磬的襄逃到了海滨附近。宋邢昺《论语注疏》曰：“此章记鲁哀公时，礼坏乐崩，乐人皆去也。”

18.10 周公谓鲁公曰：“君子不施其亲，不使大臣怨乎不以。故旧无大故，则不弃也。无求备于一人！”

【“不施”误解】

汉孔安国解曰：“施，易也。不以他人亲易其亲也。以，用也。怨不见听用也。”（引自魏何晏《论语集解》）

晋孙绰解曰：“不施，犹不偏也。谓人以不偏惠所亲，使鲁公崇至公也。”（引自梁皇侃《论语义疏》）

方骥龄《论语新诠》解曰：“《史记·鲁世家》举周公告成王《无逸》中，有‘能保施小民’，《尚书·无逸篇》则为‘能保惠于庶民’。足证本章中施字当作惠字解。……《仪礼》‘绝族无施服’注：‘在旁而及曰施。’换言之，施非正当之惠，为额外之恩。本章所谓‘君子不施其亲’，殆周公告伯禽当大公无私，切不可额外施惠其亲是也。孙绰曰：‘不施，犹不偏也，谓人不以偏惠所亲，使鲁崇至公也。’此说得之。”

王缁尘《四书读本》解曰：“‘施’，用也。言君子为国君，不专用自己亲戚也。”

林觥顺《论语我读》注曰：“施是布施散布延展。”释曰：“作为君上的人，要多多照顾同姓亲属子弟。”

【“不施”勘正】

施，音 shǐ，通“弛”，遗弃、弃忘。《汉语大字典》释曰：“通

‘弛’。清朱骏声《说文通训定声·随部》：‘施，假借为弛。’遗弃，忘却。《论语·微子》：‘君子不施其亲，不使大臣怨乎不以。’朱熹集注：‘施，陆氏本作弛，福本同……弛，遗弃也。’”

唐韩愈、李翱《论语笔解》曰：“施当为弛，言不弛慢所亲近贤人，如此则大臣无所施矣。谓施为易，非也。”清刘宝楠《论语正义》曰：“‘不施’，《汉石经》同。《释文》作‘不弛’。‘施’‘弛’二字古多通用。《周官·遂人》注‘施读为驰’，可证也。此文‘不施’，即‘不驰’假借。郑注《坊记》云：‘驰，弃忘也。’以训此文最当。……‘施、易’，亦常训。此《注》似以‘亲’为父母，于义最谬，无足为之引申。”清简朝亮《论语集注补正述疏》曰：“汉石经弛作施，盖古通也。……不弛其亲，盖君子笃于亲也，斯不遗弃焉。《中庸》云：‘亲亲则诸父昆弟不怨。’明不弛也。”程树德《论语集释》按曰：“施字有三说。孔《注》：‘施，易也。不以他人之亲易己之亲。’《程子外书》云：‘施，与也。不私与其亲暱也。’又惠氏栋曰：‘《左传》“乃施邢侯”，服虔曰：“施罪于邢侯，施犹劾也。”劾者，罪法之要辞。不劾其亲者，所以隐其罪，亲亲之义也。’惟韩李《笔解》读作弛，《集注》用之。考施、弛二字古多通用，《周官·遂人注》‘施读为弛’可证也。此文‘不施’即‘不弛’假借。郑注《坊记》云：‘弛，弃忘也。’以训此文最当。”杨朝明《论语诠解》曰：“不施其亲：施，同‘弛’。周人重亲亲，《中庸》有云：‘仁者，人也，亲亲为大。’这里的‘不施’意思就是不离弃亲属。”

本章可以与《学而》篇“因不施其亲”、《泰伯》篇“君子笃于亲则民兴于仁，故旧不遗则民不偷”联系起来理解。

子张第十九

19.1　子张曰："士见危致命，见得思义，祭思敬，丧思哀，其可已矣。"

【"致命"误解】

林觥顺《论语我读》解曰："致是送达目的地，命是口令，是差遣，是使命。读书人做事遇见有高危险，也要去完成使命。"

闫合作《论语说》译曰："士，危险中也能推行使命。"解曰："致命，可理解为宣传自己的信仰，坚守自己的信念。《说文解字》：'致，送诣也。'有献出、送达、达到、获得、传达等义。命，使命。"

【"致命"勘正】

《汉语大字典》释"致"曰："委，给予。《易·困》：'君子以致命遂志。'《论语·学而》：'事君能致其身。'朱熹集注：'致，犹委也，委致其身。'"《辞源》释"致命"曰："授命（献出生命），舍弃生命。《易·困》：'君子以致命遂志。'《左传·成十三年》：'诸侯疾心，将致命于秦。'注：'致死命而讨秦。'"《汉语大词典》释"致命"曰："犹捐躯。《易·困》：'君子以致命遂志。'唐元稹《诲侄等书》：'效职无避祸之心，临事有致命之志。'"宋朱熹《论语集注》曰："致命，谓委致其命，犹言授命也。"杨伯峻《论语译注》译曰："读书人看见危险便肯豁出生命。"

这些解释都是正确的。"见危致命"即遇见（国家的、人民的、符合道义的）危难，敢于献身，敢于舍命救助。

19.2　子张曰："执德不弘，信道不笃，焉能为有？焉能为亡？"

【"执德不弘"误解】

杨伯峻《论语译注》译曰："对于道德，行为不坚强。"注曰："弘——

此‘弘’字就是今之‘强’字，说见章炳麟《广论语骈枝》。”

乔一凡《论语通义》解曰：“执，固据也。……据礼而不能光大，行仁义而不笃实，焉能为有德，又焉能说无德。”

林觥顺《论语我读》解曰：“执是固执坚持，德是正直无私的善行，不读同丕，甚大也。弘是发扬光大。执德丕弘，是坚持他正直无私的善行，并能尽力发扬光大。”

闫合作《论语说》断句为：“执德不弘信道，不笃。”译为：“有道德不深谙信学，不能笃行。”

【“执德不弘”勘正】

子张是说：“执守道德不弘大，信守道德不笃诚，这种人，怎能说他有道德？又怎能说他无道德？”“德”有大德、小德之分。所谓大德，是指人的最高品德。《管子·立政》：“君子之所慎者四，一曰大德不至仁，不可以授国柄。”

宋邢昺《论语注疏》曰：“此章言人行之不备者。弘，大也。笃，厚也。亡，无也。言人执守其德，不能弘大，虽信善道，不能笃厚，人之若此，虽存于世，何能为有而重？虽没于世，何能为无而轻？言于世无所轻重也。”明林希元《论语存疑》曰：“执德不弘，是指片善自足，不以远大，自期待者言。”清刘宝楠《论语正义》曰：“‘弘’者，大也。‘执德不弘’，即子夏所言‘小道’，不能致远者也。”

有些学者将“弘”解作“弘扬”或“发扬光大”，如金知明《论语精读》译作：“坚守道德而不弘扬，信仰真理而不坚定”，孙钦善《论语本解》译作：“执守道德不能发扬光大，信仰道义不能诚心实意，这种人怎么能算他存在？又怎么能算他不存在？”这样解释虽也能解释得通，但欠贴切。“笃”是形容词，那么与它对应的“弘”也应是形容词。倘若解“弘”为“弘扬”或“发扬光大”，那就把“弘”看成了动词，显然对应不谐。

19.3 子夏之门人问交于子张。子张曰：“子夏云何？”对曰：“子夏曰：‘可者与之，其不可者拒之。’”子张曰：“异乎吾所闻。君子尊贤而容众，嘉善而矜不能。我之大贤与，于人何所不容？我之不贤与，人将拒我，如之何其拒人也？”

【“交”误解】

汉郑玄解曰：“子夏所云伦党之交也，子张所云尊卑之交也。”（引自

魏何晏《论语集解》）

魏王肃解曰："子夏所云敌体交，子张所云覆盖交也。"（引自何晏《论语集解》）

【"交"勘正】

此"交"就是指交友之道。郑玄、王肃将子夏、子张的交友观细分为"伦党交"与"尊卑交"、"敌体交"与"覆盖交"，似欠贴切，让人费解，经不住推敲。

子夏的交友观是：可交者交之，不可交者拒之。很多人的交友观都是这样的，心里有一定的交友尺度，谨慎选择，如孔子所说的"友直、友谅、友多闻"（《季氏》），以及"友其士之仁者"（《卫灵公》）。但是，不少人往往把握不好尺度，导致狭隘，常常会凭主观、凭个人好恶择友。子张主张大贤，胸怀博大，海纳百川，做到既能尊贤，又能容众，既能嘉美品质好、能力强的，又能同情帮助素质低、能力差的。与上章子张主张"执德弘大"联系起来看，子张的交友观也是宽宏大量的。

【"嘉善而矜不能"误解】

邸永强《论语明义》解曰："赞美其优点且要体恤其不足。……'善'与'不能'解释为'优点'与'不足'，赞美人的优点，体恤人的不足之处，这正是君子与人交往的态度。"

【"嘉善而矜不能"勘正】

嘉，赞美。《尚书·大禹谟》："嘉乃丕绩。"矜，怜悯、同情。《尚书·泰誓》："天矜于民，民之所欲，天必从之。"善，好，这里指品质好、能力强的人。该句应理解为：赞美品质好、能力强的人，怜悯（并帮助）素质低、能力差的人。《汉语大词典》释"嘉善"曰："赞美善人。《论语·子张》：'嘉善而矜不能。'邢昺疏：'人有善行者，则嘉美之。'"

【"我之大贤"误解】

蒋沛昌《论语今释》释曰："我是非常好的人嘛，对于人有什么不可以包容的呢？之：是。所：可。"

【“我之大贤”勘正】

之，在这里表示假设，相当于“若”、“如果”。清王引之《经传释词》曰：“之，犹若也。《书·盘庚上》：‘邦之臧，惟汝众；邦之不臧，惟予一人有佚罚。’《论语·子张》：‘我之大贤与，于人何所不容？我之不贤与，人将拒我，如之何其拒人也？’《左传·成公二年》：‘大夫之许，寡人之愿也；若其不许，亦将见也。’”

杨朝明《论语诠解》曰：“我若是个贤良之人，对什么人不能容纳呢？我若不是个贤良的人，别人会拒绝我，我怎么去拒绝别人呢？”

蒋沛昌释“所”为“可”，亦误。“何所”，犹言“何处”。“何所不容”，是用反问的语气表示“无所不容”。

19.4 子夏曰：“虽小道，必有可观者焉，致远恐泥，是以君子不为也。”

【“小道”误解】

汉郑玄《论语郑氏注》注曰：“小道，如今诸子书也。”

吴林伯《论语发微》解曰：“小道，君子所不为，则为小人之道，无疑也。”

金池《〈论语〉新译》注曰：“小道：小路，区别于大道。”评曰：“沿着小道向前走，会不会走进死胡同，走不通呢？会的。也许有人专门爱走小道，但是君子不愿意尝试。因此子夏说：‘是以君子不为也。’”

【“小道”勘正】

子夏是说：即使是小的学说、小的技艺，也一定有可取之处，但想靠它实现远大目标，恐怕要受到阻滞拘泥，因此君子不从事它。

小道，儒家对仁道礼教以外学说、技艺的贬称。与“大道”相对。所谓大道，可以理解为大道理、大道德，即国家、民生、仁道、礼教方面的大事情。《礼记·礼运》：“大道之行也，天下为公。”宋邢昺《论语注疏》曰：“此章勉人学为大道正典也。小道谓异端之说，百家语也。虽曰小道，亦必有小理可观览者焉，然致远经久，则恐泥难不通，是以君子不学也。”宋朱熹《论语集注》曰：“小道，如农圃医卜之属。”清刘宝楠《论语正义》曰："《周官·大司乐》注：'道，多才艺。'此'小道'亦谓才艺。"杨朝明《论语诠解》释曰："朱熹认为'小道，如农圃医卜之属'，即儒家以外的诸子百家之道，可理解为小的技艺，这与《庄子·天下》篇所说的'方术'相近，指某一方面的学问，乃'一曲之士'所为。'小道'是与'大道'相对而言，'大道'是指《大学》中所论的'大学之道'，是指治国平天下之道，一般可以理解为儒家的思想体系，侧重于从宏观上、全局上考虑问题，这与《庄子·天下》篇所说的'道术'相近。"

19.6　子夏曰："博学而笃志，切问而近思，仁在其中矣。"

【"博学而笃志，切问而近思"误解】

梁皇侃《论语义疏》疏曰："切，犹急也。若有所未达之事，宜急谘问取解，故云切问也。"

杨伯峻《论语译注》译曰："恳切地发问。"

李泽厚《论语今读》译曰："诚恳提问，认真思考。"

孙钦善《论语本解》译曰："广泛地学习而又不断坚定自己的意志，好问而又好思。"

【"博学而笃志，切问而近思"勘正】

这两句话，注家的分歧集中在"笃志"、"切问"二词的理解上。

对于"笃志"，汉孔安国《论语孔氏训解》解作"广学而厚识之也"。梁皇侃《论语义疏》解作："博，广也。笃，厚也。志，识也。言人当广学经典而深厚识录之不忘也。"宋邢昺《论语注疏》疏作："博，广也。笃，厚也。志，识也。言广学而厚识之，使不忘。"皆把"笃"解作"厚"，把"志"解作"识记"。意思是"广博地学，深厚地记"。另，宋朱熹《论语集注》引程子（颐）曰："学不博则不能守约，志不笃则不能力行。"又引苏氏（轼）曰："博学而志不笃，则大而无成。"把"志"解作"意志"，意思是"广博地学习，意志要笃固坚定"。后人便沿袭这两种解释，有的将"志"解作"记"、"记录"，有的将"志"解作"意志"、"心志"、"志向"、"志趣"。还有的学者认为两种解释都讲的通，如清刘宝楠《论语正义》曰："《注》以志为识，谓博学而识之也。《集注》读志如字，谓笃志好学也。亦通。"杨伯峻《论语译注》译曰："广泛地学习，坚守自己志趣。”注曰：“志——孔注以为‘志’与‘识’同，那么，‘博学笃志’便是‘博闻强记’之意，说虽可通，但不及译文所解恰切。”

当今的辞书，多倾向于“意志”说，如《辞源》释“笃”曰：“笃厚，真诚、纯一。”释“笃志”曰：“专心致意。”《汉语大词典》释“笃”曰：“纯一；专一。”释“笃志”曰：“专心一志；立志不变。”人们常说的“笃志于学”，就是受“博学而笃志”一语的影响所形成的。仅就这么理解而言，“意志”说优于“识记”说。

但是，严格就语法角度看，将“志”看作“识记”较为符合语义。“志”通“识”（zhì），《辞源》释“志”曰：“记识事物。《庄子·逍遥游》：‘《齐谐》者，志怪者也。’”《述而》篇“默而识之，学而不厌，诲人不倦”、《卫灵公》篇“多学而识之”中的“识”，就是“记”的意思。本章中的“学”、“志”、“问”、“思”都是动词，即广博地学，笃实牢固地记（“笃”有“固”义），切近当下存在的问题去问，切近当下存在的问题去思。《为政》篇中孔子提出的“学而不思则罔，思而不学则殆”的学、思结合问题，本篇中子夏提出的学、记、问、思的问题，这都是学习中的大问题。

对于“切问而近思”，梁皇侃《论语义疏》曰：“切，犹急也。若有所未达之事，宜急谘问取解，故云切问也。近思者，若有所思，则宜思己所已学者，故曰近思也。”宋真德秀曰：“切问，谓以切己之事问于人也。近思，谓不驰心高远，就其切近者而思之也。外焉问于人，内焉思于心。”（引自程树德《论语集释》）杨伯峻《论语译注》曰：“恳切地发问，多考虑当前的问题。”陈立夫《四书道贯》曰：“能够切实地问，能够从近处想。”黄怀信《论语新校释》释曰：“‘切’，深切、深刻。‘近’，就近。‘近思’，联系自身实际而思。”译曰：“广泛地学而牢牢地记，深切地问而联系实际想。”把“切”解作“急”、“恳切”、“切实”、“深切”等。而且《辞源》、《汉语大字典》在解释“切”的“急迫”义时，都引《论语》此句作例证，可见皇疏影响之大。

“切”到底何意？“切”是“切近”、“贴近”的意思。《广韵·屑韵》：“切，近也。”《荀子·劝学》：“《诗》、《书》故而不切。”杨倞注：“《诗》《书》但论先王故事，而不委曲切近于人。”《文选·杨雄〈羽猎赋〉》：“入西园，切神光。”李善注引张晏曰：“切，近也。”《汉书·刘辅传》："此其言必有卓诡切至当圣心者。"

"切"和"近"同义，都是"切近"的意思，因此，应将这句话理解为：切近当下存在的问题去问，切近当下存在的问题去思。

19.7 子夏曰："百工居肆以成其事，君子学以致其道。"

【"致"误解】

宋朱熹《论语集注》："致，极也。工不居肆，则迁于异物而业不精。君子不学，则夺于外诱而志不笃。"

清刘宝楠《论语正义》解曰："'致'如'致知'、'致曲'之致。致者，极也，尽也。《礼记·大学》云：'大学之道，在明明德，在亲民，在止于至善。'止至善则致其道之谓。故《大学》又言：'君子无所不用其极。'极、致义同。"

【"致"勘正】

致，释作"获取"、"获得"较恰切。

《辞源》释"致"曰："达到。《礼·玉藻》：'稽首据掌致诸地。'《后汉书》六三《李固传》：'如此，则论者厌塞，升平可致也。'"《汉语大字典》释"致"曰："求得；取得。《论语·子张》：'君子学以致其道。'《庄子·逍遥游》：'彼于致福者，未数数然也。'成玄英疏：'致，得也。'王先谦集解：'言得此福者，亦不数数见也。'"《汉语大词典》释"致"曰："求取；获得。《论语·子张》：'百工居肆以成其事，君子学以致其道。'《韩非子·五蠹》：'人主兼学匹夫之行，而求致社稷之福，必不几也。'"

有些注家解作"至"或"达到"，也讲得通。

19.9 子夏曰："君子有三变：望之俨然，即之也温，听其言也厉。"

【"厉"误解】

宋朱熹《论语集注》注曰："厉者，辞之确。"

杨润根《发现论语》注释曰："厉，磨石，它坚硬而又冷漠。"译解曰："子夏说：'君子有三种需要人们认真细致地加以分析思考才能正确理解的看起来纷繁无序、自相矛盾、令人费解的特点：当人们远远地望着他们的时候，他们是威严而令人感到难以接近的；当人们走到他们身边并与之接近的时候，他们是温和亲切的。当人们听到他们的说话的声音时，他们又好像磨石一样坚硬而又冷漠的。'”

【“厉”勘正】

子夏是说：君子给人的感觉有三种变化：离远看他，庄严可畏；接近他，温和可亲；听他说话，严正不苟。

厉，严厉、严正不苟。《辞源》释“厉”曰：“严肃，严厉。《论语·子张》：‘望之俨然，即之也温，听其言也厉。’”《汉语大词典》释“厉”曰：“严肃；严厉。《论语·述而》：‘子温而厉，威而不猛，恭而安。’”

汉郑玄《论语郑氏注》曰：“厉，严正也。”杨伯峻《论语译注》译曰：“听他的话，严厉不苟。”

19.10　子夏曰：“君子信而后劳其民；未信，则以为厉己也。信而后谏；未信，则以为谤己也。”

【“厉己”、“谤己”误解】

杨润根《发现论语》解曰：“厉，抵制，反对。”

林觥顺《论语我读》解曰：“厉己：严格砥砺自己。”

金知明《论语精读》解曰：“厉己，批评自己。谤，谩骂。”

【“厉己”、“谤己”勘正】

子夏是说：君子先取得信任，然后才能使唤人民；如果未取得信任，人民就会以为是在虐害自己。先取得信任，然后才能劝谏；如果未取得信任，君上就会以为是在诽谤自己。

厉，虐待、虐害。《玉篇》：“厉，虐也。”《辞源》：“厉，虐害。”又释“厉民”曰：“虐害人民。《孟子·滕文公上》：‘今也滕有仓廪府库，则是厉民而以自养也。’”

谤，诽谤、毁谤。《说文解字》：“谤，毁也。”《玉篇》：“谤，诽也。”《辞源》：“谤，诽谤。《论语·子张》：‘信而后谏；未信，则以为谤己也。’”

魏王肃曰：“厉，病也。”（引自何晏《论语集解》）宋邢昺《论语注疏》疏曰："此章论君子使下事上之法也。厉，犹病也。言君子若在上位，当先示信于民，然后劳役其民，则民忘其苦也。若未尝施信，而便劳役之，则民以为从欲崇侈，妄加困病于己也。若为人臣，当先尽忠于君，待君信己而后，可谏君之失。若君未信己，而便称君过失以谏诤之，则君以为谤讟于己也。"李零《丧家狗——我读〈论语〉》解曰："君子劳民必先取信于民，否则，他们会认为你是虐待他们；君子谏君必先取信于君，否则，他会认为你是毁谤他。"

19.11 子夏曰："大德不逾闲，小德出入可也。"

【"大德"、"小德"误解】

梁皇侃《论语义疏》疏曰："云'大德不逾闲'者，大德，上贤以上也。闲，犹法也。上德之人，常不逾越于法则也。云'小德出入可也'者，小德，中贤以下也。其立德不能恒全，有时暂至，有时不及，故曰出入也。不责其备，故曰可也。"

唐韩愈、李翱《论语笔解》解曰："吾谓大德，圣人也，言学者之于圣人，不可逾过其门阈尔。小德，贤人也，尚可出入窥见其奥也。"

闫合作《论语说》断句为："大德不逾，闲小德，出入可也。"译曰："大的操行不逾界，规范小的操行，出入就没有问题了。"

【"大德"、"小德"勘正】

子夏是说：在大的德行节操上，不得超越界限；而在小的德行细节上，有点出入是可以的。黄怀信《论语新校释》曰："'大德'，大的、原则性的道德行为。'小德'，小的、具体的道德约束。"杨朝明《论语诠解》解读曰："重大品德原则不能违背，小的生活细节有点出入是可以的。"

宋朱熹《论语集注》曰："大德、小德，犹言大节、小节。"《辞源》、《汉语大词典》、钱穆《论语新解》、李泽厚《论语今读》、孙钦善《论语本解》等，皆从朱熹"大节、小节"说。

【"闲"误解】

闫合作《论语说》解曰："'闲小德'，就是规范小行为。"

杨润根《发现论语》解曰："闲，门内的一棵树，犹如生长在温室里的一朵花娇生惯养，悠然自得，悠然自赏，面对周围的一切都习以为常，并以一种与自我欣赏的态度完全相同的态度欣赏着周围的一切——这也许就是'等闲视之'这一固定用语的本意。不逾闲：不可带着一种悠然自赏、等闲视之的态度来跨越（那些重大的道德问题）。"

【"闲"勘正】

闲是门阑，不逾闲就是不超越门阑。喻范围、界限。《说文解字》："闲，阑也。"《辞源》："闲，范围。《论语·子张》：'大德不逾闲，小德出入可也。'"《汉语大词典》："闲，法度；界限。多指礼仪道德规范。《论语·子张》：'大德不逾闲，小德出入可也。'"

汉孔安国《论语孔氏训解》曰："闲，犹法也。"宋朱熹《论语集注》注曰："闲，阑也，所以止物之出入。"清刘宝楠《论语正义》解曰："《说文》：'闲，阑也。'此训法者，引申之义。"

19.12　子游曰："子夏之门人小子，当洒扫应对进退则可矣，抑末也。本之则无，如之何？"子夏闻之，曰："噫！言游过矣！君子之道，孰先传焉？孰后倦焉？譬诸草木，区以别矣。君子之道，焉可诬也？有始有卒者，其惟圣人乎！"

【"抑末"误解】

林觥顺《论语我读》注解曰："抑是压制贬退，可引作或义。末是尾端低下。是说甚或再次等级之事。"释义曰："子游说：'子夏教的那些青少年学生，去担任洒扫庭园，看守大门应付访客，进退的事，倒是可以，最好做更低级一点的较适合。'"

【"抑末"勘正】

抑，连词，表示转折。《辞源》："抑，连词。表示转折，相当于'则'、'然'。"《汉语知识词典》："抑，用于转折复句，表示轻微转折。可译作'可是'、'不过'。"

宋朱熹《论语集注》注曰："子游讥子夏弟子，于威仪容节之间则可矣。然此小学之末耳，推其本，如大学正心诚意之事，则无有。"杨伯峻

《论语译注》译曰："不过这只是末节罢了。"李泽厚《论语今读》译曰："但这是细微小事，根本的东西却没有。"

【"孰先传焉？孰后倦焉？"误解】

杨润根《发现论语》解曰："倦，结束，作罢，从工作状态退到休息状态。《说文》：'倦，罢也。'"

【"孰先传焉？孰后倦焉？"勘正】

"倦"字费解，难坏了古今注家，歧解纷纷。汉包咸《论语包氏章句》解作"言先传业者必先厌倦"。宋朱熹《论语集注》解作"倦如诲人不倦之倦"。程树德《论语集释》解作："传字与倦字正相反，倦者，倦于传也。何者宜先，何者可倦而后，义自通。"方骥龄《论语新诠》解作："倦，劳也。殆谓何种学业当留于次一步反复勤劳以教之是也。"孙钦善《论语本解》解作："倦：竭力。……君子学问之道，哪一个先传授，哪一个后竭力，就像草木一样，区别得一清二楚。"乔一凡《论语通义》解作："卷，收取也。卒，收终也。卷卒二字相呼应。"马固钢《〈论语〉闲考三则》（载《孔子研究》2002 年第 3 期）认为："'孰后倦焉'可以释为'孰后劝焉'，意思是谁当勤勉（鼓励）而教于后。以示与'孰先传焉'而'区以别。'"

金池《〈论语〉新译》以为"'倦'可能是'传'字之误"，程石泉《论语读训》也以为"'倦'字乃'传'字之讹"。这种怀疑是很有道理的，《论语》各种传本在文字上都或多或少地存在着错讹。视"倦"为"传"，纷纷歧解即可冰释。

子游批评子夏的学生学习的是些"洒扫应对"的末节知识，没有学习"修齐治平"的大学问、大道理，即根本的东西。子夏反驳说："君子的道德学问，哪些先传授，哪些后传授，就好比种植草木一样，要区别对待。"子夏的话是有道理的，其师孔子所设的"六艺"（礼、乐、射、御、书、数）教学内容，孰先传孰后传都是有一定区分的。当时不也分小学、大学吗？所学的学问自然有由小到大、由初等到高等之分。子夏曾说："虽小道，必有可观者焉，致远恐泥，是以君子不为也。"（本篇第 4 章）可见，子夏是有传授大道的意识的。

杨润根引《说文解字》"倦，罢也"为证，解作"结束、作罢"，实际上，《说文解字》“罢”字读 pí，即“疲倦”之“疲”。《辞源》释“罢”曰：“疲困，软弱。通‘疲’。”《汉语大词典》释“罢”曰：“疲劳；衰弱。”不是“结束、作罢”的意思。

【“诬”误解】

杨润根《发现论语》注释曰：“诬，唱赞美诗（它所需要的时间是很少的）。……‘巫’是原始人类所跳的一种以取悦天神为目的的舞蹈（从这个字本身来看，它似乎是双人竹杠舞），而‘诬’则就是与这种以取悦天神为目的的舞蹈相联系、相伴唱的对天神（天帝）的赞美诗了。”译解曰：“作为一种以培养造就具有完美的道德品质的人为根本目的的教育，就这种教育的方式方法而言，怎么可以像先民们跳舞时所唱的对天帝的歌颂一样在一刻半时里就可以结束的呢？”

【“诬”勘正】

诬，歪曲。《汉语大词典》释“诬”曰：“歪曲。《论语·子张》：‘君子之道，焉可诬也？有始有卒者，其惟圣人乎！’”

杨伯峻《论语译注》译曰：“君子的学术，如何可以歪曲？”杨朝明《论语诠解》解读曰：“对于先王之道，哪些先传授呢，哪些后传授呢？这好比花草树木一样，应该区别对待。怎么可以随便歪曲先王之道呢？能有始有终把先王之道传授给学生的，那只能是圣人吧！”

19.13　子夏曰：“仕而优则学，学而优则仕。”

【“优”误解】

汉马融《论语马氏训说》解曰：“行有余力，则以学文也。”

宋邢昺《论语注疏》疏曰：“此章劝学也。言人之仕官行己职而优闲有余力，则以学先王之遗文也。若学而德业优长者则当仕进，以行君臣之义也。”

王缁尘《四书读本》解曰：“‘优’者，即优闲之优，言有闲暇时候也。”

刘兆伟《论语通要》译曰：“子夏说：‘做官做得好者，就在于受到了好的教育；受到好的教育者，就能做好官。’学，在此是教育的意思。”

闫合作《论语说》解曰："做官做得好，就是学；学得好，就是为政。"译曰："仕能做好就是有学识，学识精深就是仕。"

王述民《"学而优则仕"新解》（载《宁夏大学学报》1984年第4期）解曰："仕，在先秦有做官的意思，……但同时又当'事'和'做事'讲。……把'事'译成'做事'，子夏的话就很通顺了：'仕而优则学，学而优则仕。——做事有了余暇就学习，学习优良余暇就做事。'这样解释，乍看似乎奇谈怪论，其实很符子夏的身份。据《荀子》记载，子夏极度贫穷，'衣若悬鹑'（为魏文侯师大概是以后的事）。像他这样的人，一面读书，一面还得考虑吃饭问题，学习之余做点事（学而优则仕），挣点钱喂饱肚子是非常必要的。"

【"优"勘正】

定州简本《论语》的语序与此不同，作"学而优则仕，仕而优则学"，可从。

优，《汉语大字典》释曰："（1）丰饶；充足。《说文·人部》：'优，饶也。'《小尔雅·广诂》：'优，多也。'《国语·鲁语上》：'小赐不咸，独恭不优。'韦昭注：'优，裕也。'《荀子·王制》：'污池渊沼川泽，谨其时禁，故鱼鳖优多而百姓有余用也。'（2）优良；好。《汉书·王贡两龚鲍传赞》：'王、贡之材，优于龚、鲍。'"汉王充《论衡·书解》："著作者为文儒，说经者为世儒，二儒在世，未知何者为优。"

可知，"优"的原义为"丰饶"、"充足"，由"丰饶"、"充足"引申为"优胜"、"优良"。若按原义，邢昺解作"人之仕官行己职而优闲有余力"是可以的；若按引申义，邢昺解作"学而德业优长者则当仕进"也是正确的。但是，前后两"优"字，应同样看待，不应一遵原义，一遵引申义。

我们认为，从引申义较符合句意。"学而优则仕"，这句话在人们口头上传诵了两千多年，也被人们遵行了两千多年。历代选拔人才，多以德业优秀为标准，而很少看你是否"有闲暇"、"有余力"。因此，"优"字理解为优秀、优良为是。既然"学而优"之"优"为优秀、优良义，那么，"仕而优"之"优"也应是优秀、优良义。"仕而优则学"，说明儒家对"仕"者要求高，官做得已经挺好了，还要继续学习，适应时代方方面面的发展，适应国家人民新的需要，继续学习为官之道，学习专业技术知识，以便把官做得更好。

李泽厚《论语今读》译曰："官做好了去求学，学问好了去做官。"金池《〈论语〉新译》译曰："官做好了还要继续深造，学习好了就要任职实践。"乔一凡《论语通义》解曰："优即优秀优良之优，非旧说有余力也。学固无余力，仕亦不应有余力也。仕即是公务人员，能为国家社会服劳，岂能有余力而素餐哉。子夏说：为国家社会服劳优良，则进学；学如优长，则可为国家社会服劳。仕是从政，从政即是为国家社会服劳。如成绩优良，自可进修，而更上一层。学问如优，则自可以从政。学优而从政，则错误可少，而民人可少受不平也。"

19.14　子游曰："丧，致乎哀而止。"

【"致"误解】

钱穆《论语新解》解曰："致，极义。丧礼只以致极乎居丧者之哀情而止，不尚文饰。"译曰："丧礼只要极尽到遭丧者之哀情便够了。"

李培宗《论语全解》："致：副词。极，极其。"

【"致"勘正】

致，通"至"，解作"达到"、"尽到"皆可。此句是谈居父母丧者，感情上到什么程度可以停止，即达到哀戚或尽到哀情便可停止，劝人不要悲伤过度，以免灭性毁身。《汉语大词典》释"致"曰："尽。《论语·子张》：'丧致乎哀而止。'皇侃义疏：'致，犹至也……使各致极哀而止也。'"

杨朝明《论语诠解》诠释曰："致：达到。止：停止，有足够之意。"解读曰："子游说：'居丧，达到悲戚的程度就可以了。'"孙钦善《论语本解》译曰："子游说：'居丧能尽到悲哀之情也就够了。'"

19.15　子游曰："吾友张也为难能也，然而未仁。"

【"为难能"误解】

晋袁乔《论语袁氏注》注曰："子张容貌难及，但未能体仁也。"

金知明《论语精读》解曰："为难能也，帮助人渡过困难可以；为难，解人之难；能，可。"

郑张欢《论语今释》释曰："子游说：'我的朋友子张已尽了最大的努力，然而还未达到仁的地步。'"

闫合作《论语说》说解曰："应译为：'我与子张为友，他难得的才能我能做到，然而做不到仁。'"

【"为难能"勘正】

难能，难以做到、做不到。子游是说：我的朋友子张可以说是难能可贵的了（别人难以做到他这个样子），但是还未达到仁。

子张，《论语》本篇多处记录他的言行，如第1章中子张曰："士见危致命，见得思义，祭思敬，丧思哀，其可已矣。"第2章中子张曰："执德不弘，信道不笃，焉能为有？焉能为亡？"第3章中子夏之门人问交于子张。子张曰："君子尊贤而容众，嘉善而矜不能。我之大贤与，于人何所不容？我之不贤与，人将拒我，如之何其拒人也？"此外，还有《颜渊》篇的"子张问崇德辨惑"、"子张问政"、"子张问：'士何如斯可谓之达矣？'"《卫灵公》篇"子张问行"，《阳货》篇"子张问仁"，等等。从这些记录可以看出，子张平常关心的都是大问题，诸如德、行、仁、政等，主张：见危致命，见得思义；执德要弘大，信道要笃诚；尊贤而容众，嘉善而矜不能。这样的高境界，这么追求"大贤"的不凡人格，会让不少人感到他的难及，他的难能可贵。但由于其师孔子对"仁"要求甚高，弟子们也遵照其师的标准评价别人，因此子游认为：朋友子张虽然已经达到了一般人难以做到的地步，然而还未能达到仁。

清王闿运《论语训》曰："难能，才能难及。"杨伯峻《论语译注》译曰："我的朋友子张是难能可贵的了，然而还不能做到仁。"黄怀信《论语新校释》释曰："为难能：'为'，是。'难能'，难以做到。"译曰："子游说：'我的朋友子张嘛，（常人）是难以达到的，就是还不够仁。'"

19.16　曾子曰："堂堂乎张也，难与并为仁矣。"

【"难与并为仁"误解】

清王闿运《论语训》解曰："亦言子张仁不可及也。难与并，不能比也。曾、张友善如兄弟，非贬其堂堂也。"

杨伯峻《论语译注》译曰："子张的为人高得不可攀了，难以携带别人一同进入仁德。"

郑张欢《论语今释》释曰："曾子说：显示其人高大的子张，我们所追求的仁德难以与他追求的仁德相并在一起。"

【"难与并为仁"勘正】

此语正确的理解是：仪表堂堂啊子张，难以和他一同行仁。

"难以和子张一同行仁"的原因大概有两个方面：一是子张仪表堂堂，容貌壮伟，给人一种盛气凌人、不够平易、不好接近的感觉。《先进》篇记曰："子贡问：'师（子张）与商（子夏）也孰贤？'子曰：'师也过，商也不及。'"又记曰："柴也愚，参也鲁，师也辟，由也喭。"这是对子张性格上的评论，认为他性格偏僻、偏激，做事容易过头、过分。一是子张平时在个人修行仁德方面可能做得不够，引起了同学们的议论，如上章子游所说"吾友张也为难能也，然而未仁"，以及本章曾子所说"难与并为仁"。

后世注家多依从子游、曾子的这种说法，如汉郑玄曰："子张容仪盛，而于仁道薄也。"（引自魏何晏《论语集解》）梁皇侃《论语义疏》曰："子张容貌堂伟，难为人所能及，但未能体仁也。"宋朱熹《论语集注》曰："子张行过高，而少诚实恻怛之心。"这似乎谈的有些严重了，容易给人们造成"子张不仁"的感觉。请参看我们上章的分析，也许能对子张得出公允的评价。

还有一点需要注意：子张同学们之间的相互评论，有时并非完全公正，如本篇第12章子游对子夏学生的议论，便遭到子夏的强烈反驳。

19.17 曾子曰："吾闻诸夫子：人未有自致者也，必也亲丧乎！"

【"自致"误解】

何新《论语新解——思与行》注曰："致，读为制，节制。"译曰："人在有一种时候是难以自制的，那一定是在至亲去世的时候呵！"

林觥顺《论语我读》解曰："自致者：自始至终无改的。自的本义始，致的本义送至终极。"

杨润根《发现论语》解曰："自致，自致于丧，自己陷入痛苦、悲伤和不幸之中。"

黄怀信《论语新校释》释曰："自致：'自'，自愿。'致'，献，指献出性命、殉葬。"译曰："人从来没有自愿献出（自己性命）的。如果一定要（自愿献出自己性命），就是父母死了吧！"

【"自致"勘正】

自致，自动竭尽心力或感情。致，尽。《辞源》释"自尽"曰："谓自己竭尽其心力。《书·咸有一德》：'无自广以狭人，匹夫匹妇，不获自尽，民主罔与成厥功。'《传》：'言先尽其心，然后乃能尽其力，人君所以成功。'"《汉语大词典》释"自致"曰："竭尽自己的心力。《论语·子张》：'曾子曰：吾闻诸夫子，人未有自致者也，必也亲丧乎。'"

曾子是说："我从老师那里听说过：人没有自动竭尽心力或感情的时候，如果有，那一定是父母丧亡的时候吧。"杨伯峻《论语译注》译曰："平常时候，人不可能来自动地充分发挥感情，[如果有，]一定在父母死亡的时候罢！"

黄怀信释"致"谓"献"，"指献出性命、殉葬"，言之太过，不符合儒家的孝道思想。孔子连厚葬都反对，甚至"食于有丧者之侧"，连饭都吃不下，不可能说出"献出性命、殉葬"的话。孔子主张临丧尽哀（《八佾》篇第26章），子游也主张"丧，致乎哀而止"（《子张》篇第14章），而曾子虽至孝，但也不可能把孔子思想误解到这种地步。

19.19　孟氏使阳肤为士师，问于曾子。曾子曰："上失其道，民散久矣。如得其情，则哀矜而勿喜！"

【"民散"、"哀矜"误解】

金知明《论语精读》译曰："曾子说：'君子丢失了正确的方法，百姓人心涣散好久了。假如获得百姓的爱戴，就要小心谨慎而不要松懈。"

闫合作《论语说》解曰："'散'，散漫，不检束自己。'矜而勿喜'，慎重而不会嬉戏。"译曰："曾子说：'当政失却教化，百姓不知检束自己很久了。如果得教化，他们心情就会自哀，会慎重而不会嬉戏。'"

【“民散”、“哀矜”勘正】

民散，民心涣散，离心离德。情，案情，民众触犯法律的实情。哀矜，哀怜、同情。喜，沾沾自喜。

汉马融《论语马氏训说》曰：“民之离散为轻漂犯法，乃上之所为也，非民之过也，当哀矜之，勿自喜能得其情也。”唐韩愈、李翱《论语笔解》曰：“《家语》云：‘鲁人有父子讼者，孔子为司寇，同牢狱絷之，父子皆泣。子曰：“上失其教，民散久矣。”皆释之。’此有以见哀矜其情，不喜施刑罚之验也。”宋朱熹《论语集注》曰：“民散，谓情义乖离，不相维系。谢氏曰：‘民之散也，以使之无道，教之无素。故其犯法也，非迫于不得已，则陷于不知也。故得其情，则哀矜而勿喜。’”清康有为《论语注》曰：“民散，谓民心涣散，思背其上。情，实也。上未尝养之教之，则民之犯罪，迫于不得已，或出于无知，非其天性然也。士师审讯，虽得情，宜哀矜其本出无辜，而勿喜也。”

此语是说，民心涣散，离心离德，是由于在上者失其道。因此，如果审讯出百姓犯法的实情，即破了案，则要哀痛怜悯，而不要沾沾自喜。

19.20 子贡曰：“纣之不善，不如是之甚也。是以君子恶居下流，天下之恶皆归焉。”

【“恶居下流”误解】

闫合作《论语说》断句为：“子贡曰：‘纣之不善，不如是之甚也。是以君子恶。居下流，天下之恶皆归焉。’”译曰：“子贡说：‘殷纣王的不善，不如传说的那样严重，是因为君子厌恶他。居于下流，就会把天下的一切坏事坏名都归到他的头上来。”

【“恶居下流”勘正】

恶，音 wù，憎恨、厌恶。有人解作“畏惧”，也可。居，居于、处在。下流，地势低下众水流归之处，比喻众恶所归的地位。

汉孔安国《论语孔氏训解》曰：“纣为不善，以丧天下，后世憎甚之，皆以天下之恶归之于纣也。”梁皇侃《论语义疏》曰：“下流，谓为恶行而处人下者也。言纣不遍为众恶，而天下之恶事皆云是纣所为。故君子立身，恶为居人下流，若一居下流，则天下之罪并归之也。”宋邢昺《论语注疏》曰：“此章戒人为恶也。纣名辛，字受德，商末世之王也。为恶不道，周武王所杀。《谥法》：‘残义损善曰纣。’言商纣虽为不善，以丧天下，亦不如此之甚也，乃后人憎甚之耳。下流者，谓为恶行而处人下，若地形卑下，则众流所归。人之为恶处下，众恶所归，是以君子常为善，不为恶，恶居下流故也。纣为恶行，居下流，则人皆以天下之恶归之于纣也。”宋朱熹《论语集注》曰：“下流，地形卑下之处，众流之所归。喻人身有污贱之实，亦恶名之所聚也。子贡言此，欲人常自警省，不可一置其身于不善之地。非谓纣本无罪，而虚被恶名也。”杨伯峻《论语译注》曰：“商纣的坏，不像现在传说的这么厉害。所以君子憎恨居于下流，一居下流，天下的什么坏名声都会集中在他身上了。”

诸说大同小异，均合文意。道理很明显，数千年来，桀纣成了恶人坏人的代名词，文武孔孟成了圣贤的代名词。人们都有这样的同感和亲身经历：比如某人曾有过偷盗行为，周围的人无论谁丢了东西，都会首先怀疑到他。朱熹说的好：“子贡言此，欲人常自警省，不可一置其身于不善之地。”

闫合作的断句，改变了子贡的语义。

19.21　子贡曰：“君子之过也，如日月之食焉：过也，人皆见之；更也，人皆仰之。”

【“君子之过也，如日月之食焉”误解】

蒋沛昌《论语今释》注曰：“日月之食——即日蚀、月蚀的现象，用来比喻君子的无心之过。”解曰：“子贡认为君子之过本出无心，像日蚀、月蚀一样，大家都看得见，表示惋惜和理解。”

【“君子之过也，如日月之食焉”勘正】

就字面来看，是说：君子的过错，像日食、月食一样，犯错时，人们都能看得到；改正以后，人们都敬仰他。此以日食、月食作比喻，勉励人们勇于改正错误，不要掩饰错误。

常言道，人非圣贤，孰能无过。即使圣贤，亦难保一生不出过错。连孔子本人，也曾遗憾自己学《易》太晚，倘若早些学《易》，就会避免一些“大过”（《述而》）。有了过错，就怕不改，“过而不改，是谓过矣”（《卫灵公》）；有了过错，不要掩饰，（子夏曰：“小人之过也必文。”）彻底改了，就会得到人们的谅解和尊重。

上列蒋沛昌的注解，把君子之过看作“无心之过”，“大家……表示惋惜和理解”，似是有意原谅君子之过，有意为君子之过减责，这是对子贡语义的错误理解。有心犯错，是错；无心犯错，也是错。“无心之过”而造成严重后果者，不也是要追究“过失”责任吗？如果过分看轻或原谅过错，定会使一些自制力差的人行为放纵。

19.22　卫公孙朝问于子贡曰：“仲尼焉学？”子贡曰：“文、武之道，未坠于地，在人。贤者识其大者，不贤者识其小者，莫不有文、武之道焉。夫子焉不学？而亦何常师之有？”

【“识其大”、“识其小”误解】

邓球柏《论语通解》［注释］：“识：认识，懂得。”［白话］：“贤良的人能够认识懂得治国经验的根本，不贤良的人只懂得一些枝节。”

闫合作《论语说》断句为：“子贡曰：‘文武之道未坠，于地在人。贤者识其大者，不贤者识其小者，莫不有文武之道焉。’”译曰：“子贡说：‘文武之道没有总结出来时，依存于天地和众人。贤能的人能认识到大的方面，不贤的人认识小的方面罢了。无处不存有文武之道啊。’”

【“识其大”、“识其小”勘正】

识，音 zhì，记也。《辞源》：“识 zhì，记住。通‘誌’。《论语·述而》：‘默而识之，学而不厌，诲人不倦，何有于我哉？’”解作“记”最为恰当，文武之道未失传，关键是被世世代代的人“记住”了。

宋朱熹《论语集注》曰：“在人，言人有能记之者。识，记也。”清梁章钜《论语旁证》曰：“识音志。汉石经‘识’作‘志’。王氏棥曰：‘识字无音，今人多读如字，而蔡邕石经作志，是当读识为志也。’按《集注》明云音志；又云：识，记也。贾氏公彦曰：古之文字少，‘志意’之‘志’与‘记识’之‘志’同，后代自有记识之字，不复以志为识。何晏晋人，改志为识，而古文遂不可考矣。”

此语是说：文王、武王的治世之道，并没有遗失，仍在人间流传。这是因为文武之道深入人心。贤能的人，格局大才器大的人，能记住文武之道的大处；普通的人，格局小才器小的人，能记住文武之道的小处。因此，人间无处不有文武之道。夫子无处不学，故无常师。这也是他学识渊博的原因。

19.23 叔孙武叔语大夫于朝曰："子贡贤于仲尼。"子服景伯以告子贡。子贡曰："譬之宫墙，赐之墙也及肩，窥见室家之好。夫子之墙数仞，不得其门而入，不见宗庙之美，百官之富。得其门者或寡矣。夫子之云，不亦宜乎！"

【"百官之富"误解】

杨伯峻《论语译注》注曰："官字的本义是房舍。"译曰："我老师的围墙却有几丈高，找不到大门进去，就看不到他那宗庙的雄伟，房舍的多种多样。"

杨润根《发现论语》解曰："百官之富，所有的政府官员加在一起的全部财富。"

金知明《论语精读》解曰："众官员（服饰的）富丽堂皇。富，指服饰的繁富。"

郑张欢《论语今释》释曰："富有才能的百官众多。"

李里《论语讲义》解曰："'百官'指大户人家内管理事务的机构，只有大户人家才有祭祀的宗庙与管事的百官，这哪是小户人家的室家可比。这里子贡是用大户与小家来比喻道德学问的差别。"

【"百官之富"勘正】

百官，指众官。《辞源》释"百官"曰："《书·周官》：'（成王）曰：唐虞稽古，建官惟百。'《荀子·正论》：'古者天子千官，诸侯百官。'亦以泛指众官。"

多数注家都将此"官"字解作馆舍、房舍，非。宗庙，天子、诸侯祭祀祖先的处所。封建帝王把天下据为一家所有，世代相传，故以宗庙作为王室的代称。既然言宗庙，子贡显然是把"夫子之墙"比作了帝王之宫墙，以与自家的低矮围墙形成悬殊的对比。宗庙既指帝王之家，那么帝王以下便是百官。宫墙之中，皇家、百官是主体，皇家美盛，众官富有（物质的、智慧的），这是宫中的真实写照。如果朝廷中没有百官，只是有“百馆”（一个地主老财也可以有百馆），那么就难以称之为朝廷，也难以称得上富有。再说，当时已有了“馆”字（《诗经》、《左传》都用了“馆”字），《论语》编者舍弃“馆”而选用“官”，用意甚明。这是子贡以宫墙作比，凸显其师孔子大贤，道德学问高深，少有人能学得来，更少有人能比得上。同时“得其门者或寡矣”一语，也是在原谅叔孙武叔之妄言。一般人不了解孔子，那么叔孙武叔（“夫子”）如此说，不也很自然吗（“不亦宜乎”）！

另，《宪问》篇“君薨，百官总己，以听命于冢宰三年”之“百官”，也是指众官。《论语》中“百官”共出现2次，不可能一处指“众官”，一处指“百馆”。

李炳南《论语讲要》曰：“数仞之墙，取譬天子或诸侯的宫墙，里面有宗庙，有朝廷百官，必须由门而入，才看得见。如果不得其门，进不去，那就看不见宗庙的完美，朝中百官的富盛。”

本章可与下章联系起来理解。

19.24 叔孙武叔毁仲尼。子贡曰：“无以为也！仲尼不可毁也。他人之贤者，丘陵也，犹可逾也；仲尼，日月也，无得而逾焉。人虽欲自绝，其何伤于日月乎？多见其不知量也。”

【“多”误解】

金知明《论语精读》解曰：“多见其不知量也：至多暴露出他不懂得自我衡量罢了。多，至多；见，同‘现’，暴露出；不知量，不懂得衡量。”

杨润根《发现论语》译解曰：“多么不知道怎样衡量自己、判断事物。”

【“多”勘正】

《辞源》释“多”曰：“适足，只是。《论语·子张》：‘人虽欲自绝，其何伤于日月乎？多见其不知量也。’《左传·定十五年》：‘事楚何为？多取费焉。’”《汉语大词典》释“多”曰：“适，正。《论语·子张》：‘人虽欲自绝，其何伤于日月乎？多见其不知量也。’何晏集解：‘适足自见其不知量也。’邢昺疏：‘多，犹适也。’”《汉语大字典》释“多”曰：

"通'衹'。仅，不过。清朱骏声《说文通训定声·随部》：'多，假借为衹。'《论语·子张》：'人虽欲自绝，其何伤于日月乎？多见其不知量也。'邢昺疏：'多，犹适也。''所以多得为适者，古人多同音。'"

比较而言，《汉语大词典》释作"适，正"更为准确。"多见其不知量也"解作：恰好（或正好）表明他不自量，不知天高地厚。

19.25　陈子禽谓子贡曰："子为恭也，仲尼岂贤于子乎？"子贡曰："君子一言以为知，一言以为不知，言不可不慎也。夫子之不可及也，犹天之不可阶而升也。夫子之得邦家者，所谓立之斯立，道之斯行，绥之斯来，动之斯和。其生也荣，其死也哀，如之何其可及也？"

【"为恭"误解】

毛子水《论语今注今译》注曰："'为'，假装，装作。"译曰："陈子禽对子贡说：'你是客气呀！仲尼难道比你高明！'"

马恒君《论语正宗》解曰："'为恭'是做出恭敬的样子。"

杨润根《发现论语》解曰："恭：共心，善于为每一个人的利益着想并尊重每一个人的利益。为恭：为他人着想并为他人出力，这里可能是指因善于经商而成为中国首富人物的子贡的乐善好施的行为。"

【"为恭"勘正】

为，是。为恭，是恭。陈子禽说："你是谦恭呀，仲尼岂能贤过你呢？"

杨树增《论语》（评注）曰："你是谦恭吧，仲尼怎能贤能过你呢？"李炳南《论语讲要》解曰："你是谦恭而已，仲尼怎能贤过你呢？"郑张欢《论语今释》释曰："您是恭顺罢了，仲尼岂能贤能过您呢？"

毛子水、马恒君将"为恭"释作"假装"、"做出恭敬的样子"，试想，当面说对方"假装"、"做样子"，合乎情理吗？

【"动之斯和"误解】

梁皇侃《论语义疏》："动，谓劳役之也。悦以使民，民忘其劳，故役使之莫不和穆也。"

金知明《论语精读》解曰："绥之斯来，动之斯和：安抚了前来归附的人，感动了随和的人。之，代词，指下文的‘斯来’、‘斯和’”。

杨润根《发现论语》译解曰：“不论人们想在其中如何行动，人们都可以找到自己的行动与他人的行动之间的不变的协调一致与和谐统一。”

何新《论语新解——思与行》注曰：“和，息也。”译曰：“动乱于是才能平息。”

【“动之斯和”勘正】

动，犹言动化，感动，鼓动，动员。斯，连词，犹则、乃。《吕氏春秋·审应览·具备》：“说与治不诚，其动人心不神。”高诱注：“动，感；神，化。言不诚不能行其化。”《淮南子·泰族训》：“故圣人养心莫善于诚，至诚而能动化矣。”《汉书·杨雄传》：“立政鼓众，动化天下，莫上于中和，中和立发，在于哲民情。”

宋朱熹《论语集注》曰：“动，谓鼓舞之也。和，所谓于变时雍。言其感应之妙，神速如此。”杨伯峻《论语译注》曰：“一动员百姓，百姓自会同心协力。”

尧曰第二十

20.1　尧曰："咨！尔舜！天之历数在尔躬，允执其中，四海困穷，天禄永终。"舜亦以命禹。曰："予小子履，敢用玄牡，敢昭告于皇皇后帝：有罪不敢赦，帝臣不蔽，简在帝心。朕躬有罪，无以万方；万方有罪，罪在朕躬。""周有大赉，善人是富。虽有周亲，不如仁人。百姓有过，在予一人。"谨权量，审法度，修废官，四方之政行焉。兴灭国，继绝世，举逸民，天下之民归心焉。所重：民，食，丧，祭。宽则得众，信则民任焉，敏则有功，公则说。

【"历数"误解】

董子竹《论语正裁》解曰："'天之历数在尔躬'，天地运行的一切信息全集中在你一个身上，你的心的运动就是'宇宙——生命'系统的全息。'历'运动，'数'规律、定律、命运，全在你的意识的当下运动中，不要到别的地方去找。"

闫合作《论语说》译曰："尧说：舜啊！现在仅次于天的是你，用人只要着眼考察他的心性，只有四海干涸了，上天的赐福才会永远终止。"

【"历数"勘正】

历数，本为推算节气之度。《尚书·洪范》："五纪：一曰岁，二曰月，三曰日，四曰星辰，五曰历数。"《疏》："算日月行道所历，计气朔早晚之数，所以为一岁之历。"也指天道。此指上天排定的朝代更替的次序。

魏何晏《论语集解》曰："历数，谓列次也。"宋邢昺《论语注疏》曰："注'历数，谓列次也'。孔注《尚书》云：'谓天道。'谓天历运之数。帝王易姓而兴，故言历数谓天道。"宋朱熹《论语集注》曰："历数，帝王相继之次第，犹岁时节气之先后也。”清刘宝楠《论语正义》曰：“‘历数’是岁、月、日、星辰运行之法。……王者，天之子，当法天而行，故尧以天之历数责之于舜。”

“天之历数在尔躬”是说：上天排定的朝代更替的次序已经轮到你的身上。

【“允执其中”误解】

何新《论语新解——思与行》译曰：“天命已降临于你身上。你要永远手执铃钟！直到四海干涸，天命终结。”注曰：“中，钟铎。上古帝王发布大命、历法，均手执钟铎（钲）以颁令。允，永也。又谐音于中、正、中庸。”

方骥龄《论语新诠》：“顾实《释中史》云：‘《尧典》曰：“在璇玑玉衡”，以齐七政。璇玑者，北辰，亦谓之北极，天之中，以正四时者也。玉衡者，北斗也。辰极常居其所，而北斗不与众星西没也。……斗指两辰之间，是故“天之历数在尔躬，允执其中”者，何执也？执此斗柄，指中气之“中”也。’据此，故‘允执其中’，乃尧戒舜信守一年二十四节之中气授之于民也。”

【“允执其中”勘正】

允，诚信、诚实。《尔雅·释诂上》：“允，信也。”又“允，诚也。”《方言》：“允，信也。齐鲁之间曰允。”执其中，执中不偏。此语是说：诚实地掌握好中正之道（或说：诚实地执行中庸之道）。

汉包咸《论语包氏章句》曰：“允，信也。”宋朱熹《论语集注》曰：“允，信也。中者，无过不及之名。”清刘宝楠《论语正义》曰：“‘执中’者，谓执中道用之。《礼·中庸》云：‘子曰：“舜其大知也与！执其两端，用其中于民。”’执而用中，舜所受尧之道也。用中即中庸，故庸训用也。中庸之义，自尧发之，其后贤圣论政治学术，咸本此矣。”

【“四海困穷，天禄永终”误解】

汉包咸《论语包氏章句》解曰：“困，极也。永，长也。言为政信执其中，则能穷极四海，天禄所以长终也。”

梁皇侃《论语义疏》曰：“若内执中正之道，则德教外被四海，一切服化莫不极尽也。云‘天禄永终’者，永，长也。终，犹卒竟也。若内正中国，外被四海，则天祚、禄位长，卒竟汝身也。执其中，则能穷极四海，天禄所以长终也。”

林觥顺《论语我读》解曰：“允执其中：笔者释用人公正无偏，唯才是用。……允字颠倒是公字。中者无偏。天禄永终：天命始终如一。”

【“四海困穷，天禄永终”勘正】

此语是说：天下民众困顿穷苦，上天赐的禄位便会永远终结。这几句之间含有因果关系：如果担当不起天降之责、掌握不好中正之道的话，就会导致天下百姓困穷；倘若出现了天下百姓困穷的后果，那么上天赐给你的禄位也将会永远终结。

宋朱熹《论语集注》曰：“四海之人困穷，则君禄亦永绝矣，戒之矣。”杨伯峻《论语译注》曰：“上天的大命已经落到你的身上了，诚实地保持着那正确罢！假若天下的百姓都陷于困苦贫穷，上天给你的禄位也会永远地终止了。”孙钦善《论语本解》曰：“如果使天下困穷，天赐的禄位就会永远终结。”李泽厚《论语今读》曰：“如果天下老百姓贫穷困难，那你的地位也就完结了。”杨树增《论语》（评注）曰：“按照上天的安排，帝位应当落在你的身上，你要诚实地把持着中正公道，如果天下老百姓困顿贫穷，上天所赐你的禄位就永远终结了。”马恒君《论语正宗》曰：“如果你把天下治理得贫穷困苦，上天赐给你的禄位就要永远终止了。”

【“予小子履……皇皇后帝”误解】

汉郑玄《论语郑氏注》注曰：“皇皇后帝，并谓太微五帝，在天为上帝，分王五方为五帝。敢用元牡者，为舜命禹事。”

金池《〈论语〉新译》译曰：“商汤说：‘我冒昧地用黑色公牛做祭品，明白报告伟大的厚爱人类的先皇：有罪的人我不敢擅自赦免。’”

林觥顺《论语我读》解曰：“予小子履：给予年轻人的启示并且切实履行。是命禹履。”

【“予小子履……皇皇后帝”勘正】

此是汤语，不是舜命禹语，因已明言“履”，“履”是汤名。金池译

“后帝”为“先皇”，误。“先皇”是指“前代帝王”或“已故帝王”，而此是汤告天帝之辞。

予小子，我小子。清刘宝楠《论语正义》曰：“称‘小子’者，王者父天母地，为天之子，汤告天，故谦言‘小子’也。”履，汤名。《白虎通·姓名》篇曰：“汤，生于夏时，何以用甲乙为名？曰：汤王后乃更变名，为子孙法耳，本名履。故《论语》曰：‘予小子履’。履，汤名也。”玄牡，黑色公畜。清刘宝楠《论语正义》曰：“《广雅·释兽》：‘牡，雄也。’凡大祭，牡用牛，则此玄牡为黑牛矣。”皇皇，形容美盛庄肃。《辞源》释“皇皇”曰：“美盛貌。《诗·大雅·假乐》：‘穆穆皇皇，宜君宜王。’”《汉语大词典》释“皇皇”曰：“美盛貌；庄肃貌。《诗·鲁颂·泮水》：‘烝烝皇皇，不吴不扬。’毛传：‘皇皇，美也。’《礼记·曲礼下》：‘天子穆穆，诸侯皇皇。’孔颖达疏：‘诸侯皇皇者，自庄盛也。’”后，指君主、帝王，后帝指天帝。《汉语大词典》释“后帝”曰：“天帝；上帝。《诗·鲁颂·閟宫》：‘皇皇后帝，皇祖后稷。’郑玄笺：‘皇皇后帝，谓天也。’《论语·尧曰》：‘予小子履敢用玄牡，敢昭告于皇皇后帝。’《楚辞·天问》：‘何献蒸肉之膏，而后帝不若。’王逸注：‘后帝，天帝也。’”

汉孔安国《论语孔氏训解》曰：“履，殷汤名也。此伐桀告天之文也。殷家尚白，未变夏礼，故用玄牡也。皇，大也。后，君也。大，大君。帝，谓天帝也。《墨子》引《汤誓》，其辞若此也。”

【“帝臣不蔽，简在帝心”误解】

魏何晏《论语集解》解曰：“言桀居帝臣之位也，有罪过不可隐蔽，已简在天心也。”

南怀瑾《论语别裁》解曰：“‘帝臣不蔽’，就是说你天帝的臣子，我这个舜，年纪大了，精神不够，已无法作天下的庇护。‘简在帝心’，现在我选来一个人，可以继承我这个位置，而我所选的这个人，天帝也会同意的。”

董子竹《论语正裁》解曰：“‘简在帝心’，‘帝心’此处便是‘道心’，‘简在帝心’就是‘道心惟微’。‘简’，裁决判断之义。‘微’，微妙之义。‘道心惟微’也是说道心总在作最明确最准确最微妙的抉择。‘帝心’‘道心’是一个心，这个心又是‘人心’，此处是指尧、舜、禹、汤之心。”

杨润根《发现论语》解曰：“帝臣不蔽：上帝的眼睛不受蒙蔽，它能洞察一切隐秘的东西。简在帝心：一切都记载、镌刻在上帝的心中，换句话说，也就是上帝对一切都心中有数，心中有谱。”

蒋沛昌《论语今释》释曰：“简在帝心——已经反映在你天帝的心上。简，古代写字用的竹板，相当现在的纸。简在：刻写在，反映在。”

金知明《论语精读》注曰：“帝臣不蔽，简在帝心：帝王和臣子不能相互隐瞒，（一切都）审视在我心中。简，有选拔人才的意思。”译曰：“帝王和臣子不能相互隐瞒，（一切都）简选在我心中。”

【“帝臣不蔽，简在帝心”勘正】

帝臣，天帝之臣。不少注家争论“帝臣”是商汤自指，还是指夏桀。当以汤自指为是。汤在此说了三句话，第一句自称“小子”，第二句自称“帝臣”，第三句自称“朕”。前句“有罪不敢赦”无主语，当视为蒙后“帝臣”省。可以译为：臣下我对有罪的人不敢赦免，也不敢隐蔽遮掩，因为在上帝您心里已检阅明白。

简，检阅。《辞源》释“简”曰：“检阅，查检。《左传·桓六年》：‘秋大阅，简车马。’”又释“简阅”曰：“犹考察，检阅。汉王充《论衡·乱龙》：‘上古之人，有神荼鬱垒者，昆弟二人，性能执鬼，居东海度朔山上，立桃树下，简阅百鬼。’”《汉语大字典》释“简”曰：“检查；察阅。《广雅·释言》：‘简，阅也。’王念孙疏证：‘桓六年《左传》云：“大阅，简车马也。”’……《周礼·夏官·大司马》：‘简稽乡民，以用邦国。’”《汉语大词典》释“简”曰：“检阅；视察。《周礼·春官·大宗伯》：‘大田之礼，简众也。’郑玄注：‘古者因田习兵，阅其车徒之数。’《管子·立政》：‘行乡里，视宫室，观树蓺，简六畜，以时钧修焉。’《左传·昭公十四年》：‘下，楚子使然丹简上国之兵于宗丘，且抚其民。’”

汉郑玄《论语郑氏注》曰：“简阅在天心，言天简阅其善恶也。”唐韩愈曰：“帝臣，汤自谓也。言我不可蔽隐桀之罪也。包以桀为帝臣，非也。”唐李翱曰：“吾观《汤诰》云：‘尔有善，朕弗敢蔽；罪当朕躬，弗敢自赦，惟简在上帝之心。’此是汤称帝臣明矣。”（见韩愈、李翱《论语笔解》）孙钦善《论语本解》曰：“帝臣，天帝之臣，汤自称。”

【“周有大赉，善人是富”误解】

钱穆《论语新解》解曰：“言周家受天大赐，富于善人，有乱臣十人是也。”译曰：“周武王得上天大赐，一时善人特多。”

金知明《论语精读》解曰：“周有大赉，善人是富：周朝有了大运，只有贤明的好人受到赏赐。赉，好运；是富，‘是’在这里起强调作用，有‘只有’的意思；本句起为周武王的话。”

林觥顺《论语我读》注解曰：“周有大赉：周者密也，与疏正成反义。赉读来，《尔雅·释诂》：‘赉、贡、锡、畀、予、贶，赐也。’又曰：‘赉者赐有功善人。’富：备也，多也。”释义曰：“要经常行赏有功人员，才有更多的好人出头，勇于任事，使国家更强盛。”

方骥龄《论语新诠》诠释曰：“今人丁佛言氏著《古籀补》二：‘案赉，赐也。来，天所来也。天来有天赐之意，古赉字或直作来，天来而受之以手，故拜字从来从手……’本节‘周有大赉’，殆即‘周有大来’，大为大麦，来为小麦，似不宜作大加赏赐解。……周武王克商之后，殆以来牟富民，使民生富足无虞，民生问题由是而得以丰富，故中原人民衷心拥戴。今日北地民食，以麦为主，当系周武王时克商后所推广之故欤？”

【“周有大赉，善人是富”勘正】

周，周家、周朝。大赉，大封赏、大赏赐。善人，好人、贤德之人。《述而》篇：“善人，吾不得而见之矣；得见有恒者，斯可矣。”《孔子家语·六本》：“故曰：‘与善人居，如入芝兰之室，久而不闻其香，即与之化矣。’”此语是说：周朝大赏天下，好人都富贵、富有起来。

梁皇侃《论语义疏》曰：“周，周家也。赉，赐也。言周家受天大赐，故富足于善人也。或云：周家大赐财帛于天下之善人，善人故是富也。”明林希元《论语存疑》曰：“周武王既克商，发粟出财，大锡赉于四海。其中善人，则尤加厚焉。大赉，是博济天下之穷民。善人是富，是加厚天下之良民。此与《集注》《诗序》异。《集注》与《诗序》皆说只锡予善人，说得窄了。”清刘宝楠《论语正义》曰：“孔氏《诗疏》云：‘《乐记》说武王克殷，未及下车而封蓟、祝、陈，下车而封杞、宋。又言将率之士，使为诸侯，是大封也。昭二十八年《左传》曰：‘昔武王克商，光有天下，其兄弟之国者十有五人，姬姓之国四十人。’皆是武王大封之事。”李零《丧家狗——我读〈论语〉》曰：“今本《尚书·武成》有‘大赉于四海，而万姓悦服’，是类似的句子。”

【“虽有周亲，不如仁人”误解】

李泽厚《论语今读》译曰：“虽有周代的亲族，还是不如有仁德的人。”

南怀瑾《论语别裁》解曰：“‘虽有周亲’，这个‘周’代表了圆满，四周充满了的意思。就是说一个人有很多的群众，很多‘盲目’的人跟着你。‘不如仁人’，不如有一两个有眼光的人，有仁义道德的人。”

杨润根《发现论语》解曰：“周亲，周全的应有尽有的亲戚朋友。”

【“虽有周亲，不如仁人”勘正】

此语是说：虽有至亲，不如有仁德之人。

周亲，至亲。《广雅·释诂一》：“周，至也。”《诗·小雅·鹿鸣》：“人之好我，示我周行。”毛传：“周，至。”孔颖达疏：“示我以先王至美之道也。”《汉语大词典》释“周亲”曰：“至亲。《书·泰誓中》：‘虽有周亲，不如仁人。’孔传：‘周，至也。言纣至亲虽多，不如周家之少仁人。’”

梁皇侃《论语义疏》曰：“孔安国曰：‘亲而不贤不忠则诛之，管、蔡是也。仁人箕子、微子，来则用之也。’管、蔡谓周公之弟管叔、蔡叔也。流言作乱，周公诛之，是有亲而不仁，所以被诛也。箕子是纣叔父，为纣囚奴。武王诛纣，而释箕子囚，用为官爵，使之行商容。微子是纣庶兄也，见纣恶而先投周，武王用之，为殷后于宋。并是仁人，于周无亲，而周用之也。”

【“谨权量，审法度，修废官”误解】

方骥龄《论语新诠》诠释曰：“修废官：按《说文》：‘废，屋顿也。’……《说文》所谓‘顿’或‘钝’，实即‘屯积’之‘屯’……废字已如上述，指仓屯而言，官必为官舍，且包括教育场所之学而言。修，饰也、治也、设也，修废官，未设者设之，已有者治之，破损者饰之，物质生活既已富足，当重蓄积与五教，富而后教之，犹今日台湾省经济富足后延长义务教育是也。”

杨润根《发现论语》解曰：“修废官：将那些不称职的和腐化堕落的、

在自己的职位上不能发挥其应有作用的政府官员摈斥剪除。修——剪除。”

林觥顺《论语我读》解曰：“谨权量：谨是谨慎，权，裁决也。这是笔者的发明，古人无有如此注释。按权，释木曰：‘黄英辅小木。’释草曰：‘权，黄华，今谓牛芸草为黄华。’究竟是草抑是木？也靠各人的智慧来裁断决定。笔者今裁决黄英黄华为一同姓同名的蔓生草本科，古文英华通用，黄英辅小木也就是黄华辅小木。辅是附的同音假借而义近。再如人民有选举权，是人民裁决某人该当选，君权是君王裁决当如何行政。所以笔者注释：权，裁决衡量。量是轻重多少的数量词。修废官：修是修饰粉刷，是整敕。废是存放不用谓之废弃。修官，是整敕闲置的无业官员。”

【“谨权量，审法度，修废官”勘正】

正确的理解是：谨慎制定度量衡，审查各种法规制度，恢复被废除的官职。

汉包咸《论语包氏章句》曰：“权，秤也。量，斗斛也。”梁皇侃《论语义疏》曰：“谨权量，谨，犹慎也。权，称也。量，斗斛也。当谨慎于称、尺、斗、斛也。审法度，审，犹谛也。法度，谓可治国之制典也，宜审谛分明之也。修废官，治故曰修，若旧官有废者，则更修立之也。”宋邢昺《论语注疏》曰：“‘谨权量，审法度，修废官，四方之政行焉’者，此下总言二帝三王所行政法也。权，秤也。量，斗斛也。谨饬之使钧平。法度，谓车服旌旗之礼仪也。审察之，使贵贱有别，无僭逼也。官有废阙，复修治之，使无旷也。如此，则四方之政化兴焉。”

20.2　子张问于孔子曰：“何如斯可以从政矣？”子曰：“尊五美，屏四恶，斯可以从政矣。”子张曰：“何谓五美？”子曰：“君子惠而不费，劳而不怨，欲而不贪，泰而不骄，威而不猛。”子张曰：“何谓惠而不费？”子曰：“因民之所利而利之，斯不亦惠而不费乎？择可劳而劳之，又谁怨？欲仁而得仁，又焉贪？君子无众寡，无小大，无敢慢，斯不亦泰而不骄乎？君子正其衣冠，尊其瞻视，俨然人望而畏之，斯不亦威而不猛乎？”子张曰：“何谓四恶？”子曰：“不教而杀谓之虐，不戒视成谓之暴，慢令致期谓之贼，犹之与人也，出纳之吝谓之有司。”

【“惠而不费”误解】

金知明《论语精读》解曰：“君子惠而不费：君子贤惠而不劳累；

惠，贤惠；而，连词；费，劳顿。”

林觥顺《论语我读》解曰：“惠而不费：可释作谨慎消费，千万不可浪费。”

【“惠而不费”勘正】

对于“惠而不费”，下文孔子已作了准确回答，即：“因民之所利而利之，斯不亦惠而不费乎?”

魏王肃解曰：“利民在政，无费于财也。”（引自魏何晏《论语集解》）宋邢昺《论语注疏》疏曰：“‘子曰：因民之所利而利之，斯不亦惠而不费乎’者，此孔子为说其惠而不费之一美也。民居五土，所利不同。山者利其禽兽，渚者利其鱼盐，中原利其五谷。人君因其所利，使各居其所安，不易其利，则是惠爱利民在政，且不费于财也。”李泽厚《论语今读》译曰：“孔子说：‘君子施恩惠，但并不花费；役使人民，但并不被怨恨；有欲望，但不贪婪；庄重，但不骄傲；威严，但不凶猛。’”孙钦善《论语本解》曰：“君子给人以恩惠却又不须破费，役使人民却又使人民没有怨恨，有欲望却不贪心，雍容大方却不骄傲自大，威严却不凶猛。”

【“慢令致期谓之贼”误解】

汉孔安国《论语孔氏训解》解曰：“与民无信而虚刻期也。”

晋袁乔曰：“令之不明而急期之也。”（引自梁皇侃《论语义疏》）

杨润根《发现论语》注曰：“慢令致期：致期慢令，在坐视人们做出了某种犯法的行为之后才慢吞吞地和傲慢地命令禁止说：‘这是犯法的行为，请接受法律的制裁和惩罚。’”

林觥顺《论语我读》注曰：“期是和会，要约义，如常说的约期面谈。慢令致期，是侮慢特令行事又任意招人来约谈。”

【“慢令致期谓之贼”勘正】

慢令，下令怠慢。致，造成、导致。慢令致期，（上级、当权者）下令怠慢而造成（下级、执行者）延误工期。延误工期要受处罚，这种因上级或当权者怠慢造成的处罚，可称为贼害。关于“致期”，注家们有“刻期”、“急期”、“限期”、“限期紧迫”、“突然截止期限”、“突然限期要求”诸解，查历代字书辞书，“致”无“刻”、“急”、“限”、“截止”义，而有“造成”、“导致”义。由于当权者下令的怠慢，而造成执行者、实施者延误工期，这样理解切合文意。

宋朱熹《论语集注》曰：“缓于前而急于后，以误其民，而必刑之，是贼害之也。”

【“犹之与人也，出纳之吝谓之有司”误解】

唐韩愈、李翱《论语笔解》解曰：“犹之，当为犹上也。言君上吝啬，则是有司之财而已。”

宋朱熹《论语集注》注曰：“犹之，犹言均之也。均之以物与人，而于其出纳之际，乃或吝而不果。则是有司之事，而非为政之体，所与虽多，人亦不怀其惠矣。”

黄怀信《论语新校释》释曰：“‘犹’，借为‘欲’，音相转。”译曰：“想给人东西的时候舍不得出手，叫做小气。”

【“犹之与人也，出纳之吝谓之有司”勘正】

犹，如同、比如。与人，给人财物。有司，官吏。古代设官分职，事各有专司，故称有司。此指专管财务的小官。这句话的意思是：如同给人财物，出手吝啬，这叫作有司（喻吝啬鬼）。此语批评当政者在惠民方面吝啬，与前章所赞美的“周有大赉，善人是富”形成鲜明对比。

元陈天祥《四书辨疑》曰：“‘犹’无训‘均’之例，解‘犹之’为‘均之’，亦甚费力。”孙钦善《论语本解》解曰：“出纳：偏义复词，只有出义。有司：管事者的代称。有司代人管事，职卑无权，自当拘谨，往往表现为小气。……用给予人东西作比，出手吝啬叫做小手小脚的有司。”

20.3 孔子曰：“不知命，无以为君子也。不知礼，无以立也。不知言，无以知人也。”

【“不知命，无以为君子”误解】

刘兆伟《论语通要》解曰：“不懂得自己应有的名分，就没办法成为君子。”

闫合作《论语说》解曰：“‘不知命’是不知道自己的人生使命。‘命’是使命，人生使命。君子要有自己的人生使命，这使命就是为社会做出自己的贡献。不能像动物一样，只是传宗接代。”

【“不知命，无以为君子”勘正】

命，指天命、命运。与《为政》篇“五十而知天命”、《季氏》篇“畏天命，畏大人”、《颜渊》篇“死生有命”之“命”同。《辞源》释“天命”曰：“古代把天当作神，称天神的意志皆为天命。”释“命运”曰：“天命运数。汉班固《白虎通·灾变》：‘尧遭洪水，汤遭大旱，命运时然。’”

此“命”字，《论语》注家认识不一。汉孔安国曰：“命，谓穷达之分。”（引自魏何晏《论语集注》）唐韩愈、李翱《论语笔解》曰：“命谓穷理尽性，以至于命也。非止穷达。”宋许谦《读论语丛说》曰：“有天理之命，有气数之命。天理之命，人得之以为性者也；气数之命，人得之以为生死寿夭贫富贵贱者也。此章命字，盖兼二者而言。”清刘宝楠《论语正义》曰：“《韩诗外传》：‘子曰：“不知命，无以为君子。”言天之所生，皆有仁、义、礼、智、顺、善之心。不知天之所以命生，则无仁、义、礼、智、顺、善之心，谓之小人。’又曰：‘《大雅》曰：“天生蒸民，有物有则；民之秉彝，好是懿德。”言民之秉德以则天也。不知所以则天，又焉得为君子乎？’《汉书·董仲舒传》对策曰：‘天令之谓命。……明于天性、知自贵于物，然后知仁、义、礼、智，安处善，乐循理，谓之君子。故孔子曰：“不知命，无以为君子。”此之谓也。’二文皆言德命，其义极精。盖言德命可兼禄命也，说详前疏。”

今人对“天命”误解较甚，如上列刘兆伟、闫合作“名分”、“使命”等说，比较而言，当以杨朝明、李泽厚的理解为是。

杨朝明《论语诠解》曰：“此处的‘命’为‘天命’。孔子自述人生各时期的不同境界时，就说‘五十而知天命’，人应对‘天命’有所敬畏，‘君子有三畏’之一为‘畏天命’。郭店楚简《穷达以时》说：‘遇不遇，天也。’（《孔子家语·在厄》、《荀子·宥坐》亦有此语）这里的‘天’和‘时’都是指‘天命’，它决定着人生的穷达祸福，决定着人生的升降沉浮，也就是说，如果时遇不佳，即使是贤能之人同样无济于事。孔子所处的年代是‘无道’的乱世，他本人‘有德而无位’，虽然胸怀天下，却难以施展其抱负。他对自己所处的时代有清醒的认识，他说：‘道之将行也与，命也；道之将废也与，命也。’（《论语·宪问》）但这并不意味着孔子放弃行道的努力，《孔子家语·在厄》记载他的言论：'芝兰生于深林，不以无人而不芳；君子修道立德，不谓穷困而改节。'他认为，君子面对人生的态度是，不论人生显达，还是身处困厄，都不要改变自己的节操，因为人的穷达自己是无法完全决定的，人的德行则只能取决于自己，与'天'无关。人应当努力修身，完善自己的德行。"

李泽厚《论语今读》曰："最后一章又回到'命'。本读已多次讲过了，这里再简略重复一下，'命也者，不知所以然而然者也'，即人力所不能控制、难以预测的某种外在的力量、前景、遭遇或结果。所以，可以说，'命'是偶然性。'不知命，无以为君子也'，就是说不懂得、不认识外在力量的这种非可掌握的偶然性（及其重要），不足以为'君子'。就人生总体来讲，总被偶然性影响着、支配着，现代社会生活更是如此。如何注意、懂得、认识、重视偶然性，与偶然性抗争（这抗争包括利用、掌握等等），从而从偶然性中建立起属于自己的'必然'，这就是'立命'、'造命'。因此不是盲目顺从、无所作为、畏惧以至崇拜偶然性，而恰恰是要抓紧、了解和主动适应偶然性。孟子说：'夭寿不二，修身以俟，所以立命也。莫非命也，顺受其正，是故知命者不立乎岩墙之下。尽其道而死者，正命也。桎梏而死者，非正命也。'便是这个意思。人可以自己'立命'、'正命'、'造命'，这才算是'知命'，这也才显示出人的主体性的崇高强大。因为在建立自己的命运时，总有基本原则，这原则不是动物性的自然性欲，而是人类的宗教性道德。这就是孟子所说：'口之于味也，目之于色也，耳之于声也，鼻之于臭也，四体之于安佚也，性（指自然人性即"气质之性"）也。有命焉，君子不谓性也。仁之于父子也，义之于君臣也，礼之于宾主也，知之于贤者者也，圣人之于天道也，命也。有性（指"义理之性"即人的意志、道德）焉，君子不谓命也。'对于注定如此的自然人性能否得到满足或满足到何种程度，也就是贵贱寿夭，这有偶然性，这种偶然性并非生来注定如此的（即必然）自然人性。恰好相反，这偶然性可以去适应之和改造之。这适应的原则就是'仁义礼智'等等人类的伦理范畴。这便是立命、造命、正命和知命。"

参考书目

说明：下列书目，有多种采自大型丛书《无求备斋论语集成》（台湾艺文印书馆，1966），为节省篇幅，相关书名皆简称为“《集成》”，并标明子目书所在“函”数，如“王若虚《论语辨惑》，《集成》第16函”。另，凡涉及《四库全书》（上海古籍出版社，1987）、《续修四库全书》（上海古籍出版社，1995）这两部丛书的子目书，只标明其所在丛书的册数，而略去出版社及出版时间。

（汉）孔安国：《论语孔氏训解》，马国翰辑《论语古注》，《集成》第30函。

（汉）包咸：《论语包氏章句》，马国翰辑《论语古注》，《集成》第30函。

（汉）马融：《论语马氏训说》，马国翰辑《论语古注》，《集成》第30函。

（汉）郑玄：《论语郑注》，王谟辑，《集成》第30函。

（汉）郑玄：《论语郑氏注》，马国翰辑《论语古注》，《集成》第30函。

（魏）王弼：《论语释疑》，马国翰辑《论语古注》，《集成》第30函。

（魏）何晏：《论语集解》，《四部要籍注疏丛刊》影印日本正平版，中华书局，1998。

（魏）王肃：《论语王氏义说》，马国翰辑《论语古注》，《集成》第30函。

（晋）栾肇：《论语栾氏释疑》，马国翰辑《论语古注》，《集成》第30函。

（晋）李充：《论语李氏集注》，马国翰辑《论语古注》，《集成》第30函。

（晋）范宁：《论语范氏注》，马国翰辑《论语古注》，《集成》第30函。

（晋）孙绰：《论语孙氏集解》，马国翰辑《论语古注》，《集成》第30函。

（晋）江熙：《论语江氏集解》，马国翰辑《论语古注》，《集成》第30函。

（梁）萧衍：《论语梁武帝注》，马国翰辑《论语古注》，《集成》第30函。

（梁）皇侃：《论语义疏》，《知不足斋丛书》本，《集成》第3函。

（唐）韩愈、李翱：《论语笔解》，《集成》第15函。

（唐）陆德明撰、黄焯汇校《经典释文汇校》，中华书局，2006。

（宋）苏辙：《论语拾遗》，《集成》第15函。

（宋）程颢、程颐：《二程集》，中华书局，1981。

（宋）邢昺：《论语注疏》，《十三经注疏》本，北京大学出版社，1999。

（宋）郑汝谐：《论语意原》，《集成》第16函。

（宋）朱熹：《四书章句集注》，新编诸子集成本，中华书局，1983。

（宋）朱熹：《四书或问》，《四库全书》第197册。

（宋）张栻：《南轩论语解》，《通志堂经解》本，广陵书社，2007。

（宋）蔡节：《论语集说》，《通志堂经解》本，广陵书社，2007。

（宋）许谦：《读论语丛说》，《集成》第16函。

（宋）金履祥：《论语集注考证》，《集成》第16函。

（宋）项安世：《项氏家说》，《四库全书》第706册。（金）王若虚：《论语辨惑》，《集成》第16函。

（元）陈天祥：《论语辨疑》，广陵书社，2007。

（明）蔡清：《论语蒙引》，《集成》第18函。

（明）林希元：《论语存疑》，《集成》第18函。

（明）陈士元：《论语类考》，《集成》第19函。

（明）张居正撰、（清）姚永朴节钞《论语直解》，《集成》第8函。

（明）释智旭、江谦《论语点睛补注》，《集成》第8函。

（明）张居正：《论语别裁》，陕西师范大学出版社，2007。

（明）葛寅亮：《四书湖南讲》，《续修四库全书》第163册。

（明）焦竑：《焦氏笔乘续集》，《续修四库全书》第1129册。

（清）王夫之：《论语稗疏》，岳麓书社，1982。

（清）李塨：《论语传注》，《集成》第9函。

（清）毛奇龄：《论语稽求篇》，《集成》第20函。

（清）毛奇龄：《四书賸言》、《四书賸言补》，《四库全书》第210册。

（清）李颙：《四书反身录》，《续修四库全书》第165册。

（清）阎若璩：《四书释地》，《四库全书》第210册。

（清）李光地：《读论语札记》，《集成》第20函。

（清）朱亦栋：《论语札记》，《集成》第21函。

（清）臧琳：《经义杂记》，《续修四库全书》第172册。

（清）王崇简：《冬夜笺记》，《丛书集成续编》第90册，上海书店，1994。

（清）江永：《群经补义》，《清经解 清经解续编》第2册，凤凰出版社，2005。

（清）惠栋：《论语古义》，《集成》第21函。

（清）戴望：《戴氏论语注》，《续修四库全书》第157册。

（清）全祖望：《经史问答》，《清经解 清经解续编》第2册，凤凰出版社，2005。

（清）包慎言：《论语温故录》，引自程树德《论语集释》，中华书局，1990。

（清）钱大昕：《十驾斋养新录》，上海书店，1983。

（清）牛运震：《论语随笔》，《集成》第21函。

（清）赵翼：《陔余丛考》，《续修四库全书》第1151册。

（清）吴昌莹：《经词衍释》，中华书局，2003。

（清）江声：《论语竢质》，《集成》第21函。

（清）翟灏：《四书考异》，《续修四库全书》第167册。

（清）王念孙：《读书杂志》，江苏古籍出版社，2000。

（清）钱坫：《论语后录》，《集成》第21函。

（清）刘台拱：《论语骈枝》，《集成》第22函。

（清）徐养原：《论语鲁读考》，《集成》第22函。

（清）孔广森：《经学卮言》，《续修四库全书》第173册。

（清）焦循：《论语补疏》二卷，《清经解 清经解续编》，凤凰出版社，2005。

（清）阮元：《论语注疏校勘记》，《集成》第22函。

（清）赵良猷：《论语注参》，《集成》第22函。

（清）王引之：《经义述闻》，江苏古籍出版社，2000。

（清）王引之：《经传释词》，江苏古籍出版社，2000。

（清）梁章钜：《论语集注旁证》，《集成》第23函。

（清）沈涛：《论语孔注辨伪》，《集成》第23函。

（清）刘逢禄：《论语述何》，《清经解 清经解续编》，凤凰出版社，2005。

（清）刘开：《论语补注》，《集成》第24函。

（清）朱骏声：《说文通训定声》，武汉市古籍书店影印，1983。

（清）胡绍勋：《四书拾义》，《丛书集成续编》第15册，上海书店，1994。

（清）陆陇其：《四书讲义困勉录》，《四库全书》第209册。

（清）黄式三：《论语后案》，张涅、韩岚点校，凤凰出版社，2008。

（清）刘宝楠：《论语正义》，高流水点校，中华书局，1990。

（清）俞樾：《论语平议》，《集成》第25函。

（清）俞樾：《论语古注择从》，《集成》第25函。

（清）陈汉章：《论语征知录》，《集成》第25函。

（清）方观旭：《论语偶记》，《清经解 清经解续编》，凤凰出版社，2005。

（清）陈浚：《论语话解》，《集成》第11函。

（清）王闿运：《论语训》，《集成》第12函。

（清）宦懋庸：《论语稽》，《续修四库全书》第157册。

（清）崔适：《论语足征记》，《集成》第26函。

（清）余萧客：《论语钩沉》，《集成》第29函。

（清）黄奭：《逸论语注》，《集成》第30函。

（清）康有为：《论语注》，中华书局，1984。

（清）潘维城：《论语古注集笺》，《清经解 清经解续编》，凤凰出版社，2005。

（清）简朝亮：《论语集注补正述疏》，华东师大出版社，2013。

（清）章炳麟：《广论语骈枝》，《集成》第25函。

(清)马国翰辑《古论语》,《集成》第30函。

河北省文物研究所:《定州汉墓竹简〈论语〉》,文物出版社,1997。

严灵峰:《读论语札记》,《集成》第26函。

程树德:《论语集释》,中华书局,1990。

于省吾:《论语新证》,《集成》第26函。

辜鸿铭:《辜鸿铭讲论语》,北京理工大学出版社,2013。

钱地:《儒家思想》,台湾中华书局,1972。

钱地:《论语汉宋集解》,台湾新文丰出版公司,1978。

杨树达:《论语疏证》,上海古籍出版社,2007。

赵纪彬:《论语新探》,人民出版社,1976。

方骥龄:《论语新诠》,台湾中华书局,1978。

杨伯峻:《论语译注》,中华书局,1980。

王熙元:《论语通释》,台湾学生书局,1981。

唐满先:《论语今译》,江西人民出版社,1982。

乔一凡:《论语通义》,台湾中华书局,1983。

毛子水:《论语今注今译》,台湾商务印书馆,1984。

黄吉村:《论语析辨》,台湾复文图书出版社,1984。

王缁尘:《四书读本》,中国书店,1986。

李启谦、杨佐仁:《孔门弟子研究资料》,曲阜师范大学孔子研究所印,1984。

吴林伯:《论语发微》,文化艺术出版社,1989。

钱穆:《论语新解》,三联书店,2002。

钱逊:《论语浅解》,北京古籍出版社,1988。

南怀瑾:《论语别裁》,复旦大学出版社,1990。

陈立夫:《四书道贯》,中国友谊出版公司,1991。

勾承益、李亚东:《论语白话今译》,中国书店出版社,1992。

金良年:《论语译注》,上海古籍出版社,1995。

邓球柏:《论语通解》,长征出版社,1996。

李泽厚:《论语今读》,天津社会科学院出版社,2007。

蒋沛昌:《论语今释》,岳麓书社,1999。

蒋沛昌:《论语今读》,中央广播电视大学出版社,2009。

萧民元:《论语辨惑》,中国社会科学出版社,2001。

杨润根:《发现论语》，华夏出版社，2003。
李炳南:《论语讲要》，吉林师范大学印发，2003。
牛泽群:《论语札记》，北京燕山出版社，2003。
吴新成:《论语易读》，中国社会科学出版社，2003。
高专诚:《论语通说》，山西人民出版社，2004。
骆承烈、骆明:《孔子名言译评》，群言出版社，2005。
骆明:《骆承烈讲论语》，浙江大学出版社，2010。
文选德:《论语诠释》，湖南人民出版社，2005。
程石泉:《论语读训》，上海古籍出版社，2005。
金池:《〈论语〉新译》，人民日报出版社，2005。
赵又春:《我读论语》，岳麓书社，2005。
林觥顺:《论语我读》，九州出版社，2006。
查正贤:《论语讲读》，华东师大出版社，2006。
傅佩荣:《傅佩荣解读论语》，线装书局，2006。
彭亚非:《论语选评》，岳麓书社，2006。
林振衡:《论语新编》，群言出版社，2006。
黄怀信:《论语新校释》，三秦出版社，2006。
黄怀信:《论语彚校集释》，上海古籍出版社，2008。
钱逊:《论语读本》，中华书局，2007。
蔡希勤:《百家品论语》，中国城市出版社，2007。
乌恩溥:《名家讲解论语》，长春出版社，2007。
金知明:《论语精读》，学林出版社，2007。
董子竹:《论语正裁》，长江文艺出版社，2007。
傅佩荣:《四书心得》，上海三联书店，2007。
李零:《丧家狗——我读〈论语〉》，山西人民出版社，2007。
安德义:《论语解读》，中华书局，2007。
郑张欢:《论语今释》，齐鲁书社，2007。
李里:《论语讲义》，广西师范大学出版社，2007。
王孺童:《孺童讲论语》，花山文艺出版社，2007。
何新:《论语新解——思与行》，北京工业大学出版社，2007。
苏宰西:《论语新编》，甘肃教育出版社，2007。
刘兆伟:《论语通要》，人民教育出版社，2008。

韩喜凯：《名家评说孔子辨析》，齐鲁书社，2008。
李君明：《论语引读》，黑龙江人民出版社，2008。
杨朝明：《论语诠解》，广陵书社，2008。
亦丰：《论语句解》，广陵书社，2008。
黄克剑：《论语解读》，中国人民大学出版社，2008。
李培宗：《论语全解》，齐鲁书社，2008。
刘维业：《论语指要》，吉林大学出版社，2008。
胡齐临：《论语真义》，上海人民出版社，2009。
孙钦善：《论语本解》，三联书店，2009。
袁庆德：《论语通释》，吉林大学出版社，2009。
刘宗志：《论语解读》，贵州人民出版社，2009。
蔡健清：《论语解读》，湖南人民出版社，2009。
闫合作：《论语说》，河南人民出版社，2012。
杨树增：《论语》（评注），蓝天出版社，2013。
马恒君：《论语正宗》，华夏出版社，2014。
邸永强：《论语明义》，九州出版社，2014。
富金壁：《论语新编译注》，北京大学出版社，2015。
李运益：《论语词典》，西南师范大学出版社，1990。
刘学林：《十三经辞典》，陕西人民出版社，2002。
安作璋：《论语辞典》，上海古籍出版社，2004。
〔日〕伊藤维桢：《论语古义》，《集成》第14函。
〔日〕昭井一宅：《论语解》，《集成》第15函。
〔日〕物双松：《论语征》，《集成》第26函。
〔日〕中井积德：《论语逢源》，《集成》第27函。
〔日〕猪饲彦博：《论语说抄》，《集成》第27函。
〔日〕丰干：《论语新注》，《集成》第27函。
〔日〕东条弘：《论语知言》，《集成》第28函。

词句索引

该索引按词句首字笔画多少为序，同笔画的，再依横竖撇点折的顺序排列。括号内注明页码。

【一至二画】

【三画】

【四画】

【五画】

【六画】

【七画】

【八画】

【九画】

【十画】

【十一画】

【十二画】

【十三画】

【十四画】

【十五画及以上】

图书在版编目(CIP)数据

论语误解勘正 / 高尚举主编. -- 北京 : 社会科学文献出版社, 2016.12 (2017.11 重印)
ISBN 978-7-5201-0265-0

Ⅰ.①论… Ⅱ.①高… Ⅲ.①《论语》-校勘 Ⅳ.①B222.25

中国版本图书馆 CIP 数据核字 (2016) 第 317275 号

论语误解勘正

主　　编 / 高尚举
参　　编 / 高　敏　宋红霞

出 版 人 / 谢寿光
项目统筹 / 宋月华　李建廷
责任编辑 / 李建廷　赵晶华

出　　版 / 社会科学文献出版社 · 人文分社 (010) 59367215
地址: 北京市北三环中路甲 29 号院华龙大厦　邮编: 100029
网址: www.ssap.com.cn
发　　行 / 市场营销中心 (010) 59367081　59367018
印　　装 / 北京京华虎彩印刷有限公司

规　　格 / 开　本: 787mm × 1092mm　1/16
印　张: 32　字　数: 540 千字
版　　次 / 2016 年 12 月第 1 版　2017 年 11 月第 2 次印刷
书　　号 / ISBN 978-7-5201-0265-0
定　　价 / 128.00 元